Untersuchungen zur Sprache im Fremdenverkehr

Europäische Hochschulschriften

Publications Universitaires Européennes
European University Papers

Reihe I

Deutsche Literatur und Germanistik

Série I Series I

Langue et littérature allemandes
German language and literature

Bd./Vol. 236

Untersuchungen zur Sprache im Fremdenverkehr

PETER LANG
Frankfurt am Main · Bern · Las Vegas

Anna Monika Putschögl-Wild

Untersuchungen zur Sprache im Fremdenverkehr

Durchgeführt an den Ferienkatalogen einiger deutscher Touristikunternehmen

PETER LANG
Frankfurt am Main · Bern · Las Vegas

CIP-Kurztitelaufnahme der Deutschen Bibliothek

Putschögl-Wild, Anna Monika

Untersuchungen zur Sprache im Fremdenverkehr: durchgef. an d. Ferienkatalogen einiger dt. Touristikunternehmen. - Frankfurt am Main, Bern, Las Vegas: Lang, 1978.
(Europäische Hochschulschriften: Reihe 1, Dt. Literatur u. Germanistik; Bd. 236)
ISBN 3-261-02444-5

Die Arbeit wurde von der Philosophischen Fakultät der Ludwig-Maximilians-Universität als Dissertation angenommen.

ISBN 3-261-02444-5

Auflage 300 Ex.

Druck: Fotokop Wilhelm Weihert KG, Darmstadt
Titelsatz: Fotosatz Aragall, Wolfsgangstraße 92, Frankfurt am Main.

Inhaltsverzeichnis

Vorwort

Der Versuch, die Grundstrukturen der Sprache im Fremdenverkehr an Hand der Ferienkataloge einiger großer deutscher Touristikunternehmen darzustellen, soll gesehen werden im Umkreis der zahlreichen Untersuchungen, die zur Sprache der Gegenwart vorliegen. Analog zu den Analysen der Sprache verschiedener Zeitungen oder der Sprache der Anzeigenwerbung sollen hier die Ausdrucksformen der Ferienkataloge als eine Sonderform der modernen Gegenwartssprache beschrieben werden. Die Ferienkataloge hierin als einen wichtigen Bereich zu betrachten, erscheint legitimiert durch ihre hohe Auflagenziffer (sie beträgt zusammengenommen jährlich mehrere Millionen), durch ihre weite Verbreitung und durch die Annahme, daß sie in großen Bevölkerungskreisen gelesen werden (über 4 Millionen gebuchte Pauschalreisen setzen zumindest ebenso viele Leser gesichert voraus, wobei die Anzahl der wirklichen Leser sicher um ein vieles höher angesetzt werden kann). Darüber hinaus sind die Ferienkataloge nicht Literatur um ihrer selbst willen, sie sind Gebrauchsprosa mit ausgesprochenem Aufforderungscharakter. Ähnlich der Anzeigenwerbung, wenn auch nicht in so hohem Maße, sollen sie Handeln beeinflussen. Die Sprache der Ferienkataloge kann somit nicht als ein isoliertes Phänomen betrachtet werden, sondern ist zu sehen in Beziehung zu ihren Benutzern, also in ihrem gesellschaftlichen Kontext.

Die Relation Reiseveranstalter - potentieller Reisender wird betrachtet als Kommunikationsprozeß: die Ferienkataloge sind das Communiqué, in dem der Reiseunternehmer über das Angebot verschiedener Reisen unterrichtet und den Leser zum Handeln in seinem Sinn, also zum Buchen einer Reise, animieren will.

In Anlehnung an die Semiotik wird diese Arbeit in zwei Teile untergliedert, die mit 'Syntax' und 'Semantik' überschrieben sind, vor allem im Schlußteil soll im Ansatz auch der pragmatische Aspekt berücksichtigt werden.

Unter dem Kapitel 'Syntax' werden alle jene Erscheinungen zusammengefaßt, die sich auf die Zeichen und ihre Verbindungen beziehen. Hier wird u.a. eingegangen auf die Wortbildung, einen Bereich, in dem hervorstechendes Merkmal eine hohe Zahl von Substantivneologismen ist. Es handelt sich vornehmlich um Determinativkomposita, deren Aufgabe es ist, ein breites Spektrum von Vorstellungen in einem Ausdruck zu konzentrieren. Ferner werden Satzarten, Satzstrukturen und die innere Erweiterung des Satzes berücksichtigt, da die Ferienkataloge vornehmlich geprägt sind durch eine hohe Zahl von Setzungen, eine Priorität des Einfachsatzes, eine deutliche Reduzierung von Gefügen, außer dem Relativsatz, zugunsten einer Dominanz aller syntaktischen Möglichkeiten, die der Erweiterung der Nominalphrase dienen. Außerdem werden Aspekte u.a. von Tempus, Modus, Genus und Satzlänge miteinbezogen.

Das Kapitel 'Semantik' befaßt sich vornehmlich mit der Relation Zeichen - Bedeutung, wobei gelegentlich auch die Beziehung Zeichen - Zeichenbenutzer in Ansätzen aufzuzeigen versucht wird. Im semantischen Bereich sind die Ferienkataloge determiniert durch Wörter, die der positiven Sphäre entnommen sind, durch Wörter, die weniger exakte Denotationen als eine Fülle positiver und subjektiv interpretierbarer Konnotationen aufweisen, die semantisch vage und vielschichtig sind. Dieses Kapitel akzentuiert weiterhin die vielfältigen Aufwertungsmechanismen und Mittel zur semantischen Steigerung und Superlativierung. Es soll dargelegt werden, daß es sich bei den Ferienkatalogen um eine bewußt konzipierte Sprache handelt, die in allen ihren Äußerungen und Ausdrucksformen (hier sind auch Probleme der Sprachebenen und der verschiedenen rhetorischen Mittel einzubeziehen) letztlich darauf zielt, den Kommunikanten in positiver Weise zum Handeln im Sinne des

Kommunikators zu beeinflussen. Ein Schwerpunkt der Syntax liegt auf der Verständlichkeit, ein Schwerpunkt der Semantik auf der Wirksamkeit.

Von methodischen und theoretischen Problemen soll weitgehend abstrahiert werden, da diese Arbeit vornehmlich unter dem Aspekt des Deskriptiven zu sehen ist, als Analyse, die dazu beitragen soll, Formen der modernen Gegenwartssprache im Bereich des Tourismus darzustellen, wobei davon ausgegangen wird, daß man es im Prinzip nicht mit einer Sondersprache,sondern nur mit einer Sonderform von Sprache zu tun hat.

Dieser Analyse wurden 1o Ferienkataloge führender deutscher Reiseunternehmen aus verschiedenen Jahren und verschiedene Reiseformen anbietend zugrunde gelegt, um so durch ein umfangreiches Corpus und die Einbeziehung unterschiedlicher Kataloge zu einem gesicherteren und gültigeren Ergebnis zu kommen. Daß einige dieser Kataloge sich im Laufe der Jahre verändert haben, mußte dabei in Kauf genommen werden. Die Kataloge werden im einleitenden Teil dieser Arbeit noch näher vorgestellt (zur Zitierung sei bemerkt, daß die Kataloge Kennziffern von 1 - 1o erhalten, vor dem Schrägstrich diese Kennziffer genannt wird, danach die Seitenzahl, daß Auslassungspunkte - wenn nicht anders vermerkt - eine Kürzung des Originaltextes bedeuten, Auslassungspunkte in Klammern darauf verweisen, daß im Originaltext in Klammern Eingefügtes weggelassen wird), hier finden sich auch detaillierte Angaben zur Bedeutung der Ferienkataloge und einige Anmerkungen zum methodischen Ansatz.

Diese Beschreibung will versuchen, Schwerpunkte im Bereich 'Sprache im Tourismus' aufzuzeigen, die wichtigsten Strukturen sichtbar zu machen, Tendenzen zu verdeutlichen, zu beschreiben und mit Beispielen zu belegen, wobei bei weitem kein Anspruch auf Vollständigkeit erhoben wird. Um diese Arbeit nicht über das Gebührliche hinaus auszudehnen, konnten dabei nur die wichtigsten Aspekte behandelt werden, mußten manche Erscheinungen von einer detaillierten Untersuchung ausgeschlossen werden (so z.B. die wechselseitigen Beziehungen zwischen Bild und Text), konnten Vergleiche zwischen einzelnen Katalogen nur in Ansätzen und nicht umfassend gemacht werden und mußten manche Bereiche in nur knapper Form dargestellt werden, so vor allem der pragmatische: die Wirkung auf die Leser der Kataloge konnte immer nur mit einigen Worten angedeutet werden; so bleibt reichlich Gelegenheit zu weiterführenden Untersuchungen. Letztlich will diese Arbeit aber auch Anregung sein zu weiteren Analysen auf dem bis jetzt in sprachlicher Hinsicht vernachlässigten Gebiet der Sprache im Tourismus, ein Gebiet, das nicht zuletzt deshalb Aufmerksamkeit verdient, weil der organisierte Tourismus zu den wachstumsintensiven Branchen gehört und die Flut der Ferienkataloge sowie anderer Veröffentlichungen in diesem Bereich, sei es nun in Form von Werbekampagnen, Anzeigen, Reisebeilagen oder Reiseführern, ständig anschwillt.

Für die Anregung zu dieser Arbeit und für ihre Betreuung bin ich Herrn Prof. Hans-Friedrich Rosenfeld zu besonderem Dank verpflichtet.

ZUR THEMENWAHL

1. Thematik

Tourismus ist ein Phänomen unserer Zeit, mit dem sich auseinanderzusetzen für viele Wissenschaftszweige immer interessanter wird.[1] Die wachsende Bedeutung des Tourismus manifestiert sich in der wachsenden Flut der Ferienkataloge. Ferienkataloge fordern zum Handeln auf: Ihr wichtigstes Werkzeug dazu ist Sprache.

Sprache soll hier nicht betrachtet werden als ein isoliertes Phänomen und Sprachbetrachtung soll nicht nur ein Aufzeigen syntaktischer und semantischer Zusammenhänge sein, sondern es soll auch versucht werden, Sprache in ihrer pragmatischen Funktion zu sehen, also in ihrem gesellschaftlichen Kontext. Daher auch die auf den ersten Blick weitläufige und von verschiedenen gesellschaftlichen Aspekten zum Thema hinführende Einleitung.

1.1. Tourismus als Phänomen

Im Jahre 1974 hat die Reiseintensität in der Bundesrepublik mit 52.4 %, das entspricht 23.5 Millionen Bundesbürgern über 14 Jahre, einen neuen Höchststand erreicht. Die Zahl derjenigen, die zur Planung und Durchführung ihres Urlaubs ein Reisebüro bzw. eine andere Stelle in Anspruch genommen und eine Pauschalreise gebucht haben, betrug 1974 19.1 % (das entspricht rund 4.5 Millionen Urlaubern). Auf Reiseziele aufmerksam gemacht durch Prospekte und Kataloge von Reiseveranstaltern wurden 17.5 % der Reisenden, das entspricht einer Zahl von 4.1 Millionen.[2]

Im Jahre 1974 buchten bei Neckermann 654 ooo Personen, bei Scharnow 6o1 328, bei Touropa 455 ooo, bei Kaufhof 252 991, bei Transeuropa 25o ooo, bei g-u-t 237 7oo, bei ADAC-Reisen 2oo ooo und bei Dr.Tigges-Fahrten 1o1 966.[3] Experten rechnen mit einer Urlaubswachstumsrate von 5 %[4], die Ausgaben für den Urlaub liegen bei 27 % des für die Freizeit aufgewendeten Budgets.[5] "Constantons tout d'abord, que l'évolution de tourisme est étroitement liée à l'évolution technique et sociale".[6] Fortschreitender Tourismus also ist Zeichen fortschreitender Technisierung, bedingt durch folgende Kriterien:

"a) Der Urlaubsraum wächst infolge schnellerer Verkehrsmittel, besserer Organisation und dem Wegfall von sozialen Hemmungen und Vorurteilen zusehends.

b) Ferien und Reisen sind zu einer Prestigeangelegenheit geworden.

c) Der Fremdenverkehr erhielt den Charakter eines festen Bedürfnisses statt eines zusätzlichen, wie es früher der Fall gewesen war."[7]

Wachsende Industrialisierung und somit auch wachsende Freizeit bestärkten immer mehr den Wunsch nach Urlaub als Flucht aus der industrialisierten Welt. Dazu wurde durch die Pauschalreise auch dem unerfahrenen Reisenden die Möglichkeit zu einem Urlaubsaufenthalt sogar im Ausland gegeben. Damit begann der Siegeszug des Tourismus, den Hans Magnus Enzensberger z.B. als einen Pyrrhussieg sieht: "Die Befreiung von der industriellen Welt hat sich selber als Industrie etabliert, die Reise aus der Warenwelt ist ihrerseits zur Ware geworden."[8] oder "'Freizeit' und 'Urlaub' sind institutionalisierte Konsum- bzw. Kulturgüter geworden."[9];Konsum- und Kulturgüter, die bereits seit einiger Zeit im Kreuzfeuer der Kritik stehen. Gerade der Massentourismus, und dabei besonders der von Veranstaltern organisierte, bietet viele Angriffsflächen, vor allem bei Bevölkerungsgruppen, die das Monopol des Reisens bisher als Privileg besaßen.[10] Zeitungsartikel und Fernsehsendungen setzen sich mit dem Problem des organisierten Reisens auseinander[11], mit dem Problem der Manipulation der Urlaubsmassen, einer Manipulation, die sich vor allem in den Ferienkatalogen manifestiert.

1.2. Funktion der Ferienkataloge

Mit der Masse der Urlauber nimmt auch die Masse der Kataloge ständig zu. 1973 machte das Prospektmaterial allein der Großveranstalter einen Umfang von mehr als 2 5oo Seiten aus.[12] Auf Grund eines Teils dieses Prospektmaterials baut nun der potentielle Urlauber seine Vorstellungen bzw. Illusionen für die zu den kostbarsten Tagen des Jahres hochstilisierte Urlaubszeit auf: "Immer mehr werden diese kostbarsten Tage des Jahres und diese kurzen Perioden der höchsten Glückserwartungen mit Wünschen und unklaren Vorstellungen beladen. Es ist der Urlaub, der mit den Sehnsüchten der Massen eine gewaltige, ständig expandierende Industrie entstehen ließ. Sie dringt mit ihren Produkten wiederum in die Wunschvorstellungen hinein und produziert neue Wünsche."[13] Als Folge daraus ergab sich: "Die beanstandeten Diskrepanzen zwischen Ferienprospekt und Wirklichkeit hatten sich so gehäuft, daß Vater Staat nicht länger tatenlos zusehen wollte."[14] Denn 12o ooo Bundesbürger reklamierten vor Gericht 'verlorene Urlaubszeit' und sie erhielten zunehmend Recht. So liegen bereits Urteile vor, denen zu Folge der Reiseveranstalter für verlorene Urlaubstage materiellen Ersatz leisten muß.[15] Die Kataloge werben mit schönen und zu schönen Versprechungen. Laut Werbekodex jedoch wäre ihre Funktion:

"a) die für die Reise verantwortliche Firma oder Organisation
b) die Transportmittel (...)
c) Bestimmungsort und Reiseweg
d) Dauer der Reise und Dauer des Aufenthalts bei jedem Zwischenhalt
e) die angebotenen Unterkunfts- und Verpflegungsmöglichkeiten
f) alle angebotenen besonderen Leistungen (...)
g) den Gesamtpreis der angebotenen Reise (...)
h) Rücktrittsbedingungen"[16]

zu nennen. Um festzustellen, daß diesen Mindestanforderungen die meisten Kataloge Genüge leisten, reicht schon ein kurzer

Durchblick. Was aber nicht gefordert wird, nicht gefordert werden kann, da es schwer nachprüfbar ist, ist die semantische Relevanz und die Vollständigkeit der Informationen. "Travel brochures tend to be lyrical versions of Heaven must be. But one traveller who arrived at a hotel with purportedly nothing nearer than a grove of palm trees, a mountain at its back, and a broad empty beach at the front, found 4.ooo people on the beach, a row of skyscrapers behind and one palm frond in a pot on the porch. He suspected that the brochure was misleading. There are many such brochures."[17] Daß es solches auch bei deutschen Reiseveranstaltern gibt, zeigen die Reklamationen, die auf Grund falscher Angaben erhoben wurden. Denn: "Der Verbraucher will aber nicht mit lyrischen Ergüssen, lächerlichen Vergleichen und ebenso lächerlichen Übertreibungen abgespeist, sondern mit harten Tatsachen ernährt werden."[18] Weil gerade die organisierte Urlaubsreise ein Produkt ist, dessen tatsächliche Eigenschaften man beim Kauf nicht selbst überprüfen kann. "Der Fremdenverkehrsprospekt ist deshalb nicht nur ein Mittel der Werbung, sondern er muß auch das Warenmuster und die Kostprobe ersetzen. Mit anderen Worten: Aus einem guten Prospekt muß der Reiseinteressent ersehen können, wie das Ziel seiner Wahl in Wirklichkeit ist, welche Möglichkeiten der Feriengestaltung es bietet und welche Urlaubsathmosphäre ihn dort erwartet. ... Der Fremdenverkehrsprospekt hat also eine zweifache Aufgabe zu erfüllen. Er soll werben und informieren. ... Ein Fremdenverkehrsprospekt ist umso besser, je mehr er dazu beiträgt, daß Urlaubserwartung und Urlaubserlebnis übereinstimmen."[19] Was hier für den Fremdenverkehrsprospekt gesagt wird, gilt in gleicher Weise auch für den Ferienkatalog. Denn: "Kataloge und Prospekte gehören zu den wichtigsten Werbemitteln der Touristikbranche; man könnte sie sogar als <u>das</u> wichtigste Werbemittel bezeichnen, weil die Entscheidung für eine konkrete Reise, für ein konkretes Reiseziel in hohem Ausmaß von Prospekten bestimmt oder beeinflußt wird."[2o]
Aber die Grenze zwischen Wahrheit und Lüge ist fließend:

"Eine andere Frage ist es natürlich, wie diese harten Tatsachen an den Mann gebracht werden. Nackt und nüchtern oder gut verpackt."[21] Halbwahrheiten oder fehlende Informationen werden spätestens am Urlaubsort entdeckt oder führen zu Unstimmigkeiten, die nicht selten vor Gericht enden. Unter dem wachsenden Druck der öffentlichen Meinung sahen sich die Reiseveranstalter deshalb gezwungen, sich in höherem Maße der Ehrlichkeit zu verpflichten. "Die neue Masche ist die Ehrlichkeit! Kritiker, die seit Jahren auf die Unehrlichkeit in Prospekttexten hinweisen - und mit tausend Ausreden und Beschönigungen in Frage gestellt wurden - wundern sich: Wenn Ehrlichkeit ein Werbeargument werden mußte beziehungsweise werden konnte, wirft diese Tatsache ein bezeichnendes Bild auf die seitherige Praxis der Branche."[22] Ehrlichkeit wird zwar nun seit rund vier Jahren propagiert, inwieweit sie aber auch verwirklicht wird, ist zumindest zweifelhaft. Unter anderem soll in der vorliegenden Arbeit untersucht werden, auf welche Weise durch Sprache Informationen retuschiert, Sehnsüchte angesprochen, Idealvorstellungen hochgespielt und Mißstände euphemistisch umschrieben werden. Daß vor allem der Text, also Sprache neben dem Bild und dem Preis das entscheidendste Kriterium zur Auswahl eines bestimmten Urlaubsortes ist, zeigt die folgende Übersicht.

1.3. Statistische Angaben zur Wirkung von Text, Bild und Preis in Reisekatalogen

Ostern 1971 (9.-12.April) wurden an die Teilnehmer verschiedener Busrundreisen, die vom Reisebüro Nord-Süd GmbH in München organisiert waren, Fragebögen ausgeteilt, in denen den Urlaubern u.a. Fragen nach Urlaubserwartungen, Reiseverhalten, bevorzugten Transportmitteln gestellt wurden und sie auch um Antwort nach ihrer Einstellung zum Text der Reiseprospekte gebeten wurden. Es gingen 98 Fragebögen wieder ein, zum Teil leider nicht immer vollständig ausgefüllt. Um genauere Schlüsse über die Einstellung der Reiseteilnehmer zum Text der Kataloge zu ziehen, ist die Zahl der zurückgegangenen Bögen sicherlich zu gering; es soll hier jedoch nur in kleinem Rahmen erwiesen werden, daß der Text eine nicht unwesentliche Rolle spielt. Angaben zu machen über die soziale und altersmäßige Schichtung der Teilnehmer in Relation zu ihren Antworten, ist nicht möglich, da sowohl Alter als auch Berufe sehr weit gestreut sind und sich bei der kleinen Zahl der Beteiligten keine spezifischen Gruppen herauskristallisieren lassen.[23] Als Fragen wurden gestellt: "Worauf achten Sie am meisten, wenn Sie einen Reiseprospekt anschauen?"

1. Nur auf den Text	29 =	29.6 %
2. auf den Preis	27 =	27.5 %
3. auf Text und Preis	2o =	2o.4 %
4. auf Text, Bilder und Preis	1o =	1o.2 %
5. nur auf die Bilder	4 =	4.1 %
6. auf Text und Bild	3 =	3.1 %
auf Bild und Preis	3 =	3.1 %
7. keine Angaben	2 =	2 %[24]
insgesamt	98 =	1oo %

Auf den Text besonders zu achten wurde insgesamt von 62 Personen angegeben. Es zeigt sich also, daß auf den Text mit Abstand am meisten Wert gelegt wird, der Preis allerdings auch eine wichtige Rolle spielt und den Bildern am wenigsten Aufmerksamkeit geschenkt wird.

Frage 2: "Was bevorzugen Sie?

a) ausführliche Beschreibungen	74 =	75.5 %
b) knappe Angaben"	16 =	16.3 %
keine Angaben	8 =	8.2 %
	98 =	1oo %

Ausführliche Angaben wurden bevorzugt, allerdings von einigen Teilnehmern Einschränkungen gemacht.[25]

Frage 3:"Halten Sie den Text in den Reiseprospekten für

a) übertrieben	5o =	51 %
b) untertrieben"	6 =	6.1 %
eigene Anmerkungen[26]	8 =	8.2 %
keine Angaben	34 =	34.7 %
	98 =	1oo %

Daß sechs Personen die Angaben für untertrieben hielten, verwundert. Da die sonstigen Fragen aber mit aller Ernsthaftigkeit beantwortet wurden, scheint Ironie ausgeschlossen.

Frage 4: "Gibt es ein bestimmtes Wort oder einen bestimmten Ausdruck aus einem Reiseprospekt, den Sie sich besonders gemerkt haben. Beispiel: 'Tessin, Sonnenerker der Schweiz' oder 'Blütenrausch des Frühlings'?" Danach war Raum für eventuelle Eintragungen freigelassen. Einige Male wurde mit "nein" geantwortet. Ein Landgerichtsrat schrieb "Fehlanzeige", eine 54-jährige Heilpädagogin meinte: "nehme ich nie ernst" und ein 41-jähriger Angestellter versah den freien Raum mit der Bemerkung "Himmelreich (Höllental) Schwarzwald"; also nur eine einzige Anmerkung, die sich auf die Frage bezieht. Wenn der Raum nicht leer gelassen wurde, fanden sich hier allgemeine Äußerungen über den Verlauf der Reise (Lob für den Busfahrer, Beschwerden über das Hotel, usw.). Entweder wurde also die Frage nicht verstanden oder, was wahrscheinlicher ist: ähnliche Wendungen werden zwar von kritischen Journalisten bemerkt, nicht aber von der Mehrzahl derer, die auf Grund von Katalogen eine Reise buchen, was die Vermutung zuläßt, daß solche Wendungen schon als Selbstverständlichkeit angesehen und nicht mehr bewußt wahrgenommen, vielleicht sogar erwartet werden.

Zusammenfassend läßt sich festhalten, daß der Text gegenüber dem Bild eine Priorität besitzt, ausführliche Beschreibungen, also viel Text, gewünscht werden, daß man einerseits den Katalogen kritisch gegenübersteht, indem man sie meist für übertrieben hält, man einzelne Übertreibungen und manieristische Wendungen aber nicht bewußt wahrnimmt.

2. Definitionen

In einem kurzen Überblick soll auf den Problemkreis der Begriffe 'Fremdenverkehr', 'Tourismus', 'Reisebüro', 'Gesellschaftsreise', 'Werbung' und 'Werbekommunikation' eingegangen und ein kurzer Blick auf ihre historische Entwicklung geworfen werden.

2.1. Fremdenverkehr und Tourismus

Das Wort 'Fremdenverkehr' wird zum ersten Mal erwähnt in dem Buch "Das Recht der Frauen auf Erwerb - Blicke auf das Frauenleben der Gegenwart" der Frauenrechtlerin Louise Otto (Hamburg 1866). Dort heißt es Seite 58: "In Städten mit starkem Fremdenverkehr, wie z.B. Dresden, ist es auch bereits ganz üblich geworden, daß alleinstehende Damen allein außer dem Hause speisen." Im Baedeker von 1869 finden sich "vom großen Fremdenverkehr bevorzugte Gegenden", nach 187o häuft sich das Wort im allgemeinen Reiseverkehr.[27] Den Begriff 'Fremdenverkehr' genau zu bestimmen ist allerdings immer wieder auf Schwierigkeiten gestoßen und sehr viele Versuche dazu wurden unternommen. Die wichtigsten Definitionen seien kurz angeführt: Morgenroth, Artikel "Fremdenverkehr" im Handwörterbuch der Staatswissenschaften, Jena 1927: "Im engsten Sinne ist als Fremdenverkehr der Verkehr von Personen zu begreifen, die sich vorübergehend von ihrem Dauerwohnsitz entfernen, um zur Befriedigung von Lebens- und Kulturbedürfnissen oder persönlichen Wünschen verschiedenster Art anderwärts lediglich als Verbraucher von Wirtschafts- und Kulturgütern zu verweilen."[28] Die bekannteste Bestimmung stammt von den Fremdenverkehrswissenschaftlern Hunziker und Krapf: "Fremdenverkehr ist somit der Inbegriff der Beziehungen und Erscheinungen, die sich aus dem Aufenthalt Ortsfremder ergeben, sofern durch den Aufenthalt keine Niederlassung zur Ausübung einer dauernden oder zeitweilig hauptsächlichen Erwerbstätigkeit begründet wird."[29]

Das Wort 'Fremdenverkehr' wechselt heute mit dem Wort 'Tourismus', ohne daß eine Abgrenzung zwischen den beiden Begriffen besonders deutlich wird. 'Tourismus' ist vielmehr der internationale Begriff für 'Fremdenverkehr', wobei Elmar Aretz einen Unterschied darin sieht, daß im Gegensatz zum Fremdenverkehr, der auch Heilbehandlungen und Dienstreisen einschließt, "der im außerdeutschen Sprachgebrauch übliche Terminus 'Tourismus' allein auf Freizeitreisen" bezogen wird.[30] Das Wort ist erst im Zuge des sich immer erweiternden Fremdenverkehrs entstanden: "Tourismus ist eine junge Wortbildung, die bei uns in Deutschland erst nach dem Zweiten Weltkrieg weitere Verbreitung fand. ... Im Zuge der Internationalisierung des Massenfremdenverkehrs wurde 'Tourismus' aus dem englischen 'tourism', dem französischen 'tourisme' und dem italienischen 'turismo' entlehnt."[31] Um den Begriff 'Tourismus' genau zu definieren, wurde im Jahre 1953 von der Academie internationale du Tourisme ein Wettbewerb ausgeschrieben, dessen 1. Preis folgende Erklärung bietet: "Die Gesamtheit der menschlichen Ortsveränderungen und der sich daraus ergebenden Tätigkeiten, die durch die Verwirklichung des in jedem Individuum in verschieden starkem Maße vorhandenen Wandertriebs hervorgerufen wurden."[32] Eine französische Definition lautet: "Au degré élevé du developpement de la culture, le tourisme est un mouvement collectif de voyageurs se dirigeant vers une ville, commune, station balnéaire ou climatique, une contrée ou un pays. Au lieu servant du but de voyage les voyageurs séjournent sans avoir toutefois l'intention de s'y etablir ou d'y déployer une activité lucrative."[33] Für den Begriff 'Tourist' gibt Hans-Joachim Knebel folgende Merkmale an:

"1. Personenverkehr, temporärer Ortswechsel; zeitlich begrenzte regionale Mobilität
2. Beziehung oder Beziehungslosigkeit mit den "Einheimischen"
3. Auftreten in reiner Konsumfunktion mit Mitteln, die am Heimatort verdient wurden
4. Befriedigung von Luxusbedürfnissen, d.h. Luxuskonsum
5. Streben nach Komfort und physischer Sicherheit"[34]

Sind diese Definitionen[35] wissenschaftlich exakt, so ist bei der deutschen Bevölkerung der Begriff des 'Tourismus' zudem mit erheblichen Gefühlswerten besetzt; die Reiseanalyse 1972 des Studienkreises für Tourismus zeigt folgendes Anmutungsfeld des Begriffes 'Tourismus':

"(Gestützte Frage)	N = 1oo2
	%
Ferne Länder	62
Großreiseveranstalter	52
Massenandrang	5o
Flugzeug	48
Immer mehr reisen	46
Rummel	44
Viel Abwechslung	38
Erholung	31
Eisenbahn	31
Herdentrieb	28
Erschwingliche Preise	27
Auto	25
Freunde gewinnen	19
Kameradschaftlichkeit	12
Stille	9
Individuell	8
Schlechtes Benehmen	8"[36]

'Tourismus' wird also meist verbunden mit 'organisierten Reisen' und mit 'Gemeinschaft'. Daß es diese Aspekte des Fremdenverkehrs bereits zu einer Zeit lange vor der Prägung dieses Begriffes gab, zeigt ein Blick auf die Geschichte des Reisens. Denn schon bei den Ägyptern kann man in gewisser Weise von Fremdenverkehr sprechen.[37] Der Fremdenverkehr der Griechen hatte seinen Höhepunkt in den Reisen zu den Olympischen Spielen, wo nahezu ganz Griechenland unterwegs gewesen sein soll. Die Römer perfektionierten den Tourismus: "Der 'cursus publicus', die römische Post hatte eigene Dienststellen eingerichtet, die Zulassungskarten für die Benutzung der Fahrzeuge und der Straßen ausgaben und alle mit dem Reisen zusammenhängenden Auskünfte erteilten. Das waren richtiggehende amtliche Reisebüros und die Berechtigungsscheine, die sie ausstellten, enthielten alle Angaben über die einzelnen Stationen der Reise, die Aufenthaltsorte, die Art der zu benutzenden Wagen und 'Voucher' für Übernachtung und Verpflegung in den Mansiones (Herbergen)."[38] Im Frühmittelalter gingen dann die Vergnügungs- und Erholungsreisen zurück; erst die Pilgerreisen des späten Mittelalters kann man in gewisser Weise wieder als eine Art organisierter Ferienreise betrachten: "Aus allen christlichen Ländern Europas zogen Scharen von Pilgern nach Venedig oder Marseille. Vor den Toren der Städte schon wurden die Pilger von Agenten angehalten, die ihnen Unterkünfte in Gasthäusern vermittelten. Diese Agenten hatten auch die Vertretung der Reedereien, welche die Schiffahrt nach Jaffa betrieben. Sie suchten die Pilger zur Buchung für die Reise entweder in den Quartieren auf, oder sie vermittelten den Schiffskontrakt von ihrem 'Büro' aus, das sich im Freien, z.B. am Markusplatz in Venedig, unter dem Banner der von ihnen vertretenen Reederei befand. Dabei wurde ein fester Preis vereinbart, der die Hin- und Rückfahrt mit dem Schiff und die Reise zum Hl. Grab einschloß. Das Ganze war als Gesellschaftsreise organisiert, an der die Schiffspatrone und die Stadt Venedig recht gut verdienten."[39] Wulf Schadendorf meint,im 15. Jh. könne man geradezu von einer "currendi libido, von einer Pilgerepidemie"[4o] sprechen. Weniger die Wanderungen der Handwerksgesellen, als die 'Grand tour' der jungen Adligen kann im 17. und 18. Jh. als eine organisierte Form des Reisens betrachtet werden, da der junge Reisende von einem Organisationsstab begleitet wurde. Dabei ist aber zu beachten, daß diese Tour, ebenso wie die Badereisen des 18. und 19. Jh.s, sowie der neue Natur- und Reisedrang, der durch Albrecht von Hallers Epos "Die Alpen" und vor allem durch die "Neue Heloise" von J.J.Roussseau hervorgerufen wurde und den Alpinismus mitentdecken half, sich nur auf die Oberschichten beschränkte. Knebel spricht von der Phase des "hochbürgerlichen Tourismus mit feudalistischen Zügen ... vom beginnenden bis zum ausgehenden 19. Jh."[41] Erst mit dem beginnenden 2o. Jh. fängt der Tourismus an, sich auf breitere Schichten auszudehnen, bestimmt durch soziale Veränderungen (vor allem den bezahlten Urlaub) und das beginnende neue Selbstverständnis der bürgerlichen und kleinbürgerlichen Schichten. "Wie die demonstrative Unproduktivität der leisure-class dient die demonstrative Freizeitproduktivität als ein Mittel, das soziale Anerkennung und soziales Selbstverständnis verspricht."[42] Eng zu dieser Reiseemanzipation aller Schichten gehört auch die Entwicklung des Reisebüros.

2.2. Fremdenverkehrsunternehmen

"Die Funktion der Gesellschaftsreise ist also auch heute, ..., reiseunerfahrene und reiseunsichere soziale Schichten von der eigenen Initiative zu entlasten und gegen Zahlung einer verhältnismäßig geringen Pauschalsumme zu Touristen zu machen, die dann im nächsten Jahr wieder eine Gesellschaftsreise machen, also ein Gesellschaftsreisestammpublikum bilden und ohne die Möglichkeit einer Gesellschaftsfahrt 'wohl kaum' eine Reise machen würden."[43] Als Begründer der modernen Gesellschaftsreise und als 'Erfinder' des Reisebüros gilt der Temperenzler Thomas Cook (18o8-1892). Am 5.Juli 1841 führte er die erste Sonderfahrt mit der Bahn für 57o Personen durch. Sein Prinzip ist: Größter Nutzen für die größte Menge von Menschen zum niedrigsten Preis. 1862 bietet er das erste kombinierte Angebot Reise, Unterkunft und Verpflegung an. 1865 gründete Cook in London das erste Reisebüro. "Cook organisiert Reisen in Europa, nach Amerika, nach Indien, eine Weltreise, die 222 Tage dauert. Man kann eine Besteigung des Mont Blanc oder eine Jagd im Busch buchen."[44]
Für die organisierte Reise schuf er:
die Umsetzung und Weckung des Bedürfnisses, Ferien mit Reisen zu verbinden;
das pauschale Angebot einschließlich der Sonderleistungen;
das Vermitteln und Verkaufen von Unterkunftsmöglichkeiten für den Kunden schon vor Antritt der Reise;
die Demokratisierung des Reisens für alle;
den Hotel-Coupon;
den gedruckten Führer für Reiseveranstaltungen.[45]
Im Gefolge von Cook, der im Laufe der Jahre seine Büros über ganz Europa verstreut hatte, entstanden auch in anderen Län-

dern Reisebüros. Als erste deutsche gelten das Reisebüro Rominger, das 1842 in Stuttgart gegründet wurde und das Reisebüro der Gebrüder Stangen in Berlin, das 1863 mit der Veranstaltung von Reisen in die Sächsische Schweiz begann und bereits zwischen 1864 und 1867 Reisen in den Orient organisierte. Viele der deutschen Reisebüros der ersten Zeit entwickelten sich aus Auswanderer-Agenturen, die zu Anfang des 19.Jh.s die Überfahrten nach Amerika besorgten und später die Vermittlung von Reisen in alle Welt übernahmen. Schon vor dem Ersten Weltkrieg erlebten die Reisebüros einen gewaltigen Aufschwung, dem allerdings durch den Ersten Weltkrieg, die Zwischenkriegszeit, in der durch die Konkurrenz der KdF-Reisen und durch gewisse Restriktionen im Reiseverkehr der Bedarf der Reisebüros abnahm und schließlich durch den Zweiten Weltkrieg Einhalt geboten wurde. Danach, bedingt durch den großen Nachholbedarf an Reisen, die wachsenden finanziellen Mittel, die für den Urlaub aufgewendet werden und die Zeit, die für den Urlaub zur Verfügung steht, gehören die Reiseunternehmen zu den wachstumsintensivsten Branchen. "Besonders in der Bundesrepublik haben sich, und dies vor allem in der Zeit nach dem Zweiten Weltkrieg, die Reisebüros mit ihren beiden Hauptfunktionen als Reisemittler und Reiseveranstalter eine beachtenswerte Stellung im deutschen Fremdenverkehr erobert."[46] "Reisebüros sind jene Betriebe, die die zu der Reise und dem Aufenthalt Ortsfremder benötigten Leistungen dritter Betriebe vermitteln und/oder in besonderer Kombination als neue, eigene Leistung anbieten."[47] Ein Reiseveranstalter ist ein "Mit der Organisation von Pauschalarrangements befaßtes touristisches Unternehmen. ... Das katalogmäßig zusammengefaßte Angebot der R.(eiseveranstalter) (Ausschreibung) wird entweder direkt über eigene Buchungsstellen oder über Reisebüros vertrieben. Der R.(eiseveranstalter) hat gegenüber dem Reisekunden einerseits und den im Pauschalarrangement tätigen Leistungsträgern andrerseits normalerweise nur die Stellung eines Vermittlers inne."[48] Das Reisebüro als Vermittler stellt dem Reisekunden entweder eine seinen Wünschen entsprechende Reise zusammen, vermittelt ihm Unterkunft, Verpflegung, gelegentlich auch Transportmittel oder es vermittelt ihm eine Pauschal- oder Gesellschaftsreise des eigenen oder dritter Unternehmen, der sogenannten Reiseveranstalter. In seiner zweiten Funktion kann das Reisebüro selbst Reiseveranstalter sein. Interessant im Zusammenhang dieser Arbeit ist nur die Funktion des Büros als Reiseveranstalter, deren Aufgabe es ist, "den Unwissenden die ersten Schritte ins Ungewisse zu erleichtern"[49] und deren Tätigkeit darin besteht, verschiedene Leistungen dritter als neue eigene Leistung anzubieten. Dieter Hebestreit sieht im "Reiseveranstalter gegenwärtiger Erscheinungsform den Produzenten einer eigenständigen Dienstleistung und seine Kombinationstätigkeit als Produktionsleistung."[5o] Diese neue eigene Leistung, 'ihr' Produkt, ist die Pauschal- bzw. Gesellschaftsreise. Eine Gesellschaftsreise ist "eine für eine Personenmehrheit nach festem Programm öffentlich ausgeeschriebene, von einem Reiseleiter begleitete Reise längerer Dauer, in deren Preis mindestens Beförderung, teilweise, wenn nicht volle Verpflegung, Bedienungsgelder sowie alle anderen Abgaben eingeschlossen sind. Merkmale sind: 1. Das feste Programm; 2. die fiktive Teilnehmerzahl; 3. die Risikoübernahme der verschiedenen Leistungsträger."[51] Pauschalreise ist eine "für Einzelpersonen katalogmäßig ausgeschriebene Reise (Pauschalarrangement), die als Basis, Unterkunft und (Teil)verpflegung am Urlaubsort vorsieht (Pauschalaufenthalt) und dazu die Möglichkeit der Beförderung in bereitgestellten oder eigenen Verkehrsmitteln schafft. P.(auschalreise)n sehen im Gegensatz zur Gesellschaftsreise keinen Reiseleiter vor und bieten am Urlaubsort persönliche Freizügigkeit."[52] Neben den Rundreisen, die als Gesellschaftsreisen zu betrachten sind, stellen den größten Teil der in den untersuchten Katalogen beschriebenen Reisen Pauschalreisen dar, bei denen die Urlauber vom Heimatort an einen fest gewählten Urlaubsort gebracht werden, um dort untergebracht, verpflegt und betreut durch die Vermittlung der Reiseveranstalter, zwei oder drei Wochen Urlaub zu verbringen. "Die touristische Reise ist in sich selbst begründet, sie wird als Konsumgut gebraucht, bei dem die modernen Verkehrsmittel individuell oder in Form von organisierten, nach kaufmännischen Gesichtspunkten zusammengestellten Pauschalangeboten genutzt und Organisationsformen der Produktion, der Werbung und des Verkaufs aus den Bereichen der Konsumwirtschaft angewendet werden."[53] Überspitzt kann man sagen, der Urlaub sei bereits zur Ware geworden: "...immer häufiger erhält das touristische Produkt den Charakter des standardisierten Massenartikels, der wie andere Güter konsumiert wird."[54]

2.3. Tourismus und Werbung

Wenn man die Urlaubsreise bereits als einen Markenartikel betrachten kann, ließe sich auch die Werbung für den Fremdenverkehr mit der Wirtschaftswerbung gleichsetzen. Carola Möller z.B. definiert Werbung als "eine gezielte Beeinflussung von Menschen und Menschengruppen mit größtmöglichem Aufforderungscharakter - unter Verzicht auf negative Bewertungen und äußere Gewalt."[55] Merkmale, die auch auf die Werbung im Fremdenverkehr zutreffen. Unter dem Begriff Fremdenverkehrswerbung kann man verstehen: "die Gesamtheit der Beeinflussungsmaßnahmen, die dazu bestimmt sind, Menschen zum Reisen zu veranlassen, und auf die Wahl der Verkehrsmittel, der Beherbergungsstätten sowie der Reiseländer und -orte einwirken sollen."[56] Ein grundsätzlicher Unterschied allerdings besteht zwischen der Fremdenverkehrswerbung mit betont öffentlich-rechtlichem Charakter, also der Werbung einzelner Länder und Orte, und der privat-wirtschaftlichen Werbung der Touristikunternehmen. "Irrtümlich bezieht man häufig die Werbung der Verkehrsträger ..., der Reiseunternehmer und Reisebüros sowie der Beherbergungsbetriebe in die Fremdenverkehrswerbung ein. Hier handelt es sich aber um Dienstleistungsbetriebe, die reine Wirtschaftswerbung betreiben."[57] Hier zeigt sich die Ambivalenz des Wortes Werbung im Bereich des Fremdenverkehrs. Die Reiseunternehmer werben durch Plakate, Inserate und Werbedrucksachen für ihre Unternehmen. Es geht darum "mit allen Instrumenten bzw. Maßnahmen des touristischen Marketing Präferenzen entstehen zu lassen, welche die eigene Leistung aus der Anonymität des gesamten touristischen Leistungsangebotes, also gegenüber der Konkurrenz herausheben, um sich auf diese Weise einen Firmenmarkt zu schaffen."[58] Diese Form der Werbung ist eindeutig Wirtschaftswerbung. Auf die Sprache dieser Anzeigen und Plakate soll hier nicht eingegangen werden, da sich schon die verschiedensten Arbeiten mit dem Problem der Sprache der Wirtschaftswerbung befassen.

Jene Art der Werbung kann als eine Vorstufe betrachtet werden, deren Erfolg bereits eingetreten ist, wenn sich der potentielle Reisende Kataloge des entsprechenden Unternehmens besorgt. Man könnte hier vielmehr von einer zweiten Stufe der Werbung sprechen: Der Kunde soll sich auf Grund des Kataloges entschliessen, mit einem bestimmten Unternehmen an einen bestimmten Ort zu fahren. D.Hebestreit bezeichnet als die Grundfunktion der Werbung im Bereich des Touristik-Marketing "die der Information und Präferenzbildung mit dem Ziel der Akquisition".[59] Und hier zeigt sich, daß eine Urlaubsreise eben doch kein Artikel ist, den man einfach konsumiert: "Das touristische Angebot ist keine Ware, kein Objekt, sondern eine Funktion, ein Bündel sich ergänzender Leistungen."[60] Das Angebot besteht aus: geographischen Gegebenheiten, Transport, Unterkunft, Verpflegung und Kundendienst. Das Unternehmen 'wirbt' mit seinen Leistungen, aber eben auch mit den geographischen, klimatischen und sonstigen Gegebenheiten und Schönheiten des betreffenden Ortes. Man verkauft nicht nur eine Pauschalreise, sondern Imponderabilien wie Erholung, gute Laune, Glück und das nicht nur als zusätzlichen Effekt, sondern primär.

Wegen der, wenn auch nur in weitem Sinne, ähnlich gelagerten Beschäftigungsbereiche, soll jedoch in den folgenden Kapiteln der Arbeit die Sprache der Wirtschaftswerbung als Bezugs- und Vergleichspunkt herangezogen werden, zumal gerade auf diesem Gebiet bereits mehrere Untersuchungen vorliegen.[61]

2.4. Werbung und Kommunikation

Die neueren wissenschaftlichen Auseinandersetzungen zum Problem der Werbung versuchen vom Begriff 'Werbung' zum Begriff der 'Kommunikation' zu gelangen. "Wirtschaftswerbung ist öffentliche, gezielte und geplante Kommunikation zum Zweck der Information, Persuasion und Entscheidungssteuerung zugunsten wirtschaftlich bedeutsamer Ziele."[62] Oder: "Tatsächlich kann Werbung, bei Lichte besehen, sinnvoll nur der Verfolgung eines Zieles dienen: Kommunikation. Aus der Sicht der Kommunikationstheorie hat Werbung dieses Ziel schon immer gehabt."[63] Herbert Brandt, der Werbeleiter von Scharnow-Reisen, sieht Werbung als "Kommunikation und Auseinandersetzung mit dem Empfänger der Botschaft".[64] Der Kommunikator (also der Reiseveranstalter) sendet in einem Communiqué (Katalog) eine Botschaft an den Kommunikanten (den Reisewilligen) mit dem Zweck, ihn zum Reisen mit seinem Unternehmen zu veranlassen. Der Ausdruck Kommunikation soll nun nicht zur Verschleierung von Werbung dienen, sondern soll als ein Begriff verstanden werden, der über die Probleme der Werbung hinaus helfen soll, Formen der Beeinflussung zu zeigen.[65] Das Vehikel der Kommunikation ist die Botschaft, die Botschaft wird übermittelt im Communiqué und dieses soll in der vorliegenden Arbeit untersucht werden. In diesem Falle ist das Communiqué der

2.5. Katalog

"Der Werbekatalog ist eine Aufzählung, ein Verzeichnis, ursprünglich nur für die Bereiche des Buchhandels, dann allgemein für Sortimentslisten und Preislisten angewandt. Seine Aufgabe ist jedoch durch genaue Warenbeschreibung und die Warenempfehlungen in der Regel weitergezogen und erhält damit zugleich werbenden Charakter. ... Er ist ein illustriertes Warenverzeichnis, in dem die angebotenen Waren abgebildet, beschrieben und in ihrer Anwendung erläutert werden."[66]
Die wichtigsten Merkmale des Kataloges sind:
"a) Abbildung der Ware;
b) die genaue Beschreibung der Ware;

c) die Maße und Größen;

d) die Preise."[67]

Diese Definitionen beziehen sich auf die Kataloge der Warenhäuser. Sie treffen nur zum Teil auf die der Reiseunternehmer zu. Die Abbildungen können immer nur Aspekte des 'Produktes' bringen (z.B. einen Strand, ein Hotelzimmer) und da man das 'Produkt' in keiner Weise vorher besichtigen kann, liegt um so größerer Wert auf der ausführlichen Beschreibung. Den Angaben über Maße und Größe entsprechen im Fall des Ferienkatalogs die genauen Angaben über Dauer des Aufenthalts, Art der Unterkunft und Art des Transports, aber auch über Art der Unterhaltungs- und sonstigen Möglichkeiten, eben jener oben bereits erwähnten Imponderabilien. Die Preise sind immer, manchmal allerdings recht verschlüsselt,angegeben. - Wie überragend wichtig die Funktion der Kataloge im Touristik Marketing ist, betont auch D.Hebestreit: "Kataloge sind die Grundlage für Verkauf bzw. Kauf eines Produkts, das - im Grund ein Urlaubserlebnis - nur unvollkommen darstellbar ist, dessen Bestandteile vorher nicht in Augenschein genommen werden können und das der Käufer im voraus bezahlen muß."[68]

Zusammenfassung (S.1-18)

1. Tourismus ist eine Form des Ortswechsels zum Zweck der Erholung.
2. Zu diesem Zweck bieten Reiseveranstalter Pauschalreisen an.
3. Pauschalreisen enthalten zu einem festen Preis ein Bündel von Leistungen wie Transport, Unterkunft und Verpflegung.
4. Die Beziehung 'Veranstalter' - 'potentieller Reisender' wird als Kommunikation bezeichnet.
5. Der Katalog enthält die zu übermittelnde Botschaft.
6. Die Botschaft soll den Empfänger zu einer Handlung im Sinne des Senders veranlassen.
7. Die Formen, in denen sich diese Veranlassung äußert, sollen untersucht werden.

3. Zielvorstellungen und Abgrenzungen

3.1. Zum Problem der Reiseliteratur und zur 'literarischen Einordnung'der Kataloge

Die Ferienkataloge stehen in dem weiten Umkreis von Schriften, die sich mit dem Reisen befassen: Bei einer ersten groben Einteilung läßt sich unterscheiden zwischen Reiseliteratur und Reiseführern. Zum literarischen Schrifttum über Reisen sind zu zählen faktische Reisebeschreibungen, imaginäre Reisen, Reiseerzählungen. Sie sind zu sehen als schöngeistige Literatur und ihre Sprache untersuchen, hieße die Sprache der jeweiligen Autoren analysieren. Daneben stehen die Reiseführer, die hier gleichsam als 'Gebrauchsprosa' bezeichnet werden sollen: Bücher zur Beratung und Unterrichtung der unerfahrenen Reisenden. Als Iterinare existierten sie bereits zur Römerzeit. Der bedeutendste Reiseführer über mehrere Jahrhunderte war das 1597 in Köln erschienene Reisebuch "Kronn und Ausbundt aller Wegweiser" mit Reiseverbindungen für 71 Städte, das sich ab 16o3 "Allgemeiner oder General-Reyssbuch und Wegweiser" nannte und für die meisten Reisehandbücher des 17. und 18. Jh.s Vorbild war. Diese Reiseführer enthielten Anfangs- und Abfahrtszeiten der Postwagen, Meilenangaben, Angaben über Gasthöfe, Hinweise für Unterkunft und Verpflegung, ausführliche Beschreibungen der Strecken und Kartenmaterial. Eine neue Entwicklung der Reiseführer begann mit dem 1836 von dem Engländer Murray herausgegebenen "Red Book", das das Sternsystem für besondere Sehenswürdigkeiten einführte. Es gab das Vorbild für den bedeutendsten deutschen Reiseführer,den Baedeker, dessen erster Band "Die Rheinreise" 1839 erschien. Zu dieser Art der Reiseführer gehören heute neben dem Baedeker z.B. der Grieben oder der"Polyglott",in Frankreich "Les guides bleues". Mit dem Anwachsen des Tourismus in den letzten zwanzig Jahren geht auch ein Anwachsen der Reiseführer einher. In eine Reihe mit diesen Reiseführern zu stellen sind auch die regelmäßig erscheinenden Reisebeilagen einiger großer Tageszeitungen, die meist wöchentlich über neue Reisegebiete, neue Reiseformen, Probleme des Urlaubs und günstige Urlaubsangebote berichten. In diesem Rahmen der Anleitungen für Reisende sollen auch die Ferienkataloge der großen Unternehmen gesehen werden. Nicht als Literatur, sondern als Gebrauchsprosa.[69] Trotzdem nehmen die Ferienkataloge auch innerhalb dieser Gruppe noch eine Sonderstellung ein. Der Reiseführer (z.B. der Baedeker) gibt Informationen über Sehenswürdigkeiten, schöne Routen, günstige Hotels. Er wird zur Reisevorbereitung, zur Planung der Urlaubsstrecke und vor allem als Nachschlagewerk am Ferienort gebraucht. Die Reisebeilagen der Zeitungen geben allgemeine Urlaubsratschläge, geben Hinweise auf neu entdeckte Urlaubsorte, geben Tips, wie man den Urlaub angenehm gestaltet. Sie regen zum Reisen an. Auch die Ferienkataloge regen zum Reisen an, aber sie sollen nicht nur anregen, sondern gezielt zum Reisen veranlassen. Sie bieten nicht nur Informationen, sondern sie appellieren durch stark gefühlsbetonte Schilderung direkt an das Reisebedürfnis des Einzelnen. Im Gegensatz zum übrigen Schrifttum, das sich mit dem Reisen befaßt, ist der Ferienkatalog Gebrauchsprosa mit dem Zweck, den Leser zu veranlassen, bei einem bestimmten Unternehmen eine Reise zu buchen: Gebrauchsprosa mit ausgeprägtem Aufforderungscharakter.

3.2. Abgrenzung gegen soziologische und psychologische Problemstellungen

Der Ferienkatalog soll Handeln beeinflussen. Sprache ist Mittel zur Beeinflussung. Die Untersuchung der Sprache dieser Beeinflussung überschneidet sich aber am Rande immer wieder mit Fragestellungen, die auch von den Bereichen der Soziologie und Psychologie aus gesehen werden können. So kann schon der Urlaub an sich als eine Flucht aus dem Alltag in ein Paradies des Urlaubs gedeutet werden.[7o] Werden dem Urlauber in den Katalogen paradiesische Zustände vorgegaukelt?

Urlaub ist zur Prestige-Angelegenheit geworden. Verreisen ist Ausdruck der sozialen Einordnung ebenso wie der Gebrauch mancher Luxusgüter. Die Urlaubsreise wird zum Statussymbol. "Auf der 'Immateriellen Ebene' halten die Ferienkonzerne

Reisen aller touristischen Leistungsnormen von der eintönigen Sommerfrische bis zum Flug um die Welt bereit und ermöglichen es so, Luxus- und Leistungskonsum beliebig zu kombinieren."[71] Wie stark wenden sich die Kataloge an das Sozialprestige?

Ein Vorwurf, der den Reisekonzernen immer wieder gemacht wird, ist der, den Urlauber zu programmieren. Das Programm ist festgelegt und der Urlauber hält sich daran, begibt sich freiwillig in die Unfreiheit und erhält dafür Sicherheit; nichts Unprogrammiertes kann mehr geschehen. Wer Befehle erhält und dies gewohnt ist, kann seinen Urlaub nicht aktiv gestalten; Urlaub wird zur Verlängerung des Arbeitsverhältnisses.[72] Aber nicht nur das Programm ist vorausbestimmt, sondern auch wie es erlebt werden muß. "Der Mensch sammelt so auf allen Lebensgebieten 'Erfahrungen', durch die zweite Hand, die die Aktualität alles späteren unmittelbaren Erlebens vorwegnehmen und Bewunderung und Erstaunen im persönlichen Erlebnisvollzug zu einer unbekannten, nie erlebten Gefühlsregung werden lassen. Reiseleiter und Programm wie die anderen Mittouristen unterstützen das massenkonfektionierte Stereotyp wesentlich."[73] Eine Scheinwelt wird aufgebaut, der Urlauber akzeptiert sie und nimmt alles idealisiert wahr, um nicht enttäuscht zu sein, denn ein Urlaub ist zu kostbar, als daß man zugeben kann, sich hier geirrt zu haben. Bauen die Kataloge eine Scheinwelt auf? Liefern sie vorgeprägte Bilder von Ländern, Menschen, Kulturen? Programmieren sie Erleben? "Die Dienstleistungen der touristischen Institutionen zielen nicht nur auf die physiologischen Bedürfnisse des Menschen, sondern wirken auch auf die Schicht des Emotionalen durch Injektionen mit dem Gefühlsprogramm."[74]

3.3. Anmerkungen zur benutzten Literatur

Gerade mit diesen soziologischen und psychologischen Aspekten des Tourismus setzt sich ein großer Teil der Literatur im Umkreis des Fremdenverkehrs auseinander.[75] Der Studienkreis für Tourismus gab einige Arbeiten in Auftrag, die das Urlaubsverhalten und die Urlaubserwartungen Jugendlicher und

Erwachsener unter bestimmten Gesichtspunkten untersuchten; außerdem veröffentlicht er jährliche Reiseanalysen. Zahlreich sind auch Arbeiten, die den Fremdenverkehr von wirtschaftswissenschaftlicher Sicht aus betrachten. In diesen Arbeiten wird auch gelegentlich auf Probleme der Werbung im Fremdenverkehr eingegangen, allerdings mit Betonung auf marktpolitischen Gesichtspunkten und Werbung bezieht sich fast ausschließlich auf die Werbung der einzelnen Fremdenverkehrsträger (z.B. Hotels, Kommunen). In den Handbüchern zum Fremdenverkehr und zur Fremdenverkehrslehre wird Werbung ebenfalls fast ausschließlich als Werbung der einzelnen Gemeinden oder Leistungsträger verstanden. In den Aufsätzen der Fremdenverkehrszeitschriften (wie "Der Fremdenverkehr" mit seiner Beilage "Das Reisebüro" oder der "Zeitschrift für Fremdenverkehr") wird Fremdenverkehrswerbung gleichgesetzt mit den Prospekten, die die jeweiligen Fremdenverkehrsämter herausgeben. Auf die Werbung der Reiseveranstalter wird so gut wie nicht eingegangen. Trotzdem lassen sich hier einige Ansatzpunkte übertragen. Einzig der Band "Werbung und Tourismus" des Studienkreises für Tourismus befaßt sich in einigen Aufsätzen speziell mit der Werbung für und von Reiseunternehmen. In diesem Sammelband findet sich auch der Nachdruck eines 'Spiegel'-Artikels, in dem einige Anmerkungen zum Stil eines Neckermann- und eines Scharnow-Kataloges gemacht wurden.[76] Dies ist neben dem Aufsatz von Joachim Stave "Alle preisen Jedermann-Reisen"[77] eine der wenigen Arbeiten, die sich mit der Sprache der Ferienkataloge differenzierter auseinandersetzt.

Umfangreich allerdings ist die Literatur im Umkreis der Wirtschaftswerbung. Für diesen Bereich gibt es bereits eine eigene Bibliographie.[78] Einen breiten Raum nehmen auch hier die Schriften aus dem wirtschaftswissenschaftlichen Gebiet ein, die für diese Arbeit im allgemeinen irrelevant sind. Allerdings finden sich in mehreren Werken, die von Autoren aus der Werbebranche verfaßt wurden, Kapitel oder einzelne Abschnitte, die auf das Abfassen von Werbetexten eingehen, also das Problem Sprache und Werbung anschneiden. Diese Arbeiten, ebenso wie die schon erwähnten wissenschaftlichen Untersuchungen zum Problem Sprache und Wirtschaftswerbung, wurden, da sie ähnliche Gebiete behandeln, besonders berücksichtigt.

3.4. Bemerkungen zum untersuchten Material

Die Grundlage dieser Arbeit bilden 1o Ferienkataloge aus den Jahren 197o bis 1974/75. Bei der gewaltigen Menge der Kataloge, die jährlich 2 bis 3 mal erscheinen, können nicht einmal annähernd sämtliche Reiseunternehmen berücksichtigt werden. Es wurde daher versucht, einen repräsentativen Querschnitt durch die wichtigsten Unternehmen zu finden, bei dem neben Flugreisen an einen festen Zielort auch Kreuzfahrten, Busrundreisen, Fernreisen, sowie Sommer- und Winterreisen miteinbezogen wurden. Der Schwerpunkt liegt allerdings auf den Angeboten für Pauschalreisen an einen festen Zielort, denn hier liegt auch der Schwerpunkt des touristischen Angebotes. Im Folgenden sollen die einzelnen Reiseveranstalter und die von ihnen herausgegebenen Kataloge kurz charakterisiert werden.

An alle Veranstalter, deren Kataloge dieser Arbeit zu Grunde liegen, wurde ein Fragebogen verstandt, mit der Bitte um einige Angaben über Buchungszahl, Prospektauflagenhöhe, Funktion der Kataloge usw. Die folgenden Angaben zu diesen Punkten beruhen auf den Antworten des Fragebogens. Die Kataloge wurden durchnummeriert von 1 bis 1o und werden in der Folge nach diesen Nummern zitiert.

Nr. 1 steht für Neckermann (N-U-R-Reisen) Sommer 1973. Der Katalog hat einen Umfang von 179 Seiten und bietet größtenteils Flugreisen für mehrere Wochen an einen festen Zielort an. Von dort aus sind Ausflüge möglich. Außerdem finden sich einige Fernreisen, sowie Rundreisen durch Afrika, Segeltörns und Kreuzfahrten, wobei der überwiegende Hauptteil des Katalogs (15o Seiten) jedoch von Flugreisen bestimmt ist. Das Großunternehmen Neckermann betätigt sich neben seinen Versandhausaktivitäten seit 1964 auch auf dem Reisesektor (ab diesem Jahr gibt es Kataloge heraus) und war im Geschäftsjahr 1974 der Veranstalter mit den meisten gebuchten Reisen. Neckermann ist heute im Volksmund gleichsam zum Synonym für Pauschalreisen geworden. Der dieser Arbeit zu Grunde liegende Sommerkatalog 1973 erschien mit einer Auflage von 4 Millionen Exemplaren.[79] Neckermann verzeichnete im Geschäftsjahr 1973 567 ooo Buchungen. Auf die Frage, ob die Prospektgestaltung auf die soziale Zusammensetzung des potentiellen Kundenkreises hin orientiert ist, erfolgte als Antwort "selbstverständlich", wozu anzumerken ist, daß der Kundenkreis von Neckermann ein breites soziales Spektrum umfaßt. Die Ferienkataloge werden als Verkaufshandbücher definiert. Die Frage nach gewissen Präferenzen für bestimmte Orte auf Grund des Prospektmaterials wird bejaht, allerdings ohne nähere Erläuterungen. Neckermann glaubt an eine weitere Steigerung der organisierten Reisen in den nächsten Jahren.[8o] Verantwortlich für den Katalog zeichnet neben der Werbeabteilung des Hauses Neckermann das Team einer Frankfurter Werbeagentur. Auf die Frage: "Kommt es gelegentlich vor, daß ausschließlich auf Grund unrichtiger Prospektangaben Reklamationen erstehen?" antwortete die betreuende Werbeagentur: "Da alle Reiseveranstalter ihre Prospekte zum Teil weit über ein halbes Jahr vor dem ersten möglichen Reiseantritt erstellen, ist es selbstverständlich, daß sich Dinge im Hotel, bzw. im Zielgebiet ändern. Neckermann und Reisen schafft hier Abhilfe dadurch, daß bei evt. (negativen) Veränderungen die Reisegäste auch zwischenzeitlich vor dem Reiseantritt informiert werden. Trotzdem tauchen Fehler immer wieder auf und sind auch nie hundertprozentig auszumerzen. Mir persönlich ist kein Fall bekannt, wo es ausschließlich Reklamationen wegen falscher Prospektangaben gegeben hätte."[81] Hier zeigt sich also bereits eine Dualität zwischen Prospektangaben und Realität, die durchaus konzediert wird.

2 bezeichnet den Katalog von Scharnow Flugreisen Sommer 1973. Der Katalog umfaßt 2o3 Seiten und beinhaltet Flugreisen an einen festen Zielort, zum größten Teil innerhalb Europas. Scharnow entstand bereits 1925 und gehörte vor dem Zweiten Weltkrieg schon zu den angesehensten deutschen

Reisebüros. Nach dem Krieg wurde 'Scharnow-Reisen' 1954 wiedergegründet und seitdem erscheinen seine Kataloge. Die Buchungen im Geschäftsjahr 1973 betrugen 64o ooo. Auch bei Scharnow wird versucht, einen bestimmten soziologisch strukturierten Kundenkreis anzusprechen; hier ist man vor allem bemüht, sich von den Versandhausreisen abzuheben: "Die Widerstände gegenüber einem Veranstalter liegen häufig genug nicht im Leistungsbereich, sondern in der Ablehnung des ihm zugeordneten Kundentyps."[82] In einem Artikel, der sich mit dem differenzierten Kundenkreis der Touristik Union International auseinandersetzt, heißt es: "Scharnow wendet sich an die unteren sozialen Schichten und vor allem an die breite Mittelschicht."[83] Werbung wird deshalb gesehen als "Kommunikation und Auseinandersetzung mit dem Empfänger der Botschaft".[84] Ziel der Werbung soll sein "Einstellung des Publikums zum Unternehmen und seiner ihm eigentümlichen Leistung pflegen, stärken, aufbauen und ausbauen bzw. planmäßig ändern. Oder vorausschauend Einwände bei Nicht- oder Andersorientierten abbauen."[85] Langfristig eine steigende Tendenz der organisierten Reisen mit Schwankungen entsprechend der konjunkturellen Entwicklung wird als Zukunftsprognose für die nächsten Jahre gesehen. Mit der Abfassung der Kataloge befassen sich Werbe-Spezialisten. Die Frage, ob auf Grund ausschließlich unrichtiger Prospektangaben Reklamationen erstehen, wird bejaht.

3 und 7 sind beides Kataloge des Unternehmens TOUROPA, das vor rund 2o Jahren aus einer Arbeitsgemeinschaft der DER-Gesellschaftsreisen, des Hapag-Lloyd-Reisebüros und des Amtlichen Bayerischen Reisebüros hervorging. Ebenso wie u.a. Scharnow, Hummel und Tigges gehört die TOUROPA zur TUI der Touristik Union International, einem Zusammenschluß der größten deutschen Reiseveranstalter. Die geschätzte Auflagenzahl der Kataloge für die Wintersaison 73/74 sowie aller Sommerkataloge von 1974 beträgt rund 7 Millionen. Die Buchungen für 1974 lagen bei ca. 47o ooo. Die Kataloggestaltung ist nur zum Teil auf die soziale Zusammensetzung eines poten-

tiellen Kundenkreises hin orientiert; dies ist schwierig, "da der Kundenkreis nicht exakt feststellbar ist." In dem schon oben zitierten Artikel wird TOUROPA als Kundenkreis die soziale Mittelschicht sowie die Oberschicht zugeordnet.[86] Als Funktion der Kataloge wird "Verkauf und Werbung" genannt, als erwartete Wachstumsrate für organisierte Reisen innerhalb der nächsten 2 Jahre bis 1o % angegeben. Eigens dafür bestimmte Mitarbeiter verfassen die Kataloge. Ausschließlich wegen unrichtiger Prospektangaben erfolgen "gelegentlich" Reklamationen. Auf Grund des Katalogmaterials konnten Präferenzen für bestimmte Orte festgestellt werden, so z.B. für Ruhpolding (dieser Ort wurde von der TOUROPA für den Fremdenverkehr entdeckt und ausgebaut), "Zypern, Rhodos, Korsika und Kreuzfahrten generell." Deshalb wurde auch stellvertretend für Kreuzfahrten der TOUROPA-Katalog 'Kreuzfahrten Sommer 73' ausgewählt; er trägt die Kennziffer 7. Der Katalog umfaßt 79 Seiten, auf denen Schiffsreisen meist im Mittelmeer beschrieben werden, sowie, allerdings nur sehr knapp, Segeltörns, außereuropäische Kreuzfahrten und Fahrten auf dem Rhein. 3 steht für den Winterkatalog 72/73 von TOUROPA, der auf 75 Seiten Bahnreisen in deutsche, schweizerische, italienische und französische Wintersportorte anbietet.

4 bezeichnet den Katalog der Dr.Tigges-Fahrten: Flugreisen-, Studien- und Fernreisen . Bahnreisen . Sommer 1973. Der Katalog hat 119 Seiten, wobei der Schwerpunkt auf den Flugreisen ins europäische Ausland liegt, die ein Pauschalarrangement für zwei oder mehrere Wochen an einen bestimmten Zielort offerieren. Rund 13 Seiten werden eingenommen von Studienfahrten mit wechselnden Aufenthaltsorten in europäische und außereuropäische Gebiete. Das Reisebüro Dr.Tigges-Fahrten wurde 1928 von Dr.Hubert Tigges gegründet. In Fuss' Geschichte des Reisebüros wird es folgendermaßen charakterisiert: "Das von den Dr.Tigges-Fahrten gepflegte Reisen in der Gruppengemeinschaft strebt eine persönlichkeitsfördernde und das Dasein erhöhende Bildungs- und Er-

lebnismöglichkeit an. Den Dr.Tigges-Fahrten geht es nicht um hohe Teilnehmerzahlen. Sie wollen ihren Fahrtteilnehmern in aufgeschlossener Gemeinschaft mit gleichgesinnten Menschen die Begegnung mit Völkern und Landschaften, Geschichte, Kunst und Kultur Europas und der ihm zugewandten Gebiete Nordafrikas und Vorderasiens vermitteln und somit neben der leib-seelischen Erholung auch eine geistige Vertiefung bezwecken."[87] Aus diesem Grund, und vielleicht auch bedingt durch das Dr. im Firmennamen, gilt Dr.Tigges-Fahrten auch heute noch als ein Veranstalter für bildungsbeflissenes gehobenes Bürgertum und Akademiker. "Dr.Tigges pflegt ähnlich wie Touropa, aber noch mit stärkerer Schwerpunktbildung im oberen Bereich, die Ansprache der Mittel- und Oberschicht".[88] Auch Dr.Tigges-Fahrten ist der TUI angeschlossen. Die Katalogauflage betrug für 1973 1,5 Millionen, die Zahl der Buchungen im gleichen Jahr lag bei 92 ooo. Die Kataloggestaltung ist nach eigenen Angaben nicht hinreichend auf die soziale Zusammensetzung des Kundenkreises orientiert. Als Funktion der Kataloge wird Werbung und als deren Ziel Verkauf angesehen. Reinhold Tigges, Geschäftsführer des Unternehmens, äußert sich folgendermaßen: "Wir möchten mit unseren Angeboten nur Ware verkaufen und haften für die Beschreibung dieser Ware. In jedem Falle aber bleibt es Verkaufswerbung."[89] Als Funktion sieht er jedoch auch Kommunikation, die sich für den Leser bisweilen "als geschönte Information" darstellen kann. So kommt es dann, zwar relativ selten, aber doch zu Reklamationen auf Grund unrichtiger Angaben im Prospekt, wobei R. Tigges die Ursache eher darin sieht, "daß der Kunde die geschilderten Tatsachen falsch oder subjektiv falsch interpretiert." Ein semantisches Problem, auf das im Verlauf dieser Arbeit noch näher eingegangen werden soll.
R. Tigges sieht eindeutig Präferenzen für bestimmte Orte auf Grund des Katalogmaterials; mit der Abfassung der Kataloge ist ein dazu speziell ausgebildeter Mitarbeiterkreis befaßt und eine Steigerung der organisierten Reisen wird überproportional zum Gesamtmarkt erwartet.

5 bezeichnet den Katalog 'Winter.Frühjahr 1974/75' von HUMMEL, einem Unternehmen, das ebenfalls der TUI angegliedert ist. Dem 99 Seiten starken Katalog, der hauptsächlich Bahnreisen in die europäischen Wintersportzentren beinhaltet, ist neben einigen Reisen an die Côte d'Azur, nach Mallorca und an die Nord- und Ostsee außerdem noch ein 24 Seiten starker grüner Sonderteil mit Weihnachts- und Silvesterreisen beigegeben, die in einige europäische Hauptstädte, aber auch in deutsche Feriengebiete führen. Dieser Sonderteil wird im Folgenden als 5 gr. (= grüner Sonderteil) zitiert. Die Auflage des Winterkatalogs 1974/75 lag bei 7oo ooo, die Buchungen für das Gesamtjahr bei 2oo ooo. Auch hier ist die Kataloggestaltung auf einen bestimmten Kundenkreis hin orientiert. Die Funktion der Kataloge wurde ursprünglich in der Vorinformation für den Kunden gesehen, "der sich dann im Reisebüro weiter beraten ließ. Heute jedoch wird der Katalog immer mehr zum Hauptverkaufsmittel, Kunde entscheidet sich laut Prospekt und bucht." Präferenzen für bestimmte Urlaubsorte entwickelten sich sehr deutlich. Eine Steigerung der organisierten Reisen wird erwartet "aber nicht mehr mit den gleichen Zuwachsraten wie früher." Mit der Abfassung der Kataloge sind innerhalb des Unternehmens Mitarbeiter betraut "und zwar Leute, die eine perfekte Landes- und Ortskenntnis haben." Reklamationen auf Grund unrichtiger Prospektangaben finden sich besonders bei Hausbeschreibungen: "Hier ändern sich die Dienstleistungen während der Laufzeit des Prospektes."

Wie Neckermann und Reisen wird auch Katalog Nr.6, der für TransEuropa steht, von solchen Reiseveranstaltern herausgegeben, die nicht, wie die meisten Reiseunternehmen, aus einem Reisebüro hervorgegangen sind, sondern einer Kaufhauskette, in diesem Falle Karstadt (früher der Schickedanz-Holding = "Quelle") angegliedert sind. Seit 1971 gibt TransEuropa, das seit 1971 ebenfalls der TUI angegliedert ist, Kataloge heraus, 1974 mit einer Auflagenzahl von

von 4 Millionen (bezogen auf die Gesamtprospekte), was insgesamt eine Buchungszahl von rund 25o ooo zur Folge hatte. Auch hier sind die Kataloge auf einen bestimmten Kundenkreis hin orientiert. "TransEuropa spricht schwerpunktgemäß die besonders preisbewußten Kunden der unteren bis mittleren sozialen Schichten an."[9o] Als Katalogfunktion werden "1) Information über Angebot und 2) Animation für Urlaubsgestaltung" angegeben. Die Frage nach einer Steigerung der organisierten Reisen wird bejaht. Auch hier gestalten eigens dafür bestimmte Mitarbeiter den Katalog. Gewisse Präferenzen für bestimmte Urlaubsorte auf Grund der Prospekte entwickelten sich nicht, ebenso ließen sich auf Grund unrichtiger Prospektangaben keine Reklamationen nachweisen. Der untersuchte Katalog ist bestimmt für den Winter 1971/72. Er umfaßt 47 Seiten, auf denen hauptsächlich Winterreisen in die bekannten europäischen Skigebiete sowie nach Rumänien, in die Tschechoslowakei, nach Bulgarien und Polen angeboten wurden, sowie, allerdings nur auf zwei Seiten, Städtereisen und eine Ostseekreuzfahrt.

Nr. 8 steht für den Katalog 'Weltweite Reiseziele' der ADAC Reise GmbH 1972/73. Die ADAC-Reise ist ein Unternehmen des Allgemeinen Deutschen Automobil-Clubs und gibt seit 1957 Prospekte heraus. Die Buchungszahlen lagen 1974 bei rund 2oo ooo. Die Kataloggestaltung ist auf einen bestimmten Kundenkreis zugeschnitten, die Funktion der Kataloge wird in der Information gesehen. Präferenzen für bestimmte Orte auf Grund der Katalogbeschreibungen ließen sich nicht feststellen; für die Katalogabfassung sind innerhalb des Unternehmens bestimmte Mitarbeiter zuständig; Reklamationen auf Grund unrichtiger Prospektangaben sind "selten". Der untersuchte Katalog steht stellvertretend für Fernreisen. Auf 4o Seiten werden Fahrten nach Afrika, Asien, Amerika sowie einige Weltreisen angeboten. Es sind Rundreisen, die mit dem Flugzeug durchgeführt werden.

9 bezeichnet einen Katalog, der innerhalb der übrigen eine gewisse Sonderstellung einnimmt - den Katalog des

'Club Méditerranée'. Der Club ist eine französische Organisation, die in Deutschland seit 197o von der TOUROPA vertreten wurde, ab 1975 von der ADAC-Reise. In einem 129 Seiten starken Heft (Sommer 1973), Trident genannt, wird die Idee des Club-Urlaubs vorgestellt sowie eine Auswahl der wichtigsten Clubdörfer. Im Gegensatz zu den übrigen Katalogen, die zum Teil gleiche Hotels in gleichen Zielregionen anbieten, erfolgt hier die Unterbringung ausschließlich in clubeigenen Dörfern bzw. Hotels. Neben dem Urlaub wird zugleich eine Lebensphilosophie vermittelt: "Die 'Formel' des Club geht von dem Dorf- und Gemeinschaftscharakter jeder dieser Ferienstätten aus. Sie will zwei, drei Wochen die Illusion vom glücksbringenden Sprung aus dem Alltag in eine Welt der gegenseitigen 'Gentilesse' vermitteln, des ungezwungenen menschlichen Kontaktes unter lauter prächtigen Leuten. Die Formel zielt, nicht ohne den Anflug einer Ideologie, auf Lösung aus unserer auf Aggressivität und Verteidigung dressierten Leistungsgesellschaft, auf die freie Betätigung sportlicher Liebhabereien wie Schwimmen, Segeln, Unterwassertauchen oder Reiten unter Anleitung von 'Animateurs' und Lehrern, das gemeinsame Diskutieren oder das bloße Faulenzen an Palmenküsten, das zu den Erwartungen vom Urlaub gehört."[91] Mehr als bei allen anderen Veranstaltern ist daher der Club auf eine bestimmte Kundenschaft zugeschnitten: "Denn in einem Club-Dorf spielt ja der Mensch eine gewichtige Rolle. Vor allem der kreativ gesellige. Er gestaltet und bestimmt das Geschehen mit. 'Falsche' Urlauber, Leute, die nicht in die Club-Atmosphäre passen, die wir für den Club werben, sind nicht nur selbst enttäuscht, sie beeinträchtigen vor allem auch unsere Leistung bzw. unser Produkt in den Augen der anderen Club-Gäste bzw. Club-Mitglieder. Das bedeutet für uns in der Werbung: Scharfe Selektion. Überbetonung dessen, was potentielle Club-Urlauber im Club enttäuschen könnte, betontes Hochschrauben der Ansprüche, die wir an unseren Produktions-Partner, den Club-Urlauber stellen."[92] Als qualitative bzw. psychologische Kriterien für einen potentiellen Club-Urlauber wurden herausgearbeitet: "kontaktfreudig, tolerant, sportiv, kreativ gesellig, geistig aktiv, sprechen fremde Sprachen, verfügen über relativ gutes Einkommen."[93] An diese Zielgruppe wendet sich das Trident, das als Mittel zur Werbung aufgefaßt wird. Das Hauptpotential der Urlauber stellen allerdings die Franzosen; in Deutschland ist die Zahl der Club-Mitglieder, der "gentils membres", noch beschränkt, zumal man ja auch nur einen sehr begrenzten Mitgliederkreis ansprechen will. Die Buchungen für den Club in Deutschland beliefen sich 1974 auf 24 ooo, wobei die deutschsprachigen Club-Dörfer deutlich bevorzugt wurden. Das untersuchte Trident für das Jahr 1973 wurde wie die übrigen in Frankreich entworfen und unter Verantwortung der TOUROPA ins Deutsche übersetzt, also nicht deutsch abgefaßt.

Auch 1o nimmt innerhalb der Kataloge eine Sonderstellung ein, da er ausschließlich Busreisen beinhaltet, die jedoch mitberücksichtigt werden sollen, da sie sich wachsender Beliebtheit erfreuen. Als Vertreter für diese Art von Reisen wurde der Katalog zweier Unternehmen gewählt, die führend auf dem Gebiet der Busreisen sind: Isaria und Nord-Süd. Nord-Süd ist die 1954 gegründete Tochtergesellschaft des Autobusunternehmens "Autobus Oberbayern", das zu den bedeutendsten Omnibus-Reisebüros in Deutschland gehört; seine Gründer gelten als Pioniere des Omnibusverkehrs. Die Verkehrsgesellschaft Isaria wurde 1928 in München gegründet und "war das erste Reisebüro in Deutschland, das Reisen im Autobus nach Italien durchführte."[94] Da der Wirkungskreis dieser Reisebüros regional begrenzt ist, sind auch die Werte für Buchungen und Auflagenziffer im Vergleich zu den Großveranstaltern gering. Kataloge von Nord-Süd und Isaria wurden mit einer Auflagenzahl von 1oo ooo herausgegeben;[95] die Zahl der Buchungen, allerdings nicht nur auf Busreisen beschränkt, lag 1973 bei 32 ooo. Die Kataloge sind nicht auf einen bestimmten Kundenkreis hin orientiert, ihre Funktion wird als Werbung bezeichnet, gewisse Präferenzen für bestimmte Urlaubsorte auf Grund des Katalogmaterials sind erkennbar; eine Steigerung der organisierten Reisen wird nicht erwartet. Mit der Erstellung der Kataloge befaßt sich ein dazu ausgesuchter Mitarbeiterkreis; Reklamationen ausschließlich auf Grund unrichtiger Prospektangaben kommen vor. Der dieser Untersuchung zu Grunde liegende Katalog 'Bus-Reisen 74' umfaßt 32 Seiten, auf denen bis auf zwei Seiten, die Schiffsreisen vorbehalten sind, Busrundreisen, vornehmlich nach Italien, Frankreich und in die Schweiz behandelt werden.

Die Bruttowerbekosten, die in der Touristikbranche ausgegeben wurden, beliefen sich im Jahre 1973 auf insgesamt fast 4o Millionen DM. Dabei gab die TUI rund 8 Millionen DM, Neckermann ca. 7 Millionen DM aus.[96]

Die untersuchten Kataloge bilden nur einen Querschnitt durch das breite Angebot an Ferienkatalogen. Es wurde jedoch versucht, eine gewisse Vielfalt zu bieten, indem auch Fernreisen, Kreuzfahrten, Busrundreisen sowie etwa zu gleichen Teilen Sommer- und Winterreisen berücksichtigt wurden. Mit Ausnahme von 1o handelt es sich um die Kataloge der führenden deutschen Großveranstalter, die sehr hohe Auflagenzahlen haben und von denen anzunehmen ist, daß sie von einer breiten Leserschicht zumindest angesehen werden. Die Kataloge wurden einem begrenzten Zeitraum entnommen, entstammen jedoch, der besseren Vergleichsmöglichkeiten wegen, verschiedenen Jahren. Der Gesamtumfang des untersuchten Materials beläuft sich auf rund 1ooo Seiten, womit eine hinreichende Grundlage für eine repräsentative Untersuchung gegeben zu sein scheint.

ZUM METHODISCHEN ANSATZ

Wenn hier, wie bereits oben erwähnt, der Versuch unternommen werden soll, Ferienkataloge unter kommunikativem Aspekt zu sehen, ist es unabdinglich, die Begriffe 'Kommunikation' und 'Kommunikationstheorie' zu klären, zumal diese heute in den verschiedensten Anwendungen gebraucht werden.

1. Kommunikationstheorie

Kommunikation bedeutet "Verständigung, Übermittlung von Informationen, sei es durch Zeichen aller Art (...) oder durch formalistische Verständigungssysteme (...). Kommunikation hält gesellschaftliche Gebilde zusammen."[1] Siegfried Maser definiert: "Kommunikation heißt besprechen, heißt miteinander beraten, heißt gemeinsam machen, heißt sich verständig machen und verstanden werden, heißt andere Verstehen."[2] Kommunikation ist Zeichen jeglicher Interaktion in gesellschaftlichem Kontext. Kommunikation findet statt im Kommunikationsprozeß:

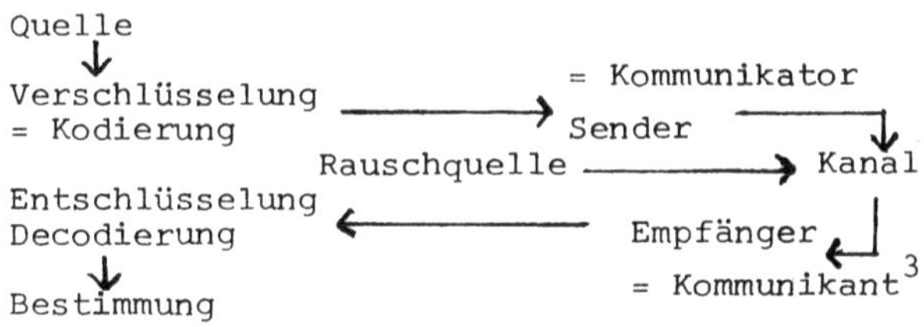

Der Verlauf des Kommunikationsprozesses läßt sich in mehrere Phasen zerlegen:

1. Der Kommunikator weiß etwas, will etwas mitteilen, er will das Informationspotential seines Partners oder seiner Partner erweitern.
2. Das, was er mitteilen will, wird nun verschlüsselt oder kodiert, d.h. in eine Reihe konventionalisierter Zeichen gebracht, (z.B. in allgemein bekannte bildliche Symbole oder in eine allgemein verständliche Sprache oder Schrift).
3. Als nächstes wird die kodierte Nachricht in einen Kommunikationskanal gegeben, in dem sie an den Empfänger weitergeleitet wird.
4. Der Empfänger dekodiert nun die Nachricht, er löst die Zeichen auf. Dabei kann es nun aber geschehen, daß die Zeichen, bedingt durch eine Rauschquelle (z.B. starkes Rauschen im Radio während einer Sendung, Druckfehler in

einer Zeitung), nicht in der ursprünglich ausgesendeten Form beim Empfänger ankommen.

5. Im besten Fall ist dem Empfänger die Nachricht ohne nennenswerte Fehler übermittelt worden, er hat alle Zeichen erkannt und sie im gleichen Sinne wie der Sender aufgelöst und verstanden. Er kann nun auf die ihm mitgeteilte Nachricht reagieren, d.h. durch Worte, oder wenn die Botschaft eine Aufforderung enthält, durch Handeln antworten.

Dieses allerdings wäre der Idealfall. Häufig stellen sich jedoch zusätzliche Schwierigkeiten ein, die sich in folgenden Fragen ausdrücken: Wie weit können die Vorstellungen des Kommunikators überhaupt in verständliche Zeichen übersetzt werden? Wie genau übermitteln diese Zeichen die vom Kommunikator beabsichtigte Bedeutung? Wie weit können die verstandenen Zeichen den Kommunikanten überhaupt beeinflussen?

Wichtigste Voraussetzung für das Gelingen einer Kommunikation ist, daß Sender und Empfänger einen aus dem gleichen Repertoire[4] sich strukturierenden Code[5] benutzen. Kommunikation kann nur entstehen, wenn beide Partner die Zeichen in gleicher Weise benutzen und verknüpfen, also z.B. sich beide der deutschen Sprache bedienen. Weiter muß aber auch ein hinreichender Konsensus über die Bedeutung dieser Zeichen bestehen. Gerade bei Zeichen aber, die mit einem hohen Gefühlsgehalt behaftet sind, ergeben sich Kommunikationsprobleme. "Nachrichten, in denen Zeichen verwendet werden, die für den Adressaten wichtige Nebenbedeutungen haben und damit eine hohe gefühlshafte Valenz besitzen, werden oft weitgehend subjektiv interpretiert und verstanden. Er orientiert sich in diesem Fall weniger am standardisierten Bedeutungskern, sondern gerade an den seine persönliche Erfahrung und sein individuelles Erleben erst kommunikabel machenden Nebenbedeutungen."[6] Zeichen mit stark gefühlsbetontem Charakter sind ambivalent; einerseits erschweren sie die Kommunikation, da sie zu subjektiv interpretiert werden können, denn gerade Wörter mit hoher Suggestionskraft sind mit emotionalen Zusatzbedeutungen beladen, deren Interpretation von Mensch zu Mensch verschieden ist; andrerseits erleichtern sie die Kommunikation, da der Kommunikant für den Empfang einer Botschaft wesentlich leichter zugänglich ist, wenn sie Informationen enthält, die seine Einstellung, seine Vorstellung, seine Erwartung, seine Wünsche direkt ansprechen. Wichtig aber ist vor allem hierbei, daß der Empfänger die Bedeutung der Zeichen richtig einzuordnen weiß, daß sie für ihn wirklich eine Nachricht enthalten, die ihm Neuigkeiten und Wissenswertes bringt. Botschaften werden bereitwilliger apperzipiert, wenn sie mit der Motivations- und Mentalitätsstruktur des jeweiligen Kommunikanten kongruieren, d.h. wenn sie seinen Wertvorstellungen und Normen entsprechen. Wichtigste Ziele jeglicher Kommunikation sind also Verständlichkeit und in deren Folge insbesondere bei jeder werblichen Kommunikation Wirksamkeit.

2. Information und Redundanz

Vorab sind noch zwei Begriffe zu klären, die in diesem Zusammenhang wichtig sind, deren Anwendung aber sehr verschieden sein kann: der der'Information'und der der 'Redundanz'.

'Information' bedeutet in alltäglicher Anwendung "eine gegenwarts- und praxisbezogene Mitteilung über Dinge, die mir im Augenblick zu wissen wichtig sind."[7] In dieser Funktion, also als Mitteilung, als Neuigkeit, als Innovation ist Information im Zusammenhang dieser Arbeit zu verstehen. Information ist aber auch Hauptbegriff der von Shannon und Weaver begründeten Informationstheorie, die als ein Teilaspekt der allgemeinen Kommunikationstheorie betrachtet werden kann. Hier stellt die Information die Auswahlfreiheit dar, die bei der Bildung einer Botschaft vorliegt. Für die mathematische Informationstheorie zählt die Menge der Alternativen, die für eine eindeutige Definition der Ereignisse notwendig ist. Diese Information ist meßbar, sie mißt die Wahrscheinlichkeit, mit der ein Ereignis eintritt. Das Maß bezeichnet man als'bit',abgeleitet von'binary digit',nach der immer zu wiederholenden Auswahlfreiheit zwischen zwei Ereignissen. Die zu messende Information ist eine statische Eigenschaft der Quelle: Sie darf nicht gleichgesetzt werden mit ihrem Inhalt; die enthaltene Bedeutung interessiert nicht. Die Information ist also das Maß einer Wahlmöglichkeit bei der Selektion einer Botschaft. Man kann nun jeder Zeit die bit-Zahlen errechnen, die ein deutscher Satz beinhaltet. Dies würde aber im Rahmen dieser Arbeit wenig nutzen, da von den Problemen der Bedeutung bewußt abstrahiert wird.[8]

Der zweite Begriff ist der der'Redundanz'.Auch dieser Begriff entstammt der Informationstheorie: Redundante Kennzeichen werden einer zu übertragenden Information beigefügt, um bei teilweiser Verstümmelung der Botschaft (wenn starke Rauschquellen im Kanal auftreten und die Übermittlung der Botschaft erschweren bzw. unmöglich machen) doch noch die Bedeutung für den Empfänger erkennbar zu halten. "Jede Redundanz ist im Grunde eine Hinzufügung; es wird eine größere Zahl von Auswahlbefehlen gesendet als unbedingt erforderlich wäre."[9] Redundanz dient damit der Erleichterung der Kommunikation. Jede natürliche Sprache besitzt in hohem Maße Redundanzen (z.B. das kongruierende Kasussystem im Deutschen). Redundanzen verstärken den vorhandenen Informationsbestand und der neu erworbene Informationszuwachs wird dadurch kleiner. Enthielte eine Botschaft nur Informationen, also nur Neues, Unbekanntes wäre sie unverständlich; eine vollständig redundante Nachricht dagegen wäre überflüssig. In jeder Botschaft aber ist ein gewisser Prozentsatz an redundanten Momenten notwendig, damit der Empfänger die Botschaft apperzipieren kann. Gerade bei werblicher Kommunikation ist es schwierig, diese Ausgewogenheit von einem Maximum an Innovation und redundanten Bestandteilen zu finden. Man benötigt Information, um dem Empfänger einen Anreiz zum Rezipieren der Botschaft zu geben und man benötigt ebenso redundante Bestandteile, damit er die Botschaft verstehen kann. "Gerade in der Werbung ist nichts mit maximaler Innovation in der Information zu machen, man muß sie sozusagen künstlich kleiner machen, als sie sein könnte, d.h. man muß ihr Ballast aus trivialer Bedeutung mitgeben; ... Werbung ist eine Information, die zwar hohe Informationswerte enthält, diese aber zugleich mit hohen Redundanzwerten versieht, damit sie im wahren Sinne des Wortes 'ankommen' kann."[10] Information soll also verstanden werden als Neuigkeit, als Mitteilung, die für den Empfänger interessant ist; Redundanz als die bekannten Teile der Botschaft, die dem Empfänger die Rezeption erleichtern.

3. Die Elemente der Nachricht: die Zeichen

"'Nachrichten' sind geordnete und relativ komplexe Sequenzen oder figurale Kombinationen von Zeichen."[11] Wir verwenden täglich die verschiedensten Arten von Zeichen: Bilder, Skizzen, Schilder, Embleme, Photographien, Abzeichen, Signale, Laute der gesprochenen Sprache und geschriebene oder gedruckte Buchstaben. Jede Sprache, jede Art von Sprache ist letztlich ein geordnetes System von Zeichen. Die Zeichen, die in der Botschaft der Ferienkataloge auftreten, sind visuell: gedruckte Buchstaben, Photographien, Symbole.[12] Ihre Hauptaufgabe kann folgendermaßen bestimmt werden: "Zeichen denotieren mit konventionalisierten Mitteln Erkenntniseinheiten."[13] Zeichen sind nicht aus sich heraus Zeichen, sie werden zu Zeichen erklärt. Nach Peirce ist die Struktur des Zeichens triadisch:

a) jedes Zeichen 'ist' etwas
b) jedes Zeichen ist Zeichen von 'etwas' und
c) jedes Zeichen ist Zeichen für 'jemanden'.[14]

Das zum Zeichen erklärte Etwas ist als 'Mittel' einem 'Objekt' für einen 'Interpretanten' zugeordnet. Man spricht daher auch vom Mittel-, Objekt- und Interpretantenbezug des Zeichens. Den Vorgang, bei dem ein Etwas als Zeichen erscheint, nennt man Semiosis; die wissenschaftliche Untersuchung der Semiosis Semiotik.

Semiotik könnte definiert werden als die Wissenschaft von den Zeichensystemen, wobei von der Hypothese ausgegangen wird, daß alle Kulturphänomene Zeichensysteme sind und auch als solche erkannt und untersucht werden müssen. Speziell auf den sprachlichen Sektor bezogen wäre die Semiotik "die allgemeine Theorie der sprachlichen Zeichen und ihrer Beziehungen untereinander, zum Denken, zur objektiven Realität und zum Menschen."[15] Entsprechend der triadischen Relation des Zeichens lassen sich im Bereich der Semiotik drei Teilgebiete unterscheiden, die allerdings nicht streng zu trennen, sondern an ihren Grenzen fließend sind: Syntax, Semantik und Pragmatik.

Als Syntax bezeichnet man denjenigen Teil der Semiotik, der sich mit den Zeichen selbst und ihren Verknüpfungsregeln befaßt (also mit dem Mittelbezug des Zeichens): Sie untersucht Zeichenkombinationen und die Regeln, denen diese Kombinationen unterliegen. Da von Bedeutungen und Anwendungen abstrahiert wird, dient sie zur Darstellung einer Systematik, sie zeigt Grundstrukturen auf und bildet die unterste Stufe der Semiotik.

Die semantische Dimension behandelt die Beziehungen zwischen den Zeichen und dem, wofür sie stehen. Sie stellt den Objektbezug des Zeichens dar. Sie beschreibt die Verbindungen, die zwischen den Elementen einer Sprache und den durch sie dargestellten Begriffen und Aussagen bestehen. Die meisten in der menschlichen Kommunikation benutzten Zeichen besitzen einen standardisierten Bedeutungskern, über den, bedingt durch Tradition und Konvention, Konsensus besteht, andernfalls wäre Kommunikation unmöglich. Zeichen denotieren, d.h. sie stellen eine direkte Beziehung zu diesem lexikalischen Bedeutungskern her. Aber Zeichen konnotieren auch: mit einem Zeichen verbindet sich bei seinem Benutzer neben der standardisierten Hauptbedeutung ein Fächer von Neben- und Zusatzbedeutungen, die beim einzelnen Benutzer eine erhebliche Bandbreite aufweisen können.[16] Dadurch wird Kommunikation erschwert.

Die Pragmatik befaßt sich mit den Beziehungen zwischen dem Zeichen und seinem Benutzer, also zwischen dem, wofür das Zeichen steht und dem, was es für die Handlungen des einzelnen bedeutet. Sie stellt den Interpretantenbezug dar. Die Pragmatik ist der allgemeinste und umfassendste Teil der Semiose, da sie sich mit ihren lebensbezogenen Aspekten beschäftigt, mit allen psychologischen, biologischen und soziologischen Fragestellungen, die im Zeichenprozeß auftreten. Sie ist auch der Teil der Semiotik, der bis heute am wenigsten ausgebildet ist.

In Anlehnung an diese Dreiteilung der Semiotik, wurde versucht, auch dieser Arbeit in ihren Grundzügen eine Dreiteilung zu Grunde zu legen. Der erste Hauptteil soll sich mit der Syntax,mit den Beziehungen der Zeichen untereinander und den Regeln ihrer Verknüpfung befassen. Darunter fällt neben der eigentlichen Syntax, also den Verknüpfungsregeln für den Satzbau (nach semiotischen Aspekten wäre dies eine Superzeichenbildung) auch die Analyse des Aufbaus und der Kombination der einzelnen Teil-Zeichen, also der Wörter, ein Bereich, der im traditionellen Bereich von Syntax gesondert als Wortbildungslehre betrachtet werden müßte.[17] Da diese sich aber wiederum mit den Zeichen an sich befaßt, soll auch dieser Aspekt als Syntax betrachtet werden.

Im semantischen Teil, der auf die Beziehungen zwischen den Zeichen und ihrer Bedeutung eingeht, sollen die zur Bildung der Botschaft verwendeten Zeichen und die Bedeutungen, die sie denotieren und konnotieren, vorgeführt werden. Dieser Abschnitt befaßt sich vornehmlich mit dem Wortschatz und den Anwendungsbereichen bestimmter sprachlicher Zeichen.

In einer Schlußbemerkung soll der Versuch eines pragmatischen Ansatzes gemacht werden, allerdings kann es nur bei einem Versuch bleiben, da sich Pragmatik, wie bereits erwähnt wurde, mit allen lebensbezogenen Aspekten der Kommunikation befaßt, also primär die Wirkung der sprachlichen Zeichen auf den Benutzer untersucht. Zur Erforschung dieses Bereiches fehlen die notwendigen psychologischen und soziologischen Vorkenntnisse. Trotzdem soll versucht werden im Ansatz zu zeigen, wie Sprache Handeln beeinflussen kann und soll. Ein Aspekt, der jedoch eng mit dem semantischen zusammenhängt und somit im semantischen Teil auch immer wieder zum Tragen kommt. Die Verbindung zwischen Semantik und Pragmatik ist so stark, daß manche Forscher es für ratsam halten, auf den Begriff 'Pragmatik' ganz zu verzichten.[18]

"Sprache ist primär ein Mittel der Kommunikation. Kommunikation ist in der Regel kein Selbstzweck, sondern Mittel zu außersprachlichen Zwecken, nämlich vor allem Kognition und Aktion. Dementsprechend erfüllt das Kommunikationsmittel 'Sprache' besonders informative und appellative Funktionen."[19] Diese beiden Funktionen der sprachlichen Zeichen sichtbar zu machen, soll Aufgabe dieser Arbeit sein.

<u>Zur Begründung des gewählten Ansatzes</u>

Auf Grund der millionenfachen Auflage der Ferienkataloge kann angenommen werden, daß ein Großteil der Bevölkerung mit diesen in Berührung kommt. Ihre Untersuchung scheint daher legitim. Der Katalog wird betrachtet als Nachrichtenträger im Kommunikationsprozeß zwischen Reiseveranstalter und Reisewilligen. Der Ablauf dieses Prozesses läßt sich wie folgt darstellen:

1. Die Nachricht, die mitgeteilt werden soll, ist das in Katalogen zusammengefaßte Angebot mehrerer, verschiedenartiger Reisen. Der Kommunikator 'Reiseveranstalter' betreibt Kommunikation, um den Empfänger seiner Botschaft zum Reisen zu veranlassen.

2. Die zu übermittelnde Nachricht wird in sprachliche Zeichen gebracht, möglichst so, daß ein breit gestreuter Kundenkreis, ein weit gefaßtes Spektrum von Rezipienten, angesprochen wird.
3. Nun wird die Nachricht in einen Kommunikationskanal, eben den zu untersuchenden Ferienkatalog, gebracht.
4. Der Reisewillige liest diesen Ferienkatalog.
5. Bei vollständig gelungener Kommunikation hat nun der Reisewillige im Sinne des Kommunikators richtig dekodiert, wenn er auf Grund der Lektüre des Ferienkatalogs eine Reise des entsprechenden Veranstalters bucht.
6. Über die Vermittlung durch sprachliche Zeichen soll der Wunsch des Reiseveranstalters,möglichst viele Reisen zu verkaufen, mit dem Wunsch des potentiellen Reisenden, einen optimalen Urlaub zu verbringen, in Kongruenz gebracht werden.

Mit Hilfe sprachlicher Zeichen und durch die Botschaft der Ferienkataloge sollen dem Reisewilligen die seinen Wünschen und Erwartungen entsprechenden Leistungen offeriert und suggeriert werden.

Zielvorstellung dieser Arbeit ist es, die Funktion des Katalogs als Nachrichtenträger im Kommunikationsprozeß zwischen Reiseveranstalter und dem potentiellen Reisenden zu betrachten. Die im Katalog übermittelte Botschaft und die zur Bildung dieser Botschaft verwendeten sprachlichen Zeichen sollen unter verschiedenen Aspekten untersucht und beschrieben werden. Vornehmliche Aufgabe soll es sein, die syntaktischen Konstellationen und semantischen Wirkweisen der sprachlichen Zeichen aufzuzeigen. Ausgangspunkt dieser Arbeit ist somit die Darstellung sprachlicher Zeichen unter Berücksichtigung ihrer kommunikativen Aufgabe. Es handelt sich also hauptsächlich um eine empirische Beschreibung sprachlicher Gegebenheiten, die teilweise in Relation zu anderen 'spezifischen Sprachen' wie allen voran Werbesprache aber auch Zeitungs- und Umgangssprache geschehen soll. Das Vorgehen ist rein pragmatisch und soll darauf abzielen, Strukturen, die der Fremdenverkehrssprache immanent sind und die damit beabsichtigten Wirkungsweisen aufzuzeigen. Mit Karl-Dieter Bünting ließe sich der Ansatz folgendermaßen beschreiben: "Das empirische Vorgehen wird (...) als Beobachten und Beschreiben des Phänomens, als Sammeln von Sprachelementen (mit allen, auch den individuellen Eigenschaften), und Notieren auffälliger Merkmale, als Zusammenstellen des Sprachmaterials in Listen und Überprüfen von Hypothesen am Material spezifiziert und i n - d u k t i v e s Vorgehen genannt;"[20] Von linguistischer Theorie wird bewußt abstrahiert, da keiner der linguistischen Ansätze (wie Transformationsgrammatik, strukturelle Semantik, um nur zwei Hauptpunkte zu nennen) geeignet scheint, um ein so umfangreiches Phänomen wie die Fremdenverkehrssprache hinreichend exakt zu analysieren. Diese Arbeit hat nicht den Ehrgeiz, neue grammatische Theorien aufzustellen oder mit Hilfe e i n e s streng dogmatisch angewandten theoretischen Modells dessen Praktibilität zu beweisen, vielmehr sollen sprachliche Zeichen und ihre Verknüpfungen sowie die Bedeutungen dieser Zeichen ihre Anwendungsgebiete und ihre Wirkung auf menschliches Handeln aufgezeigt werden. Es wird also nicht streng orthodox in der Terminologie eines bestimmten methodologischen Dogmas vorgegangen, sondern vielmehr soll Sprache als Kommunikationsmittel dargestellt werden, wobei ein Schwerpunkt auf dem Faktor der Wirksamkeit liegt und es soll von der triadischen Funktion des Zeichens ausgegangen werden, worauf die Gliederung der Arbeit basiert.[21] Die traditionelle Grammatik mit ihren allgemein bekannten und im großen Maße klar definierten Begriffen scheint daneben ein geeignetes Mittel der Sprachbeschreibung.[22] Mit Hilfe der Statistik ist ferner die Möglichkeit gegeben, sprachliche Erscheinungen zu quantifizieren. Hierdurch werden Ansätze zu einer Sprachbeschreibung gefunden, die Anhaltspunkte liefern, jedoch nicht einen strengen methodologischen Rahmen bilden, auch wenn dies unorthodox erscheinen mag. Ebenso wird es nicht immer möglich sein, sich genau an die der Gliederung zu Grunde liegende Zweiteilung in Syntax und Semantik zu halten, vielmehr sollen durch diese Zweiteilung Schwerpunkte gesetzt werden, deren Übergänge aber immer fließend bleiben. Vornehmlich semantische Aspekte werden immer auch in den Bereich der Syntax einfließen, denn auch formale Kriterien können semantisch interpretiert werden, wenn auch die Semantik nicht so stark betont wird, wie z.B. bei Georg F.Meier: "Aber auch die als rein formal erscheinende Sprachstatistik ist weitgehend, schon bei der Auswahl der Populationen, bei der Aufstellung der Korrelationen, bei der Auswertung und Bewertung der Verteilungen usw. semantisch. Sie ist es vollends bei Untersuchungen des Wortschatzes und der Syntagmen."[23] Trotzdem werden vorgreifend gelegentlich semantische Betrachtungsweisen in den Bereich der Syntax miteinbezogen.

Im ersten Teil der Arbeit soll nun die Syntax der Fremdenverkehrssprache untersucht werden, wobei Sytax definiert wird als die Beziehung der sprachlichen Zeichen untereinander. Es soll beschrieben werden wie diese sprachlichen Zeichen selbst aufgebaut sind und wie ihre Beziehungen untereinander beschaffen sind.

I. SYNTAX

Gerade die Sprache der Werbung - und auch die Sprache des Tourismus kann und soll zum Teil unter werblichem Aspekt betrachtet werden - sieht sich immer wieder heftigen Angriffen von Seiten der Sprachkritiker ausgesetzt: "Leider ist es aber so, daß die Werbung immer und immer wieder einen beschämend kleinen 'Wortschatz' verwendet. Und, je weniger Worte millionenfach durch die Werbemühle gedreht werden, um so rascher wird das einzelne Wort naturgemäß verschlissen."[1] Exemplarisch sollen hier die Äußerungen von Martin Walser erwähnt werden, der in einem Interview die meisten Werbetexte als stupide, als schlechtes Wortgeklingel, als pervertierte Kinderreime apostrophiert.[2] Es wäre allerdings zu einfach, die Werbesprache mit solchen banalen Pauschalurteilen zu verdammen, denn zu berücksichtigen ist die Crux dieser Sprachform: Als Hauptziele der werblichen Kommunikation gelten Verständlichkeit erzielen und Aufmerksamkeit erregen. Untersuchungen über den durchschnittlichen Intelligenzgrad der Werbegemeinten führten zu der Forderung,der Werbetext müsse "um von Dreiviertel der Bevölkerung verstanden zu werden, so geschrieben sein, daß er von einem 11-12jährigen Kind verstanden wird. Bezieht man sich auf Berufsgruppen, so ergibt sich auf Grund verschiedener Untersuchungen, daß das allgemeine Intelligenzniveau dieses Marktteils demjenigen von einfachen Handwerkern, Gewerbetreibenden und Bauern entspricht."[3] Mag dies auch übertrieben erscheinen, so taucht doch in allen Werbelehrbüchern, die Anleitungen zum Abfassen eines Werbetextes geben, immer wieder der Ruf nach einfacher Strukturierung des Textes und leicht rezipierbaren Wörtern auf. Auf der anderen Seite soll der Text jedoch nicht zu banal, zu eintönig und zu redundant sein, sondern zusätzlich Aufmerksamkeit erregen. Die Autoren von Werbehandbüchern bieten dafür ebenso gute wie nichtssagende Ratschläge an, wie etwa: "Der Text im Katalog muß leicht verständlich und ansprechend, kurz und doch erschöpfend, abwechslungsreich und ansprechend sein. ... Die Beschreibungen müssen in verständlicher Sprache geschrieben und von starker Überzeugungskraft für den Leser sein."[4] oder "Die Sprache der Werbung soll gepflegt sein, vornehm und ansprechend."[5] Das Problem liegt einerseits darin, die syntaktische Information möglichst niedrig zu halten, so daß der Leser nicht unnötig Zeit mit dem Dekodieren sprachlicher Verknüpfungsregeln verliert; andrerseits muß aber ein Anreiz geboten werden, dem Werbetext und seiner semantischen Information, dem eigentlichen Inhalt also, erhöhte Aufmerksamkeit zu schenken. In den folgenden Kapiteln sollen die Arten und Regeln gezeigt werden, mit denen syntaktische Information aufgebaut werden kann.

WORTBILDUNG

Als erstes sollen die syntaktischen Möglichkeiten dargestellt werden, einzelne Zeichen, die Wörter zu bilden. Dabei soll größtenteils abstrahiert werden vom allgemein gängigen Wortschatz und nur auf Besonderheiten, also Wörter, die gemeinhin nicht im täglichen Gespräch Verwendung finden, eingegangen werden. Dabei kommt es jedoch gelegentlich vor, daß bei den Übersichten bestimmter Wortbildungsmuster auch in der Allgemeinsprache schon länger gebräuchliche Wörter mitaufgenommen sind. In diesen Fällen geht es darum, die vielfältige Anwendung gewisser Wortbildungsschemata darzulegen. Beim Großteil der aufgeführten Belege jedoch handelt es sich um Neologismen oder allgemein sehr selten gebrauchte Wörter. Es geht hier noch nicht darum, was diese Wörter aussagen, da dies im semantischen Teil behandelt wird, sondern ausschließlich um die syntaktischen Verknüpfungsregeln. Dabei wird auch die Wortbildung unter dem Aspekt der Syntax gesehen, da es sich dabei ebenso wie im Bereich des Satzbaus um den Nachweis struktureller Verknüpfungsregeln handelt.

1. Substantivbildungen

In nahezu allen Aufsätzen, die sich mit dem Problem der Gegenwartssprache befassen, wird auf die gewaltig zunehmende Zahl der Neologismen hingewiesen: "...so ist heute die rasche Neubildung geradezu zu einem Kennzeichen moderner, anpassungsfähiger Schriftsprache geworden."[6] Die Sprachgeschichten sehen in den Wortneubildungen, die primär durch Zusammensetzung entstehen, die hervorstechendste Bewegung in der Sprache der neueren und neuesten Zeit. Neue Wörter müssen gebildet werden, um neue Erscheinungen zu bezeichnen und um komplexe Vorgänge in möglichst kurzer und prägnanter Form, komprimiert, aber doch klar darzustellen.[7] "Die sprachliche Übermittlung soll nach Möglichkeit kurz sein und schnell erfaßt werden. Sie soll dabei aber auch erschöpfend Auskunft geben und einen ganzen Komplex von Gedanken umschließen. Ganze Sätze oder Satzeinheiten werden daher oft in ein Wort zusammengedrängt. Solch ein Wort löst dann eine Menge von Vorstellungen aus."[8] Es zeigt sich also eine Tendenz zur Sprachökonomie, die sich in der Erweiterung des Wortschatzes manifestiert. Dazu dienen einerseits die Zusammensetzung und andrerseits die Ableitung. Zusammensetzungen mit mehreren Gliedern sind keine Seltenheit. Zusammensetzungen entstehen häufig okkasionell. Eggers nennt sie "Scheinkomposita", da sie nur zu einem bestimmten Anlaß gebildet werden.[9] Gerade aus diesem Bereich der Scheinkomposita lassen sich in den Ferienkatalogen eine große Zahl von Belegen finden. Mit Wolfgang Fleischer und im Gegensatz zur Duden-Grammatik sollen alle Bildungen, die aus zwei oder mehreren Wörtern entstanden sind, als Zusammensetzungen bezeichnet werden; der Terminus 'Zusammenrückung' oder 'Zusammenbildung' bedeutet keine klarere Bestimmung. Zudem sind die Unterscheidungskriterien für 'Zusammensetzung', 'Zusammenbildung' oder 'Zusammenrückung' ziemlich vage, überschneiden sich häufig und die Wahl der jeweiligen Bestimmung hängt zum guten Teil von der Willkür des jeweiligen Interpretanten ab. Eine Untergliederung des Wortschatzes nach diesen Aspekten würde die Darstellung nicht übersichtlicher machen. Ein Großteil der aufgeführten Belege ließe sich statt als Zusammensetzung auch als Zusammenbildung oder Zusammenrückung bestimmen. Aus diesen Gründen soll auf eine nähere Bestimmung nicht eingegangen werden, zumal Fakten dargelegt werden sollen, nicht jedoch Probleme ihrer Benennung.[1o]

1.1. Zweigliedrige Zusammensetzungen: Substantiv und Substantiv

Den größten Raum im Bereich der Substantivneubildungen nehmen, wie im Bereich der nominalen Zusammensetzungen überhaupt, die zwei- oder mehrgliedrigen Zusammensetzungen ein. Sie sind zu bestimmen als Determinativkomposita: das erste Wort erläutert das Grundwort näher. Die Determinativkomposita bilden nicht nur im Bereich der Sprache der Ferienkataloge die größte Gruppe der Neubildungen, sondern auch allgemeinsprachlich: "Sie stellen unter den nominalen Zusammensetzungen weitaus die geläufigste und umfangreichste Gruppe dar."[11] Den Hauptteil bei den Zusammensetzungen bilden Wörter, die sich in Nebensätze oder in präpositionale Fügungen auflösen lassen.[12] Im Folgenden werden einige Beispiele der präpositionalen Auflösung gegeben, wobei diese Beispiele nur exemplarisch sein sollen und nicht jedes Kompositum seiner Auflösung nach analysiert werden konnte.

1.1.1. Auflösung in Präpositionen

um zu:

Skibuckel - Buckel, um darauf Ski zu fahren (5/62)
Weinbummel - ein Bummel, um Wein zu trinken (1o/23)

Hier ist zugleich eine Verkürzung einer ursprünglich verbalen Zusammensetzung zu erkennen.

für:

Anfängerabfahrt (6/43)
Anfängerhügel (6/1o)
Anfänger-Lift (3/54)[13]
Bergsteigerschule (5/45)
Elterntip (6/29)
Familienabfahrt (6/14)
Gästekarte (5/31)
Jedermann-Gebiet (3/4o)

Kindernachlaß (2/7)
Kinderstrand (1/9o)

<u>an:</u>

Schneereichtum (5/36)
Hotelangebot (1/8)

<u>von:</u>

Nebelfreiheit (3/14)
Weltmann (9/56)
Tribünenblick (1o/22)

<u>am:</u>

Kamin-Grill (6/47)
Uferberge (1/98)

<u>mit:</u>

Fackelabfahrten (5/89)
Nilpferdteich (8/7)
Oasengebiet (1/181)
Palmenoase (8/12)
Palmenpromenade (1/32)
Rebhang (1o/23)
Schleusenstrecke (1o/23)
Schneegipfel (6/3)
Tretbootfahrten (1/9)

<u>auf:</u>

Alpenblick (1/12)
Jungfraublick (1o/12), wobei 'Jungfrau' den Berg bezeichnet

<u>bei:</u>

Tafelgetränk (4/72)

<u>durch:</u>

Barbummel (2/82)

1.1.2. <u>Auflösung in syntaktische Fügungen</u>

Hierzu sind Wortzusammensetzungen zu rechnen, zu deren Auflösung ein Nebensatz notwendig wird; dieser Nebensatz ist häufig ein Relativsatz. Der Sinnzusammenhang ergibt sich meist aus dem Kontext:

Blüteninsel (1/53)	eine Insel, die mit sehr vielen Blumen bewachsen ist, die das ganze Jahr über Blüten tragen
Felseninselchen (4/92)	eine Insel, die aus felsigem Gestein besteht
"Ferieninsel" (1o/18)[14]	eine Insel, die viele Möglichkeiten zum Ferienmachen bietet (hier Apposition zu Lindau)
Frühlingsinsel (7/33)	die Inseln Teneriffa, Madeira und Palma, auf denen ewiger Frühling herrscht
Hotelinsel (1/1o4)	eine Insel, auf der sehr viele Hotels stehen

Muschel-Insel (1/78)	eine Insel, die mit Muscheln bewachsen ist
Nachbarinsel (2/45)	eine Insel, die einer anderen benachbart gelegen ist
Sklaveninsel (1/78)	eine Insel, auf der einst Sklaven wohnten, bzw. wo mit ihnen gehandelt wurde
Sonneninsel (5/94)	eine Insel, auf der häufig mit Sonnenschein zu rechnen ist
Ausflugsgebiet (1o/22)	ein Gebiet, das geeignet ist, um von dort aus Ausflüge zu unternehmen
Delphinschau (1/92)	eine Schau, bei der Delphine vorgeführt werden
Farbenrausch (8/25)	Fülle von Farben, durch die man gleichsam in einen Rauschzustand gerät
Fels-Strände (1/93)	Strände, die sehr felsig sind
Gelegenheitsläufer (5/49)	jemand, der nur gelegentlich Ski läuft
Gletscherpiste (5/85)	eine Piste, die im Gletscherbereich liegt
Goldland (8/6)	ein Land, in dem es sehr viele Goldminen gibt, ein Synonym für Südafrika
Hügelkette (5/86)	Hügel, die wie eine Kette aneinander gereiht sind
Hügelland (4/52)	Landschaft, in der viele Hügel anzutreffen sind
Jubiläums-Jahr (1/135)	Jahr, in dem ein Jubiläum gefeiert wird
Kinderhotel (2/162)	ein Hotel, in dem Kinder gern gesehen und bevorzugt behandelt werden
Kinderpreis (6/3)	ein Preis (meist Preisnachlaß), der speziell bei der Mitnahme von Kindern für deren Aufenthalt berechnet wird
Kurtraube (1o/7)	Traube, die besonders zu einer Traubenkur geeignet ist
Naturstrand (2/137)	ein Strand, der so belassen wurde, wie ihn die Natur geschaffen hat
"Naturreiter" (1/145)	jemand, der in der Natur reitet
Pistendreieck (6/17)	Pisten, die zusammen ein Dreieck bilden
"Punktlandung"	eine Landung, die auf den Punkt genau stimmt
Rosenland (4/52)	Land, in dem sehr viele Rosen blühen, Apposition zu Bulgarien
Schlüsselbau (4/83)	der wichtigste Bau an einem Ort, der die beherrschende Position einnimmt, zugleich bildlich
Segelgebiet (2/44)	ein Gebiet, das zum Segeln besonders geeignet ist

Sektfest (1/39)	ein Fest, bei dem Sekt ausgeschenkt wird
Skiball (6/28)	ein Ball, der unter Skifahrern veranstaltet wird, auch hier zusätzlich Verkürzung (Skifahrerball)
Skifest (6/34)	ein Fest, das unter Skifahrern gefeiert wird, auch hier zusätzliche Verkürzung. Beide Belege stellen Klammerformen dar
Sonnenbucht (5/87)	eine Bucht, in der vorwiegend die Sonne scheint
Sonnenland (4/52)	ein Land, in dem vorwiegend die Sonne scheint, hier Apposition zu Bulgarien
Sonnenseligkeit (2/166)	ein Zustand, der durch die angenehmen Einwirkungen der Sonne hervorgerufen wird
Sonnenstrand (8/24)	ein Strand, an dem häufig die Sonne scheint
Treppengäßchen (1/1o1)	eine kleine Gasse, die nur aus Treppen besteht
Treppenweg (2/129)	ein Weg, der ausschließlich aus Treppen besteht
Tribünenblick (1o/22)	Blick, der wie von einer Tribüne aus gesehen ist. Diese Kompositumform steht stellvertretend für solche, die einen Vergleich beinhalten
Tourenabfahrt (6/16)	Abfahrten, die sich nicht auf Pisten beschränken, sondern Tourencharakter haben
Tourengelände (5/36)	ein Gelände, das geeignet ist, um Touren zu unternehmen
Wochenreiter (1/145)	jemand, der eine Woche lang reitet
Zielgebiet (4/2)	das Gebiet, das das Ziel der Reise ist
Zielhafen (7/3)	der Hafen, der als Ziel angelaufen wird
"Zusammenreiser" (1/5)	jemand, der in einer Gruppe mit anderen zusammen reist
Zwergrepublik (1o/16)	eine kleine Republik (San Marino), die so klein ist, daß ein Zwerg als Vergleichspunkt dient. Auch hier drückt das Kompositum also einen Vergleich aus

Diese Auswahl an Beispielen zeigt deutlich, in welch hohem Maße die Wortzusammensetzungen der Sprachökonomie dienen. Durch diese Zusammensetzungen wird es möglich, zum Teil sehr lange Nebensätze zu umgehen und dabei oft die Präzisierung eines Begriffes zu erreichen. Wortneubildungen dieser Art dienen besonders häufig zur näheren Bestimmung durch Angabe von Zeit und Ort.

1.1.3. Zeitbestimmung

Das Bestimmwort gibt an, zu welcher Zeit ein bestimmtes Ereignis stattfindet:

Abendveranstaltung (9/73)	Morgenausflug (7/68)
Herbstkur (5/96)	Oktober-Ritt (1/145)
Januar-Ermäßigung (3/21)	Oster-Sonderleistung (6/44)
Nachmittagsausflug (1o/2o)	Silvesterfeier (5/gr.8)[15]
Nachtbummel (5/gr.7)	Sommerwärme (2/188)
Nachtskilauf (3/14)	Wintererholung (3/29)

Ganz exakt wird die Bestimmung durch die folgende Zusammensetzung:

Sylvester-Nacht-Staffellauf (3/32)

Diese Beispiele stehen stellvertretend für weitere Wendungen, die mit Jahreszeiten oder Monatsnamen zusammengesetzt sind sowie auch mit Tageszeiten oder Festtagsbezeichnungen. Gerade für Bildungen mit 'Weihnachten'- und 'Silvester'- finden sich im grünen Sonderteil von 5 unzählige weitere Beispiele.

1.1.4. Ortsbestimmung

Auch durch die Angabe eines Ortes als Bestimmwort kann ein Substantiv näher definiert werden. Das Determinativwort gibt an, wo sich etwas befindet: Ein'Felsenkloster'z.B. ist ein Kloster, das an einem Felsen gelegen ist. Auch hier erspart das Kompositum einen erläuternden Nebensatz oder zumindest eine längere präpositionale Fügung:

Almkeller (4/1o6)	Felsenkloster (4/91)
Baumhotel (1/164)	Flußwanderung (1/144)
Bergeinsamkeit (4/21)	Gartengrill (4/35)
Bergfestung (8/2o)	Hafenbummel (1o/16)
Bordarzt (7/42)	Hüttenabend (3/47)
Bordfest (1/143)	Kellerlokal (2/125)
Bordfrühstück (7/77)	Polarkleidung (8/29)
Bordsprache (7/7)	Promenadenbummel (1o/16)
Deckspiel (7/19)	Seesegler (1/142)
Deichwanderung (3/96)	Strandhotel (1/112)
Felsenfestung (8/27)	Strand-Spaziergang (1/9)

Auch 'Inselklöster' (8/8) ist hier einzureihen, die Umkehrung'Klosterinsel'(8/8) jedoch bezeichnet eine Insel, die von einem Kloster beherrscht wird, deren wesentlichstes Merkmal es ist, Sitz eines Klosters zu sein. Bei den bisher behandelten Komposita sind beide Glieder des Wortes meist ohne sichtbares syntaktisches Fügungsmerkmal zusammengestellt. Dies ist Kennzeichen fast aller hier aufgeführten Substantive.

1.1.5. Auflösung in Objekt und Substantiv

Wesentlich geringer ist die Anzahl der Fälle, in denen die beiden Wortteile in engem syntaktischen Zusammenhang, so z.B. in Objektbezug zueinander stehen. Dabei wird in einigen Fällen der Objektbezug, vor allem beim Genitiv durch syntaktische Merkmale wie die Fugenelemente -s und -n (als Genitivkennzeichen des Singulars oder Plurals) verstärkt.

1.1.5.1. Genitivobjektbezug

Abenteurerträume (2/94)	Hotelbus (4/28)
Blumenberge (1/67)	Meereswinde (1/169)
Entdeckeraugen (5/2)	Pilgerziel (8/19)
Entdeckerfreude (1/1o7)	Publikumseislauf (3/18)
Götterinsel (8/2o)	Vorjahrsgäste (2/179)

'Strandbild' (2/75) ist wohl als Analogie zum gängigen 'Stadtbild' entstanden. Sonderfälle stellen die Worte 'Skifreund' (6/5) und 'Gästerennen' (6/28) dar, denn der 'Skifreund' ist nicht der Freund des Skis, sondern des Skifahrens und das 'Gästerennen' bedeutet nicht, ein Rennen der Gäste, sondern bezieht sich auf die Skiwettrennen, die für die Gäste eines Wintersportortes veranstaltet werden. In beiden Fällen liegen also Verkürzungen vor.

1.1.5.2. Akkusativobjektbezug

Ebenfalls sehr gering sind die Belege für Zusammensetzungen, deren erster Bestandteil als ehemaliges Akkusativobjekt gedeutet werden kann, beim Grundwort handelt es sich um deverbative Ableitungen:

Spanferkelessen (5/93) Sonnenanbeter (2/178)
Weltumrundung (8/32) 1.Klasse-Genuß (5/25)

Hierzu ist auch die Sportart'Wurftaubenschießen'(1/148) zu zählen. Das Überwiegen der Auflösungen in Präpositionalverbindungen, längere syntaktische Fügungen oder Nebensätze zuungunsten der Kasusbeziehungen läßt sich vielleicht als Zeichen für den allmählichen Rückgang der inneren Kasusbeziehung innerhalb der Wortbildung gegenüber dem Hervortreten präpositionaler Beziehungen deuten.

1.1.6. Fugenelemente

Im Rückzug begriffen ist auch die syntaktische Funktion des Fugenelements. Ein deutliches Fugen -n zeigt sich nur in der Bildung 'Mähnenhaupt' (8/4), während die Bildungen 'Kiefernhügel' (1/26), 'Bauerngebiete' (1o/5) und 'Sippenhäuser' (4/91) als Ableitungen vom Plural betrachtet werden können. Ein Fugen -s-tritt etwas häufiger auf, vor allem bei Bildungen, deren erstes Glied ein von einem Verbalstamm abgeleitetes Abstraktum ist:

Aussichtsberg (5/27) Einkaufsbummel (5/gr.4)
Aussichtslage (5/gr.4) Erholungstag (1o/8)

Weitere Bildungen mit Fugen -s-sind:

Arbeitsalltag (5/27) Lieblingsort (5/86)
Durchschnittsfahrer (6/25) Willkommensabend (3/73)
Festtagsreise (6/3) Zwillings-Vorteil (6/3)

Diese Komposita lassen sich nicht auf ein Genitivsyntagma zurückführen. In den meisten Fällen jedoch, in denen sich ein Fugen -s- nachweisen läßt, handelt es sich um Genitivsyntagmen. B.Naumann hält für die Substantivneubildung fest: "Genitivische und präpositionale Syntagmen stellen den weitaus überwiegenden Teil aller Zusammensetzungen mehrerer Substantive. Beide besitzen hohe Produktivität und führen ständig zu Neubildungen, die von dem kompetenten Sprecher der deutschen Gegenwartssprache verstanden werden können."[16] Für die Sprache der Ferienkataloge kann festgestellt werden, daß präpositionale Syntagmen gegenüber Genitivsyntagmen überwiegen, wenn auch letztere hin und wieder aufzufinden sind. H. Moser verweist auf den Rückgang des Fugen-s, eine Erscheinung, die auch für die Ferienkataloge konstatiert werden kann.[17] In einer Untersuchung zur morphologischen Regelung der Substantivkomposition im heutigen Deutsch wird herausgearbeitet, daß in weit über der Hälfte des untersuchten Materials ein Fugenmorphem fehlt. Nach -Ø- folgen als Fugenelemente -(e)s- und -(e)n-, wobei -(e)n- meist semantisches Merkmal der Vielheit ist. -s- wird somit noch als häufigstes Fugenelement nachgewiesen: "Den größten Teil daran haben die vielen Zusammensetzungen mit grammatischen Abstrakta, welche als Bestimmungswörter oft eine -(e)s-Fuge fordern."[18] Für die Sprache der Ferienkataloge läßt sich festhalten, daß -Ø- bei weitem überwiegt, es sich also in der Mehrzahl der Fälle um eine flexionslose Aneinanderreihung der Bestandteile handelt. Einige ursprüngliche Genitivsyntagmen behalten das -s- in der Komposition, -s- tritt jedoch gelegentlich auch als Fugenelement auf. -(e)n- findet sich als Plural- oder Genitivkennzeichen, hin und wieder auch als Fugenelement. Dies wird auch in vielen der folgenden Beispiele, die nach anderen Kriterien gegliedert sind, deutlich.

1.1.7. Neue Begriffsbildungen

Einige Wörter sind durch Zusammensetzungen zu neuen Begriffen geworden, wobei die ursprüngliche Bedeutung der einzelnen Glieder verdunkelt oder verändert wurde. So:

Buspark (1o/2)	ist nicht ein Park mit Bussen, sondern die Gesamtheit der Busse, die einem Unternehmen zur Verfügung stehen
Erholungsfest (2/35)	bedeutet die Freude, die man an der Erholung hat. Kein eigentliches Fest

Ferienpaket (6/34)	unter dieser Überschrift werden Sonderleistungen innerhalb des Feriengebiets angeboten. Paket bezieht sich somit auf ein Bündel von (Sonder-)Leistungen. Ähnlich:
Karnevalspaket (5/86)	hier wird darunter die Zusammenfassung einiger Sonderleistungen anläßlich des Karnevals verstanden. Der Begriff 'Paket' in ähnlichem Sinne erscheint auch in der politischen Sphäre: 'Südtirolpaket', 'Sozialpaket'
Kinderhotel (2/162)	ist die Bezeichnung für ein besonders kinderfreundliches Hotel
Kindertante (2/118)	ist eine umgangssprachliche Bezeichnung für Kindergärtnerin
Schneeloch (5/6o)	bezeichnet ein Gebiet, in dem mit großen Schneemengen gerechnet werden kann. Dieses Wort ist nach Informantenbefragungen umgangssprachlich geläufig, jedoch weder bei Gerhard Wahrig, Deutsches Wörterbuch Gütersloh, 2.Auflage 1971, noch bei Heinz Küpper, Wörterbuch der deutschen Alltagssprache, München 1971 gebucht
Tirolerabend (3/21)	ist eine Veranstaltung mit Tiroler Folkloredarbietungen
Urwaldmelodie (8/9)	soll die Geräuschkulisse des Urwalds bezeichnen
Wasserwunder (8/3o)	hat nichts mit dem Wunder von Kanaä zu tun, sondern charakterisiert einen besonders beeindruckenden Flußlauf

Zum Teil handelt es sich hier um okkasionelle Bildungen, die Bezeichnung 'Buspark' ist allerdings bereits zu einem allgemein akzeptierten Begriff geworden (analog zu 'Autopark'), jedoch auch weder bei Wahrig noch bei Küpper verzeichnet.

1.1.8. Wortzusammensetzungen mit einem festen Bestandteil

Einen großen Raum bei den sogenannten Scheinkomposita nehmen Bildungen ein, deren Grundwort fest ist und deren

Bestimmwort die jeweilige nähere Bedeutung, eine feste Determinierung liefert. Im Folgenden soll dieses Moment nun zur weiteren Gliederung der Komposita dienen, nachdem die Möglichkeiten syntaktischer Beziehungen aufgezeigt wurden. Besonders zahlreich sind Komposita mit '-stadt', '-städtchen', '-dorf', '-ort','-landschaft', '-fahrt', '-tour', '-ausflug', '-reise', '-ferien', '-urlaub', '-einrichtungen', '-möglichkeiten'.[19] Eine Auswahl der verschiedenen Kombinationsmöglichkeiten sollen folgende Beispiele bieten.

1.1.8.1. <u>Komposita mit dem Grundwort '-stadt'</u>

Armenierstadt (4/84)
Bergstadt (5/8)
Bierstadt (1o/3)
Bischofsstadt (4/21)
Blumenstadt (1o/21)
Brahmanenstadt (4/91)
Buddhistenstadt (4/91)
Bummelstadt (2/19)
Dreiflüssestadt (5/gr.21)
Festspielstadt (5/gr.19)
Festungsstadt (9/89)
Gartenstadt (3/31)
Glasmacherstadt (6/32)
Hotelstadt (2/31)
Inselhauptstadt (4/18)
Kabbalistenstadt (4/87)
Kaffeestadt (2/93)
Karawanenstadt (8/12)
Kathedralstadt (4/79)
Kolonialstadt (8/25)
Königsstadt (4/41)
Konzilstadt (1o/4)
Kunsthandwerkerstadt (1/128)
Kurstadt (4/8o)
Lagunenstadt (1o/15)
Majastadt (8/25)
Marinestadt (1/44)
Metropolitenstadt (4/54)
Miniaturhauptstadt (4/92)
"Museumsstadt" (4/82)
Musterindustriestadt (4/84)
Oasenstadt (4/41)
Parfümstadt (1o/25)
Patrizierstadt (1o/13)
Phönizierstadt (4/89)
Tempelstadt (8/13)
Trulli-Stadt (4/63)
Ruinenstadt (8/19)
Sommerstadt (2/19o)
Strandbadestadt (4/8o)
Wallfahrtsstadt (4/89)
Weinstadt (4/85)
Wolgastadt (1/1o9)
Zentralstadt (4/87)

1.1.8.2. <u>Komposita mit dem Grundwort '-städtchen'</u>

Häufig finden sich auch die Diminutivformen des Wortes -'stadt'. Am häufigsten erscheint dabei 'Fischerstädtchen', das in mehreren Katalogen mehrmals gebucht ist (1/66). Als weitere Zusammensetzungen sind anzutreffen:

Alpenstädtchen (5/71)
Akademikerstädtchen (1/1o8)
Hafenstädtchen (2/142)
Handelsstädtchen (1o/16)
Festungsstädtchen (1o/16)
Kunststädtchen (1o/16)
Küstenstädtchen (1/94)
Malerstädtchen (5/gr.24)
Museumsstädtchen (1o/16)

1.1.8.3. Komposita mit dem Grundwort '-dorf','-dörfchen', '-ort', '-platz'

Zahlreich erscheinen ebenfalls nähere Bestimmungen zu dem Begriff Dorf:

Annex-Dorf (9/64)
Bergdorf (3/53)
Bergführerdorf (4/111)
Bilderbuchdorf (5/54)
Dolomitendorf (5/71)
Eingeborenendorf (8/1o)
Erholungsdorf (3/55)
Fischerdorf (8/)
Fremdenverkehrsdorf (3/21)
Gebirgsdorf (3/9)
Geigenbauerdorf (6/29)
Gletscherdorf (5/85)
Hochgebirgsdorf (3/59)
Hoteldorf (5/77)
Indianerdorf (8/26)
Maori-Dorf (4/92)
Musterdorf (5/26)
Nomadendorf (8/1o)
Pfahlbaudorf (8/2o)
Rundhäuser-Dorf (4/91)
Skidorf (3/48)
Weinbaudorf (1o/3)
Wintersportdorf (5/74)

Als Diminutivform findet sich nur 'Fischerdörfchen' (1/1o2), dieses Wort jedoch in mehreren Katalogen und in häufiger Verwendung. Seltener finden sich Formen mit dem indifferenten'-ort','-platz',diese jedoch werden gelegentlich fast topoiartig verwendet:

Erholungsort (3/24)
Familienort (3/73)
Paradeort (2/19o)
Tummelplatz (2/118)
Wintersportplatz (6/9)

Letzteres sowie die Bezeichnung 'Wintersportort' werden sehr häufig gebraucht.

Alle diese Determinativkomposita dienen dazu, dem Leser auf den ersten Blick eine differenzierte Vorstellung über einen Ort zu geben. Im Bestimmwort steht das Hauptcharakteristikum, das ein Dorf oder eine Stadt auszeichnet. Das gleiche gilt für geographische Großräume.

1.1.8.4. Komposita mit '-landschaft', '-welt' als Grundwort

Alpenlandschaft (3/26)
Berglandschaft (6/31)
Bilderbuchlandschaft (2/168)
Birkenlandschaft (2/19o
Blütenlandschaft (1o/25)
Dachlandschaft (5/gr.1o)
Dschungellandschaft (4/91)
Dünenlandschaft (2/94)
Felslandschaft (4/41)
Ferienlandschaft (5/gr.4)
Fichtenlandschaft (2/19o)
Flußlandschaft (1o/32)
Gartenlandschaft (6/49)
Gebirgslandschaft (4/82)
Heidelandschaft (4/73)
Hügellandschaft (3/24)

Insellandschaft (4/92)
Juralandschaft (1o/2o)
Karstlandschaft (1o/32)
Kulturlandschaft (1/96)
Mittelgebirgslandschaft (5/gr.22)
Moorlandschaft (4/73)
Parklandschaft (7/44)
Rhonelandschaft (1o/2o)
Sanddünenlandschaft (4/89)
Schneelandschaft (6/5)
Schwarzwaldlandschaft (5/17)
Seenlandschaft (1o/32)
Ski-Landschaft (3/38)
Tropenlandschaft (4/91)
Tundrenlandschaft (4/85)
Urlandschaft (4/85)
Voralpenlandschaft (5/28)
Vulkanlandschaft (4/86)
Waldlandschaft (6/3o)
Waldgebirgslandschaft (4/82)
Weserlandschaft (5/gr.24)
Wiesenlandschaft (4/72)
Winterlandschaft (3/46)
Wintersportlandschaft (6/14)
Wüstenlandschaft (4/9o)[2o]

Weniger häufig sind die Zusammensetzungen mit '-welt'. Sie werden aber meist mit ähnlichen Bestimmwörtern gebildet wie die oben aufgezählten Komposita:

Bergwelt (1/148)
Dschungelwelt (4/89)
Dünenwelt (5/gr.15)
Gletscherwelt (1/147)
Hochgebirgswelt (6/28)
Inselwelt (1/77)
Schärenwelt (5/gr.4)
Unterwasser-Welt (1/42)

1.1.8.5. <u>Komposita mit '-fahrt', '-ausflug', '-reise', '-tour' als Grundwort</u>

Bedingt durch das Thema der Ferienkataloge, das Reisen, ergeben sich eine Vielzahl von Zusammensetzungen mit Grundwörtern, die eine Fahrt oder ähnliches bezeichnen. Dabei können die Bestimmworte zur Bezeichnung mehrerer Faktoren dienen. Sie können das Ziel der Fahrt angeben, ihren Zweck, den Zeitpunkt ihrer Durchführung, das Beförderungsmittel. Komposita aus mehreren dieser Angaben sind möglich.[21]

Abendrundfahrt (3/23)
Ausflugsfahrt (6/3o)
Ausflugs-Schiffahrt (2/125)
Aussichtsfahrt (7/25)
Autobusfahrt (1o/24)
Bananenfahrt (1/53)
Bergfahrt (4/89)[22]
Bergbahnfahrt (1o/8)
Besichtigungsfahrt (3/31)
Bootstagesfahrt (2/35)
Dampferfahrt (1/1o7)
Dampferrundfahrt (1o/5)
Dreiländerfahrt (1o/3)
Einkaufsfahrt (2/43)
Eisfahrt (4/3)
Entdeckungskreuzfahrt (7/74)
Erlebnisfahrt (7/37)
Erlebnis-Kreuzfahrt (7/3)
Feiertags-Kreuzfahrt (1o/3o)
Ferien-Seefahrt (7/2)
Fernfahrt (8/38)
Fjordfahrt (1o/31)
Flußfahrt (8/28)
Frühlings-Kreuzfahrt (1/168)
Fünfländerfahrt (1o/26)
Grachtenrundfahrt (1o/21)
Halbtagesfahrt (1/119)
Hotelfahrt (4/86)
Inselrundfahrt (2/43)
Kaffeefahrt (1/146)

Klosterkreuzfahrt (1/77)
Küsten-Rundfahrt (1/136)
Kutschenrundfahrt (2/181)
Landroverfahrt (4/37)
Landschaftsfahrt (7/23)
Mini-Kreuzfahrt (7/67)
Motorbootfahrt (8/28)
Nachtfahrt (2/191)
Nachtrundfahrt (5/gr.4)
Nordlandfahrt (1o/3o)
Panorama-Fahrt (7/24)
Paßfahrt (1o/7)
Pferdeschlittenfahrt (3/13)
Piratenfahrt (2/43)
Pirschfahrt (8/5)
Promenadenschiffahrt(1o/17)
Robinson-Kreuzfahrt (1/53)
Rundfahrt (1/46)
Schleifenfahrt (1o/23)
Schlösserfahrt (1o/2o)
Schneekatzenfahrt (3/73)
Segelbootfahrt (4/88)
Seilbahnfahrt (4/8o)
Städte-Kreuzfahrt (5/gr.4)
Tageskreuzfahrt (4/46)
Tempelrundfahrt (4/91)
Überlandfahrt (1/73)
Umgebungsfahrt (7/24)
Vier-Täler-Fahrt (5/15)
Vormittagsfahrt (3/24)
Weiterfahrt (3/23)
Wochenend-Kreuzfahrt (5/gr.4)
Wochenend-Schlemmerfahrt (5/gr.4)
Wüstenfahrt (4/88)
Zeltfahrt (4/86)
Zonengrenzfahrt (5/13)

Beliebt sind auch die Zusammensetzungen mit '-reise'. Sie sind ebenso aufgebaut wie die Komposita mit '-fahrt' und dienen auch den gleichen Zwecken. Nur erscheinen sie weniger häufig:

Autobusreise (1o/13)
Baedeker-Reise (4/2)
Bikini-Reise (4/2)
Entdeckungsreise (1/144)
Festtagsreise (2/3)
Flugrundreise (1/111)
Kurzreise (1o/5)
Organisations-Reise (4/4)
Ostreise (1/1o9)
PKW-Wochenendreise (5/gr.4)
Rundreise (1/46)
Sechstagereise (5/gr.8)
Silvester-Flugreise (6/48)
Skikursreise (3/31)
Städtereise (2/3)
Standardreise (1o/15)
Weiterreise (1o/18)
2-Tagesreise (1/146)

Zur Differenzierung und genaueren Bestimmung dienen auch die Zusammensetzungen mit '-ausflug':

Abendausflug (4/88)
Autobusausflug (1o/26)
Busausflug (3/15)
Flug-Ausflug (1/3o)
Ganztages-Ausflug (7/64)
Halbtagesausflug (8/36)
Helikopterausflug (3/67)
Hubschrauber-Ausflug (1/111)
Kinderausflug (1/92)
Landausflug (7/3)
Morgenausflug (4/7o)
Nachmittagsausflug (7/68)
Picknick-Ausflug (4/63)
Schiffsausflug (4/81)
Tages-Ausflug (1/33)
Überland-Ausflug (7/25)
Zusatzausflug (4/88)
Zweitagesausflug (4/53)

Gelegentlich finden sich auch Zusammensetzungen mit dem Fremdwort '-tour' und dem noch deutlicher fremdsprachlichen Charakter tragenden '-exkursion':[23]

Almtour (6/16)
Autotour (8/39)
Bananentour (4/31)
Besichtigungstour (7/31)
Entdeckungstour (2/19o)
Fahrradtour (1/77)
Gebirgstour (2/192)
Hüttentour (4/1o4)
Picknicktour (2/19o)
Rundtour (8/1o)
Skirundtour (5/49)
Tagestour (8/22)
Trauben-Tour (1o/7)

Busexkursion (5/gr.8)
Flugexkursion (4/26)
Wassersport-Exkursion (4/29)
2-Tage-Exkursion (4/33)

Die meisten der angeführten Zusammensetzungen lassen sich in präpositionale Fügungen oder in Nebensätze auflösen. Auch hier wieder dient das Kompositum der Sprachökonomie. Die Art des Ausfluges, der Reise, der Fahrt wird durch das Bestimmwort genau definiert, dem Leser in einem Begriff eine differenziertere Vorstellung gegeben.

1.1.8.6. 'Ferien' und 'Urlaub' als Grund- oder Bestimmwort

Da neben 'Reise' und 'Fahrt' weitere Zentralbegriffe in den Katalogen 'Urlaub' und 'Ferien' sind, findet sich naturgemäß eine Vielzahl von Zusammensetzungen, in denen diese beiden Ausdrücke als Grund- oder Bestimmwort erscheinen. Exemplarisch sollen einige Belege angegeben werden; auch hier werden mehrgliedrige Zusammensetzungen und ebenso solche mit fremdwortlichen Komponenten angeführt. In folgenden Wendungen erscheint '-ferien' als Grundwort:

Familienferien (4/69)
Familien-Winterferien (5/63)
Farmerferien (8/6)
Kurzferien (7/46)
Reiter-Ferien (1/137)

Das Bestimmungswort definiert die Art der Ferien näher, hebt ihr wesentlichstes Charakteristikum hervor; ebenso ist es bei den Zusammensetzungen mit '-urlaub' als Grundwort:

Bilderbuch-Badeurlaub (2/197)
Bord-Urlaub (7/7)
Entdecker-Urlaub (5/2)
Erholungsurlaub (1/42)
Erlebnis-Urlaub (5/2)
Familienurlaub (5/66)
Hobbyurlaub (5/46)
Landurlaub (5/14)
Langzeit-Urlaub (6/2)
Maßurlaub (3/5)
Pionierurlaub (2/53)
Probier-Urlaub (6/37)
Segelurlaub (1/142)
Ski-Urlaub (5/48)
Sporturlaub (1/144)
Zweiturlaub (6/2)

Meist handelt es sich hier um okkasionelle Bildungen, die wohl kaum in den allgemeinen Sprachgebrauch eingehen werden. Die Zusammensetzungen lassen sich oftmals in präpositionale Fügungen auflösen; sie sind hauptsächlich mit Substantiven gebildet, aber auch Verbalstämme oder ein Zahlwort können zur Bildung verwendet werden. Das Bestimmwort gibt gelegentlich die Tätigkeit an, die den Urlaub maßgeblich prägen wird. 'Maßurlaub' scheint analog zu 'Maßanzug', 'Zweiturlaub' analog zu 'Zweitwagen' gebildet zu sein. Auch Art und Dauer des Urlaubs können so bestimmt werden oder ein Vergleich wird geboten. Einen weit größeren Raum jedoch nehmen die Komposita ein, in denen 'Urlaub-' bzw. 'Ferien-' als Bestimmwort erscheint:

Urlaubs-Abwechslung (2/164)
Urlaubsatmosphäre (4/5)
Urlaubsberater (3/3)
Urlaubsbetreuung (1/17o)
Urlaubsdomizil (7/65)
Urlaubseinrichtung (2/9)
Urlaubsexperte (3/3)
Urlaubsfest (2/164)
Urlaubsform (4/5)
Urlaubsfreund (1/9)
Urlaubsfrisur (9/23)
Urlaubsgast (1/131)
Urlaubsgebiet (2/7)
Urlaubsgefühl (1/134)
Urlaubergeschmack (4/7)
Urlaubsgewinn (6/24)
Urlaubshäuschen (1/74)
Urlaubsherz (1/9)
Urlaubsidee (2/7)
Urlaubsinformation (4/5)
Urlaubsinsel (2/8)
Urlaubs-Intercity (5/2)
Urlaubsmacher (5/2)
Urlaubsmischung (1/14o)
Urlaubsparadies (1/3o)
Urlaubspartner (3/65)
Urlaubspatent (3/5)
Urlaubsplaner (4/2)
Urlaubspraktiker (3/22)
Urlaubs-Professional (9/56)
Urlaubsresidenz (2/175)
Urlaubsroute (3/2)
Urlaubsrundschau (3/11)
Urlaubssiedlung (2/6o)
Urlaubsspaß (5/gr.4)
Urlaubsstoff (3/5)
Urlaubstempo (2/146)
Urlaubstrubel (2/2)
Urlaubs-Umgebung (1/64)
Urlaubsvorliebe (3/4)
Urlaubs-Wechselbad (6/38)
Urlaubswelt (9/56)
Urlaubszentrum (1/32)

Zusammensetzungen mit 'Urlaub-' werden, mit Ausnahme von 'Urlaubergeschmack', durch Einschieben eines Fugen-s gebildet; es ist kein Genitiv-s, da sich in den meisten Fällen die Komposita in präpositionale Fügungen oder Nebensätze auflösen lassen. Fast jedes beliebige Wort läßt sich mit 'Urlaub-' kombinieren und gibt einen neuen Zusammenhang, in dem ein Gefühl, ein Gegenstand, ein Ort als durch den

Urlaub besonders bestimmt gesehen werden kann. Durch dieses Bestimmwort werden einige Begriffe aufgewertet; andere Komposita wiederum läßt es eigentlich sinnlos werden und bedingt nur eine semantisch indifferente, jedoch positiv besetzte Aufwertung. Als 'Urlaubsmacher', '-berater', '-planer', '-experten' apostrophieren sich die Reiseunternehmer, sie vermitteln eine 'Urlaubsidee', ein spezielles 'Urlaubsgefühl' oder einfach den 'Urlaubsspaß'. Ebenso zahlreich und in ihrer semantischen Bedeutung oft indifferent sind die Zusammensetzungen mit 'Ferien-' als Bestimmwort:

Ferienalltag (5/7)	Ferieninsel (4/15)
Ferienangebot (1/146)	Ferienkolonie (2/158)
Ferienanlage (3/65)	Ferienland (1/118)
Ferienauswahl (3/2)	Ferienleben (1/134)
Feriencenter (2/9)	Ferienparadies (1/2o)
Ferienclub (2/42)	Ferienpark (5/7)
Feriendomizil (2/163)	Ferienplatz (2/134)
Feriendorado (4/77)	Ferien-Refugium (4/62)
Ferienfliegerei (7/2)	Ferien-Seefahrt (7/2)
Ferienform (7/3)	Feriensiedlung (2/42)
Ferienfreude (4/2o)	Ferientreffpunkt (1/11o)
Feriengebiet (2/1o5)	Ferienunabhängiger (2/7)
Ferienhotel (4/39)	Ferienzentrum (4/8)

Oft geben die Komposita eine Art von Behausung oder Ort an, die speziell für die Ferien geschaffen wurden: 'Feriendomizil', 'Ferienzentrum'. Oder sie beziehen sich auf ein Gebiet, das für das Verbringen der Ferien prädestiniert ist. Es lassen sich jedoch ansonsten schwer feste Kriterien finden, nach denen ein Grundwort mit dem Bestimmwort 'Ferien' kombiniert werden kann. Eigentlich jedes Wort ist durch den Zusatz von 'Urlaub', 'Ferien' semantisch aufzuwerten.[24] Es finden sich auch einige mehrgliedrige Zusammensetzungen mit '-urlaub-' in Mittelstellung:

Dauer-Urlaubsaufenthalt (2/11)	Winterurlaubsland (3/66)
Dauer-Urlaubsreise (2/11)	

1.1.8.7. Komposita mit '-möglichkeit', '-programm', '-veranstaltung', '-einrichtung' als Grundwort

Dem Feriengast werden im Urlaub von den Veranstaltern viele Möglichkeiten, Programme und Einrichtungen geboten, die dazu dienen sollen, seine Ferien zu verschönern. Entsprechend groß ist daher auch der Anteil von Zusammensetzungen mit diesen Wörtern als Grundwort: Weitaus am häufigsten finden sich ganz allgemein 'Unterhaltungsmöglichkeiten' (2/2o). Näher spezifiziert lassen sich außerdem nachweisen:

Abfahrtsmöglichkeit (5/12)
Ausflugsmöglichkeit (2/35)
Besichtigungsmöglichkeit(4/81)
Einkaufsmöglichkeit (3/73)
Erholungsmöglichkeit (3/14)
Imbißmöglichkeit (4/1o5)
Kurmöglichkeit (3/23)
Reitmöglichkeit (5/18)
Rodelmöglichkeit (5/1o)
Segelmöglichkeit (1/142)
Skilaufmöglichkeit (3/73)
Skisportmöglichkeit (6/1o)
Skiwandermöglichkeit (5/1o)
Spaziermöglichkeit (4/69)
Sportmöglichkeit (3/14)
Tourenmöglichkeit (5/53)
Übungsmöglichkeit (5/31)
Unterkunftsmöglichkeit (3/14)
Variationsmöglichkeit (1o/23)
Wandermöglichkeit (4/57)
Wassersportmöglichkeit (2/2o)

Häufig wird im Bestimmwort eine Sportart genannt, die am Urlaubsort betrieben werden kann. Dies ist vielleicht bedingt durch die zunehmende Form des Aktivurlaubs. Als Bestimmwort dient dabei gelegentlich ein Verbalstamm. Substantivierte Verbalstämme erhalten in der Zusammensetzung ein Fugen-s, das nicht durch ein zu Grunde liegendes Genitiv-Syntagma bestimmt ist. Ebenso verhält es sich bei den Komposita mit '-programm'. Bei den Zusammensetzungen mit '-programm' sind die Bestimmwörter weniger eingegrenzt:

Aktivprogramm (2/54)
Anti-Schnee-Programm (5/8)
Après-Ski-Programm (6/15)
Ausflugsprogramm (1/146)
Auswahlprogramm (4/81)
Berlin-Weltstadt-Programm(5/3)
Besichtigungs-Nacht-Programm (1/53)
Bestätigungsprogramm (3/68)
Bordprogramm (1/17o)
Erlebnis-Programm (2/135)
Familienprogramm (3/25)
Feriensportprogramm (5/37)
Fernflug-Programm (8/2)
Fernreise-Programm (8/13)
Festtagsprogramm (6/45)
Fitness-Programm (5/gr.18)
Fjordprogramm (2/192)
Folklore-Programm (1/132)
Jugendprogramm (3/11)
Kajak-Programm (1/144)
Kurprogramm (6/49)
Landausflugsprogramm (1/174)
Reiseprogramm (8/38)
Revue-Programm (1/134)
Rundfahrtenprogramm (6/4o)
Showprogramm (6/48)
Silvesterprogramm (6/48)
Sofortprogramm (4/18)
Sonderprogramm (5/3)
Sparprogramm (3/65)
Sportprogramm (4/112)
Sportferien-Programm (6/27)
Trimm-dich-Programm (2/58)
Unterhaltungsprogramm (2/11)
Veranstaltungsprogramm (6/31)
Wanderprogramm (5/21)
Weihnachtsprogramm (3/65)
Wochenprogramm (1/144)

Das Bestimmwort kann die Zielgruppe angeben, Dauer und Zeitpunkt bezeichnen oder einfach darlegen, was geboten wird. Zum Großteil handelt es sich hierbei um Komposita mit substantivischem Bestimmwort. Der Bindestrich scheint obligatorisch zu sein bei mehrgliedrigen Zusammensetzungen, bei zweigliedrigen jedoch arbiträr. Seltener sind Zusammensetzungen mit '-veranstaltung':

Abendveranstaltung (4/11o)
Folkloreveranstaltung (4/1o3)
Quizveranstaltung (/29)
Showveranstaltung (6/38)
Ski-Rodelveranstaltung (6/21)
Sonderveranstaltung (6/34)
Sportveranstaltung (6/33)
Tanzveranstaltung (3/9)
Unterhaltungsveranstaltung (9/14)
Winterveranstaltung (3/22)

Als Zusammensetzungen mit dem Bestimmwort '-einrichtungen' erscheinen:

Fitnesseinrichtungen (5/gr.2o)
Freizeiteinrichtungen (5/gr.18)
Fremdenverkehrseinrichtungen (3/45)
Urlaubseinrichtungen (2/9)
Wintersporteinrichtungen (3/28)

Das Bestimmwort weist auf die Art der '-veranstaltungen' oder '-einrichtungen' hin. Das Kompositum dient hier vornehmlich zur Differenzierung. Als Bestimmwort fungiert vornehmlich ein Substantiv. Vereinzelt lassen sich jedoch auch Verbalstämme, Adjektive oder Adverbien nachweisen.

Es sind bereits bei den oben angeführten Beispielen einige Zusammensetzungen erwähnt worden, die aus mehr als zwei Gliedern gebildet sind; auf diese mehrgliedrigen Zusammensetzungen soll nun näher eingegangen werden.

1.2. Dreigliedrige Zusammensetzungen

1.2.1. Das Grundwort ist ein Kompositum

Da die Anzahl der mehrgliedrig zusammengesetzten Komposita sehr groß ist, sollen hier nur ausgefallene, im allgemeinen Sprachgebrauch nicht gängige Wendungen angeführt werden:

Besichtigungsrundgang (1o/7)
Bord-Schwimmbad (5/gr.4)
Bungalow-Hanganlage (1/67)
Einzelrückreise (8/29)
Essensgutscheine (1/15o)
Familienskiplatz (5/35)
Familien-Skisport (5/66)
Felsenschwimmbad (3/56)
Flugmehrpreis (8/29)
Frühjahrsskilauf (5/48)
Gästeabfahrtslauf (3/14)
Gäste-Skirennen (6/11)
Gästewettläufe (3/23)
Geburtstags-Urlaubsgast (7/2)
Gletscher-Skiwiese (6/22)
Hallenwellenbad (5/7)
Haupteinkaufsstraße (2/59)
Hotelhallenbad (3/18)
Jugendsprungschanze (5/11)
Kindersparpreis (2/112)
Kindersonderpreis (2/82)
Kinderrodelwiese (3/75)
Klasse-Kreuzfahrten (1/169)
Kneippheilbad (5/13)
Mahlzeitengutschein (3/11)
Masken-Skilauf (6/23)
Nachtskilauf (3/14)
Naturschwimmbad (2/1o4)
Natursprungschanze (3/19)
Naturrodelbahn (5/18)
Orts-Testbericht (2/6)
Palmen-Strandpromenade (1o/24)
Privat-Badebucht (7/24)
Renaissance-Herzogspalast (4/81)
Seebadeanstalt (2/16o)
Sicherheits-Vollausrüstung (7/66)
Skigroßraum (3/53)
Sole-Heilbad (5/gr.24)
Sommerskilauf (4/1o8)
Sonder-Kurzreise (5/8)
Sportmotorboot (2/67)
Sportpunktekarte (2/1o6)
Stammes-Langhäuser (4/91)
Strand-Fischerfahrt (1/77)
Tagesliftkarte (5/28)
Unter-Wasserhöhlen (9/61)
Verpflegungsgutschein(2/113)
Vorbereitungs-Lehrgang (1/42)
Waldschwimmbad (4/1o8)
Waldwanderweg (5/73)
Weinkostprobe (1o/12)
Winterspaziergang (6/22)
Winterspazierweg (3/9)
Wochenskipaß (3/53)

Das Grundkompositum ist in vielen Fällen eine Zusammensetzung, die im allgemeinen Sprachgebrauch durchaus gängig ist; durch die Voranstellung eines weiteren Wortes wird die Bildung okkasionell. Sie dient der näheren Differenzierung; durch die drei Glieder des Kompositums können drei Vorstellungen in einem Begriff vereint werden. Gelegentlich verdeutlicht ein Bindestrich die Art der Zusammensetzung. Als Bestimmwörter dienen fast ausschließlich Substantive, ganz vereinzelt Präpositionen oder Adverbien.

1.2.2. Das Bestimmwort ist ein Kompositum

Autobusverbindung (6/47)
Christstollenfrühstück (5/gr.19)
Dreibettbuchung (2/69)
Fährbootverkehr (4/13)
Fahrradleidenschaft (2/139)
Farbdiaplauderei (3/28)
Festlandküste (1/99)
Flutlichthang (5/15)
Flutlichtpiste (5/51)
Freiluftkegeln (1/78
Freiluftschach (5/7)
Frühstücksbrötchendienst (6/26)
Golfplatzarchitekt (4/33)
Großhotelbetrieb (5/gr.12)

Großstadtmischung (1/53)
Großstadtnerven (6/31)
Hallenbadbesuch (5/8)
Heilquellenausschank (3/29)
Holzbau-Stil (5/88)
Hüttendorf-Tip (9/52)
Kreuzfahrerbauten (4/51)
Kreuzfahrt-Erfahrung (7/68)
Kreuzfahrten-Gast (7/61)
Kreuzritterkathedrale (4/5o)
Landgangsgebühr (3/31)
Leseratten-Dienst (5/93)
Linienbus-Verbindung (1/114)
Linienbusverkehr (4/51)
Nachtclub-Besuch (1/3o)
Ordensritterkastell (7/53)
Pferdeschlittenpartie (6/14)
Rennläuferkurs (6/29)
Schlafsesselbus (5/gr.7)
Schlafwagenzug (1/164)
Seeuferstraße (1o/13)
Skiausflugsziel (5/36)
Skifahrerherz (3/43)
Skihaserlball (3/18)
Skiwanderführung (3/54)
Skiwanderschule (3/1o)
Sonderbusverbindung (3/65)
Sonnenscheindauer (6/1o)
Spazierwegenetz (3/22)
Spielbank-Besuch (3/17)
Sporgeräteverleih (3/9)
Steinbungalowdorf (9/12)
Steinhüttendorf (9/11)
Strohhüttendorf (9/11)
Unterwasser-Sport (1/42)
Volkskunstvorführung (6/32)
Vollpensionshäuser (3/68)
Wasserski-Sport (2/75)
Wassersport-Club (1/5o)
Weltstadtabenteuer(5/gr.19)
Winterkur-Insel (5/96)
Wintersportanlage (3/37)
Wintersport-Ereignis (3/4)
Wintersportkur (3/4)
Zisterzienserabteiruine (4/73)

Hier sind die Grundwörter wie auch die Bestimmwörter geläufige Wörter; erst durch die Zusammensetzung ergibt sich ein sonst nicht gebräuchlicher Ausdruck. Die mehrgliedrige Zusammensetzung dient zur Präzisierung. Durch ein Wort werden mehrere Vorstellungen zugleich hervorgerufen. Bei einigen Wörtern ist nicht klar ersichtlich, ob das Grund- oder das Bestimmwort ein Kompositum ist:

Gästekindergarten (6/1o)
Kartenspielzimmer (7/47)
Kurübungsweg (5/13)
Mindestaufenthaltsdauer(3/65)
Musterwildfütterungen (5/12)
Pendelbusverkehr (6/5)
Segelclubhotel (2/21)
Skiübungswiese (5/26)
Skiwandergebiet (5/16)

Bei 'Gästekindergarten' ist zwar 'Kindergarten' das gebräuchliche Kompositum, bei einer Auflösung in 'Gäste-Kindergarten' würden allerdings die Gäste mit Kindern gleichgesetzt werden; wahrscheinlich liegt hier eine Verkürzung aus 'Gästekinder-Kindergarten' vor. Diese Klammerform könnte als eine Art Haplologie verstanden werden. Bei einigen Wörtern ist auch hier durch die Bindestrichsetzung eine klare Trennung in Grund- und Bestimmwort gegeben. Die Bindestrichbildungen sind allerdings willkürlich:

man findet das gleiche Wort im gleichen Katalog, manchmal sogar auf der gleichen Seite, einmal mit und einmal ohne Bindestrich geschrieben. Deutlich durch Bindestrich als Bildungen aus drei eigenständigen Wörtern gekennzeichnet sind folgende Zusammensetzungen: 'Sand-Kiesel-Strand' (4/6o), ein Kopulativkompositum: Sand und Kiesel finden sich an diesem Strand, ebenso 'Ton-Dia-Abend' (3/59), bei dem Kompositum 'Breitmaul-Nashorn-Pirsch' (8/7) dürfte 'Breitmaul' eine nähere Bestimmung zu Nashorn sein. Gleichfalls durch Bindestriche verbunden erscheinen Zusammensetzungen, bei denen ein Bestandteil eine Zahlangabe ist:

Erste-Klasse-Luft (3/2)	2 Tg.-Wochenende (1o/4)
2-Tages-Ritt (1/137)	3-Länder-Safari (4/79)
4-Sterne-Hotel (9/32)	Vier-Tages-Rundflug (1/111)
4oo-Punkte-Karte (3/52)	6ooo-Meter-Kuppe (8/4)
2-Wochen-Pionier-Urlaub(2/52)	

Daneben noch:

Mehr-Personen-Appartement (1/56)	A-Schein-Ausbildung (1/142)

1.3. <u>Mehrgliedrige Komposita</u>

Den größten Teil nehmen hier Bildungen ein, bei denen sowohl Grund- als auch Bestimmwort Komposita sind. Sehr häufig findet sich diese Bildungsweise, um Schwimmbäder näher zu beschreiben:

Hotel-Hallenschwimmbad (6/16)
Kaltwassertauchbecken (3/26)
Meerwasserfreibad (2/187)
Meerwasser-Freischwimmbad (5/96)
Meerwasser-Hallen-Wellenbad (5/96)
Meerwasser-Schwimmbad (5/95)
Mineralsole-Bewegungsbad (6/37)
Süßwasserschwimmbad (2/4o)
Wellenbrandungshallenbad (3/22)

Weitere mehrgliedrige Zusammensetzungen sind:

Autodurchgangsverkehr (5/2)	Hochsee-Segelsport (7/67)
Bilderbuch-Badeurlaub(2/197)	Kleinbus-Pendelverkehr(3/61)
Dreiländer-Skipaß (6/26)	Kleinkinder-Spielzimmer(3/15)
Großkabinenseilbahn (3/24)	Kurgäste-Eisstockschießen (6/18)
Hochgebirgs-Südtal (3/54)	
Hochsee-Angelpaß (5/98)	Liegewagenregelzug (5/gr.13)
Hochseefährschiff (5/gr.1o)	Meerwasser-Trinkkuren (5/96)

Mehrzweck-Sporthalle (3/13)
Nationalpark-Uhugehege (6/32)
Regelzugliegewagen (5/gr.11)
Skikurs-Wochenkarte (5/72)
Sommerferienzielort (1o/8)
Tagesgäste-Kindergarten(4/11o)
Unterwasserdruckstrahlmassage (6/39)
Winterreisewunderland (6/1o)
Wochenend-Pferdeliebhaber (9/4)

Außerdem finden sich Verbindungen, in denen entweder das Grund- oder das Bestimmwort eingliedrig, der andere Teil mehrgliedrig ist:

Gäste-Testskirennen (6/17)
Natureislaufplatz (3/73)
Sommer-Luftkurort (4/111)
Winter-Luftkurort (5/12)
Winterwanderwege-Netz (3/69)

Meist ist durch den Bindestrich gekennzeichnet, welche Glieder als zusammengehörig zu betrachten sind. Es finden sich aber auch Bildungen mit mehreren zum Teil durch Bindestrich verbundenen einzeln zusammengefügten Gliedern, die in sich wiederum mehrgliedrig sein können:

Flug-/Bus-/Schiffs-Rundreise (1/112)
Hotel-Thermal-Hallenschwimmbad (3/56)
Reise-Rücktrittskosten-Versicherung (1/174)
Sessellift-Seilbahn-Verbindung (6/9)
Ski-Schlanklauf-Loipen (3/2)
Sylvester-Nacht-Staffellauf (3/32)
Winter-Freizeit-Zentrum (3/4)
"Yoga-Ski"-Sportwochen (6/11)
4-Bett-Komfort-Schlafwagen (1/1o7)
4oo-m-Eisschnellaufbahn (5/37)
1o ooo-Tonnen-Kreuzfahrtschiff (5/94)

Diese Bildungen zeigen, daß Wörter eigentlich fast unbegrenzt kombinierbar sind. Die einzelnen Bestandteile sind fast ausschließlich ohne Fugenelement aneinandergereiht, was, wie auch der Bindestrich, auf ihre lose und okkasionelle Bildung verweist. Die allerdings nicht sehr häufigen Verbindungen dieser Art dienen dazu, Nebensätze zu ersparen und durch eine Wortkombination möglichst viele verschiedene Vorstellungen in einem Ausdruck zu komprimieren. Auch hier steht die Wortbildung im Dienst der Sprachökonomie.

1.4. Komposita mit Länder-, Orts-, Landschafts- oder Unternehmernamen als Bestandteil

Johannes Erben weist auf die Erscheinung hin, daß zunehmend Komposita mit Ländern, Städten, Personen und Völkern als einem Glied der Zusammensetzung gebildet werden.[25] Gerade die Sprache der Ferienkataloge ist prädestiniert für solche Bildungen, die dementsprechend häufig anzutreffen sind, denn nahezu jeder Länder- oder Städtename ist frei kombinierbar. Daher seien aus der Vielzahl der Beispiele, die meist mehrgliedrige Bildungen sind, nur einige exemplarisch genannt.

1.4.1. Verbindungen mit Ländernamen

Ägypten-Trip (7/11)
Äquator-Sonne (8/4)
Afrika-Verführung (1/197)
Bulgarien-Freund (2/124)
Europa-Sportregion (6/22)
Finnlandschiff (5/gr.4)
Griechenland-Angebot(2/134)
Israel-Besuch (1/96)
Safari-Afrika (8/3)
Schweden-Buffet (5/gr.5)
Spanien-Sonne (2/57)
Zypern-Gast (2/13o)

In großer Anzahl vorhanden sind Bildungen, bei denen ein Ländername mit den Bestandteilen '-aufenthalt', '(Rund)-reise', '-urlaub', oder '-fahrt' gekoppelt ist. Es seien nur 4 Beispiele angeführt, da man jeden beliebigen Länder- oder Ortsnamen mit diesen Bestandteilen verbinden kann; bei Rundreisen können auch mehrere Ländernamen durch Bindestrich aneinander gefügt werden:

Irland-Rundreise (1/1o6)
Lapplandfahrt (1/76)
Mallorca-Urlaub (2/28)
Tunesien-Aufenthalt (1/128)

Gerade bei afrikanischen Ländern ist es möglich, an jeden Namen noch den Bestandteil'-safari' anzuhängen:

Kilimandscharo-Safari (1/164)
Uganda-Safari (1/164)

Auch Landschaftsnamen werden bevorzugt als Teil einer Neubildung verwendet:

Algarve-Traum (1/68)
Camarque-Stil (9/86)
Costa-del-Sol-Aufenthalt(1/46)
Hochsauerlandrundfahrt(5/15)
Kapfarmerhaus (4/96)
Ostallgäuer-Skilift-Punktekarte (5/28)
Provencedörfer (9/86)
Sauerland-Frühstücks-Buffet (5/gr.18)
Schwarzwaldhochstraße (1o/6)
Schwarzwald-Höhenluftkurort (1o/6)
Schwarzwald-Luft (3/28)
Schwarzwaldsee (5/19)
Schwarzwald-Waldungen(6/3o)
Schwarzwälder-Wintersportkur (3/28)
Westernwaldbuffet (5/gr.22)

Ein deutliches Beispiel für die Kombinierbarkeit eines Landesnamens mit beliebigem Bestimmwort liefert der Winterkatalog von TOUROPA (3/3):

Gaudi-Oberbayern
Kultur-Oberbayern
Schöne-Aussicht-Oberbayern
Schönwetter-Oberbayern
Ski-Oberbayern
Wander-Oberbayern

Die Bestimmworte dienen dazu, Oberbayern zu klassifizieren und durch verschiedene Wortkombinationen die verschiedenen Aspekte des Landes aufzuzeigen. Diese Bildungen sind allerdings eine Ausnahme und können als Wortspielereien aufgefaßt werden.

1.4.2. Verbindungen mit Gewässer-, Gebirgs-, Völkernamen

Häufig anzutreffen sind Zusammensetzungen, deren Bestandteil ein Gewässername ist:

Adria-Seebad (4/67)
Ägäis-Insel (7/11)
Donau-Promenadefahrt (1o/28)
Donauübergang (4/85)
Genfer-See-Rundfahrt (1o/1o)
Loire-Lachs-Essen (4/82)
Schwarzmeer-Ort (2/112)

Bildungen mit einem Berg- oder Gebirgsnamen als Bestandteil sind:

Alpenrundflug (5/6o)
Appeninnenfahrt (4/81)
Dolomitental (6/7)
Dolomiten-Wintersportplatz (6/24)
Großglocknerdorf (6/25)
Harzort (5/gr.16)
Jungfrauenblick (1o/12)
Karpatenstil (6/44)
Mount-Everest-Rundflug(8/17)
Rif-Bäuerin (1/121)

Mit den Namen von Städten, Stadtteilen, Orten und Inseln zusammengesetzt erscheinen:

Baalbek-Tour (1/119)
Barcelona-Karussell (1/39)
Bardolino-Wein (1o/7)
Callela-Urlauber (1/34)
Forte-Village-Informationsheft (4/65)
Grinzing-Bummel (4/1o1)
Ibiza-Flair (2/48)
Istanbul-Ausflug (1/136)
Jalta-Rundfahrt (2/123)
London-Shopping (5/gr.15)
Mallorca-Experte (4/9)
Mamaia-Urlaubsmischung(1/134)
Moskau-Anreisender (4/8o)
Moskau-Erlebnisse (1/1o1)
Odessa-Stadtrundfahrt (2/123)
Palma-Bummel (4/9)
Rom-Stip-Visite (2/168)
Schwabing-Charakter (4/24)
Sotschi-Erholungsurlaub(1/111)
Tivoli-Vergnügungspark(1/46)[26]
Wyker-Geschenkpaß (5/96)

Als Umkehrung zu diesen Bildungen wäre 'Wintersportmekka' (6/2o) zu betrachten, das einen Vergleich ausdrückt. Mit Völkernamen gebildet sind:

Dogonendorf (8/1o)
Friesenkneipe (5/gr.15)
Griecheninsel (4/44)
Hindutempel (8/15)
Hugenottenstädtchen(5/gr.24)

Beliebt sind auch Zusammensetzungen mit Speisen oder Getränken:

Abschieds-Smörgasbord-Essen (5/gr.4)
Cous-Cous-Abendessen (2/179)
Fondue-Essen (4/1o7)
Frankenweinprobe(5/gr.2o)
Grappa-Länge (4/65)
Guylasch-Party (5/gr.14)
"Sukiyaki"-Schlemmerei(1/156)

Mit einem Buchtitel als Teil des Kompositums findet sich:
"Krambambuli"-Abend (3/52)

Mit einem Musikinstrument: 'Bouzukilokal' (2/145)

Die meisten dieser Wendungen sind nur durch Nebensätze aufzulösen, daher dienen auch sie der Sprachökonomie. Ihre Funktionen sind verschiedenartig: Der Orts- oder Ländername kann ein Ziel bezeichnen, er kann typisieren, da der Ortsname meist eine spezifische Bedeutung vermittelt. Vornehmlich dienen diese Komposita der näheren Bestimmung; auch sie sind meist ohne Fugenelemente aneinandergereiht. Auffallend häufig finden sich hier Bindestrichbildungen. Ihr Charakter ist okkasionell. Manche Worte wie 'Mamaia-Urlaubsmischung' oder 'Barcelona-Karussell' allerdings sind Reizworte mit stark verdunkelter Bedeutung.

1.4.3. Verbindungen mit Unternehmernamen

Häufig bildet auch der Name der Reiseunternehmer einen Bestandteil eines Kompositums. Diese Bildungen sind sehr oft mehrgliedrige Zusammensetzungen:

Neckermann-Abend (1/136)
Neckermann-Aktiv-Urlaub(1/142)
Neckermann-Angebot (1/76)
Neckermann-Hotel (1/46)
Neckermann-Kreuzfahrt (1/169)
Neckermann-Mamaia-Gast (1/131)
Neckermann-Programm (1/138)
Neckermann-Reiseleiter (1/153)
Neckermann-Urlauber (1/165)
N-U-R-Kinderermäßigung(1/81)
N-U-R-Kreuzfahrtleitung(1/169)
N-U-R-Reiten (1/146)
N-U-R-Segelclub (1/134)
N-U-R-Sportnadel (1/145)
Scharnow-Anrechtschein(2/114)
Scharnow-Dauerurlauber(2/7)
Scharnow-Exklusives (2/135)
Scharnow-Familien-Flugtage (2/7)
Scharnow-Gästeparlament(2/4)
Scharnow-Hochzeitsreise(2/7)
Scharnow-Hotelauswahl(2/48)
Scharnow-Jet(2/57)
Scharnow-Sparangebot (2/7)
Scharnow-Treffpunkt (2/14o)
Tigges-Arbeitsbienen (4/5)

Tigges-Computer (4/5)
Tigges-Renner (4/2)
Tigges-Schlager (4/75)
Tigges-Tip (4/2)
TUI-Service-Reiseleiter(5/92)
HUMMEL-Attraktion (5/gr.1o)
HUMMEL-Ferienexpreß (5/3)
HUMMEL-Festtagsprogramm (5/gr.1)
HUMMEL-Programm (5/gr.1o)
HUMMEL-Sonderzug-Kursbuch(5/3)
HUMMEL-Wochentrip(5/gr.4)
TRANSEUROPA-Angebots-Palette (6/12)
TRANSEUROPA-Skischule (6/5)
TRANSEUROPA-Winterurlaub(6/2)
TRANSEUROPA-Zielort (6/5)
TOUROPA-Jubiläumsjahr(7/39)
TOUROPA-Kreuzfahrtsexperten (7/68)
TOUROPA-Picknickfahrt (7/15)
TOUROPA-Urlaubsberater (7/3)
TOUROPA-Urlaubs-Patent(3/5)
Club-Abenteuer (9/21)
Club-Boutique (9/21)
Club-Charakter (9/89)
Club-Ferien-Leben (9/1o)
Club-Freunde (9/1o)
Club-Herz (9/51)
Club-Nachtschwärmer (9/24)
Club-Tabelle (9/15)
Junioren-Club (9/28)
Mini-Club (9/14)

Syntaktisch auffallend ist, daß alle Komposita mit Bindestrich gebildet sind, was wohl auch die Zufälligkeit ihrer Bildung unterstreicht, da jedes beliebige Wort an sich mit einem Firmennamen gekoppelt werden kann. Diese Zusammensetzungen dienen meist dazu, die Exklusivität der Leistungen eines Unternehmens hervorzuheben. Der Name eines Veranstalters steht gleichsam als Gütezeichen. Er kann auch betonen, daß etwas typisch für dieses Unternehmen ist.

1.5. Zusammensetzungen mit einem Fremdwort als Bestandteil

Einen großen Raum bei den zwei- oder mehrgliedrigen Zusammensetzungen nehmen Wörter ein, die aus einem oder mehreren deutschen Wörtern und einem Fremdwort gebildet sind, wie einige oben angeführte Beispiele schon zeigten. Ist noch ein Großteil der Bildungen mit geläufigen Fremdwörtern griechischen oder lateinischen Ursprungs konstruiert, so zeigt sich doch eine zunehmende Tendenz zu Bildungen mit englischen Komponenten.

1.5.1. Fremdwort griechischen oder lateinischen Ursprungs als Teil eines Kompositums

Abendpanorama (1o/32)
Bergpanorama (1/67)
Gebirgspanorama (2/195)
Gesamtpanorama (4/93)
Hochgebirgspanorama (3/19)
Inselpanorama (4/92)

Prachtpanorama (2/128)
Panorama-Autobahn (7/37)
Panoramablick (4/29)
Panoramaküstenstraße (7/25)
Panoramalage (1o/24)
Bäderzentrum (6/49)
Erholungszentrum (1/11o)
Fischereizentrum (1/173)
Handwerkerzentrum (8/16)
Langlaufzentrum (3/52)
Reitsportzentrum (3/57)
Rummelzentrum (2/162)
Schiffahrtszentrum (1/173)
Skizentrum (3/34)
Sportzentrum (1/1o5)
Vergnügungszentrum (1/94)
Unterhaltungszentrum (3/63)
Winter-Freizeit-Zentrum(3/4)
Wintersportzentrum (1/47)
Liftzirkus (5/6o)
Skizirkus (6/4)
Familienidylle (2/118)
Postkartenidylle (8/25)
Spezialbetreuung (6/3)
Spezialfrühstück (4/99)
Spezialkinderstrand (9/58)
Reisespezialist (2/7)
Fischerromantik (1/14)
Hütten-Romantik (9/94)
Seeräuber-Romantik (1/167)
Wasser-Romantik (9/94)
Hotelkomplex (2/23)
Tempelkomplex (8/17)
Miniörtchen (2/35)
Miniskikurs (3/12)
Minizoo (2/98)
Bergkulisse (2/194)
Gebirgskulisse (2/194)
Kreuzfahrtexperte (7/25)
Wassersport-Experten (1/42)
Alpenmetropole (5/gr.13)

Filmmetropole (1/1oo)
Geschäftsmetropole (1/149)
Weinmetropole (1o/3)
"Dreier-Kombination" (7/42)
Flug-Schiffskombination(7/62)
Reisekombination (5/94)
Alpenregion (1o/7o)
Wintersportregion (5/8o)
Regionalskipaß (3/47)
Bordatmosphäre (1o/22)
"Gemeinschaftssphäre"(9/7o)[27]
Inselatmosphäre (4/29)
Informationsfahrt (3/21)
Informations-Lichtbildervortrag (3/52)
Informationstreffen (3/52)
Beliebtheitsskala (2/17)
Bergbahnsystem (3/56)
Freiluftaquarium (4/79)
Gästeparlament (2/6)
Grundvariante (7/62)
Initiationstanz (4/89)
Kristallglasmanufaktur(1/1o6)
Kurfibel (2/114)
Meeresviadukt (1o/32)
Mittelmeervegetation (1o/26)
Monumentalkunst (4/92)
Naturphänomen (7/39)
Pistenpräparierung (3/64)
Prozessionsstraße (4/88)
Reitbahn-Enthusiast (9/4)
Routinesprung (5/94)
Segelrevier (2/21)
Standard-Mittagessen (9/8)
Stundenkapazität (3/56)
Tourengebiet (5/32)
Uferformation (4/19)
Unterwasser-Enthusiast(9/93)
Video-Skischule (3/71)
Wasserski-Fanatiker (9/94)
Weltstadt-Niveau (2/18)
Wintersportarena (5/9o)

Einige Zusammensetzungen dieser Art stammen aus dem medizinischen Bereich:

Bio-Reizklima (5/16)
Freiluftthermalbad (3/3o)
Hallenthermalschwimmbad(3/35)
Ozonhallenbad (5/6o)
Thermalbadekurort (3/7o)

Thermal-Schwimmanlagen(1/86)
Thermalsole-Hallenbad(5/13)
Unterwassermassage (5/52)
Wassergymnastik (5/gr.2o)

1.5.2. Fremdwörter verschiedenen Ursprungs als Bestandteil eines Kompositums

Mit Fremdwörtern zusammengesetzt, deren Ursprung sowohl lateinisch-griechisch als aber auch italienisch-französisch ist, erscheinen folgende Wörter:

Palmenpromenade (4/59)   Vor-Tester (2/6)

In dieser Rubrik finden sich häufig Zusammensetzungen mit den festen Bestandteilen '-folklore-', 'Tourist-' und '-restaurant':

Folklore-Abend (7/57)	Folklore-Tänze (7/57)
Folklorebesuch (1o/32)	Folklore-Veranstaltung(4/75)
Folklore-Gruppe (1/53)	Folklore-Vorstellung (1o/17)
Folklore-Museum (7/53)	
Touristenauge (6/48)	Touristenrummel (2/9)
Touristenbus (2/191)	Touristenstrom (2/28)
Touristen-Hotel (1/134)	Touristikfachleute (6/2)
Aussichtsrestaurant (7/31)	Lokalbummel (1/137)
Bergrestaurant (3/68)	Restaurationsbetrieb (5/32)
Kinderrestaurant (9/7o)	Waldrestaurant (1/132)

Obwohl hier nur ein kleiner Querschnitt durch die Komposita mit griechisch-lateinischen Fremdwörtern gegeben wurde, zeigt sich doch an der großen Zahl der Belege, wie geläufig Kombinationen mit Fremdwörtern sind und wie unbekümmert sie gebildet werden.[28] Zum größten Teil handelt es sich dabei um im Deutschen schon seit langem heimische Fremdwörter, von denen man annehmen kann, daß sie von einem großen Teil der Leser verstanden werden. Zudem lassen sich hier auch gewisse häufig wiederkehrende Fremdwortgruppen herausarbeiten, die dann mit einem deutschen Wort verbunden werden. Meist liegen Augenblickskomposita vor, wobei der deutsche Teil zur Erhellung und Präzisierung des Begriffes dient, eine nähere Erläuterung gibt oder eine Erscheinung in einem Begriff zusammenfaßt. Gelegentlich erscheinen Fugenelemente. Bindestrichbildungen sind vergleichsweise selten. Das Fremdwort kann sowohl Grund- als auch Bestimmwort sein.

1.5.3. Englische Wörter als Bestandteil eines Kompositums

Wie sehr auch das Englische schon in den deutschen Wortschatz eingedrungen ist, zeigt die Vielzahl der Zusammensetzungen mit englischen Wortteilen:

Abschiedsparty (5/gr.16)
Barbecue-Abend (2/51)
Babylift (5/65)
Baby-Sitter-Dienst (6/11)
Beatkeller (1/42)
Beatmusik (4/72)
Begrüßungsdrink (5/11)
Bootstransfer (1/99)
Bootstrip (4/89)
Bridgezimmer (7/61)
Bungalow-Siedlung (4/28)
Caravaning-Gespann (8/39)
Empfangscocktail (5/1o)
Erholungscenter (2/92)
Erkennungsbutton (5/gr.7)
Feriencenter (2/7)
Fitness-Raum (2/191)
Flugtrip (1/9)
Freizeit-Center (5/14)
Globetrotter-Leben (8/32)
Gocart-Bahn (4/66)
Grill-Gericht (1/97)
High-Society-Ort (2/55)
Hippie-Kneipen (1/3o)
Hippie-Treff (1/28)
Hobby-Freund (6/18)
Hobby-Kartei (6/18)
Hobby-Vorschlag (5/46)
Hobby-Wunsch (3/4)
Innen-Swimmingpool (4/35)
Intercity-Ziel (6/3)
Jet-Anreise (7/3)
Jet-Flug (2/19o)
Jet-Hin- und Rückreise(7/72)
Jetsprung (1/118)
"Jingle-Bells-Ball" (5/1o)
Jugendclub-Center (3/7o)
Kinderparty (2/125)
Kreuzfahrt-Liner (1/171)
Langlauf-Set (5/2o)
Licht-Show (7/53)
Live-Konzert (9/23)
Lunchpaket (5/gr.2o)
Lunchtüte (4/74)
Meerwasser-Swimmingpool(4/35)
Modefan (5/gr.7)
Musterranch (8/2o)
O.-K.-Liste (2/6)
Partner-Cocktail (5/gr.7)
Penthouse-Viertel (1/114)
Perlenfarm (1/156)
Picknick-Ausflug (1/1o8)
Picknick-Frühstück (4/79)
Pistenfan (5/32)
Planer-Team (4/4)
Pop-Bahn (2/121)
Pop-Musik (4/72)
Presshaus-Party (1o/28)
Quizabend (5/26)
Reisequiz (5/gr.22)
Schönheitsfarm (4/1o3)
Segelcenter (2/196)
Seilbahnticket (4/9o)
"sight-seeing"-Reise (7/23)
Skicenter (5/1o)
Skifan (5/39)
Sofort-o.-k.-Service (2/4)
Sonnenstrand-Party (1/82)
Sport-Center (1/2o)
Sportfan (6/3)
Strandservice (1/36)
Sylvesterparties (5/gr.7)
Tanz-Party (5/gr.4)
Transferzeit (2/151)
Unterwassershow (5/gr.12)
Weltstadt-Cocktail (5/gr.7)
Willkommenscocktail (5/gr.8)
Willkommensdrink (5/gr.5)
Wochenpackage (5/98)

Das englische Wort kann als Grund- oder Bestimmwort auftreten. Auffallend ist, daß der Großteil der Zusammensetzungen durch Bindestrich verbunden wird, was darauf hindeutet, daß das englische Wort noch zum Teil als fremder Bestandteil empfunden wird. Besonders deutlich tritt dies dort hervor, wo zusätzlich der englische Ausdruck in Anführungszeichen steht. Zum Teil handelt es sich bei den englischen Wörtern um Begriffe, die aus dem Englischen stammende Erscheinungen bezeichnen (Barbecue, Penthouse), den Großteil der Ausdrücke bilden allerdings sog. 'Modewörter', die auch durch ein deutsches Wort wiedergegeben werden könnten (Party, Fan, Hobby). Daß englische Wörter ohne Schwierigkeiten mit deutschen kombinierbar sind, zeigt den fortschreitenden Einfluß der englischen Sprache auf die deutsche, zumal es sich nur in wenigen Fällen um englische Fachtermini handelt, sondern meist um Wörter, für die auch ein deutscher Ausdruck gefunden werden könnte. Wörter wie 'Party' und 'Hobby' können aber schon als länger im Deutschen heimisch angesehen werden; sie bilden bereits einen geläufigen Begriff. Auf rein englische Wörter im Deutschen und auf ihren Aussagewert soll im semantischen Teil näher eingegangen werden.

1.5.4. Französische und italienische Wörter als Bestandteile eines Kompositums

Einen weit geringeren Raum nehmen die Zusammensetzungen mit französischen Bestandteilen ein. Hier handelt es sich meist um ältere Fremdworte, die bereits seit längerem im Deutschen heimisch sind. Besonders häufig finden sich Zusammensetzungen mit '-menü' und 'buffet'. Auch hier handelt es sich um Determinativkomposita:

"Christkindlmenü"(5/gr.22)	Frühstücksbuffet (5/1o)
Festtagsmenü (5/1o)	Silvestergalabuffet(5/1o)
Kindermenü (6/3)	Strand-Büffet (1/98)
Silvestermenü (5/gr.8)	Weihnachtsdiner (5/gr.1o)

Ein geläufiger Terminus ist 'Après-Ski'; mit diesem können beliebig Zusammensetzungen gebildet werden:

Après-Ski-Freunde (3/42)	Après-Ski-Treffen (6/2o)
Après-Ski-Leben (6/15)	

Einige Wörter beziehen sich auf geographische Gegebenheiten:

Badeplateau (1/1o2)	Skiterrain (5/59)
Gartenroute (8/39)	Sonnenplateau (3/51)
Gipfelplateau (5/6o)	Routenwahl (1/169)
Hochplateau (3/19)	Terrainkur (6/28)

Weiter finden sich Zusammensetzungen mit den schon länger integrierten Ausdrücken '-arrangement', '-abonnement' und 'Apéritif':

Apéritifbar (2/155)
Apéritifstunde (7/19)
Ausflugsarrangement (1o/32)
Landarrangement (5/gr.1o)
Ski-Abonnement (6/29)

Mit einem Modewort verbunden erscheint:

Riesenclique (1/169)

Komposita mit im Deutschen noch nicht voll integrierten französischen Wörtern sind:

Palmenavenue (7/33)
Talon-Verpflegungssystem(2/117)
Wertcoupon (5/gr.12)

und mit rein französischen Wörtern und nicht Fremdwörtern erscheinen:

Air-France-Übungsgelände (1/75)
Hors d'oeuvre-Tafel (9/8)

Relativ gering ist ebenfalls die Anzahl der Wörter mit italienischem Bestandteil; es handelt sich hier um rein italienische Ausdrücke, die im Deutschen nur bedingt als Fremdwörter gängig sind, aber mit einem deutschen Bestandteil kombiniert werden können:

Blumenkorso (5/86)
Blumen- und Palmenriviera (1o/24)
Gondelserenata (1o/4)
Hoteltaverne (3/75)
Landtrattoria (5/gr.13)
Lidostrand (1/1o5)

1.5.5. Sonstige fremde Wörter als Bestandteile eines Kompositums

Eine Sonderstellung unter den Zusammensetzungen mit fremdwortlichem Bestandteil nehmen die Wörter ein, bei denen der erste Teil ein Begriff aus einer anderen Sprache oder Kultur ist und der mit einem deutschen Wort kombiniert wird. Alle diese Bildungen sind okkasionell. Sie dienen dazu, die Vorstellung des Fremdländischen zu verstärken; ihre Verständlichkeit ist anzweifelbar. Dies gilt auch zum Teil für die mit weniger bekannten französischen oder italienischen Bestandteilen zusammengesetzten Komposita. Feste Regeln, nach denen diese Bildungen entstehen, lassen sich nicht nachweisen. Da Spanien ein Hauptreiseziel ist, zeigen sich mehrere Wörter, die sich mit Ausdrücken für spanischen Erscheinungen verbinden; angeführt wird diese

Reihe von Zusammensetzungen mit 'Flamenco', die in dieser Kombination sehr häufig erscheinen:

Flamenco-Keller (1/12)
Flamenco-Vorführung (7/7o)
Hazienda-Fest (1/53)
Tapas-Kneipe (1/42)

portugiesisch ist:

Fado-Musik (1/69)

Auf den Orient beziehen sich:

Fata-Morgana-Trip (2/177)
Bazar-Straßen (1/152)
Bazarviertel (1/136)
"Kasbah-Show" (2/179)

Als Sondererscheinung und nur der Vollständigkeit halber seien die sehr selten auftretenden Augenblickskomposita erwähnt, die mit einem Eigennamen zusammengesetzt sind:

Doktor-Schiwago-Touch (8/18)
Nachwuchs-Pelé (2/2oo)
Pullmann-Bus (2/136)

'Pullmann-Bus' kann dabei noch als am verständlichsten angesehen werden, da es eine Analogie-Bildung zum 'Pullmann-Wagen' darstellt.[29] Die beiden anderen Begriffe können als scherzhafte Wendungen aufgefaßt werden.

1.5.6. Zwei Fremdwörter als Bestandteil eines Kompositums

Wie sehr einige Fremdworte bereits im Deutschen als heimisch betrachtet werden und wie groß die Unbekümmertheit ist, mit der Fremdworte verschiedener Herkunft miteinander kombiniert werden können, zeigen die folgenden Beispiele: Zur genaueren Bestimmung eines Restaurationsbetriebes treten häufig als Bestimmwörter fremdsprachliche Ausdrücke auf, die jeder beliebigen Sprache entnommen sein können:

Barbecue-Restaurant (9/99)
Beatlokal (2/115)
Boulevard-Café (4/1o8)
Espresso-Café (3/59)
Flamenco-Lokal (2/81)
Girlie-Bar (1/155)
Gourmet-Restaurant (2/121)
Panorama-Bar (5/gr.12)
Panorama-Café (5/gr.22)
Panorama-Grill (5/gr.12)
Revuelokal (5/gr.7)
Spezialitäten-Lokal (1/88)
Spezialitäten-Restaurant (5/93)

Im Folgenden soll der Versuch unternommen werden, die fremdsprachlichen Wortglieder ihrer Herkunft nach zu differenzieren.

1.5.6.1. Bildungen mit zwei Fremdworten lateinisch-griechischen Ursprungs

Aktivitätszentrum (2/164)
Alpin-Solarium (5/6o)
Alternativprogramm (8/21)
Informationsmaterial (1/175)
Kommunikationszentrum (5/23)
"Miniatur-Kontinent" (2/86)
Programmvariante (8/2)
Prospektskeptiker (2/149)
Regenerationszentrum(4/1o7)
Touristen-Attraktion (1/14)
Touristikexperte (7/2)
Touristen-Metropole(5/gr.12)
Touristenzentrum (6/32)

1.5.6.2. Bildungen aus lateinischen und französischen Bestandteilen

Après-Ski-Publikum (6/9)
Panorama-Tour (7/24)
Pauschalarrangement (6/49)
Vita-Parcours (5/98)
Routenmaterial (1/15o)

1.5.6.3. Bildungen mit lateinischen und englischen Bestandteilen

Sie sind häufiger, bedingt durch den wichtigen Einfluß, den beide Sprachen ausüben.

Antiquitätenfan (5/gr.7)
Bungalow-Kategorie (1/75)
Club-Zentrum (1/74)
Country-Club-Atmosphäre(5/85)
Fitness-Studio (5/1o)
Folklore-show (1/3o)
"Fotostop" (7/9)
Generalticket (3/69)
Hobby-Zirkel(2/11)
Lift-System (3/48)
Mixkursus (4/1o3)
Service-Organisation (4/4)
Show-Orchester (5/gr.7)
Superexpreß (4/92)
Telefon-Service (2/6)
Thermalcenter (3/65)
Thermal-Swimmingpool (2/176)

1.5.6.4. Bildungen mit französischen und englischen Bestandteilen

Champagner-Cocktail(5/gr.12)
Fondue-Party (3/67)
Lunch-Coupon (3/68)
Passportarrangement (3/69)
Raclettepartys (3/69)
Revue-show (1/17o)

Zu diesem Wort sei anzumerken, daß 'Raclette' ein Käsegericht aus der französischen Schweiz ist. Der Plural des englischen Wortes 'Party' wird schon nicht mehr englisch, sondern bereits deutsch gebildet.

1.5.6.5. Sonstige fremdsprachliche Komponenten

Häufig sind fremdwortliche Zusammensetzungen mit dem arabischen Wort '-safari-':

Fotosafari (4/78)	Minisafari (2/184)
Landrover-Safari (1/128)	Safari-Organisation (1/165)

Mit deutscher Komponente erscheint: Flug-Safari (1/149). Als Bildungen mit zwei englischen Bestandteilen erscheinen:

Disc-Dancing (3/42)	Shopping-Cocktail (5/gr.7)
Fun-Cocktail (5/gr.7)	snow-cart (5/89)
Hobbyfan (5/93)	Weekend-Cocktail (5/gr.7)

Diese Wörter sind mit Ausnahme von 'snow-cart' im Englischen so nicht gebräuchlich; sie stellen deutsche Komposita aus zwei englischen Gliedern dar und sind bisweilen als scherzhafte Wendungen aufzufassen.[3o]

Mischungen aus verschiedenen fremdsprachlichen Elementen stellen die folgenden Wörter dar:

Circuit-Training (5/37)	Mini-Taxi (1/86)
Flamenco-Show (5/93)	"Pizza-Party" (1/169)
Gala-Buffet (5/gr.12)	Skijörning-Center (5/51)
Galadiner (6/48)	Shopping-Lotterie (5/gr.11)
Galamenü (5/gr.2o)	

Aus zwei französischen Teilen besteht:
"Flanierboulevard" (2/117)

Bildungen dieser Art sind meist okkasionell; sie dienen zur Ersparung eines Nebensatzes und versuchen durch ein Wort ein Spektrum von Vorstellungen hervorzurufen oder einen Begriff zu differenzieren. Ob allerdings diese Neubildungen immer verstanden werden, ist zumindest fraglich. Wären die Ferienprospekte nach den Anleitungen von Werbehandbüchern verfaßt, dürften solche Ausdrücke überhaupt nicht auftreten, da sie den Lesefluß und das Verständnis des Textes hemmen könnten. Wahrscheinlich sind sie gelegentlich nur als 'Gag' gedacht oder sollen durch den Reiz des nicht ganz Verständlichen Interesse für den übrigen Text wecken, wobei die semantische Aufwertung durch Unverständlichkeit und Fremdsprachlichkeit, nicht außer Acht gelassen werden darf.[31] Auffallend ist außerdem, daß in den meisten Fällen die Neuwörter mit Bindestrich gebildet werden; dadurch wird der fremdsprachliche Bestandteil deutlich vom deutschen abgehoben. Bei Verbindungen mit sehr geläufigen Fremdworten kann auch Zusammenschreibung erfolgen, wobei sich auch gelegentlich Fugenelemente zeigen. In einigen Fällen jedoch scheinen Fremdwörter zum Teil auch englischer Provenienz schon so in den deutschen Wortschatz integriert zu sein, daß sie nicht mehr bewußt als solche rezipiert werden, was die Unbekümmertheit, mit der sie kombiniert werden, beweist.

Mit Abstand den breitesten Raum bei der Neubildung von Wörtern nehmen die Zusammensetzungen mit zwei oder mehreren Substantiven ein. Die Vorteile dieser Kombinationsmethode sind deutlich: Mehrere Begriffe können in einen gefaßt werden, das Vorstellungsspektrum wird erweitert, komplizierte Nebensätze oder präpositionale Gefüge vermieden, was wichtig ist, wenn man bedenkt, wie knapp bemessen der Raum der Kataloge ist. Die syntaktischen Fügungen sind klar durchschaubar, da die Worte meist unflektiert und ohne Fugenelemente aneinander gefügt werden und so wird die Aufnahmekapazität des Lesers nicht überfordert, da die Wortbildungsmuster meist leicht durchschau- und rezipierbar sind. Sehr gering dagegen erscheinen die Substantivneubildungen, die durch Kombination mit anderen Wortarten entstanden sind.

1.6. Substantivneubildung durch Zusammensetzung mit anderen Wortarten

Bei dieser Bildungsweise am häufigsten noch sind Substantive, die mit einer ursprünglichen Verbalform gebildet werden.[32]

1.6.1. Verbalstamm und Substantiv

Bei den Zusammensetzungen zwischen einem Verbalstamm und einem Substantiv erscheint das Verb in suffixloser Form:

Angelfahrt (2/19o)	Spazier-Gegend (2/23)
Bummeltag (1/171)	Springquellen (4/59)
Bummelspaß (2/16)	Streusiedlung (5/47)
Gehminute (2/32)	Tummelplatz (2/118)
Probier-Urlaub (6/37)	Wanderweg (2/117)
Promenierweg (2/117)	Wedelkünstler (5/8o)
Schnorchelfreund (4/56)	Wohnzone (2/8)
Segel-Fortschritte (1/142)	Zustellbett (2/83)
Segelrevier (2/21)	

Die Komposita lassen sich meist in Infinitivkonstruktionen mit "um ... zu" auflösen. Besonders häufig sind Zusammensetzungen, die von dem Verb 'baden' abgeleitet sind. Sie sind nach dem gleichen Prinzip gebaut und zeigen, daß die Möglichkeiten dieser Kombinierweise an sich unbegrenzt sind. Deshalb kann man auch hier von Augenblicksbildungen sprechen.

Badebucht (1/38)	Badespaß (1/64)
Badehunger (1/64)	Badevergnügen (2/39)[33]

Diese Art der Zusammensetzung dient ebenfalls der Sprachökonomie, da die Komposita nur in längere syntaktische Fügungen oder in meist relative Nebensätze aufzulösen wären. Gleichfalls auf einem ursprünglichen Verbalstamm, der aber durch das Suffix'-ung' bereits in ein Abstraktum konvertiert ist, beruhen die folgenden Belege. Die Anfügung erfolgt durch Fugen '-s':

Ausgrabungsbezirk (4/46)	Begrüßungsabend (4/5)
Ausschiffungsgebühr(1/174)	Erholungswert (6/2)
	Vergnügungsplatz (1o/25)

Ebenfalls mit einem Abstraktum, das auf einem Verbalstamm basiert, erscheinen:

Abschlußabend (1o/8)	Einkaufsfreude (8/19)

Beruhend auf einer deverbativen Ableitung mit 'er' erscheint das Kompositum 'Zungenbrechername' (2/127).

Während bei den deverbativen Zusammensetzungen noch eine gewisse Häufigkeit ihres Auftretens feststellbar ist, so seien die Komposita, die mit sonstigen Wortarten gebildet sind, nur der Vollständigkeit halber erwähnt. Bildungen dieser Art sind sehr selten, trotz der Fähigkeit der deutschen Sprache, jedes Wort zum Substantiv zu erheben und zur Substantivneubildung zu benutzen.

1.6.2. Adjektiv und Substantiv

Goldland (8/9)	Hochwinter (5/62)
Fernziel (2/154)	Normalleben (4/11)
Halbtag (1/144)	Rundhütte (8/11)

Die Adjektive werden im Kompositum in unflektierter Form gebraucht. Mit einem englischen Adjektiv zusammengesetzt erscheint "happy"-Segler (1/143), wobei das fremdsprachliche Element zur Verdeutlichung mit Anführungszeichen gekennzeichnet ist; dadurch wird zugleich die okkasionelle Bildung hervorgehoben. Vielleicht auch auf ein Adjektiv zurückgehend und nur verkürzt: 'Prachtbarke' (4/91) = 'prächtige Barke'.

1.6.3. Präposition und Substantiv

Rundblick (1/99)	Zwischenaufenthalt (5/92)
Rundumblick (1/132)	Zwischen-Bestätigung (1/175)

'rund' in 'Rundblick' hat wohl nichts mit dem Adjektiv 'rund' zu tun, wie z.B. in 'Rundhütte', sondern ist als eine Verkürzung aus 'Rundherumblick' anzusehen.

1.6.4. Zahlwort und Substantiv

Zweiturlaub (6/2)

Vielleicht eine Analogiebildung zu dem bereits geläufig gewordenen Begriff 'Zweitwagen', der allerdings bei Wahrig auch nicht gebucht wird.

1.6.5. Partikel und Substantiv

Nicht-Badegäste (1o/19)	Nichtsportler(6/18)
Nicht-Flugreisender (4/85)	Nichtteilnahme (1o/5)

Die Neubildung kann hier mit oder ohne Bindestrich erfolgen.

1.7. Wortneubildung mit den herkömmlichen Mitteln der Wortbildungslehre

Wie die vorangegangenen Aufstellungen zeigen, nehmen den Hauptanteil bei den Wortneubildungen die Zusammensetzungen ein. Relativ gering dagegen sind Neologismen, die durch die herkömmlichen Wortbildungsarten, wie z.B. Prä- oder Suffigierung, entstehen.

1.7.1. Substantivierte Infinitive

Am beliebtesten sind substantivierte Infinitive, die dann noch beliebig zusammengesetzt werden können. Da jedes Verb zum Substantiv konvertiert werden kann, seien hier nur exemplarisch die häufigsten Substantivierungen und einige ausgefallene Zusammensetzungen erwähnt, wobei es sich streng genommen nicht immer um Neologismen handelt. Infinitive wie 'das Baden', 'das Faulenzen','das Skilaufen' erscheinen fast auf jeder Seite eines Kataloges. Es wird hier jedoch immer nur eine Belegstelle angeführt:

das Ausruhen (5/gr.21)
das Ausschlafen (5/gr.15)
das Ausspannen (1/112)
das Bummeln (6/42)
das Durchfeiern (1/55)
das Durchstöbern (1/13)
das Einkaufen (4/112)
das Erleben (1/55)
das Erholen (1/96)
das Faulenzen (3/17)
das Keckern (8/4)
das Können (6/9)
das Räkeln (1/152)
das Rodeln (3/17)
das Schlemmen (5/gr.4)
das Segeln (2/18)
das Skilaufen (4/112)
das Sonnen (3/17)
das Spazierengehen (1/73)
das Tauchen (1/55)

Bedingt durch die Häufigkeit der substantivierten Infinitive erscheinen in ihrer Folge auch des öfteren zusammengesetzte Infinitive:

das Aufeinanderprallen(1/17o)
das Beisammensein(5/gr.19)
das Braunbraten (1/64)
das Eselreiten (9/64)
das Flaschentauchen (9/99)
das "Freundschaftschließen" (9/36)
das Hallenbaden (6/18)
das Kindersegeln (1/143)
das Menschsein (1/78)
das Mondscheinrodeln (3/48)
das Nachtspringen (3/14)
das Radwandern (4/2o)
das Sauna-Baden (5/gr.15)
das Sichkennenlernen (1/142)
das Sonnenbaden (1/4o)
das Strandwandern (1/4o)
das Überfliegen (8/37)
das Überwintern (5/92)
das "Warmfahren" (6/15)
das Wasserskifahren (9/18)
das Wellenrauschen (1/152)
das Zusammenstellen(5/gr.19)

Die vornehmliche Aufgabe der zusammengesetzten Infinitive ist es, Nebensätze zu ersparen; sie dienen somit auch sprachökonomischen Zwecken. Besonders beliebt sind zusammengesetzte substantivierte Infinitive, um Sportarten zu differenzieren. Meist ist das erste Glied dieser Zusammensetzungen ein Substantiv, gelegentlich können jedoch auch Präpositionen, Verben und Adjektive dazu verwendet werden. Das erste Glied der Zusammensetzung kann vielfältigen Bestimmungen dienen, es kann Ort oder Zeit angeben, instrumental oder modal sein, einen Genitivobjektbezug ausdrükken.

1.7.2. Ableitungen mit dem Suffix '-er'

Das in der allgemeinen Wortbildung sehr produktive Suffix '-er' wird auch in den Ferienkatalogen häufig zur Bildung von deverbativen Ableitungen von Nomina agentis zur Personenbezeichnung benutzt. Auch hier sollen nur einige ausgefallene, meist zudem noch zusammengesetzte Beispiele angeführt werden:

Bewunderer (4/69)
Bummler (5/39)
Einsamkeitssucher (2/43)
Landschaftsliebhaber (3/2)
Sanft-Fahrer (3/62)
Schnorchler(1/1o4)
Segelinteressierter (2/45)
Selbstversorger (4/3o)
Spitzenkönner (2/57)
Tourenläufer (5/73)
Waldler (5/22)

Bei den Komposita läßt sich gelegentlich ein Akkusativobjektbezug nachweisen oder eine modale Beziehung. Gelegentlich werden Personenbezeichnungen als deverbative Ableitungen vom Partizip Präsens oder Perfekt gebildet:

Abreisender (5/gr.2o)
Angereister (4/8o)
Erholungssuchender (2/2)
Festgebuchter (1/144)
Freiheitsliebender (1/44)
Gleichgesinnter (6/3)
Ruhesuchender (2/162)

1.7.3. Substantivierung von Adjektiven

Grundsätzlich jedes Adjektiv ist substantivierbar. Auch hier sollen nur einige ausgefallene Beispiele angeführt werden, die zudem meist zusammengesetzt sind, zumal diese Art der Substantivbildung in den Ferienkatalogen nur selten anzutreffen ist und es sich meist um allgemeinsprachlich gängige Wörter handelt.

das Abenteuerliche (9/96)
das Altbekannte (7/44)
das Bestmögliche (1o/2)
das Wintermögliche (3/14)
das Wissenswerte (5/gr.15)

Einige von Adjektiven abgeleitete Personenbezeichnungen sind:

der Anspruchsvolle (1/44)
der "Großstadtmüde" (2/125)
der Romantische (1/9)
der Sonnenhungrige (1/134)
der Unternehmungslustige (1/171)

Die okkasionelle Bildung kann durch Anführungszeichen hervorgehoben werden. Häufig treten auch substantivierte Farbadjektive auf, wobei auf Beispiele verzichtet werden soll, da Bildung und Verwendung durchwegs konventionell sind.

1.7.4. Substantivierung von Adverbien

Es finden sich einige zu Substantiven erhobene Adverbien:

"Drumherum" (4/98)
Drum und Dran (1/41)
Hin und Her (4/38)

Diese Formen sind aber, im Ganzen gesehen, relativ selten zu finden.

1.7.5. Wortbildung durch Suffigierung

Das Problem der zunehmenden Abstrakta soll an dieser Stelle noch nicht behandelt werden. Hier soll nur verwiesen werden auf die im Gegensatz zur allgemeinen Wortbildung relativ geringe Zahl der Neologismen, die durch Suffigierung entstehen. Einige Neubildungen mit dem Suffix '-ung' sind:

Durchfahrung (1o/23)
Wiedereinschiffung (1/173)

Bildungen mit dem Suffix '-heit' sind z.B.:

Unbekümmertheit (1/74)
Unberührtheit (3/34)
Ungezwungenheit (1/98)
Zartheit (4/72)
Zurückgezogenheit (2/1o1)

Hierbei handelt es sich durchwegs um gebräuchliche Abstrakta, die auch bei Wahrig gebucht sind. Die von Walter Henzen festgestellte Tendenz zu Ableitungen auf '-ung' vor allem von zusammengesetzten Verben trifft für die Ferienkataloge nur mit großen Einschränkungen zu, da Neubildungen durch Suffigierung mit '-ung' und'-heit' nur äußerst selten anzutreffen sind.[34] Dies ist vielleicht bedingt durch die Tendenz zur Anschaulichkeit, die in den Ferienkatalogen vorherrscht und die für die eher nüchternen Abstrakta wenig Raum läßt.

1.7.6. Neubildung durch Reduplikation

Hier handelt es sich ganz deutlich um okkasionelle Bildungen, die mehr als Wortspiele und scherzhaft aufzufassen sind. Es ließen sich auch nur zwei Beispiele finden:

Maxi-Maxi (6/4o) Mini-Mini (6/4o)

1.7.7. Abkürzungen und Verkürzungen

Abkürzungen finden sich sehr selten. 'Profi' (1/142) für Professional' ist bereits in den allgemeinen Wortschatz aufgenommen. 'Abzweig' (1o/13) für 'Abzweigung'[35] ebenfalls; das umgangssprachlich wirkende 'Treff' (1/3o) für 'Treffpunkt' kann als okkasionelle Bildung gewertet werden. Eine Modeerscheinung stellt das Abkürzen von Ortsnamen dar. Sie bilden gleichsam einen Geheimcode für Eingeweihte: 'Kitz' (3/44) für Kitzbühel ist bereits geläufig geworden, ebenso 'Frisco' (1/15o) für die amerikanische Küstenstadt San Francisco. In Anlehnung dazu gebildet erscheint 'Torre' (1/46) für den spanischen Bade- und Ferienort Torremolinos. Ansonsten ist der von vielen Sprachkritikern diagnostizierte 'Abkürzungsfimmel' in die Ferienkataloge noch nicht eingedrungen. Am häufigsten noch findet sich in Zusammensetzungen die Abkürzung 'FKK' für 'Freikörperkultur':

FKK-Badebuch (1/98)
FKK-Badestunden (5/13)
FKK-Bungalow-Dorf (1/74)
FKK-Insel (1/1o2)
FKK-Region (1/74)
FKK-Strand (1/99)

Weitere Zusammensetzungen mit bereits in der Umgangssprache geläufigen Buchstabenkombinationen sind:

'SB-Laden' (5/13) für 'Selbstbedienungsladen'

'PKW-Spalte' (5/5): Eine Tabelle, in der die Preise für Urlaubsgäste angegeben sind, die mit dem eigenen Personenkraftwagen anreisen.
'FIS-Strecke' (3/51), wobei 'FIS' die vielen Skifahrern geläufige Abkürzung für den Internationalen Skiverband, die Fédération Internationale de Ski, ist.
'IC' (5/5) erscheint als Abkürzung für "Intercity',einen besonders schnellen Zug,der große Städte miteinander verbindet.
Bei 'K-Urlaub' (2/112) steht 'K' für 'Kur'. Man findet aber auch schon die Zusammenrückung 'Kurlaub'.
'UW' (2/199) bedeutet 'Unterwasser'.
'GM' und 'GO' (9/6) für 'gentil membre' und 'gentil organisateur' sind Personenbezeichnungen innerhalb des Club Méditerranée; auf diesen dürften jene Bildungen auch beschränkt bleiben.

Auch verkürzte Wörter oder sogenannte 'Klappwörter' finden sich nur ganz vereinzelt:
Porno(graphie)-Laden (6/4o)   Weinkost(probe) (1o/7)
'Rundbus' (3/2o): Hier ist das Wort 'fahrt' ausgespart, denn nicht der Bus ist rund, sondern mit diesem Bus kann man eine Rundfahrt unternehmen. 'Finntrip' (5/gr.4) bezeichnet eine Fahrt durch Finnland, wobei auf den Bestandteil 'land' verzichtet wurde, wahrscheinlich um so den englischen Charakter des Wortes zu verstärken. 'Rundalow' (1/79) ist eine Neuschöpfung, bei der der erste Teil des Wortes 'Bungalow' durch 'rund' ersetzt wurde; es bezeichnet einen runden Bungalow. Weitere Abkürzungen und Klappwörter lassen sich nicht nachweisen.

Zusammenfassung (S.44-88)

1. Mit Abstand den Hauptteil unter den Wort(neu)bildungen nehmen die Zusammensetzungen ein.
2. Hierbei überwiegen Komposita, die aus zwei oder mehreren Substantiven zusammengesetzt sind. Hierin folgt die Spra-

che der Ferienkataloge den allgemeinen Wortbildungstendenzen. "Der Anteil von Substantivbildungen mit substantivischem Bestimmungslexem ist weit größer als der mit adjektivischem oder verbalem."[36] Ähnliches konstatiert E.Mittelberg für die Substantivneubildung in der BILD-Zeitung, wobei er darauf verweist, daß etliche vier- bis fünfgliedrige Zusammenrückungen nachzuweisen sind.[37] Zunehmende Mehrgliedrigkeit weist auch H.Moser für das heutige Deutsch nach.[38] Für die Werbesprache ermittelt R.Römer, daß diese sich der Tendenz zur Zusammensetzung anschließt.[39] Die Wortbildung in den Ferienkatalogen geht in diesem Bereich also mit den Wortbildungsregeln der Allgemeinsprache und der verschiedenen 'Sondersprachen' konform.

3. Die Neuwörter können zwei- bis fünfgliedrig sein; sie lassen sich meist in präpositionale Wendungen oder längere syntaktische Fügungen auflösen. Dieses Ergebnis deckt sich mit den von E.Mittelberg für die BILD-Zeitung erarbeiteten: "Die raffenden Komposita ersetzen Nebensätze und Präpositionalfügungen."[4o]
4. Beliebt sind Bildungen mit einem festen Bestandteil wie '-stadt', '-dorf', '-landschaft', '-urlaub', '-ferien', '-reise'. Diese Bildungen lassen sich beliebig erweitern und fortsetzen, was auf ihren okkasionellen Charakter verweist. Wörter dieser Art sind Scheinkomposita, die in jedem Augenblick aus der momentanen Notwendigkeit heraus gebildet werden und oft nur für kurze Zeit Gültigkeit besitzen. Hierher sind auch Wörter zu rechnen, die mit einem Orts- oder Ländernamen gebildet werden.
5. In zunehmendem Maße finden sich Komposita mit fremdwörtlichen Elementen; auffallend hierbei ist der wachsende Einfluß der englischen Bestandteile. Diese Bildungsweise kann soweit gehen, daß ein aus mehreren fremdsprachlichen Elementen zusammengesetztes Wort als für deutschsprachige Leser rezipierbar angenommen wird. Hintergrund dieser Bildungen könnte auch mit die Internationalität der angebotenen Reiseziele sein.

6. Die syntaktische Fügungsweise der Wortzusammensetzungen ist betont einfach. Fugenelemente wie '-s', '-en' sind vergleichsweise selten und dabei gelegentlich Genitiv- oder Pluralkennzeichen; meist werden die Wörter in ihrer unflektierten Grundform aneinander gereiht.
7. Wortbildungen nach anderen herkömmlichen Mustern (vor allem dem der Ableitung) finden sich wesentlich seltener. Abstrakta-Bildungen mit Prä-oder Suffixen treten so gut wie nicht auf. Einzig produktiv, dafür aber in sehr hohem Maße, sind Substantivierungen von Infinitiven. Sie nehmen nach den Zusammensetzungen den zweiten Platz innerhalb der Häufigkeitsskala der Wortbildungen ein, bedingt dadurch, daß sie von jedem Verb beliebig bildbar sind; oft entstammen sie jedoch dem konventionellen Wortschatz; auch hier trifft man auf sehr viele Zusammensetzungen.
8. Abkürzungen oder Verkürzungen fehlen fast ganz.
9. Dem Hang zu mehrgliedrigen Wortkombinationen steht der Hang zu syntaktisch kurzen Fügungen gegenüber. Eine Polarität von langem Wort und kürzerem Satz läßt sich, wie später noch genauer nachzuweisen sein wird, konstatieren.
1o. Die Aufgaben der Wortbildung im Rahmen der Ferienkataloge sind folgende:
   a) in erster Linie dienen sie der Sprachökonomie: durch einen Ausdruck werden längere syntaktische Fügungen vermieden. Sprachökonomie kann als ein wichtiges Prinzip auch der heutigen Allgemeinsprache angesehen werden.[41] Dies bewirkt,
   b) daß durch einen Ausdruck eine breite Palette von Vorstellungen hervorgerufen wird und
   c) durch gewisse, auch feste, Zusammensetzungen ein Begriff in hohem Maß präzisiert werden kann. Beide Funktionen streitet R.Römer den Zusammensetzungen in der Werbesprache ab: "Der Anspruch auf Präzisierung der Aussage und Differenzierung ist bei der Sprache

der Werbung weniger zu erkennen, wenn er auch nicht gänzlich fehlt."[42] Auch das Prinzip der Ökonomie bezweifelt sie. Eher sieht sie die Funktion der Zusammensetzung u.a. in der Schaffung neuer Begriffe und in der Erzielung psychischer Wirkungen.[43] Beide Momente spielen jedoch für die Sprache der Ferienkataloge in diesem Bereich keine so dominierende Rolle, hier überwiegt die Bedeutung der Sprachökonomie und der Differenzierung.

2. Adjektivbildungen

Wenn man zwar nicht uneingeschränkt wie Ebert in seinem 'Spiegel'-Artikel von einer Literatur der Adjektive sprechen kann[44], handelt man über die Sprache der Ferienkataloge, so bilden sie dennoch ein reiches Reservoir für Wortneuschöpfungen. Es wäre allerdings verfälschend, den Hauptakzent auf die Adjektive zu legen: denn, im Gegensatz zur Warenwerbung, die, folgt man den kritischen Aufsätzen über die Werbesprache[45], nachgerade nur aus Adjektiven besteht, nehmen die Adjektivneubildungen gegenüber den Substantivneubildungen einen weitaus bescheideneren Rahmen ein. Trotzdem ist nicht zu bestreiten, daß die Adjektive im Wortschatz der Ferienkataloge eine wichtige Rolle spielen. An dieser Stelle soll vorerst allerdings nur auf die syntaktischen Aspekte der Adjektivverwendung eingegangen werden, also nur auf ihre Bildungsweise; die semantische Bewertung und damit auch eine Übersicht über besonders beliebte und teils formelhafte Anwendung von Adjektiven soll an späterer Stelle erfolgen.

2.1. Das Partizip in adjektivischer Verwendung

Auffallend ist die häufige Verwendung von Partizipien in adjektivischem Gebrauch.

2.1.1. Partizip Präsens

Da aus jedem transitiven Verb ein adjektivisches Partizip gebildet werden kann und diese Verwendungsweise in den Ferienkatalogen sehr häufig erscheint, sollen hier als Belege nur einige ausgefallene Partizipien angeführt werden, deren Verbalform jedoch durchaus zum konventionellen Wortschatz zählt.

flackernd (1/156)	prickelnd (1/92)
flirrend (4/13)	prustend (1/165)
glitzernd (1/114)	tänzelnd (1/165)
packend (1/155)	trippelnd (1/156)

2.1.1.1. Partizipien von präfigierten Verben

Vor allem finden sich in dieser Kategorie Partizipien von präfigierten Verben, deren Stammform nicht immer zur adjektivischen Partizipbildung fähig ist. Auch hier sollen nur die am häufigsten verwendeten Partizipien aufgezählt werden, mit nur immer einem Beleg. Zum Teil handelt es sich hierbei um Partizipien, die im allgemeinen Sprachgebrauch, wenn auch nicht in dieser Häufigkeit, durchaus gebräuchlich sind, wie z.B.

abweisend (4/72)	einladend (1/116)
anheimelnd (3/34)	entstehend (4/28)
anregend (1/1o7)	hinreißend (1/11o)
aufblühend (4/91)	mitreißend (1/11o)
aussteigend (5/9o)	überwältigend (1o/27)
begeisternd (1/144)	verlockend (1/17o)
bezaubernd (1/113)	zurückliegend (2/43)

Oft dienen die Partizipialadjektive zur Bestimmung lokaler Angaben:

abfallend (1/1o4)	einschneidend (1/15)
angrenzend (1/73)	hinaufführend (6/25)
aufragend (6/27)	umliegend (1/99)
aufsteigend (9/72)	überragend (1/114)
auslaufend (1/112)	verlaufend (6/22)
einmündend (3/66)	

Diese Partizipien fungieren als Adjektive, über die Bedeutung der Partizipien für den Satzbau wird an späterer Stelle gehandelt.

2.1.1.2. Zusammengesetzte Partizipien

Als hervorstechendstes Merkmal der Sprache der Gegenwart wird in vielen wortgeschichtlichen Artikeln die zunehmende Zahl der Adjektivzusammensetzungen erwähnt: Vorwiegend durch Zusammensetzung von Substantiven mit Partizipien des Perfekts, zum Teil auch des Präsens entstehen neue Adjektive.[46] Auch die Sprache der Ferienkataloge ist von dieser Erscheinung nicht ausgeschlossen. Die Anzahl echter Neubildungen mit dem Partizip Präsens ist jedoch gering, vor allem gesehen im Bezug zur Werbesprache; eine große Zahl der so gebildeten Adjektive ist durchaus auch im konventionellen Wortschatz gebräuchlich.

atemberaubend (1/164)	nervenzerfetzend (1/78)
ausschlaggebend (1/98)	ruhestörend (2/189)
deutschsprechend (2/191)	schattenspendend (2/112)
erholungssuchend (3/9)	skifahrend (3/27)
furchterregend (8/1o)	sonnengleißend (3/62)
gesundheitsfördernd (3/73)	wasserführend (2/28)
ikonenmalend (1/119)	weltumspannend (4/4)
lärmbeeinträchtigend (9/36)	weltverändernd (4/81)

Bei Zusammensetzungen mit Abstrakta erfolgt die Angliederung des Partizips mit dem Fugenelement '-s'. Die Glieder des Kompositums stehen zueinander im Akkusativobjektbezug.

2.1.1.3. Adjektiv und Partizip

Weitaus geringer sind Zusammensetzungen, deren erstes Glied wiederum ein Adjektiv ist:

buntschillernd (1/14)	steilabfallend (8/39)
hochaufragend (1o/16)	weitausladend (5/54)
	wildwuchernd (8/39)

Diese Adjektive bieten eine modale Differenzierung.

2.1.1.4. Adverb und Partizip

Ein Adverb als erstes Glied findet sich bei den folgenden Beispielen:

aneinandergrenzend (2/2o)	vorüberfahrend (6/37)
herabstürzend (1o/12)	vorüberziehend (6/39)

2.1.2. Partizip Perfekt

Häufiger als Partizipien des Präsens werden Partizipien des Perfekt verwendet. Hierbei handelt es sich nicht immer um reine Partizipien, sondern es kommen auch analoge Bildungen mit den Morphemen 'ge'-'t', 'be'-'t' und 'be'-'en' vor. Wie bei den Partizipien der Gegenwart nehmen den Großteil der Bildungen Partizipien von präfigierten Verben ein. Auch hier soll wieder nur ein Beleg, der am häufigsten vorkommenden bzw. einiger seltener Partizipien geboten werden, wobei wiederum ein großer Teil der aufgeführten Beispiele durchaus auch im allgemeinen Wortschatz gebräuchlich ist. Sie dienen jedoch einem deutlicheren Überblick über häufig verwendete Wortformen.

abgerundet (2/38)
angeboten (6/15)
angegliedert (2/42)
angelacht (1/74)
angewiesen (9/8)
ausgebaut (4/6o)
ausgedehnt (1o/7)
ausgeglichen (4/1o1)
ausgeklügelt (7/39)
ausgeschildert (3/29)
ausgesucht (2/5)
ausgetreten (1/127)
ausgewählt (2/11)
begleitet (4/112)
begünstigt (2/82)
beheizt (4/98)
benachbart (1/112)
besucht (1/67)
besungen (7/21)
bewaldet (1/26)
bewalzt (3/31)
bewirtschaftet (4/11o)
durchdacht (5/gr.8)
eingebettet (4/43)
eingenommen (6/4o)
eingerahmt (1/1o4)
eingespielt (7/18)
entschärft (6/6)
erschlossen (3/17)
gebahnt (3/22)
gebucht (5/gr.11)
gedeckt (7/65)
geführt 4/111)
gekennzeichnet (1/1o3)
gepflegt (4/116)
"geplant" (2/112)
geräumt (3/9)
gesäumt (6/17)
geschützt (4/111)
gesichert (2/176)
gespurt (3/29)
gewünscht (6/11)
hingelagert (6/33)
mitgebracht (1/74)
umbrandet (4/7)
umsäumt (2/151)
vergletschert (5/49)
verräuchert (1/24)
verschwiegen (2/39)
vor-getestet (2/3)
zerklüftet (2/19)
zurückgezogen (2/22)

2.1.2.1. Zusammensetzungen mit Substantiv

In noch weit größerem Maße als bei den Partizipien der Gegenwart finden sich bei den Partizipien der Vergangenheit Zusammensetzungen. Hierbei überwiegen Bildungen mit einem Substantiv als erstem Glied. Als Fugenelement dient gelegentlich '-en-'.

altersbedingt (6/37)
bergumkränzt (4/8o)
bergumschlossen (4/91)
blumengeschmückt (4/1o1)
burggekrönt (6/28)
eisgekrönt (8/28)
europabewußt (4/72)
freskobemalt (3/18)
goldüberkuppelt (4/88)
goldverkuppelt (7/59)
kiefernbewachsen (4/44)
kindergeeignet (2/162)
klippenumrandet (4/12)
"kulturbefleckt" (2/135)
kurgeeignet (2/176)
maschinengepflegt (6/17)
mauerbewehrt (4/84)
mauernumgürtet (4/89)
meergefüllt (7/11)
mosaikgeschmückt (4/82)
naturbelassen (4/65)
palmenbestanden (2/182)
palmenbewachsen (4/27)
palmengeschmückt (4/18)
palmengesäumt (4/76)
pinienbewachsen (1/28)
pinienumsäumt (4/2o)
reliefgeschmückt (4/82)
sagenumwoben (8/33)
schneebedeckt (4/1o4)
schneegeräumt (3/19)
sonnenbegünstigt (4/99)
sonnenbestrahlt (6/31)
sonnengegerbt (1/69)
sonnenverwöhnt (1/44)
streß-geschädigt (2/176)
strohgedeckt (8/1o)
waldbedeckt (4/88)
waldumrandet (1/146)
waldumrahmt (1/97)
walzengepflegt (5/19)
weinbebaut (1o/1o)
weltabgeschieden (2/171)
welterfahren (5/2)
windgeschützt (1o/6)
zinnenbewehrt (7/22)

Wie bei den Substantivzusammensetzungen dienen auch die Partizipkomposita vor allen Dingen der Sprachökonomie. Aufzulösen wären die Konstruktionen nur in meist längere präpositionale Fügungen oder in,häufig relative,Nebensätze. Die Determinativkomponenten geben oft Fügungen modaler Art an: Wie ist etwas beschaffen? Möglich sind auch Auflösungen in Präpositionalgefüge mit 'durch', 'mit', 'von'. Vorteil der Komposita ist es, durch e i n e n Begriff eine klare und exakt präzisierte zusätzliche Vorstellung zu einem Substantiv hervorzurufen. Bei den Partizipialkomposita handelt es sich weniger um schmückende als um erläuternde Adjektive.

2.1.2.2. Adjektiv als Komponente

Ähnlich verhält es sich mit den Partizipien, die mit einem Adjektiv zusammengesetzt sind. Auch sie dienen vornehmlich der genaueren Bestimmung:

altbekannt (4/84)	herbverschlossen (2/143)
baumbestanden (2/188)	nahegelegen (4/116)
bekanntgeworden (4/1o4)	neuangekommen (5/gr.2o)
braungebrannt (1/153)	neuangereist (5/gr.2o)
buntgekleidet (8/35)	neuerschlossen (3/68)
buntgewürfelt (2/41)	neugeschaffen (2/42)
dichtbewaldet (4/52)	tiefverschleiert (4/36)
fertiggestellt (3/51)	tiefverschneit (6/3)
frischgefangen (1/115)	weichgeschwungen (2/149)
gutausgebaut (8/39)	weißgetüncht (1/4o)
guterhalten (1/1o4)	wildzerklüftet (4/65)
gutgeführt (6/13)	wohldurchdacht (4/81)
heißumkämpft (9/14)	

Gelegentlich finden sich zusammengesetzte Partizipien, die Lage oder Ausdehnung genauer definieren:

hochgelegen (3/23)	weitgeschwungen (1/95)
langgezogen (9/85)	weitgestreckt (1/98)
langgestreckt (8/37)	weitverzweigt (4/1o3)

Mit Adverbien zusammengesetzt sind:

aneinandergebaut (2/52)	wiedererschlossen (4/81)
herabgezogen (5/18)	

2.1.2.3. Zusammensetzung mit Verneinungspartikel

Als eigene Gruppe zu betrachten sind Partizipien, die mit einem Verneinungspartikel gebildet sind:

nichtüberdacht (9/11)	unübertroffen (5/2)
unberührt (1/77)	unverbaut (2/162)
unerschlossen (2/93)	unverfälscht (2/163)
ungetrübt (4/2o)	unvergessen (4/55)
ungestört (1/113)	unversehrt (4/55)

Der Verneinungspartikel 'un-' dient meist der semantischen Aufwertung. Hier, wie auch in den vorangehenden Beispielen, wurden auch allgemeinsprachlich verwendete Bildungen miteinbezogen.

2.1.2.4. Zusammensetzung mit Superlativen

Vor allem in der Werbung, in hohem Maße aber auch in den Ferienkatalogen, ist die häufige Verwendung des Superlativs ein signifikantes Merkmal. Daher läßt sich auch die Tendenz zu gelegentlicher Kompositumbildung mit Superlativpartikeln erklären; hierzu werden auch die superlativisch wirkenden Verbindungen mit 'viel-' gezählt:

bestgepflegt (3/69)
höchstgelegen (6/11)
meistbenutzt (6/14)
meistbesucht (2/62)
meistfotografiert (1/1o4)
schönstgelegen (5/gr.21)
vielbesucht (4/72)
vielbesungen (3/46)
vielgepriesen (1o/7)
vielgerühmt (6/49)

Es läßt sich ein vielfältiger Gebrauch von Partizipien sowohl der Gegenwart als auch der Vergangenheit feststellen. Zusammensetzungen sind beliebt, nehmen jedoch nicht überhand; es handelt sich dabei meist um okkasionelle Bildungen.

2.2. Adjektivzusammensetzungen

Ebenso wie Partizipien werden auch Adjektive an sich gerne zusammengesetzt. Die Adjektivzusammensetzung vor allem dient als vorrangiges Kennzeichen der Werbesprache.[48] Sie ist zwar auch in den Ferienkatalogen, wie die folgenden Beispiele zeigen werden, anzutreffen, jedoch handelt es sich hier gelegentlich um allgemeinsprachlich ebenfalls gebrauchte Adjektivkomposita. So sind z.B. 'kontaktfreudig' oder 'weltweit' schon bei G. Wahrig gebucht.[49] Daneben finden sich jedoch immer wieder auch okkasionelle Bildungen.

2.2.1. Substantiv als erstes Glied

Beliebteste Kombinationsform ist die Bildung mit einem Substantiv als erstem Glied:

brandneu (2/38)
erholungsbedürftig (5/12)
familiengerecht (5/66)
geländesicher (1/145)
gemeindeeigen (3/31)
geschichtsträchtig (4/21)
hauseigen (4/95)
hautnah (8/3)
hoteleigen (2/4o)
hotelnah (4/73)
jahrhundertealt (1/1o7)
jahrhundertelang (2/152)
kinderlieb (9/78)
kontaktfreudig (1/16)
kulturkundig (4/81)
kunstberühmt (5/34)
kunstträchtig (4/8o)
landeskundig (4/81)
landesüblich (2/41)
lawinensicher (6/25)
lebensfroh (7/21)
leistungsstark (6/16)
meeresfrisch (1/79)
millionenschwer (1/136)
nagelneu (2/9)
ortskundig (5/gr.15)
ortsnah (3/28)
schicksalsschwer (2/122)
schneesicher (3/18)
schußbereit (8/11)
sprachkundig (5/gr.5)
sommerwarm (2/186)

sonnenhungrig (4/58)
sonnenselig (2/168)
sonnensicher (1/118)
strandnah (2/68)
südoffen (2/28)
verkehrsgünstig (3/59)
weltentlegen (4/81)
weltoffen (4/84)
weltweit (4/72)
windstill (6/6)
wunderhübsch (2/53)
zukunftsbewußt (6/39)

Gelegentlich finden sich unter diesen Bildungen Längenangaben:

kilometerbreit (4/67)
kilometerlang (2/31)
kilometerweit (4/72)

Die Auflösung erfolgt, ähnlich wie bei den Partizipialkomposita, in präpositionale Fügungen oder längere syntaktische Wendungen. Gelegentlich lassen sich aber auch Kasusrelationen feststellen, wobei Genitiv- und Dativbeziehungen überwiegen. '-s' erscheint neben seiner Funktion als Genitivkennzeichen auch als Fugenelement. Ferner dient das Substantiv ab und zu als vergleichendes Element.

2.2.2. Adjektive mit festem Bestandteil

Ähnlich wie bei den Substantivneubildungen lassen sich hier ebenfalls einige Gruppen herauseliminieren, bei denen ein bestimmtes Adjektiv als Grundwort dient, das mit den verschiedensten Substantiven verbunden werden kann:

"familienfreundlich" (2/54)
fußgängerfreundlich (5/gr.4)
kinderfreundlich (1/2o)
mutterfreundlich (1/74)
touristenfreundlich (4/72)

Diese Bildungen lassen sich auflösen in die präpositionale Fügung 'freundlich zu', meist im Rahmen eines Relativsatzes. H.J.Kann sieht 'freundlich' in diesem Zusammenhang bereits als Halbsuffix an.[5o] Eine weitere Gruppe entsteht durch die semantisch aufwertenden Grundwörter '-voll', '-reich' und 'welt-'. Dabei handelt es sich meist um gängige Adjektive, wie z.B.:

eindrucksvoll (1/173)
prachtvoll (1/5o)
prunkvoll (1o/26)
rätselvoll (4/9o)
stimmungsvoll (1/31)

Dies alles sind hochwertige Adjektive. Ähnlich verhält es sich mit den Komposita auf '-reich'. Analog gebildet zu 'abwechslungsreich' (4/116), einem Adjektiv, das sehr häufig verwendet wird, erscheinen:

aussichtsreich (1o/7)
blumenreich (2/1o1)
burgenreich (1o/8)
erlebnisreich (5/39)
fischreich (8/36)
föhnreich (3/34)
freskenreich (4/8o)
geschichtsreich (4/46)
klippenreich (5/93)
kontrastreich (1o/7)
panoramareich (4/64)
pflanzenreich (9/84)

obstreich (1o/8)
sagenreich (4/45)
schneereich (3/23)
sonnenreich (2/184)
tierreich (4/79)
traditionsreich (4/57)
trickreich (1/166)
vegetationsreich (2/137)
verkehrsreich (7/64)
waldreich (4/6o)
wasserfallreich (4/85)
wildreich (1/164)

Auch hier finden sich einige alteingebürgerte Adjektivkomposita. Als syntaktische Umkehrung zu 'waldreich' kann 'reichbewaldet' (1o/11) angesehen werden. Diese Adjektive lassen sich auflösen in Fügungen mit der Präposition 'an': z.B. 'an Burgen reich'. Bildungen dieser Art dienen damit sprachökonomischen Zwecken und der Straffung der Ausdrucksweise. Sie sind nicht immer nur hochwertig. Immer hochwertig jedoch wirken die Zusammensetzungen mit dem Präfix 'welt-' und 'ur-':

weltbekannt (1/33)
weltbest (1o/13)
weltberühmt (1o/8)

weltgrößt (1/15o)
urgemütlich (2/188)
urtypisch (9/62)

Über den semantischen Wert dieser Ausdrücke wird an späterer Stelle gehandelt.

Im Gegensatz zu den Zusammensetzungen mit 'reich' erscheinen Bildungen mit '-arm', '-frei', '-los':

brandungsarm (4/14)
menschenarm (6/32)
niederschlagsarm (6/49)
baumfrei (3/31)
föhnfrei (4/1oo)
hindernisfrei (6/25)
kostenfrei (5/52)

lawinenfrei (5/25)
nebelfrei (4/1o2)
schneefrei (6/23)
staubfrei (3/35)
waldfrei (3/36)
baumlos (5/62)

Auflösungen sind hier die präpositionalen Wendungen 'frei von', 'arm an'; meist in ihrem Zusammenhang bezogen auf negative Aspekte und daher ins Positive konvertiert.

2.2.3. Adjektiv und Adjektiv

Neben den Komposita mit einem Substantiv erscheinen auch solche mit einem Adjektiv als erstem Glied, allerdings in geringerem Umfang, wie z.B. die eigentlich tautologische Bildung 'quicklebendig' (4/2o). Hier finden sich ebenfalls auch gebräuchliche Adjektive:

altbekannt (7/44)
feinkiesig (1/1o2)
feinsandig (2/2o)
gleichstark (9/18)
grobkiesig (2/159)
heißblütig (2/2oo)
mittelschwer (5/62)
prallvoll (2/8)
vielseitig (2/11)

Ihre Aufgabe ist es, die Beschaffenheit näher zu definieren. Auch hier lassen sich einige Adjektive aussondern, die vornehmlich Ausdehnungen angeben:

großräumig (6/23)
weitflächig (4/72)
weitläufig (4/89)
weiträumig (6/42)
weitwellig (4/82)

2.2.4. Bindestrichbildungen

Eine Gruppe für sich stellen die Adjektivzusammensetzungen dar, die mit Bindestrich gebildet werden. Anders als bei den Substantiven, wo die Anwendung des Bindestrichs rein zufällig war, handelt es sich bei den Adjekttivzusammensetzungen mit Bindestrich überwiegend um Kopulativkomposita: in einem Wort werden zwei Adjektive miteinander verbunden, die anzeigen sollen, daß ein Substantiv durch diese zwei Adjektive gekennzeichnet ist. Meist handelt es sich zudem um längere Adjektive, deren Zusammenschreibung zu unübersichtlich werden würde.

bayrisch-zünftig (3/13)
berühmt-berüchtigt (7/7o)
eigenartig-festlich(5/gr.13)
feucht-fröhlich (1/39)
fröhlich-festlich (3/74)
gesellig-ruhig (2/125)
idyllisch-schön (4/86)
kernig-eigenbrötlerisch(4/72)
ländlich-einfach (4/87)
schwermütig-feurig (1o/17)
sonnig-sandig (9/75)
sportlich-elegant (2/193)
tropisch-barock (4/9o)
würdig-festlich (6/48)
würzig-aromatisch (1/169)

Solche Nebeneinanderstellungen finden sich auch häufiger in der Werbesprache.[51] Nicht in kopulativer, sondern in präpositionaler Relation stehen bzw. eine Kasusbeziehung drücken aus:

club-eigen (9/53)
ferien-freundlich (9/75)
Fewotel-eigen (5/66)
immer-freundlich (9/75)[52]
reederei-eigen (7/77)
schnee-freudig (3/38)
see-erfahren (7/66)
umwelt-freundlich (9/75)

Bei 'see-erfahren' dient der Bindestrich zusätzlich dazu, das Aneinanderstoßen von drei 'e' zu vermeiden. Bei den folgenden Bildungen erscheint der Bindestrich, da die Adjektive mit Abkürzungen zusammengesetzt sind:

N-U-R-eigen (1/143)
PS-stark (1/15o)

Gerade bei den mit Bindestrich zusammengesetzten Adjektivkomposita handelt es sich um okkasionelle Bildungen, die die Gleichzeitigkeit zweier Eigenschaften ausdrücken sollen. Solche Adjektive sind daher beliebig bildbar. In erhöhtem Maße treten diese Bildungen in Zusammenhang mit Länder-, Kultur- oder Religionsbezeichnungen auf:

buddhistisch-hinduistisch (8/16)
bulgarisch-orthodox (4/53)
europäisch-amerikanisch (2/132)
französisch-marokkanisch (9/97)
griechisch-baktrisch (4/9o)
griechisch-römisch (2/154)
hellenistisch-römisch (4/86)
klassisch-griechisch (4/64)
klassisch-hellenisch (7/39)
phönizisch-römisch (4/51)
phönizisch-römisch-altchristlich (4/88)
romanisch-gotisch (4/81)
römisch-byzantinisch (4/37)
spanisch-islamisch (4/84)
steirisch-kärnter (5/64)

Diese Wendungen sind zum Teil auch allgemeinsprachlich gängig; den okkasionellen Charakter zeigen vor allem die ausgefallenen Bildungen, die beliebig jede Länderbezeichnung zum Zwecke der exakten Definierung in eine Zusammensetzung bringen können.

2.3. Bildungen mit fremdsprachlichen Elementen

Wie bei den Substantiven erscheinen auch bei den Adjektiven Bildungen mit fremdsprachlichen Elementen. Da die

Ferienkataloge sich auf Gebiete in der ganzen Welt erstrecken, werden dadurch einige von Ländern oder Landschaftsnamen abgeleitete Adjektive bedingt, die in der allgemeinen Sprache selten angewendet werden. Die exotischsten seien hier aufgezählt:

alttadschikisch (4/8o)
asturisch (4/83)
auvergnatisch (4/82)
balinesisch (8/21)
Cordobeser (4/25)
epirotisch (2/136)
genuesisch (9/89)
kantabrisch (4/83)
kappadozisch (4/55)
Mallorquinisch (2/31)
menorquinisch (2/42)
minoisch (2/142)
neukastilisch (4/83)
ostpontisch (4/87)
punisch (4/13)
rhodisch (7/9)
samoisch (8/34)
singhalesisch (8/2o)
sorrentinisch (4/63)
spätkuschitisch (4/89)
tahitianisch (8/34)
usbekisch (4/8o)
walachisch (4/54)

Ob derartige Ortsadjektive dem durchschnittlichen Leser verständlich sind, mag anzweifelbar bleiben. Zumindest geben sie den Katalogen einen gebildeten Anstrich und den Anschein der Welterfahrenheit. Ansonsten sind im Gegensatz zur Substantivbildung die fremdwortlichen Komponenten bei der Zusammensetzung von Adjektiven weit weniger häufig. Partizipbildungen, die von Fremdwörtern abgeleitet sind, finden sich nur sehr vereinzelt. Häufiger treten nur die beiden folgenden auch allgemein oft gebrauchten Wörter auf (es wird jeweils nur ein Beleg gegeben):

faszinierend (1/121)
pulsierend (1/46)

etwas seltener:

dominierend (4/15)
imponierend (4/4o)

Zusammensetzungen aus deutschen und fremdsprachlichen Bestandteilen sind:

amüsierfreudig (2/31)
gartenarchitektonisch(4/53)
geräuschisoliert (2/28)
heilklimatisch (3/24)
hochalpin (3/18)
hochinteressant (1o/16)
hochtourig (1/42)
landestypisch (1/34)
ozongereinigt (3/37)
risikolos (3/29)
teilklimatisiert (2/22)
umfunktioniert (2/142)
wildromantisch (1o/7)
wohlorganisiert (7/55)
zentralbeheizt (2/188)

Zwei fremdwortliche Bestandteile weisen auf:

hypermodern (4/91)
ultramodern (4/93)
supermodern (2/1o3)

Hier zeigt es sich, daß im Bereich der Adjektivbildung der fremdsprachliche wie auch der englischsprachige Einfluß weitaus geringer vorhanden ist. Diese Erscheinung könnte bedingt sein - zumindest bei der englischsprachigen Einwirkung - durch erschwerte Flexions- und Ableitungsbildung. Eine seltene Ausnahme bildet 'poppig' (2/43). In der Schreibform 'pop-ig' erwähnt L.Mackensen dieses Wort, das er als "zwittrig" bezeichnet.[53]

2.4. Vergleichende Adjektive

Als eine eigene Gruppe von Adjektiven sind diejenigen zu betrachten, deren Ziel es ist, einen Vergleich auszudrücken, die genauer definieren wie, von welcher Art, etwas beschaffen ist:

abenteuerhaft (5/gr.8)
burgenähnlich (2/183)
dorfähnlich (2/52)
festungshaft (4/83)
fjordähnlich (4/18)
fjordartig (1/1o8)
glasklar (2/171)
halbkreisförmig (1/115)
hochseeähnlich (5/96)
hotelmäßig (5/67)
hufeisenförmig (1/28)
kristallklar (6/3)
mondhaft (4/86)
mühlsteingroß (8/36)
riesenhaft (4/9o)
seenhaft (4/86)
sichelförmig (4/1o)
spiegelglatt (1/153)
spiegelklar (4/91)
staubtrocken (8/3)
steppenartig (1o/23)
sternförmig (4/9o)
terrassenförmig (1/98)
traumschön (8/6)
tropengerecht (2/199)
urwelthaft (4/86)
villenartig (2/91)
wüstenähnlich (2/87)
wüstenhaft (4/21)

Zu Bildungen mit dem Grundwort '-gerecht', die vor allem in der Werbesprache vermehrt auftreten, bemerkt Paul Oßwald, daß hier '-gerecht' an die Stelle von 'geeignet', 'richtig', 'passend' tritt.[54] Wie sich aus der Übersicht ergibt, sind reine Vergleiche selten; meist handelt es sich um Zusammensetzungen mit Adjektiven, die bereits das Ähnlichkeitsverhältnis semantisch beinhalten wie '-artig', '-haft', '-ähnlich'. Vereinzelt erscheint '-en' als Fugenelement.

2.5. Bildungen nach anderen herkömmlichen Mustern

Ebenso wie bei den Substantiven zeigt such auch bei den Adjektiven, daß der Großteil der Bildungen aus dem Bereich der Zusammensetzungen stammt. Neologismen anderer Art sind selten, es finden sich wenige Belege und sie sollen nur der Vollständigkeit halber angegeben werden.

2.5.1. Ableitung von Verben

Noch seltener als bei den Substantiven finden sich Adjektivableitungen von Verben mit dem Suffix '-bar' als Kennzeichen der deverbativen Ableitung:
unverbaubar (2/93)
Die übrigen von einem ursprünglichen Verbalstamm abgeleiteten Adjektive wie z.B. 'empfehlenswert' (1o/8) oder 'bewunderungswürdig' (1/1o9) sind im allgemeinen Sprachgebrauch so gängig, daß sie hier nicht aufgeführt zu werden brauchen.

2.5.2. Suffixbildungen auf '-ig', '-isch', '-lich'

Obwohl diese Suffixe als äußerst produktiv für die gegenwartssprachliche Wortbildung bezeichnet werden, finden sie sich in den Ferienkatalogen nur selten zur Bildung von Neologismen:

gleichsprachig (9/36)
hochbordig (7/65)
hochgiebelig (5/16)
hochklassig (2/166)
kieselig (2/138)
meerseitig (2/27)
schmalgesichtig (4/89)
südseitig (4/1o5)
7 gängig (5/gr.1o)

Mit dem Suffix '-isch' als Kennzeichen der Personenbezeichnung erscheint: 'weltmännisch' (3/74). Mit '-lich' verbunden treten auf:

altbürgerlich (6/4o)
kolonialzeitlich (4/93)
wintersportlich (6/28)

Eine besondere Gruppe bilden hierbei wiederum die Adjektive auf '-ig' und '-lich', die Zeit oder Dauer bezeichnen, wobei die Ableitungen auf '-lich' den Rhythmus einer Wiederkehr angeben, während sich die Ableitungen auf '-ig' auf die Dauer eines Vorgangs beziehen:

allabendlich (2/76)	nachmittäglich (2/8)
halbstündlich (6/5)	

dreitägig (8/19)	mehrstündig (2/136)
eintägig (1/144)	mehrtägig (1o/24)
ganzjährig (9/57)	zweitägig (7/57)
ganztägig (9/57)	7-tägig (1/92)
halbtägig (8/12)	3-stündig (1/77)
langjährig (9/3o)	

Diese Bildungen sind beliebig mit jeglicher Zeit- oder Dauerangabe kombinierbar, was ihren okkasionellen Charakter verstärkt sichtbar macht. Dabei handelt es sich primär um von Substantiven abgeleitete Adjektive, die mit einem Adjektiv oder Zahlwort als Determinativkomponente verbunden sind.

2.5.3. Adverbien als Adjektive

Weiter treten einige Adverbien in attributiver Verwendung auf:

etagenweise (2/36)	unmittelbar (3/17)
inbegriffen (5/37)	vorherig (4/63)
quadratzentimeterweise(2/96)	wochenweise (4/38)

Zusammenfassung (S.91-1o5)

1. Die Adjektivneubildungen nehmen gegenüber den Substantivneubildungen einen geringeren Raum ein. Eine 'Adjektivneubildungswut', wie sie sich in der Werbesprache äußert, läßt sich bei den Ferienprospekten nicht konstatieren, die in diesem Punkt im Gegensatz zur Anzeigenwerbung stehen. Auch für die BILD-Zeitung wird auf den hohen Anteil von Adjektivneubildungen hingewiesen.[55] In den Ferienkatalogen sind die verwendeten Adjektive eher konventionell.

2. Sehr beliebt ist die attributive Verwendung von Partizipien sowohl der Gegenwart als auch der Vergangenheit; sie werden vorwiegend von präfigierten Verben gebildet.
3. Einen großen Raum hierbei nehmen die zusammengesetzten Partizipien ein; sie sind sowohl mit Substantiven als auch mit Adjektiven zusammengesetzt.
4. Ebenso verhält es sich mit Adjektiven überhaupt. Sie werden gern wieder mit anderen Adjektiven verbunden. Längere Adjektive oder solche, die zueinander in kopulativer Relation stehen, werden mit Bindestrich verbunden. Adjektive können auch mit Substantiven als erstem Glied neu gebildet werden. Einige Gruppen mit festen Bestandteilen lassen sich herausarbeiten.
5. Der fremdsprachliche Einfluß ist mit Ausnahme von adjektivischen Länderbezeichnungen weitaus geringer als bei den Substantiven.
6. Aufgabe der Zusammensetzungen ist es:
   a) längere präpositionale Fügungen zu vermeiden
   b) mehrere Vorstellungen in einem Begriff zu integrieren
   c) größtmögliche Präzisierung von Substantiven durch ein vielumfassendes Adjektiv zu ermöglichen. Gleiches hält auch E.Mittelberg für die BILD-Zeitung fest und R.Römer für die Anzeigenwerbung. H.Moser rechnet Adjektive vom Typus 'substantivische Präpositionalphrase + Adjektiv' zur Ökonomie beim Ausbau der sprachlichen Mittel. Ähnliches konstatiert W.Admoni für die Sprache von heute: "Die adjektivischen und partizipialen Zusammensetzungen werden massenhaft hervorgebracht, um die verschiedenartigsten Beziehungen zwischen den Gegenständen in knappster Form auszudrücken."[56] Auch hier stimmt die Sprache der Ferienkataloge mit allgemeinsprachlichen Tendenzen überein.

7. Zusammensetzungen überwiegen mit großem Abstand bei der Bildung von Adjektiven. Entstehung nach den herkömmlichen Mustern der Wortbildung ist minimal.

2.6. Farbadjektive

Gesondert behandelt werden im Folgenden die Farbadjektive. Eingegangen wird wiederum lediglich auf in der allgemeinen Sprachverwendung nicht sehr geläufige Bildungen, die jeweils mit nur einem Beleg angeführt werden.

2.6.1. Substantiv und Farbwort

Am häufigsten sind Zusammensetzungen aus Substantiv und Farbwort, wobei das Substantiv als Vergleichswort dient:

azurblau (4/6)
blitzblank (2/42)
blütenweiß (4/76)
feuerrot (1/153)
goldgelb (1/31)
himmelblau (3/5)
jadegrün (4/9o)
kaffeebraun (8/24)
kristallblau (8/15)
muschelfarben (4/32)
saphirblau (1/66)
schneeweiß (2/121)
smaragdgrün (2/149)
sonnengelb (3/5)
stahlblau (2/149)
türkisblau (2/184)
wasserblau (3/5)
wäldergrün (3/5)
wiesengrün (3/5)

2.6.2. Partizip und Farbwort

Mit einem Partizip zusammengesetzt erscheinen:

blendendweiß (1/69)
buntschillernd (8/11)
leuchtendbunt (1/156)
leuchtend weiß (1/128)
majolikaschimmernd (4/9o)
rosaschimmernd (8/19)
rotleuchtend (4/32)
strahlend blau (1/171)
weißleuchtend (2/39)

Das Partizip kann dabei sowohl Bestimm- als auch Grundwort sein.

2.6.3. Zwei Farbwörter

Aus zwei Farbworten besteht 'rotbraun' (2/87): Das erste Farbwort gibt die genauere Bestimmung des zweiten an. Auch hier handelt es sich gewissermaßen um Formen des Vergleichs, ebenso bei den folgenden Worten:

ockerfarben (4/52) rosafarben (1/111)
Einzelerscheinungen sind das mit einem Farbwort zusammengesetzte 'rotfelsig' (1o/26), die synästhetische Bildung 'kühlblau' (4/26), die Verbindung mit einer Adverbiale 'immergrün' (4/62) und die Kontrastbildung 'helldunkel' (9/61), ein Kopulativkompositum. Auffallend ist, daß die Neubildung von Farbworten nicht so umfangreich ist, wie angenommen werden könnte. Auch die angeführten Beispiele sind teilweise in der Allgemeinsprache gebräuchlich. Häufig sind lediglich Vergleichbildungen mit Substantiven, die der näheren Definierung dienen; ansonsten kommen die Ferienkataloge mit den gängigen Farbbezeichnungen aus, im Gegensatz zu den sonstigen Werbetexten, für die Siegfried Grosse festgestellt hat, daß sich in ihnen viele neue und wechselnde Farbbezeichnungen finden.[57]

3. Verbneubildung

Nehmen neben den Substantiv- die Adjektivneubildungen noch einen relativ breiten Raum ein, so ist die Anzahl der Verbneubildungen sehr gering. Als Gründe dafür lassen sich anführen:

1. Der geringe Anteil der Verben bei der Wortbildung der deutschen Gegenwartssprache überhaupt[58] und
2. das Anwachsen des Nominalstils, einer Tendenz der allgemeinen Sprachhaltung, der sich auch die Ferienkataloge nicht verschließen.[59]

Die verhältnismäßig seltene Verbneubildung darf allerdings nicht als ein Kriterium für das Schwinden der Tätigkeitswörter überhaupt fehlinterpretiert werden, da ein gewisser Prozentsatz der in den Ferienkatalogen verwendeten Verben teils aus dem Bereich der Umgangssprache stammt und später unter dem Kapitel Sprachschichten behandelt wird, teils in personifizierender Verwendung erscheint[6o], und es sich bei einem großen Teil der verwendeten Verben um konventionell gebrauchte Wörter handelt. Trotzdem manifestiert sich auch in der seltenen Verbneubildung eine Tendenz zum verminderten Verb-Gebrauch.

3.1. Präfigierung als Form der Verbzusammensetzung

"Präfixbildungen des deutschen Verbs sind nicht lexikalisch erstarrte Vokabeln ohne funktionalen Bezug zum Grundverb, sondern lebendige Möglichkeiten der verbalen Vorgangsabstufung durch Wortbildung!"[61] Dies drückt sich in den folgenden Belegen aus:

abliegen (2/131)
abschwitzen (1/74)
abspannen (2/9)[62]
anzüchten (2/125)
erfeilschen (1/79)
erschließen (6/42)

Obwohl die Grenzen fließend und nicht immer leicht festzulegen sind, sollen in Anlehnung an Wolfgang Fleischer[63] die mit adverbialen und präpositionalen Partikeln gebildeten Verben als Zusammensetzungen betrachtet werden. Folgende Belege lassen sich finden:

aufragen (4/34)
aushandeln (4/4)
auskundschaften (1/145)
ausschwärmen (1/61)
austüfteln (1/171)
dazulernen (9/17)
dazunehmen (2/2o)
durchfahren (1o/19)
durchführen (1o/7)
durchqueren (8/4)
"durchrasen" (1o/2)
durchsetzen (2/113)
durchstreifen (5/gr.8)
durchziehen (5/gr.7)
einbringen (1o/7)
einplanen (4/44)
einschneiden (2/42)
eintippen (1/3)
entgegenfahren (4/11)
entgegenfliegen (4/11)
entgegenschweben (2/197)
entlangschnaufen (1/71)
entlangwandern (1/166)
heranschieben (6/14)
herantreiben (6/45)
herumtollen (4/66)
hineinpacken (4/5)
hin- und herpendeln (6/43)
hinüberfliegen (8/39)
sich hinunterziehen (6/37)
hinziehen (2/16)
mitbenutzen (5/18)
mitbegründen (7/2)
'rumliegen (1/73)
"überwintern" (6/4)
umrahmen (6/34)
umschließen (3/59)
umsorgen (3/58)
vorbeigleiten (1/173)
vorbeischieben (6/41)
sich zurückführen auf (4/41)
zusammenstellen (8/2)

Auf diese Weise gebildet, allerdings mit einem Adjektiv als erstem Glied: 'breitmachen' (1/121). Diese Art der Verbzusammensetzung nimmt mit Abstand den größten Raum im verbalen Bereich ein, wenn auch nicht alle Belege direkt als Neubildungen anzusprechen sind, so doch als allgemeinsprachlich selten. Diese Form der Bildung ist auch mit fremdsprachlichen Verben möglich:

aufpolieren (2/2o) | vor-testen (2/2)
ausprobieren (4/15) | wegmassieren (1/74)
vorbeiflanieren (2/8o)

Nach einem ähnlichen Prinzip gebildet, wenn auch in getrennter Schreibung, finden sich:

aneinander vorbeileben (2/119)
ineinander überfließen (3/19)

3.2. <u>Neubildung aus Substantiv und Verb</u>

Vor allem bei der Bezeichnung von Sportarten finden sich einige neugebildete Verben, die durch Zusammensetzung eine präpositionale Fügung ersparen. Diese Verben treten häufig als substantivierte Infinitive auf:

hochseefischen (4/74) | tiefseefischen (4/73)
radwandern (4/2o) | unterwasserfischen (8/36)
strandwandern(5/gr.15) | wasserskilaufen (4/48)

3.3. <u>Sonstige Bildungsarten</u>

Direkt von einem Substantiv konvertiert erscheinen:
kneippen (3/28) | kuren (6/25)

Von einem Adjektiv abgeleitet ist: 'verschönen' (4/71).
Mit deutscher Endung '-en' aus dem Englischen übernommen sind:

fitmachen (6/2o) | starten (9/66)
kontakten (9/23) | trimmen (6/2o)

<u>Zusammenfassung (S.1o8-11o)</u>

1. Gegenüber der Substantiv- und Adjektivneubildung ist die Verbneubildung minimal.

2. Die Präfigierung von Verben kann zur Intensivierung oder Änderung der Aktionsart des Grundverbs führen.
3. Verbzusammensetzungen mit adverbialen Partikeln oder Präpositionen dienen der Präzisierung und können Nebensätze oder längere Fügungen ersparen. Des öfteren enthalten sie eine Richtungsangabe. E. Mittelberg betont bei der Verbbildung der BILD-Zeitung vor allem den umgangsprachlichen Charakter der Partikel, mit denen Basisverben zusammengesetzt werden. Dieser Aspekt kommt bei der Verbbildung der Ferienkataloge nicht in so starkem Maße zum Tragen.[64]
4. Gelegentlich erscheinen Übernahmen aus dem Englischen mit deutscher Verbendung.
5. Durch Zusammensetzung mit Adverbien, Präpositionen und Substantiven lassen sich Verben bilden, die eine längere präpositionale Fügung überflüssig machen und einen Vorgang präzisieren.
6. Die von van Dam festgestellte Mode, Verben von Substantiven abzuleiten, läßt sich allerdings im allgemeinen für die Ferienkataloge nicht konstatieren.[65]

4. Satzwörter

So sollen Fügungen bezeichnet werden, bei denen mehrere Wörter verschiedener Art und Herkunft durch Bindestrich zu einem neuen Begriff zusammengefaßt werden. Hierbei handelt es sich fast ausschließlich um okkasionelle Bildungen, die gelegentlich scherzhaften Charakter tragen:

Frühstücks-Tischlein-deck-dich (9/33)
Gute-Laune-Luxus-Schiff (5/gr.9)
"Iss-wo-Du-willst"-System (7/45)
"Noch-nicht-Segler" (1/135)
"Prosit-Neujahr-Buffet" (5/2o)
"Rund um Afrika"-Kreuzfahrt (1/175)
Schnecken-Wurst-Früchte-Kräuter-Gewürze-Sonnabendmorgenmarkt (1/34)
Sonne-Strand- und Meer-Urlaub (1/55)

"Tausend-Insel-Fahrt" (7/64)
"Trimm-Dich-Urlaub" (4/4o)
"Was-erleben-wollen" (6/17)
33-Mark-Scharnow-Sportidee (2/38)

Bildungen dieser Art führen das in der Wortbildung dominierende Prinzip der Präzisierung durch mehrgliedrige Komposita auf extreme Art weiter. Der okkasionelle Charakter derartiger Wendungen wird durch Setzung in Anführungszeichen unterstrichen.

Abschließende Bemerkung zur Wortbildung

Als ein hervorstechendes Merkmal der Sprache der Ferienkataloge kann die Vorliebe für okkasionelle Wortbildungen angesehen werden. Besonders breiten Raum nehmen hierbei die Substantivneologismen ein, die zur Ersparung von präpositionalen Fügungen und Nebensätzen dienen, als Grundwort oft einen festen Bestandteil haben, der durch das jeweilige Bestimmwort verschieden determiniert werden kann und die als Augenblickskomposita mit spezifischer und limitierter Wirkungsdauer und Intensität betrachtet werden können. Ähnliche Tendenzen, wenn auch nicht in so weitem Umfang, lassen sich für die Adjektivzusammensetzungen konstatieren, während im Bereich der verbalen Zusammensetzungen Neubildungen sehr begrenzt sind.

SATZBAU

In einem zweiten Teil des Kapitels "Syntax" soll nun auf Aspekte des Satzbaus und seiner Verknüpfungsregeln, also auf die 'Syntax' im Sinne der herkömmlichen Grammatik eingegangen werden. Einigen Anmerkungen über Bildungsarten von Sätzen und Satzgefügen, sowie Satzbaueigenheiten folgt der Versuch einer Analyse der Feinstruktur des Satzes, wobei besonders auf das Erscheinen von Partizipien, Appositionen und Parenthesen, sowie auf Aspekte der Verwendung von Modus, Tempus und Interpunktion eingegangen werden soll.

Als Textgrundlage werden dabei nur die Ortstexte herangezogen; Beschreibungen von Sport- und Unterhaltungsmöglichkeiten werden nicht berücksichtigt, da es sich hierbei fast ausschließlich um Aufzählungen von Einrichtungen handelt mit zum Teil willkürlich wirkender Zeichensetzung und ohne gegliederten Satzbau. Einige Anmerkungen zu diesen 'Texten' erfolgen in dem Kapitel "Textaufbau". Ebensowenig berücksichtigt werden hier die Hotelbeschreibungen, da sie zum Großteil in stereotypen Wendungen abgefaßt und bis auf eine Ausnahme fast stichwortartig gehalten sind. Ihre Satzstruktur, Besonderheiten ihrer Wortbildung und -wahl, ihre sonstigen charakteristischen Merkmale werden daher in einem eigenen Kapitel gesondert behandelt, ebenso wie die Untersuchung der Überschriften. Ein Teil der Kataloge enthält neben der Schilderung der einzelnen Orte und den einführenden Bemerkungen auch noch die Beschreibung verschiedener Rundreisen oder Ausflüge, bzw. ist fast nur aus der Beschreibung von Reiseetappen aufgebaut.[1] Da die Gestaltung dieser Textteile erheblich von der der übrigen Texte abweicht, werden diese Ausflüge, um den Gesamteindruck nicht zu verfälschen, am Ende eines jeden Abschnitts gesondert untersucht. Die folgende Analyse des Satzbaus basiert also ausschließlich auf den größeren zusammenhängenden Texteinheiten, die Großräume oder Orte beschreiben.

Bei der Untersuchung der Satzstrukturen ergaben sich zwei Grundschwierigkeiten: Zum einen die Problematik der Satzdefinition im allgemeinen und zum zweiten die Schwierigkeit, bestimmte Satzmuster zu erstellen.

Exemplarisch seien zwei Definitionen des Satzes angeführt. Johannes Erben bestimmt: "'Satz' bezieht sich also im Regelfalle auf eine Mehrheit sprachlicher Zeichen, die im zeitlichen Nebeneinander der Elemente geäußert, doch als gleichzeitig geltend, als komplexe Einheiten gemeint und gesetzt sind - ein 'Bestimmungskomplex', dem weitere Setzungen zur hinlänglichen Bestimmung einer Sachlage folgen können."[2] Admoni definiert: "Der Satz im Deutschen wird also dadurch charakterisiert, daß er zweigliedrig, nominativisch und verbal ist." Dabei räumt Admoni ein, daß der Satz so "vielseitig und aspektreich" ist und so "mannigfaltige Funktionen" ausübt, "daß man solche Satztypen zu verzeichnen hat, die einer oder einiger von diesen strukturellen Gesetzmäßigkeiten ermangeln."[3] Dieser Gesetzmäßigkeiten ermangeln die in dieser Arbeit untersuchten Sätze in hohem Maße, da z.B. in einigen der analysierten Kataloge bis zu 5o % der 'Sätze' ohne Verb, also ohne das dem Deutschen grundlegende Merkmal der Satzbestimmung sind. Auch als eine 'Mehrheit von sprachlichen Zeichen' können die untersuchten Sätze nicht generaliter definiert werden, da eine gewisse Anzahl von 'Sätzen' nur aus einem oder zwei Worten bestehen, die allerdings weder Subjekt noch Prädikat darstellen und auch nicht als Ausrufesätze nach dem Muster "Feuer!" zu bestimmen sind. Da also eine pragmatische Satzdefinition notwendig ist, um auch satzähnliche Gebilde in eine Untersuchung miteinzubeziehen, sollen methodologisch weiterführende Erörterungen zum Problem der Satzdefinition ausgeklammert werden. 'Satz' wird definiert als das Wort oder die Wortfolge, die zwischen zwei Punkten (bzw. Ausrufezeichen oder Fragezeichen) stehen. Nur durch Anlegung dieses sehr einfachen Kriteriums kann eine Miteinbeziehung aller strukturierten und nichtstrukturierten Wortabfolgen gewährleistet werden.

Eine weitere Schwierigkeit ergibt sich aus der Mannigfaltigkeit des Aufbaus dieser wie oben definierten Sätze. Da die Interpunktion in gewissem Grade als willkürlich betrachtet werden kann[4], läßt sich zwar ein bestimmter Bestandteil des Textes als aus Einfachsätzen oder Gliedsätzen aufgebaut bestimmen, es finden sich aber auch Satzstrukturen, die bedingt nach festen Mustern gebildet erscheinen: Losgelöst als eigener Satz treten so z.B. Akkusativobjekte, Partikel, Reihungen auf. Bei einem auf weniger Sätze limitierten Korpus wäre es möglich, eine genaue Analyse jedes satzähnlichen Gebildes zu geben; bei der Fülle des vorliegenden Materials und im Zielbereich dieser Arbeit allerdings muß auf eine exakte Untersuchung jedes einzelnen 'Satzes' verzichtet werden; es sollen somit nur einige relevante Grundzüge und hervorstechende Merkmale des Satzbaus herausgearbeitet werden, die in gewissem Maße allen untersuchten Katalogen eigen sind, um dadurch augenscheinliche Charakteristika des Satzbaus im Gegensatz zur allgemeinen Sprachverwendung sichtbar zu machen.

1. Arten der Satzbildung

Für die Sprache der Wirtschaftswerbung stellt Ruth Römer fest: "Die Sprache der Werbung bevorzugt einfache und kurze Sätze. Der Rat von Werbefachleuten geht übereinstimmend dahin, es sollten aus psychologischen Gründen nur einfache und kurze Sätze gebraucht werden."[5] Für die deutsche Umgangssprache konstatiert Hans Eggers ein Überwiegen des Einfachsatzes und einen hohen Anteil von Setzungen, worunter er "syntaktisch nicht ausgeformte Sätze" versteht.[6] Ebenso registriert Hugo Moser eine Neigung zu kurzen Sätzen und zur Aneinanderreihung von Hauptsätzen.[7] Aufgabe der kurzen, klar strukturierten Sätze soll es sein,

ein Höchstmaß an Verständlichkeit zu bewirken: "In zahlreichen empirischen Untersuchungen konnte festgestellt werden, daß kurze, klar strukturierte Sätze die sicherste Verständlichkeit bieten und zugleich über den höchsten Einprägungsgrad sowie den stärksten Stimulationswert verfügen."[8] Vor allem bei Texten im Bereich der werblichen Kommunikation ist Verständlichkeit und in ihrer Folge Wirksamkeit eine Grundbedingung. "Der Text soll auf ein großes Publikum einwirken, und das kann er nur, wenn er kurz, jedem verständlich, einprägsam und leicht eingänglich ist. Man will die Aufmerksamkeit der anderen wecken und sie für die eigenen Interessen nützen."[9] Vor dem alleinigen Gebrauch nur kurzer Sätze wird jedoch gewarnt: "Kurze Sätze wirken nämlich nur dann eindringlich,wenn sie hin und wieder durch etwas längere, stärker gegliederte Sätze unterbrochen sind. Nur kurze Sätze reizen genausowenig wie nur lange Sätze."[10] Daraus ergibt sich: "Der Wechsel von Satzarten und von kurzen und langen Sätzen ermüdet am allerwenigsten, wirkt am lebendigsten und wird den verschiedenen Gedanken, die man vorbringen will,am besten gerecht."[11] Optimale Verständlichkeit und daraus resultierend erhöhte Wirkung ergäbe sich somit aus einer ausgewogenen Mischung verschieden strukturierter Sätze, allerdings mit einem Schwerpunkt auf den kurzen und einfach gebauten. Da auch die Sprache der Ferienkataloge in gewissem Rahmen im Bereich der werblichen Kommunikation gesehen werden kann, müßte diese Forderung auch hier verwirklicht werden. Im folgenden Abschnitt sollen einige Aspekte der Satzstrukturen untersucht werden. Ihr soll eine Übersicht der Verteilung der jeweiligen Strukturen vorangestellt werden.

Als Grundlage wurde eine für die jeweilige Länge des Kataloges repräsentative Satzanzahl genommen, die aber ausschließlich auf den Sätzen der Ortsbeschreibungen beruht; Aufzählungen der Sportarten, Hotel- und Routenbeschreibungen wurden bewußt ausgeklammert. Unter Einfachsatz ist zu verstehen jeder wie oben definierte Satz, der nicht innerhalb eines größeren syntaktischen Rahmens steht. Es wurden also neben vollständigen Einfachsätzen auch die unvollständigen Setzungen, so z.B. auch Einwortsätze unter der Rubrik 'Einfachsatz' zusammengefaßt. Als Gefüge werden auch solche Sätze bezeichnet, bei denen sich der Nebensatz an eine syntaktisch unvollständige Setzung anschließt. Die Reihungen wurden untergliedert in solche, die aus vollständigen Sätzen gebildet sind und solche, in denen das Subjekt das gleiche und nur die Verben verschieden sind. Letztere erscheinen unter der Rubrik 'verbale Reihung'.

Für die untersuchten Kataloge ergibt sich folgende Aufstellung:

1) Die Grundlage bilden 14oo ausgezählte Sätze = 1oo %; davon sind:

Einfachsätze	86.8 %
Reihungen	2.4 %
verbale Reihungen	1.4 %
zweigliedrige Gefüge	8.5 %
mehrgliedrige Gefüge	o.9 %
	1oo.o %

2) Die Grundlage bilden 1ooo ausgezählte Sätze = 1oo %; davon sind:

Einfachsätze	79.o %
Reihungen	4.o %
verbale Reihungen	1.1 %
zweigliedrige Gefüge	12.7 %
mehrgliedrige Gefüge	3.2 %
	1oo.o %

3) Die Grundlage bilden 55o Sätze = 1oo %; davon sind:

Einfachsätze	82.5 %
Reihungen	2.9 %
verbale Reihungen	2.4 %
zweigliedrige Gefüge	9.6 %
mehrgliedrige Gefüge	2.6 %
	1oo.o %

4) Die Grundlage bilden 1ooo Sätze = 1oo %; davon sind:

Einfachsätze	89.4 %
Reihungen	3.1 %
verbale Reihungen	1.o %
zweigliedrige Gefüge	5.5 %
mehrgliedrige Gefüge	1.o %
	1oo.o %

5) Die Grundlage bilden 6oo Sätze = 1oo % im Hauptteil des Kataloges; davon sind:

Einfachsätze	84.8 %
Reihungen	1.7 %
verbale Reihungen	2.3 %
zweigliedrige Gefüge	9.5 %
mehrgliedrige Gefüge	1.7 %
	1oo.o %

Im grünen Sonderteil von 5 bilden die Grundlage 2oo Sätze = 1oo %; davon sind:

Einfachsätze	62.5 %
Reihungen	5.5 %
verbale Reihungen	2.o %
zweigliedrige Gefüge	23.5 %
mehrgliedrige Gefüge	6.5 %
	1oo.o %

6) Die Grundlage bilden 1ooo Sätze = 1oo %; davon sind

Einfachsätze	82.2 %
Reihungen	5.1 %
verbale Reihungen	o.7 %
zweigliedrige Gefüge	9.6 %
mehrgliedrige Gefüge	2.4 %
	1oo.o %

7) Die Grundlage bilden 2oo Sätze = 1oo %; davon sind:

Einfachsätze	7o.o %
Reihungen	6.5 %
verbale Reihungen	1.o %
zweigliedrige Gefüge	16.5 %
mehrgliedrige Gefüge	6.o %
	1oo.o %

8) Die Grundlage bilden 28o Sätze = 1oo %; davon sind:

Einfachsätze	85.4 %
verbale Reihungen	o.7 %
zweigliedrige Gefüge	11.8 %
mehrgliedrige Gefüge	2.1 %
	1oo.o %

9) Die Grundlage bilden 4oo Sätze = 1oo %; davon sind:

Einfachsätze	75.7 %
Reihungen	5.o %
verbale Reihungen	o.8 %
zweigliedrige Gefüge	14.5 %
mehrgliedrige Gefüge	4.o %
	1oo.o %

1o) Die Grundlage bilden 15o Sätze[12] = 1oo %; davon sind:

Einfachsätze	69.3 %
Reihungen	8.7 %
verbale Reihungen	6.o %
zweigliedrige Gefüge	1o.7 %
mehrgliedrige Gefüge	5.3 %
	1oo.o %

Betrachtet man alle Kataloge zusammen, so läßt sich ein ganz augenfälliges Überwiegen der Einfachsätze mit Werten, die immer weit über der Hälfte der gesamten Sätze liegen, konstatieren. Die Werte für die zweigliedrigen Gefüge schwanken, lassen sich aber bei einer Marke um 1o % allgemein festlegen. Die verbalen Reihungen sind durchgehend seltener als die Reihungen.Die Anzahl der mehrgliedrigen Gefüge variiert zwischen 1 und 6 %. Es kann also allgemein festgehalten werden, daß im Grundprinzip und übereinstimmend in allen Katalogen die Struktur des Satzbaus ihre Betonung auf dem Einfachsatz findet. Auffällige Abweichungen von den Zahlen der übrigen Kataloge zeigt lediglich der grüne Sonderteil von 5, der u.a. einen sehr hohen Wert für Gefüge zeigt. Um die ermittelten Werte mit den Werten anderer Sprachbereiche zu vergleichen, wurde der Mittelwert für alle Kataloge errechnet. Die Gesamtzahl der ausgewerteten Sätze beträgt 6 78o. Dabei ergibt sich das folgende Bild:

Einfachsätze	78.9 %
Reihungen	4.1 %
verbale Reihungen	1.8 %
zweigliedrige Gefüge	12.o %
mehrgliedrige Gefüge	3.2 %
	1oo.o %

Der Sprache der Ferienkataloge am nächsten liegt die Sprache der Anzeigenwerbung. R.Römer untersucht nach ihrer Struktur 49o Sätze textreicher Anzeigen und 131 Sätze textarmer Anzeigen.[13] Dabei geht sie allerdings von vollständigen Sätzen aus, während bei den Zahlen für die Ferienkataloge auch die Setzungen als Einfachsätze mitgezählt wurden. Reihungen bezeichnet R.Römer als Satzverbindungen, Gliedsätze unterteilt sie in solche 1. und 2. Grades; beide wurden jedoch zusammengenommen. Für die Vergleiche mit anderen Sprachbereichen wurde bei den Ferienkatalogen auf eine Trennung von Reihung und verbaler Reihung verzichtet.

	textreiche Anzeigen	textarme Anzeigen	Ferienkataloge
Einfachsätze	75.2 %	8o.9 %	78.9 %
Reihungen	7.1 %	7.6 %	5.9 %
Gliedsätze	17.7 %	11.5 %	15.2 %

Auch für die BILD-Zeitung liegen Zahlen für die Satzstrukturen vor.[14] E.Mittelberg untersucht dafür 1ooo Sätze. Er unterteilt nach Setzungen und Einfachsätzen (13.6 % und 61.5 %), beide Werte werden für den Vergleich mit den Ferienkatalogen zusammengenommen.

	BILD-Zeitung	Ferienkataloge
Einfachsätze	75.1 %	78.9 %
Reihungen	4.8 %	5.9 %
Gefüge	2o.1 %	15.2 %

Als weiterer Vergleich soll nun die Statistik von H.Eggers dienen.[15] H.Eggers legt als Material Rowohlts Enzyklopädie und den Wirtschaftsteil der FAZ zugrunde. Die Summe der Belege beträgt bei ihm 5 571 Sätze. Er berücksichtigt bei seiner Zählung allerdings nur 4-, 8-, 16-, 24- und 32-Wörter-Sätze. Auch H.Eggers trennt Setzungen und Einfachsätze (2.5 % und 41 %),beide Werte werden auch hier wieder zusammengenommen. Der Vergleich mit den Ferienkatalogen überrascht:

	Material Eggers	Ferienkataloge
Einfachsätze	43.5 %	78.9 %
Reihungen	13.5 %	5.9 %
Gefüge	43 %	15.2 %

Zuletzt sollen noch die von Ch.Leska ermittelten Werte für die gesprochene und die geschriebene Sprache herangezogen werden.[16] Ihr dienen als Grundlage 5o gesprochene und 5o geschriebene Texte. Die gesprochenen Texte stammen von Sprechern aller Altersklassen und Schichten aus verschiedenen Gebieten der DDR, die geschriebenen Texte sind der Sachprosa entnommen. Reihungen berücksichtigt Ch.Leska nicht. Gefüge gliedert sie in solche mit einem oder mit mehreren abhängigen Satzabschnitten:

	gesprochene Texte	geschriebene Texte	Ferien-kataloge
Einfachsätze	67.82 %	53.11 %	78.9 %
zweigl.Gefüge	21.66 %	31.21 %	12.o %
mehrgl.Gefüge	1o.52 %	14.46 %	3.2 %

Den Einfachsätzen der gesprochenen Sprache wurden 2.59 % Setzungen zugerechnet, der Wert der Setzungen für die geschriebene Sprache fehlt.

Ein Vergleich mit anderen Sprachbereichen zeigt somit, daß der Anteil der Einfachsätze in den Ferienkatalogen besonders hoch liegt und ein Stilmerkmal darstellt. Da die Sprache der Ferienkataloge wie auch die der Werbung oder der BILD-Zeitung leicht rezipierbar sein soll, ein Moment, das für Sachprosa und Literatur keine so große Rolle spielt, dominiert die lineare Struktur des Satzes. Wohl am deutlichsten stellt sich das in Relation zu den von H. Eggers ermittelten Werten dar, wie auch zu denen der geschriebenen Sprache bei Leska; beide Textbereiche lassen sich als Sachprosa bezeichnen. Mehr Ähnlichkeit zeigt sich zur Sprache der BILD-Zeitung, deren Anzahl an Gefügen aber die der Ferienkataloge übertrifft. In Bezug auf das Vorherrschen der Einfachsätze läßt sich eine Verwandtschaft mit der Werbesprache festhalten; deren Werte für Reihungen liegen jedoch leicht über denen der Ferienkataloge, die Zahl der Gefüge gleicht sich wiederum. Von der Satzstruktur her läßt sich somit eine Ähnlichkeit der Ferienkataloge mit der Werbesprache deutlich nachweisen, auch eine Ähnlichkeit mit dem Sprachstil der BILD-Zeitung ist in diesem Punkt nicht zu leugnen, während die ermittelten Werte für die Sachprosa ganz augenfällig von denen der Ferienkataloge abweichen. Auch die unterschiedlichen Ergebnisse in Bezug auf die gesprochene Sprache sind deutlich sichtbar, vor allem im Bereich der mehrgliedrigen Gefüge.

Nach einem ersten Überblick kann bereits festgehalten werden, daß das Dominieren des Einfachsatzes eine wichtige Erscheinung der Sprache der Ferienkataloge ist. Auf das Problem des Einfachsatzes, seinen Stellenwert und seine Funktion soll an späterer Stelle noch eingegangen werden, hierbei hauptsächlich auf die Darstellungsformen der die hohe Zahl der Einfachsätze mitbedingenden Setzungen, sowie auf Aspekte der Erweiterung der Nominalgruppen, die zu einer Aufschwemmung des Elementarsatzes zuungunsten von Gefügen führen. Vorangestellt sei ein Überblick über Form und Funktion von Reihungen und Gefügen.

1.1. Reihungen

Die in der Parataxe auftretenden Trennungsmarkierungen sind Komma, Strichpunkt, Doppelpunkt und Gedankenstrich. Es tritt sowohl syndetische als auch asyndetische Reihung auf, wobei die asyndetische Reihung deutlich überwiegt. In beiden Fällen ist die häufigste Form der Verbindung die des Kommas. Syndetischer Anschluß erfolgt meist mit 'und', andere die syndetische Parataxe markierende Konjunktionen sind relativ selten.[17]

Da der Anteil der Reihungen vergleichsweise gering ist, soll nur mit einigen Beispielen auf diese Erscheinung eingegangen werden. Ohne jeden Katalog gesondert zu behandeln, sollen einige Belegsätze über die Verwendung der Parataxe Aufschluß geben[18]:

> Genießen Sie das Faulenzen in vollen Zügen, hier erholen Sie sich prächtig. (1/44)

> Die Lehrer der Skischulen des Ortes geben jedem den letzten Ski-Schliff, ein modernes Hallenbad macht alle müden Helden wieder munter. (6/22)

> Hier trifft sich die Prominenz: In den schmalen Gassen Marbellas finden Sie so manche Boutique zum stöbern. (2/84)

> Zu den kleinen in der Nähe gelegenen Badebuchten fahren Boote - die bekanntesten sind Cala Bassa und Portas Torrent mit feinsandigem brandungsarmen Strand. (4/14)

Die slowenischen Alpen und Flußtäler stehen in faszinierendem Kontrast zu den malerischen Inseln des Kvarner Golfes; die dunklen Wälder und grünen Seen des Nationalparks wechseln mit der Wunderwelt der schönsten Karsthöhlen. (1o/16)

Einige Belegsätze für die syndetische Reihung mit 'und' sind:

Aber auch in den Wintermonaten sind alle Kureinrichtungen geöffnet, und ein internationales Unterhaltungsprogramm sorgt ganzjährig für Abwechslung. (5/96)

Die Windverhältnisse sind herrlich für Segler und das Meer ist fast beliebtester Aufenthaltsort für GM's in Palinuro. (9/8o)

Als eine Sonderform soll die verbale Reihung betrachtet werden, bei der zwei oder mehrere Prädikate ein gemeinsames Subjekt haben. Die Erscheinungsformen können verschiedenartig sein: syndetisch mit 'und', 'oder' verbunden, asyndetisch mit zwei, drei oder vier Gliedern, oder das letzte Glied einer längeren Reihung wird wieder syndetisch mit 'und' bzw. 'oder' angeschlossen:

Nach dem Golf streifen Sie durch die malerischen Gassen der alten Universitäts- und Kathedralstadt, genießen die Atmosphäre der Pubs, baden im Swimmingpool oder an der hotelnahen Meeresküste. (4/73)

Hübsche Lokale bieten echte Gastfreundschaft und sorgen für frohe, erholsame Stunden in den letzten Tagen des alten Jahres. (5/gr.22)

<u>Zusammenfassung (S.122-123)</u>

1. Der Anteil der syndetischen und asyndetischen Reihungen innerhalb des Gesamttextes ist gering. Der durchschnittliche Wert liegt bei 4.1 %. Den höchsten Anteil haben die Kataloge 7 und 1o mit 6.5 bzw. 8.7 %, was allerdings durch die geringe Zahl der ausgezählten Sätze bedingt sein kann. Bei einem relativ großen Korpus findet sich der höchste Wert mit 5.1 % in 6, einem Katalog, der sich auch sonst durch wortreiche und komplizierter strukturierte Sätze auszeichnet. Den geringsten Wert weist Katalog 8 auf. Hier herrscht im allgemeinen ein elliptischer Stil mit vielen Satzfragmenten, der das Auftreten längerer Reihungen ausschließt.

2. Am häufigsten unter den Reihungen sind solche, die durch Komma verbunden sind, wesentlich seltener finden sich syndetische Verbindungen mit 'und'. Verbindungen durch Doppelpunkt und Gedankenstrich treten nur in den Katalogen 1 und 2 häufiger auf. Den geringsten Anteil hat die Verbindung mit Semikolon.
3. Asyndetische Reihungen überwiegen.
4. Da der Anteil der Reihungen relativ gering ist, läßt sich daraus kein spezielles Stilkriterium ableiten. Sie dienen vielleicht der Auflockerung, um die Dominanz der Einfachsätze zu durchbrechen, da auch rein optisch durch die Verwendung von Doppelpunkt, Gedankenstrich und Semikolon eine Unterbrechung markiert wird. So kann der Ermüdung beim Lesen entgegengewirkt werden.
5. Es lassen sich keine Regeln für die Verwendung von Reihungen aufstellen. Auch ihre Funktion läßt kaum Gesetzmäßigkeiten ersichtlich werden. Der Doppelpunkt kann gelegentlich einer begründenden Aussage vorangestellt sein, der Gedankenstrich erhöht bisweilen die Spannung.
6. Unter den verbalen Reihungen nehmen mit Abstand den größten Raum solche ein, bei denen zwei Verben syndetisch durch die Konjunktion 'und' (seltener 'oder') verbunden sind. Ebenfalls etwas häufiger finden sich verbale Reihungen nach dem Muster 'Verb, Verb und Verb'.
7. Die Zahl der verbalen Reihungen bleibt hinter der der sonstigen Reihungen in fast allen Katalogen deutlich zurück. Ihr Auftreten scheint zufällig zu bleiben.

1.2. Gefüge

Für die zukünftige Entwicklung der deutschen Sprache wird des öfteren eine zunehmende Reduktion syntaktisch komplizierter Strukturen prognostiziert: "Rapides Anwachsen der Wortschätze bei gleichzeitigem weiteren Abbau von Formen und zunehmender Vereinfachung der syntaktischen Strukturen."[19] Das Anwachsen der Wortschätze wurde für die Sprache der

Ferienkataloge bereits verifiziert. Auch Karl Korn sieht in diesem Anwachsen, vor allem dem der Substantivierungen, einen Grund für die Abnahme der Nebensätze: "Die zunehmende Armut an Nebensätzen steht in unmittelbarem Zusammenhang mit dem Anwachsen der substantivischen Begrifflichkeit."[2o] Hans Eggers behauptet, daß fehlende Nebensätze durch vermehrte Attribute, Adjektive und Erweiterungen ausgeglichen werden, daß es keine zwei- und dreigliedrigen Nebensätze mehr gibt und daß auftretende Nebensätze zu 7o % Relativsätze sind.[21] Ebenso sieht Hugo Moser neben der Neigung zu kurzen Sätzen nur noch eine Aneinanderreihung von Hauptsätzen, wenn Nebensätze auftreten, dann solche mit 'daß' und 'wenn'.[22] Da allgemein eine schwindende Diskrepanz zwischen Schriftsprache und gesprochener Sprache konstatiert wird, sollen auch Untersuchungen über die gesprochene Sprache herangezogen werden. B.Wackernagel-Jolles errechnet für den Satzbau 25 % aller Taxememe (TT) als Einfachsätze, weitere rund 25 % als annähernd zu gleichen Teilen zweigliedrige Para- und Hypotaxen.[23] Dagegen stellt Elise Riesel für die Umgangssprache fest: "Die Hypotaxe ist im Stil der Alltagsrede auf ein Minimum reduziert. Wo nur der Ersatz des Nebensatzes durch einen Hauptsatz zulässig ist, fällt der Nebensatz fort - ein neuerlicher Beweis für das Streben nach autosemantischen Sprachformen. ... Insbesondere werden die Objektsätze mit 'daß' durch konjunktionlose Synonyme ersetzt."[24] Auch sie stellt eine starke Tendenz zu reduzierten Satzstrukturen fest: "Man meidet umfangreiche Satzgruppen (Syntagmen), die die Hörweite bei der mündlichen Durchgabe der Information überschreiten und die Auffassungsmöglichkeit erschweren; daher gliedert man die Aussage in mehr oder minder einfache, kurze Satzgruppen mit möglichst großer kommunikativer Selbstständigkeit."[25] Bei beiden Autorinnen wird eine zunehmende Verselbständigung von Nebensätzen festgestellt.

Einige dieser Merkmale lassen sich schon auf den ersten Blick bei den Satzstrukturen der Ferienkataloge nachweisen. Die Reduktion der Nebensätze jedoch scheint von den Sprachkritikern überbewertet zu werden: Wie schon ein Blick auf die Übersicht S.117-119 dieser Arbeit zeigt, erscheint Hypotaxe in den Ferienkatalogen in weitaus höherem Maße als Parataxe und die Nebensätze sind nicht nur auf die einleitenden Konjunktionen 'daß', 'wenn' und relativen Anschluß limitiert, wenn diese Anschlüsse auch überwiegen, sondern zeigen,wenn auch nur mit geringen Belegzahlen, ein breites Spektrum von verschiedenen hypotaktischen Verbindungsmöglichkeiten.

Der durchschnittliche Anteil der Nebensätze am Gesamttext beträgt, berücksichtigt man alle Kataloge zusammen, etwa 17 %. Dieser Wert liegt über dem für Gefüge allgemein, da in dieser Zahl auch die losgelösten Nebensätze berücksichtigt wurden, die in der Aufzählung der Satzstrukturen als Einfachsatz gewertet wurden; zudem wurden die in mehrgliedrigen Gefügen auftretenden Nebensätze einzeln gezählt. Der Prozentsatz der Nebensätze ist also über dreimal so hoch wie der der Reihungen. Die wenigsten hypotaktischen Fügungen sind in Katalog 4 anzutreffen, mit einem Anteil deutlich unter 1o %. Die höchsten Werte liegen bei über 3o % im Sonderteil von 5, was aber auch auf die niedrige Anzahl der vorhandenen Sätze zurückzuführen ist und damit ein Zufallsergebnis sein kann.

Auffallend demgegenüber ist der minimale Anteil der Nebensätze in den Routenbeschreibungen. Um das Gesamtbild nicht zu verfälschen, wurden sie deshalb gesondert ausgezählt. Der durchschnittliche Wert des Nebensatzanteils liegt hier bei 4,4 %. Eine Aufstellung soll einen kurzen Überblick über den prozentualen Anteil der Nebensätze in den Routenbeschreibungen geben. Auch hier stellen die Prozentzahlen nur Annäherungswerte dar:

Katalog 1:	4 %
Katalog 2:	2.5 %
Katalog 4:	4 %

Katalog 5: (grüner Sonderteil)	3 %
Katalog 7:	8 %
Katalog 8:	6 %
Katalog 9:	5 %
Katalog 1o:	2 %

In allen Katalogen liegen die Werte für Nebensätze ganz deutlich unter denen der jeweiligen Ortsbeschreibungen. Dies ist aber, wie noch zu zeigen sein wird, auf die besondere Stilhaltung der Routenbeschreibungen zurückzuführen. Im Folgenden soll nun eine Übersicht über die verschiedenen Nebensatzarten gegeben werden. Dabei wird auf eine syntaktisch-funktionale Einteilung der Nebensätze bzw. Gliedsätze in Subjekt-, Prädikativ-, Objekt-, Adverbialsätze usw. verzichtet. Vielmehr wird eine Gliederung nach Art der einleitenden Konjunktionen zu Grunde gelegt, was im Falle der Ferienkataloge einer adäquateren Beschreibung entspricht.[26]

1.2.1. Relativsätze

Für die Allgemeinsprache gilt nach Hans Eggers, daß 7o % aller Nebensätze Relativsätze sind. Auch bei den Ferienkatalogen, und zwar bei allen, dominiert mit Abstand der relative Anschluß. Als verbindende Konjunktion dient nicht nur das Pronomen, sondern oft auch der Partikel 'wo'[27], seltener 'wohin' oder präpositionale Wendungen mit dem Relativpronomen. Für alle Kataloge sollen nur einige signifikante Beispiele für den Relativsatz angeführt werden, wobei sehr häufig auftretende Muster nicht für jeden Katalog mit einem Beispiel belegt werden.

1) 54 % der gebuchten Nebensätze sind relativ angeschlossen:

Mit Lanzarote hat Neckermann eine Insel im Programm, die wohl einmalig in der ganzen Welt ist. (1/68)

Mit dem pulsierenden Zentrum Benidorm, wo das Leben rund um die Uhr braust. (1/41)

Eine faszinierende Unterwasserwelt mit bunten Fischen und leuchtenden Korallengärten, von denen Taucher und Schnorchler begeistert sind. (1/166)

Auch bei der Beschreibung der Ausflüge nehmen die Relativsätze den breitesten Raum ein. Von 15 ausgezählten Nebensätzen sind 14 Relativsätze, was einem Prozentsatz von 93.3 entsprechen würde.[28]

> Berühmte ganztägige Baalbek-Tour, zur Tempelstadt, wo die Götter Jupiter, Bacchus und Merkur sowie die Venus verehrt werden. (1/119)

Hier schließen sich die Relativsätze im Gegensatz zum übrigen Text meist an vollständige Hauptsätze an.

2) Obwohl in 2 der geringste Prozentsatz an Relativsätzen gegenüber den anderen Katalogen erscheint, liegt der Anteil aber immer noch verhältnismäßig hoch: 46 % der Nebensätze sind relativ. Auch hier, wie bei den übrigen Katalogen, sollen für die verschiedenen Arten des relativen Anschlusses Beispiele gegeben werden:

> Ein Miniörtchen, das auf manchen Karten nicht einmal eingezeichnet ist. (2/35)

> Beim abendlichen Spaziergang finden Sie hier manche Bodega, in der Sie allerlei Köstlichkeiten essen und trinken können. (2/49)

Bei der Beschreibung der Ausflüge nehmen wie in 1 die Relativsätze den größten Raum der Nebensatzarten ein. Von 9 Nebensätzen sind sieben relativ angeschlossen.

> Über Akka nach Tata (149 km), einer prachtvollen Oase, die von 3 aus dem Antiatlas kommenden Oueds bewässert wird. (2/177)

Die Relativsätze können hier, wie auch in anderen Katalogen sowohl an vollständige Sätze, wie auch an Setzungen angeschlossen werden.

3) Mit 68 % liegt der Anteil der relativ angeschlossenen Nebensätze hier sehr hoch:

> Aber auch der Nichtsportler, der gern gemütlich durch die herrliche Winterlandschaft wandert, findet hier den richtigen Ort. (3/46)

> Ein Kranz von Dreitausendern umgibt das am Ende des Ötztales gelegene Obergurgl, dessen Ortsbild von modernen Hotels und Pensionen geprägt wird. (3/43)

4) 68 % der berücksichtigen Nebensätze sind relativ angeschlossen:

> Weltbekannter berühmter Küstenstreifen mit den schönsten Stränden Europas, wo Sie segeln, Wasserski laufen, reiten und sich amüsieren können. (4/66)

> Die lebendige Stadt Genua mit ihrem geschäftigen Hafen ist der Mittelpunkt dieses traditionsreichen Küstenstreifens, zu dessen Kurorten so klangvolle Namen wie Bordighera, Diano Marina und Finale Ligure zählen. (4/68)

Auch innerhalb der Ausflugsbeschreibungen nehmen die Relativsätze den größten Raum unter den Nebensatzarten ein. Von 72 Nebensätzen sind 7o relativ.

> Von großer Faszination ist die Begegnung mit den solzen, noch immer nomadisch lebenden Tuaregs, deren Männer blaue Wollschleier tragen. (4/88)

> Mittags Flug nach Samarkand, der Stadt, die von jeher Europas Phantasie erregte. (4/8o)

> Transfer zum Flughafen (Tunis oder Monastir) oder in die Aufenthaltsorte, wo wochenweise Verlängerung möglich ist. (4/38)

Die relativen Nebensätze sind hier fast ausschließlich an unvollständige Sätze angeschlossen, bedingt durch den knappen Stil der Beschreibungen; der Anschluß mit 'wo' erfolgt häufig.

5) 6o % der Nebensätze sind Relativsätze:

> Der Hausberg des malerisch verstreuten Bergdorfes ist das Walmendinger Horn (...), dessen Skizirkus ein weitläufiges Almgelände mit prächtigen Abfahrten erschließt. (5/31)

> Großartiges Hochtourengebiet, das bis zum Rotkogl (...) und zur königlichen Wildspitze (...) reicht. (5/47)[29]

> Zusammen mit Saalbach und Kaprun bildet Zell am See die sogenannte "Europa-Sportregion", zu der auch Europas größte Skiwiese am Kitzsteinhorn (...) gehört. (5/6o)

Noch höher liegt der Anteil der Relativsätze im grünen Sonderteil, sie bilden einen Prozentsatz von 64.

> Etwa in Sa Maria Maggiore, wo die hl. Wiege in einer Prozession durch die Kirche getragen wird. (5/gr.13)

> Wo könnte man die Zeit zwischen Weihnachten und Silvester besinnlicher verbringen, als in der Nähe des Sagenberges der Frau Holle, dem Hohen Meißner, der zusammen mit dem Kaufunger Wald einen herrlichen Naturpark bildet, durch dessen verschneite Wälder romantische Wanderwege führen. (5/gr.19)

Auch bei den Beschreibungen des Tagesablaufs findet sich ein hoher Anteil von Relativsätzen. 26 von 29 Nebensätzen sind relativ angeschlossen:

> In diesen Tagen können Sie nach Lust und Laune von den Cocktails schlürfen, die die Weltstadt für ihre Besucher vorbereitet hat. (5/gr.11)

> Beginn des Fitness-Programms, für das alle Einrichtungen des Hauses (...) zur Verfügung stehen. (5/gr.18)

Der Relativsatz schließt sich hier meist an unvollständige Nominalphrasen an, Anschluß an vollständige Hauptsätze findet sich dagegen seltener, im Gegensatz zum Hauptteil, wo sich die Relativsätze fast ausschließlich an regulär strukturierte Hauptsätze anschließen.

6) 71 % der Nebensätze sind relativ, was einen vergleichsweise hohen Anteil darstellt.

> Das ausgedehnte Skigebiet, das die Ski-Asse aus aller Welt anlockt, reicht bis in Höhen von über 268o m und wird durch 8o Seilbahnen, Sessel- und Schlepplifte erschlossen, die es zum größten Skikarussell Italiens machen. (6/6)

> Kostenloses Sportferienprogramm "Fit durch Ferien", das von Sportlehrern geleitet wird. (6/27)

> Nur auf der Ostsee gibt es diese Eisfahrten, für die nicht mehr als eine Woche gebraucht wird. (6/41)

Der größte Teil der Relativsätze ist an vollständig ausgebildete Hauptsätze angeschlossen.

7) Auch hier nehmen die Relativsätze den größten Raum ein. Sie entsprechen einem Anteil von 7o %.

> Sie treffen auf ein internationales Publikum, das gehobene Ansprüche stellt. (7/68)

> Eine Fahrt in die Einsamkeit des Nordens, wo die Sonne nicht untergeht, wo sie zwischen schwarzen Felsen, Gletschern und Treibeis mit ständig neuen faszinierenden Landschaften bekannt werden. (7/28)

> Auf solche, auf deren Planken sich die "elegante Welt" lieber begibt. Und Schiffe, auf denen alles ein wenig teurer ist... (7/18)

Bei den Texten, die die einzelnen Ausflüge beschreiben, finden sich ausschließlich, also zu 1oo %, Relativsätze.

Eine schon "klassisch" gewordene Fahrt in die Klassik, auf der Sie sehen, was man gesehen haben muß. (7/13)

Wiedereinschiffung in Geiranger, wohin das Schiff inzwischen weitergefahren ist. (7/25)

Bedingt durch den knappen Stil der Beschreibungen finden sich sehr häufig Relativsätze, die an einen Hauptsatz ohne Verb angeschlossen sind. Auffallend ist außerdem die hohe Zahl an Nebensätzen, die mit 'wo' eingeleitet werden.

8) Auch hier, wo der Anteil der Nebensätze sehr gering ist, nehmen den breitesten Raum die Relativsätze ein. Sie entsprechen einem Anteil von 68 %.

Es ist alles drin, was Amerika als Reiseland berühmt gemacht hat. (8/38)

Goldland des Südens - einst Heimat der Buren, deren Herkunft Namen verraten: Heidelberg, auch Stellenbosch. (8/6)

Nach Hakone, wo sich der Fujiyama in den Seen spiegelt. (8/22)

Hier finden sich ebenfalls nur wenige Sätze, die sich an einen vollständigen Hauptsatz anschließen; es überwiegen Belegsätze, bei denen der Relativsatz einem Substantiv oder einer Ortsbestimmung folgt. Häufig ist auch hier der Anschluß mit 'wo'. In den Routenbeschreibungen liegt mit rund 9o % der Relativsatz ebenfalls an erster Stelle der Nebensatzarten.

Weiterfahrt zu den Ruinen von Zimbabwe, die auch heute noch den Wissenschaftlern große Rätsel aufgeben. (8/6)

Sie wohnen in einem komfortablen Hotel, von dessen Veranda Tiere beobachtet werden können. (8/6)

Am Vormittag Ausflug nach Bogor, wo Sie den weltberühmten botanischen Garten besuchen. (8/21)

Es überwiegen leicht die Sätze, die an einen unvollständigen Hauptsatz angeschlossen sind. Ein großer Teil der Relativsätze wird durch 'wo' eingeleitet.

9) Rund 58 % der Nebensätze sind Relativsätze, ihr Anteil ist somit geringer als in den anderen Katalogen.

Und für die Bezahlung Ihres Kaffees und Ihrer Drinks an der Bar hat der Club die Perlenkette erfunden, das

"Collier bar", dessen einzelne, verschiedenfarbige Kugeln ihren bestimmten Wert besitzen. (9/15)

Mit viel ägäischem Meer, das Sie verwöhnt, wo es nur darf. (9/75)

Für sie haben wir drei Dörfer geschaffen, in denen der Chef de village und seine freundlichen Helfer deutsch sprechen. (9/3o)

Anschluß mit 'wo' erfolgt selten. Im ersten Teil des Tridents, der den Club im allgemeinen beschreibt, finden sich häufiger Relativsätze, die an vollständige Hauptsätze angeschlossen sind, während bei den Charakterisierungen der einzelnen Orte Anschluß an unvollständige Sätze überwiegt. Im sehr kleinen Teil der Ausflugsbeschreibungen sind die sechs registrierten Nebensätze Relativsätze und bilden damit einen Anteil von 1oo %.

Wilde Landschaft, wo die mittelalterlichen Klöster auf Felsen stehen. (9/64)

Ein wahres Museum im Freien, umgeben von seinem Stadtwall, dessen Steine von der Zeit gezeichnet sind. (9/95)

1o) Hier nehmen die Relativsätze den mit Abstand größten Anteil an Nebensätzen ein. Bis auf einen mit der Konjunktion 'daß' angeschlossenen Nebensatz und einigen Infinitivkonstruktionen sind alle registrierten Nebensätze Relativsätze, was einem Anteil von nahezu 77 % entspricht.

Ein Grenzland, das bedeutende Menschen hervorbrachte und formte, wie die großen Musiker Haydn und Liszt, die weltberühmten Ärzte Hyrtl und Semmelweis. (1o/9)

Eine preisgünstige Reise, bei der man vieles zu sehen bekommt. (1o/19)

Der Hauptteil der relativ angeschlossenen Sätze findet sich innerhalb von vollständigen Gefügen. Übereinstimmend mit dem hohen Anteil an Relativsätzen in dem Text, der die einzelnen Reisen charakterisiert, liegen auch bei den Routenbeschreibungen die Relativsätze extrem hoch: die Anzahl von 21 Sätzen entspricht 1oo %.

Einmalig ist die Landschaft mit über 8o Salzlaken und Seen, einzigartiger Salzflora und Fauna, welche als westlicher Ausläufer der Salzsteppen Asiens gilt. (1o/9)

Dann erreichen wir gegen 13 Uhr Venedig, wo wir am Lido unser Hotel beziehen. (1o/13)

Besichtigung der Kathedrale und des alten Marktes, auf dem Jeanne d'Arc verbrannt wurde. (1o/28)

Die Anzahl der an vollständige und der an unvollständige Hauptsätze angeschlossenen relativen Nebensätze ist in etwa gleich.

Zusammenfassung (S.127-133)

1. Relativsätze nehmen mit Abstand den größten Raum unter den Nebensatzarten überhaupt ein. Der Durchschnittswert für alle Kataloge liegt bei einem Anteil von etwa 64 %. In allen untersuchten Katalogen beträgt somit der Wert für den Relativsatzanteil nahe oder über die Hälfte aller registrierten Nebensätze. Der mit Abstand größte Betrag findet sich in Katalog 1o bei einem Satz von 77 %, die niedrigsten Werte finden sich in 2 (46 %) und 9 (58 %).
2. Noch wesentlich höher ist der Anteil der Relativsätze bei den Routenbeschreibungen bzw. Beschreibungen des Tagesablaufs oder der Ausflüge. Hier trifft man zweimal Werte von 1oo % (7 und 1o), die meisten Werte liegen weit über 9o %, nur einmal (2) finden sich nur weniger als 9o % Relativsätze, ein Wert, der aber wegen der geringen Anzahl der Belegsätze nicht signifikant ist. Bei allen Katalogen ist der Anteil der Relativsätze in den Routenbeschreibungen wesentlich höher gegenüber dem Anteil in den sonstigen Texten. Für beide Textgruppen den höchsten Anteil hat Katalog 1o, für beide Textgruppen den niedrigsten Katalog 2.
3. Relativsätze folgen sowohl vollständigen Hauptsätzen als auch Setzungen, also z.B. Substantiven, Lokalbestimmungen oder Adjektiven. Der Relativsatz kann auch in den Hauptsatz eingebettet sein.
4. Neben den Pronomen 'der', 'die', 'das' oder ihren flektierten Formen sind der Anschluß mit 'wo' oder der An-

schluß Präposition und flektiertes Pronomen sehr beliebt. Die Vielzahl der Möglichkeiten des relativen Anschlusses in der Sprache der Ferienkataloge deckt sich mit den von Barbara Wackernagel-Jolles für die gesprochene Sprache festgestellten Erscheinungen: "Die gesprochene Sprache bevorzugt als gängigste Konjunktionen 'und' und 'daß', während relativischer Anschluß sehr vielseitig gestaltet wird."[30]

5. Die Länge der relativ angeschlossenen Sätze ist unterschiedlich.
6. Feste Regeln für die Anwendung der Relativsätze nach vollständigen oder unvollständigen Hauptsätzen oder für die Länge der angefügten Sätze lassen sich nicht aufstellen.
7. Da mit dem Anteil der Relativsätze ein hoher Anteil von Apposition und Partizipialkonstruktion korrespondiert, wie später noch ausführlicher zu zeigen sein wird, läßt dieses Prinzip darauf schließen, daß durch relativen Anschluß die genauere Erklärung eines Sachverhaltes, die genauere Bestimmung eines Vorgangs oder das exaktere Bild eines Ortes in einem Satzzusammenhang miteinbezogen werden soll. Dieses Vorgehen findet in den zahlreichen neuen Komposita im Bereich der Wortbildung seine Entsprechung. Hauptfunktion des Relativsatzes ist somit die nähere Bestimmung, Erläuterung. Auf diese Funktion innerhalb der Werbesprache weist auch F.Börner hin.[31]
8. Da die Relativsätze in einem deutlich sichtbaren Abstand vor allen anderen Nebensatzarten liegen, und zwar in jedem der untersuchten Kataloge, kann festgestellt werden, daß
   a) der hohe Anteil an Relativsätzen signifikantes Merkmal der Sprache der Ferienkataloge ist und
   b) diese Erscheinung stimmt überein mit den Tendenzen des allgemeinen Sprachverhaltens. Für einige Kataloge (5 gr., 6, 7 und 8) ergeben sich sogar Werte um 7o %, wie sie von H.Eggers für die Allgemeinsprache ermittelt

wurden. E. Benes weist darauf hin, daß auch im Fachstil weiterführende Relativsätze an Stelle der parataktischen Varianten beliebt sind.[32] Für die BILD-Zeitung betont E.Mittelberg, daß Relativsätze unter den Nebensätzen beherrschend sind.[33] R.Römer geht auf das Problem der Nebensatzarten nicht ein.

Mit großem Abstand zu den Relativsätzen folgen in der Rangskala der Nebensatzarten dann in einer sich etwa die Waage haltenden Häufigkeit Konditional-, daß- und Kausalsätze, was in etwa den für die Allgemeinsprache festgehaltenen Werten entspricht.

Wie aber aus dem Vorangegangenen zu folgern ist, nehmen alle anderen Nebensatzarten bei weitem keine so bedeutende Stellung wie der Relativsatz ein. Häufiger auftretende Nebensatzarten werden nur mit je einem gesonderten Kapitel vorgestellt, um ihre Vielfalt zu verdeutlichen. Es soll aber im Folgenden darauf verzichtet werden, jeden Katalog gesondert vorzuführen.

1.2.2. Konditionalsätze

Sie finden sich bis auf 1o in jedem der untersuchten Kataloge, kaum mehr jedoch in den zugehörigen Routenbeschreibungen. Der im Anhang befindlichen graphischen Tabelle können die betreffenden Werte für die einzelnen Kataloge entnommen werden. In den meisten Fällen nimmt der Konditionalsatz die zweite oder dritte Stelle in einer Rangordnung der Nebensätze ein.

In der Regel ist die einleitende Konjunktion 'wenn' und das in allen untersuchten Katalogen. Seltener finden sich die Konjunktionen 'falls' und 'sofern' und die Doppelform 'wenn' - 'dann'. In einigen wenigen Beispielen fehlt die einleitende Konjunktion ganz. In den einzelnen Katalogen können verschiedene Muster vorkommen. Gelegentlich ist der Konditionalsatz vorangestellt. Wie auch bei den Relativsätzen, jedoch bei weitem nicht so häufig, kann sich der konditionale Nebensatz an einen unvollständigen Satz anschließen. Zur Verdeutlichung sollen die folgenden Beispiele dienen:

> Wollen Sie abends ausgehen: mit dem Taxi sind Sie schnell in Puerto Pollensa. (1/15)
>
> Und falls Sie einfach ausruhen möchten: Der Strand liegt ja vor der Haustür. (2/183)
>
> Wenn man mit den Kindern in die Winterferien fährt, dann müssen Kinderskischulen da sein, Kindergärten, Kindermenüs und Kinderermäßigungen. (3/75)
>
> Hier lohnt es sich elegante Sommergarderobe mitzunehmen. Sie finden Abend für Abend Gelegenheit, sie anzuziehen - wenn Sie wollen. (4/34)
>
> Und wenn Sie ein Pistenfan sind, bringt Sie der Bus zum modernen Bocksberg-Skicenter. (5/1o)
>
> Wer sich am Ostersonntag in Rumänien aufhält, wird nicht nur mit einem großen Ostereiersuchen überrascht, ihm winkt, sofern er die meisten Eier gefunden hat, für seine Mühe außerdem noch ein Preis: ... (6/44)
>
> Wenn Sie nur kreuzen möchten, geben wir Ihnen den Flug-Preis Deutschland - Athen und zurück gern bekannt. (7/65)
>
> Wenn Sie keinen internationalen Führerschein haben: Ihr deutscher genügt auch. (8/39)
>
> Kinder, Kinder, ... wenn Sie Ihre Kleinen entscheiden lassen würden, wohin es dieses Jahr mit dem Club gehen soll - sie würden sich für Donoratico entscheiden. (9/7o)

<u>Zusammenfassung (S.135-136)</u>

1. Der Durchschnittswert für den Anteil der Konditionalsätze am Gesamtkorpus der Nebensätze beträgt etwas über 6 %. Der höchste Wert liegt in den Katalogen 1 und 2 mit 14 %. In 5, 6 und 7 finden sich im Text der Ortsbeschreibungen Konditionalsätze nur sehr vereinzelt, in 1o sind sie nicht vorhanden.
2. In den Routenbeschreibungen läßt sich zweimal je ein Konditionalsatz nachweisen.
3. Am beliebtesten als einleitende Konjunktion ist 'wenn', häufiger trifft man auch auf die Formel 'wenn - dann'.

'falls' und 'sofern' treten ebenfalls als Satzanfang auf, jedoch wesentlich seltener. Die einleitende Konjunktion kann auch ganz fehlen.

4. Konditionalsätze können sich sowohl an vollständige als auch an unvollständige Hauptsätze anschließen, es überwiegt aber bei weitem der Anschluß an einen vollständig ausgebildeten Hauptsatz. Der Konditionalsatz kann auch vorangestellt werden.
5. Der konditionale Nebensatz nimmt meist die zweite oder dritte Stelle in der Rangskala der Nebensatzarten ein, allerdings mit sehr weitem Abstand hinter den Relativsätzen. Sein Auftauchen zeigt, daß auch weniger geläufige Nebensatzarten zur Auflockerung der Textstruktur herangezogen werden können.
6. Da der Konditionalsatz eine Bedingung angibt, unter der etwas geschehen kann, bietet er die Möglichkeit, Aspekte unter der die Aufmerksamkeit erweckenden Einleitung 'wenn' darzustellen. Er dient zum Anschluß von Neuigkeiten: seine Wirkung kommt somit hauptsächlich im semantischen Bereich zum Tragen. Den Konditionalsatz in der Werbesprache behandelt u.a. L.Kerstiens: "Die Frageform 'Wollen Sie...? Dann sollten Sie...' läßt sich ohne Schwierigkeiten in ein konditionales Gefüge verwandeln. 'Wenn Sie wollen, dann sollten Sie...' In dieser Formel versucht die Werbesprache noch häufiger die vorweggegebene Zustimmung des Lesers zu erreichen. Daß dabei logisch der Bedingungssatz gar keine Bedingung, mindestens keine zureichende Bedingung für die Folgerung des Hauptsatzes erhält, fällt dem flüchtigen Leser kaum auf."[34] Dieses Prinzip trifft bei den konditionalen Gefügen in den Ferienkatalogen nur in geringem Maße zu.

1.2.3. Kausalsätze

In der Häufigkeit ihres Auftretens gleichen sich Konditional- und Kausalsätze in groben Zügen. Sie nehmen häufig die dritte, manchmal auch die zweite Stelle ein. Da auch die in einer parataktischen Verbindung stehenden Kausalsätze inhaltlich den hypotaktisch angeschlossenen gleichzusetzen sind, wurden sie an dieser Stelle miteinbezogen. In den Routenbeschreibungen lassen sich keine Kausalsätze nachweisen, obwohl sie mit Ausnahme von 1o in jedem der untersuchten Kataloge anzutreffen sind. Bei parataktisch angeschlossenen Kausalsätzen (diese überwiegen leicht) erscheint die Konjunktion 'denn', bei hypotaktisch angeschlossenen 'weil' und 'da' in etwa gleicher Häufigkeit. Der Kausalsatz kann vom Hauptsatz losgelöst sein, er kann auch einer losen Wortfolge angegliedert sein. Einige Beispielsätze:

> Und das Einkaufen macht hier Spaß, weil Sie für viele schicke Sachen herzlich wenig zahlen. (1/53)
>
> Und Sousse ist ein Badeparadies - auch für Kinder, denn Baden ist hier völlig ungefährlich. (2/125)
>
> Hier wird noch 'Österreichisch' gesprochen (und gekocht). Denn hier sitzen die eingeweihten Einheimischen. (3/5o)
>
> Kein Wunder, denn als Tigges-Computer ist er unser einziger Kollege, der nie verreisen darf. (4/5)
>
> Da fast überall Nebensaison ist, dürfte die Übernachtung unterwegs kaum ein Problem sein. (5/92)
>
> Kein Wunder, denn Londons Attraktionen erscheinen endlos: (5/gr.6)
>
> Sie sparen Geld. Weil es für einen billiger wird. (6/3)

Die Konjunktion kann auch fehlen:

> Wir Urlaubsexperten - als Kreuzfahrtleitung und Ihre Assistenten - sind stets für Sie da: läuft die "Dalmacija" doch touristisch unter unserer Regie. (7/18)
>
> Halten Sie Ihre Kamera bereit, denn schon früh am Morgen geht's wieder auf Pirsch. (8/12)
>
> Aufregend, weil Sie da sind ... (9/87)

<u>Zusammenfassung (S.137-138)</u>

1. Der Anteil der kausal angeschlossenen Sätze liegt durchschnittlich bei etwa 6.5 %. Hohe Werte finden sich mit

rund 11 % in den Katalogen 6 und 9 sowie im Sonderteil von 5; niedrige (abgesehen vom Fehlen in 1o) in den Katalogen 2, 3 und 4.

2. Bei den Routenbeschreibungen findet sich nur einmal in Katalog 8 ein Kausalsatz.
3. Parataktische Verbindungen mit der einleitenden Konjunktion 'denn' überwiegen, seltener ist hypotaktischer Anschluß mit 'da' und 'weil'. Regeln für den Gebrauch von hypotaktischem oder parataktischem Anschluß lassen sich nicht herauskristallisieren, da für eine genauere Untersuchung der Anteil der Kausalsätze fast schon zu gering ist.
4. Kausaler Anschluß erfolgt meist an vollständig ausgebildete Sätze; es lassen sich jedoch gelegentlich auch Anfügungen an Adjektive oder unstrukturierte Wortfolgen nachweisen.
5. Manchmal finden sich auch durch Punkt vom Bezugssatz getrennte Kausalsätze. Hier kann es sich sowohl um Kausalsätze mit 'denn' als auch um solche mit der unterordnenden Konjunktion 'weil' handeln, wodurch deutlich wird, daß Nebensätze ebenso wie Hauptsätze als eigenständiger 'Satz' erscheinen können.
6. Die Kausalsätze, die eine Begründung angeben, dienen zur näheren Bestimmung oder Erläuterung eines Vorgangs oder einer Eigenschaft. Auch sie dienen zur Lockerung des Gesamtaufbaus.
7. Der Anteil der Kausalsätze wie auch der Konditionalsätze ist zu gering, um daraus ein besonderes Stilkriterium ableiten zu können.

1.2.4. 'daß'-Sätze

Vor allem für die Umgangssprache wird 'daß' als eine der häufigsten, nebensatzeinleitenden Konjunktionen genannt.[35] Im Vergleich zum relativen Anschluß in den Ferienkatalogen jedoch, ist der Anschluß mit 'daß' sehr gering. Der 'daß'-Satz kann nur selten als Konsekutiv-, Kausal- oder Finalsatz definiert werden. Er steht meist in inhaltlich losem Zusammenhang zu dem ihn bestimmenden Hauptsatz. Der 'daß'-Satz kann dem Hauptsatz vorangestellt sein, was jedoch nur in einigen wenigen Fällen zu finden ist. Öfter jedoch ist er nur einem Wort oder einer unstrukturierten Wortfolge angegliedert. Er kann auch durch Punkt von dem ihn bedingenden Hauptsatz getrennt sein. Gelegentlich finden sich 'daß'-Sätze nur auf den den Katalog einleitenden Seiten. In einigen Katalogen ist der Anteil der 'daß'-Sätze minimal. In den Routenbeschreibungen fehlen sie bis auf einen Satz im Katalog 8. Einige Sätze zur Verdeutlichung:

> Daß sich hier die halbe Welt trifft, ist kein Wunder. (1/11)
>
> Als dessen Teilnehmer wissen Sie auch im zweiten oder dritten Segelurlaub genau, daß keine der Clubstationen eine reine Schule ist. Daß "happy sailing" und konzentrierte A-Schein-Ausbildung einander nicht stören. Daß auch der Seglernachwuchs seinen "Optimisten" findet, - genauso gepflegt wie alle anderen Boote. (1/142)

Es folgen noch weitere drei mit der Konjunktion 'daß' eingeleitete Sätze, die vom Hauptsatz durch Punkt getrennt sind.

> Das Klima ist heiß aber trocken und so gesund, daß es "kurgeeignet" ist. (2/176)
>
> Die Abfahrten der Züge sind so gelegt, daß Sie zu einer vernünftigen Tageszeit ein- bzw. zusteigen können. (3/2)
>
> Er hat zu wissen, daß jene Kathedrale dort die zweitgrößte des gesamten Südens ist. (4/11)

Es findet sich auch ein indirekter Fragesatz:

> Wer sagt, daß Finnland nur im Sommer schön sei? (5/gr.4)
>
> Nur, daß sie ihm den Blick nicht verstellen, und andererseits die Weiten menschenarmer Ebenen, aber ohne deren Monotonie. (6/32)
>
> Wir wissen, daß sie für die Mehrheit unserer Gäste gerade richtig ist. (7/18)
>
> Aber wir haben die Routen so angelegt, daß auch noch Zeit zum Verschnaufen bleibt. (8/32)
>
> Verständlich, daß dieser Flug nur bei gutem Wetter durchgeführt wird. (8/17)
>
> Und wenn Sie beim Durchblättern dieses Tridents feststellen, daß manchen Clubdörfern mehr Platz als anderen gegeben wurde, so bedeutet das keinesfalls, daß die knapper behandelten Dörfer Ihnen nicht zugänglich sind. (9/5)
>
> Die Tagesetappen sind so gehalten, daß Sie reichlich Gelegenheit haben, alle Sehenswürdigkeiten zu besuchen. (1o/13)

Zusammenfassung (S. 139-14o)

1. Mit rund 8 % liegt der Anteil an 'daß'-Sätzen in Katalog 2 mit Abstand am höchsten, während die übrigen Werte zwischen 3 und 7 % pendeln und in einigen Katalogen der Anschluß mit 'daß' nur durch einen Satz vertreten ist (5, 7 und 1o).
2. In den Routenbeschreibungen findet sich nur einmal ein 'daß'-Satz.
3. Im Vergleich zu den Konditional- und Kausalsätzen liegen die mit der Konjunktion 'daß' eingeleiteten Sätze leicht zurück.
4. Wenn für die Allgemeinsprache neben den Relativsätzen als häufigste Nebensatzarten Sätze mit 'wenn' und 'daß' angeführt werden, weicht die Sprachhaltung in den Ferienkatalogen insofern vom allgemeinsprachlichen Duktus ab, als unter diesen angeführten Möglichkeiten das Auftreten des 'daß'-Satzes am geringsten ist.
5. Die mit der Konjunktion 'daß' angeschlossenen Nebensätze folgen in der Regel vollständig ausgebildeten Hauptsätzen und sind meist nachgestellt. Gelegentlich erfolgt Voranstellung, einmal,dafür mehrfach hintereinander, Isolierung, gelegentlich Anschluß an ein Wort oder eine lose Wortfolge.
6. Wenn der 'daß'-Satz, was bei einer Vielzahl der gefundenen Belege der Fall ist, nicht konsekutiven Charakter trägt, bringt er eine Mitteilung, eine Meinung zum Ausdruck, manchmal zeigt sich kein deutlicher inhaltlicher Bezug.
7) Außer in den Katalogen 2 und 9, wo sich eine gewisse, wenn auch geringe Häufung von 'daß'-Sätzen zeigt, ist das Auftreten dieser Nebensatzart zu zufällig und zu selten, um daraus eine gewisse Stilhaltung interpretieren zu können.

1.2.5. Sonstige Nebensatzarten

Bewegten sich die prozentualen Anteile der in Punkt 1.2.2. bis 1.2.4. behandelten Satzarten noch immer um Werte zwischen 5 % und 1o % und ließen sich noch verschiedene Ränge innerhalb einer Nebensatzskala bestimmen, so ist der Anteil der übrigen Nebensatzarten so gering und so sporadisch, daß nur der Vollständigkeit halber mit wenigen Beispielen auf sie eingegangen werden soll. Sie lassen sich auch nur mit wenigen Exempeln belegen, so daß auch die Angabe der Prozentzahlen ihre Relevanz verliert. Es sollen daher nur die verschiedenen weiter vorhandenen Nebensatzarten aufgezählt werden. Es finden sich Temporal-, Modal-, Interrogativ-, Konsekutiv-, Adversativ-, Restriktiv-, Final-, Konzessiv- und Lokalsätze sowie satzwertige Infinitive.

Etwas häufiger noch treten Temporalsätze in 1, 2 und 6 auf, in 3 und 1o überhaupt nicht, in den übrigen Katalogen nur mit ein oder zwei Belegen. Der Anschluß kann durch die verschiedensten Konjunktionen erfolgen, es überwiegen leicht 'wenn' und 'bevor'; der Temporalsatz kann voran- oder nachgestellt sein. Einmal erscheint ein Temporalsatz auch nur einer unstrukturierten Wortfolge angegliedert:

> Bevor Sie den bekannten Tarragona genießen, besuchen Sie die Kathedrale auf dem höchsten Punkt der Stadt, die Altstadt und den Fischerhafen. (1/33)

Ähnlich den Temporalsätzen sind auch die Modalsätze nur in Katalog 1 und 2 (hier machen sie immerhin noch rund 3 % der Nebensatzarten aus) etwas häufiger vertreten. In den übrigen Katalogen finden sich nur wenige Belege oder sie fehlen ganz. Die Modalsätze sind meist einem vollstrukturierten Hauptsatz nachgestellt, gelegentlich finden sich aber auch Beispiele, wo sie nur von einer kurzen Wortfolge abhängen. Fast formelhaft findet sich manchmal 'wie Sie wollen':

> Unsere Gäste können sich einen 2o km langen, bis zu 6o m breiten Sandstrand aufteilen, wie sie wollen. (2/86)

Interrogativsätze erscheinen nur ganz vereinzelt. Sie können voran- oder nachgestellt sein, sind aber immer mit einem voll ausgebildeten Hauptsatz verbunden und stehen nie isoliert:

> Ob Sie nun baden wollen, die Akropolis ersteigen oder beides kombinieren möchten - jeder findet, was er sucht. (1/112)

Außer den als 'daß'-Sätzen schon behandelten Konsekutivsätzen finden sich weiter noch einige, die mit der Konjunktion 'um zu' eingeleitet sind. Mit mehreren Beispielen finden sich Konsekutivsätze in den Katalogen 1, 2 und 4. Meist sind sie einem vollständigen Hauptsatz nachgestellt, es ist aber auch Voranstellung und Anschluß nur an ein Substantiv nachzuweisen:

> Sie müssen keine bestimmte Seelenlage haben oder eine Blume im Haar tragen, um hier Urlaub machen zu können. (2/9)

Adversativsätze treten häufig in den Katalogen 7, 8 auf und vor allem in 5, wo sie einen prozentualen Anteil von fast 14 % ausmachen und damit an zweiter Stelle nach den Relativsätzen liegen. Der konjunktionale Anschluß kann verschiedenster Art sein, am beliebtesten jedoch, vor allem in 5, ist der Anschluß mit 'während'; im vorangehenden Hauptsatz kann auch gelegentlich das Prädikat fehlen:

> Während fünf Lifte Anfänger wie Könner auf die nahen Hänge bringen, dient anderen das Skidorf als Ausgangspunkt für Skitouren in die Gletscherwelt der Silvretta und der Verwall-Gruppe, wo zwischen den beiden Gebirgszügen viele bewirtschaftete Hütten liegen. (6/16)

Auch parataktisch können Adversativsätze durch die Konjunktionen 'sondern', 'doch' und 'aber' angeschlossen werden. Gleiches gilt für Restriktivsätze.

Die sehr wenigen Belege für Finalsätze finden sich über mehrere Kataloge verteilt. Der durch 'damit' eingeleitete Satz kann voran- oder nachgestellt werden; es läßt sich auch ein Beispiel für Anschluß an eine Wortfolge belegen:

> Und damit es Ihr schönster Bornholm-Urlaub wird, werden Sie betreut von der ersten bis zur letzten Minute Ihres Urlaubs. (2/186)

Konzessivsätze zeigen sich mit nur sehr wenigen Belegen in einigen der Kataloge; sie können voran- oder nachgestellt sein. Als Konjunktionen lassen sich'obgleich', 'obwohl', 'trotzdem' nachweisen:

> Alle Unterhaltungsmöglichkeiten sind geboten, trotzdem können Sie hier einen ruhigeren Urlaub machen. (2/8)

Auch an einen nicht vollständigen Hauptsatz kann der Konzessivsatz angeschlossen werden.

Lokalsätze erscheinen ganz vereinzelt und sind nur in den Katalogen 2, 4 und 6 anzutreffen:

> Es gibt Orte, da müssen Sie zum Abendessen eine Krawatte umbinden, und Orte, da trägt man die Krawatte nur zum Kostümfest. (2/8)

Satzwertige Infinitive treten in fast allen Katalogen, allerdings mit nur beschränkter Häufigkeit, auf; meist finden sich nur vier oder fünf Belege. Da sie meist längere Syntagmen umfassen, können sie als Nebensätze aufgefaßt werden. Bei den satzwertigen Infinitiven handelt es sich meist um Objektsätze oder Sätze mit konsekutivem Charakter, die fast immer nachgestellt werden und in der Mehrzahl der registrierten Fälle einem vollstrukturierten Hauptsatz angegliedert sind.

> Hier hat man es meisterhaft verstanden, die Gunst der Natur zu nutzen und die idealen Skihänge rund um den Ort durch ein wohl einmaliges Liftsystem zu erschließen. (3/48)

> Auch sonst ist die gastliche Stadt gerüstet, den Fremden den Aufenthalt so angenehm und abwechslungsreich wie möglich zu machen. (5/87)

> Wer hat sich nicht schon beim Klang der Operettenmelodien Emerich Kálmáns gewünscht, das Land der Csardasfürstin, der unendlichen Pußta, der schwermütig-feurigen Zigeunerweisen, des Tokayer, Gulasch und Paprikas kennenzulernen! (1o/17)

Außerdem zu belegen: in 1 ein Proportionalsatz, in 2 ein mit 'zumal' angeschlossener Nebensatz, der der Hervorhebung dient und in 6 zwei Vergleichssätze. In den Routenbeschreibungen sind Nebensätze bis auf Relativsätze an sich selten. Außer den bereits oben aufgeführten vereinzelt auftretenden Nebensatzarten finden sich in 1 ein Modalsatz, in 2 ein Temporalsatz, in 4 ein Konsekutiv- und ein Restriktivsatz, in 5 ein Temporalsatz und in 8 ein Konsekutiv- und ein Finalsatz.

Zusammenfassung (S.124-145)

1. Hypotaktischer Anschluß ist in den Ferienkatalogen häufiger zu finden als parataktischer. Von einer allgemeinen Reduzierung der Syntaxkomplexität zu sprechen, ist also nur bedingt richtig. Berücksichtigt man jedoch den geringen Anteil an Gefügen überhaupt im Vergleich zum Vorherrschen des Einfachsatzes, so läßt sich festhalten, daß eine große Variationsbreite für Anschlußmöglichkeiten der Nebensätze zwar vorhanden ist, diese Möglichkeiten jedoch nur wenig genutzt werden.
2. Noch wesentlich geringer ist der Anteil des hypotaktischen Anschlusses innerhalb der Routenbeschreibung, und zwar in allen Katalogen.
3. Mit großem Abstand vor allen anderen Nebensatzarten führt der Relativsatz, der häufig nicht nur durch flektierte und unflektierte Personalpronomen, sondern auch durch die Konjunktion 'wo' oder durch präpositionale Verbindungen eingeleitet werden kann. Als signifikantes Merkmal innerhalb der syntaktischen Regeln der Sprache der Ferienkataloge kann die Dominanz der Relativsätze innerhalb der Nebensatzarten betrachtet werden.
4. Bei den Routenbeschreibungen ist der hohe Anteil an Relativsätzen noch augenfälliger. Hier finden sich Extremwerte bis zu 1oo %. Ein Phänomen, das die für die Allgemeinsprache aufgestellte These der Reduzierung der Nebensatzarten auf Relativsätze in diesem Bereich erhärten kann.
5. Alle anderen Arten des hypotaktischen Anschlusses zusammengenommen, bilden meist weniger als die Hälfte der verbleibenden Nebensätze.

6. Innerhalb der Routenbeschreibungen sind weitere Nebensatzarten verschwindend gering vertreten. Sie beschränken sich auf einige zufällige Beispiele, so daß für das Vorkommen sonstigen hypotaktischen Anschlusses in diesem Bereich keine besonderen Verknüpfungsmerkmale herausgearbeitet werden können. Ihr Erscheinen bleibt arbiträr.
7. Bei den Ortsbeschreibungen lassen sich neben den Relativsätzen zwölf weitere Arten der hypotaktischen Verbindung registrieren. Mit großem Abstand nach den Relativsätzen, aber prozentual noch erfaßbar, folgen der Häufigkeit ihres Erscheinens nach Konditional-, Kausal- und 'daß'-Sätze.
8. Die restlichen hypotaktischen Anschlußarten sind prozentual ohne Verfälschung des Gesamtbildes kaum noch zu erfassen. Ihr Erscheinen muß in hohem Maße als zufällig angesehen werden und läßt gesichert nur konstatieren, daß das Sprachrepertoire der Ferienkataloge eine gewisse Vielfalt an Nebensatzarten umfaßt.
9. Der hypotaktische Anschluß kann in verschiedenen Varianten auftreten:
   a) Anschluß an einen nach den Verknüpfungsregeln der traditionellen Grammatik voll ausgebildeten Hauptsatz.
   b) Anschluß an ein Substantiv oder Adjektiv, an eine Ortsbestimmung oder eine lose strukturierte Wortfolge.
   c) Der konjunktional eingeleitete Satz wird vorangestellt.
   d) Der Nebensatz erscheint isoliert als eigenständiger Satz vom Hauptsatz, auf den er sich bezieht, durch Punkt getrennt.
1o. Als Funktion der Nebensätze können folgende Aspekte gewertet werden:
   a) Der extrem hohe Prozentsatz an Relativsätzen in Relation gesehen mit dem noch später näher zu erläuternden hohen Anteil an Appositionen und partizipialen Fügungen läßt analog zur Wortbildung die Tendenz sichtbar werden, innerhalb eines Satzgefüges ein möglichst breites Spektrum an Vorstellungen zu kom-

primieren: Auf wenig Raum soll vieles zugleich ausgesagt werden.

b) Mit 'wenn', 'daß' oder 'weil' eingeleitete Nebensätze nehmen gelegentlich mögliche Einwände vorweg, erhöhen dadurch den Leseanreiz, erzeugen Spannung, schließen Neuigkeiten an.

c) Ebenso wie für die ausführlicher behandelten Nebensatzarten gilt auch für die weniger häufig auftretenden übrigen Satzarten, daß sie den Gesamttext strukturell auflockern, der Ermüdung beim Lesen entgegenwirken und damit die zur Rezeption der Nachricht notwendige Aufmerksamkeit erhalten sollen. Ein Prinzip, das durch den Wechsel der Satzlängen, des hypo- und parataktischen Anschlusses, des Einstreuens von Befehls- und Fragesätzen gestützt wird. Die verschiedenen Nebensatzarten dienen also dazu, durch eine komplexe Syntax die pragmatische Wirkung der Texte zu verstärken.

11. Die Häufigkeit der relativen Nebensätze deckt sich mit den entsprechenden für die Umgangssprache konstatierten Erscheinungen. H.Moser betont, daß auf Nebensätze außer Relativ- 'daß'- und 'wenn'-Sätzen verzichtet wird.[36] In den Ferienkatalogen erscheinen 'daß'- und 'wenn'-Sätze häufiger als andere Nebensatzarten. Ihr Abstand zu den Relativsätzen jedoch ist deutlich. Hier besteht ein geringer Unterschied zur Allgemeinsprache. Der Vergleich mit den bei Ch.Leska sehr detailliert angegebenen Werten für Gliedsätze ist insofern nicht möglich, da sie nach einer syntaktisch-funktionalen Einteilung vorgeht, also in Subjekt-, Objektsatzabschnitte usw. gliedert. Möglich jedoch ist ein Vergleich der verwendeten Konjunktionen. Hier konstatiert Ch.Leska: "Weit an erster Stelle steht unter den einzelnen Fügteilen in beiden Textbereichen das Relativpronomen <u>der, die, das</u>, da der überwiegende Anteil aller Attributiv- SA auf diese Weise eingeleitet wird. Der größeren Zahl von Attributiv-SA ent-

sprechend ist das Relativpronomen der, die, das in den geschr. Texten weit häufiger. ... An zweiter Stelle folgt in beiden Textbereichen die Konjunktion daß mit etwas höherer Frequenz in den geschr. Texten."[37] 'daß' bestimmt Leska als inhaltlich neutrales mehrdeutiges Element, was ähnlich auch für die Ferienkataloge gilt. Ch.Leska fährt fort: "An dritter Stelle folgt in beiden Textgruppen die Konjunktion wenn - in den gespr. Texten, dem Überwiegen von Temp. - und Temp./Kond. - Sätzen entsprechend, weit häufiger als in den geschr. Texten."[38] Der hohe Anteil an Relativpronomen stimmt mit den Ferienkatalogen überein, unterschiedlich jedoch ist die Verteilung von 'daß' und 'wenn', da für die Ferienkataloge ein leichtes Überwiegen der Konditionalsätze gegenüber den 'daß'-Sätzen nachzuweisen ist.Vergleicht man einzelne Teilbereiche, so ist festzuhalten, daß z.B. der Anteil an Infinitivkonstruktionen in den Ferienkatalogen mit nur etwas über 5 % (als Durchschnittswert für alle Kataloge) deutlich unter den von Leska ermittelten Werten für die gesprochene Sprache (8.46 %) und noch deutlicher unter denen für die geschriebene Sprache (17.88 %) liegt. Dieser Vergleich ist jedoch nur bedingt signifikant, da die Werte für die einzelnen Kataloge zwischen o und 19 % schwanken. Für die Werbesprache hält S.Grosse fest: "Im Blick über die Merkmale des Satzbaus im Werbetext kann man feststellen, daß der einfache Satz vorherrscht und zu einem sehr viel kleineren Teil Satzgefüge mit einer Erweiterung des ersten Abhängigkeitsgrades vorkommen, aber weitere Nebensatzerweiterungen kaum üblich sind, weil offenbar mehrgliedrige hypotaktische Gebilde nicht mehr die gewünschte rasche Eingängigkeit besitzen."[39] Ähnliches gilt für die Ferienkataloge. Es lassen sich somit gewisse Übereinstimmungen der Sprache der Ferienkataloge mit anderen Sprachbereichen festhalten.

12. Als ein Grund für das relativ geringe Auftauchen von Nebensätzen außer dem leicht rezipierbaren Relativsatz, kann die Möglichkeit angesehen werden, daß Gefüge überhaupt mehr Anspruch an die Aufnahmefähigkeit des Lesers fordern als z.B. erweiterte Einfachsätze. Dies gilt in noch weit größerem Maße für mehrgliedrige Gefüge.
13. Im Anhang findet sich eine graphische Übersicht über die Verteilung der Nebensatzarten.

1.3. Mehrgliedrige Gefüge

Die oben behandelten Nebensatzarten treten in der meisten Zahl der Fälle in zweigliedrigen Gefügen auf. Die Anzahl mehrgliedriger Gefüge ist deutlich geringer. Im Folgenden sollen einige Beispiele für mehrgliedrige Gefüge aufgeführt werden:

> Wenn Sie zu denen gehören, bei denen mit Sonnenuntergang der Tag noch nicht zu Ende ist, wenn's im Urlaub abends immer noch mal richtig losgeht, ist Rimini richtig. (2/164)

> Mit Cortina erwartet Sie einer der bedeutendsten Wintersportplätze Italiens, der vor allem durch seine hervorragenden Wintersporteinrichtungen besticht, aber auch dem "Nur-Erholungssuchenden" sehr viel zu bieten hat. (3/64)

> Hier sollten Sie im Gasthaus Nös und auf Orust unbedingt eine Mittagspause einlegen, denn das "Westküstenbüffet", das als Spezialität des Hauses serviert wird, ist als kulinarische Delikatesse weithin bekannt. (5/gr.4)

> Während fünf Lifte Anfänger wie Könner auf die nahen Hänge bringen, dient anderen das Skidorf als Ausgangspunkt für Skitouren in die Gletscherwelt der Silvretta oder der Verwall-Gruppe, wo zwischen den beiden Gebirgszügen viele bewirtschaftete Hütten liegen. (6/16)

> Eine schon "klassisch" gewordene Fahrt in die Klassik, auf der Sie sehen, was man gesehen haben muß. (7/13)

> Mögen Die GM's, denen Sie im Club begegnen, auch den unterschiedlichsten Nationen, Berufsständen, Altersklassen und Konfessionen angehören - in einem sind sie alle gleich: GM's sind aktive, geistig, sportlich und gesellschaftlich engagierte Menschen mit viel Sinn für Geselligkeit, Spiel und Spaß. (9/14)

Zusammenfassung

1. Mehrgliedrige Gefüge sind durchgehend in allen Katalogen anzutreffen, jedoch nur in geringer Anzahl. Der Durchschnittswert, der für alle Kataloge errechnet wurde, beträgt 3.2 % für den Anteil an mehrgliedrigen Gefügen. Den höchsten prozentualen Wert weist der Sonderteil von 5 auf (6.5 %; hier wurden allerdings nur 2oo Sätze als Textgrundlage genommen) und 7 (6 %; jedoch auch hier ist die zugrundeliegende Satzzahl gering). Der niedrigste Wert läßt sich in 1 nachweisen (o.9 %).
2. Die überwiegende Mehrzahl der Gefüge ist dreigliedrig (Hauptsatz und zwei abhängige Nebensätze). Mehr als drei von einem Hauptsatz abhängende Nebensätze lassen sich nicht konstatieren. Es finden sich auch Gefüge, die aus Reihungen und abhängigen Nebensätzen bestehen.
3. Die mehrgliedrigen Gefüge sind in der meisten Zahl der Fälle linear gebildet, Verschachtelungen sind sehr selten; die Gefüge sind daher relativ übersichtlich und leicht rezipierbar.
4. Mehrgliedrige Gefüge sind ebenso wie Reihungen selten auftretende Erscheinungen innerhalb der Sprache der Ferienkataloge. Sie dienen der Auflockerung und Abwechslung, können jedoch nicht als besonderes Stilkriterium betrachtet werden.

2. Satzarten

Nach der Analyse der Nebensatzarten soll nun in einem kurzen Abschnitt auf die Aussageart der Sätze oder Satzgefüge eingegangen werden. Von den verschiedenen Möglichkeiten einen Satz zu betrachten, soll nur die berücksichtigt werden, die der Zielvorstellung dieser Arbeit, nämlich Sprache als Kommunikation zu betrachten, am meisten entgegenkommt: Die Einteilung der Sätze nach ihrer kommunikativen Aufgabe.[4o] Hiernach lassen sich die Satzarten unterteilen in Aussagesatz, Befehlssatz und Fragesatz.[41] Andere mögliche Aspekte des Satzes wurden ausgeklammert.

2.1. Aussagesätze

Legt man die oben aufgeführte Dreiteilung der Satzarten einer Analyse zu Grunde, ergibt sich für den Großteil der Sätze die Form des Aussagesatzes. Auf Form und Funktion der Aussagesätze soll jedoch nicht näher eingegangen werden, da der Aussagesatz der Regelfall ist. Gemäß der Funktion der Ferienkataloge, einen Ort, eine Landschaft so zu schildern, daß daraus eine Aktion des Lesers resultiert, liegt der Schwerpunkt der Aussage auf der Beschreibung. Bei einer weiteren Dreiteilung läßt sich der Aussagesatz in Vorgangs-, Handlungs- und Urteilssatz aufgliedern; dabei finden sich häufig Urteilssätze, die nach den folgenden Mustern gebaut sind:

Hafenstädtchen mit Tradition. (1/3o)

Las Palmas - Stadt der Gegensätze. (2/89)

Schön gelegener kleiner Ort für Skifans am Ortler. (3/73)

Quicklebendiges Touristenzentrum an den Ausläufern des katalanischen Küstengebirges. (4/2o)

Internationaler Kur- und Wintersportort in windgeschützter und sonnenreicher Lage. (5/31)

Ein ideales Ferienland mit stetem Wechsel winterlicher Landschaften unterschiedlichen Charakters. (6/22)

Eine geradezu klassische Route zu den Frühlingsinseln und nach Marokko. (7/33)

Phantastisches Indien. (8/16)

Sveti Marko ist einfach und scnön. (9/94)

Seit Jahrzehnten gehört diese Reise zu den schönsten unseres Programms. (1o/9)

2.2. Imperativsätze

In den Ferienkatalogen finden sich neben konjunktivisch verhüllten Befehlen auch direkte Imperative. Extrem hoch im Vergleich zu den übrigen Katalogen liegt der Anteil der Imperative in 1. Hier kann die hohe Zahl der Befehlssätze bereits als charakteristisches Merkmal des Stils dieses Katalogs betrachtet werden.[42] Eine prozentuale Angabe der Imperative im Vergleich zu den übrigen Satzarten ist schwer möglich, da ein Satz oft aus einer Aneinanderreihung mehrerer Imperative bestehen kann. Für jeden Katalog soll ein charakteristisches Beispiel gegeben werden:

> Bummeln Sie, oder gehen Sie ins Freilichtkino. Tanzen Sie auf der Hotelterrasse oder bei heißen Rhythmen in der Diskothek. (1/134)

> Sehen Sie sich die römischen Ruinen, die Katakomben, das Kastell und die Souks an! Und gehen Sie mal auf den Kamelmarkt. (2/184)

> Machen Sie Urlaub in 2 Etagen mit Lunch-Coupons der Vollpensionshäuser, die in allen Bergrestaurants angenommen werden. (3/68)

> Erleben Sie Schottland auf dem Rücken Ihres Pferdes. Erleben Sie ein Schottland, das sich seit Königin Mary Stuart kaum verändert hat. Erleben Sie die persönliche Gastlichkeit schottischer Herrenhäuser. (4/73)

> Genießen Sie Ihr verdientes Wochenende in der behaglichen Atmosphäre dieses komfortablen und landschaftlich besonders reizvoll gelegenen Hauses, das Sie bereits bei Ihrer Ankunft mit einem Begrüßungsdrink empfängt. (5/1o)

> Feiern auch Sie den Jahreswechsel an Bord eines ihrer schönen Schiffe und erleben Sie bei Musik und Tanz eine fröhliche Überfahrt über den Kattegatt. (5/gr.9)

> Ein Schneeparadies der Superlative. Urteilen Sie selbst. Fahren Sie hin. (6/1o)

> Berühmte und kaum bekannte Ziele. Fahren Sie mit. (7/39)

> Halten Sie Ihre Kamera bereit, denn schon früh am Morgen geht's wieder auf Pirsch. (8/11)

Wenn Sie sich für eine spezielle Sportart begeistern, lassen Sie Ihrer Begeisterung doch freien Lauf. (9/18)

Kommen Sie mit, erleben Sie den berühmten Roman Hugo Hartungs auf dieser faszinierenden Fahrt in die Heimat dieser kleinen Ungarin mit dem lieben Akzent und den netten Fehlern im Deutsch! (1o/12)

Zusammenfassung (S.152-153)

1. Imperative lassen sich in jedem der untersuchten Kataloge finden, wenn auch mit verschiedenem Häufigkeitsgrad. Mit Abstand die meisten Imperative weist Katalog Nr. 1 auf, hier lassen sich auf einer Seite z.B. bis zu vierzehn Imperativwendungen nachweisen. In 1 finden sich etwa 27o direkte Imperative, während in Katalog 2, der von Umfang und Inhalt her Katalog 1 noch am nächsten steht, nur rund 9o Imperative zu finden sind. Mit 4o Belegen (bei weitaus geringerer Textmenge) weist auch 6 noch einen hohen Anteil an Befehlssätzen auf, diese befinden sich jedoch fast ausschließlich auf den ersten Seiten des Katalogs und nicht bei den allgemeinen Ortsbeschreibungen. Auffallend wenig Imperative sind in den Winterkatalogen 3 und 5 zu finden.
2. Die Befehlssätze überwiegen in den Sommerkatalogen.
3. Häufig finden sich feste Wendungen wie "Erleben Sie...", "Genießen Sie...", "Bummeln Sie...".
4. Das Kennzeichen des Imperativs, das Ausrufezeichen, kann fehlen.
5. Mehrere Imperative können in einem Satz aneinandergereiht werden.
6. Der Imperativ in Form einer direkten Aufforderung zeigt oft die Möglichkeiten, die einem Urlauber geboten werden. Es sind also nicht augenfällige Befehle nach dem Muster "Fahren Sie dort hin!", sondern imperativisch wird ein Anreiz für mögliche positive Aktionen am Urlaubsort geboten.

7. Imperative in den Routenbeschreibungen sind sehr selten. Je ein Beispiel findet sich in den Katalogen 6, 7 und 8, häufiger finden sie sich nur im grünen Sonderteil von 5, wobei sich die Imperative allerdings fast ausschließlich auf e i n e festgefügte Wendung beschränken.
8. Imperativsätze haben eine pragmatische Funktion[43], ebenso wie die Funktion der Ferienkataloge pragmatisch ist: sie sollen zum Handeln, zum Reisen veranlassen. Die pragmatische Zielsetzung jedoch wird verschleiert, indem die direkte imperativische Forderung, an ein bestimmtes Urlaubsziel zu fahren, verhüllt wird durch das imperativische Anbieten positiver Erlebnisse. Ferner bietet der Imperativ die Möglichkeit, den Leser direkt anzusprechen, ihn in das Geschehen miteinzubeziehen. Wie später zu zeigen sein wird, ist die persönliche Anrede ein beliebtes Stilmittel.
9. In der Sprache der Anzeigenwerbung kommt dem Imperativ eine wesentlich bedeutendere Rolle zu.[44] Die Ferienkataloge äußern ihre Aufforderungen sprachlich differenzierter und weniger augenfällig.

2.3. Fragesätze

Zur Auflockerung eines Textes werden in den Werbehandbüchern wie auch in den Stilistiken Fragesätze empfohlen.[45] Ebenso werden in vielen Stilkunden Fragen als Mittel der Auflockerung genannt: "Die Fragen, die an den Hörer (Leser) gerichtet sind, erregen seine Aufmerksamkeit für Personen und Geschehen stärker als Aussagesätze."[46] Sehr ausführlich geht Johannes H.Seifert in seinem Buch 'Wirksam texten' auf die Frage als "gedankliche(s) Fesslungsmittel" ein: "Ein schließlich überall verwendbares Mittel ist noch die Frage, die sich direkt an den Leser wendet und ihn zu persönlicher Teilnahme ruft. Sie darf natürlich nicht mit einem banalen Ja oder Nein zu beantworten sein, sondern muß möglichst auf eine interessante Problematik führen. ...

Ihre Wirkung beruht auf der scheinbar neuen Situation, vor die Sie den Leser stellt, und auf dem spontanen Willen zur Lösung und damit zur Beteiligung, den sie hervorruft. Sie muß deshalb auch ernsten Charakter haben, wenn sie nicht sofort als bloßer Werbebluff erkannt und abgetan werden soll.

Am wirksamsten sind daher jene Fragen, die den Leser vor eine konkrete Situation stellen und eine schnelle Entscheidung verlangen. Wenn die mögliche und unmögliche Antwort gleich angefügt werden, ergibt sich damit zugleich ein sehr guter Weg, den Leser in die gewünschte Richtung zu bringen, seinen Gedanken suggestiv zu leiten."[47]
Einige Seiten später demonstriert Seifert, wie man stimmungsvoll Urlaubsatmosphäre einfängt und so einen gelungenen Werbetext für ein Ferienziel aufbaut, wobei er sich genau an seine für die Anwendung von Fragen aufgestellten Regeln hält. "... Wollen wir baden, mit dem Motorboot über die Wellen reiten oder auf Bergesgipfel steigen? Oder liebst Du ein Tänzchen auf der Terrasse mit dem kühlenden Blick auf das wogende Meer? - Du träumst vom Süden? Möchtest unter Palmen wandeln? Komm mit auf die Insel Mainau." Bei Betrachtung der Fragesätze in den Ferienkatalogen, die zwischen 197o und 1974 abgefaßt wurden, zeigen sich erstaunliche Parallelen zu diesem im Jahre 195o edierten Muster einer Werbung für einen Ferienort. In den Katalogen können sowohl rhetorische Fragen als auch Fragen, die im Text sogleich beantwortet werden, erscheinen. Neben Fragesätzen finden sich gelegentlich auch Wortfragen; manche Fragesätze tragen Aufforderungscharakter. Die Häufigkeit der Fragesätze schwankt in den einzelnen Katalogen zwischen o.5 % und fast 4 %.

Einige der Fragen tragen ausgesprochenen Aufforderungscharakter. Sie wenden sich direkt an den Leser, binden ihn enger an den Text, indem sie ihn in das geschilderte Geschehen miteinbeziehen. Gelegentlich entwickelt sich eine Art Dialog. In den Winterkatalogen ist die Zahl der Fragesätze deutlich geringer. Sie finden sich dort meist auf den katalogeinleitenden Seiten, kaum im Text der Ortsbeschreibungen.

Auch hier zur Verdeutlichung einige Beispiele aus den verschiedenen Katalogen:

Sandstrand auf Teneriffa? Ja! (1/64)

Wie wär's mit einem Spaziergang? (2/154)

Wissen Sie eigentlich, wie herrlich vielseitig dieses schöne Plätzchen inmitten der bayerischen Schneelandschaft ist? (3/1o)

Wollen Sie großstädtische Abwechslung? Schicke Bars? Elegante Swimmingpools? Glitzerndes Leben um Mitternacht? Dann kommen Sie nach Puerto.(4/26)

Was halten Sie davon, wenn Sie Ihren Resturlaub dafür verwenden, um mitten in der Woche einmal ein paar Tage auszuspannen oder um Ihr nächstes Urlaubsquartier vorab zu prüfen? (5/1o)

Lieben Sie rasante Pisten? Wollen Sie schnell und gut Skilaufen lernen? Verwöhnen Sie gerne Ihren Gaumen? Suchen Sie Unterhaltung und Geselligkeit, viel Abwechslung? Zwei Schneeparadiese warten auf Sie: ... (6/16)

Die "Dalmacija" ist dennoch unser Star! Warum? Wir wissen, daß sie für die Mehrheit unserer Gäste gerade richtig ist. (7/18)

Vor 3ooo Jahren regierte hier die schöne Königin von Saba. Sind auch die Gesetzestafeln vom Berg Sinai hier verwahrt? (8/8)

Ideal für Wassersportler, besonders für Unterwasser-Enthusiasten. Und sonst? Sonst ist hier der Club ideal zum Genießen. ... Was brauchen Sie mehr? (9/93)

Wollen Sie die Landschaft nicht nur "durchrasen", sondern deren Schönheit erleben und Land und Leute wirklich kennenlernen?! Oder statt allein, Ihren Urlaub in geselligem Kreise in der behaglichen Atmosphäre bewährter Hotels verbringen? Und an den Sehenswürdigkeiten nicht "vorbeifahren", sondern diese unter sachkundiger Reiseleitung sehen? Oder einmal selbst Gast sein und nicht nur Ihr eigener Chauffeur?! DANN MACHEN SIE EINE BUSREISE! (1o/2)

Gemäß der sehr einfachen syntaktischen Struktur der Routenbeschreibungen findet sich hier insgesamt nur eine rhetorische Frage in 6 ("Wie wär's mit einem Einkaufsbummel?" 6/41) und eine auffordernde Frage in 5 ("Haben Sie schon an ein Mitbringsel für Ihre Daheimgebliebenen gedacht?" 5/gr.15)

Zusammenfassung (S.154-157)

1. Fragesätze erscheinen mit einer Häufigkeit, die zwischen o.5 und fast 4 % liegt, in allen Katalogen. Ihr Auftreten überwiegt deutlich in den Katalogen für Sommerreisen. Den höchsten Anteil hat Katalog 9.
2. In den Routenbeschreibungen finden sich mit zwei Ausnahmen keine Fragen.
3. Neben voll strukturierten Fragesätzen erscheinen gelegentlich auch Wortfragen oder lose Syntagmen in Frageform.
4. Etwa gleich häufig neben den rhetorischen erscheinen Fragen, die gleich beantwortet werden.
5. Als stilistisches Mittel können Reihungen von Fragen angesehen werden.
6. Als Aufgabe und Funktion der Fragesätze können folgende Punkte festgehalten werden:
   a) Allgemeine Auflockerung des Textflusses mit dem Ziel, das Interesse des Lesers gleichbleibend aufrecht zuerhalten, eine Aufgabe, die die Frage auch in der schöngeistigen Literatur erfüllt: "Fragen - ohne Gewaltsamkeit der Darstellung eingefügt - erzwingen die Aufmerksamkeit des Lesers."[48] Ähnliches gilt auch für die BILD-Zeitung: "Die große Zahl von Aufforderungs- und Ausrufesätzen, von rhetorischen und Entscheidungsfragen fordert die Aufmerksamkeit des Lesers mehr, als wenn ruhige Aussagesätze die Syntax beherrschten."[49]
   b) Möglichkeit den Leser direkt anzusprechen und in die Beschreibung miteinzubeziehen.

c) Potentielle Fragen des Lesers werden vorweggenommen und damit ein Mittel gefunden, dem Leser noch mehr Möglichkeiten, noch mehr positive Seiten eines Angebotes zu präsentieren.
d) Fragesätze steigern die Spannung und gipfeln gelegentlich in der die Spannung lösenden Antwort des Reiseveranstalters.
e) Fragesätze mit Aufforderungscharakter stimulieren den Wunsch mit dabei zu sein, selbst mitzuerleben.

Imperativ- und Fragesätze sind für die Sprache der Ferienkataloge von Bedeutung, da durch ihre semantische Wirksamkeit die pragmatische Zielsetzung verstärkt werden soll.

3. Satzstrukturen

Nach einer Untersuchung der verschiedenen syntaktischen Verknüpfungsregeln der einzelnen Sätze untereinander soll nun versucht werden, einige Merkmale der syntaktischen Feinstruktur der Sätze zu geben.

3.1. Setzungen

Bei der Behandlung der Nebensatzarten wurde bereits des öfteren darauf verwiesen, daß ein Großteil der Sätze nicht nach den Regeln der traditionellen Grammatik strukturiert ist, sondern daß sehr oft ein Grundkennzeichen des deutschen Satzes, nämlich das Prädikat, fehlt. Die folgende Tabelle soll eine Übersicht geben über die Häufigkeit syntaktisch nicht ausgeformter Sätze. Als Kriterium für die syntaktische Unvollständigkeit wurde einzig das Fehlen des Prädikats gewertet. Für die Ortsbeschreibungen ergibt sich für die einzelnen Kataloge:

1)	Vollstrukturierte Sätze	53 %
	Prädikatslose Sätze	47 %

2)	Vollstrukturierte Sätze	75 %
	Prädikatslose Sätze	25 %
3)	Vollstrukturierte Sätze	67 %
	Prädikatslose Sätze	33 %
4)	Vollstrukturierte Sätze	48 %
	Prädikatslose Sätze	52 %
5)	Vollstrukturierte Sätze	55 %
	Prädikatslose Sätze	45 %
	Vollstrukturierte Sätze	8o %
	Prädikatslose Sätze	2o %
6)	Vollstrukturierte Sätze	53 %
	Prädikatslose Sätze	47 %
7)	Vollstrukturierte Sätze	71 %
	Prädikatslose Sätze	29 %
8)	Vollstrukturierte Sätze	42 %
	Prädikatslose Sätze	58 %
9)	Vollstrukturierte Sätze	73 %
	Prädikatslose Sätze	27 %
1o)	Vollstrukturierte Sätze	81 %
	Prädikatslose Sätze	19 %

Der aus allen Katalogen ermittelte Durchschnittswert ergibt einen Anteil von 63.5 % für die vollstrukturierten Sätze und einen Anteil von 36.5 % für die prädikatslosen. Etwas über ein Drittel des Gesamtkorpus an Sätzen ist also nach den Regeln der traditionellen Grammatik unvollständig. Demgegenüber ergeben die Werte für die Routenbeschreibungen ein völlig anderes Bild:

1)	Vollstrukturierte Sätze	33 %
	Prädikatslose Sätze	67 %
2)	Vollstrukturierte Sätze	12.5 %
	Prädikatslose Sätze	87.5 %
4)	Vollstrukturierte Sätze	5 %
	Prädikatslose Sätze	95 %
5)	Vollstrukturierte Sätze	12 %
	Prädikatslose Sätze	88 %
6)	Vollstrukturierte Sätze	15 %
	Prädikatslose Sätze	85 %

7)	Vollstrukturierte Sätze	23 %
	Prädikatslose Sätze	77 %
8)	Vollstrukturierte Sätze	33 %
	Prädikatslose Sätze	67 %
9)	Vollstrukturierte Sätze	1o %
	Prädikatslose Sätze	9o %
1o)	Vollstrukturierte Sätze	19 %
	Prädikatslose Sätze	81 %

Der Durchschnittswert für die Routenbeschreibungen aller Kataloge zusammen ergibt: Nur 18 % des Gesamtkorpus der Sätze sind vollstrukturiert, 82 % hingegen fehlt das Prädikat.

Zusammenfassung (S.158-16o)

1. Einem Überwiegen der vollstrukturierten Sätze im Text der Ortsbeschreibungen in fast allen untersuchten Katalogen steht ein augenfälliges Vorherrschen der prädikatslosen Sätze in den Routenbeschreibungen generell gegenüber.
2. Besonders hoch liegen die Werte für vollständig ausgebildete Sätze innerhalb der allgemeinen Ortsbeschreibungen in den Katalogen 5, 7, 9 und 1o. Bei allen diesen Katalogen handelt es sich um einen relativ kleinen Gesamtkorpus von Sätzen, dem ein hoher Anteil von Routenbeschreibungen (mit Ausnahme von 9) gegenübersteht. Der hohe Anteil bei 9 ist zu erklären aus der Tatsache, daß der Großteil des Gesamttextes von Beschreibungen der besonderen Club-Urlaubsform im allgemeinen eingenommen wird, während der Anteil der Ortscharakterisierungen relativ gering ist.
3. Bei 4, 5 und 1o zeigen sich Extremwerte für prädikatslose Sätze innerhalb der Routenbeschreibungen; dies sind Kataloge mit einem hohen Anteil an Routenbeschrei-

bungen überhaupt. Bei 1o ist der Anteil der prädikatslosen Sätze in den Routenbeschreibungen umgekehrt proportional zu denen im Teil der allgemeinen Reisecharakterisierungen, was ein Zufallsergebnis sein mag, trotzdem aber eine gewisse Signifikanz besitzt. Als Sonderfall könnte 8 betrachtet werden, wo im Teil der Ortsbeschreibungen die prädikatslosen Sätze knapp überwiegen, der Anteil der prädikatslosen Sätze in der Routenbeschreibung jedoch unter dem ermittelten Durchschnittswert liegt. Auch bei 4 überwiegt in den allgemeinen Ortsbeschreibungen leicht der Anteil der prädikatslosen Sätze, während in den Routenbeschreibungen dazu korrespondierend ein extrem hoher Wert für Sätze ohne Prädikat ermittelt wurde.

4. Der hohe Anteil an Setzungen kann als ein signifikantes Merkmal der Sprache der Ferienkataloge angesehen werden, vor allem wenn man die Werte in Vergleich zu denen anderer Sprachbereiche setzt. Eggers z.B. ermittelt für die deutsche Sprache der Gegenwart nur 2.5 % Setzungen, für die FAZ sogar nur 1 %.[5o] Auch der von Leska ermittelte Wert für die Setzungen in der gesprochenen Sprache liegt mit 2.59 % ganz extrem unter dem Wert für die Ferienkataloge.[51] E.Mittelberg errechnet einen Anteil von 2o % Setzungen, allerdings bei einem relativ geringen Korpus. E. Mittelberg führt dies auf den Hetzstil der BZ zurück, auf die Stenosyntax, die durch die Eile des Produktionsprozesses noch verschärft wird. Die Setzungen bezeichnet er als ganz der abgehackten Morsesprache unterworfen.[52] Den 'Hackstil' bezeichnet Stave geradezu als ein Merkmal der Werbesprache: "... die Werbetexter dagegen haben den unvollständigen Satz fest in ihr Repertoire genommen..."[53] Dies bestätigen auch die Untersuchungen von R.Römer, die für textreiche Anzeigen einen Anteil von 36.1 % unvollständigen Sätzen ermittelt, für textarme Anzeigen sogar einen Anteil von 55.3 %.[54] Diese Werte decken sich in etwa mit den für

die Ortsbeschreibungen ermittelten, wobei aber der Anteil von Setzungen in den Routenbeschreibungen immer noch deutlich höher liegt. Eine Gegenüberstellung soll dies noch einmal verdeutlichen.

wissenschaftl. Prosa Eggers	gespr.Spr. Leska	BZ	Anzeigen-werbung	Orts-beschr.	Routen-beschr.
2.5 %	2.59 %	2o %	36.1 %	36.5 %	82 %

Für die gesprochene Werbesprache in Rundfunk und Fernsehen ergibt sich, daß nur etwa 1/3 der Äußerungen aus "vollständigen" Sätzen besteht, "nahezu 2/3, zumindest aber die Hälfte des Gesprochenen" aus unvollständigen Sätzen, ein Ergebnis, das Ähnlichkeiten mit der Syntax der Routenbeschreibungen aufweist.[55]

Überraschend ist der zu den Ferienkatalogen vergleichsweise geringe Anteil an Setzungen, den Ch.Leska für die gesprochene Sprache ermittelt. Da die Sprache der Ferienkataloge jedoch sehr bewußt konzipiert ist und mit vielen stilistischen Mitteln arbeitet, könnte man die Setzungen teilweise als Zeichen einer Akzentuierung sehen. Von einem 'Hackstil' zu sprechen, wäre übertrieben und zu polemisch.

Die oben aufgeführten Prozentzahlen für die Ferienkataloge beziehen sich, wie schon erwähnt, auf syntaktisch nicht voll strukturierte Sätze, deren einzige Gemeinsamkeit die Absenz des Prädikats ist. Wenn nun aber der Versuch unternommen werden soll, eine Klassifizierung innerhalb dieser Syntagmen aufzustellen, wird man als erstes mit dem Problem konfrontiert, wie diese vorläufig als 'unvollständig' bezeichneten Wortfolgen zwischen zwei Punkten weiterhin benannt werden sollen. Die traditionelle Grammatik bietet dafür den Begriff 'Ellipse' an, der wie folgt definiert wird: "... ein Satz, in welchem durch die Situation oder den Kontext bedingt, die Hauptglieder des Satzes, also seine 'normal' notwendigen Glieder (zum Teil oder ganz) fehlen."[56] Hauptmerkmal der Ellipsen ist: "... sie stützen sich immer auf volle, 'normale' Satzstrukturen, die denselben Gedanken, der durch einen elliptischen Satz dank den Fügungspotenzen der elliptisch gebrauchten Wörter angedeutet wird, in entwickelter Form zum Ausdruck bringen. Die Wortarten und Wortformen, die die elliptischen Sätze bilden, sind immer auf die vollständige Satzstruktur und unmittelbar auf irgendein Glied dieser Struktur bezogen."[57] Auch der von Johannes Erben gebrauchte Begriff der 'Sparformen' suggeriert, daß etwas weggelassen, ausgespart bleibt, und somit wird als Hintergrund dieser Sätze immer ein nach den Regeln der traditionellen Grammatik voll strukturierter Hauptsatz gesehen.[58] Frei von der Suggestion eines Mangels, einer Unvollständigkeit hingegen ist der von Eggers gewählte Begriff 'Setzungen'[59], der im Folgenden beim Versuch einer Gliederung der verschiedenen prädikatslosen Sätze für syntaktisch unvollständige Wortfolgen gebraucht werden soll.

3.1.1. Ersparung eines redundanten Satzteils

Kennzeichen von Setzungen ist die Ersparung eines nach den Regeln der traditionellen Grammatik an sich notwendigen Satzteils, die syntaktischen Verknüpfungsregeln werden somit überschritten. Eine Überschreitung dieser Verknüpfungsregeln ist allerdings möglich, denn "menschliche Sprachen entwickeln ein Übermaß an Regeln, so daß einige übertreten werden können, ohne daß dies ernsthafte Schäden zeitigte."[60] Dies bedeutet, daß die Verständlichkeit, und Verständlichkeit ist ja immer ein vorrangiges Ziel werblicher Kommunikation, durch Ersparungen nicht beeinträchtigt wird. Gründe, die für eine leichte Rezipierbarkeit von Setzungen sprechen, sind nach O.W.Haseloff: "Ein Großteil von Menschen spricht selbst in Gestalt unfertiger, nicht voll ausformulierter Sätze. Die Formulierung unvollständiger Sätze durch den Kommunikator stimmt also mit den Sprachgewohnheiten vieler Menschen überein.

Zum anderen werden unvollständige Sätze durch den Kommunikanten - von ihm selber unbemerkt - ergänzt, ohne daß dabei ein subjektiv spürbarer Informationsverlust oder eine Bedeutungsverzerrung zustande kommen muß."[61] Setzungen bleiben also dann verständlich, wenn der ausgesparte Satzteil ohne große Anstrengung vom Leser selbst ergänzt werden kann. Dies ist möglich, wenn die Setzung voll im Kontext integriert ist, aus ihm heraus verständlich und "wenn nur die Worte mit hoher Redundanz weggelassen werden."[62] Wörter mit hoher Redundanz sind solche, die vom Leser auf Grund seiner kontextbedingten Vorinformation (also dem bereits gelesenen Text) oder seines allgemeinen Informationsstandes leicht ersetzbar und somit aus der Sicht der Kommunikationstheorie redundant, das heißt nicht unbedingt notwendig, also weglaßbar sind.

Im Folgenden sollen nun einige Beispiele für Setzungen angeführt werden, bei denen das ausgesparte Prädikat ohne Kommunikationsbeeinträchtigung vom Leser, bewußt oder unbewußt, ergänzt wird bzw. ergänzt werden kann. Alle angeführten Beispiele sind dem Hauptteil der Kataloge mit den Ortsbeschreibungen entnommen. Da die Routenbeschreibungen in ihrer Satzstruktur erheblich von der des übrigen Textes abweichen, werden sie in einem eigenen Kapitel gesondert behandelt.

> Cala d'Or: Beliebter, reizvoller Ferienort mit weißen Villen, kleinen Pensionen und freundlichen Hotels. In der Umgebung: der Sandstrand von Cala Gran (Liegestühle, Sonnenschirme) und zahlreiche Felsbuchten. (1/13;zu ergänzen: 'ist', 'gibt es')
>
> Las Palmas - Stadt der Gegensätze. Malerische Gassen neben turbulentem Nachtleben, Folklore neben heißem Beat. Faszinierend in ihrer Vielfalt. (2/89; zu ergänzen: 'ist', 'es gibt', 'die Stadt ist')
>
> S.Caterina
> Schön gelegener, kleiner Ort für Skifans am Ortler. Moderne Geschäfte und Hotels, alle in direkter Nähe der Liftanlagen. Absolut schneesicher von November bis Mai. Ausgezeichnete Skilaufmöglichkeiten aller Schwierigkeitsgrade mit 4o km Pisten. Nur 11 km entfernt das Thermalbad von Bormio. (3/73; zu ergänzen: 'ist ein', 'es gibt', 'der Ort ist', 'es gibt', 'liegt')

San Agustin
Ferienzentrum im sonnigen Süden, ca. 3o km vom Flugplatz Gando. Am dunklen Sandstrand bequeme Liegestühle und Sonnenschirme. Einkaufszentrum für Selbstversorger. (4/3o; zu ergänzen: 'ist ein', 'stehen', 'es gibt ein')

Fiss
Altes rätoromanisches Bergdorf über dem oberen Inntal westlich von Ried. Landschaftlich besonders reizvoll und sehr sonnig. Langgezogene, sanfte Hänge für den Anfänger; rasante, lawinensichere Abfahrten für den Fortgeschrittenen. (5/45; zu ergänzen: 'ist ein', 'es ist','es gibt')

London Shopping
Eine Einkaufsreise in die britische Metropole. (5/gr.6; zu ergänzen: 'das ist')

Hinterzarten
Bedeutendster Kurort und Wintersportplatz des Schwarzwalds im Titisee-Feldberg-Gebiet. Ruhige Lage und heilklimatische Höhe in einer reizvollen Landschaft. Hervorragendes Skigelände mit Sprungschanze.(...) Romantische Fahrten mit Pferde-Schlitten durch die Schwarzwald-Waldungen. (6/3o; zu ergänzen: 'ist', 'er hat', 'der Ort verfügt über', 'sind möglich')

Unsere seit Jahren beliebte "Dreier-Kombination": Fliegen nach Bulgarien, eine Woche im Schwarzen Meer kreuzen und eine oder mehrere Wochen Badeferien in einem der bulgarischen Seebäder. (7/42; zu ergänzen: 'ist')

Farmerferien und Fotopirsch auf Giraffen und Gazellen, Kudus und Zebras. Die Goldstadt Johannesburg und das traumschöne Kapstadt am Tafelberg. Victoria-Fälle, "Rauch des Donners", wo der Sambesi in die Tiefe stürzt. Bantudörfer, endlose Steppe und Tropentäler. Badeferien im Spielplatz Durban. (8/6; zu ergänzen: beliebig 'Sie erleben' oder 'wir zeigen Ihnen')

Ein herrlicher, schattiger Pinienwald, ein großer Swimming-Pool mit Open-Air-Bar, kleine idyllische Strände, die sich mit romantischer Felsküste abwechseln (gut zum Schnorcheln). Gemütliche Bungalows in malerischer Umgebung und - gentils membres, eben richtig gentil. Und das Ganze nur 6o km von Palma di Mallorca. (9/82; zu ergänzen: 'hier gibt es', 'es gibt', 'liegt')

Eine Reise der Superlative und Kontraste! Von den grandiosen Hochalpen mit der einzigartigen weltbekannten Großglockner-Straße zur interessanten Seereise auf einem modernen Schiff quer über die Adria, von den weltbekannten Seebädern Italiens bis zu den malerischen Küsten Jugoslawiens, von den klassischen Städten diesseits bis zu den Kulturdenkmälern jenseits des adriatischen Meeres und nicht zuletzt vom Westen zum Osten. Eine hochinteressante Fahrt voll unvergeßlicher Eindrücke. (1o/16; zu ergänzen: 'das ist', 'das ist eine Reise', 'das ist')

Sind in den oben angeführten Beispielen das Prädikat, gelegentlich auch das Subjekt weggelassen, so können sie in ihrer Grundstruktur entsprechend ihrem elliptischen Charakter immer noch auf die Struktur eines Hauptsatzes zurückgeführt werden. Innerhalb der Ferienkataloge finden sich jedoch häufig Setzungen, deren Charakter mehr dem eines längeren Satzgliedes oder Satzteiles als dem eines elliptisch gebildeten Satzes entspricht.

3.1.2. Losgelöste Ortsangaben

Eine beliebte Form der Setzung stellt die zur Betonung vom Bezugssatz durch Punkt isolierte Ortsbestimmung dar:

Oder machen Sie einen Ausflug in die Vergangenheit. Nach Salamis, zum Kloster Barnabas,nach Curium oder Larnaka. (1/118)

Aber nehmen Sie sich die Zeit und die Muße, möglichst viel von dem zu erleben, was Ihre Ferien so schön macht. In und um Ruhpolding. (3/1o)

Diese Organisation ist für unsere Gäste da. Immer, wenn Sie sie brauchen. Auf den deutschen Flughäfen, im Ausland bei der Ankunft und Abreise. Überall in der Welt. (4/4)

Machen Sie Urlaub zu zweit im Januar.In Hochgurgl.(6/19)

Der Reiseweg führt gleich nach Yucatan. Nach Merida. Dann nach Uxmal mit der Pyramide der Wahrsager, nach Chichen Itza, der heiligen Mayastadt im Urwald. (8/26)

Club-Urlaub ist die Urlaubsform von morgen, die Sie schon heute erleben können. Im Club. In Otrante. (9/76)

3.1.3. Losgelöste Appositionen

Gerne werden auch Appositionen, die aus einem Wort oder aus einer Wortfolge bestehen können, vom Bezugssatz losgelöst:

Und dann der Parade-Strand: lang, breit und flach! Tummelplatz für große und kleine Kinder. (1/98)

Oberreute a.d.Alpenstraße, höchstgelegener Erholungsort im Westallgäu. Ideales Familienskigebiet, kinderfreundlicher Ort, schneesicher und nebelfrei, unmittelbar an der österreichischen Grenze nach Vorarlberg. (3/25)

Mit viel Komfort und großzügigen Anlagen präsentiert sich dem verwöhnten Weltmann das Dorf für Anspruchsvolle. Eine Oase Südmarokkos. (9/56)

Die Fertigstellung der Brennerautobahn ermöglicht ein 2-Tg.-Wochenende am Gardasee unter Palmen. Der große Schlager 1974. (1o/4)

3.1.4. Losgelöste Objekte

Häufig finden sich auch Belege für Sätze, deren Objekte isoliert vom eigentlichen Hauptsatz als eigene Setzung stehen. Dabei kann es sich um Objekte aller Kasusrektionen handeln:

Das Land der Fjorde und Berge. Der riesigen Gletscher, Geysire und Wasserfälle. (1/173)

Selbst wenn Sie woanders Ihr Domizil wählen: Palma müssen Sie gesehen haben! Zum Beispiel den Pueblo Espanol mit Nachbildungen von Bauten in ganz Spanien. Oder das Geschäftszentrum. (2/19)

Das Afrika der Entdecker. Des Vasco da Gama, der auf dem Seeweg nach Indien Mozambique entdeckte. Des großen Afrikaforschers Livingstone, der den von ihm entdeckten Wasserfällen den Namen seiner Königin gab. (8/11)

Zwischen schattenreichen Olivenbäumen, Zypressen, Strand und eingefangen von Meer und viel Sonne, erleben Sie hier Anschauungsunterricht in Sachen Club. Den modernen Club. Den einfachen Club. Den sportlichen Club. Den jungen Club. Ihren Club. (9/64)

3.1.5. Losgelöste präpositionale Verbindungen

Ebenfalls eine häufige Erscheinungsform der durch Punkt vom Bezugssatz isolierten Satzglieder bilden mit Präpositionen verbundene Objekte. Die Häufung dieser isoliert stehenden Objekte kann, wie auch schon bei den vorausgegangenen Beispielen sichtbar wurde, durchaus einen stilistischen Effekt erzielen.

Damit Sie so richtig fit werden! Für eine lange, lange Nacht. (1/9)

Ein kleiner Ort. Mit einer kleinen Bar, einem kleinen Geschäft. (2/171)

Denn ganz Paris ist an Silvester ein Feuerwerk. An Freude, an Vergnügen. (3/74)

Ihr Urlaubsspaß beginnt bereits an Bord. Mit einem Sprung ins Bord-Schwimmbad. Mit Sauna und Solarium. Mit skandinavischen Leckerbissen. Mit Tanz, Unterhaltung und Roulette. Mit Kino, Shopping und großem Unterhaltungsprogramm. (5/gr.4)

Ein Schneeparadies für alle, die vier, sechs oder auch mehr Wochen "überwintern" wollen. Eine idyllische Winterresidenz suchen. Zu günstigen Sonderpreisen. (6/21)

Afrika - die dunkle Schöne. Der Atem der Wildnis. Mit gigantischen Kratern, Strömen, Wasserfällen. Mit staubtrockenen Savannen und dampfenden Regenwäldern. (8/3)

Dieses kleine Inselreich, Sardinien vorgelagert, ist ganz allein Ihr Reich. Mit all seinen sportlichen Einrichtungen. Mit einer der größten Segelflotten des Clubs. Mit einer vorzüglichen französischen Küche. Mit dem Meer und dem Wind, mit den Sandbuchten und den Ausblicken. Und mit der Natur, den Pinienhainen, Busch- und Kiefernwäldern ... (9/59)

3.1.6. Losgelöste Aufzählungen

Reihungen, syndetisch und asyndetisch, von substantivierten Infinitiven, Adjektiven oder Substantiven sind in den Ferienkatalogen sehr beliebt. Diese Reihungen erscheinen besonders gern als vom Bezugssatz losgelöste Setzungen.

Salou - ein Urlaubszentrum nach Ihrem Geschmack. Lustig, turbulent, international. (1/32)

Baden, faulenzen, wandern oder zu einem Ausflug starten. (1/16)

Ferien abseits vom großen Touristenstrom ohne sich zu langweilen, denn der Club Canmayel bietet seinen Gästen zahlreiche Sport- und Unterhaltungsmöglichkeiten. Tanzabende mit einer flotten Kapelle, Tanzwettbewerbe, Modeschauen, Candlelight-Dinner, Barbecue, kaltes Buffet am Meer. (2/28)

Sie wollen nicht alles. Sondern wollen vieles nicht. Zum Beispiel: keinen Betrieb, keine Strandburgen, keine Stimmungskanonen. Aber Blumen, Swimmingpools, gutes Klima und guten Service. (4/34)

Die Schönheit von Moscheen und Palästen, die farbige lärmende Welt der Bazare und die subtropische Schwarzmeerküste. Eine Erlebnisfahrt. (7/37)

Denn Vittel bietet Ihnen alles. Einen Poloplatz, ein Hippodrom, einen Aero-Club,einen internationalen Golfplatz, eine Thermalstation natürlich, ein Spielcasino ... (9/51)

3.1.7. Isoliert stehende Worte

Die Setzungen können so weit reduziert werden, daß schließlich nur noch ein oder zwei Worte als 'Satz' übrig bleiben. Diese Setzungen sind jedoch nicht immer identisch mit den in der traditionellen Grammatik als 'Einwortsätze' bezeichneten Bildungen. Gelegentlich handelt es sich um Aufzählungen, bei denen das zu erwartende Komma durch einen Punkt ersetzt wird:

Oder kommen Sie mit zur Sonnenstrand-Party mit Miß-Wahl im eleganten "Hanska-Schatra". Eine Attraktion. (1/82)

Herb. Aber schön. (2/86)

In herrlicher Schwarzwaldluft Wandern, Skifahren, Skilanglaufen! Kneippen! (3/28)

Stilvolle oberbayrische Lokale. Heimatabende. Schrammelmusik. Hotel-Hallenschwimmbad. Bauerntheater. (6/28)

Die Einkaufsfreuden von Hongkong und Singapur. Ceylon!(8/19)

Man muß mal hier gewesen sein ... Unbedingt! (9/61)

3.1.8. Losgelöste Nebensätze

Diese Erscheinung soll nur der Vollständigkeit halber auch an dieser Stelle noch einmal erwähnt werden, da bereits im Abschnitt über die verschiedenen Nebensatzarten Belege für isoliert stehende Nebensätze gegeben wurden; eine Erscheinung, die häufig anzutreffen ist.

Zusammenfassung (S.163-169)

1. Bei dem Versuch, Setzungen einer gewissen Klassifikation unterzuordnen, lassen sich drei Grundtendenzen aufzeigen:
   a) ein redundanter Satzteil (meist das Prädikat, gelegentlich auch das Subjekt) wird erspart.
   b) ein Satzteil (länger oder kürzer) steht vom Bezugssatz durch einen Punkt isoliert.
   c) Auch ganze Nebensätze erscheinen durch Punkt statt durch Komma von dem vorangehenden Bezugssatz getrennt.
2. Als ein Merkmal der Sprache der Ferienkataloge kann die Reduzierung von Sätzen auf immer kürzer werdende

Syntagmen bis hin zu isoliert stehenden Wörtern betrachtet werden.

3. Aufgabe der Setzungen ist:
   a) allgemeine Auflockerung der Textstruktur
   b) Steigerung der Spannung und damit Erhaltung der Aufmerksamkeit beim Lesen
   c) Hinlenkung des Lesers auf Schwerpunkte der Aussage
   d) Anpassung an Audrucksformen der Umgangssprache.
   Als Beleg hierfür sei E.Riesel angeführt: "Der Sprecher erklärt und präzisiert das zuerst Gesagte durch eine Kette lose hingeworfener Einzelaussagen. Auf diese Weise entsteht ein dynamischer und emotional-bewegter Redeablauf, wie er gerade für die Alltagsrede - und natürlich auch für ihre Widerspiegelung in der schöngeistigen Literatur - typisch ist."[63] Zu den isolierten Nebensätzen bemerkt sie: "Als eine Abart der Nachträge (mit Ergänzungsanschluß) müssen wir auch die Verselbständigung bzw. Isolierung von Nebensätzen ansehen. Zahlreiche Beobachtungen und Niederschriften haben bestätigt, daß in der Alltagsrede sehr häufig die Nebensätze von ihren übergeordneten Hauptsätzen durch eine starke Trennungspause abgekoppelt werden."[64] H.Eggers betrachtet die Neigung zur Parataxe und zum Aneinanderreihen von Impressionen, was zum Nachtragsstil führt, als ein Element der Umgangssprache, das heute auch in der Schriftsprache auftritt.[65]
4. Elliptischer Satzcharakter wie auch Isolierung von einzelnen Satzteilen ist so häufig anzutreffen, daß es als ein wichtiges Stilkriterium der Sprache der Ferienkataloge betrachtet werden kann. Dieses Stilmerkmal deckt sich mit Erscheinungen, die für die Sprache der Wirtschaftswerbung festgestellt wurde. H.D.Heistrüver konstatiert in seinen Untersuchungen zu Werbetexten eine Verselbständigung des abhängigen Nebensatzes zum selbständigen Hauptsatz mit dem Ziel: verstärkte Betonung,

besondere Akzentuierungen, staccatohafte Eindringlichkeit. Zur Betonung des Einzelteils bzw. Einzelaspekts und zum Eindruck der Steigerung dient nach Heistrüver die Auflösung der Glieder einer Aufzählung in unverbundene durch Punkte abgetrennte Einzelglieder.[66]

5. Daß die oben aufgeführte Einteilung nur der Versuch einer groben Klassifizierung sein kann, bei der sich auch gelegentlich Erscheinungen überschneiden, sollen die folgenden Abschnitte aus den einzelnen Katalogen zeigen, die die Vielfalt von Setzungen auf engstem Raum deutlich machen. Die Beispiele wurden willkürlich aus den Texten herausgegriffen und stellen immer nur e i n e Möglichkeit prädikatsloser Aneinanderreihung von Setzungen dar. Die Variationsbreite der Syntagmenfügung ist beträchtlich.

Nordöstlich von Ibiza Stadt, unweit San Carlos (beliebter Hippie-Treff). Sonnige, weite Bucht, flach mit feinem Sandstrand, Sonnenschirme, Liegestühle. Im Ort: 2 Restaurants, Bar, Supermarkt. Viel, viel Ruhe! Ein idealer Urlaub für Leute, die ausspannen möchten. (1/28)

Massage, Thermalbäder, Trink- und Schwefelbäder ... - Ein Kurort? Das auch - vor allem zum "Vorbeugen". Kein Trubel - gesellig-ruhige Stimmung. Freilichttheater und Konzertveranstaltungen - kaum Auto-Verkehr. (2/125)

Im Titisee-Feldberggebiet gelegen. Bekannt durch 4 Deutsche Skimeisterschaften (...) und durch die größte Natursprungschanze Deutschlands. Renommierter staatlich anerkannter Kneippkurort mit aktiver Wintererholung und vielseitiger Gesundheitsförderung. Leichte und mittelschwere Übungshänge; ideales Gebiet für Skiwanderungen. (3/29)

Moderner Badeort mit romantischem Fischerhafen am Fuß des Monte Gabicce. 2 km langer, teilweise 5o m breiter, flach ins Meer abfallender Sandstrand. Reizvoller Kontrast zwischen Bergen und Meer. Internationales Publikum, viele Unterhaltungsmöglichkeiten. Nach Rimini ca. 24 km. (4/68)

Reizendes Tiroler Dorf an der sonnigen Südseite des Kaisergebirges. Schnee- und lawinensichere Skihänge mit Abfahrten für Anfänger und Könner. Guter Ausgangspunkt für Touren in den Wilden Kaiser. Auch für Nichtsportler geeignet. (5/54)

Schneesicheres und sonnenreiches Wintersportgebiet. Heimat vieler österreichischer Ski-Asse. Berühmt für seine Skischulen. Ideal für Winterkuren. Viel Unterhaltung und Geselligkeit bei einem zünftigen Après-Ski-Leben. (6/15)

Wir wissen, daß sie für die Mehrheit unserer Gäste gerade richtig ist. Richtig für Kreuzfahrer im Stil unserer Zeit. Gemütlich und familiär; (7/18)

Japan - Tradition und Moderne. Hier: Tempel, Schreine, Lotosteiche. Dort: flimmernde Millionenstädte mit rushhour rund um die Uhr. Das zügellose Nachtleben am Asakusa-Strip in Tokio, "Chanoyou", die Teezeremonie, "Ikebane", die Kunst des Blumensteckens. Kioto, die alte Hauptstadt, und Nara, die noch ältere. Ein Ausflug zur Perleninsel Toba. Nach Hakone, wo sich der Fujiyama in den Seen spiegelt. Zuvor das Einkaufsparadies Hongkong, neonglitzernd und voller Rätsel. (8/22)

Club-Urlaub in Kusadasi hat alles für sich. Die Gründe? Ferienfreundlich, umwelt-freundlich, immer-freundlich. Ein Lebenskünstler, der auch im Urlaub ungekünstelt leben will. Wie Sie! Und dann der Club. Mit gut und modern ausgestatteten Bungalows auf einer wunderschönen Halbinsel. Mit viel ägäischem Meer, das Sie verwöhnt, wo es nur darf. Und - mit viel Clubstimmung, wann immer Sie auch kommen. Nach Kusadasi. In die Türkei. (9/75)

Eine Reise für Romantiker, Naturfreunde und Weinkenner in Österreichs jüngstes Fremdenverkehrsland, mit seiner reichen, wechselhaften Geschichte. Ein Grenzland, das bedeutende Menschen hervorbrachte und formte, wie die großen Musiker Haydn und Liszt, die weltberühmten Ärzte Hyrtl und Semmelweis. Ein Land der Gastfreundschaft voller Naturkontraste, das seine ländliche Urwüchsigkeit bis heute noch bewahren konnte und das Sie mit allen Akzenten erleben. (1o/9)

6. Wie die oben aufgeführten Beispiele zeigen, dienen die Setzungen auch dazu, fast impressionistisch Stimmungsbilder wiederzugeben, Urlaubsvorfreuden aufzubauen. Für die Sprache der Dichtung bezeichnet W.Schneider diese Stilhaltung als sprachlichen Pointilismus.[67]

7. Auch in diesem Bereich zeigen sich Parallelen zur BILD-Zeitung. Der als losgelöste Setzung erscheinende Nachtrag findet sich nach den Untersuchungen E.Mittelbergs

in der BILD-Zeitung so häufig, daß man schon von einer Nachtragssyntax reden kann. Vornehmlich werden dort Adjektive, Einzeladverbien und alle Arten von 'Umstandsergänzungen' durch Nachtrag hervorgehoben.[68]

3.2. Möglichkeiten der inneren Satzerweiterung

Wurde im ersten Abschnitt auf die Aspekte der Reduzierung eingegangen und gezeigt, welche Möglichkeiten der Satzverkürzung bis hin zum Ein-Wort-Satz bestehen, soll im Folgenden auf die Mittel eingegangen werden, die zur Erweiterung innerhalb des Satzes dienen.

3.2.1. Partizipialkonstruktionen

Sie treten mit großer Beliebtheit in den Ferienkatalogen auf. Aus der Vielzahl der partizipialen Satz-Erweiterungen sollen nur einige signifikante Beispiele gegeben werden:

> Schmucke Stadt auf einer Halbinsel im Kallavesi-See, überragt von der Puijo-Höhe. (1/77)

> Dazu kleine, freundliche Hotels mitten in der Stadt, günstig gelegen für Streifzüge durch die Straßen oder abends durch die Tavernen. (2/145)

> Zentral gelegener Ort im Skigroßraum "Radstädter Tauern", umgeben von lawinensicheren Skibergen. (3/53)

> Die erstklassigen Hotels liegen inmitten von duftenden Zitronen- und Orangengärten, eingerahmt vom weißen, weiten Sandstrand. (4/39)

> International bekannter Höhenluftkurort und Wintersportplatz am schönsten Natursee des Schwarzwaldes, umgeben von waldbedeckten Bergen und abwechslungsreichen Tallandschaften. (5/19)

> Der auf einem Hochplateau zwischen Wetterstein- und Karwendelgebirge gelegene internationale Wintersportort gehört zu den meistbesuchten Österreichs. (5/35)

> In einem geschützten Talkessel gelegen, umgeben von ausgedehnten Fichten- und Tannenwäldern, bietet der Ort die urwüchsige Behaglichkeit eines echten Tiroler Dorfes. (6/17)

Die moderne, exklusive Welt an Bord der "Aquarius" und die klassischen Stätten der Antike, erfüllt mit mediterranem Leben: (7/72)

Dogonendörfer mit strohgedeckten Rundhütten, Ton in Ton an Fels geschmiegt. (8/1o)

Die Anlage, umgeben von Meer, Bergen und wunderschönen Gärten ist ein Beispiel moderner Club-Architektur. (9/61)

Pontresina im Engadin liegt sonnig und windgeschützt inmitten duftender, lichter Arven- und Lärchenwälder und blumiger Bergwiesen, umrahmt von der märchenhaften Pracht des Hochgebirges; (1o/6)

Während Konstruktionen mit dem Partizip Perfekt oft anzutreffen sind (in Katalog 6 z.B. kommen auf rund 14oo Sätze 8o Partizipien des Perfekts), zwar in verschiedener Häufigkeit, jedoch in jedem der Kataloge, so kommen die leicht archaisch anmutenden Partizipia Präsentis in weit geringerem Umfang vor; sie werden meist adjektivisch verwendet. Als markanteste Belege seien angeführt:

Eine Insel, die für den Urlaub geschaffen scheint: an die Südsee erinnernder Strand! (1/129)

Alles überragend das Wahrzeichen von Calpe, der erloschene Vulkan Ifach de Calpe. (1/44)

Nahtlos in Torremolinos übergehend, entstand in den letzten Jahren dieser neue Badeort. (2/79)

Eine beinahe eben verlaufende Talsohle und die einmündenden Täler prädestinieren Davos auch für das immer beliebter werdende Skiwandern. (3/66)

Der sanft ins Meer abfallende lange Sandstrand ist ideal für Nichtschwimmer. (4/7o)

Der aus einem Dutzend hübscher Dörfer bestehende Luftkurort liegt im breiten Tal der Vils und zeichnet sich vor allem durch sein sonnenreiches, nebelfreies und gesundes Höhenklima aus. (5/28)

Die Gipfel der das Tal nach Norden abschirmenden Eichamgruppe ragen bis weit über die Dreitausendergrenze auf. (6/24)

Mit seinen bis auf 3ooo m hinaufführenden Skiwiesen gehört dieser Skiort am Südausgang des Tauerntunnels zu den bedeutendsten und sonnigsten Wintersportplätzen Kärntens. (6/25)

Zusammenfassung(S.173-175)

1. In den Ferienkatalogen erscheinen sowohl Partizipien der Gegenwart als auch der Vergangenheit, wobei letztere bei weitem überwiegen (z.B. in Katalog 6: über 7o Partizipien der Vergangenheit gegenüber nur 8 der Gegenwart oder in 5, wo 58 Partizipien der Vergangenheit 3 der Gegenwart gegenüberstehen).
2. Das Partizip dient als Attribut der Erweiterung einer nominalen Gruppe.
3. Partizipien, hier vor allem die der Vergangenheit, erscheinen häufiger in den Winterkatalogen.
4. Bei einigen Partizipien kann eine fast toposhafte Verwendung nachgewiesen werden. Besonders häufig erscheinen 'umgeben von', 'gelegen', 'umrahmt von', besonders als einleitende Formeln in den Winterkatalogen. Besonders beliebt in den Sommerkatalogen ist die Gerundform 'abfallend', bei der näheren Beschreibung eines Strandes.
5. Das Partizip der Vergangenheit kann auch durch Punkt von der Nominalgruppe isoliert erscheinen, die es näher bestimmen soll. Diese Fälle sind jedoch selten.
6. Das Partizipialattribut umfaßt häufig mehrere Glieder, eine Erscheinung, die sonst hauptsächlich in der Kunstprosa anzutreffen ist, wie es W.Admoni in seinem Aufsatz über das erweiterte Partizipialattribut nachweist. Er betont jedoch, daß erweiterte Partizipialattribute auch in wissenschaftlicher und technischer Literatur, sowie in der Publizistik durchaus gebräuchlich sind.[69] H.Weber bemerkt, daß das erweiterte Attribut zum - mindestens passiven - Sprachbesitz der gesamten Sprachgemeinschaft gehört und keine Besonderheit nur mehr der

Gebildetensprache ist. Er hält jedoch auch fest, daß das erweiterte Attribut in der Gegenwartssprache weniger häufig und von wesentlich geringerem Umfang ist.[7o] Die mehrgliedrigen Partizipialattribute beweisen somit, daß innerhalb der Ferienkataloge auch Konstruktionen auftreten können, deren Domäne vornehmlich die Kunst- und gehobene Sachprosa ist und, daß die Ferienkataloge, wie die angeführten Beispiele zeigen, auch weniger leicht rezipierbare Syntagmen aufweisen.

7. Funktion der Partizipien ist:
   a) Die Partizipien dienen einer näheren Bestimmung der Nominalgruppe, haben also attributiven Charakter. Sie beziehen sich dabei meist auf eine lokale Angabe.
   b) Sie dienen zur Ersparung von Nebensätzen, wobei sie hauptsächlich die an sich schon häufigen Relativsätze ersetzen. Als Äquivalent anderer Nebensatzarten sind sie sehr selten. Partizipialkonstrukte an Stelle von Relativsätzen sieht H.Moser als Ausdruck sprachlicher Ökonomie an.[71]
   c) Partizipien stellen die Erweiterung einer nominalen Gruppe zugunsten einer syntaktischen Reduzierung dar.
   d) Dadurch dienen sie sprachökonomischen Zwecken, indem sie durch die Erweiterung eines Begriffs eine größere Vorstellungsbreite auf knappem Raum ermöglichen, wobei sie jedoch der Gefahr unterliegen, schwerfällig und formelhaft starr zu wirken.

3.2.2. Appositionen

Als weitere häufige Form des Attributs kann die Apposition angeführt werden. Nach einer Definition der traditionellen Grammatik ist die Apposition "eine gedankliche Wiederaufnahme eines Satzgliedes in anderer Gestalt zum Zweck näherer Ausführung, der Erläuterung ..."[72] Neben den Partizipien treten weitaus häufiger noch erläuternde "substantivische Bestimmungsglieder"[73] in der erweiterten Nominalgruppe auf. Bei der großen Fülle der in den Ferienkatalogen auftretenden Appositionen (in 1 z.B. über 18o bei rund 28oo Sätzen) können immer nur einige signifikante Beispiele angeführt werden, um einen Einblick in die Vielfalt der Appositionen zu geben.

Tanger - Stadt der Touristen und Kaufleute. Stadt mit großer Geschichte. (1/12o)

Bali - geheimnisvoll schimmernder Smaragd in den Tropen. "Märcheninsel", "Paradiesinsel" - kein Name, ist er noch so schwärmerisch, nennt die Schönheit dieses Fleckchens Erde. (1/152)

Danach zum Tanz in die "Fregatte". Ein originelles Nachtlokal in einem alten Schiff. (1/81)

Die interessantesten Gebiete am Rande des Himalaja, dem "Dach der Welt". Amritsar: das Mekka der Sikhs. Kaschmir: Paradies der Weltenbummler. Mit der zauberhaften Hauptstadt Srinagar, dem Venedig Asiens. (1/159)

Scharnow hat natürlich die wichtigsten Orte im Programm: Torremolinos, den wohl bekanntesten und turbulentesten Ferienort Europas; Marbella, den High-Society-Ort mit Golfplatz und vieles mehr. (2/55)

In unmittelbarer Nähe der Axamer Lizum, des hervorragenden Skigebietes und sonnigen Austragungsortes der Olympischen Winterspiele 1964, liegt dieser sonnige Wintersport- und Erholungsort. (3/4o)

Den Anschluß des Grödner Tales bildet dieser beliebte, sonnig gelegene Ort, ein Skifahrerparadies, das nicht ohne Grund ein großes Stammpublikum aufweist. (3/62)

18 km vor der Küste Kleinasiens, zwischen Morgen- und Abendland, liegt die "Roseninsel", eines der bekanntesten Ferienziele im östlichen Mittelmeer. (4/48)

Schmuckes und kinderfreundliches Dorf im Sulztal, einem Seitental des Ötztales. (5/48)

Schöne Wanderwege durch dichte Laub- und Nadelwälder führen zur Einhornhöhle, eine der ältesten Tropfsteinhöhlen des Harzes. (5/gr.18)

Die Porta Sancta, die Heilige Pforte, die 195o vom Papst Pius XII feierlich vermauert wurde, ist von Paul VI wieder geöffnet worden. (5/gr.13)

Die Fortsetzung der Strecke bildet der Sessellift zum Sennigrat, dem höchsten Startplatz des Gebietes in 23oo m Höhe. (6/14)

Der idyllische Ort, eine alte Ansiedlung am Südosthang der Samnaunberge mit einer Kirche aus der Zeit Karls des Großen, liegt mit seinen breiten und überwiegend leichten Skihängen in abgeschiedener Hochlage am Eingang zum Engadin. (6/16)

Wer einmal auf diesem schönen Schiff der traditionsreichen Home-Lines, einem "Patrizier der Meere", seinen Urlaub verbracht hat, weiß, was Ferien auf See bedeuten können. (7/47)

In Hongkong beginnt sie, dem dynamischen Handelsplatz, dem Nadelöhr Chinas zum Westen.(8/33)

Ein chinesischer Abend im schwimmenden Restaurant von Aberdeen. Gaumenfreuden zwischen Dschunken, die kulinarische Ouvertüre einer weiten Reise. (8/33)

... so präsentiert sich Sant' Ambrogio. Eine gelungene Mischung aus südfranzösischem Club-Leben und korsischer Mentalität. (9/9o)

Eine herrliche Autobusreise über die italienische Riviera zur französischen Mittelmeerküste, der vielgerühmten Côte d'Azur, mit drei vollen Aufenthaltstagen (4 Nächten) in Nizza, der "Königin der Riviera", dem besuchtesten Vergnügungsplatz der Welt. (1o/25)

Zusammenfassung (S.176-178)

1. In den Ferienkatalogen sind Appositionen ein beliebtes Mittel zur Erweiterung von Substantivgruppen.
2. Die Appositionen können an das näher zu bestimmende Substantiv angeschlossen innerhalb eines Satzes, sie können aber auch von der zu erläuternden Nominalphrase durch Punkt getrennt isoliert stehen.
3. Gelegentlich schließen sich die substantivischen Appositionen an ein dekliniertes Substantiv an, dabei können sie kasuskongruent sein, gelegentlich ist aber auch eine Kasusinkongruenz anzutreffen. H.Eggers sieht den falschen Kasusgebrauch als eine Nachlässigkeit an, die

auch innerhalb der geschriebenen Sprache Eingang gefunden hat.[74] Daß die Inkongruenz der Apposition mit obliquem Kasus nicht nur eine Erscheinung der Umgangssprache ist, hält E.Riesel fest: "Der Meinung zahlreicher Sprachforscher, die Nichtübereinstimmung der Apposition in den obliquen Kasus sei nur in salopper Alltagsrede möglich, steht die Sprachwirklichkeit gegenüber: das allmähliche Eindringen dieser sprachökonomisch durchaus berechtigten Erscheinung in schriftsprachliche Stile. Im Stil der Alltagsrede natürlich Folge der Lockerheit, die für diese Verwendungsweise der Sprache spezifisch ist, muß die Nichtübereinstimmung der Apposition in anderen Stilen als Auflockerungserscheinung gewertet werden."[75] Im Fall der Sprache der Ferienkataloge allerdings kann die Inkongruenz bei den Appositionen eher als zufällige Nachlässigkeit gesehen werden, da in der Mehrzahl der Fälle die Kasusübereinstimmung bei Appositionen auch über längere Abschnitte hindurch, also beim Anschluß mehrerer obliquer Appositionen, konsequent durchgehalten wird und dies eher als ein Zeichen der Auflockerung zu betrachten ist als die bewußte Inkongruenz.

4. Substantivische Appositionen können aus einer längeren Nominalphrase, die durch weitere Appositionen ergänzt wird, bestehen.
5. An Appositionen können sich Nebensätze anschließen.
6. Gelegentlich findet sich eine Reihung mehrerer Appositionen.
7. Grundfunktion der Apposition ist die nähere Bestimmung eines Substantivs. Die Arten dieser Bestimmung sind verschieden. Oft erscheinen in den Appositionen gängige Beinamen von Orten, es finden sich historische Erläuterungen, die geographische Lage kann in der Apposition genauer bestimmt werden, die Übersetzung eines fremdsprachlichen Begriffes wird geboten, gelegentlich dient die Apposition lediglich als schmückendes Epitheton.

8. Wie auch die bereits oben angeführten Erscheinungen dient die Apposition dazu, eine Fülle von Vorstellungen auf möglichst begrenztem Raum darzubieten.
9. Alle diese Möglichkeiten zur Erweiterung nominaler Gruppen decken sich mit Merkmalen der allgemeinen modernen Sprachhaltung. Als Beleg hierfür sei H.Eggers zitiert: "Zahlreiche Attribute gestaffelter Abhängigkeitsgrade, attributiv einverleibte Adjektiv- und Partizipialkonstruktionen, attributive Nebensätze und Appositionen lassen die nominalen Glieder zu äußerst flexiblen Gebilden werden."[76] Auch eine Ähnlichkeit mit dem Fachstil läßt sich konstatieren. E.Benes hält fest, daß sowohl die erläuternde als auch die einreihende Apposition hier mit Vorliebe verwendet wird.[77]

3.2.3. Präpositionaler Anschluß durch 'mit' und 'für'

Für die deutsche Sprache der Gegenwart konstatiert H.Eggers ein starkes Zunehmen der Präpositionen und vor allem der präpositionalen Attribute.[78] Auch in der Sprache der Ferienkataloge herrscht die Vorliebe für den präpositionalen Anschluß. Als bevorzugt können 'mit' und 'für' angesehen werden, da sie die Möglichkeit bieten, Reihungen anzugliedern. Aus der Fülle der präpositionalen Anschlüsse mit 'für' und 'mit' sollen nur einige Beispiele geboten werden. Auch hier wurden die Beispiele willkürlich aus der großen Anzahl der Belege herausgegriffen und sollen nur einen Überblick über die verschiedensten Möglichkeiten des präpositionalen Anschlusses bieten.

Für junge Leute, die Freiheit und ungezwungene Atmosphäre lieben. (1/27)

Eine lauschige, verschwiegene kleine Bucht für ungezwungene Ferien. (1/64)

Land der Tradition: mit mittelalterlichen Banketten, Balladen und Bräuchen, mit alten Gemäuern und Ruinen. (1/1o6)

Ideal für Kinder. (2/31)

Ein turbulenter Badeort mit Altstadtkern, Strandpromenade ..., fröhlicher Bevölkerung und vielen stimmungsvollen Festen. (2/1/31)

Und mit einem breiten, 5 km langen Sandstrand. (2/6o)

Ideales, schneesicheres und nebelfreies Skiparadies für Anfänger und Fortgeschrittene. (3/3o)

Ein Ort mit internationaler Atmosphäre. (3/41)

Freundlicher Familienort mit hervorragendem Skigebiet, mit freien, baumlosen, ausgezeichnet präparierten Pisten aller Schwierigkeitsgrade im südlichen Bernina-Gebiet. (3/73)

Das weltbekannte Seebad mit Schwabing-Charakter ... (4/24)

Höhenluftkurort im waldreichen Pustertal mit Blick auf die rotleuchtenden Felsspitzen der Dolomitengipfel. (4/116)

Langgezogene, sanfte Hänge für den Anfänger; rasante, lawinensichere Pisten für den Fortgeschrittenen. (5/45)

Schnee- und lawinensicheres Tal mit leichten Übungswiesen und gut präparierten Pisten. (5/54)

Die sehenswerte Altstadt mit dem Königlichen Schloß, dem Dom und der deutschen Sankt-Gertruds-Kirche vermittelt noch heute einen guten Eindruck von dem alten idyllischen Stockholm und seinen engen Gassen und schönen Höfen. (5/gr.5)

Ausgangspunkt für winterliche Wanderungen, auch für Nichtsportler und Erholungssuchende. (6/3o)

Schon Alpen mit aufragenden Gipfeln und rasanten Abfahrten, zugleich aber noch Vorland mit weiten Tälern und sanften Hügeln. (6/27)

Eine ausgeklügelte Route zum TOUROPA-Jubiläumsjahr - für Erlebnishungrige, Fotografen, Schmalfilmer. (7/39)

Es ist die Atmosphäre eines großen, internationalen Hotels auf dem Wasser. Mit einer umfangreichen Speisenfolge, einer besonders gut bestückten Bar, geschliffenem Service. (7/47)

Ein Tip für Unternehmungslustige, für Menschen, die Amerika lieber selber entdecken wollen: ... Kein Land der Erde ist geeigneter für Urlaub und Entdeckungsfahrten im "eigenen" Wagen als Nordamerika. (8/39)

Mit gigantischen Kratern, Strömen, Wasserfällen. Mit staubtrockenen Savannen und dampfenden Regenwäldern. (8/3)

Agadir ist für Urlaubs-Professionals. Für Kenner, die meinen, sie hätten alles Schöne dieser Urlaubswelt bereits erlebt. (9/56)

Naturerlebnis mit Clubcharakter. ...Eine langgezogene, herrliche Bucht mit schneeweißem, weiten Sandstrand und mit einer Sonne, die fast immer über dem azurblauen Meer steht.(9/89)

Für an Exkursionen interessierte Gäste finden Ausflugsfahrten statt. (1o/19)

Die "Romantische Straße" mit ihren mittelalterlichen Städtchen, den Odenwald mit der Bergstraße, die Rheinpfalz und als Höhepunkt der vielbesungene Rhein mit einer erlebnisreichen Dampferfahrt auf dem schönsten Teil mit seinen Burgen, Weinorten und der vielbesungenen Lorelay. (1o/1o)

Zusammenfassung (S.18o-182)

1. Neben der herkömmlichen Verwendungsweise der Präposition 'für' (z.B. 'geeignet für') erscheint diese Präposition sehr häufig, um einen Ort als für eine bestimmte Personengruppe besonders geeignet darzustellen oder um ihn für eine bestimmte Urlaubsform zu prädestinieren.
2. Fast toposhaft sind die Formeln 'für Anfänger', 'für Könner' in den Winterkatalogen anzutreffen; 'für Kinder' (ideal, geeignet) ist eine beliebte Wendung in den Sommerkatalogen.
3. Die mit 'für' angeschlossenen Objekte können innerhalb des Satzganzen oder isoliert auftreten. Von ihnen kann auch ein Nebensatz abhängen. Das gleiche gilt für den präpositionalen Anschluß durch 'mit'.

4. 'Mit' wird vor allem verwendet, um eine Reihung einzuleiten; sie kann beinhalten:
   a) eine Aufzählung von Sehenswürdigkeiten
   b) eine Aufzählung charakteristischer Merkmale eines Ortes
   c) eine Aufzählung besonderer Einrichtungen.
5. 'mit' kann auch dienen zur Charakterisierung der Atmosphäre eines Ortes.
6. 'mit' und 'für' sind die mit Abstand beliebtesten Präpositionen innerhalb der Ferienkataloge.
7. Die Aufgabe der durch 'für' und 'mit' eingeleiteten Satzteile ist die Erweiterung einer nominalen Gruppe.
8. Ziel des präpositionalen Anschlusses ist demnach wiederum, innerhalb eines Satzgefüges eine möglichst große Vielfalt von Vorstellungen und Erscheinungen miteinzubeziehen.
9. Die präpositionalen Attribute dienen daneben zur Ersparung von (meist relativen) Nebensätzen, sie dienen somit der Sprachökonomie und zeitigen eine Reduzierung der Gefüge. Hier zeigt sich Übereinstimmung mit der Gegenwartssprache.[79] H.Brinkmann weist darauf hin, daß Beziehungsfügungen mit 'für', 'mit' und 'ohne' als Transformierung einer 'haben'-Perspektive verwendet werden können.[80] Dieser Aspekt läßt sich auch teilweise in den Ferienkatalogen nachweisen und ist im Umkreis der sprachlichen Reduktion zu sehen.

3.2.4. Parenthesen

Eine weitere Art, eine Nominalphrase oder einen Satz umfassender zu gestalten, ist durch die Anwendung der Parenthese gegeben. Hier sollen nur solche Parenthesen untersucht werden, die entweder durch Klammern oder durch Gedankenstrich gekennzeichnet sind. Nach W.Admoni wird definiert: "Parenthese, d.h. die Unterbrechung des Satzablaufs durch einen Satz oder ein Wort oder eine Wortgruppe, die in keiner unmittelbaren formellen grammatischen Beziehung zu dem Satz stehen, der sie einschließt ('Muttersatz'). Die Parenthese (das Einschubglied) tritt gewöhnlich auf als Ausdruck für einen Gedanken, der während des Ablaufs des einschließenden Satzes dem Sprechenden einfällt und semantisch mit dem Inhalt des Muttersatzes irgendwie zusammenhängt, ohne daß dieser Zusammenhang irgendwelche grammatische Formung erhält."[81] Als Kennzeichen der Parenthese in schriftlicher Form gibt Admoni den Gedankenstrich an. Die Vielfalt der Einschübe, vor allem der in Klammer stehenden, ist so groß (bei Katalog 1 kommen fast 3oo Einschübe auf 2 8oo Sätze, ebenso hoch ist die Zahl der Parenthesen in Katalog 5 bei einer allerdings nur knapp über 8oo liegenden Anzahl von Sätzen), daß auch an Hand der Beispiele nur einige hervorstechende Verwendungsweisen von Parenthesen angegeben werden können:

Im 4 km entfernten Cambrils: "Casa Catell" (sehr bekannt, teuer), "La Cala" (Fisch-Spezialitäten), "Hongkong" (chinesisch) und "Quo vadis" (sehr gute deutsche Küche, ca. 25o Ptas. alles inbegriffen). (1/32)

Hier stehen Ferienhäuser, Hotels und Pensionen, die für die guten Fischgerichte der Algarve bekannt sind. (Probieren Sie mal eine Fischsuppe!) (1/69)

Poseidontempel (5.Jh.v.Chr.), Basilika (6.Jh.v.Chr.) (1/87)

Sie reisen mit dem "Krasnaja-Strela" - dem Roten Pfeil - in 4-Bett-Komfort-Schlafwagen. (1/1o7)

Und da machen Sie mal nachts (!) einen Bummel über die Ramblas, die berühmte Promenade der Stadt. (2/63)

Zweiter Anflughafen Rijeka auf der Insel Krk (sprich Kirk). (2/153)

Ebenfalls - weil Sie Scharnow-Gast sind - die Strandanlagen (Liegewiese) des Hotels Riviera. (2/16o)

Ausgedehnte Skiwanderungen (35 km gepflegte "Loipen"). (3/26)

"Das kleine Tibet" Italiens - auf Grund seiner Höhenlage vielfach so genannt - bietet absolute Schneesicherheit von Dezember bis Mai. (3/73)

Sie nannten das Eiland Madeira (Wald) und die Siedlung, die sie anlegten, Funchal (Fenchel). (4/34)

Houmt Souk - bunter Hauptort der Insel mit fröhlichem Marktleben und kleinen Souks - ist Treffpunkt der Bewohner und der Fremden. (4/36)

Mittelschwere Abfahrten bieten die gut erschlossenen Skigebiete um die Bergstation Grabs (14oo Meter), am Hochegga (16oo m) und am Golmer Joch (2o8o m). (5/41)

Sie wohnen als Paying guest (als zahlender Gast) bei englischen Familien in schmucken Einfamilienhäusern ... (5/gr.6)

Zwischendurch - auf hoher See - sorgt die gemütliche Atmosphäre auf der "Gösta" schon dafür, daß unter den Gästen schnell die richtige Silvesterstimmung aufkommt. (5/gr.6)

Skispringen auf Westdeutschlands größter Sprungschanze (auch nachts unter Flutlicht). (6/36)

Nordsee im Winter - ob Westerland oder Borkum, Norderney oder Wangerooge - bedeutet, ein entspannendes Urlaubswechselbad zu nehmen. (6/38)

Badeferien am Saronischen Golf (gegenüber der Insel Poros, auf dem Peloponnes) und eine Woche Kreuzfahrt mit einer Segeljacht für 6 oder einer Motorjacht für 6 bis 7 Personen. (7/65)

Wir Urlaubsexperten - als Kreuzfahrtleitung und ihre Assistenten - sind stets für Sie da: (7/18)

Und Sie reisen individuell, da die Busse nur von einer Gruppe belegt sind (und Fotostops eingelegt werden können). (8/38)

Was Sie dann aus Ihren Club-Ferien machen - sei es in Roussalka, St.Moritz und Tahiti - das liegt ganz alleine bei Ihnen. (9/5)

Wasser (Bodensee - Vierwaldstätter See - Rheinfall - Zuger See - Walensee) und Berge (Paßfahrt über die Glarner Alpen) bestimmen diese abwechslungsreiche Fahrt ... (1o/5)

<u>Zusammenfassung (S.183-185)</u>

1. Beliebte Formen zur Erweiterung einer Nominalphrase sind Einschübe in Klammern oder Gedankenstrichen, wobei

die Form der Parenthese in Klammern bei weitem überwiegt. In Katalog 9 fehlen Einfügungen in Klammern, bei 1o solche zwischen Gedankenstrichen.

2. Extrem hohe Werte für Parenthesen in Klammern treten in 1 und 5 auf: in 1 erscheinen alle Preise in Klammern angegeben, in 5, einem Winterkatalog, die Höhenangaben. Prozentzahlen für das Vorkommen von Parenthesen anzugeben, ist nicht möglich, da in einem Satz eine Vielzahl von Parenthesen vorkommen können.
3. Die Einschübe können aus einem oder mehreren Wörtern, aus ganzen Sätzen oder Nebensätzen bestehen. Gelegentlich erscheinen Sätze in Klammern und durch Punkt vom vorangehenden Satz getrennt. Wörter und Wortgruppen überwiegen jedoch gegenüber ganzen Schaltsätzen.
4. Hauptzweck der Parenthese ist es, eine nähere Erläuterung zu bieten. Dabei lassen sich folgende Untergruppen der näheren Erläuterung feststellen:
   a) Appositionen (Substantive und Partizipialkonstruktionen), die der näheren Bestimmung eines Ortes dienen oder Charakterisierungen beinhalten.
   b) erklärende Schaltsätze
   c) Höhen- oder Längenangaben
   d) Zeitangaben
   e) Aufzählungen, z.B. von Sehenswürdigkeiten
   f) Übersetzung oder Erläuterung fremdsprachlicher Begriffe
   g) Preisangaben

   Einen Sonderfall der Betonung stellt das in Klammern gesetzte Ausrufezeichen in 2 dar.
5. Preis- und Höhenangaben erscheinen durchwegs in Klammern. Ansonsten lassen sich kaum Unterschiede zwischen der Setzung in Klammern oder in Gedankenstrichen nachweisen.
6. Die Anwendung von Parenthesen entspricht (vor allem wenn es sich um Sätze oder angefügte vollständige Nebensätze handelt) meist ihren Anwendungsmöglichkeiten in der

Allgemeinsprache: "Neben der erläuternden und der beurteilenden Funktion kann der Einschub, ..., einen Gedanken weiterführen, weiterentwickeln, der dann im Unterschied zu dem gesprengten Satz auf einer anderen inhaltlichen Ebene liegt, er kann zum Beispiel eine Möglichkeit in Betracht ziehen, die die Bedeutung des auseinandergerissenen Satzganzen deutlich macht."[82]

7. Gelegentlich ersparen die Einschübe Nebensätze. Wie viele der bereits erwähnten charakteristischen Eigenschaften der Sprache der Ferienkataloge dienen sie dazu, das Vorstellungsspektrum innerhalb des Satzes zu erweitern und zur Präzisierung dienende Angaben knapp in das Satzganze miteinzubeziehen.

4. Satzanfang, Inversion, Anakoluth

Es sollen hier nur einige Beobachtungen zu charakteristischen Merkmalen der Stellung einzelner Satzglieder folgen, da innerhalb der Ferienkataloge ein breites Variationsspektrum gerade im Rahmen der Wortstellung anzutreffen ist und da sich nur schwer feste Satzaufbaumuster herausarbeiten lassen.

4.1. 'Und' - 'Oder' als satzeinleitende Konjunktionen

Die als Verbindungsglieder syndetischer Reihungen dienenden Konjunktionen 'und' und 'oder' finden sich häufig zu Beginn eines Satzes oder einer Setzung. Wie vielfältig die Verwendungsmöglichkeiten sein können, sollen die folgenden Beispiele zeigen:

> Hongkong, ein einziges Einkaufsparadies. Uhren, chinesisches Porzellan, beste Wolle und feinstes Silber, Schnitzereien aus Jade und Elfenbein. Oder lassen Sie maßschneidern. (1/154)

> Und Sie brauchen hier nicht viel Glück und "Petri Heil", denn Fische gibt's genug. Und wenn Sie eine Regenbogenforelle dran haben, können Sie den Fang in Ihrem Hotel

auf echt finnische Art räuchern lassen. ... Und da es während der Mittsommernächte nie dunkel wird, kommt der Morgen ganz überraschend. (1/77)

Und dann die "Rallye"! (1/15o)

Hübsche Gasthäuser locken mit Fisch- und Grill-Gerichten. Und mit süffigen Weinen. (1/99)

Sie können angeln - die Fische fressen Ihnen sozusagen aus der Hand. Und es ist so still, daß Sie sich mit dem Meer unterhalten. Und mit sich selbst. (2/45)

Buntes Gewimmel herrscht in den malerischen Gassen! Und Nachtschwärmer finden Vergnügen in den originellen Bars. (2/174)

Und das tollste: Kinderermäßigung bis zur Freireise!!! (2/55)

Hier gibt es noch stille Plätze, freie Pisten und sympathische Preise. Und Schnee, Schnee, Schnee ... Und keinen Föhn. (3/34)

Und zum Abschied erhalten Sie noch ein kleines Souvenir. (5/1o)

Und damit Sie sich in dieser Wolke zurecht finden, haben wir das Angebot ein wenig sortiert: (5/gr.7)

Der Hochtourist benutzt Längenfeld als Ausgangspunkt für zahlreiche leichte und schwierige Skitouren in die Ötztaler und Stubaier Alpen. Und geradezu ideale Voraussetzungen für Eisschießen und Eislaufen. (6/18)

(...), denn es gibt Abfahrten bis zu sieben Kilometer Länge. Und nicht weniger als elf Eisschießbahnen. (6/24)

In unserem umfangreichen Programm werden sie viele größere Kreuzfahrtenschiffe finden. Auch solche, auf deren Planken sich die "elegante Welt" lieber begibt. Und Schiffe, auf denen alles ein wenig teurer ist. (7/18)

In ein Urlaubsland fliegen, an Bord eines Schiffes gehen und anschließend einige Wochen Badeferien machen. Oder Sie unternehmen eine Erlebnis-Kreuzfahrt und unterbrechen dort, wo der Strand am schönsten ist. Oder Sie fliegen in das gewünschte Urlaubsland und kommen mit dem Schiff zurück ... (7/3)

Mächtiger nur die 6ooo-Meter-Kuppe des Kilimandscharo, fremdes Weiß unter heißer Äquatorsonne. Und Simba, der Löwe hebt gähnend sein Mähnenhaupt. (8/4)

Das "andere"Amerika. Das der Gauchos und Cariocas. ... Der uralten Inka- und Aztekenkulturen. Und der gigantischen Städte, die schneller wachsen als sonstwo auf der Welt. (8/24)

Gemütliche Bungalows in malerischer Umgebung und - gentils membres, eben richtig gentil. Und das Ganze nur 6o km von Palma de Mallorca. Und doch weit abseits ... (9/82)

Mehr vom Meer heißt mehr vom Leben, mehr vom Urlaub. Und mehr vom Sport. (9/93)

Zusammenfassung (S.187-189)

1. Die Einleitung eines neuen Satzes mit 'und' - 'oder' tritt in verschiedener Häufigkeit in allen Katalogen mit Ausnahme von 1o auf. Nur ganz vereinzelt erscheinen Belege in 4. Der Anteil der mit 'und' eingeleiteten Sätze und Setzungen am Gesamtkorpus der Texte schwankt zwischen o.4 und 2.5 %. Höchstwerte liegen in den Katalogen 9 (5.4 %) und 2 (4.1 %). Bei 1 ist der Anteil zahlenmäßig fast entsprechend dem von 2, da die Anzahl der Gesamtsätze jedoch weitaus höher liegt, macht es hier nur einen Wert von 2.7 % aus.
2. 'und' als einleitende Konjunktion ist weitaus häufiger als 'oder'.
3. Das einleitende 'und' kann in verschiedenen Funktionen erscheinen:
   a) es verbindet zwei zusammengehörige Hauptsätze in syndetischer Reihung. Der trennende Punkt ist willkürlich gesetzt.
   b) Es steht zwischen zwei nicht inhaltlich zusammengehörenden Sätzen. 'und' dient zur Steigerung, indem es unerwartet noch etwas anfügt.
   c) 'und' schließt eine Wortfolge als letztes Glied einer Aufzählung an.
   d) 'und' leitet einen Nebensatz ein (bei allen Arten von Nebensätzen möglich).

e) 'und' schließt eine Setzung oder ein Wort an den vorangehenden Satz an und betont somit die Zusammengehörigkeit.

4. Das einleitende 'und' dient:
   a) Zur Betonung oder Hervorhebung eines besonders wichtigen Aspekts. In dieser Funktion kann es, wie G.Schubert festhält, nicht eigentlich in der Bedeutung einer Konjunktion, sondern vielmehr als Mittel der Ausdrucksverstärkung angesehen werden.[83]
   b) Bisweilen nur zur Auflockerung des Gesamttextes, indem es einen bereits abgeschlossenen Satz noch einmal weiterführt oder einer Reihung überraschend etwas hinzufügt.
5. Die Hervorhebung durch 'und' am Satzanfang, die durch die Zersplitterung einer Reihung in Einfachsätze zu Stande kommt, führt zu einer Verminderung der Reihungen.
6. Die Anzahl der durch 'und' - 'oder' eingeleiteten Sätze oder Setzungen ist zu gering, um diese Erscheinung deshalb als ein allen Katalogen gemeinsames Stilkriterium betrachten zu können. Gelegentlich wirkt ihr Erscheinen jedoch auffallend und kann zumindest als bewußt eingesetztes Stilmittel betrachtet werden.
7. In der Verwendung des satzeinleitenden 'und' zeigt sich eine Parallele zur Sprache der BILD-Zeitung, wo dieses Stilmittel auch gelegentlich gebraucht wird, hier jedoch auch um Gegensätzliches und Überraschendes zu verknüpfen.[84] Dieses Moment findet sich in den Ferienkatalogen weitaus seltener.

4.2. Wortstellung, Inversion

Einige Aspekte der Wortstellung sind bereits im Vorangehenden behandelt worden; so z.B. die Auslassung von Satzteilen, vor allem von Verb und Subjekt, oder die Nachstellung einzelner Satzteile, was dann meist durch eine Abtrennung vom Satz, auf den sich diese Satzteile beziehen, bekräftigt wird, also eine Isolierung und Hervorhebung noch rein optisch verstärkt wird. Bleibt noch zu erwähnen die Spitzenstellung verschiedener Satzglieder (das Subjekt ausgenommen), die Inversion. Sie soll des vollständigen Überblickes halber schon hier angeführt werden und nicht unter dem Abschnitt, der die rhetorischen Figuren behandelt. Da die Möglichkeiten der Wortstellung, bedingt durch die Struktur der deutschen Sprache, sehr flexibel sind, lassen sich hier auch nur wenige Beispiele finden, in denen die invertierte Wortstellung besonders augenfällig ist:

Verführerisch die zahlreichen Tavernen, Bars und Diskotheken am Hafen. Verführerisch auch die Via Romana mit ihren schicken Geschäften. (1/84)

Im sonnensicheren Süden Gran Canarias, etwa 3o km vom Flughafen Gando entfernt, liegt San Agustin, (1/55)

Beirut, Baalbek, Kairo, die Sphinx und die Pyramiden - all das werden Sie sehen können. (2/131)

Hoch über dem Tal, auf einer Sonnenterrasse mit herrlicher Aussicht auf die prächtige Gebirgskulisse liegt dieser nette Höhenluftkurort. (3/58)

Umgeben von den sieben höchsten Bergen des Hochsauerlandes, zählt der in einem windgeschützten Talkessel gelegene heilklimatische Kurort zu den bedeutendsten Wintersportplätzen Westdeutschlands. (5/15)

In einem windgeschützten Talkessel gelegen, umgeben von ausgedehnten Fichten- und Tannenwäldern, bietet der Ort die urwüchsige Behaglichkeit eines echten Tiroler Dorfes. (6/17)

In einem kleinen aber schmucken Wintersportort neben Skilaufen, Eislaufen und Rodeln auch erholsame Ruhe zu genießen und dennoch die große Welt vor der Haustür zu haben, diese seltene Kombination bietet dieser nur vier Kilometer von Zell am See gelegene, in ein weit ausladendes Tal gebettete Ort. (6/22)

Mächtiger nur die 6ooo-Meter-Kuppel des Kilimandscharo, fremdes Weiß unter heißer Äquatorsonne. (8/4)

Hier, ganz in der Nähe des Mittelmeers, an der Côte d'Azur, ist ein ruhiges, aufregendes Plätzchen. (9/87)

Zusammenfassung (S.19o-192)

1. Der Anteil auffälliger und stark betonender Inversionen ist gegenüber dem Nachtrag, also losgelösten Setzungen einzelner Wörter oder Wortgruppen, deutlich geringer. Die Inversion kann somit nicht als häufig gebrauchtes Stilmittel angesehen werden.
2. Entsprechend ihrer Funktion in Schrift- und Umgangssprache dient die Inversion zur Hervorhebung, indem ein wichtiger Begriff bzw. eine wichtige Angabe auch durch die Stellung innerhalb des Satzganzen betont wird.
3. Bevorzugt an den Satzanfang gestellt werden:
   a) beschreibende Adjektive
   b) Akkusativobjekte in Reihung, denen dann meist ein zusammenfassender Satz folgt
   c) ausführliche Lokalbestimmungen, meist Partizipialkonstruktionen, dies vor allem in den Winterkatalogen.

4.3. Anakoluth

Auch der Satzbruch, wie schon die Inversion, soll hier nicht als rhetorische Figur betrachtet werden, sondern als Erscheinung innerhalb einer Analyse der Satzstruktur, zumal in einigen Fällen fraglich ist, ob es sich bei dem Anakoluth um ein bewußtes Stilmittel oder letztlich nicht um eine sprachliche Unsicherheit, also eine unbeabsichtigte Nachlässigkeit, handelt.

> Und wenn Sie für sich sein wollen - an der Steilküste im Norden gibt es sonnige kleine Buchten. (1/32)
>
> Selbst wenn Sie woanders Ihr Domizil wählen: Palma müssen Sie gesehen haben! (2/19)
>
> Ob es klappt - wir wissen es nicht. (2/45)
>
> Je nachdem, welches Fjordhotel Sie aus unserem Programm wählen - Sie sind in nur 4-7 Stunden dort. (2/186)
>
> Wenn Sie keinen internationalen Führerschein haben: Ihr deutscher genügt auch. (8/39)

Und wenn Sie Ihr kleines Reich einmal erweitern möchten - die Club-Brücke führt Sie zur nächsten Insel... (9/56)

Agadir ist ein wenig mondän. Deshalb - hier dürfen Sie zum candlelight dinner auch gern etwas "eleganter" erscheinen. (9/56)

Die Stätten Wilhelm Tells rund um den Vierwaldstättersee, die Aare-Schlucht und der Sustenpaß, die Eiger-Nordwand und die Jungfrau, die weltberühmten Ferienorte Grindelwald und Interlaken und die Bundeshauptstadt der Schweiz, Bern - auf dieser Reise zeigen wir Ihnen viele Sehenswürdigkeiten, die die Schweiz, besonders das Berner Oberland zu bieten hat. (1o/12)

Zusammenfassung (S.192-193)

1. Anakoluth ist eine Erscheinung, die nur in einigen Prospekten und auch dort nur vereinzelt anzutreffen ist.
2. In den meisten Fällen handelt es sich dann um Anakoluth in Verbindung mit einem Gliedsatz.
3. Anzeichen einer Regelmäßigkeit des Satzbruches lassen sich feststellen bei Sätzen, die einem mit 'wenn' eingeleiteten Konditionalsatz folgen, optisch meist zusätzlich hervorgehoben durch Bindestrich oder Doppelpunkt vor Beginn des neuen Satzes.
4. Der Satzbruch kann in einigen Fällen als sprachliche Unsicherheit oder Zufälligkeit betrachtet werden, in anderen jedoch auch als Stilmittel, das, nicht wie in der Literatursprache als Zeichen besonderer Erregung zu deuten ist, sondern wohl eher zur Auflockerung und Belebung dienen soll. Nach E.Riesel gilt Anakoluth trotz des häufigen Vorkommens "als Anzeichen lässiger Ausdrucksweise", was in die Gesamthaltung der Ferienkatalogssprache passen würde, die im Ganzen bisweilen recht 'salopp' wirkt.[85]

5. Tempus

Einige Zeilen sollen nun auf das Tempussystem innerhalb der Ferienkataloge verwandt werden, denn nicht immer begegnet das zu erwartende Präsens, vielmehr sind Imperfekt und Perfekt in meßbaren Prozentzahlen anzutreffen und auch einige Fälle von Anwendung des Futurs zu registrieren.

5.1. Präsens

Gemäß dem Inhalt und der Zielsetzung der Kataloge ist natürlich das Präsens die adäquate Tempusform. "Die 1. Stammform (Präsens) schildert einen Vorgang als jetzt ablaufend oder reinen Zustand (ein Sein) als bestehend (geltend), d.h. Ablaufendes, Bestehendes, Geltendes faßt der Sprecher mit der (1.Stamm)Form des Präsens als bewußtseinsnahe 'Gegen-Wart' = das ihm Entgegen- und Zugewandte, mit dem er es zu tun hat."[86] Da die Kataloge vornehmlich etwas allgemein Gegenwärtiges schildern und beschreiben, allgemeingültige Tatbestände festhalten und bewerten, folgt daraus, daß das Präsens die dominierende Zeitstufe ist: "Weil das Präsens ganz allgemein aussagt, daß ein Geschehen abläuft, eignet sich diese Stammform auch besonders gut für die Wiedergabe von allgemeingültigem oder beständigem Geschehen."[87] In der umgangssprachlichen Redeform wird, wie B.Wackernagel-Jolles festhält, dem Präsens im spontanen Sprechen ein breiter Raum eingeräumt: "Es wird als Diskussions- und Darstellungstempus, sowie als 'präsens historicum' gebraucht."[88] Letzteres in der Sprache der Ferienkataloge jedoch selten. Auch die annähernd ein Drittel des Gesamtkorpus ausmachenden Setzungen ohne finites Verb haben, da sie wie der Großteil der übrigen Sätze der Schilderung und Darlegung dienen, an sich präsentischen Charakter. Das Präsens dient somit zur Vergegenwärtigung des Beschriebenen und ist eine lebendige und anschauliche Tempusform, zudem beladen mit Beweiskraft, indem sie eine Tatsache, eine Schilderung als so seiend, unwiderruflich, festhält. Daher wird auch in den Werbehandbüchern das Präsens empfohlen, so Victor O.Schwab: "Gebrauchen Sie die lebendige Gegenwartsform."[89]

5.2. Perfekt

Als Vergangenheitsformen erscheinen Perfekt und Imperfekt, wobei ersteres an Häufigkeit überwiegt. Der durchschnittliche Perfektanteil entspricht einem Wert von 4 %. Einen relativ hohen Satz von Verben im Perfekt enthalten die Kataloge 2 (6.1 %) und der Sonderteil von 5 (6.7 %), einen relativ geringen Anteil die Kataloge 6 (o.8 %) und 8 mit ebenfalls nur o.8 %. Alle Angaben von Prozentzahlen beziehen sich ausschließlich auf Sätze mit finiter Verbform. Im Folgenden sollen einige Beispiele typischer Perfektverwendung gebracht werden.

Viele unserer Rundreisegäste haben es bedauert, an diesem herrlichen Strand nicht noch zusätzlich Badeurlaub machen zu können. Das haben wir geändert. (1/12o)

Mildes, gesundes Klima und eine prächtige Landschaft. Das hat Puerto zum Seebad von Weltruf gemacht. (1/6o)

Moderne Hotels sind in den letzten Jahren in und um Santa Eulalia entstanden. (2/5o)

Aufgrund Ihrer Beschreibung haben wir nicht allzuviel erwartet und waren daher überrascht. (2/171)

Der traditionsreiche Ort hat sich bei aller Großzügigkeit und Modernisierung seinen typisch dörflichen Charakter bewahrt. (3/13)

Das weltbekannte Seebad mit Schwabing-Charakter und seinem 9 km langen Sandstrand ist zum Treffpunkt eines internationalen Publikums geworden. (4/24)

Obwohl die stilvollen Häuser mit ihren tief herabgezogenen Dächern sich ihren ursprünglichen Charakter bewahrt haben, hat der Komfort unserer Tage Eingang gefunden. (5/18)

Und wenn Sie von Ihren Unternehmungen zurückkehren, umgibt Sie die kultivierte Atmosphäre des Hotels Clima, das wir als Standquartier für Sie ausgesucht haben und in dem auch Sie sich bestimmt wohlfühlen werden. (5/gr.13)

Wer einmal Winterferien in der Ötztaler Bergwelt verlebt hat, wird immer wieder hinfahren. (6/18)

Wir haben nicht nur den Liegewagen erfunden und die Ferienfliegerei mitbegründet - wir waren auch an der Entwicklung der Kreuzfahrten maßgeblich beteiligt. (7/2)

Es ist alles drin, was Amerika als Reiseland berühmt gemacht hat. (8/38)

Dort, wo Frankreich am erholsamsten, am grünsten, am schönsten ist, dort hat der Club ein neues, ideales Dorf für Sie eingerichtet: (9/51)

Kein Land ist für die Geistesgeschichte und als Zentrum der Kunst von solcher Bedeutung gewesen wie die Provinz Toscana-Umbrien. (1o/21)

Die vorangehenden Beispiele zeigen, daß die Verwendung des Perfekts vielfältig ist und daß es in jedem Prospekt, wenn auch mit verschiedener Häufigkeit,auftritt.

5.3. Imperfekt

Das Imperfekt findet sich zwar auch in allen untersuchten Katalogen, allerdings mit einer Häufigkeit, die deutlich hinter der des Perfekts zurückliegt. Im Durchschnitt sind 3.1 % der Sätze im Imperfekt gehalten. Der höchste Imperfektanteil findet sich im Sonderteil von 5 (6.1 %), wo auch die Zahl der Sätze im Perfekt relativ hoch liegt. 6 enthält o.4 %, wo auch der Anteil der finiten Verbformen im Perfekt sehr gering ist. Folgende Beispiele zur Verdeutlichung:

Dschingis-Khan eroberte und zerstörte hier erfolgreich. (1/1o8)

Vergessen Sie, was Sie bisher "Baden" und "Erholen" nannten. (1/152)

Nahtlos in Torremolinos übergehend, entstand in den letzten Jahren dieser moderne Badeort. (2/79)

Urteil des Gästeparlaments: Es war nicht ganz so, wie Sie es beschrieben hatten - es war besser! (2/79)

Durch die sonnige Höhenlage und den Schneereichtum wurde es als Wintersportplatz beliebt. (3/25)

Hethiter, Phönizier, Griechen und Römer, Byzantiner, Kreuzritter, Venezianer und Türken kamen, herrschten, vermischten sich und hinterließen Zeugnisse ihrer Kunst und Kultur. (4/5o)

Viele jugoslawische Künstler haben sich dieses bezaubernde Städtchen als Sommerresidenz und Treffpunkt gewählt. Sie wußten warum. (4/57)

Die Axamer Lizum wurde durch die olympischen Spiele 1964 weltbekannt und auch 1976 werden hier die Winterspiele wieder stattfinden. (5/5o)

Noch nie waren die Waren in Londons Schaufenstern so preiswert - preiswert für uns Deutsche. Noch nie war der Wechselkurs des britischen Pfundes so günstig für uns. (5/gr.6)

Alle Reiseziele wurden sorgfältig ausgewählt, alle Unterkünfte genau überprüft. (6/2)

Dem "Nachholbedarf" abzuhelfen, wählten wir ein Schiff und eine Serie von Reisen aus, auf denen Sie möglicherweise noch etwas von dieser Tradition spüren.
Doch ohne die Kühle und den Snob-Appeal, der ihnen früher einmal anhaftete, als sich nur sehr wenige von uns eine Seereise leisten konnten. (7/55)

Vor 3ooo Jahren regierte hier die schöne Königin von Saba. (8/8)

Und Sie haben den schönen, freien Urlaub, den Sie sich wünschten. (9/66)

Diese faszinierende Rundfahrt zeigt Ihnen ein Land, das in Vergangenheit und Gegenwart stets Mittelpunkt wechselvoller Geschichte war und uns Deutschen als Heimat der Siebenbürger nahestand. (1o/29)

5.4. Futur

Noch seltener als Perfekt und Imperfekt erscheint das Futur in den Ferienkatalogen, und dann oft in formelhafter Verwendung. Der durchschnittliche prozentuale Anteil beträgt 2.5 %. Zwischen den einzelnen Katalogen treten allerdings große Schwankungen in der Häufigkeit des Futurgebrauchs auf. So stehen relativ hohen Werten in 1o (5.7 %) und im Sonderteil von 5 (8.9 %) relativ niedrige in 6 (o.7 %) und in 4 (o.6 %) gegenüber. Der Sonderteil von 5 weist im allgemeinen den höchsten Anteil der verschiedenen Tempusformen auf, 6 den niedrigsten. Die Anwendungsweisen des Futurs sollen einige Beispiele verdeutlichen:

Ibiza wird Sie begeistern. (1/3o)

Schalom - dieses Wort, dieser Wunsch der Israelis wird Sie von nun ab für die Dauer Ihrer Ferien begleiten. (1/96)

Das wird ein Urlaub! (2/49)

Sie brauchen nicht griechisch zu sprechen, Sie werden verstehen und werden verstanden. Überall auf der Insel werden Sie der Aufgeschlossenheit der Bewohner begegnen. (2/149)

Ein Ort, der vor allem den Skiläufer begeistern wird. (3/64)

Hier entsteht das größte Ferienzentrum der Canaren, so wird auch noch in den kommenden Jahren mit Bautätigkeit zu rechnen sein. (4/3o)

Wer die Natur liebt wird sich hier wohlfühlen: ... (4/98)

Durch den Bau eines Schleppliftes zwischen Heiligengeist und dem Waagtal wird diese Traumabfahrt von Höhenrain nach Heiligengeist und dem Waagtal voraussichtlich schon in dieser Saison erschlossen sein. (5/65)

Nicht umsonst nennt man diese Stadt in der ganzen Welt "Wonderful Copenhagen" - auch Sie werden bezaubert sein. (5/gr.4)

Auch Sie werden überwältigt sein von der Schönheit Prags - der "Goldenen Stadt" auf den fünf Hügeln beiderseits der Moldau mit ihrem einmaligen Panorama. (5/gr.14)

Sie werden begeistert sein von diesem Ferienparadies. (6/29)

Wer einmal Winterferien in der Ötztaler Bergwelt verlebt hat, wird immer wieder hinfahren. (6/18)

Viele wichtige, von See erreichbare Plätze werden Sie sehen. (7/35)

6ooo km durch die Sahara - und keiner weiß genau, wann man wo sein wird. (8/12)

Zuhause werden sie staunen! (8/4)

Ein Swimming-pool fehlt selten und ansonsten - ansonsten wird es auch Ihnen an nichts fehlen. (9/12)

Der Zauber von Paris wird Sie umfangen. (1o/15)

Marseille, der internationale Hafen, wird Sie faszinieren. (1o/2o)

Zusammenfassung (S.194-199)

1. Perfekt, Imperfekt und Futur treten in allen untersuchten Katalogen auf. Die Anteile der jeweiligen Tempusformen schwanken in den einzelnen Katalogen, jedoch läßt sich im allgemeinen eine abnehmende Häufigkeit vom Perfekt über das Imperfekt zum Futur feststellen. Der Gesamtanteil der übrigen Tempusformen gegenüber dem Präsens entspricht durchschnittlich einem Wert von 1:9. Den höchsten Präsensanteil haben die Kataloge 5 und 6, prozentualer Anteil 5 : 94 %, 6 : 98.1 %, den größten Anteil an übrigen Tempusformen besitzen 2 (13.3 %), der Sonderteil von 5 (21.7 %) und 1o (13.9 %). Eine Übersicht für den Tempusgebrauch ergibt folgendes Bild:

Präsens	Perfekt	Imperfekt	Futur
9o.4 %	4 %	3.1 %	2.5 %

Eine nach den einzelnen Katalogen detaillierte Aufstellung findet sich im Anhang.
2. Futur II findet sich nicht, Plusquamperfekt einmal.
3. Entsprechend den Regeln der traditionellen Grammatik drückt das Perfekt einen Vorgang aus, der abgeschlossen ist und die Gegenwart miteinbezieht: "Das Perfekt konstatiert einen Vollzug als bedeutsames Faktum für die Gegenwart."[9o] - "Die Form des Perfekts ... konstatiert einen Vollzug oder eine Vollendung in der Gegenwart, d.h. auf der Ebene des Präsens, der 'besprochenen Welt'. ... Das Perfekt wirkt also mit dem Präsens zusammen, ..."[91] Sieht man die Vergangenheitsäußerungen innerhalb der Ferienkataloge als isolierte Äußerungen an, was nach dem Dominieren des Präsens als gerechtfertigt erscheint, so müßte das Perfekt als Tempus isolierter Sätze, legt man die Tempus-

deutung u.a. von H.Brinkmann, W.Admoni oder H.Weber zu Grunde, vorherrschen. Diese Autoren betrachten das Perfekt als Isolations-Tempus, das Präteritum dagegen als Ketten-Tempus.[92] In diesem Zusammenhang gesehen überrascht die dann relativ große Häufigkeit des Imperfekts in den Ferienkatalogen.

4. Das Perfekt wird inhaltlich vor allem gebraucht
   a) um hervorzuheben, was ein Reiseveranstalter in letzter Zeit geschaffen oder erreicht hat und seinen Kunden somit in diesem Jahr bieten kann.
   b) Ebenso wird durch das Perfekt die Schaffung von Einrichtungen oder das Vorhandensein gewisser Begebenheiten betont, die dem Urlauber heute zu Gute kommen. Hier besonders deutlich steht das Perfekt in engem Zusammenhang mit der Gegenwart.
   c) Gelegentlich wird das Perfekt als Erzählform benutzt, vor allem wenn Umgangssprache nachgeahmt werden soll wie im Gästeparlament des Katalogs 2.
   d) Fast formelhaft erscheint in einem Großteil der Kataloge die Wendung 'der Ort hat sich bewährt'(s.Seite 195).
   e) Ab und zu werden auch historische Vorgänge durch das Perfekt ausgedrückt.
   f) Das Perfekt kann auch imperativischen Charakter besitzen in der Formel 'muß man gesehen, muß man erlebt haben'.
5. Imperfekt wird verwendet:
   a) Zum Ausdruck abgeschlossener historischer Vorgänge. Hier zeigt sich seine häufigste Anwendungsweise.
   b) Zum Ausdruck von Vorgängen, die schon vor längerer Zeit abgeschlossen wurden und die Gegenwart nicht mehr so direkt betreffen. Dies kann bisweilen verstärkt werden durch ein Temporaladverbiale.
   c) Manchmal wird auch bei einer Erzählung das Imperfekt als 'Erzählvergangenheit' verwendet: Nach der Duden-Grammatik handelt es sich beim Imperfekt "um das eigentliche, neutrale Tempus der Abstand wahrenden

Schilderung, der erzählenden, berichtenden Darstellung."[93]

d) Im Gästeparlament des Katalogs 2 wird, wie schon oben erwähnt, gelegentlich Perfekt, weitaus häufiger jedoch Imperfekt verwendet. Diese 'Texte' sollen umgangssprachlich wirken.

6. Nicht immer lassen sich deutliche Gegensätze zwischen der Verwendung des Perfekts und des Imperfekts feststellen, bisweilen scheint die Tempusform willkürlich gewählt zu sein. J.Trier unterscheidet differenziert zwischen den inhaltlichen Bedeutungen der jeweiligen Tempusverwendung.[94] Die von ihm festgehaltenen Merkmale für den Gebrauch von Perfekt oder Präteritum sind jedoch so detailliert, daß sie auf die Sprache der Ferienkataloge im allgemeinen nicht zutreffen. Der Gebrauch der Tempora ist bei weitem nicht so spezifiziert. Lediglich die Kriterien der Perfektanwendung "Herausstreichen der Wichtigkeit des Gesagten" und "Nähe zur Lenkung und Motivation des Handelns" können für die Perfektanwendung als zutreffend betrachtet werden. Einige Beispiele des Imperfektgebrauchs könnte man als 'Ästhetenpräteritum' bezeichnen. Auf die Verwendung des 'Ästhetenpräteritums' kann in etwa die Erläuterung von J.Trier als zutreffend angesehen werden: "Vielleicht ist es der Wunsch nach einem gewissen, gerade in der Abweichung angeblich liegenden vornehmeren Ton", dem Trier eine gewisse "Scheinfeierlichkeit" zuordnet.[95] W.Kluge bemerkt in seinem Aufsatz über die Vergangenheitsformen im Neuhochdeutschen, daß abgesehen von einigen Ausnahmen die Wahl des Vergangenheitstempus mehr ein stilistisches als ein grammatisches Problem ist.[96] Dies läßt sich wohl auch auf die Ferienkataloge übertragen, wo z.B. in einem der Belege die Verwendung der Imperfektform ein Wortspiel mit Homonymen zeitigt ('nie waren die Waren', 5/gr.6) oder einer Reihung von Imperfektformen ein gewisser stilistischer Effekt nicht abzusprechen ist. Der Wechsel der Perfekt- und Imperfekt-

formen dient letzlich sicher auch der sprachlichen Auflockerung.

7. Zum Tempusgebrauch im Neuhochdeutschen, vor allem zum Gebrauch von Perfekt und Präteritum , liegen zahlreiche detaillierte Untersuchungen vor, zum Beispiel von H.-G.Haug, U.Hauser-Suida und G.Hoppe-Beugel.[97] Sie bieten jedoch kaum Anhaltspunkte für einen Vergleich, da sie sich auf Texte beziehen, die vorherrschend in Vergangenheitstempora abgefaßt sind: die Gattungen 'gesprochenes perfektivisches Erzählen' und 'Roman'. Grundtempus der Ferienkataloge jedoch ist das Präsens.

G.Hoppe-Beugel untersucht ferner den Tempusgebrauch in Schlagzeilen. Jedoch auch dieses Gebiet ist kaum zu einem Vergleich heranzuziehen, da Schlagzeilen in Zeitungen und fortlaufender Text in den Ferienkatalogen von ihrer Funktionsform her zu unterschiedlich, also inkomparabel, sind.[98]

S.Latzel widmet sich in einer Analyse Perfekt und Präteritum in Ein-Satz-Äußerungen der geschriebenen Sprache. Als Grundlage dienen ihm unter anderem Nachrichtensparten von Tageszeitungen, Lexikonartikel, Buchtitel, Formulare.[99] Das Gesamtergebnis seiner Untersuchungen lautet: "Das Verhältnis Präteritum : Perfekt ist also allgemein 1.o6 : 1. D.h.: Unserem Corpus zufolge ist die Wahrscheinlichkeit dafür, daß im geschriebenen Deutsch eine isolierte Vergangenheitsaussage im Präteritum begegnet, nur minimal größer als die Wahrscheinlichkeit dafür, daß sie im Perfekt erscheint, man kann wohl sagen: sie ist in etwa gleich groß."[1oo] Es zeigen sich Ähnlichkeiten zum Tempusgebrauch in den Ferienkatalogen. Hier ist das Verhältnis Präteritum : Perfekt 1 : 1.3. Die Wahrscheinlichkeit Perfekt anzutreffen liegt also nur geringfügig höher. Jedoch auch diese beiden Bereiche sind nur bedingt vergleichbar und das in Grundzügen ähnliche Ergebnis kann zufällig sein.[1o1]

Zum Tempusgebrauch in der gesprochenen Sprache vermerkt B.Wackernagel-Jolles: "Vergangenes wird in PT (Präteritum) und PF (Perfekt) erzählt, wobei jeweils nach einer Reihung des einen Tempus das andere zur Zusammenfassung verwendet werden kann. Die PT-Bildung des Vollverbs scheint als 'geziert' vermieden zu werden." Weiter: "Die 'Vergangenheitstempora' Präteritum und Perfekt sind austauschbar. Präteritumbildungen semantisch gefüllter Verben werden zugunsten des Präteritums von Hilfs- und Modalverben zurückgedrängt. In der erzählenden Darstellung nicht-alltäglicher Begebenheiten aber scheut auch das spontane Sprechen nicht vor dem Präteritum des Vollverbs zurück."[1o2] In den Ferienkatalogen kann ebenfalls einer Reihung des einen Tempus eine Zusammenfassung im anderen Tempus folgen. Vollverben im Imperfekt jedoch sind durchaus keine Seltenheit, sie finden sich gelegentlich auch bei der Nachahmung von Umgangssprache.

In mehreren Untersuchungen wird festgehalten, daß sowohl die Modalverben als auch das Passiv wesentlich häufiger im Imperfekt als im Perfekt anzutreffen sind.[1o3] Das gilt bedingt auch für die Ferienkataloge: Modalverben treten häufiger im Präteritum als im Perfekt auf, passivisches Imperfekt überwiegt leicht gegenüber passivischem Perfekt.

8. Das Futur findet sich mit einer Häufigkeit von rund 2.5 % durchschnittlich, gemessen an der Gesamtzahl der finiten Verbformen. Nach H.Gelhaus jedoch nimmt das Futur nur etwa 1 % aller finiten Stellen ein, wobei sich allerdings für die Zeitung ein Wert von rund 5 % ergibt, für Romane und romanähnliche Texte jedoch unter 1 %. H.Gelhaus hält weiter fest, daß man in Texten, in denen Präsens und Perfekt vorherrscht, Futur relativ häufiger erwarten kann, als in Texten mit dominierendem Präteritum und Plusquamperfekt.[1o4] In den Ferienkatalogen herrschen Präsens und Perfekt vor.
9. Das Futur dient, wie Erben definiert, "zur nachdrücklichen Ankündigung eines erwarteten, künftigen Geschehens/ Seins, das noch nicht im Augenblick des Sprechens festzustellen ist, aber demnächst aktuell 'wird'".[1o5] Dieser

Definition entspricht auch die Anwendung des Futurs in den Ferienkatalogen.

1o. Es wird vor allem dazu benutzt, dem Leser zu suggerieren, daß ihm ein Ort gefallen, daß er an seinem Urlaubsort Spaß haben wird. Der Gebrauch des Futurs findet sich meistens in Zusammenhang mit einem Ereignis, dessen Eintreten als sicher angenommen und als angenehm suggeriert wird ('wird Sie faszinieren', 'begeistern'). Dabei läßt sich manchmal fast formelhafter Gebrauch feststellen. Es handelt sich hierbei also um vom Reiseveranstalter aufgestellte Präsuppositionen, die positive Reaktionen bedingen sollen.

11. Gelegentlich bezieht sich die Anwendung des Futurs auch nur auf eine Handlung, die vorzunehmen dem Leser als sicher vorausgesagt wird.

12. Da im heutigen Deutsch die Formen der Consecutio temporum variabel sind, kann im Ganzen von einer in ihren Bezügen verständlichen Einhaltung der Zeitenfolge gesprochen werden.

13. Letztlich dient auch der Gebrauch der verschiedenen Tempora wiederum der Auflockerung, der Gebrauch des Futurs jedoch vornehmlich der Suggestion einer positiven Erwartung.

14. Den Wechsel der Tempora soll folgendes Beispiel verdeutlichen:

> Wohl kaum ein anderes Land der Erde hat eine bewegtere Geschichte erlebt. Moses und sein Volk, die Ägypter und Römer, Kreuzfahrer und Araber, Türken und viele andere Völker prägten das Gesicht dieses Landes. Ein Gesicht, das Sie von Anfang an faszinieren wird. (1/96)

6. <u>Modus und Genus</u>

Auch hier wird wiederum nur auf die Ortsbeschreibungen und nicht auf Erscheinungen innerhalb der Routenbeschreibungen Bezug genommen.

6.1. Konjunktivgebrauch

"Mit dem Indikativ wird etwas in sachlicher Feststellung als tatsächlich und wirklich, als gegeben dargestellt und ohne Bedenken anerkannt."[1o6] Dieser Definition zufolge müßten die Ferienkataloge ihrer Zielsetzung entsprechend ganz indikativisch gehalten sein. Der Indikativ überwiegt natürlich bei weitem, dennoch zeigen sich einige Sätze, die konjunktivisch sind.

Daß die Verwendung des Konjunktivs ein Sonderfall ist, zeigt sich bereits an dem Prozentsatz seines durchschnittlichen Vorkommens, der lediglich 1.4 % beträgt. Dabei findet sich in 1o überhaupt kein Konjunktiv, in 6 und 5 hat er nur einen Anteil von o.3 bzw. o.2 %. Im Sonderteil von 5 hingegen, der syntaktisch sehr vielfältig ist, läßt sich ein Anteil der konjunktivischen Sätze von 3.4 % nachweisen, ebenso haben 1 und 2 mit einem Anteil von rund 2.5 % einen über dem Durchschnitt liegenden Wert für den Gebrauch des Konjunktivs. Daß sich überhaupt noch Konjunktivformen finden, verwundert, da für die Gegenwartssprache ein Schwund des Konjunktivs zugunsten der mit 'würde' umschriebenen Formen konstatiert wurde.[1o7] Zudem wird besonders für die werbliche Kommunikation vor dem Gebrauch des Konjuntivs gewarnt.[1o8] Im Folgenden sollen einige Beispiele für die Anwendung des Konjunktivs gegeben werden:

> Aber Sie sollten auch unbedingt einmal die köstlichen, landestypischen Gerichte (besonders lecker: Meeresfrüchte) probieren. (1/34)
>
> Wie wär's mit einem Bummel zum nahen Vergnügungspark. (1/11)
>
> Mit Dünen, auf die die Sahara neidisch werden könnte. (1/57)
>
> Wenn Sie Bangkog begeistert hat (um alles zu sehen, brauchten Sie Jahre!), dann sollten Sie eigentlich für eine Woche einen Abstecher an den Golf von Siam machen. (1/153)
>
> Und allen, denen auch das noch nicht reicht, sei eine Fahrt nach Palma empfohlen! (2/16)

Es scheint überhaupt,als würde man diese aneinandergrenzenden Ferienorte etwa 15 km von Palma immer wieder neu entdecken: ... (2/2o)

Zum Beispiel zum Kloster Montserrat, von dem man sagt, es sei das Gralskloster Parzifals gewesen. (2/57)

Wie wär's mal mit Venedig? Ferner wären da noch so lohnende Ziele wie Ravenna, San Marino, Gradara oder Florenz. (2/166)

Sollten die Schneeverhältnisse wirklich einmal ungünstig sein, dann ist Obertauern in nur 1/2 Fahrstunde zu erreichen. (3/53)

Wäre nicht die Küste mit ihren dichtbewaldeten Vorgebirgen, ihrem klaren, türkisfarbenen Wasser, wären nicht die kilometerlangen, gepflegten Strände, die kleinen Buchten mit muschelfarbenem Sand - allein die pittoresken Restaurants Mühle, Schafstall, Sieben Stübchen, Fischerdorf, Waldecke, Fregatte, die Bars Indianerdorf, Kukeri, Zigeunerdorf sprechen für sich. (4/52)

Man könnte jeden Abend ein anderes Lokal entdecken. (4/29)

Der HUMMEL-Wochentrip sollte einen Knoten in Ihrem Taschentuch wert sein. (5/gr.4)

Kunstsinnigen Besuchern sei Hummels spezieller Theater- und Konzert-Cocktail empfohlen mit Konzerten unter der Leitung Herbert von Karajans und Aufführungen in der Deutschen Oper und der Deutschen Staatsoper Berlin. (5/gr.7)

Wo könnte man Silvester besser feiern als in der Stadt der Musik und des Tanzes, der Kunst und des Theaters; (5/gr.13)

Als ob es in Deutschland wäre, so können Sie in Rumänien Skilaufen lernen oder Ihre Fahrtechnik weiter verbessern, denn die Skilehrer der Skischulen in Sinaia und Predeal, die alle Mitglieder des Nationalskiverbandes rumänischer Skilehrer sind, sprechen gut deutsch. (6/44)

Wer noch nie in Amerika war, sollte sich mit diesem Reiseprogramm die Vereinigten Staaten von ihrer Schokoladen-Seite her zeigen lassen. (8/38)

Mit Santa Guilia hat der Club ein Fleckchen Korsika für Sie entdeckt, wie es schöner nicht sein könnte. (9/89)

Zusammenfassung (S.2o5-2o6)

1. Formen des Konjunktivs II überwiegen deutlich gegenüber Formen des Konjunktivs I. Konjunktiv I wird fast ausschließlich mit dem Modalverb 'sein' gebildet. Umschreibungen des Konjunktivs durch das Modalverb 'werden + Infinitiv'sind nur ganz vereinzelt anzutreffen. Von einem Schwund des Konjunktivs zugunsten der Umschreibung mit 'würde' kann also in den Ferienkatalogen nicht die Rede sein.
2. Nur selten erscheint der Konjunktiv in seiner herkömmlichen Bedeutungsweise als Ausdruck des Potentiellen, Irrealen oder zur Wiedergabe der indirekten Rede.[1o9]
3. Vielmehr erscheint der Konjunktiv häufig, und das fast durchgehend in allen Katalogen, als eine Art 'Höflichkeitsform', durch die ihrem Sinn nach imperativische Sätze abgemildert werden. So zeigt der Hauptteil der konjunktivischen Sätze sich als eine Art wohlmeinender Ratschläge, jedoch mit ausgeprägtem Aufforderungscharakter. Vielleicht wäre diese Art des Konjunktivs zu vergleichen mit dem was I.Dal als 'vorsichtigen Konjunktiv' bezeichnet: "Außer als Irrealis wird der Konjunktiv Präteriti nhd. in großem Umfang als bescheidene und vorsichtige Bezeichnung der Wirklichkeit verwendet."[11o] Hierunter fallen die fast formelhaften Wendungen 'Sie sollten', 'Wie wär's mit'.
4. Festzuhalten ist, daß der Konjunktiv nie eine Unsicherheit, Unwirklichkeit ausdrückt, sondern daß seine Anwendung immer nur dazu dient, Positives zu verstärken.
5. Ein Vergleich mit der gesprochenen Sprache zeigt gewisse Ähnlichkeiten mit der Konjunktivverwendung in den Ferienkatalogen. H.-G.Haug hält für die Umgangssprache fest, daß der Konjunktiv überwiegend in der 2. Stammform gebraucht wird. Er findet sich jedoch überhaupt selten. Daß die Formen 'würde' und 'hätte' am häufigsten verwendet werden, steht jedoch im Gegensatz zu den Ferien-

katalogen.[111] Eine ausführliche Untersuchung zum Konjunktiv in der deutschen Sprache der Gegenwart liegt von S.Jäger vor.[112] S.Jäger, dessen Material u.a. aus den Bereichen Dichtung, wissenschaftliche und populärwissenschaftliche Literatur und Zeitung genommen ist, untersucht jedoch vornehmlich den Konjunktivgebrauch innerhalb der indirekten Rede und in Konditional- und Vergleichssätzen, Erscheinungsformen, die innerhalb der Ferienkataloge so gut wie nicht anzutreffen sind. Daher sind kaum Vergleichsmöglichkeiten gegeben. Auch er hält jedoch fest, daß in der Mehrzahl der Werke der Anteil der Konjunktiv II-Formen erheblich größer ist, als der der Konjunktiv I-Formen, was auch für die Ferienkataloge gilt. Als Durchschnittswert für den Anteil der Konjunktiv-Formen an der Gesamtzahl der Finita gibt er 7.64 % an, ein Anteil der rund 5 1/2 mal über dem in den Ferienkatalogen liegt, was sicher durch den hohen Anteil der indirekten Rede bedingt wird, die in den Ferienkatalogen so gut wie fehlt. S.Jäger hält den überraschend hohen Anteil an Modalverben in allen Anwendungsbereichen des Konjunktivs fest, eine Erscheinung, die mit dem Konjunktivgebrauch in den Ferienkatalogen übereinstimmt, vor allem wenn man den hohen Anteil der Formen mit 'sollen' berücksichtigt.[113] Auch in diesem Bereich stimmt die Sprache der Ferienkataloge partiell mit der modernen Gegenwartssprache überein.

6.2. Passiv

Der Anteil der finiten Verben im Passiv liegt bei durchschnittlich 5.7 % und somit über der für alle finiten Verbformen in Allgemeintexten errechneten Anzahl des werden-Passiv, die mit 5.1 % angegeben wird. Damit ist das Vorkommen des Passivs beträchtlich höher als der Passivanteil in Werken der Dichtung, wo nur 1.5 % aller finiten Verbformen, bei Trivialliteratur sogar nur 1.2 %, passivisch sind, er ist allerdings um einiges geringer als der für Zeitungen ermittelte Wert von 9 % und der für Gebrauchsliteratur (1o.5 %), wozu ja in gewisser Weise die Ferienkataloge zu zählen wären.[114] Die höchsten Prozentsätze an finiten Verbformen im Passiv finden sich in den Katalogen 3 (7.9 %), Sonderteil von 5 (8.9 %) und 6 (7.8 %), die niedrigsten in 9 (2.3 %), 2 (3.5 %) und 8 (3.4 %). Dieser relativ hohe Passivanteil ist insofern erstaunlich, als er erkennbar über den Allgemein-Werten für den Passiv-Gebrauch liegt und zudem vor der 'duldenden' Passivform innerhalb der werblichen Kommunikation gewarnt wird.[115] Einen Überblick über die Verwendung der Passivformen sollen folgende Beispiele geben:

Der Ausflug wird jede Woche sonntags durchgeführt. (1/92)

Eine mittelalterliche Altstadt, ein malerischer Hafen, Museum, quirlige Bars und Bodegas wollen erforscht und durchstreift werden. (1/37)

Ein Tip zu sehen und gesehen zu werden: am späten Nachmittag in den zahlreichen Straßencafés. (1/84)

Nahe der Clubanlage liegt ein kleiner Süßwassersee, der zum Yachthafen ausgebaut wird. (2/42)

Zahlreiche kleinere und größere Ausflüge werden arrangiert. (2/43)

Wegen seiner klimatischen Vorzüge wird es auch das "steirische Davos" genannt. (3/52)

Es werden Kinderskirennen und Kindernachmittage mit Märchenerzählungen veranstaltet. (3/75)

Unsere beiden Vertragshotels können auf geräumter Straße auch mit eigenem PKW erreicht werden. (3/61)

Außerdem wird eine große Auswahl von Landroverfahrten angeboten, die Sie selbst zusammenstellen können. (4/37)

Aber auch die Gegenwart sollte man in seinem Programm einplanen, wobei der Plaka bestimmt nicht ausgelassen werden darf. (4/44)

Eine Besonderheit: Mahlzeiten müssen nicht im gebuchten Hotel eingenommen werden. (4/52)

Wegen seiner reizvollen Lage wird die kleine Bergstadt oft als "Klein-Tirol im Oberharz" bezeichnet. (5/11)

... und wird umgeben von den bewaldeten Ausläufern des Grossen Osser (1193 m). (5/2o)

Gute Touren- und Abfahrtsmöglichkeiten am Mittag (1452 m) und Gschwenderhorn (1441 m), die durch den "Skizirkus Alpsee" erschlossen werden. (5/3o)

In ihren eleganten Treffs herrscht babylonisches Sprachgewirr und in traditionsreichen Gaststuben werden gastronomische Spezialitäten serviert. (5/gr.12)

Wenn Sie eine Eintrittskarte wünschen, muß dies auf der Anmeldung vermerkt werden. (5/gr.15)

"Fee der Dolomiten" wird dieser Wintersportort am Fuße der Dolomitengruppe "Am Rosengarten" genannt, die am Eingang des Fassatals liegt. (6/7)

Die Skigebiete von und um den internationalen Wintersportplatz werden durch 12 Bergbahn- und Skiliftanlagen erschlossen. (6/14)

Zwischendurch kann das Hotel-Hallenschwimmbad aufgesucht werden. (6/16)

Für diejenigen schließlich, die noch mehr erleben wollen, werden für rund DM 2oo.- Ausflüge sogar bis nach Istanbul veranstaltet. (6/43)

Nachts wird nicht gefahren. (7/77)

Pelzkleidung für den nächsten Landbesuch wird verteilt. (8/29)

Hier werden Veranstaltungen, Sportunterrichte und Ausflüge in deutscher Sprache abgehalten. (9/36)

Hier werden natürlich die deutschen Club-Freunde jede Woche groß begrüßt. (9/2o)

Durch das klassische Griechenland nach Istanbul werden die reizvollen Ziele wie Jalta, Odessa und Constanza angelaufen. (1o/3o)

Zusammenfassung (S.2o8-21o)

1. Der Gebrauch des Passivs findet sich durchgehend in allen Ferienkatalogen. Es läßt sich jedoch ein deutlich höherer Passivanteil in den Winterkatalogen (3, 5, 6) feststellen, der zum Teil auf den häufigen Gebrauch der fast formelhaften Wendungen 'werden erschlossen', 'werden umgeben' zurückzuführen ist.
2. Einige Verben werden besonders gern im Passiv gebraucnt, wie z.B. 'durchführen', 'veranstalten'.
3. Der Gebrauch des Passivs ist meistens unpersönlich, also ohne Bezeichnung eines Handelnden. Das Passiv kann daher mit L.Weisgerber als Opposition zur Täter-Diathese gesehen werden: "Die im indogermanischen Verb so stark ausgebaute Täter-Diathese wird ihre Grenzen an zwei Stellen besonders spürbar machen: in der Notwendigkeit, das Geschehen immer auf einen identifizierbaren Urheber zurückzuführen, und in dem Zwang, den bekannten oder vermuteten Urheber immer zu nennen."[116]
4. Das Passiv dient dazu:
   a) Um die Bezeichnung einer handelnden Person zu umgehen, dies vor allem bei der Beschreibung von Veranstaltungen oder der Schaffung von Einrichtungen, die keinen direkten Urheber haben ('austragen', 'einrichten').
   b) Zur Vermeidung des unpersönlichen 'man'.
   c) Zur Vermeidung der direkten Anrede des Lesers.
   d) Gelegentlich sicher auch nur zur Auflockerung.
5. Da das Erscheinen des Passivs in den Ferienkatalogen über dem durchschnittlichen Passivgebrauch liegt, kann dies in gewisser Weise als Stilkriterium betrachtet werden, als Kennzeichen gelegentlicher unpersönlicher Ausdrucksweise, der Gebrauchsprosa ähnelnd.
6. Vom Passiv als einer 'Leideform' kann man in den Ferienkatalogen ähnlich wie in der BILD-Zeitung[117] kaum sprechen. Gelegentlich klingt das Passiv jedoch etwas umständlich.

7. Interpunktion

Bereits bei der Untersuchung der Satzstruktur wurde erwähnt, daß die Interpunktion in den Katalogen bisweilen willkürlich zu sein scheint. Eine nähere Analyse soll versuchen, dennoch gewisse Regelmäßigkeiten in der Zeichensetzung nachzuweisen.

7.1. Punkt und Komma

Die Kommasetzung folgt den Regeln der traditionellen Grammatik im allgemeinen korrekt, es kommen jedoch gelegentliche Unsicherheiten vor. Der Punkt wurde als Begrenzung eines Satzes angesehen; die Punktsetzung scheint in gewissem Maße arbiträr zu sein, häufig dient der Punkt dazu, Nebensätze zu isolieren oder die Bedeutung gewisser Satzteile durch Abtrennung vom vorangehenden Satz und somit durch Nachstellung nochmals zu unterstreichen. Durch Punkt kann fast jeder beliebige Satzteil von seinem Bezugssatz abgetrennt werden. Regelmäßigkeiten, nach denen dieses Verfahren angewandt wird, von der Hervorhebung abgesehen, lassen sich sonst nicht feststellen.

7.2. Strichpunkt

Unter den sonst verwendeten Satzzeichen ist der Strichpunkt am seltensten anzutreffen. Hier ist H.Zimmermann zuzustimmen, der meint, "daß die Leistung des Semikolons mehr und mehr von Punkt und Komma übernommen wird".[118] In seiner herkömmlichen Funktion als ein zwei eng zusammengehörende Hauptsätze syndetisch trennendes bzw. verbindendes Satzzeichen ist das Semikolon häufig anzutreffen:

> Snackbars und der Nachtclub sorgen für Unterhaltung; und schließlich gibt's ja auch noch unser Unterhaltungsprogramm. (2/156)

> Hier tut man was für den Gast; vor allem auch Familien mit Kindern sind in Lienz herzlich willkommen. (3/58)

> Abendlicher Treffpunkt ist die Piazza; hier kann man sehen und gesehen werden. (4/62)

Man lebt hier preiswert; den Alkohol und Zigaretten sind zollfrei; Autos gibt es wenig, die liebenswürdige Bevölkerung radelt. (4/45)

Diese 6 neuen Kreuzfahrtenschiffe wurden zwischen 196o und 1971 in Dienst gestellt; sie sind in Ausstattung, Komfort, Küche und Service einem Seeschiff neuester Bauart ebenbürtig. (7/77)

Daneben finden sich aber auch Möglichkeiten zu anderer Anwendung des Semikolons,wie die folgenden Beispiele zeigen. Es kann zur Hervorhebung dienen oder auch Aufzählungen unterbrechen:

Tagsüber Baden, abends Tanz im Hotel, ein Bummel durch Ibiza; es wird bestimmt kein langweiliger Urlaub. (2/49)

Ein Luftkurort mit Heilklima; ideal für Erholungssuchende und Wintersportler. (3/3o)

Liebliche Ebenen voll blühender Pflanzen; schroffe kahle Felsschluchten; heitere Bewohner in Chania, herbverschlossen die Bevölkerung von Chora Sphakion. (2/143)

Zusammenfassung (S.212-213)

1. Der Strichpunkt findet sich:
   a) zur Trennung semantisch eng verbundener Hauptsätze, bei denen die Trennung durch den Punkt zu stark wäre; dabei haben die Sätze gelegentlich das gleiche Subjekt
   b) zwischen einer Reihung und ihrem 'Resümee'
   c) zwischen einer Aufzählung statt Komma
   d) eigentlich regelwidrig vor einer neben- oder unterordnenden Konjunktion.
2. Der Strichpunkt dient gelegentlich einer besonderen Betonung, sicher auch zur Auflockerung. Da er aber nur sehr selten angewendet wird, lassen sich keine generellen Regeln für die Verwendung des Semikolons aufstellen, zumal es bisweilen auch willkürlich aufzutreten scheint.

7.3. Doppelpunkt

Zusammen mit dem Bindestrich ist der Doppelpunkt (neben Punkt und Komma) das am häufigsten auftretende Satzzeichen. Auch allgemeinsprachlich wird dem Doppelpunkt auf Grund seiner häufigen Verwendung und seiner Stellung innerhalb der Hierarchie der Satzzeichen besondere Bedeutung zugemessen.[119] Der Doppelpunkt kann die verschiedensten Funktionen annehmen und dient nicht nur zum Anschluß einer Aufzählung oder Begründung.

> Porto Christo wird nie langweilig: zahlreiche Straßencafés und Restaurants locken, und abends trifft man sich in einer Bar "Mini Pedro", einer Diskothek oder im Nachtclub. (1/15)

> Formentera: unser Tip für alle, die auf Luxushotels, Nightclubs und elegante Strandpromenaden verzichten können. (1/29)

> Ein Stück Romantik in einer weitgeschwungenen Bucht: Cavtat, das malerische Küstenstädtchen. (1/1o1)

> Und denken Sie daran: Einkäufe und Getränke sind zollfrei. (1/115)

> Wir wollen nicht lange drumrum reden: Eine Schönheit ist dieser östliche Palma-Vorort nicht. (2/19)

> Und es gibt etwas, was es in dieser Form auf Mallorca sonst kaum gibt: Dünen! (2/35)

> Allerdings: Sie müssen ein bißchen auf das achten, was Sie bezahlen - Sie sind Ihr eigener Wirtschaftsminister! (2/119)

> Noch etwas Scharnow-Exklusives: Wenn Sie in Frankfurt Ihr Gepäck aufgeben, brauchen Sie sich nicht mehr drum zu kümmern: Zwei Stunden nach Ihrer Ankunft steht es vor Ihrem Hotelzimmer. (2/135)

> Trotzdem finden Sie Abwechslungen: Tanz, gemütliche Lokale, Wasserski, Motor- und Segelboote, Tischtennis ... (2/16o)

> Ein besonderes Erlebnis: die Wildfütterungen. (3/19)

> Hier treffen alle guten Seiten der Schweizer und der italienischen Berge und Mentalitäten zusammen: es gibt

sonnige, breite Abfahrten, kein Warten an den Liften und gute Leistungen der Hotellerie. (3/72)

Mit einem Satz: Eine Insel für den Urlaub geschaffen. 4/36)

Beheiztes Schwimmbad, Tennisplätze, Kegelbahn, Kinderspielplätze: ein Ort, um sich recht zu amüsieren und zu erholen. (4/99)

"Couscous": Grießklöschen (...),dazu Fleisch, Gemüse und Bohnen für 4.- DM, oder "Chakchouka": Gemüseeintopf und dazu die "Briks": gebratene Teigrollen mit Kartoffeln. (4/37)

Neu: Das Bergkastelskigebiet oberhalb der Waldgrenze in 2200-2500 m Höhe mit gut ausgebauten Pisten bis zu 5 1/2 km Länge. (5/45)

Der am Eingang des Ötztals gelegene bekannte Luftkurort ist ein idealer Ausgangspunkt zu den internationalen Skizentren: Kühtai, Sölden, Hochsölden, Obergurgl und Hochgurgl (...) (5/47)

Der Clou: Es werden Masken-Skiläufe veranstaltet. (6/23)

Gleich einer Ouvertüre, die bereits alle Themen einer Oper vorwegnimmt und zusammenfaßt, präsentiert sich der Chiemgau vor dem Berchtesgadener Land: Schon Alpen mit aufragenden Gipfeln und rasanten Abfahrten, zugleich aber noch Vorland mit weiten Tälern und sanften Hügeln. (6/27)

Marokko, Algerien, Tunesien: die "Westecke" des Orients, der Maghreb, ladet ein. (7/35)

Die moderne exklusive Welt an Bord der "Aquarius" und die klassischen Stätten der Antike, erfüllt mit mediterranem Leben: Kontraste, wie sie nicht reizvoller sein können. (7/72)

Gebetsmühlen klappern, dröhnende Gongs: om mani padme hum - oh Kleinod in der Lotosblüte. - (8/15)

Schock und Faszination zugleich: die Fünf-Millionen-Stadt Bombay. (8/20)

Und - in den Möglichkeiten: Viel Sport, vor allem Wassersport, viel Amüsement, viel "gleiche Wellenlänge". (9/76)

Sie können sich keinen schöneren Urlaub träumen: Die Natur zaubert einen faszinierenden "Background". (9/51)

Etwas Besonderes erleben: Eine reizende Seereise mit Bordatmosphäre. (1o/22)

Diese einzigartige Reise ins Land der Csardas-Fürstin zeigt nicht nur Budapest, sondern einen Querschnitt von ganz Ungarn: die Hauptstadt, die Provinz, die Pußta, die Donaureservate und den Plattensee. (1o/28)

Zusammenfassung (S.214-216)

1. Der Doppelpunkt, der sehr häufig zu finden ist, tritt in verschiedenen syntaktischen Zusammenhängen auf:
   a) zwischen zwei Sätzen oder zwischen zwei Setzungen
   b) vor einer längeren Aufzählung
   c) nach einem 'Stichwort'
   d) vor einem 'losgelösten' Satzteil
   e) nach dem Doppelpunkt können ganze Sätze, Satzglieder, aber auch nur ein Wort (Substantiv, Adjektiv, Verb) folgen; ebenso verhält es sich mit den Stellen vor dem Doppelpunkt.L.Reiners gibt als wichtigste Funktion des Doppelpunkts an: er erspart ungelenke Nebensätze mit 'daß' und ersetzt das papiererne 'nämlich'.[12o]
2. Die Funktionen des Doppelpunkts in den Ferienkatalogen jedoch ist sehr vielfältig:
   a) Der Doppelpunkt ersetzt das redundante Prädikat, das vom Leser selbst ersetzt werden kann.
   b) Der Doppelpunkt steht vor einer näheren Erklärung und ersetzt somit einen Nebensatz, der meistens kausal oder ein 'daß'-Satz wäre. In dieser Funktion kann der Doppelpunkt auch nach nur einem Wort, das dann meist ein Ortsname ist, stehen.
   c) Der Doppelpunkt steht nach Verben des Redens, Meinens, Denkens und leitet den kommenden Satz ein, als würde wörtliche Rede folgen.
   d) Dem Doppelpunkt folgt eine längere Aufzählung im Sinne einer Erklärung.

e) Durch den Doppelpunkt wird ein dann stark betonter Satzteil von seinem Bezugssatz isoliert, jedoch bleibt der Zusammenhang enger als bei der Trennung durch Punkt. Der Doppelpunkt dient der Hervorhebung.

f) Der Doppelpunkt folgt einer längeren Aufzählung und bringt im folgenden Satz eine Begründung, eine Zusammenfassung. Auch diese Funktion erwähnt Reiners: "Oder der Doppelpunkt faßt Vorangegangenes zusammen."[121]

g) Nach dem Doppelpunkt folgt eine Übersetzung, er hat hier die gleiche Funktion wie die Parenthese.

h) Ein Schlagwort (Adjektiv oder Substantiv) erweckt die Aufmerksamkeit, der Doppelpunkt fördert die Spannung, nach dem Doppelpunkt die Klimax.

3. Auffallend bei der Verwendung des Doppelpunkts ist:
   a) Der Doppelpunkt kann einen Anakoluth zur Folge haben.
   b) Es werden keine festen Regeln für Groß- oder Kleinschreibung nach dem Doppelpunkt eingehalten.
   c) Gelegentlich findet man einen Doppelpunkt fast willkürlich gesetzt, wo genauso auch ein Punkt stehen könnte; der Doppelpunkt hat hier keine erkennbare Funktion.

4. Ersetzen des Prädikatteils und Hindeutungsfunktion des Kolons erwähnt auch H.Zimmermann.[122] Mittel der Betonung und Stellvertretung für 'ist' werden für die BILD-Zeitung als wichtige Funktionen des Kolons angeführt.[123] Im Ganzen gesehen scheint aber die Verwendung des Doppelpunkts in den Ferienkatalogen vielschichtiger als in anderen Sprachbereichen zu sein. Häufig dient er sprachökonomischen Zwecken. Auch H.Brinkmann sieht Doppelpunkt und Gedankenstrich als Zeichen sprachlicher Reduktion.[124]

7.4. Gedankenstrich

Fast genauso häufig und vielfältig läßt sich auch die Anwendung des Gedankenstrichs nachweisen, der neben dem Doppelpunkt ein beliebtes Mittel zur Steigerung oder zur

Aussparung des finiten Verbs darstellt. Da Einschübe zwischen Gedankenstrichen schon gesondert behandelt wurden, soll hier nur auf die Funktion eines Gedankenstriches eingegangen werden.

> Bars, Nightclubs, Diskotheken und verräucherte Künstlerkneipen - auch für Nachtschwärmer ein volles Programm. (1/24)
>
> Ein prächtiger Badeurlaub - wenn Sie großen Rummel entbehren können. (1/64)
>
> Unbezahlbar - aber kostenlos ist die packende Atmosphäre der Stadt. (1/155)
>
> Sie können Deutsche aus allen Himmelsrichtungen treffen: Aus Köln, aus Hannover, aus Mannheim. Sie können an jeder Ecke Frankfurter, Hamburger, Wiener - essen. (2/12)
>
> Ein hoher schlanker Leuchtturm auf der Südspitze Gran Canarias, eine gewaltige Dünenlandschaft - Maspalomas! (2/94)
>
> Außer - Sie möchten es. (3/1o)
>
> Möchten Sie zur Abwechslung mal spanisch essen und nicht viel Geld ausgeben - probieren Sie Papas con Mojo in einem der Restaurants. (4/3o)
>
> Auch die Palette der Abendunterhaltung bietet für jeden etwas, sie reicht von der Fischerkneipe bis zum Nightclub. - Während der Hochsommermonate kann hier hin und wieder Wasserknappheit eintreten und das Wasser nur stundenweise laufen. (4/32)
>
> Weihnachten-Silvester 74/75 in Rom - ein Erlebnis, das in jeder Generation nur einmal möglich ist. (5/gr.13)
>
> Allgäu - Ferienparadies der Superlative, nicht zu hohe Berge, flache Hügel, goldener Mittelweg aller Wintersportfreuden. (6/28)
>
> Moscheen, Bazare, Pyramiden - die Welt des Orients.(7/51)
>
> Afrika - die dunkle Schöne. (8/3)
>
> Mit dem Langboot geht es flußauf ins Abenteuer. - Zwischenspiel im Curacao Hilton. (8/28)
>
> Ob Sie segeln, Yoga treiben, Ausflüge starten oder sich erholsamen Nichtstun hingeben - die Natur hat Sie wieder. (9/66)
>
> Ganz groß - für Ihre Kleinen. (9/78)

Erholung - Flirt - Bekanntschaft - Unterhaltung für jung und alt. (1o/4)

Zusammenfassung (S.217-218)

1. In Häufigkeit und Funktion ähnlich dem Doppelpunkt erscheint der Gedankenstrich.
2. Auch er kann eine Aufzählung vom zusammenfassenden resümeeartigen Folgesatz trennen.
3. Er kann zur Steigerung dienen, indem durch den Gedankenstrich ein Satzglied abgetrennt wird. Hierbei kann es sich um Adjektive genauso wie um Substantive handeln. Die durch Gedankenstrich vom Satz getrennten Wortgruppen sind gelegentlich Appositionen, appositionelle Partizipialgruppen, Lokal- oder Temporalbestimmungen.
4. Er kann das redundante, leicht vom Leser selbst ersetzbare Prädikat vertreten. In Fällen, wo der Gedankenstrich das redundante Prädikat ersetzt, bewirkt er oft einen stichwortartigen Charakter der Schilderung.
5. Vor Nebensätzen kann das Komma mit dem Gedankenstrich ausgetauscht werden, was gelegentlich, aber seltener als beim Doppelpunkt, Anakoluth bewirkt. Der Gedankenstrich kann aber ebenso zwei Hauptsätze trennen.
6. Vor dem Gedankenstrich erscheint nur ein Begriff, ein Adjektiv, ein Substantiv; der Gedankenstrich steigert die Spannung und in seiner Folge wird eine nähere Erläuterung gegeben bzw. zu einem Höhepunkt geführt.
7. Durch den Gedankenstrich können mehrere Begriffe aneinandergereiht werden; der Gedankenstrich hat hier die Funktion des Kommas in syndetischer Reihung.
8. Der Gedankenstrich kann zwei Sätze trennen, ebenso aber auch nur zwei Nominalphrasen; er kann Wortgruppen, aber auch nur Worte nach sich haben.
9. Wenn der Gedankenstrich zwischen zwei durch Punkte begrenzten Sätzen steht, signalisiert er meist einen thematischen Wechsel.

1o.Häufungen von Gedankenstrichen zwischen mehreren Ortsnamen ersetzen gelegentlich Präpositionen.

11.Hauptfunktionen des Gedankenstrichs sind somit:
   a) Er dient der Betonung bzw. fügt Überraschendes an.
   b) Wie der Doppelpunkt steht auch er gelegentlich im Dienste der Sprachökonomie.

12.Die Anwendungsweise des Gedankenstrichs deckt sich größtenteils mit der für die BILD-Zeitung ermittelten.[125] H.Zimmermann hebt vor allem die Bedeutung des Gedankenstrichs vor unerwarteten Wendungen hervor.[126]

7.5. Ausrufezeichen

Als drittes soll nun kurz auf die Funktion des Ausrufezeichens eingegangen werden, das nach Wort- und Satzausrufen, meist zur besonderen Betonung dienend, erscheint:

> Die Strände um Stari Grad sind felsig, aber mit vielen hübschen kleinen Buchten und Plätzchen zum Alleinsein! (1/1o1)
>
> Herrlicher Ausblick! (1/27)
>
> Nagelneu! (2/9)
>
> Und dann machen Sie noch das große mallorquinische Fest mit Barbecue im Landhaus von Son Sant Marti - ein unvergeßliches Erlebnis! (2/25)
>
> Das wird ein Urlaub! (2/49)
>
> Und das tollste: Kinderermäßigung bis zur Freireise!!! (2/55)
>
> Hier, wo Sie der Entstehung dieses Archipels am nächsten sind, speist die Hitze eines Kraters die Küchenanlage eines Restaurants! (1/98)
>
> Na sowas - Pluderhosen! (2/156)
>
> Angenehme Nachtruhe! (2/164)
>
> Der ehemalige Olympia-Ort lädt ein! (3/17)
>
> Nur für Skiläufer und Sonnenanbeter geeignet! (3/43)
>
> Den Nichtsportler erwarten viele geräumte Wanderwege, auch auf den Bergen! (3/44)

Man nimmt Sie gerne mit - Kostenpunkt eine gute Flasche! (4/33)

Achtung! (4/47)

Kein Kraftfahrzeugverkehr! (5/96)

Ja - FEWOTELS verwöhnen! (5/67)

Ein Erlebnis! (7/25)

Und die Mitternachtssonne! (7/27)

Sdrawstwuitje Towarischtschi! - Guten Tage, Genossen! (8/18)

Ceylon! (8/19)

Rund um Java als Alternative! (8/2o)

Cefalu ist heiß! (9/62)

Unbedingt! (9/6o)

Eine hochinteressante Fahrt voll unvergeßlicher Eindrücke! (1o/16)

Dabei stellt sie durch den 7tägigen Badeaufenthalt am schönsten Badestrand Dalmatiens, wo Pinienwälder bis ans Meer reichen und die Gebirge sich im kristallklaren Wasser spiegeln, eine ideale Kombination von Erleben und Erholen dar! (1o/32)

Zusammenfassung (S.22o-221)

1. Das Ausrufezeichen steht nicht immer nach einem wirklichen Ausruf, sondern ist vielmehr ein weiteres wichtiges Mittel zur Betonung. Oft hat es Reizfunktion.
2. Es kann ebenfalls in verschiedenen syntaktischen Verbindungen und Funktionen auftreten:
   a) Nach einem längeren Satz zur Hervorhebung eines besonderen Aspekts. Dieser Fall ist jedoch relativ selten. Auffallend ist vielmehr, daß das Ausrufezeichen meist einem sehr kurzen Satz oder einer Wortfolge bzw. nur einem Wort folgt.
   b) Das Ausrufezeichen kann nach einer Aufforderung, nach einem Satz mit imperativischen Charakter

stehen, hier hat das Ausrufezeichen Appellfunktion.

c) Gelegentlich findet sich ein Ausrufezeichen nach umgangssprachlich nachgeahmten Ausrufen oder nach Wünschen.
d) Häufig ist es nach einem Wort (Substantiv oder Adjektiv) anzutreffen, dieses Wort ist meist ein Reizwort, wobei die Besonderheit, Einmaligkeit durch das Ausrufezeichen noch weiter verstärkt wird.
e) Ab und zu ist die Setzung des Ausrufezeichens auch willkürlich, ein Punkt würde die gleiche Aufgabe erfüllen, da in diesen Fällen inhaltlich eine Steigerung, die durch das Ausrufezeichen verstärkt würde, nicht erkennbar ist.

3. Eine Häufung von Ausrufezeichen mit starker Appellfunktion, wie sie z.B. E.Mittelberg für die BILD-Zeitung feststellt, findet sich in den Ferienkatalogen nicht.[127]

7.6. Auslassungspunkte

Auch sie sind als Satzzeichen zu werten, da sie einen Satz insofern beenden, als sie es der Phantasie des Lesers überlassen, ob und wie er diesen Satz bzw. diese Setzung weiterführen will. Die Zahl der Belege für diese 'unvollständigen Sätze' ist allerdings nicht sehr hoch; die Auslassungspunkte können sich auch innerhalb des Satzgefüges befinden:

Der weite Strand von Las Canteras und ... und ... und ... (2/89)

Odessa, Jalta, Sotschi, Istanbul ... das sehen Sie alles in einer Woche. (2/122)

Nicht viel - aber dafür haben Sie einen kilometerlangen weißen Sandstrand, glasklares Meerwasser, verborgene Buchten ... (2/171)

Parkanlagen und Garten - schnuppern Sie mal diesen Duft ... (2/1o1)

Und Schnee, Schnee, Schnee ... (3/34)

Zum Wintersport, zum Faulenzen, zum Was-erleben-wollen ... zum Erholen. (6/17)

Möwen, Seeschwalben, Lummen, Taucher, Wildgänse begleiten das Schiff, Seehunde und Robben tauchen auf ... (7/28)

Egal, wann Sie aufwachen ... Ihr Frühstück steht bereit: (9/33)

Man muß mal hier gewesen sein ... (9/61)

Die malerische Landschaft mit südlichem Temperament, die heißen Stierkämpfe, die unvergeßlichen Sonnenuntergänge, einen Jerez de la Frontera ... Puerto Maria hat Eigenart. (9/85)

Kinder, Kinder ...
... wenn Sie Ihre Kleinen entscheiden lassen würden, wohin es dieses Jahr mit dem Club gehen soll - sie würden sich für Donoratico entscheiden. (9/7o)

Zusammenfassung (S.222-223)

1. Die Auslassungspunkte sind die Art von 'Satzzeichen', die am seltensten angetroffen werden und auch nicht durchgehend in jedem der untersuchten Kataloge.
2. Daß auch sie einer Auflockerung dienen, ist augenscheinlich.
3. Durch die Auslassungspunkte wird die Phantasie des Lesers angeregt, er wird zum Mitdenken bzw. emotionalen Miterleben aufgefordert. In dieser Funktion erscheinen die Auslassungspunkte meist am Ende des Satzes.
4. Ansonsten beenden Auslassungspunkte oft Aufzählungen, sie ersetzen das nüchterne 'usw.' und deuten an wie viel Weiteres noch geboten werden könnte. Besonders innerhalb des Satzganzen appellieren sie an die Vorstellungskraft des Lesers.
5. Auslassungspunkte treten in den Ferienkatalogen seltener auf als z.B. in der BILD-Zeitung. Auch ist ihre Funktion nicht so bedeutend wie dort.[128]

7.7. Sonstige Satzzeichen

Auf die Funktion des Fragezeichens einzugehen erübrigt sich, da Fragen an anderer Stelle schon ausführlich behandelt wurden. Gleiches gilt für Klammern und eingrenzende Gedankenstriche. Anführungszeichen dienen gelegentlich dazu, einen umgangssprachlichen Ausdruck zu kennzeichnen, Augenblickskomposita als solche zu markieren oder auf im Kontext 'fremde' Begriffe hinzuweisen.

Zusammenfassung (S.212-224)

1. Die Ferienkataloge sind durch Satzzeichen reich strukturiert. Doppelpunkt, Gedankenstrich und Ausrufezeichen treten mit relativ großer Häufigkeit in allen Katalogen auf, während Strichpunkt und Auslassungspunkt nur vereinzelt und sehr viel seltener vorkommen.
2. Die Satzzeichen haben neben ihrer syntaktischen auch eine stark semantische Funktion.
3. Die Setzung der Interpunktion kann den syntaktischen Verknüpfungsregeln korrekt entsprechen, kann aber auch davon abweichen. Manchmal erscheinen die Satzzeichen willkürlich und von ihrer eigentlichen Bedeutung her 'sinnlos' gesetzt zu sein.
4. Gemeinsam für alle Satzzeichen und für die Verwendung der Interpunktion im allgemeinen kann festgehalten werden:
   a) Die Interpunktion weicht öfters von den grammatikalischen Verknüpfungsnormen ab.
   b) Wichtige Aufgabe der Satzzeichen ist es, etwas zu betonen, besonders hervorzuheben.
   c) Weiterhin dienen die Satzzeichen zur Auflockerung der Textstruktur, auch optisch. Die Spannung wird beibehalten, ein neuer Leseanreiz gegeben und der Lesemüdigkeit durch die von der Norm abweichenden Anwendungen entgegengewirkt.

d) Für die BILD-Zeitung weist E.Mittelberg darauf hin, daß "marottenhafte Zeichensetzungen" außerordentlich zahlreich sind, wobei er auf die Gefahr dieser grammatikalischen Verstöße aufmerksam macht, da sie die Kenntnis der Leser von richtiger Interpunktion verwirren.[129] Diese Gefahr ist auch durch die Zeichensetzung innerhalb der Ferienkataloge gegeben, wenn auch ihre Einflußsphäre nicht so groß sein mag wie die der BILD-Zeitung.

8. Anmerkungen zur Sprache der Routenbeschreibungen

Bei allen vorangehenden Untersuchungen wurde die Sprache der Routenbeschreibungen bewußt ausgeklammert, da sie in ihrer gesamten Struktur erheblich von der sonstigen Sprachhaltung der Kataloge abweicht.

8.1. Sätze und Setzungen

Einen ersten großen Unterschied zu den Ortsbeschreibungen zeigt bereits der auf S.159 gebotene Überblick über das Verhältnis von Setzungen zu Sätzen, wobei erstere in den Routenbeschreibungen mit 82 % gegenüber nur 18 % vollstrukturierter Sätze deutlich überwiegen. Konnte bei den allgemeinen Texten das Entstehen von Setzungen erklärt werden durch das Fehlen redundanter Satzteile oder das Ausklammern von Satzgliedern, so ergibt sich für die Routenbeschreibungen folgendes Bild: auch hier sind Prädikate redundant und können ohne irgendeine Beeinträchtigung der Verständlichkeit, der Kommunikation entfallen; denn, und hier besteht der Unterschied zur sonstigen Sprachhaltung der Kataloge, der Informationswert des Satzes liegt im Substantiv. Die Sprachhaltung innerhalb der Routenbeschreibungen kann somit als N o m i n a l s t i l bezeichnet werden. Hierbei findet eine Anzahl von Substantiven favorisiert Verwendung, die von einer Gruppe ausgesuchter Lokaladverbien unterstützt wird. In den folgenden Gruppen sollen nun die am meisten verwendeten Substantive zusammengestellt werden:

1) Hier können alle Ausdrücke zusammengefaßt werden, die eine Art der Fortbewegung beinhalten, vor allem das Wort 'Fahrt', ebenso das Wort 'Flug' (da viele der größeren Rundreisen heute schon mit dem Flugzeug unternommen werden) sowie alle mit diesen Wörtern gebildeten Zusammensetzungen:

   Abfahrt, Bahnfahrt, Besichtigungsfahrt, Bootsfahrt, Dampferfahrt, Busfahrt, Inselrundfahrt, Kutschenrundfahrt, Pirschfahrt, Rückfahrt, Rundfahrt, Weiterfahrt, Überfahrt, Schiffahrt, Abflug, Ausflug, Rückflug, Weiterflug, Flugexkursion. - Aufenthalt, Ausschiffung, Bummel, Ankunft, Einschiffung, Landung, Gebirgstour, Transfer, Rundgang, Spazierfahrt, Schiffsausflug, Rückkehr, Rückweg.

2) In einer zweiten Gruppe lassen sich die Substantive zusammenfassen, die in Verbindung stehen mit dem wichtigsten Ziel von Rundreisen, dem Besichtigen. An erster Stelle steht daher auch das Wort 'Besichtigung', das in dieser Gruppe mit Abstand am häufigsten vorkommt, gefolgt von 'Besuch'. Weitere Begriffe sind:

   Stadtbesichtigung, Stadtrundfahrt, Stadtbummel, Führung, Besichtigungsfahrt.

3) Hierunter fallen einige Worte, die gebraucht werden in Verbindung mit dem Aufenthalt an einem Ort. Diese Gruppe wird angeführt von dem Wort 'Aufenthalt' selbst, ferner lassen sich hier eingliedern Ausdrücke wie

   Abendessen (mit seinen Spezifizierungen wie z.B. Galamenü, Weihnachtsmenü, Silvesterdiner ...), Unterkunft, Übernachtung.

Hervorstechendes Merkmal der Sprache innerhalb der Routenbeschreibungen ist die Dominanz der nominalen Glieder. Dabei lassen sich der häufige Gebrauch gewisser Wortgruppen und Wörter konstatieren, die fast formelhaft den Ablauf der Reise darstellen. Mit großem Abstand am häufigsten sind dabei alle Verbindungen mit 'Fahrt' und 'Flug' sowie 'Besichtigung' und 'Besuch'. Auch die weiteren Stilmerkmale der Routenbeschreibungen stehen in engem Zusammenhang mit ihrem nominalen Charakter.

8.2. Möglichkeiten zur Erweiterung der nominalen Gruppe

Die schon für die Sprache der Ferienkataloge im allgemeinen festgestellten Möglichkeiten zur Erweiterung einer nominalen Gruppe finden sich in verstärktem Maße in den Routenbeschreibungen.

8.2.1. Anschluß durch Präpositionen

Präpositionen finden sich hier in noch weit größerem Umfang als in den übrigen Texten. Bei der Beschreibung des Fahrtweges sind oft längere Setzungen, die den Fahrtweg angeben, durch eine Reihung von Präpositionen verbunden. Folgende sind dabei besonders beliebt:

auf, entlang, in, nach, durch, über, vorbei an, weiter, von, zu.

Dabei finden sich dann des öfteren Verbindungen wie

'von ... über ... nach'. 'Weiter ... durch ... entlang ... zu'.

Mehrere Ortsnamen oder geographische Bestimmungen können so durch mehrere Präpositionen beliebig aneinandergereiht werden. Daneben finden sich als Verbindungsglieder oder satzeinleitend Temporaladverbien wie

vormittags, nachmittags, abends, morgens, dann, danach, anschließend.

Der in den sonstigen Texten sehr beliebte präpositionale Anschluß durch 'mit' ist in noch größerer Häufigkeit innerhalb der Routenbeschreibungen anzutreffen. Als Beispiel soll Katalog 4 dienen: In der Routenbeschreibung findet sich knapp 2oo mal präpositionaler Anschluß durch 'mit' bei einer Gesamtanzahl von 1643 Sätzen, gegenüber 114 'mit' bei 1349 Sätzen im übrigen Text. Die durch 'mit' angeschlossenen Satzteile prozentual ausgerechnet auf die Gesamtzahl der ausgezählten Sätze ergibt einen Wert von 12.1 % gegenüber einem Wert von 8.4 % im Hauptteil des Katalogs. Oft bezeichnet dabei 'mit' das Fahrzeug, in dem eine Fahrt unternommen wird, also 'mit dem Bus', 'mit dem Flugzeug'. Daneben wird die Präposition 'mit' gebraucht, um besondere Sehenswürdigkeiten und besondere Eigenheiten auch geographischer Art oder Merkmale eines besuchten Ortes hervorzuheben, z.B. 'mit schöner Kirche', 'mit römischen Ausgrabungen'. Ebenso können besondere Leistungen durch 'mit' hervorgehoben werden: 'mit Besuch des ...', 'mit Weinprobe', 'mit großem Silvesterball'. Besonders beliebt ist es, an die Präposition 'mit' eine längere Aufzählung vor allem von Sehenswürdigkeiten anzuschließen. Die im übrigen Text so häufige Präposition 'für' kommt in den Routenbeschreibungen fast gar nicht vor.

8.2.2. Appositionen und Parenthesen

Entsprechend dem nominalen Charakter der Routenbeschreibungen werden vor allem Apposition und Parenthese benutzt, um eine nominale Gruppe zu erweitern. Wie sehr die Häufigkeit der Apposition innerhalb der Routenbeschreibungen gegenüber dem übrigen Text überwiegt, sollen einige Zahlenbeispiele zeigen: Die erste Zahlenangabe innerhalb der Klammern gibt den Anteil der Appositionen im übrigen Text gegenüber der Gesamtzahl an Sätzen an. Der zweite Wert zeigt die Prozentzahlen, wenn man die Appositionen in Relation zur Gesamtzahl der Sätze stellt, und zwar in Routenbeschreibung und allgemeinem Text: Katalog 4: 2o4 Appositionen bei 1643 ausgezählten Sätzen (4o bei 1349 Sätzen; 12.4 % : 3 %). Katalog 7: 79 Appositionen auf 718 Sätze verteilt (4 bei 194 Sätzen; 11 % : 2 %). Art und Funktion der Appositionen gleichen denen des allgemeinen Textes.[13o] Bei den Parenthesen innerhalb der Routenbeschreibungen ist auffallend, daß so gut wie keine durch Gedankenstrich eingegrenzten Einschübe zu finden sind. Die Einfügungen, deren Anzahl sehr groß ist, werden fast immer gekennzeichnet durch Klammer. Einige Zahlenvergleiche sollen die Häufigkeit von Parenthesen verdeutlichen. Während sich in Katalog 4 z.B.

bei einem Korpus von 1349 ausgezählten Sätzen im Normaltext ein Anteil von 74 Parenthesen in Klammern findet, sind es im gleichen Katalog innerhalb der Routenbeschreibungen bei 1643 ausgezählten Sätzen über 3oo Einfügungen in Klammern (5.5 % : 18.5 %).[131] Im grünen Sonderteil von 5 stehen bei den Routenbeschreibungen 94 Einfügungen in Klammern auf 855 Sätze verteilt, 17 Klammereinfügungen bei 224 Sätzen im Allgemeintext gegenüber (1o.9 % : 7.6 %). Besonders deutlich ist der Unterschied in Katalog 1o, wo 8 Parenthesen in Klammern bei 151 Sätzen in den Kurzcharakterisierungen der Reisen zu finden sind, dagegen 24o Parenthesen in Klammern bei 1267 Sätzen der Routenbeschreibung (5.3 % : 19 %). Schon durch diese Zahlen wird deutlich, wie beliebt Einfügungen in den Routenbeschreibungen sind. Sie dienen verschiedenen Zwecken:

a) Einfügung von Appositionen
b) Hinweis auf Besonderheiten (besondere Einkaufsmöglichkeiten, herrlicher Blick oder Sehenswertes)
c) Zusätzliche Angaben (z.B. Mittagessen, Besichtigung)
d) Preisangaben
e) Höhenangaben
f) Aufzählung von Sehenswürdigkeiten oder sonstige Aufzählungen
g) Dauer der Fahrzeit
h) Angabe des Hauptcharakteristikums eines Ortes, einer besonderen Sehenswürdigkeit sowie zusätzliche Erläuterungen
i) Wiedergabe eines Ortsnamens in deutsch, der in der Originalsprache (polnisch, tschechisch, jugoslawisch) angegeben ist (oder umgekehrt)
j) Übersetzung fremdsprachlicher Begriffe
k) Angabe von Jahreszahlen
l) Angabe von Abfahrts- oder Ankunftszeiten bzw. -orten.

Da die Zahl der vollstrukturierten Sätze insgesamt sehr gering ist, finden sich dementsprechend auch nur ganz vereinzelt Sätze zwischen Klammern. Den Hauptteil der Parenthesen bilden sehr knapp gefaßte Angaben und Aufzählungen (manchmal nur ein Wort oder ein Zeichen).

8.2.3. Infinitivkonstruktionen

Der Verwendung des Supins, das auch als ein Merkmal des Nominalstils angesehen werden kann, kommt sowohl in den Routenbeschreibungen als auch im sonstigen Text auf Grund seines relativ seltenen Vorkommens zu wenig Bedeutung zu, um dies als Stilkriterium besonders zu betonen. Der Infinitiv ist meist durch ein vorangehendes Verb oder eine Wendung bedingt ('Zeit haben zu', 'geschaffen sein zu', 'in der Lage sein zu'). Da diese Wendungen aber auch im allgemeinen Sprachgebrauch durchaus gängig sind und die Häufigkeit ihres Vorkommens in keinem augenfälligen Verhältnis zu anderen Spracherscheinungen steht, soll nur eine Wendung herausgestrichen werden, die sowohl in den Routenbeschreibungen als auch im sonstigen Text eine gewisse Besonderheit darstellt: das häufige Auftauchen der Ausdrücke 'Möglichkeit zu' und 'Gelegenheit zu'. Gelegenheit oder Möglichkeit hat man zu einer Stadtbesichtigung, zu einem Ausflug oder einer Fahrt, aber auch zum Baden, Einkaufen, Schwimmen. Es überwiegt aber die Zahl der Fälle, in denen beide Worte ein Substantiv nach sich führen. Dies trifft im allgemeinen auch auf den Text der Ortsbeschreibungen zu. Hier werden Infinitive meist nur durch die vorangehenden Verben bedingt. Formelhafte Verwendung von 'Gelegenheit zu', 'Möglichkeit zu' ist auch hier anzutreffen, etwas häufiger haben sie hier allerdings substantivierte Infinitive nach sich, während innerhalb der Routenbeschreibungen die Anfügung von Substantiven deutlich überwiegt.

8.3. Sonstige Erscheinungen

Wie schon oben erwähnt ist der Anteil der Nebensätze in den Routenbeschreibungen sehr gering und außer Relativsätzen finden sich nur ganz vereinzelt andere Nebensatzarten. Innerhalb der Routenbeschreibungen sind auch bedeutend weniger Reihungen oder komplizierter strukturierte

Sätze mit mehreren Gliedsätzen anzutreffen. Gelegentliche syndetische Reihungen (Strichpunkt, Komma), ab und an auch asyndetische Reihungen sind nachzuweisen, aber nicht signifikant. Ebenso finden sich kaum mehrere Verben innerhalb eines Satzgefüges. Der Text ist hauptsächlich aufgebaut aus Setzungen ohne Verb, daher ist auch der Anteil all jener Erscheinungen, die mit dem verbalen Aspekt des Satzes in Zusammenhang stehen, relativ gering, so z.B. verschiedene Tempora oder auch das Vorkommen von Imperativ und Passiv. Perfekt und Futur sind nur ganz vereinzelt anzutreffen, ein bißchen häufiger hingegen zeigt sich der Gebrauch des Imperfekts, dieses wird fast ausschließlich gebraucht, um historische Begebenheiten wiederzugeben, ganz selten auch für in der Vergangenheit abgeschlossene Handlungen. Fragesätze finden sich so gut wie nicht und imperativische Wendungen, im Normaltext häufig, sind auch nur gelegentlich anzutreffen. Fast ganz fehlt der Konjunktiv, die seltenen Belege drücken einen Konjunktiv der Höflichkeit aus. Passiv dient ab und zu zur Darstellung unpersönlicher Vorgänge wie im Hauptteil des Textes, allerdings ist auch der Passivanteil zu gering, um ins Gewicht zu fallen. Auffallend gegenüber dem sonstigen Sprachgebrauch der Ferienkataloge ist das geringe Auftreten von Partizipialkonstruktionen, wobei sich häufiger noch Partizip der Vergangenheit, Partizip der Gegenwart jedoch kaum findet. Zahlreich sind Aufzählungen und Reihungen in den verschiedensten Variationen. Die Texte der Routenbeschreibungen erscheinen durch Interpunktion weniger stark strukturiert als der sonstige Text. Dem Gebrauch in den Ortsbeschreibungen entsprechend dient Doppelpunkt vor allem der besonderen Hervorhebung oder zum Anschluß einer längeren Aufzählung; auch der Gedankenstrich signalisiert eine Hervorhebung, die gelegentlich in Form einer Nachstellung nochmals betont werden kann. Strichpunkte sind selten, etwas häufiger nur in Katalog 4, dort können nach dem Strichpunkt Nachstellungen angeschlossen werden, meist nur einzelne Worte, gelegentlich auch Sätze. Um auch die Präpositionen noch einzusparen dienen Gedankenstriche häufig dazu, die Namen einzelner Orte aneinanderzureihen und somit die Fahrtroute anzugeben.

Zusammenfassung(S.225-232)

1. Die Sprache der Routenbeschreibung unterscheidet sich deutlich innerhalb der Satzstruktur von der sonstigen Sprachhaltung der Kataloge.
2. Die Routenbeschreibungen sind deutlich geprägt vom Nominalstil. Dieser zeigt sich vor allem durch
   a) einen extrem hohen Anteil von Setzungen gegenüber wenigen vollstrukturierten Sätzen.
   b) Vorherrschen der Nomina, und zwar sehr häufig formelhafte Verwendung einiger weniger fester Begriffsgruppen. Dazu sei nebenbei erwähnt, daß einige dieser sehr häufig verwendeten Wörter den Genitiv bedingen, vor allem die auf jeder Seite mehrmals anzutreffenden Wörter 'Besuch' und 'Besichtigung'. Dadurch ergibt sich ein sehr hoher Anteil von Genitivobjekten, deren Schwinden in der Allgemeinsprache sonst von den Sprachkritikern so bedauert wird. Hier steht die Sprache der Routenbeschreibungen, wie auch zum Teil die der Kataloge, im deutlichen Gegensatz zu sonstigen Sprachtendenzen. Der Genitiv ist hier ein oft gebrauchter Kasus.
   c) Hoher Anteil an Präpositionen, dabei am beliebtesten der Anschluß durch 'mit'.
   d) Auffallend große Anzahl von Appositionen und in Klammern gesetzten Parenthesen.
3. Der Nominalstil zeitigt eine sehr prägnante und kurze Darbietung auf engstem Raum, da alle aufgezählten Faktoren zur Erweiterung der nominalen Phrase beitragen. Er bewirkt Sachlichkeit und Nüchternheit. Dadurch wird

ein knapper Überblick des Reiseprogramms geboten, der jedoch die vielfältigsten Aspekte mitbeinhalten kann. Die Routenbeschreibungen sind geprägt durch syntaktische Reduzierung zugunsten umfangreicher Nominalgruppen, Ersparung redundanter Elemente und ein Höchstmaß von Präzisierung auf engstem Raum. Dies dient dazu, einen knappen, leicht rezipierbaren aber doch detaillierten Überblick über das Angebot zu bieten.

4. Die Routenbeschreibungen bestätigen das für die Allgemeinsprache als kennzeichnend konstatierte Vordringen des Nominalstils, allerdings ohne dabei eine Vermehrung der Streckformen des Verbs zu bewirken.[132]

Um auch an Hand von Beispielen den Nominalstil innerhalb der Routenbeschreibungen zu verdeutlichen, seien die folgenden Beispiele angeführt, die willkürlich aus dem Zusammenhang genommen sind, nicht alle Charakteristika aufzeigen können, trotzdem aber einen signifikanten Eindruck der Sprache der Routenbeschreibungen wiedergeben:

> Stadtrundfahrt durch Kampala - "Hügel der Antilope": Moscheen, Kathedralen, das Fort. Von Entebbe aus fliegen Sie zurück nach Nairobi. Gegen Abend Abfahrt im klimatisierten Schlafwagen nach Mombasa. (1/165)

> 2.Tag (Mi): Granada. Besichtigung der Alhambra, des Alcazaba, des Generalife, der Königskapelle, Spaziergang durch das arabische Viertel. Möglichkeit einer Zambra-Vorstellung bei den Zigeunern. 3. Tag (Do): Weiterfahrt nach Cordoba. Besichtigung. 4. Tag (Fr): Weiterfahrt nach Sevilla. Möglichkeit zu einer Kutschenrundfahrt und abends Besuch eines Flamenco-Lokals. (2/81)

> 12. Tag: Im Herzen der Abruzzen zur romanischen Basilika S.Giusta in Bazzano (byzantinischer Freskenzyklus), zur Wallfahrtskirche S.Paolo di Peltuino, über Popoli mit der "Herzogsschenke", zur Zisterzienserabtei S.Clemente a Casauria (11. und 12. Jh.), zur romanischen Basilika Valvense (S.Pelino) an der Stelle des antiken Corfinium, der Hauptstadt der Italiker, und nach Sulmona, Geburtsort Ovids mit Kirchen und Palästen des Mittelalters. (4/81)

> 13. und 14. Tag: Aufenthalt in der Weichselstadt Krakau, mit zahlreichen Hochschulen, der Jagiellonischen Bibliothek und wertvollen Baudenkmälern. Ausflüge zur

neuen Muster-Industriestadt Huta (Wohn- und Sozialanlagen) und zur Gedenkstätte Oswiecim (Auschwitz). 15.Tag: Fahrt nach Czestochowa: Wallfahrtskirche der Muttergottes von Tschenstochau. Weiter über Opole (Oppeln) nach Wroclaw (Breslau). (4/84)

31.12.: 12 Uhr Ankunft in Helsinki und Transfer zum Flughafen. Weiterfahrt nach Rovaniemi und Bustransfer zum Polar-Hotel Ounasvaara. 21 Uhr festliches Abendessen, anschließend Silvestertanz mit Unterhaltungsprogramm. 1.1.: Nach dem Frühstück Ausflug zum Polarkreis, wo jedem Teilnehmer anläßlich der Polarkreisüberschreitung ein Zertifikat überreicht wird. Anschließend Stadtrundfahrt durch Rovaniemi. Gelegenheit zu einer Motorschlittenfahrt oder zu einem Saunabesuch. (5/gr.8)

4. Tag: Zur freien Verfügung. Mittwoch und Sonntag 13.3o Uhr Gelegenheit zur Nordseeland-Rundfahrt. Preis ca. Dkr. 38.-. 5. Tag: Ca. 7.3o Uhr Transfer zum Schiffsanleger. Abfahrt MS "Finlandia" 9.3o Uhr ab Fährhafen Nord. Ankunft Travemünde-Skandinavienkai 18.oo Uhr. (6/41)

Fahrt zum Hafen Gruz nach Dubrovnik. Rundgang durch die mittelalterliche Stadt. Franziskanerkloster mit stimmungsvollem Kreuzgang und der ältesten Kloster-Apotheke Europas "Placa", die Hauptstraße mit den vielen kleinen Läden und Kaffeehäusern. Luza-Platz mit Standbild des Roland, Rektorenpalast u.a.m. (7/15)

Besichtigung des Hypogeums (prähistorischer Tempel), der Stadt Rabat, des Großen Domes von Mosta (drittgrößter Kuppelbau Europas) und Mdina, der alten Hauptstadt. (7/39)

Gelegenheit zu einem ganztägigen Ausflug zum Krater See von Debre Zeit und weiter nach Koka Dam. Mittagessen und Möglichkeit zu einer Erfrischung im Swimmingpool des Galila Palace Hotels, der ehemaligen Sommerresidenz Kaiser Haile Selassis. Anschließend Weiterfahrt zu einem Nilpferdteich und durch die Zuckerplantagen von Wonji zurück nach Addis Abeba. (8/8)

Fahrt durch das Land Zemmour und Besichtigung der exotischen Gärten. In Bouknadel Mittagessen. Besichtigung von Rabat. Die tote Stadt von Chella, der Turm von Hassan, das archäologische Museum, die Kasbah der Oudaias. Abendessen und Unterkunft. (9/48)

München 7.3o ab Ecke Neuhauser/Kapellenstraße - auf der Olympiastraße nach Garmisch - Fernpaß - Imst. Das Inntal aufwärts, vorbei an den Ötztaler Alpen über Landeck nach Pfunds. Weiter hinauf zum Hochfinstermünzpaß mit herrlichem Blick ins Engadin - üb. den Reschenpaß - Malserheide - vor uns der imposante Ortler, hinunter nach Meran, dem weltberühmten Kurort. Weiterfahrt durch das burgenreiche Etschtal über Terlan, vorbei an Trient nach Riva am Gardasee. (1o/15)

Fahrt durch herrliche Rhônelandschaft nach Montelimar und Avignon (Papstpalast, Pont d'Avignon, Stadtmauer). Durch die fruchtbare Provence nach St.Remy (römische Denkmäler, Van Gogh) und Les Baux (verlassenes romantisches Bergdorf). Über Salon nach Marseille. (1o/2o)

9. Zur Satzlänge

Wie bereits schon mehrfach erwähnt, wird in fast allen Werbehandbüchern auf die Bedeutung kurzer, klar strukturierter Sätze hingewiesen, um die geistige Kapazität des Durchschnittslesers nicht zu überschreiten und sich dadurch eine breite Schicht verstehender Leser zu sichern.

Auch die Kommunikationsforschung weist immer wieder auf die Wichtigkeit leicht rezipierbarer Sätze hin: "Als Faustregel kann gesagt werden, daß sich die Verständlichkeit von Texten umgekehrt proportional zur Anzahl der in ihren syntaktischen Verbänden jeweils verwendeten Wörtern verhält. Eine Satzlänge bis zu acht bis zu neun Wörtern hat die größte Chance sicher verstanden und mit spontanen Reaktionen beantwortet zu werden. ... Die leichte Verständlichkeit kurzer, klar strukturierter Sätze läßt zugleich erwarten, daß die Werbebotschaft nicht nur kurzzeitig aufgenommen wird, daß sie sich vielmehr auch 'einprägt' und gelernt wird."[133] Es wird jedoch ein ausgewogenes Maß an kurzen, mittleren und auch längeren Sätzen gefordert. Denn: "Kurze Sätze wirken nämlich nur dann eindringlich, wenn sie hin und wieder durch etwas längere, stärker gegliederte Sätze unterbrochen sind. Nur kurze Sätze reizen genausowenig wie nur lange Sätze."[134]

Im Folgenden soll nun eine Übersicht über die Verteilung der Satzlängen gegeben werden, wobei jeder Prospekt einzeln analysiert wurde. Es wurden einige Seiten willkürlich herausgegriffen und ihre Satzlänge ausgezählt, wobei jedoch immer die Beschreibung der Hotels, die später noch gesondert behandelt wird, ausgeklammert wurde. Die Auszählung der Satzlängen ergab, daß meist kein Unterschied zwischen Überschriften, Ortstexten und Routenbeschreibungen besteht, so daß die Ergebnisse zum großen Teil gemeinsam verwertet werden konnten. Schwierigkeiten zeigten sich bei der Festlegung dessen, was als ein Wort zu werten ist: Bindestrichbildungen, die als ein Begriff aufzufassen sind, wurden als ein Wort gezählt, längere Bindestrichkomposita jedoch als mehrere Wörter. Zahlenangaben wie 'm', 'km' oder'Std.' wurden ebenfalls als ein Wort gerechnet, jedoch nur bei Abkürzungen und nicht, wenn dem Zahlwort ein längerer Begriff folgt. Als ein Ortsname wurden gewertet Bildungen mit 'd'' oder 'St.', nicht jedoch Ortsnamen, die aus mehreren Wörtern zusammengesetzt sind. Auf Grund der verschieden langen Prospekte (sie schwanken zwischen 32 und 2oo Seiten) ist auch die Zahl der ausgezählten Sätze nicht immer gleich. Jedoch wurde versucht, eine möglichst große Anzahl von Sätzen zu berücksichtigen, um ein gesichertes Ergebnis, das nicht auf Zufälligkeiten beruht, zu erhalten. Als Satz werden, wie schon oben definiert, alle Worte zwischen zwei Punkten gewertet; Semikolon gilt nicht als satztrennend. Der jeweils längste Satz soll als Extrembeispiel angeführt werden. Einwortsätze sind häufig und brauchen daher nicht besonders betont zu werden.

1) Ausgezählt wurden die Satzlängen auf den Seiten 8 mit 17, 34 mit 43, 52 mit 61, 84 mit 93, 146 mit 155, 164/165. Die Anzahl der ausgewerteten Sätze beträgt 97o. Für diese 97o Sätze ergibt sich eine durchschnittliche Satzlänge von 9.5 Wörtern pro Satz. Es zeigen sich innerhalb der Satzlängen relativ selten Extremwerte. Die Werte zwischen den Häufigkeiten der jeweiligen Satzlängen nehmen kontinuierlich und nicht sprunghaft ab. Am häufigsten sind Sätze mit

4 Wörtern, dicht gefolgt von solchen mit 6, 7, 8 und 5 Wörtern:

1. Rang: 4 Wörter = 8.5 %	6. Rang: 3 Wörter = 6.4 %
2. Rang: 6 Wörter = 7.7 %	7. Rang: 9 Wörter = 6.2 %
3. Rang: 7 Wörter = 7.5 %	8. Rang:1o Wörter = 6 %
4. Rang: 8 Wörter = 7.4 %	9. Rang:11 Wörter = 5.3 %
5. Rang: 5 Wörter = 7.3 %	1o. Rang:13 Wörter = 5.1 %[135]

Einwortsätze finden sich mit einem Anteil von 4.2 % an 11. Stelle dieser Skala. Die Werte nehmen mit zunehmender Satzlänge beständig ab. Die Sätze mit mehr als 2o Wörtern liegen mit Ausnahme von 23 Wörtern (1.2 %) unter einem Prozent. Je einmal finden sich Sätze mit 31, 35, 36, 42 und 45 Wörtern. Mit 46 Wörtern der längste Satz scheint relativ verständlich:

> Aber auch der Abend kann sich sehen lassen: mal richtig spanisch essen im "Las Flores" oder "Monte del Moro", tanzen im "Beach Club" (ganz neu und ganz "in"), und wenn Ihnen das alles noch zu wenig ist - das Nachtleben von Las Palmas ist ja nicht weit. (1/55)

2) Auch hier wurden Überschriften, Ortsbeschreibungen und Rundfahrten gemeinsam ausgezählt, da die Satzlängen in allen Textbereichen mit gleicher Häufigkeit erscheinen. Ausgezählt wurden 9o4 Sätze[136], wobei sich eine durchschnittliche Satzlänge von 1o.7 Wörtern pro Satz ergab. Mit relativ deutlichem Abstand nehmen Sätze mit 8 Wörtern die erste Stelle ein; auch hier liegen die Werte dann nahe zusammen, kurze Sätze mit 1 oder 2 Wörtern sind gering (2.3 % und 3.5 %), dafür finden sich aber Sätze mit 14, 15 und 16 Wörtern schon unter den ersten zehn Stellen der Skala. Sätze mit über 2o Wörtern nehmen (hier ist die Ausnahme 24 Wörter = 1.3 %) einen Prozentsatz unter 1 % ein. Sätze mit über 3o Wörtern finden sich nur mehr mit ein oder zwei Belegen.

1. Rang: 8 Wörter = 8.1 %	4. Rang: 9 Wörter = 6.2 %
2. Rang: 7 Wörter = 7 %	5. Rang: 1o Wörter = 6.1 %
3. Rang: 5 Wörter = 6.6 %	11 Wörter = 6.1 %

6. Rang: 4 Wörter = 5.9 %	1o. Rang:	3 Wörter = 4 %
7. Rang: 6 Wörter = 5.6 %		15 Wörter = 4 %
8. Rang:12 Wörter = 5.3 %		16 Wörter = 4 %
9. Rang:14 Wörter = 5 %		

Den Hauptanteil der Sätze bilden solche mit Längen zwischen 4 und 16 Wörtern. Der längste Satz mit 42 Wörtern ist dadurch, daß er zum größten Teil aus Aufzählungen besteht, leicht verständlich:

> Aber auch Angeln und Fahrradfahren können Sie hier, Bowling, Tennis und Minigolf spielen, schwimmen oder ein Moorbad nehmen (denn Neptun ist gleichzeitig auch Kurort), Liegestühle und Sonnenschirme am Strand mieten - und das alles zu Preisen, die die Reisekasse nicht zu sehr strapazieren. (2/115)

3) Bei diesem Prospekt dienen als Grundlage nur 397 ausgezählte Sätze, was dadurch bedingt ist, daß der Prospekt an sich nicht sehr lang ist (es wurden 5o Seiten, das entspricht 2/3 des Gesamttextes, ausgezählt)[137], daß nur die Ortsbeschreibungen ausgezählt wurden und nicht die stichwortartigen Angaben und Aufzählungen über Sporteinrichtungen und Unterhaltungsmöglichkeiten (hier ist die Interpunktion zu willkürlich, da Punkte zwischen die Aufzählungen gesetzt werden, die auch noch länger weitergeführt werden könnten) und schließlich dadurch, daß die Sätze im allgemeinen länger sind. Es zeigen sich kaum Extremwerte. Die durchschnittliche Satzlänge beträgt 13.1 Wörter pro Satz, die Werte für mittellange Sätze liegen nahe beieinander. Sätze mit 1, 2 oder 3 Wörtern sind sehr selten (1 %, 2 %, 1.8 %):

1. Rang:	11 Wörter = 6.5 %	6. Rang:	8 Wörter = 5.3 %
2. Rang:	6 Wörter = 6.3 %		18 Wörter = 5.3 %
3. Rang:	14 Wörter = 6 %	7. Rang:	15 Wörter = 4.5 %
4. Rang:	1o Wörter = 5.8 %	8. Rang:	16 Wörter = 4.3 %
	12 Wörter = 5.8 %	9. Rang:	4 Wörter = 3.8 %
5. Rang:	9 Wörter = 5.5 %		7 Wörter = 3.8 %
	13 Wörter = 5.5 %		17 Wörter = 3.8 %
		1o. Rang:	5 Wörter = 3.3 %

Ein deutlicher Schwerpunkt ergibt sich bei Sätzen mit einer Wortanzahl zwischen 1o und 18, wobei als Ausnahme 6

Wörter schon an vorderer Stelle stehen. Sätze mit über 3o Wörtern finden sich nur mehr mit je einem Beleg. Auffallend ist, daß alle Werte sehr nahe beisammen liegen, Extremwerte nicht zu finden sind. Der längste Satz besteht aus 36 Wörtern, was aber bei der oft vorkommenden hohen Satzlänge nicht besonders auffallend ist.

4) Bei 1o13 ausgezählten Sätzen[138] beträgt die Durchschnittslänge 8.1 Wörter pro Satz, wobei den höchsten Anteil die Sätze mit 4 Wörtern haben:

1. Rang:	4 Wörter	=	9.2 %	6. Rang:	3 Wörter	=	7.8 %
2. Rang:	2 Wörter	=	8.9 %	7. Rang:	5 Wörter	=	6.8 %
3. Rang:	6 Wörter	=	8.7 %	8. Rang:	9 Wörter	=	6.7 %
4. Rang:	7 Wörter	=	8.1 %	9. Rang:	1 Wort	=	5.o %
5. Rang:	8 Wörter	=	7.9 %	1o. Rang:	1o Wörter	=	4.8 %

Der Schwerpunkt liegt bei Sätzen zwischen einem und 1o Wörtern. Die Anzahl der Sätze nimmt mit zunehmender Satzlänge ab, wobei ab 21 Wörtern die Prozentzahlen unter 1 % liegen. Gelegentlich erscheinen auch Sätze mit über 4o Wörtern, ein Extremwert findet sich bei einem Satz mit 75 Wörtern:

> Im Inneren kontrastieren die lyrische Zartheit der englischen Wiesenlandschaft, die in erstaunlichem Ausmaß erhalten blieb, mit der romantischen Bergwelt Schottlands; die aus Traditionsbewußtsein und weltweitem Unternehmungsgeist gemischte englische Lebensart mit dem kernig-eigenbrötlerischen Freiheitssinn der Schotten; eine Fülle edelster Kathedralen, trutziger Burgen, aristokratischer Schlösser und Herrenhäuser, verträumter und unversehrter Landstädtchen mit den gewaltigen Metropolen, die die Geburtsstätten der industriellen Revolution der Neuzeit waren und deren Jugend mit Beat- und Popmusik eine neue Art von Weltkultur erschloß. (4/72)

5) Die allgemeinen Ortsbeschreibungen des Katalogs, also Winterreisen, und Weihnachts- und Silvestersonderfahrten des grünen Sonderteils wurden zusammen ausgezählt und ausgewertet, da die errechneten Angaben in hohem Maße kongruieren. Eine Auszählung der Sätze innerhalb der Beschreibungen des Tagesablaufs aber ergab einen so großen Unterschied

zur Satzlänge des übrigen Textteils, daß dieser gesondert behandelt wurde, um das Ergebnis nicht zu verfälschen. Bei 718 ausgezählten Sätzen[139] zeigt sich die relativ hohe Durchschnittslänge von 14.5 Wörtern pro Satz. Sätze mit mehreren Wörtern sind also durchaus geläufig, während nur ein Einwortsatz anzutreffen ist und Sätze mit 2 Wörtern nur 2.9 % der Gesamtsätze ausmachen. Die Übersicht ergibt folgendes Bild:

1. Rang:	13 Wörter = 6 %	6. Rang:	1o Wörter = 4.6 %
2. Rang:	8 Wörter = 5.6 %		14 Wörter = 4.6 %
3. Rang:	11 Wörter = 5.3 %	7. Rang:	17 Wörter = 4.3 %
4. Rang:	7 Wörter = 5 %	8. Rang:	9 Wörter = 4.2 %
	12 Wörter = 5 %	9. Rang:	6 Wörter = 3.8 %
5. Rang:	15 Wörter = 4.9 %	1o. Rang:	5 Wörter = 3.6 %
			18 Wörter = 3.6 %

Der Schwerpunkt innerhalb der Satzlängen liegt hier bei einer Wortanzahl pro Satz zwischen 5 und 18. Die relativ hohe Durchschnittssatzlänge ergibt sich ferner aus dem häufigen Vorkommen von Sätzen mit über 2o Wörtern: so finden sich Sätze mit 24 Wörtern genauso häufig wie solche mit nur 3, es sind auch noch Sätze mit über 4o Wörtern anzutreffen, der längste Satz hat 55:

> Acht prachtvolle Brücken überspannen die Donau, die die ehemalige Römerstadt Aquincum mit ihren gut erhaltenen Baudenkmälern (darunter 2 Amphitheater und zahlreiche Thermalbäder) in zwei Hälften teilt: in das heute noch altertümliche Buda mit seinen winkligen Gäßchen und Gaslaternen, seinen altehrwürdigen Häusern und kleinen Kneipen, und in das lebhafte Pest mit seinen modernen Hochhäusern und breiten Alleen. (5/gr.14)

Ganz anders dagegen sieht das Gesamtbild bei der Beschreibung des Ablaufs der einzelnen Tage aus. Bei 565 ausgezählten Sätzen[14o] ergab sich eine Durchschnittslänge von 7.2 Wörtern pro Satz, also weniger als die Hälfte gegenüber dem übrigen Textteil. Ganz klar führen hier die kurzen Sätze:

1. Rang:	3 Wörter = 15.4 %	6. Rang:	8 Wörter = 6.9 %
2. Rang:	4 Wörter = 11.9 %	7. Rang:	1 Wort = 5.5 %
3. Rang:	5 Wörter = 9.7 %	8. Rang:	2 Wörter = 4.2 %
4. Rang:	6 Wörter = 8.3 %		12 Wörter = 4.2 %
5. Rang:	7 Wörter = 8.1 %	9. Rang:	1o Wörter = 4.1 %
		1o. Rang:	13 Wörter = 3.9 %

Mit deutlichem Abstand an erster Stelle liegen die Sätze mit 3 Wörtern. 37 %,also über ein Drittel der Gesamtzahl, wird von Sätzen oder Setzungen mit 3 bis 5 Wörtern eingenommen. Ab einer Satzlänge von 14 Wörtern kommen nur noch Prozentzahlen knapp über ein Prozent, ab 19 Wörtern unter ein Prozent vor, dann werden im Gegensatz zum übrigen Textteil die Sätze mit hoher Wortanzahl generell sehr gering. Isoliert steht ein Satz mit 4o Wörtern:

> Nach dem Frühstück um 1o.3o Uhr Bustransfer zum Bahnhof Göteborg und Weiterfahrt mit Eisenbahn (2.Klasse; Mittagessen im Speisewagen) nach Stockholm (Ankunft 16.oo Uhr), Transfer zum Hotel Sheraton(2oo m vom Bahnhof) und Unterbringung in Komfortzimmern mit Klimaanlage, Bad, Dusche, WC, Radio und Fernseher. (5/gr.9).

6) Die relativ hohe Satzlänge, die im Durchschnitt bei 12.6 Wörtern liegt, unter Berücksichtigung von 835 ausgezählten Sätzen[141], wird bedingt durch das häufige Vorhandensein von Sätzen mit über 3o und über 4o Wörtern, obwohl in der Häufigkeit der Sätze ein Schwerpunkt bei einer Wortanzahl zwischen 1 und 12 liegt:

1. Rang:	5 Wörter = 7.1 %		6. Rang:	9 Wörter = 4.9 %
2. Rang:	7 Wörter = 5.9 %		7. Rang:	11 Wörter = 4.4 %
3. Rang:	8 Wörter = 5.6 %		8. Rang:	2 Wörter = 4.3 %
4. Rang:	6 Wörter = 5.5 %		9. Rang:	1 Wort = 4.2 %
5. Rang:	3 Wörter = 5 %		1o. Rang:	12 Wörter = 3.7 %
	4 Wörter = 5 %			

Deutlich herausragende Werte lassen sich nicht registrieren. Unter 1 % liegen erst Sätze mit mehr als 31 Wörtern. Der längste Satz zählt 52 Wörter und ist, da er hauptsächlich eine Aufzählung beinhaltet,leicht verständlich:

> Die Bauernhöfe liegen bei Furtwangen/Brend, beiderseits des Elztales, rund um den Turner, um Freiburg, am Titisee und am Schluchsee, im südlichen Feldberggebiet, bei Badenweiler/Blauen, im Blechengebiet sowie im südlichen Schwarzwald/Hochrhein, und zwar in Höhen zwischen 55o und 1 o5o m (bei Buchung - nur für Selbstfahrer - bitte die gewünschte Höhenlage angeben). (6/3o)

7) 699 Sätze wurden ausgezählt.[142] Die allgemeinen Beschreibungen und die Routenbeschreibungen, die sich beide in der Satzlänge gleichen, wurden gemeinsam behandelt. Es ergibt sich eine durchschnittliche Satzlänge von 11.8 Wörtern pro Satz, wobei der Schwerpunkt bei Sätzen liegt, die eine Wortanzahl zwischen 5 und 15 besitzen. Einwortsätze sind selten (2 %):

1. Rang:	5 Wörter	= 7.9 %	6. Rang:	7 Wörter	= 6 %
2. Rang:	1o Wörter	= 7 %	7. Rang:	12 Wörter	= 5.4 %
3. Rang:	9 Wörter	= 6.9 %	8. Rang:	15 Wörter	= 5.2 %
4. Rang:	14 Wörter	= 6.6 %	9. Rang:	11 Wörter	= 5 %
5. Rang:	6 Wörter	= 6.3 %	1o. Rang:	8 Wörter	= 4.9 %

Auch hier gibt es keine extremen Abstände zwischen den einzelnen Werten. Auch Sätze mit über 2o Wörtern erreichen noch einen prozentualen Anteil, der über 1 % liegt, ebenso finden sich vereinzelt Sätze mit über 3o Wörtern. Der längste Satz besteht aus 52 Wörtern:

> Am Nachmittag Fahrt nach Lindos, der berühmtesten der dorischen Städte von Rhodos, Besichtigung der Akropolis auf dem Steinfelsen über der See und der Ruinen aus drei geschichtlichen Perioden mit Propyläen und dem Tempel der Athene, des Ordensritter-Kastells sowie des Dorfes selbst, in dem sich in vielen Häusern wertvolle Sammlungen rhodischer Keramik befinden. (7/9)

8) Auch hier konnten allgemeiner Text und Routenbeschreibungen zusammengefaßt werden, da die jeweiligen Satzlängen fast kongruent sind. Bei 765 ausgezählten Sätzen[143] ergibt sich dabei eine durchschnittliche Satzlänge von 9.2 Wörtern. Kurze Sätze mit ein oder 2 Worten sind sehr gering (o.5 %, 1.3 %). Ein deutlicher Schwerpunkt liegt bei Satzlängen zwischen 5 und 14 Wörtern, wobei Sätze mit mehr als 2o Wörtern relativ selten sind.

1. Rang:	5 Wörter	= 1o.8 %	6. Rang:	8 Wörter	= 7.3 %
2. Rang:	6 Wörter	= 9.7 %	7. Rang:	4 Wörter	= 6.4 %
3. Rang:	9 Wörter	= 9 %	8. Rang:	12 Wörter	= 5.8 %
	1o Wörter	= 9 %	9. Rang:	14 Wörter	= 4.2 %
4. Rang:	7 Wörter	= 8.6 %	1o. Rang:	13 Wörter	= 3.8 %
5. Rang:	11 Wörter	= 7.7 %			

Die Sätze mit 5 Wörtern nehmen einen breiten Raum ein, der Abstand zwischen der Häufigkeit der einzelnen Satzlängen ist etwas größer als in anderen Katalogen. Da Sätze mit über 2o Wörtern schon selten anzutreffen sind, hat auch der längste Satz nur 32 Wörter:

> In Herat, das für die schönsten Kunstbauten seines Landes berühmt ist, sehen Sie den Gazargah-Schrein mit dem Grabmal des Poeten und Philosophen Khwaja Ansari, den Basar, die Moschee und die alten Stadtmauern. (8/14)

9) Rundreisen, Angaben über Sport und sonstige Einrichtungen wie auch der allgemeine Ortstext wurden zusammen ausgezählt, da ihre Satzlängen in etwa übereinstimmen. Bei 76o ausgezählten Sätzen[144] ergab sich eine durchschnittliche Satzlänge von 9.2 Wörtern. Es überwiegen der Reihenfolge ihrer Häufigkeit nach zwar deutlich Sätze mit nur 3 oder 4 Wörtern, da sich aber auch Sätze mit über 2o und solche mit über 3o Wörtern finden, ergibt sich eine relativ hohe Gesamtdurchschnittslänge:

1. Rang:	4 Wörter = 1o.9 %	6. Rang:	5 Wörter = 6.4 %
2. Rang:	3 Wörter = 1o %	7. Rang:	8 Wörter = 6.2 %
3. Rang:	6 Wörter = 7.8 %	8. Rang:	2 Wörter = 5.3 %
4. Rang:	7 Wörter = 7.4 %	9. Rang:	1o Wörter = 5.1 %
5. Rang:	9 Wörter = 6.8 %	1o. Rang:	12 Wörter = 3.9 %

Einwortsätze haben einen prozentualen Anteil von 3.8 %, der längste Satz besteht aus 45 Wörtern:

> Im Club suchen Sie sich von einer üppigen Tafel aus, was und wieviel Sie mögen: Fruchtsaft, Brot, Brötchen, Kuchen, Quark, Marmelade, Wurst, Schinken, kaltes Fleisch, Butter, Käse, Eier, Obst, nehmen an einem Tisch Platz, an dem Platz ist und trinken Ihren Tee, Kaffee oder Kakao. (9/8)

1o) 1242 Sätze wurden ausgezählt[145], wobei sich eine durchschnittliche Satzlänge von 11.8 Wörtern ergab:

1. Rang:	3 Wörter = 8.6 %	6. Rang:	5 Wörter = 5.3 %
2. Rang:	4 Wörter = 7.3 %	7. Rang:	1o Wörter = 5.2 %
3. Rang:	8 Wörter = 6.7 %	8. Rang:	7 Wörter = 4.6 %
4. Rang:	6 Wörter = 6 %	9. Rang:	11 Wörter = 4.3 %
5. Rang:	9 Wörter = 5.6 %	1o. Rang:	12 Wörter = 4.2 %
			13 Wörter = 4.2 %

Es liegt zwar eine Betonung auf Sätzen mit Längen zwischen 3 und 13 Wörtern, da aber, wenn auch mit geringen Prozentzahlen Sätze mit über 3o, über 4o und sogar über 5o Wörtern auftreten, resultiert daraus eine höhere Durchschnittssatzlänge. Mit zunehmender Wortanzahl nimmt auch die Häufigkeit ab. Ein- und Zweiwortsätze erscheinen aber nur mit einem prozentualen Wert von 2.3 und 2.7 % und liegen damit erst nach Sätzen mit 14 bis 18 Wörtern. Der längste Satz hat 55 Wörter. Diese extrem langen Sätze treten sowohl in den einführenden Texten als auch in den Routenbeschreibungen auf, in beiden Fällen sind die Satzlängen im allgemeinen kongruent. Die häufigen 3- und 4-Wort-Sätze geben sehr oft Ort und Datum der Abfahrt bzw. der Ankunft wieder. Die Zeichen für Mittagessen oder Kaffeepause wurden jeweils als ein Wort gezählt.

> München 7.oo Uhr ab Ecke Neuhauser/Kapellenstraße - über Landsberg - Memmingen ( ) - Friedrichshafen - Meersburg (Fähre über den See) - Konstanz ( ) und weiter über Winterthur nach Zürich, der größten und modernsten Stadt der Schweiz (und kurze Rundfahrt), dann auf der Nationalstraße weiter nach Bern, der Regierungsstadt (, Rundgang) und durch das historische Murten am See nach Payerne. (1o/26)

Zusammenfassung (S.235-244)

1. Nimmt man die Durchschnittslänge der Sätze aller Kataloge zusammen, so ergibt sich ein mittlerer Wert von 1o.7 Wörtern pro Satz. Die Durchschnittswerte aller Kataloge liegen damit im Bereich der mittleren Satzlänge.
2. Auffallend ist, daß die Winterkataloge 3, 5 und 6 höhere durchschnittliche Satzlänge besitzen, bedingt durch umfangreiche Nominalphrasen.
3. Nimmt man als Grundlage für eine Kategorisierung der Satzlängen die Einteilung von O.W.Haseloff[146], der Sätze bis zu 8 Wörtern als kurz, von 9 bis 22 Wörtern als mittellang und ab 23 Wörtern als lang einstuft, so sind ohne Einschränkungen alle Satzlängen in den Katalogen vertreten. Kurze und mittellange Sätze halten sicn in etwa die Waage und bilden den Schwerpunkt in der Häufig-

keit des Vorkommens, während lange Sätze seltener auftauchen, dann aber extrem lang sein können.

4. Mittellange und lange Sätze werden häufig bedingt durch weitschweifige Aufzählungen und stark aufgeschwellte nominale Glieder, sie können, da sie syntaktisch durchschaubar konstruiert sind, vom Leser leicht rezipiert werden.
5. Innerhalb der Kataloge zeigen sich zwar Präferenzen für bestimmte Satzlängen, es wechseln jedoch Sätze aller Längen, was einer Auflockerung zugute kommt und der Ermüdung beim Lesen entgegenwirtk.
6. Die für die Allgemeinsprache festgestellte Tendenz zu kürzeren Sätzen wird somit in gewisser Weise bestätigt, jedoch liegt der Schwerpunkt nicht eindeutig bei kurzen, sondern im gleichen Maß auch bei mittellangen Sätzen. Das Verständnis extrem langer Sätze wird dem Leser aber ebenso zugetraut. Die Vielfalt der Satzlängen ist erstaunlich und für werbliche Kommunikation überraschend.
7. Bevor ein Vergleich mit Satzlängen anderer Stilbereiche versucht wird, soll in einer Tabelle ein Überblick über die Schwerpunktverteilung der Satzlängen gegeben werden:

1)	1 - 1o Wörter = 64.o %	1 - 2o Wörter = 94.1 %
	11 - 2o Wörter = 3o.1 %	
	über 2o Wörter = 5.9 %	
2)	1 - 1o Wörter = 55.3 %	1 - 2o Wörter = 93.1 %
	11 - 2o Wörter = 37.8 %	
	über 2o Wörter = 6.9 %	
3)	1 - 1o Wörter = 38.6 %	1 - 2o Wörter = 85.6 %
	11 - 2o Wörter = 47.o %	
	über 2o Wörter = 14.4 %	
4)	1 - 1o Wörter = 73.9 %	1 - 2o Wörter = 96.7 %
	11 - 2o Wörter = 22.8 %	
	über 2o Wörter = 3.3 %	
5)	1 - 1o Wörter = 35.5 %	1 - 2o Wörter = 78.4 %
	11 - 2o Wörter = 42.9 %	
	über 2o Wörter = 21.6 %	
	Routenbeschreibung	
	1 - 1o Wörter = 77.6 %	1 - 2o Wörter = 98.o %
	11 - 2o Wörter = 2o.4 %	
	über 2o Wörter = 2.o %	

6) 1 - 1o Wörter = 5o.7 % 1 - 2o Wörter = 8o.2 %
11 - 2o Wörter = 29.5 %
über 2o Wörter = 19.8 %

7) 1 - 1o Wörter = 49.6 % 1 - 2o Wörter = 88.7 %
11 - 2o Wörter = 39.1 %
über 2o Wörter = 11.3 %

8) 1 - 1o Wörter = 66.3 % 1 - 2o Wörter = 97.o %
11 - 2o Wörter = 3o.7 %
über 2o Wörter = 3.o %

9) 1 - 1o Wörter = 69.7 % 1 - 2o Wörter = 92.1 %
11 - 2o Wörter = 22.4 %
über 2o Wörter = 7.9 %

1o) 1 - 1o Wörter = 54.2 % 1 - 2o Wörter = 87.o %
11 - 2o Wörter = 32.8 %
über 2o Wörter = 13.o %

Nimmt man den Durchschnittswert aller Kataloge so ergibt sich das folgende Bild:

1 - 1o Wörter = 57.8 % 1 - 2o Wörter = 9o.1 %
11 - 2o Wörter = 32.3 %
über 2o Wörter = 9.9 %

Satzlängen mit Wörtern zwischen 1 und 2o nehmen somit durchschnittlich 9o % aller Sätze ein. In den Sommerkatalogen liegen die Werte für 1 - 1o-Wort-Sätze fast ausschließlich über 5o % und die Werte für 1o - 2o-Wort-Sätze bei Werten um 3o %, während das Verhältnis für die Winterkataloge annähernd umgekehrt ist, da sich in den Winterkatalogen stereotyp weitschweifende Nominalgruppen finden. Die Werte für Sätze mit über 2o Wörtern sind in den Sommerkatalogen 1, 2 und 4 sehr gering, in den Winterkatalogen entsprechend der Dominanz der 1o - 2o-Wort-Sätze entschieden höher, auch in den Katalogen 7 und 1o, da diese Kataloge Rundreisen beschreiben, wobei die langen Sätze vornehmlich durch Aufzählungen von Besichtigungspunkten und Sehenswürdigkeiten bedingt sind.

8. Sehr zahlreich liegen Untersuchungen über Satzlängen für die verschiedensten Sprachbereiche vor. Besonders W.Fucks hat sich der statistischen Satzanalyse als Mittel der Stilbestimmung im Bereich der Literatur an-

genommen.[147] Auch zu den Satzlängen in der Werbesprache gibt es mehrere Untersuchungen. R.Römer z.B. differenziert dabei nach vollständigen und unvollständigen, textreichen und textarmen Anzeigen, wobei ihr Corpus weitaus geringer ist als das, das den Ferienkatalogen zugrunde liegt.

<u>1 - 9 Wörter:</u>		
vollständige Sätze (textreich)	=	47.9 %
unvollständige Sätze (textreich)	=	76.9 %
vollständige Sätze (textarm)	=	67.9 %
unvollständige Sätze (textarm)	=	81.5 %
Ferienkataloge	=	52.3 %
<u>1o - 2o Wörter:</u>		
vollständige Sätze (textreich)	=	43.5 %
unvollständige Sätze (textreich)	=	19.8 %
vollständige Sätze (textarm)	=	29.8 %
unvollständige Sätze (textarm)	=	17.9 %
Ferienkataloge	=	37.8 %
<u>über 2o Wörter:</u>		
vollständige Sätze (textreich)	=	8.6 %
unvollständige Sätze (textreich)	=	3.3 %
vollständige Sätze (textarm)	=	2.3 %
unvollständige Sätze (textarm)	=	o.6 %
Ferienkataloge	=	9.9 %

Bereits ein Vergleich mit R.Römer zeigt, daß die Ferienkataloge meist längere Sätze als die Anzeigenwerbung bevorzugen.[148] Dies wird besonders deutlich im Bereich der Sätze mit über 2o Wörtern. Diese Diskrepanz mag jedoch darin begründet liegen, daß geschlossene Anzeigen wesentlich kürzer sind als die Textabschnitte in Ferienkatalogen, also gerade in textarmen Anzeigen kein Raum für lange Sätze bleibt. Die Werte für textreiche Anzeigen mit vollständigen Sätzen sind ja ähnlich denen der Ferienkataloge. In Relation zur Satzlänge der Werbespots in Rundfunk und Fernsehen zeigt sich ein großer Unterschied: Für das Fernsehen gilt bei Werbespots als durchschnittliche Satzlänge 4.8 Wörter pro Satz, für den Rundfunk sogar nur 4.4 Wörter, während die durchschnittliche Satzlänge in den Ferienkatalogen bei 1o.7 Wörtern liegt. Die 1-5-Wort-Sätze haben in den Werbespots einen Anteil von 7o.9,ein Wert, der in den Ferienkatalogen nicht einmal von den 1-1o-Wort-Sätzen erreicht wird. Die 1-Wort-Sätze liegen mit 19.1 % in den Werbespots deutlich an der Spitze, diese bilden in den Ferienkatalogen nur 2.8 %.[149] Die Ferienkataloge sind demnach in ihren Satzlängen wesentlich differenzierter als die artifizielle,wohl schlagworthafte Sprache der Rundfunk- und Fernsehwerbung.

Mehr Ähnlichkeit zeigt sich mit den Werten, die A.Klug für west- und ostdeutsche Werbeprospekte errechnet. Höchstwerte zeigen sich in den DDR-Prospekten bei 1o Wörtern, in den westdeutschen Prospekten bei 9 Wörtern, die durchschnittliche Satzlänge beträgt 13.9 bzw. 12.2 Wörter.[15o] Sowohl DDR- als auch westdeutsche Prospekte und die Ferienkataloge bewegen sich im Bereich der mittleren Satzlänge im Gegensatz zu den extrem kurzen Satzlängen der gesprochenen Werbesprache. Dies mag darin begründet sein, daß längere geschriebene Sätze leichter verständlich sind, als nur gehörte. Ch.Leska ermittelt als Durchschnittssatzlänge für die gesprochene Sprache 13.61 Wörter pro Satz, für die geschriebene Sprache 19.58. Die durchschnittliche Satzlänge der Ferienkataloge liegt damit noch unter dem Wert für die der gesprochenen Sprache, wobei beiden Bereichen gemeinsam ist, daß 5 bis 1o-Wort-Sätze am häufigsten verwendet werden. Eine Ähnlichkeit mit der gesprochenen Sprache läßt sich somit festhalten. Leska weist darauf hin, daß der hohe Anteil der 5-1o-Wort-Sätze in den gesprochenen Texten durch den Einfachsatz bestimmt ist. Dies gilt nur mit Einschränkungen für die Ferienkataloge, da dieser Bereich auch von Setzungen, häufig losgelösten Satzteilen, eingenommen wird. Eine vergleichende Übersicht ergibt folgendes Bild:

<u>1 - 1o Wörter:</u>

gesprochene Sprache	=	52.6 %
geschriebene Sprache	=	22.4 %
Ferienkataloge	=	57.8 %

11 - 2o Wörter:		
gesprochene Sprache	=	33.8 %
geschriebene Sprache	=	41.3 %
Ferienkataloge	=	32.3 %

über 2o Wörter:		
gesprochene Sprache	=	13.6 %
geschriebene Sprache	=	36.3 %
Ferienkataloge	=	9.9 %[151]

Schon dieser knappe Überblick zeigt, daß sich die Sprache der Ferienkataloge in Bezug auf ihre Satzlängen der gesprochenen Sprache nähert, jedoch eine deutliche Distanz zur geschriebenen Sprache zeigt, vor allem im Bereich der Satzlängen über 2o Wörtern. Noch deutlicher wird dies im Vergleich mit den von H.Eggers und H.Meier ermittelten Zahlen für die geschriebene Sprache.

Als Grundlage dienen H.Eggers 5o ooo Sätze der Rowohlt Enzyklopädie. Nach seinen Untersuchungen liegt ein Maximalwert bei Sätzen mit 14 bis 18 Wörtern. Weniger als 8 Wörter haben nur 6 % aller Sätze, rund 1o % haben 8 bis 11 Wörter, rund 4o % und damit den Höchstwert Sätze mit 12 bis 23 Wörtern, 24 bis 3o Wörter haben noch einen Anteil von rund 18 %, während 27 % der Sätze aus mehr als 3o Wörtern bestehen.[152] Hier zeigt sich der gravierendste Unterschied zu den Ferienkatalogen. Bedingt durch die lineare Struktur der Sätze und den geringen Anteil an Gliedsätzen finden sich Sätze mit über 3o Wörtern hier nur noch ganz vereinzelt. Bereits der Anteil der Sätze mit über 2o Wörtern nimmt durchschnittlich nur noch 9.9 % aller Sätze ein. Bei der Sprache der Journalisten liegen laut H.Eggers Sätze mit 13 bis 14 Wörtern weit an der Spitze.[153] Bei der BILD-Zeitung ist es jedoch der 5-Wort-Satz, gefolgt von Sätzen mit 8, 7, 6 und 9 Wörtern. Den Wert für 2-Wort-Sätze gibt E.Mittelberg mit 2.7 %, den für 3-Wort-Sätze mit 4.4 % an. Beide Werte liegen unter denen der Ferienkataloge (3.6 % und 6.3 %). 7.1 % 'Mini-Sätzen' (1-3-Wort-Sätze) in der BILD-Zeitung stehen 12.7 % in den Ferienkatalogen gegenüber. Spricht E.Mittelberg schon für die BILD-Zeitung von einer Morse- oder Stenosyntax, könnte man dies noch mit größerem Recht von den Ferienkatalogen behaupten. Der hohe Anteil an Kurzsätzen wird jedoch relativiert durch längere bis sehr lange Sätze, wodurch das Gesamtbild ausgewogener erscheint. Im Bereich der Kurzsätze läßt sich jedoch eine gewisse Parallele zum abgehackten Stil der BILD-Zeitung festhalten.[154] Als gemeinsame Gründe lassen sich größere Prägnanz und leichtere Verständlichkeit festhalten.

Deutliche Differenzen zeigen sich zum Satzlängenwert der Literatursprache. H.Meier ermittelt als durchschnittliche Satzlänge für philosophische Schriften 27.8 Wörter, für erzählende Prosa (darunter Thomas und Heinrich Mann) 19.3 Wörter, für religiöse Schriften 18.8 Wörter. Nach H.Meier liegt die durchschnittliche Satzlänge bei 22.1 Wörtern. Mit einem durchschnittlichen Wert von 1o.7 Wörtern pro Satz liegt sie in den Ferienkatalogen ganz augenfällig unter allen Satzlängen literarischer Bereiche, was bedingt ist durch die hohe Zahl der Setzungen, den Mangel an Gefügen und dem Abtrennen einzelner Satzglieder. In wissenschaftlichen Texten hat nach H.Meier der Satz mit 22 Sätzen die höchste Frequenz, in der erzählenden Prosa der Satz mit 8 Wörtern, dieser Wert nähert sich wieder dem der Ferienkataloge, wo der Satz mit 8 Wörtern immer unter den ersten 1o Werten erscheint.[155]

Ausführliche Zahlen zur Satzlänge bei Prosadichtern und Schriftstellern finden sich bei W.Fucks. Für Prosadichter ermittelt er einen Schwerpunkt der Satzlängen bei 18.211 Wörtern, für Schriftsteller bei 24.385 Wörtern. Die Satzlängen bei den einzelnen Autoren schwanken jedoch erheblich auch innerhalb verschiedener Werke. Mit 1o.676 Wörtern pro Satz fast den gleichen Wert wie durchschnittlich die Ferienkataloge weist Falladas 'Kleiner Mann, was nun?' auf, was auf den umgangssprachlichen Duktus dieses Werks zurückzuführen sein mag, wobei die Übereinstimmung aber bestimmt zufällig ist. Gesichert festhalten läßt sich, daß die Satzlänge in den Ferienkatalogen erheblich unter der von Schriftstellern liegt, was seinen Grund in der weniger komplexen Satzstruktur der Ferienkataloge hat[156] (eine Ausnahme stellt jedoch z.B. Rilkes 'Cornet' mit einer Durchschnittssatzlänge von 8.747 dar). Ein detaillierter Vergleich der verschiedenen Satzlängen müßte einer eigenen Arbeit vorbehalten sein.

Abschließend sei noch bemerkt, daß die Satzlänge der Ferienkataloge unter der Satzlänge von Schüleraufsätzen liegt, die bei 13- und 14-jährigen Schülern und Schülerinnen um 13.5 liegt[157] und später langsam anwächst (17.4 bei 17-jährigen Schülern). Die niedrige Durchschnittssatzlänge der Ferienkataloge darf jedoch nicht als naive Sprechhaltung fehlgedeutet werden, wie dies der Vergleich mit Schulaufsätzen signalisieren könnte, da ja in der vielfältigen Erscheinungsform der kürzeren Setzungen ein stilistisches Mittel zu sehen ist.

9. Der Vergleich mit verschiedenen Sprachbereichen zeigte, daß die Satzlänge der Ferienkataloge deutlich unter der wissenschaftlicher und dichterischer Prosa liegt, im Bereich der Kurzsätze Ähnlichkeiten mit der BILD-Zeitung aufweist, ebenso mit der gesprochenen Sprache und der Sprache der Anzeigenwerbung. Diese Satzlänge ist bedingt durch einen hohen Anteil an Setzungen und losgelösten Satzgliedern sowie Einfachsätzen, was die Dominanz der Sätze mit Wörtern zwischen 1 und 2o erklärt. Längere Sätze nehmen ab, da die Zahl der mehrgliedrigen Gefüge gering ist. Gelegentlich kommen lange Sätze durch Aufzählungen zu Stande. Da Anzeigenwerbung und Ferienkataloge als vorrangiges Ziel Verständlichkeit und Wirksamkeit haben, können dem Leser im Gegensatz zu wissenschaftlicher und dichterischer Prosa keine extrem langen Sätze zugemutet werden, da dabei die Lesebereitschaft absinkt.

Ähnliches gilt sicher auch für die BILD-Zeitung. Außerdem gelten Kurzsätze als leichter rezipierbar.

Werbung, Ferienkataloge und auch die BILD-Zeitung suchen einen extrem großen Leserkreis zu erfassen im Gegensatz zur Literatur und Sachprosa. Sie müssen daher von ihrer Textstruktur her von allen Schichten ohne Schwierigkeiten verständlich sein.

1o. Detaillierte Tabellen zur Satzlänge der Ferienkataloge und ihrer Vergleichswerte sowie einige verdeutlichende Graphiken finden sich im Anhang.

1o. Verstöße gegen syntaktische Regeln

Neben einigen Druckfehlern, die jedoch nicht sehr häufig sind ('Sie' in der Anrede ist gelegentlich klein geschrieben, satzbegrenzende Punkte sind ausgelassen, auch 'Kordoba' für 'Cordoba' (9/85) z.B. kann ein Druckfehler sein), finden sich einige grammatikalische Sonderheiten und Unsicherheiten, die sich wiederholen, so daß sie nicht als reine Druckfehler, jedoch noch nicht als bewußte Stilmittel betrachtet werden können. Die Schreibung 'Corfou' für 'Korfu' (9/64) etwa kann entweder als Unkenntnis der Übersetzer (der Katalog wird ursprünglich in Französisch geschrieben und dann übersetzt) oder auch als bewußte fremdsprachliche Schreibung gewertet werden. Auffallend sind vor allem Unsicherheiten in der Verwendung des Bindestrichs, die willkürlich zu sein scheint: In Katalog 8 als deutlichstem Beleg finden sich für einen geographischen Begriff auf einer Seite (8/8) drei verschiedene Arten der Schreibung: 'Tanasee', 'Tana See','Tana-See'.

Ebenfalls finden sich Schwankungen in der Groß- und Kleinschreibung substantivierter Infinitive. Da sie sehr häufig korrekt groß geschrieben werden, kann die Kleinschreibung, die nicht nur vereinzelt anzutreffen ist, als grammatikalische Unsicherheit gewertet werden: 'In den schmalen Gassen Marbellas finden Sie so manche Boutique zum stöbern' (9/85) als Beispiel.

Die fast unbegrenzten Zusammensetzungsmöglichkeiten der deutschen Sprache werden aus ökonomischen Gründen in den Ferienkatalogen sehr gerne genutzt. Daß sich dabei, auch manchmal unfreiwillig, Unklarheiten in der Auflösung des Kompositums ergeben können, zeigen die folgenden Beispiele: Eine 'Türkenfestung' (1o/32) ist wahrscheinlich eine Festung 'gegen' und nicht 'aus' Türken; der 'Eingeborenenmarkt' (8/8) ist nicht analog zu 'Sklavenmarkt' ein Markt, auf dem Eingeborene gehandelt werden, sondern einer, wo dieselben Handel treiben. Beim 'zünftigen Reitergrill im Freien' (1/145) werden sicher nicht die Reiter gegrillt. Ebenso kann es bei der Verkürzung längerer Sätze zu falschen Bezügen kommen:

> Besichtigung der unglaublich kleinen Schiffsmodelle, in denen die Siedler den Atlantik überquerten, ... (7/64)

Kasusinkongruenz bei Appositionen wurde schon oben S.178f. erwähnt, gelegentlich erscheint jedoch auch der Kasuswechsel innerhalb von Aufzählungen:

> Die HUMMEL-Teneriffa-Reise hat drei gewichtige Höhepunkte: die beschauliche und trotzdem erlebnisreiche Hin und Rückreise ... Der erholsame Aufenthalt auf der Sonneninsel Teneriffa ... (5/94)

> PRAG, die goldene Stadt an den Ufern der Moldau, mit ihren zahllosen Sehenswürdigkeiten, wie die alte Burg und Festung Hradschin, der St.-Veits-Dom, die Altstadt und andere Kunstdenkmäler, lädt zu einem Besuch ein. (1o/11)

Als häufige und fraglich ob zufällige syntaktische Unsicherheiten können somit falsche Bezüge und Kasusinkongruenz festgehalten werden, sowie Schwankungen in der Groß- und Kleinschreibung, ebenso bei der Setzung des Bindestrichs.

11. Textaufbau der Ortsbeschreibungen

Nach der Untersuchung des Aufbaus der kleinsten sprachlichen Einheiten der Wörter, sowie des Aufbaus der Sätze, sollen nun einige Bemerkungen zum Textaufbau der Ortsbeschreibungen folgen.

In vielen Werbehandbüchern wird die Bedeutung eines richtigen Textaufbaus besonders hervorgehoben.[158] So werden Regeln aufgestellt, wie z.B. die AIDA-Regel oder das Neun-Stufen-Gesetz der Werbeagentur Wündrich-Meißen[159], nach denen ein Werbetext schlüssig aufgebaut werden soll. R.Römer widmet in ihrer Untersuchung der Werbesprache dem sog. 'Aufhänger' ein eigenes Kapitel, worunter sie Aussagen versteht, die scheinbar der eigentlichen Werbung fernliegen und dann plötzlich mit der Auslobung der Ware enden.[160] Solches ist im Aufbau der Ortsbeschreibungen nicht zu finden. Nur einmal findet sich eine sogenannte 'story'.[161] Dies ist jedoch, abgesehen von einigen historischen Erläuterungen, der einzige 'Aufhänger'. Gerade in diesem Punkt weicht der Textaufbau der Kataloge beträchtlich von dem der Warenkommunikation ab. Schlagzeilen über den Ortsbeschreibungen sind selten. Hier fungiert der Name des Urlaubsorts als Überschrift, der gelegentlich schon in den ersten Satz des folgenden Abschnitts syntaktisch miteinbezogen ist.

Auch über den Preis wird in den Beschreibungen nicht geschrieben. Es ist nur hin und wieder ein Hinweis zu treffen, wie 'unglaublich preiswert' ein Angebot ist oder 'wie klein hier die Preise sind'. Sonst erscheinen in den Ferienkatalogen generell die Preise gesondert, entweder im Zusammenhang mit den Hotelbeschreibungen oder in einem eigenen Anhang. Auch hier wieder ein Unterschied zum Aufbau von Anzeigen, wo gelegentlich der Preis als Verkaufsargument verwendet wird.

Gemeinsam mit den Warenanzeigen haben die Ferienkataloge manchmal, daß vom Leser zu erwartende Einwände vorweggenommen werden, so wenn z.B. betont wird, daß eine ans Hotel angrenzende Eisenbahnlinie bereits stillgelegt ist oder der nicht zu leugnende Baulärm nur selten stört. Peter Teigeler weist vor allem bei werblicher Kommunikation auf die Wichtigkeit guter Übergänge innerhalb eines Textes hin: "Semantische Deduktion bedeutet, daß man bei der Übermittlung von Sachverhalten mit den allgemeinsten Aussagen beginnt und später zu konkreteren Aussagen herabsteigt. ... Zur semantischen Deduktion gehört auch die Schaffung guter Übergänge zwischen einzelnen Abschnitten der Rede und auch zwischen einzelnen Sätzen. Das bedeutet, daß der Anfang eines Satzes oder Abschnittes sich möglichst auf etwas bezieht, was im Satz oder Abschnitt davor steht, so daß die neuen Informationen, die eingeführt werden, in den späteren Teilen des Satzes oder Abschnittes auftreten. Dadurch wird eine flüssige Weiterführung über bereits bekannte zu neuen Informationen möglich."[162] Auch dieses Prinzip wird in den Katalogen nicht immer berücksichtigt. Gelegentlich sind die Übergänge fließend und logisch ineinander übergreifend, dann wieder werden die Merkmale oder besonderen Kennzeichen eines Ortes wahllos aneinandergereiht. Eine gewisse Regelmäßigkeit im Textaufbau läßt sich nur gelegentlich feststellen, so bevorzugt in den Winterkatalogen, wo eine Lagebeschreibung des Ortes fast immer die Beschreibung einleitet.

M.Heldrich gibt in ihrer Diplomarbeit über die Wirksamkeit von Anzeigen für die Förderung des Fremdenverkehrs eine Übersicht über Themen, die bei der Gestaltung eines Anzeigentextes mitwirken können:

"1. Die Beschreibung landschaftlicher Schönheit
2. Der Nachweis klimatischer Vorzüge
3. Naturbedingte Sport- und Erholungsmöglichkeiten
4. Schilderung des Gästekreises
5. Ortsbeschreibungen
6. Beschreibung des Komforts
7. Günstige Verkehrslage
8. Preiswürdigkeit der Leistungen"[163]

Obwohl diese Aufstellung einer Arbeit aus dem Jahr 1955 entstammt und sich die Untersuchung auf örtliche Fremdenverkehrswerbung bezieht, kann dieser Katalog vollständig auch für die Ferienkataloge der Reiseveranstalter übernommen werden. Jedes dieser Motive taucht mehr oder weniger häufig auf und kann noch durch die folgenden ergänzt werden:

9. Schilderung historischer Entwicklungen oder Gegebenheiten
10. Hinweis auf Änderungen oder Errungenschaften innerhalb der letzten Jahre
11. Beschreibung der Ausflugsmöglichkeiten
12. Verweise auf die günstig ausgewählten Hotels
13. Hinweise auf Unterhaltungsmöglichkeiten: z.B. Bars, Restaurants
14. Hinweis auf sonstige Besonderheiten des Zielorts

Aus einer Konbination mehrerer dieser Motive ist jeder Ortstext aufgebaut, wobei keine feste Reihenfolge in der Wertigkeit dieser Angaben eingehalten wird. Ein Text kann mit der Schilderung der Ortslage,mit einer Kurzcharakterisierung des jeweiligen Besucherkreises, mit der Beschreibung der Sehenswürdigkeiten oder mit dem Lob der landschaftlichen Schönheiten eingeleitet werden. Bestimmte Regeln lassen sich hierbei nicht aufstellen. Aus dem vielfältigen Motivkreis wird in verschiedenen Variationen von Zusammenstellung und Betonung der Text konzipiert. Die genannten Motive decken sich größtenteils mit dem, was der Besucher von seinem Urlaubsort wissen will. Der Vergleich mit einer Erhebung 'Gründe für die Wahl des Urlaubszieles' verdeutlichen dies:

Landschaft	56 %
Klima	4o %
Preis	32 %
Ruhe am Ort	27 %
Bestimmte Sportarten/Baden	22 %
Art der Unterbringung	19 %
Sehenswürdigkeiten/kulturelle Schätze	15 %
Viel Unterhaltung/Freizeitgestaltung	14 %
Kureinrichtungen	1o %
Bekannter Name des Ortes	9 %
Der gepflegte, vornehme Stil des Ortes	7 % [164]

Innerhalb der verschiedenen Kataloge lassen sich einige unterschiedliche Charakteristika des Textaufbaus herausarbeiten:

1) Der Name des Zielortes dient zugleich als Überschrift, dann folgt eine Kurzcharakterisierung des Ortes. Daran schließt sich unter der alliterierenden Überschrift 'Sport, Spiel und Spaß' eine Aufzählung der angebotenen Sportmöglichkeiten an. Überschrieben 'Restaurants und Unterhaltung' findet sich eine Zusammenstellung der Restaurants, Bars und Diskotheken, stilistisch den allgemeinen Ortsbeschreibungen angeglichen.
2) Auch hier dient der Ortsname zugleich als Überschrift. Die Ortsbeschreibung wird bezeichnet als 'Testbericht' und bietet eine Kurzcharakterisierung des Ortes mit einer Mischung der bekannten Motive. Gelegentlich schließt sich dieser Kurzcharakterisierung eine Spalte an 'Urteil des Gästeparlaments', in der Gäste zu Wort kommen, die lobend berichten, wie sehr sie ihren Urlaub genossen haben oder dem Reiseveranstalter für seine Bemühungen danken. Diese Sparte dient dazu, die Verdienste des Reiseveranstalters zu betonen und dem potentiellen Urlauber aus unparteiischem und berufenem Munde die Wahl eines bestimmten Urlaubsortes zu suggerieren. Dieser Abschnitt ist bewußt in Wortwahl und Syntax umgangssprachlich gehalten.
3) Die Ortsbeschreibungen sind sehr einheitlich aufgebaut. Sie charakterisieren den Ort als Dorf oder internationales Wintersportzentrum usw. und geben fast stereotyp in oft mehrgliedrigen Partizipialkonstruktionen seine geographische Lage an. Unter der Überschrift 'Sport und Erholung' folgt eine Aufzählung der Wintersporteinrichtungen (Sessellifte, Sportmöglichkeiten usw.), woran sich eine Reihung der Unterhaltungseinrichtungen unter der Überschrift 'Unterhaltung' anschließt (Bars und Veranstaltungen usw.).
4) Die Ortsbeschreibungen reihen einige Themen des oben genannten Motivkreises aneinander, zuweilen wird auch Geschichtliches eingeflochten.
5) Als Überschrift dient der Ortsname. Da 5 ein Winterkatalog ist, gleichen sich die Ortsbeschreibungen sehr in ihrer stereotypen Beschreibung der geographischen Lage, der eine Erwähnung der wichtigsten Sportgegebenheiten folgt und oft der Hinweis, für welchen Besucherkreis der Ort geeignet ist. Anschließend mit der Überschrift 'Einrichtungen' eine Aufzählung

derselben sowie eine Liste der Möglichkeiten zur 'Unterhaltung' (Gesellige Abende, Tanz, Kino).

Im grünen Sonderteil wird der tageweisen Beschreibung der einzelnen Reiseetappen eine anschauliche Kurzcharakterisierung der Reise vorangestellt, in der ihre Höhepunkte und Besonderheiten erwähnt werden.

6) Auch dieser Winterkatalog ist in seinem Aufbau stereotyp. Der Urlaubsort wird als Kurort, malerisches Dorf usw. klassifiziert, in mehrgliedrigen Partizipialgruppen wird die geographische Lage bestimmt, danach die Wintersporteinrichtungen vorgestellt und zum Schluß die Unterhaltungsmöglichkeiten aufgezeigt ohne Gliederung durch Überschriften.

7) Kreuzfahrten mit verschiedenen Schiffen werden beschrieben. Die Fahrten werden mit ihren jeweiligen Besonderheiten in eigenen Abschnitten vorgestellt, dann folgen die Schilderungen der einzelnen Ausflüge. In dem den Routenbeschreibungen eigenen Nominalstil werden die Stationen des Ausflugs mit den besonderen Sehenswürdigkeiten angegeben.

8) In schlagwortartiger, fast impressionistischer Weise wird jede der großen Rundreisen in einem Abschnitt, der der Beschreibung der einzelnen Ausflugstage vorangestellt ist, charakterisiert. Hier werden besonders die hervorstechenden Merkmale eines Landes, die Schwerpunkte der Reise beleuchtet, wodurch mehr ein Stimmungsbild aufgebaut als exakte Angaben geliefert werden.

9) Bei der Kurzcharakterisierung der einzelnen Clubdörfer werden ebenfalls in hohem Maße Stimmungsbilder geboten, wobei manchmal auf Vorzüge der Lage oder der Einrichtungen hingewiesen wird.

1o) Einem kurzen Überblick über die Fahrt folgt die Beschreibung der Tagesetappen. Manchmal werden nur die einzelnen Zielorte aufgezählt, öfter die Höhepunkte der jeweiligen Fahrt hervorgehoben, ab und an auch stimmungsvolle Landschaftsschilderungen gegeben.

<u>Zusammenfassung (S.253-258)</u>

1. Die Texte der Ortsbeschreibungen setzen sich aus einem festen Repertoire an Motivkreisen zusammen, die beliebig kombinierbar sind.

2. Bei den Winterkatalogen läßt sich ein fast stereotyper Aufbau in allen drei Katalogen nachweisen: der Bestimmung des Ortes folgt seine geographische Lageangabe, danach Aufzählung der Wintersporteinrichtungen und Unterhaltungsmöglichkeiten.
3. Gelegentlich werden auch Stimmungsbilder einzelner Landstriche oder Orte aufgebaut.
4. Die Texte der Ortsbeschreibungen sind kurz. Ein bestimmter schematischer Aufbau läßt sich nur in den Winterkatalogen nachweisen. Strukturierung in einzelne Abschnitte erfolgt häufiger nur vor der Angabe der jeweiligen Sportmöglichkeiten oder Unterhaltungsgegebenheiten, sonst sind die Texte sehr selten in Abschnitte unterteilt. Die Übergänge zwischen den einzelnen Motivkreisen sind nur gelegentlich gedanklich verbunden, meist stellen sie eine inhaltlich unverbundene Reihung dar.

AUFBAU DER PROSPEKTE

Zuletzt sollen nun die Prospekte in der Gesamtheit ihres Aufbaus und ihrer Gliederung kurz charakterisiert werden. Dabei soll besonders die Thematik der Slogans und Überschriften berührt und einige Untersuchungen zum Themenkreis der Hotelklassifizierungen angeschlossen werden.

1. Motto, Slogan, Überschrift

Unter den wissenschaftlichen Untersuchungen über die Sprache der werblichen Kommunikation finden sich einige Arbeiten, die sich auf Untersuchungen von Schlagzeilen und Slogans spezialisiert haben. Hier seien vor allem erwähnt die Arbeiten von Möckelmann/Zander, B.Sandig und V.Klotz[1] und auf sie sei auch verwiesen bei der Problematik des Slogans allgemein, denn für die Ferienkataloge ergibt sich die Frage, ob man überhaupt von Slogans sprechen kann: "Unter Slogan versteht man eine Aussage, welche die Ware entweder unverändert oder mit leichten Abwandlungen ständig begleitet, also in jeder Anzeige auftaucht und auch in der Tonwerbung mitgesprochen wird. Der Slogan ist nicht identisch mit der Schlagzeile, die meist über der Anzeige steht."[2] Manchmal nur für eine Saison, manchmal aber auch über mehrere Jahre hinaus steht die Werbung eines Reiseveranstalters unter einem Motto, das in sämtlichen Katalogen erscheint und sich vor allem auch bei der Plakatwerbung der betreffenden Veranstalter immer wiederholt und damit dem potentiellen Reisenden eingeprägt werden soll. Dieser Slogan wird dann zum Erkennungsmerkmal des jeweiligen Unternehmens. Neckermann (1) wiederholt seit Jahren und auf verschiedenen Publikationswegen seinen Slogan 'Für die kostbarsten Wochen des Jahres sollten Sie auf Nummer Neckermann gehen', so auch auf den ersten Seiten des Katalogs Sommer '73, die reine Werbung für das Unternehmen und damit Public relations darstellen.[3] Der Slogan erscheint auch auf dem Deckblatt. Auffallend ist:

1. Die Wendung 'auf Nummer Neckermann gehen' konnotiert die sprichwörtliche Wendung 'auf Nummer Sicher gehen'. Sie ist, wie auch Möckelmann/Zander als häufig für Slogans feststellen, an ein vorgeprägtes sprachliches Muster angelehnt.[4] Dieser Slogan bestätigt, was Volker Klotz als Grundhaltung konstatiert: "Neben dieser Kompensation durch die künstliche Situation bekräftigt der Slogan seine Glaubwürdigkeit dadurch, daß er auch klanglich, rhythmisch und syntaktisch sich anerkannten und vertrauten Sprüchen und Formulierungen angleicht."[5]
2. Die semantische Aufwertung des Wortes 'Urlaub' durch die Umschreibung 'die kostbarsten Wochen des Jahres' suggeriert Wertvolles, um dieses Wertvolle richtig zu nutzen, geht man am besten auf Nummer Sicher = Nummer Neckermann.
3. Der Slogan ist imperativisch[6], jedoch durch die Konjunktivform abgeschwächt; die direkte Aufforderung bei Neckermann zu buchen, wird in die Form eines gutmeinenden Ratschlags gekleidet.

Den Reklamationen und Angriffen, denen Reiseveranstalter häufig auf Grund von Fehlinformationen in den Katalogen ausgesetzt sind, begegnet Scharnow (2) seit einigen Jahren mit der Propagierung von Ehrlichkeit. Auf dem Titelblatt erscheint fettgedruckt: 'Ein ehrlicher Katalog' mit dem Untertitel 'Wir haben den Urlaub vor-getestet'. Dieser Slogan findet sich durchgehend in der Werbung von Scharnow. Der Slogan stellt einen Aussagesatz dar, bei dem das redundante Subjekt und Prädikat('Scharnows Katalog ist') ausgespart wurden, eine Behauptung mit dem Anspruch auf Richtigkeit. Dies wird verstärkt durch den gleichsam als Begründung zugefügten Untertitel (denn) 'wir haben den Urlaub vor-getestet'. Deshalb werden auch alle Ortsbeschreibungen konsequent als 'Testberichte' deklariert.

Touropas Winterkatalog 72/73 ist betitelt 'Fahren Sie der Sonne nach!'. Der Imperativ ist unverhüllt und wird durch das Ausrufezeichen verstärkt. Der Untertitel lautet: 'Aussteigen, wo der Schnee sich sonnt-'. Auch 'aussteigen' kann als imperativische Wendung aufgefaßt werden oder als Futur mit der ersparten finiten Verbform 'sie werden'. Die Personifizierung 'wo der Schnee sich sonnt' beinhaltet die beiden Hauptreizworte des Winterurlaubs 'Sonne' und 'Schnee', die schon als Motto auf der ersten Seite wiederaufgenommen werden. Gleichsam als Unterschrift dient 'TOUROPA Die Urlaubsexperten': Dem Reisenden wird das Gefühl der Sicherheit gegeben, da er von Experten betreut wird.

Der Katalog der Dr.Tigges Fahrten ist betitelt 'In Europa und in der Welt zu Hause!' Bei diesem Behauptungssatz sind das redundante Subjekt und Prädikat('wir von Dr.Tigges sind')erspart. Die in sich widersprüchliche Behauptung 'in der Welt zu Hause zu sein' verbindet für den potentiellen Reisenden die Übereinstimmung zweier gegensätzlicher Grundgefühle: einerseits den Drang die Welt zu sehen, andererseits aber die Sicherheit wie zu Hause zu haben.

Hummel personifiziert seinen Winterkatalog, indem er als der 'dicke grüne Urlaubsmacher' vorgestellt wird. 'Grün' bezieht sich auf die Farbe des Deckblattes, 'dick' auf den Umfang des Katalogs; die Zusammensetzung mit dem in der Umgangssprache geläufigen Modewort 'Macher' demonstriert einerseits die pseudoprogressive Haltung des Unternehmens, indem bewußt mit einem hochwertigen Modewort gearbeitet wird, andererseits gebraucht es aber die dem Leser geläufige Umgangssprache. Das Motto des 'Urlaubsmachers': 'Europas Winter ist Bahnland' entspricht zwar syntaktisch einem deutschen Satz, ist aber von seiner Semantik her unsinnig: das an sich schon sinnlose Prädikatsnomen 'Bahnland' (denn die Auflösung des Kompositums in 'ein Land, das mit der Bahn zu erreichen ist', ist zu diffizil, um in einem Wort komprimiert zu werden) bezieht sich auf Winter; Winter und Land sind semantisch nicht deckungsgleich, können nicht zueinander in Relation gesetzt werden. Der Slogan erhält seine Wirkung aus der Aufmerksamkeit erregenden Unsinnigkeit der Behauptung. Es bleibt fraglich, ob der semantische Hintergrund, nämlich, daß alle Wintersportplätze in Europa mit der Bahn zu erreichen sind, jedem Leser klar wird. Das Wort 'Bahnland' ist jedoch schon von der Bundesbahnwerbung her bekannt.Hummel ist der bedeutendste Bahnreiseveranstalter.

Katalog 6 steht unter keinem ausgesprochenen Motto. Auf den ersten Seiten werden dem Leser hyperbolisch "1ooo Möglichkeiten für erholsame Winterferien mit und ohne Sport" geboten. Auf den gleichen Seiten erscheinen die für die Winterkataloge obligatorischen Reizworte 'Sonne', 'Berge', 'Schnee', die auf einen Blick die positiven Anreize für einen Winterurlaub darstellen.

Im Jahre des 25jährigen Jubiläums (1973) des Unternehmens Touropa brachten die 'Urlaubsexperten' den Slogan 'Der Urlaub hat Geburtstag' heraus, der sämtliche Werbekampagnen des Unternehmens ein Jahr lang begleitete. Der Schwerpunkt dieser Aussage liegt in der Gleichsetzung des Urlaubs mit Touropa schlechthin und impliziert die Konnotation, daß Urlaub eigentlich nur mit Touropa möglich ist. Eine weitere Wirkung beruht auf der Personifizierung des abstrakten Wortes 'Urlaub'. Der Untertitel lautet 'Touropa wird 25 - werden Sie unser Geburtstags-Urlaubsgast'. Die syntaktische Zweigliedrigkeit des Slogans[7] wird sowohl durch den Gedankenstrich als auch durch eine optische Farbabsetzung unterstrichen. 'Touropa wird 25' verdeutlicht noch einmal die

Gleichsetzung von Urlaub und Touropa, indem eine Begründung für das Motto gegeben wird. Die Wiederholung des Verbs 'werden' ist ebenfalls ein beliebtes syntaktisches Mittel der werblichen Kommunikation; dies könnte gleichgesetzt werden mit der von G.Möckelmann und S.Zander konstatierten "Wiederholung mit übertragener Bedeutung".[8] Auch hier ist der Slogan wieder imperativisch; durch das Substantiv 'Geburtstags-Urlaubsgast' könnte jedoch dieser Imperativ zur Konnotation einer Einladung führen.

Die Kataloge von ADAC, Club Mediterranné und Isaria/ Nord-Süd, also kleinerer Veranstalter, kommen ohne einen besonderen Slogan aus.

In dieser kurzen Analyse der Slogans einiger Ferienkataloge sollten die verschiedenartigen Möglichkeiten des Sloganaufbaus exemplarisch gezeigt werden. Es würde allerdings zu weit führen, alle in den Katalogen erscheinenden Überschriften oder Schlagzeilen in ähnlich ausführlicher Weise zu untersuchen, zumal sie sich einerseits zum großen Teil mit den bei den oben genannten Untersuchungen festgestellten syntaktischen und semantischen Merkmalen decken, zum anderen diese Merkmale in hohem Grade auch im übrigen Text der Kataloge anzutreffen sind und somit in anderen Kapiteln mitbehandelt werden. Im folgenden Abschnitt, der einen Überblick über den Gesamtaufbau der Kataloge geben soll, wird, wenn nötig, auch auf Besonderheiten der Überschriften eingegangen werden.

2. Syntaktischer Aufbau der Kataloge

Wie in den meisten Katalogen werden auch bei Neckermann (1) die ersten Seiten der Werbung für das eigene Unternehmen, dem Bekanntmachen mit den Vorteilen des Veranstalters, gewidmet. Neckermann verweist hier vor allem auf seinen Urlaubscomputer d.h. auf das moderne Buchungssystem: die Fremdheit des unpersönlichen Computers wird gemildert durch die Verbindung mit einem vertrauten Bestandteil: der Computer wird als 'Urlaubscomputer' spezifiziert und in Wendungen wie 'Rufen Sie den Computer an' (1/3) eine Personifizierung vorgenommen. Auf den folgenden Seiten führt Neckermann '6 von vielen Beweisen an', die belegen 'Wir haben uns in diesem Jahr noch mehr Mühe gegeben, für alle Deutschen erstklassigen Urlaub zu machen.' (1/4,5) Durch diese Wendung wird jeder Deutsche als potentieller Neckermann-Urlauber angesprochen. Als Beweise werden angeführt: Sonderpreise, Kinderermäßigungen, die Betonung der Zuverlässigkeit der Flugpartner. Dann beginnen die Urlaubsangebote. Der Katalog ist in weiten Teilen einheitlich aufgebaut: Die Nennung eines geographischen Großraums (z.B.Mallorca, Golf von Salerno) dient als Überschrift für die folgenden Seiten, darunter betonen einige Sätze die Besonderheiten dieses Urlaubsgebietes, meist aber werden die Errungenschaften des Unternehmens gerade in dieser Gegend hervorgehoben. Den Ortsbeschreibungen, die bereits oben eingehender analysiert wurden, folgt eine Charakterisierung der angebotenen Hotels, an die sich die Preistabellen anschließen. Gelegentlich erscheinen Hinweise auf Ausflugsmöglichkeiten und Sonderleistungen in einem Kästchen am Rande der Seite; als Überschrift dient eine Zusammensetzung des jeweiligen Urlaubsgroßraums mit '-Information'. Ebenfalls in Kästchen zwischen Bildern und Text erscheinen die Flugtabellen und die Beschreibung von Ausflügen und Sonderleistungen wie z.B. 'Tauchschulen'. Abweichend von diesem allgemeinen Aufbau, der den größten Teil des Katalogs bestimmt, sind zwei Seiten,auf denen Neckermann seinen Club Aldiana vorstellt; hier wird, wie auch im Club selbst, der Leser geduzt; die Beschreibung des Clubs unterscheidet sich schon optisch von den übrigen Ortsbeschreibungen durch anderen Druck, zudem ist der Text durch Überschriften gegliedert, wie z.B. der Alliteration 'Mehr voneinander: miteinander' (1/78) der Wiedergabe des Allgemeinplatzes 'Geld ist die Wurzel allen Übels' (1/78) oder der Club-Urlaub wird zur Lebensphilosophie durch die eschatologisch wirkende Überschrift 'Eine neue Welt' (1/78) hochstilisiert. Ebenfalls leicht abweichend sind die mit 'Baden für Weltenbummler' und 'Erleben für Weltenbummler' betitelten Reisen in den Fernen Osten, wobei die Besonderheit dieser Reisen auch durch die Abweichung im Optischen, also im Aufbau, unterstrichen wird und mit 'Weltenbummler' nur ein begrenzter Publikumskreis angesprochen wird. Außerdem unterscheiden sich auch die Urlaubsorte, die auf Sportferien ausgerichtet sind, von den übrigen Textteilen, so schon z.B. durch Überschriften wie 'Reiterferien in Kärnten' (1/145) oder 'Happy Sailing' (1/142), wo den Ortsbeschreibungen noch Erläuterungen zu den Sporteinrichtungen beigegeben sind. Am Ende des Katalogs werden noch einige Schiffsreisen angeboten, wobei einer allgemeinen Beschreibung der Kreuzfahrten überhaupt Kurzcharakterisierungen der einzelnen Fahrten folgen, denen sich eine Schilderung der besuchten Orte anschließt. Dies jedoch sind nur vereinzelte Abweichungen, ansonsten ist der Katalog einheitlich strukturiert. Vielleicht sollen aus dem allgemeinen Rahmen der Angebote fallende Sonderreisen auch optisch durch abweichenden Aufbau betont werden, also dem Blickfang dienen, ebenso wie die zweimal auftauchenden Hinweise auf weitere Fahrten, die gebucht werden können: So unter dem Hinweis 'neu' die 'Zusammen-Reise' (1/151), ein okkasionelles Kompositum, das eine neue Art des Reisens bezeichnet: 15 Personen, die zusammen reisen, erhalten eine Ermäßigung.

Auch Scharnow (2) gibt auf den ersten Seiten seines Kataloges eine Selbstdarstellung, in der die besonderen Leistungen des Veranstalters herausgestellt werden. Dem folgt eine Erklärung der symbolischen Zeichen, die Sonderleistungen im jeweiligen Zielgebiet signalisieren: so weist ein stilisierter Anker auf Kreuzfahrten hin, eine eingerahmte 33 auf die '33-Mark-Sportidee', die beliebte Sportarten zu verbilligten Pauschalpreisen gewährt. Diese Zeichen finden sich auch innerhalb des Textes wieder; in Kästchen eingerahmt werden die unter dem jeweiligen Symbol angedeuteten Sonderleistungen näher aufgeführt. Ebenfalls in Kästchen zwischen Text und Bildern verteilt, finden sich Hinweise auf Dauerurlaub, auf die Ehrlichkeit des Flugplans, auf Rücktrittsgarantie oder Feriendörfer. Der Katalog ist dreigliedrig und übersichtlich aufgebaut: Zuerst wird ein sehr weitgefaßter geographischer Raum vorgestellt, meist ein Land oder ein größerer Küstenstrich, in den Zeilen darunter werden die besonderen Leistungen und Errungenschaften des Veranstalters gerade in diesem Gebiet erwähnt, danach erfolgt eine Unterteilung in kleinere geographische Räume (z.B. 'Costa de Oro', 'Andalusien') und in einem Testbericht werden die charakteristischsten Merkmale dieser Urlaubsgebiete kurz skizziert. Auf den folgenden Seiten wiederholt sich dieser Aufbau. Diesmal dienen die Namen der kleinflächigeren Gebiete als Überschriften, darunter preist Scharnow seine Leistungen und Einrichtungen, schließlich folgen die Testberichte zu den einzelnen Orten. Daran schließen sich in Blockbildungen die Beschreibung der Hotels an mit Preisen und dem Flugplan.

Unter der Überschrift 'zu den weißen Sonnenplätzen von TOUROPA' (3), wobei das Adjektiv 'weiß' Schnee konnotieren soll, werden mit wenigen Stichworten die im Katalog enthaltenen Urlaubsgebiete auf den ersten beiden Seiten skizziert, anschließend wird auf die Vorteile des Bahnurlaubs hingewiesen. Daran anschließend werden in Wort und Bild die TOUROPA-Urlaubsexperten vorgestellt und ihre jeweiligen Leistungen für den Urlauber betont. Auf der nächsten Seite bietet TOUROPA 'Ihren Maß-Urlaub', wohl eine Analogiebildung zu Worten wie 'Maß-Anzug' und führt in einer übersichtlichen Tabelle die jeweiligen Orte mit ihren Höhenangaben, der Seitenzahl, wo sie beschrieben werden und einem Punktsystem, das die Sport-, Erholungs- und Unterhaltungsmöglichkeiten signalisiert, an. Im Katalog ist der Beschreibung der einzelnen Orte eine Kurzcharakterisierung der Großräume vorangestellt; zwischen den Text eingestreut finden sich Hinweise auf die Reisetermine, sowie eine Sparte 'Vorteil für TOUROPA-Gäste', die Sonderermäßigungen anzeigt, welche gelegentlich optisch durch ein stilisiertes Glücksschwein hervorgehoben werden.

Der Katalog 4 wird eröffnet mit einem Brief des Mitgesellschafters R. Tigges, der in dieser Form den 'lieben Urlaubsplaner' auf die Vorzüge seines Unternehmens aufmerksam macht. Auf den folgenden Seiten werden die Mitarbeiter des Unternehmens und ihre Aufgaben vorgestellt. Im weiteren sind die Zielorte nach geographischen Großräumen geordnet, die in Form von Stimmungsbildern kurz dargestellt werden. Neben den Orts- und Hotelbeschreibungen finden sich dann außer den Preistabellen,unter der Alliteration 'Tigges-Tips' als Überschrift,Hinweise auf Ausflüge, Spezialitäten, besondere Sportmöglichkeiten usw. Sind von einem Ort aus Rundfahrten möglich, werden sie gesondert in einem Kästchen beschrieben. Für diese Rundfahrten, die 'Erlebnisreise + Erholungsurlaub' zugleich sein sollen, wird die Formel 'Mit Baedeker & Bikini' als Überschrift gesetzt. Diese Zwillingsformel und Pars-pro-toto-Bildung wirkt durch die Alliteration und den semantisch antithetischen Inhalt. Ein Sonderteil bringt 'Tigges-Studien-Fern-Reisen', diese sind mit Überschriften versehen, die meistens die Zielorte angeben, zu denen die Reise führt. Die Fahrt z.B. nach Südnorwegen wird näher charakterisiert durch die Alliteration 'Fjorde und Fjelle' (4/85). Bei der Reise nach Persien, Afghanistan und Pakistan beruft man sich im Untertitel auf den Reiseweg anerkannter Autoritäten 'Auf den Spuren Alexander des Großen und Tamerlans' (4/9o). Die Reise zu den Galapagosinseln wird durch einen Vergleich näher definiert: 'Zur "Arche Noah im Pazifik"' (4/93).[9]

Hummel (5) bringt auf den ersten Seiten ganz knapp Wissenswertes über Art der Reisedurchführung und Sonderleistungen. Zwischen die Beschreibung der Orte und Hotels sind farblich vom übrigen Text abgehobene Kästchen eingeschoben. Ein Frosch in einer kometenartigen Umrandung signalisiert den 'Hummel-Knüller', der auf Sonderermäßigungen verweist. - Die Reisen im grünen Sonderteil sind meist mit dem Zielort überschrieben; einer kurzen Gesamtcharakterisierung folgt die Beschreibung der Reiseroute, danach finden sich Angaben über Preise und Leistungen. Gelegentlich erscheinen auch Überschriften in Form von okkasionellen Determinativkomposita, die die Grundtendenz der Reise ankündigen: 'London-Shopping' (5/gr.6), 'Wochenendschlemmerfahrt nach Göteborg' (5/gr.4) oder 'Berlin serviert 6 spritzige Weltstadt-Cocktails', wobei das Bild der Cocktails auch in der folgenden Beschreibung beibehalten wird und zu Komposita wie 'Weekend-Cocktail', 'Shopping-Cocktail' oder 'Partner-Cocktail' führt (5/gr.7).

Transeuropa (6) gibt auf den ersten Seiten 'Tips' für den Winterurlaub. Symbolzeichen, die eine besondere Leistung signalisieren, werden erklärt. Im weiteren wird auch hier zuerst ein geographischer Großraum (z.B. 'Südtirol') kurz charakterisiert, meist ein Stimmungsbild gegeben, woran sich die Beschreibung der einzelnen Orte anschließt. Gelegentlich erscheinen zwischen den Texten Kästchen, die in den Signalfarben Rot und Blau gehalten sind, die Form eines stilisierten Pfeils tragen und Sonderhinweise,meist auf Ermäßigungen,geben. Bei den Städtereisen, die Transeuropa anbietet, sind in der Überschrift die Namen der Orte mit einer Apposition versehen: München mit dem geläufigen Epitheton 'Weltstadt mit Herz' (6/41), in Analogiebildung dazu wohl 'Kopenhagen Weltstadt mit Pfiff' (6/4o) und 'Brüssel Europas heimliche Hauptstadt' (6/4o) erinnert an 'München Deutschlands heimliche Hauptstadt'.

Auch im Kreuzfahrtenkatalog von Touropa (7) werden auf den einleitenden Seiten die Leistungen des Unternehmens hervorgehoben. In einzelne Abschnitte gegliedert, die mit Überschriften versehen sind, welche immer mit der Wendung 'Die Urlaubsexperten und ...' beginnen, werden Landausflüge, neue Routen, Schiffe usw. erklärt. Die jeweiligen Kreuzfahrten sind mit Überschriften versehen, die sich meist nur auf die durchfahrenen Gebiete beziehen oder wie z.B. bei 'Ins Land der Mitternachtssonne' (7/26) und 'Ins Land der

Pharaonen' (7/56) gängige Bilder für den jeweiligen geographischen Großraum bieten. Den Beschreibungen der einzelnen Ausflüge sind Überschriften vorangestellt, die sich jedoch meist nur auf Ort und Art des Ausflugs beziehen, Beispiel: 'EDINBURGH: Stadtrundfahrt' (7/25); gelegentlich werden auch hier gängige Bilder gebraucht: 'Im Land der Pyramiden' (7/11), 'Im Land der Bibel' (7/11) oder Appositionen hinzugefügt 'Athen, Klassik "par excellence"' (7/11). In den Text eingefügt sind die Preisangaben und in Stichworten das Reiseprogramm, sowie gelegentlich,zur Auflockerung, z.B.die Speisefolge des 'Captain's Dinner'. Auf drei Sonderseiten werden unter der Schlagzeile 'Ran an den Wind', die der Seemannssprache entnommen scheint, Segeltörns vorgestellt.

Der Fernreisen-Katalog des ADAC (8) 'Weltweite Reiseziele' - 'weltweit' ist eine Lehnübersetzung des englischen 'worldwide' - ist dreigliedrig aufgebaut. Zuerst werden in kurzen Stimmungsbildern die Kontinente vorgestellt, in die Reisen angeboten werden. Danach findet sich eine geographische Eingrenzung in die einzelnen Zielgebiete, die mit Überschriften versehen sind, die gelegentlich nur die Ländernamen wiedergeben:'Kaiserreich Äthiopien' (8/8), manchmal auch mit geläufigen Bildern betitelt sind:'Im Reich des Silbernen Löwen Persien-Afghanistan-Usbekistan' (8/14). Daran schließt sich das Reiseprogramm an. Die Route jedes Tages wird, mit der Überschrift der Zielorte versehen, kurz beschrieben,wonach sich unter der Überschrift 'Unsere Leistungen' Hinweise auf die Art des Fluges und des Hotels finden, sowie besondere Angaben.

Das Trident des Club Mediterranée (9) ist zweiteilig aufgebaut. Die ersten rund dreißig Seiten dienen dazu, mit dem Club und seinen Einrichtungen bekannt zu machen, seine Vorteile gegenüber anderen Urlaubsformen hervorzuheben. Dabei sind die einzelnen Aspekte in mit Überschriften versehene Kapitel eingeteilt, so z.B. 'Der Club, wie Sie ihn leben möchten' (9/1o), 'Der Sport im Club' (9/17) oder

'Kulturelles im Club' (9/23). Im zweiten Teil werden die einzelnen Clubdörfer vorgestellt. Nach einem Stimmungsbild, das das jeweilige Dorf charakterisiert, folgen Anmerkungen zu 'Anreise', 'Unterkunft', 'Kinder', 'Sport', 'außerdem', 'Forum', 'Ausflüge', wobei die jeweiligen Begriffe mit Doppelpunkt als Überschrift vorangestellt werden. Besonders hervorgehoben wird das Club-Dorf Vittel mit der inhaltlich sinnlosen, durch die Sinnlosigkeit semantisch aufwertenden Überschrift 'Ein neues frisches Club-Herz schlägt. In Frankreichs schönstem Frankreich' (9/51), wobei auch der Superlativ an sich sinnlos ist. Die Beschreibungen der Rundreisen sind gelegentlich mit Überschriften versehen, z.B. 'Süsses Bulgarien' (9/41), wobei 'süß' im Deutschen eine semantisch nicht gleichwertige Übersetzung des französischen 'douce' sein könnte. Die Rundfahrt durch Marokko wird französisch wiedergegeben mit 'circuit' 'sortilèges du maroc' (9/48 'Zauber Marokkos'); hier erregt der Gebrauch der französischen Wendung sicher erhöhte Aufmerksamkeit, er ist semantisch jedoch widersprüchlich, da eine Zeile später erklärt wird, daß die Reise in deutscher Sprache durchgeführt wird. Außerdem wird der französische Ausdruck nicht allen Lesern geläufig sein.

Auf den ersten Seiten des Katalogs von Isaria/Nord-Süd (1o) wenden sich die beiden Reiseveranstalter in Briefform an den 'verehrten Reisegast' und den 'lieben Stammkunden', um die Vorzüge ihrer Unternehmen zu betonen. Die Bedeutung des Reisens im allgemeinen wird durch ein Gedicht Wilhelm Busch's untermauert. Danach werden die einzelnen Reisen vorgestellt, geordnet nach ihrer Reisedauer. Die Kurzcharakterisierung der Fahrt und die anschließende Routenbeschreibung sind mit einer Überschrift in Balkenform versehen, in der Reisedauer, Kennwort der Fahrt und ihr Name oder Titel angegeben werden. Meist geben die Fahrtenbezeichnungen die Zielgebiete oder Orte an, manchmal dienen aber auch Metaphern, manchmal in Form von Appositionen,als Überschrift, so 'Marseille "Tor zum Orient"' (1o/2o), 'Ins

Herz der Dolomiten' (1o/4), 'Burgund - Perle Frankreichs' (1o/13), archaisierend klingt die Überschrift 'Ins malerische Frankenland' (1o/3), in gebundener Sprache erscheint 'Reben und Wein am Bündner Rhein' (1o/3). Bei "Wiener Mélange" (1o/14) wurde der Name eines Getränks auf eine Reise übertragen und bei der Fahrt "Ich denke oft an Piroschka" (1o/12) ein Buchtitel. Die Überschrift 'Auf Lagerlöfs Spuren' (1o/18) signalisiert beim literarisch vorgebildeten Leser, daß diese Reise in die Heimat der schwedischen Dichterin führt. - Preis und Leistungen des Reisebüros werden meist den Beschreibungen der jeweiligen Tagesabläufe vorangestellt, wobei die Stationen der Tagesrouten als Überschriften dienen.

Zusammenfassend kann festgehalten werden, daß der Aufbau der Prospekte einem meist einheitlich festen Schema folgt. Besonderheiten werden auch optisch durch bildliche Symbole oder durch Hervorhebung in abweichendem Textaufbau sowie durch Einrahmungen betont. Mit Ausnahme von 9 und 1o liegt eine Zwei- oder Dreigliederung zu Grunde, die von immer kleiner werdenden geographischen Räumen ausgeht.

3. Hotelbeschreibungen

Bei der Betrachtung der Syntax wurden die Hotelbeschreibungen bis jetzt ausgespart, da sie auf Grund ihrer inhaltlichen Beschränkung nicht in Zusammenhang mit den Ortsbeschreibungen gesehen werden können und zudem auch optisch in den Katalogen von diesen getrennt sind. Die Untersuchung der Hotelbeschreibungen stützt sich vornehmlich auf die Kataloge 1 mit 5, da in den übrigen Hotelklassifizierungen nur in sehr beschränktem Umfang erscheinen; sie stimmen in ihren Grundmerkmalen mit den näher untersuchten überein. Auf diesen Aspekt der Katalogsprache soll nur kurz eingegangen werden, denn zum einen unterliegen die Hotelbewertungen einem international festgelegten Klassifizierungscode, der durch symbolische Zeichen ausgedrückt wird (Anzahl von Kästchen bzw. Sternen), zum anderen sind firmeneigene Angaben nur bedingt informativ, da sie meist ein Repertoire festgeprägter Wendungen variieren. Noch in weit höherem Maße als die Ortsbeschreibungen sind die Hotelbeschreibungen schematisch aufgebaut. Wiedergegeben werden:

1. Einordnung des Hotels nach Klassifizierungsskalen in Bezug auf Art und Komfort des jeweiligen Hauses, meist in Begleitung eines Epithetons.
2. Charakterisierung der Zimmer und Aufenthaltsräume, gelegentlich Angabe der Entfernung zum Ort bzw. Strand sowie Lagebeschreibungen.
3. Aufzählung der Einrichtungen.
4. Hinweise auf Besonderheiten des Hotels, auf Publikum, Atmosphäre.

Für die Rangfolge des Erscheinens der jeweiligen Merkmale lassen sich keine festen Kriterien konstatieren. Daß die Klassifizierungen, vor allem die sie begleitenden Epitheta, in hohem Maße stereotyp sind, stellte bereits H.-D.Ebert in seinem 'Spiegel'-Artikel fest: "Wie wünschen Sie sich Ihr Hotel? Luxuriös, familiär, komfortabel, stilvoll, sauber, deutsch? Alles zweitrangige Eigenschaften. Die drei Spitzenqualifikationen lauten: gemütlich, geschmackvoll, freundlich (Neckermann); gemütlich, nett, modern (Transeuropa); geräumig, freundlich, gemütlich (Scharnow); und nur Touropa stört das harmonische Bild der Gemütlichkeit: gepflegt, geräumig, geschmackvoll."[10]

Aus sprachlicher Sicht interessant sind dabei weniger die Angaben zur Art des Hotels, da es sich hier um festgelegte Klassifizierungen wie Hotel, Pension, Garnihaus usw. handelt und die Reihenfolge ihrer Häufigkeit durch das Hotelangebot des jeweiligen Unternehmers bestimmt ist; für eine sprachliche Untersuchung aufschlußreich ist die stereotype Verwendung der inhaltsarmen, semantisch jedoch vielschichtigen Epitheta, auch in der Beschreibung der Zimmer und der Lage sowie der einzelnen Räumlichkeiten. Aufschlußreich außerdem einige okkasionelle Determinativkomposita sowie das häufige Auftreten von Anglizismen. Diese Aspekte werden in der folgenden kurzen Charakterisierung der jeweiligen Hotelbeschreibungen besonders berücksichtigt.

Die Syntax dieser Beschreibungen ist zumeist sehr einfach. Setzungen herrschen vor, Gliedsätze oder Reihungen sind sehr selten. Die redundanten Verben werden erspart, ein Schwerpunkt der Verbverwendung liegt bei den Modalverben 'sein' und 'haben'; weitere meist formelhaft verwendete Verben sind: 'liegen', 'gehören', gelegentlich 'bieten'; andere Verben finden sich neben diesen stereotyp gebrauchten selten. Manchmal erscheinen Passivformen, etwas häufiger Partizipialkonstruktionen, vornehmlich mit 'gelegen'.

3.1. Hotelklassifizierungen und ihre Epitheta

Häufig auftretende Adjektive sind in 1: 'modern', gelegentlich in der steigernden Zusammensetzung 'supermodern', 'beliebt', 'bekannt', 'freundlich', 'gemütlich', 'gepflegt', 'renoviert', 'familiär'; seltener: 'stilvoll', 'elegant', 'exklusiv', 'luxuriös'. Die Anordnung der Reihenfolge gibt hier nicht die Häufigkeitsfolge wieder. Als okkasionelle Komposita bei den Hotelbewertungen können betrachtet werden: 'Komforthotel' (auch in der Schreibung 'Komfort-Hotel' 1/26), '3-Sterne-Residencia' (1/54, wobei 'Residencia' eine spanische Hotelklassifizierung und 3-Sterne der internationalen Hoteleinteilung entnommen ist), 'Touristen-Hotel' (1/1o7), 'Hotelhochbau' (1/128) und 'Hochhaushotel' (1/133), 'Vier-Sterne-Stadt-Hotel' (1/138). Beliebt sind auch Wendungen wie 'ein Haus für' (z.B. 'junge Leute' 1/14) oder 'ein Haus mit' (z.B. 'Tradition' 1/93) oder der Stil, in dem ein Haus gehalten ist, wird angegeben z.B. 'im Hazienda-Stil' (1/3o). Gelegentlich finden sich auch mehrfach superlativische Wendungen wie 'prächtiges supermodernes 4-Sterne-Hotel' (1/18), 'Starhotel Benidorms! Ein Haus der Superlative!' (1/44)

Die in 2 am häufigsten verwendeten Epitheta ähneln den in 1 registrierten: 'bewährt', 'gemütlich', 'modern' (mit der Steigerungsform 'brandneu'; 2/53), 'gutgeführt', 'lebhaft', 'attraktiv'. Als Neubildungen erscheinen: 'Tophotel'

(2/23, auch getrennt geschrieben mit Bindestrich), 'Bungalow-Appartement-Anlage' (2/94), 'Cottagehaus' (2/172). Hier ebenfalls beliebt sind Stilbezeichnungen z.B. 'im altdänischen Stil' (2/189). Eine besonders auffallende Wendung ist 'ein tipptoppes Stadthotel' (2/19), das umgangssprachliche 'tipptopp' ist sonst allgemein nur unflektiert geläufig. Neben der gängigen Klassifizierung 'Erst-Klass-Hotel' erscheint (wie übrigens auch in 1) die semantische Steigerung durch den englischen Terminus 'First-Class-Hotel' (2/147). Ältere Hotels werden semantisch aufgewertet durch die Verwendung von Adjektiven, die in ihrem allgemeinen Gebrauch sonst nur auf Personen bezogen werden wie 'schon leicht bejahrtes Hochhaushotel' (2/126).

Ebenso erscheinen in 3 die üblichen Epitheta: 'neu erbaut', 'nett', 'modern', 'gepflegt', 'gutgeführt'; 'schön' und 'gut' sind meist verbunden mit dem Steigerungspartikel 'sehr'. Auch hier ist die Betonung des Stils, in dem ein Haus erbaut oder eingerichtet ist, sehr beliebt: 'im rustikalen Chalet-Stil' (3/27). Innerhalb der sonst nüchternen Klassifizierungen auffallend ist die bildliche Wendung 'eine Oase des Friedens' (3/9), leicht altertümlich wirkt das Adjektiv 'gediegen' (3/28).

Das gleiche Repertoire,nur mit leichten Verschiebungen, findet sich in 4: 'gepflegt', 'gutgeführt', 'modern', 'familiär', 'bewährt', 'gemütlich', 'kultiviert', 'bekannt', 'ansprechend'. Wendungen wie 'ein Haus für' (z.B. 'Familienferien' 4/1o5) und 'im Stil' (z.B. 'im rustikalen Algarve-Stil' 4/32) finden sich auch hier. Neubildungen sind 'Reihenbungalowanlage' (4/55), '1.Klasse-Appartementhotel' (4/76) und 'Terrassenhotel' (4/53). Etwas von der sonstigen Norm abweichend, weil es näher ausführt, ist: 'Gekonntes Beispiel moderner Hotelarchitektur in dichtem in den Bau einbezogenen Wald der Halbinsel' (4/59) oder 'zur einmalig schön angelegten Feriensiedlung gehörendes Hotel' (4/57).

In 5 finden sich die folgenden Epitheta: 'gutgeführt', 'modern', 'großzügig', 'gemütlich', 'behaglich', 'bekannt', 'gediegen', 'beliebt', 'nett'. Als Neubildungen lassen sich nachweisen: 'Punkthäuser' (5/7), 'Kettenhaus' (5/7), 'Parkcottage-Appartement' (5/38), '7o-Betten-Sportpension' (5/5o), 'Ferienwohnungshotel' (5/69). Sehr superlativisch ist die Wendung 'Luxushotel der internationalen Spitzenklasse' (5/82). Gelegentlich wird auf architektonische Besonderheiten verwiesen: 'Architektonisch originell und großzügig gestaltete Appartementanlage'. (5/14)

In den wenigen Hotels, die in 6 beschrieben werden, überwiegen Epitheta wie 'gepflegt', 'gemütlich'; auch in 7 trifft man auf knappem Raum die üblichen Beiworte 'modern', 'bekannt', 'gepflegt', 'gutgeführt'. 8 bringt keine Hinweise auf Hotels. In den Clubdörfern (9) erfolgt die Unterbringung in Bungalows oder Hütten, die sich nur durch ihr Baumaterial Stein oder Stroh unterscheiden. 1o beschränkt sich auf Angaben wie 'sehr gute', manchmal 'erstklassige' Hotels.

3.2. Epitheta zur Zimmercharakterisierung

Auch die Adjektive, die die Gestaltung und Einrichtung der Zimmer näher beschreiben sollen, beschränken sich auf ein festes Repertoire: 'einfach', 'gemütlich', 'geschmackvoll', 'modern', 'wohnlich', 'altmodisch-gemütlich' (1);[11] 'ansprechend', 'freundlich', 'modern', 'behaglich', 'großzügig', 'rustikal', 'bequem', 'schmuck' (2); 'geschmackvoll', 'gemütlich', 'modern', 'nett', 'einfach', 'rustikal', 'ansprechend', 'schön' (3); 'gemütlich', 'elegant', 'großzügig', 'modern', 'wohnlich', 'gut', 'sachlich', 'einfach', 'rustikal', 'freundlich', 'behaglich' (4); sehr häufig findet sich hier die Bezugnahme auf den jeweiligen Landesstil, z.B. 'im spanischen Kolonialstil' (4/3o); 'geräumig', 'modern', 'behaglich', 'ansprechend', 'geschmackvoll', 'rustikal', 'gemütlich' (5). Diese Adjektive können nicht nur die Einrichtung der Zimmer, sondern auch die der sonstigen Räumlichkeiten wie Aufenthaltsraum, Speisesaal oder Bar charakterisieren ; ebenso nur weniger häufig in 6 und 7.

3.3. Angabe der Lage und der Entfernungen

Die Angaben beziehen sich meist stereotyp auf die Entfernung vom Strand oder Ortskern; häufig also finden sich Wendungen wie 'zentral' oder 'im Zentrum gelegen'. 'Lebhaft' ist euphemistisch gebraucht als Synonym für 'laut', so z.B. 'Direkt im Zentrum. Lebhaft!' (1/51). Gelegentlich wird betont, daß ein Hotel inmitten eines Parks oder Gartens gelegen ist.

Auch in 2 dient 'lebhaft' als euphemistische Umschreibung für 'laut' ('in einer lebhaften bunten Straße' 2/58), ebenso verhüllt die Wendung 'mittendrin im pulsierenden Ortskern' (2/12o), daß es sich dabei auch um einen lauten Ortskern handelt. Gerade in 2 finden sich sehr viele superlativische Wendungen, die die einmalige Lage anpreisen, so z.B. 'in exklusiver Lage' (2/53) oder 'solch eine Lage gibt es nicht oft.' (2/93)

In 3, einem Winterkatalog, wird vor allem die Aussicht betont: 'in wohl einmalig schöner Aussichtslage' (3/41) oder 'in freier Lage mit Gletscherblick' (3/15).

In 4 wiederholt sich bisweilen stereotyp 'in ausgezeichneter Lage'. Neben den Angaben, ob sich ein Hotel im Zentrum oder in der Nähe des Strandes befindet, wird besonders hervorgehoben, wenn ein Hotel von einem Park umgeben ist: 'die verschiedenen Gebäude liegen in einem Park mit Palmen, Orangenbäumen, exotischen Blumen' (4/39). Oft wird auch die ruhige Lage betont.

Wie in 3,wird in Winterkatalog 5 bei der Angabe der Lage vor allem auf den Ausblick verwiesen: 'in ruhiger und prächtiger Aussichtslage' (5/82).

3.4. Einrichtungen und Besonderheiten der Hotels

Einen breiten Raum nehmen die Aufzählungen der Einrichtungen und besonderen Leistungen oder Angebote der jeweiligen Hotels ein: So wird gerne auf die Küche verwiesen (z.B. 'mit Feinschmeckerküche' 1/153), vor allem aber auf die besonderen Räumlichkeiten, die ein Hotel aufzuweisen hat. In diesem Zusammenhang soll hier nur auf Neubildungen und auf die sehr diffizile Art der Unterscheidung eingegangen werden, sowie auf häufig vorkommende Fremdworte und fremdsprachliche Wendungen.[12] So finden sich in 1 z.B. folgende Differenzierungen von Bar: 'Aperitifbar' (1/2o), 'Bier-Bar' (1/1o), 'Café-Bar' (1/9), 'Diskothek-Bar' (1/113), 'Freiluft-Bar' (1/114), 'Garten-Bar' (1/44), 'Grill-Bar' (1/124), 'Kaffee-Bar' (1/29), 'Snackbar' (1/1o), 'Spiegel-Bar' (1/36), 'Tages- und Nacht-Bar' (1/95). Auch 'Terrasse' läßt sich näher bestimmen als 'Dachterrasse' (1/29), 'Gartenterrasse' (1/29), 'Grasterrasse' (1/138), 'Liegeterrasse' (1/118), 'Sonnenterrasse' (1/36), 'Tanzterrasse' (1/1o5). Zahlreich sind auch die Zusammensetzungen mit 'Restaurant'[13], besonders auffallend hier 'à-la-carte-Restaurant' (1/32).

Beliebt sind Bildungen mit einer fremdsprachlichen Komponente: 'Bridge-Raum' (1/18), 'Garten-Taverne' (1/114), 'Kunsthandwerk-shop' (1/18), 'Meerwasser-pool' (1/94), 'Open-air-Aufenthaltsraum' (1/166), 'Souvenir-Geschäft' (1/126), 'TV-Raum' (1/37). Ebenso finden sich Komposita aus zwei fremdsprachlichen Begriffen: 'Disco-Club' (1/1o2), 'Souvenir-Boutique' (1/39). Vornehmlich dem Englischen entnommen, aber teilweise schon in den deutschen Wortschatz eingegliedert und daher häufig anzutreffen sind: 'Air-condition' (1/18), 'American-Bar' (1/13), 'Bar-Lounge' (1/36), 'Boutique' (1/13), 'Bridge-Room' (1/26; hier findet sich auch gelegentlich die deutsche Bezeichnung 'Bridge-Raum'), 'Bus-Service' (1/63), 'Cocktail-Bar' (1/23), 'Cocktail-Lounge' (1/114), 'Coffee-Shop' (1/14o), 'Grillroom' (1/23), 'Night-club' (1/13; die deutsche Lehnübersetzung 'Nachtclub' ist nur noch sehr vereinzelt anzutreffen), 'Open-air-Bar' (1/14), 'Open-air-Bowling' (1/22), 'Open-air-Nightclub' (1/92), 'Shop' (1/22), 'Shopping-Center' (1/117), 'Shuffle-Board' (1/169), 'Snack-Bar' (1/13), 'Souvenir-shop' (1/18), 'Swimming-pool' (1/9), 'TV' (1/9). Manchmal finden sich für die englischen Begriffe auch die deutschen Bezeichnungen, manche Begriffe dagegen, wie 'Lounge', sind im Deutschen nicht zu übersetzen. Näher wird auf die Problematik der fremdsprachlichen Begriffe noch im semantischen Teil eingegangen werden. Vielleicht drückt sich die Internationalisierung der Hotels und ihres Publikums in der häufigen Verwendung international gebrauchter Begriffe somit auch auf sprachlichem Gebiet aus.

Meist in Stichworten wird auf besondere Angebote oder Vorzüge des jeweiligen Hotels eingegangen. Unter diesem Aspekt sind zu erwähnen Appositionen wie 'Weltenbummler-Hotel' (1/154) oder Wendungen wie: 'ideal für den aktiven Urlaub' (1/48) oder 'geschaffen zum Ausruhen' (1/48), 'ideal für Segel-Club-Gäste' (1/135). Beliebt ist auch hier der Anschluß mit 'für'. Auch unter dieser Rubrik finden sich einige Wortneubildungen wie 'Sangria-Party' (1/4o), 'Barbecue-Stand' (1/126). Die Angaben sind stichwortartig. Das redundante Prädikat ist meist ausgespart.

Auch in 2 sind die vielfältigen Differenzierungen und somit Wortneubildungen auffallend. Zum großen Teil decken sie sich mit den bereits in 1 aufgeführten Komposita. Neu hinzukommende Bildungen sind: 'Außenbar' (2/53), 'Imbißbar' (2/1o2), 'Felsenbar' (2/1o3), 'Küchenbar' (2/1o3), 'Nachtbar' (2/97), 'Terrassenbar' (2/69), 'Frühstücksterrasse' (2/32), 'Restaurationsterrasse' (2/139), 'Sitzterrasse' (2/195). Häufig finden sich auch differenzierende Zusammensetzungen mit 'Schwimmbad': 'Mini-Schwimmband' (2/91), 'Naturschwimmbad' (2/1o4), 'Süßwasserschwimmbad' (2/4o); neben dem 'Meerwasserschwimmbad' (2/1o2) erscheint auch der 'Meerwasserswimmingpool' (2/144) und der 'Kinder-Swimmingpool' (2/196).

Zusammensetzungen mit fremdsprachlichen Komponenten sind: 'Atriumhof' (2/129), 'Fitness-Raum' (2/189), 'Mini-Lebensmittelladen' (2/99), 'Kasbah-Show' (2/179).

Ein Großteil der englischen Fremdworte, die bereits oben aufgezählt sind, erscheinen auch hier, dazu noch: 'Grillpartys' (2/46; bereits mit deutscher Pluralbildung und nicht der englischen korrekten Form 'parties'), 'Beauty-Farm' (2/193), 'Drink' (2/127), 'Drugstore' (2/51), 'Lunch' (2/121), 'Shopping' (2/129).[14] Mit deutscher Kasusrektion erscheint das englische Adjektiv 'fashionable': 'Internationales Publikum genießt den Komfort dieses Hauses in ... dem fashionablen Nightclub.' (2/91) Aus dem Französischen übernommen sind: 'Entrée' (2/195), 'Grandlit' (2/179) und 'Souterrain' (1/196). Auch bei den Verweisen auf die Besonderheiten finden sich Wortneubildungen, so 'Cous-Cous-Abendessen' (2/179), 'Pop-Bahn' (2/117), '"Sehen- und Erleben"-Urlaub' (2/19), 'Trimm-Dich-Treppen' (2/127), '24-Stunden-Zimmerservice' (2/22); fast stereotyp ist die Verwendung der Epitheta, die die Atmosphäre des Hauses beschreiben: 'sportlich', 'unaufdringlich', 'gepflegt', 'freundlich', 'zwanglos', 'kultiviert', 'behaglich'. 'Atmosphäre' kann auch durch 'Fluidum' ersetzt werden: 'internationales Fluidum' (2/1o3). - Die Besonderheiten sind meist stichwortartig aufgeführt.

In 3 finden sich außer den bereits erwähnten folgende, meist mit fremdwortlichen Bestandteilen zusammengesetzte Neubildungen: 'Ping-Pong-Halle' (3/9), 'Hallenspiegelbad' (3/23), 'Cafefreiterrasse' (3/12), 'Speiseraum-Café' (3/18).

An Fremdworten kommen neu hinzu: 'Jetstream' (3/23; eine Vorrichtung im Schwimmbad), 'Lunch-Coupon' (3/68; eine englisch-französische Zusammensetzung), 'Dancing' (3/28), 'Candle-light-Dinner' (3/66), 'Beauty-Center' (3/15), französisch 'Rotisserie' (3/29) und bereits eingedeutscht 'Amerikan-Bar' (3/31).

Bei den Besonderheiten der Hotels wird bevorzugt auf die Küche verwiesen. 'Verstärktes Frühstück' (3/26) scheint ein gastronomisch geläufiger Begriff zu sein; als Wortneubildungen erscheinen 'Tellergerichteauswahl' (3/27) und 'Mahlzeitenaustausch' (3/29; hier können die Mahlzeiten an verschiedenen Orten eingenommen werden). 'Fondue-Party' (3/69) ist eine französisch-englische Zusammensetzung,

'Quicklunch' (3/69) dem Englischen entnommen, eine deutsch-englische Zusammenbildung ist der 'Willkommensdrink' (3/69).

In 4 finden sich als Zusammensetzungen mit fremdsprachlichen Elementen noch 'Mini-Busservice' (4/1o) und 'Glasbodenbootstouren' (4/79), ferner der Spezialterminus 'French Windows' (4/6o). Eine weitere Differenzierung von 'Café' bildet die Zusammensetzung 'Promenadencafé' (4/1o9). Die sonstigen Wortneubildungen decken sich mit den bereits oben erwähnten.

Bei den Fremdwörtern kommen hinzu: 'Beach Bar' (4/77), 'Drumbeat' (4/77), 'Green fees' (4/35), 'Pub' (4/77), 'Skindiving' (4/78), 'Room-Service' (4/44), 'Yacht-Charter' (4/77); die Häufung auf den Seiten 77/78 ist dadurch bedingt, daß hier Ferien in Florida beschrieben werden. Ferner erscheint noch 'Floorshow' (4/112) und 'Lodge' (4/79). Französisch: 'Coiffeur' (4/97) und 'Dependance' (4/2o).

In 5 treten einige weitere Zusammensetzungen mit 'Bar' auf: 'Bikini-Bar' (5/31), 'Café-Bar' (5/71), 'Minibar' (5/14), 'Schloßbar' (5/96), 'Skibar' (5/1o). Mit 'Schwimmbad' finden sich die Zusammensetzungen 'Dachgarten-Hallen-Schwimmbad' (5/32), 'Meerwasser-Schwimmbadanlage' (5/gr.17), 'Meerwasser-Hallen-Brandungsbad' (5/gr.17), 'Meerwasserhallenschwimmbad' (5/99) sowie 'Strandbadzentrum' (5/gr.17). Als nähere Definition zu 'Restaurant' ist noch 'Steak-House-Restaurant' (5/gr.6) zu erwähnen.

Bildungen mit fremdsprachlichen Bestandteilen sind: 'Begrüßungscocktail' (5/gr.5), 'Country-Club-Atmosphäre' (5/85), 'Geschenkboutique' (5/gr.6), 'Hobbybunker' (5/67), 'Schönheits-Center' (5/96), 'Teeroom' (5/87) und 'Top-Restaurant' (5/84). Verdeutscht erscheinen 'Kleinbusdienst' (5/65) und 'Willkommenstrunk' (5/gr.12) und für 'Folklore-Abende' hier 'Brauchtumsabende' (5/65).

Aus dem Englischen übernommen sind 'Bar-Dancing' (5/42), 'Fitnesscenter' (5/42), 'Fitness-Corner' (5/84), 'Paying guest' (5/gr.6), 'Showgrill' (5/14),'Skishop' (5/91), 'Turfbar' (5/64), 'Wellcomedrink' (5/1o). Einige dieser Begriffe wie auch 'Hobby-Service' (5/65) und 'Jockey-Club' (5/84) sind nur Zusammensetzungen mit englischen Bestandteilen, jedoch nicht so im Englischen oder Amerikanischen gebräuchlich. Aus dem Französischen übernommen, dies wird auch durch Anführungszeichen betont, ist "Carte de Reduction" (5/87).

Auch in 9 finden sich noch einige Differenzierungskomposita, z.T. mit fremdsprachlichen Komponenten wie 'Annexrestaurant' (9/97), 'Barbecue-Restaurant' (9/99), 'Clubboutique'(9/86), 'Höhlenbar' (9/36), 'Karawanserail-Club' (9/75), 'Ranch-Restaurant' (9/56).

In 7 finden sich als Fremdworte 'duty-free-shop' (7/17), 'Poolbar'(7/16) und 'Mainlounge' (7/19); als Wortneubildung 'Jekami-Abend' (7/19), wobei die Erklärung gleich in Parenthese folgt '(jeder kann mitmachen, Passagiere spielen für Passagiere)'.

3.5. Syntaktische Besonderheiten der Hotelbeschreibungen

Es wurde bereits erwähnt, daß die Syntax der Hotelbeschreibungen generell einfach gebaut ist und nur in wenigen Fällen Nebensätze oder kompliziertere Strukturen anzutreffen sind. Im Folgenden sollen die syntaktischen Besonderheiten der Hotelbeschreibungen der jeweiligen Kataloge kurz berührt werden.

In 1, wo, wie in den übrigen Hotelbeschreibungen auch, der größte Teil des Textes aus Setzungen besteht, treten unter den Verben mit Abstand am häufigsten das Modalverb 'haben' auf, gefolgt von 'liegen' und 'sein'. Weiter sind häufiger verwendete Verben: 'geben', 'umgeben', 'sich verteilen' (bei der Beschreibung von Bungalowanlagen), 'bilden', 'bestehen', 'befinden', 'gehören', 'zur Verfügung stehen', 'können' (in der Wendung 'Sie können').[15] Passivisch erscheinen die Wendungen 'die Mahlzeiten werden eingenommen' oder 'werden serviert'. Gelegentlich finden sich zur Auflockerung Sätze, die den stereotypen Rahmen der Hotelbeschreibungen durchbrechen, so z.B.: 'Genau das Richtige für Gäste, die den ganzen Tag am Strand sind und auch die Nacht zum Tage machen' (1/13). Diese Wendung ist eine euphemistische Umschreibung dafür, daß es in diesem Haus laut zugeht. Ganz vereinzelt erscheinen Relativsätze, andere Nebensätze so gut wie nicht. Perfekt oder Imperfekt werden nur dann verwendet, wenn betont wird, daß ein Hotel z.B. gerade erst entstanden ist: '... aus alten dalmatinischen Wohnhäusern entstanden gemütliche kleine Hotels' (1/1o4). Gelegentlich finden sich nach einer Hotelbeschreibung, schräggedruckt und in Anführungszeichen gesetzt, ein oder zwei Sätze, die eine Besonderheit des Hotels hervorheben und manchmal euphemistisch kleinere oder größere Fehler verdecken sollen. Ähnlich wie im Gästeparlament von Scharnow wird hier der Gast als Autorität zitiert, der Urlauber selbst bürgt für die Qualität des Angebots. Diese 'Zitate' sind bewußt umgangssprachlich gehalten, meist im Imperfekt, da sich ihr Inhalt auf Vergangenes bezieht. Z.B. 'Ein Hotel mit ausgesprochen dufter Stimmung'. (1/14) - 'An der Hauptstraße ist alles in greifbarer Nähe, und tagsüber ist man sowieso am Strand.' (1/54) - 'Ein Klasse-Hotel. Wir fühlten uns wie die Könige' (1/17).

2 stellt innerhalb der Hotelbeschreibungen eine Ausnahme dar, weniger in der stereotypen Verwendung der Epitheta als in seiner syntaktischen Struktur. Hier wird versucht die Stilhaltung des übrigen Katalogs auch in den Klassifizierungen der Hotels beizubehalten. Daher überwiegen die Setzungen nicht so stark wie in den anderen Katalogen, obwohl sie auch hier einen Großteil des Textes ausmachen. Bei den Verben tritt am häufigsten das Modalverb 'sein' in Erscheinung, gefolgt, allerdings mit großem Abstand, von 'liegen'. Weitere gern gebrauchte Verben sind neben 'bieten', 'haben': 'finden','geben' (in der Wendung 'es gibt'), 'können' (auch hier in der Wendung 'Sie können'), 'verfügen', 'sich treffen', 'bestehen aus', 'sorgen', 'befinden', 'gehören','umgeben', 'stehen', 'zur Verfügung stehen', 'besitzen'.[16] Passivisch erscheint auch hier die Wendung 'werden serviert', 'werden eingenommen' von Mahlzeiten gebraucht. Aber

auch außerhalb dieser festen Wendungen ist gelegentlich Passivgebrauch festzustellen. Seine Verwendung entspricht der für die Ortsbeschreibungen festgehaltenen: Es erscheint in Fällen mit indifferentem Subjekt oder drückt einen Allgemeinzustand aus: 'wird gelobt' (2/59) oder es bezieht sich auf Veranstaltungen 'hier oder im Freien wird getanzt'(2/157). Häufig erscheint Passiv verbunden mit Imperfekt in Sätzen, die sich auf die Entstehung des Hotels beziehen: 'Ein andalusisches Herrschaftshaus wurde zu einer entzückenden kleinen Pension umgebaut' (2/8o).

Imperfekt und Perfekt sind wie in den Ortsbeschreibungen ihrer Funktion nach nicht immer zu trennen. Beide erscheinen in etwa gleicher Häufigkeit, jedoch nicht allzu oft. - Auch die Verwendung des Futurs entspricht der in den Ortsbeschreibungen: Es wird fast nur verwandt, um positive Gefühle beim Urlauber vorzuprogrammieren: 'Auch Sie werden sich hier schnell wohlfühlen bei gutem Essen und in harmonischer Umgebung' (2/193).

Ab und zu wird der Text auch durch persönliche Fragen an den Leser aufgelockert, so z.B. 'Lieben Sie es etwas ruhiger und gemütlicher, ohne viel Trubel? Hier finden Sie Gleichgesinnte' (2/127). Die Fragen dienen dazu positive Aspekte zu unterstreichen, indem sie meist gleich positiv beantwortet werden. 'Suchen Sie ein nettes, modernes Hotel für Ihren Badeurlaub? Dann sind Sie hier richtig!' (2/72).

Imperativische Wendungen sind innerhalb der Hotelbeschreibungen relativ selten anzufinden. Der Imperativ bezieht sich nur auf positive Handlungen und dient meist zur Unterstreichung der Besonderheiten des Hotels: 'Seien Sie mal wieder aktiv! Im Urlaub haben Sie Zeit dazu, und dieses Haus bietet Ihnen die Möglichkeiten' (2/161). Auch Konjunktiv findet sich, allerdings nur vereinzelt, und auch hier als Konjunktiv der höflichen Aufforderung: 'Der Hotelbar sollten Sie auch mal einen Besuch abstatten' (2/129). Oder als Frage: 'Wäre das kein Urlaubsziel für Sie?' (2/174).

Die Struktur der Sätze ist diffiziler als sonst in den Hotelbeschreibungen. Nehmen auch hier die Setzungen einen großen Raum ein, so finden sich doch auch gelegentlich syndetische und asyndetische Reihung von Sätzen. Syndetische Reihung mit 'und' und asyndetische Reihung mit Komma erscheinen in etwa gleicher Häufigkeit. Asyndetische Reihung mit Doppelpunkt oder Gedankenstrich ist im Vergleich zum Text der Ortsbeschreibungen sehr selten. Die Reihungen können, dies allerdings findet sich nur ganz vereinzelt, auch mehrgliedrig sein: 'Die Ausstattung ist gut, die Gästezimmer besitzen Telefon, die Aufenthaltsräume sind behaglich, die Bar und der Speisesaal klimatisiert' (2/77).

Im Vergleich zu den übrigen Hotelbeschreibungen findet sich hier ein relativ hoher Anteil an Nebensätzen, und zwar der verschiedensten Art. Mit großem Abstand überwiegen jedoch auch hier die Relativsätze. Daneben finden sich in der Reihenfolge ihrer Häufigkeit nach: Kausal-, Konditional-, daß-, Restriktiv-, Adversativsätze sowie ein Vergleichssatz und ein Temporalsatz. Mehrgliedrige Gefüge mit abhängigen Nebensätzen kommen nur sehr selten vor.

Auch in ihrer Stilhaltung sind die Hotelbeschreibungen lockerer gehalten als in den anderen Katalogen und weichen manchmal von den stereotypen Formen ab. So werden gelegentlich Bilder und Personifizierungen verwendet: 'Hoch über dem Sandstrand thront das Hotel.' (2/4o) - 'Im Weinkeller mit Spezialitätenrestaurant schluchzt die Primasgeige der Zigeunerkapelle' (2/127). Ab und zu fließen auch umgangssprachliche Wendungen ein: 'hier liebt man's lässig' (2/127). Manchmal werden Nachteile unumwunden mitgeteilt: 'Turbinen für Wasser- und Stromversorgung gelegentlich hörbar'.(2/212), in den meisten Fällen jedoch euphemistisch umschrieben: 'lebhaft' dient auch hier als Synonym für 'laut': 'Arenal ist lebhaft, dieses Hotel ist es auch. Es liegt nur 5o m vom Strand in einer kleinen Nebenstraße mitten im Zentrum. Das bedeutet: wer hier bucht, bei dem gehen nicht nur die Meereswogen hoch!' (2/15) Nüchterne Angaben finden sich gelegentlich auch romantisch verbrämt: '25o m weiter rauscht das Meer' (2/12o). Beliebt sind Wendungen mit dem präpositionalen Anschluß 'für', wie z.B.: 'für junge Leute'(2/14) oder 'so gerade richtig für gute und preiswerte Familienferien' (2/72). Einmal findet sich auch Litotes: 'Lift und Boutique fehlen nicht' (2/85)und ein Komperativ ohne Vergleichsobjekt: 'Hier lieben es die Gäste etwas beschaulicher.'(2/91)

Insgesamt läßt sich festhalten, daß in 2 versucht wurde, dem stereotypen Aufbau der Hotelbeschreibungen durch Auflockerungen im syntaktischen Bereich entgegenzuwirken, wenn auch ein Teil der floskelartigen Epitheta auch hier nicht vermieden werden konnten. Die Hotelbeschreibungen sind jedoch in weit größerem Maße als in den anderen Katalogen dem übrigen Text angepaßt und durch die sonst gebräuchlichen syntaktischen Mittel aufgelockert. Ebenso wurde im semantischen Bereich versucht von der gebräuchlichen einheitlichen Normierung Abstand zu gewinnen, wobei die semantische Aufwertung jedoch meist dazu dient, etwaige Einwände euphemistisch zu entkräften.

3 gleicht in der Gesamtgestaltung seiner Hotelbeschreibungen wieder mehr den gängigen Mustern, obwohl ebenfalls der Text gelegentlich durch längere Sätze aufgelockert ist. Bei den Verben herrschen auch hier 'haben', 'sein', 'liegen' vor, daneben noch häufiger 'zur Verfügung stehen', 'sich befinden'. Passivisch auch hier wieder die Wendung 'das Mittagessen kann eingenommen werden' bzw. 'Die Mahlzeiten werden eingenommen'. Zuweilen, aber sehr selten, ist der Satzbau durch Relativsätze aufgelockert. Generell läßt sich ein gewisser, jedoch nicht sehr wesentlicher, Unterschied zwischen den Hotelbeschreibungen im Textteil und jenen in der gelben Sonderbeilage, die nur Hotelklassifizierungen und Preise enthält, feststellen. Im Sonderteil sind die Angaben noch knapper gefaßt und nüchterner, eine syntaktische Strukturierung noch seltener, während die Hotelbeschreibungen im Hauptteil ab und zu durch Sätze aufgelockert und im allgemeinen etwas anschaulicher gehalten sind; vor allem Hotel-

sonderangebote werden ausführlich und sehr anschaulich beschrieben, z.B.: 'Unmittelbar am idyllischen, zugefrorenen Völser Weiher, dem Austragungsort der Weltmeisterschaften 1971 im Eisstockschießen, liegt inmitten von Wäldern die Pension Waldsee mit Dependance.' (3/65)

Auch in 4 sind die Hotelbeschreibungen sehr schematisch aufgebaut. Der Klassifizierung der Hotels folgt die Lageangabe, die Beschreibung der Zimmer und dann die Aufzählung der besonderen Einrichtungen. Dabei herrschen Setzungen vor. Die auftretenden Verben sind hier ebenfalls einem festen Repertoire entnommen. Am häufigsten erscheint 'haben', gefolgt von 'liegen', 'bestehen aus', 'sein', 'gehören'. Für die Zimmerbeschreibung tritt öfters die formelhafte Wendung 'sind eingerichtet' auf oder 'unsere Gäste wohnen'. Passivisch erscheint die Wendung 'wird bzw. werden eingenommen' in Bezug auf Mahlzeiten, sonst Passiv gelegentlich bei Ausdrücken mit indifferentem Subjekt. Bisweilen finden sich auch längere Sätze, ganz vereinzelt Auflockerung durch Imperative oder Relativsätze. Etwas ausführlicher und anschaulicher sind die Hotelbeschreibungen für Florida und Ostafrika.

Ähnlich wie in 1 und 2 gibt es auch hier eine Sonderbeurteilung der Hotels: ab und zu schließen sich an die Hotelbeschreibungen einige schräggedruckte umgangssprachliche Sätze an, die die Vorzüge des Hotels hervorheben. Hier handelt es sich jedoch nicht immer wie in 1 und 2 um imaginäre Gäste, die sprechen. Vielleicht dienen diese, auch durch Satzzeichen stark strukturierten, Sätze einfach nur zur Auflockerung gegenüber den etwas starren Hotelbeschreibungen: 'Halb elf früh. Frühstücksappetit! Keine Lust zum Aufstehen - Telefonieren mit der Rezeption ... Frühstück kommt. Fein!' (4/26) - 'Thanks heaven - nach keiner Mahlzeit abwaschen - wird vom Haus erledigt.' (4/34)

In 5 werden die Verben ebenfalls einem bestimmten festen Repertoire entnommen. Die Rangfolge ist ähnlich wie in den übrigen Katalogen: 'sein', 'liegen', 'verfügen', 'haben', 'zur Verfügung stehen', 'bieten', 'gehören', 'bestehen aus' (dazu tritt noch häufig die Partizipialkonstruktion 'bestehend aus'), 'sich befinden', 'sich auszeichnen', 'finden', 'geben' (in der Wendung 'es gibt'). Gelegentlich, aber ganz selten, erscheinen auch Nebensätze (daß-Sätze, Restriktivsätze, meist überwiegend jedoch Relativsätze).

Zusammenfassung (S.271-287)

1. Die Hotelbeschreibungen wurden gesondert vom übrigen Text behandelt, da sie nicht nur inhaltlich zu sehr begrenzt sind, um innerhalb des Gesamttextes betrachtet werden zu können, sondern weil sie auch teilweise syntaktische Abweichungen zeigen.
2. Auffallend ist besonders die stereotype Verwendung eines festen Repertoires inhaltsarmer, semantisch aber sehr vielschichtiger Epitheta. Unter 'nett', 'gepflegt', 'modern' oder 'gemütlich' kann sich jeder der potentiellen Urlauber sein eigenes Vorstellungsbild aufbauen. Daß alle Epitheta der positiven Sphäre entnommen sind, ergibt sich aus der Grundtendenz der Ferienkataloge.
3. In den Hotelbeschreibungen lassen sich eine große Zahl von Wortneubildungen nachweisen. Es handelt sich hierbei fast ausschließlich um z.T. okkasionelle Determinativkomposita, die zur näheren Erläuterung und Differenzierung dienen; häufig finden sich dabei fremdsprachliche Bestandteile.
4. Neben den Komposita mit fremdsprachlichen Elementen treten auch bevorzugt fremdsprachliche Begriffe auf, die, mit Ausnahme einiger französischer Wörter,Anglizismen sind, eine Erscheinung, die vielleicht durch die Internationalität der Hotels bedingt ist. Einige dieser Anglizismen haben im Deutschen keine entsprechende Bezeichnung, andere sind auf dem Wege der Übernahme ins Deutsche, was sich an der verdeutschten Schreibweise nach-

weisen läßt, wieder andere haben eine deutsche Entsprechung, die ebenfalls bisweilen auftreten kann, jedoch immer seltener als das entsprechende englische Wort. Die Vermutung liegt nahe, daß die Fremdworte gelegentlich auch nur zur semantischen Aufwertung dienen, da von ihnen eine größere Anziehungskraft ausgeht als vom entsprechenden deutschen Wort.

5. Besonders zu betonen ist neben dem stereotypen Wortschatz vor allem die sehr einfache syntaktische Strukturierung der Texte, wobei auf Sätze, vor allem auf Gefüge, vielfach verzichtet wird, sie dienen nur gelegentlich der Auflockerung. Die Verben sind einem begrenzten Repertoire entnommen und redundant, so daß sie, ohne Verständnisschwierigkeiten hervorzurufen, weggelassen werden können.
6. Der vielfältigen Erweiterung im Bereich des Wortschatzes steht eine Reduzierung der Syntax gegenüber. Es wird versucht, innerhalb des Substantivs eine möglichst breite und differenzierte Vorstellung zu geben; die Angaben sind allgemein knapp gehalten. Diese Erscheinung mag mitbedingt sein durch den geringen Raum, der für die zahlreichen Hotelbeschreibungen zur Verfügung steht.
7. Ab und zu sind euphemistische Umschreibungen anzutreffen, um Fehler der einzelnen Hotels zu kaschieren. 'Lebhaft' kann im allgemeinen als Synonym für 'laut' angesehen werden.

Zur Veranschaulichung soll aus jedem Katalog ein willkürlich herausgegriffenes Beispiel vorgeführt werden:

Renoviertes, freundliches Haus an einer lebhaften Straße, ca. 3 Gehmin. zum Strand: Speisesaal, hübscher Salon, Aperitif-Bar, kleiner Garten. Fernsehen. Kleine Sonnenterrasse auf dem Dach. Zimmer: Fl. w. u. k. Wasser, Doppelzimmer z.T. mit Dusche/WC. Etagenduschen. (1/91)

Ein seit Jahren bei Scharnow-Gästen beliebtes Hotel, nur durch die Uferstraße vom Strand getrennt. Restaurant mit Meerblick, großzügige Aufenthaltsräume, Bar mit Unterhaltungsmusik, Sonnenterrasse, Snackbar. Gute Küche. Geräumige Zimmer mit Heizung, Radio, Telefon. Klimaanlage gegen Aufpreis. Grünanlagen umgeben den Swimmingpool. Spielplatz, Tennis, Minigolf. Boutique, Gute Busverbindung nach Rhodos, etwa 6 km. (2/146)

Haus mit besonderer Note in ruhiger, zentraler Lage mit modern eingerichteten Aufenthalts- und Gesellschaftsräumen, Bar, Lift und Liegeterrasse. (3/gelber Sonderteil 23)

Modernes Hotel am Meer. Zimmer geschmackvoll eingerichtet, alle mit Telefon, Bad/Wc, Balkon, Meerblick. Zentralheizung. Große Halle, Boutique, gemütlicher Salon, Speisesaal, Diskothek, drei Bars. Beheizbarer Swimmingpool mit Sonnenterrasse. Kinderplanschbecken und Spielplatz. Wassersport. (4/15)

Gediegen ausgestattetes Haus, 13o Betten, in zentraler, aber relativ ruhiger Lage mit gemütlichen Gast- und Aufenthaltsräumen, TV-Raum und Stüberl. Ein Großteil der Zimmer hat außerdem Radio, Telefon und Fernseher. Skischule und Reitstall im Haus. Garage. (5/63)

Zusammenfassende Bemerkungen zur Syntax

Als besondere Merkmale der Sprache der Ferienkataloge können syntaktisch folgende Erscheinungen hervorgehoben werden:

1. Im Bereich der Wortbildung zeigt sich eine ausgeprägte Vorliebe für Substantivneubildungen in Form von Determinativkomposita. Sie ersparen längere Fügungen und Nebensätze, sie präzisieren und differenzieren und bieten in einem Ausdruck eine Fülle von Vorstellungen. Dies gilt auch für die Adjektivkomposita.
2. Auffallend ist außerdem die häufige Erweiterung der Nominalphrase durch Attribute in Form von Partizipialkonstruktionen, Appositionen, präpositionalem Anschluß und Parenthesen.
3. Der Aufschwellung der Nominalphrase durch Komposita und Attribute steht eine Reduzierung der Gefüge gegenüber.
4. Der überwiegende Hauptteil der Sätze (nahezu 8o % durchschnittlich) sind als Einfachsätze zu definieren. Das Dominieren des Einfachsatzes ist somit ein wichtiges Kennzeichen der Ferienkataloge.
5. Parataxe ist selten zu finden. Bei den Hypotaxen überwiegen mit sehr deutlichem Abstand die Relativsätze. Sonsti-

ge Nebensatzarten erscheinen in ihrer Häufigkeit sehr viel seltener, dafür aber in großer Vielfalt.

6. Durchschnittlich rund ein Drittel der Texte besteht aus Setzungen. Neben Ersparung des redundanten Verbs finden sich sehr häufig vom Bezugssatz losgelöste, nachgetragene Satzglieder.
7. Die vorherrschende Zeitform der Ferienkataloge ist das Präsens, unterbrochen durch Perfekt, Imperfekt und Futur. Imperative und Fragen lockern die vornehmlich aus Aussagesätzen bestehenden Texte auf. Der Passivanteil liegt über dem Durchschnitt seiner allgemeinsprachlichen Verwendung.
8. Die Interpunktion ist oft willkürlich und gelegentlich von den Normen der traditionellen Grammatik abweichend. Doppelpunkt und Gedankenstrich dienen der Betonung und Spannungssteigerung.
9. Die Sprache der Routenbeschreibungen ist in weit größerem Maß als die sonstigen Beschreibungen durch knappen nominalen Stil bestimmt. Der Nominalstil beruht auf der Verwendung eines begrenzten Repertoires von Substantiven und einem hohen Anteil an Präpositionen; das redundante Verb wird meist ausgespart.
1o. Der Großteil der Sätze befindet sich im Bereich der Satzlängen von 1 bis 2o Wörtern, also im Bereich der kurzen und mittellangen Sätze.
11. Die Kataloge sind meist zwei- oder dreigliedrig aufgebaut. Die Ortsbeschreibungen sind aus Motiven eines festen Repertoires zusammengestellt.
12. Die Hotelbeschreibungen sind in hohem Maße aus stereotypen Wendungen konstruiert.
13. Als syntaktische Grundtendenzen können eine Erweiterung der Nominalphrase, Vorherrschen des Einfachsatzes, hoher Anteil an Setzungen und dadurch Einschränkung der Gefüge angesehen werden. Die Textstruktur wird jedoch durch die verschiedensten syntaktischen Mittel aufgelockert.

14. Der Vergleich mit anderen Sprachbereichen zeigt eine gewisse Ähnlichkeit zur Sprache der Werbung (bedingt durch ähnliche Zielvorstellungen), so z.B. das Vorherrschen des Einfachsatzes und der Verzicht auf mehrgliedrige hypotaktische Gebilde.[17] In vielen Bereichen decken sich die Erscheinungen der Sprache der Ferienkataloge mit den Tendenzen der modernen Gegenwartssprache: So in der Wortbildung die Zunahme der Substantivneubildungen, weniger hingegen bei Adjektiven und Verben.[18] Die Erweiterung des Wortschatzes trägt neben anderem zu einer Reduktion im syntaktischen Bereich bei.[19] In Bezug auf den Satzbau ist auch für die Gegenwartssprache das Vorherrschen des Einfachsatzes, das Aufschwellen der nominalen Glieder mit gleichzeitig einhergehender Reduzierung der Gefüge typisch: "Der Einfachsatz ist also ein sehr wesentliches Element unserer Gegenwartssprache."[20] - "Stark gefüllte Einzelglieder sind ein besonderes Kennzeichen unseres heutigen Satzbaus."[21] - "Eine andere wichtige Erscheinung ist die Zunahme der Substantivgruppen, vor allem ihres Umfanges."[22] - "Das Vordringen des geradlinigen Satzes ist also mit solchen bereits genannten Änderungen im deutschen Satzbau verbunden wie die Abnahme der Hypotaxe, die Kürzung des Ganzsatzes, das Anwachsen der Substantivgruppen und der substantivischen und adjektivischen Zusammensetzung."[23] - Die Sprache der Ferienkataloge zeigt sowohl Züge der geschriebenen als auch solche der gesprochenen Sprache. Nach Ch.Leska z.B. macht die geschriebene Sprache sehr starken Gebrauch von sprachökonomischen Mitteln, z.B. attributiven Teilen. Eine Häufung attributiver Teile, wie sie in den Ferienkatalogen anzutreffen sind, ist somit ein Zeichen geschriebener Sprache.[24] Der kurze Einfachsatz hingegen und das Gefüge mit nur einem abhängigen Nebensatz erscheint in der gesprochenen Sprache weitaus häufiger,[25] hier zeigen sich also Parallelen zwischen Ferienkatalogen und gesprochener Sprache.

15. Wichtigste Kennzeichen und Aufgaben der Syntax der Ferienkataloge sind:
    a) Das Streben nach optimaler Verständlichkeit und Einprägsamkeit.
    b) Das Aufrechterhalten einer durchgehenden Leseaufmerksamkeit.
    c) Konzentrierung der Aussagen in relativ kurzen, leicht durchschaubar konstruierten syntaktischen Einheiten. So dient auch die Syntax letztlich dazu, Handeln des potentiellen Reisenden im Sinn des Reiseveranstalters zu bewirken.

In einem zweiten Teil soll nun, nachdem die syntaktischen Verknüpfungsregeln aufgezeigt wurden, auf die Bedeutung der Zeichen, der Wörter, eingegangen werden. Der semantische Inhalt ist die Grundlage für die pragmatische Wirkung der Kataloge.

II. SEMANTIK

Wurden bei der der Arbeit zugrunde liegenden Teilung in Syntax und Semantik im Vorangehenden die Zeichen selbst und ihre Beziehungen zueinander, also Wort- und Satzbildung untersucht, so soll nun die zweite der triadischen Funktionen des Zeichens nämlich die zwischen dem Zeichen und dem wofür es steht, in den Vordergrund gestellt werden. Im syntaktischen Bereich wurden die Regeln für die Bildung der einzelnen Zeichen, ihre Beziehungen innerhalb des Satzganzen, ihre strukturellen Merkmale, ihre Kombinationsmöglichkeiten, die Systematik ihrer Korrelationen zueinander aufgezeigt. Nun soll auf den Objektbezug des Zeichens, auf die Verbindung zwischen Zeichen und Begriff, auf Denotationen und Konnotationen eingegangen werden. Denn: "Ein Zeichen steht für etwas, es bedeutet etwas. In ihrer wichtigsten, in ihrer menschlichsten Funktion basiert die Sprache darauf, dass sprachliche Äusserungen Bedeutung haben."[1] Die Syntax stellt die unterste Schicht, die Basis, des semiotischen Prozesses dar. Die Struktur des Zeichens und die Zeichenrelationen müssen sichtbar gemacht werden, damit die Grundlage für die Aufnahmebereitschaft der Zeichenbedeutung gegeben ist. Denn erst die Apperzeption der Bedeutung kann Handeln im Sinne des Kommunikators bewirken. Denn vor allem für werbliche Kommunikation gilt: "Persuasion ist nur über die Verständlichkeit der persuasiven sprachlichen Zeichen möglich. Ohne angemessene Decodierung der informationstragenden Zeichen ist keine Persuasion möglich."[2]

Die Dreiteilung in Syntax, Semantik und Pragmatik jedoch ist, wie schon öfters betont, nur ein methodischer Anhaltspunkt und die Grenzen ihrer gegenseitigen Bedingung sind durchaus fließend. "Es handelt sich dabei lediglich um eine zweckmäßige Klassifikation. Die einzelnen Gebiete bilden keine ausgeprägten in sich abgeschlossenen Forschungsrichtungen."[3]

So ist es verständlich, daß auch die unter dem Kapitel Syntax behandelten Erscheinungen, Charakteristika und Besonderheiten der Sprache der Ferienkataloge semantische Funktionen ausüben. Diese sind zu definieren "als die inhaltliche Widerspiegelung eines Gegenstandes, einer Erscheinung oder einer Beziehung der objektiven Realität im Bewußtsein der Angehörigen einer Sprachgemeinschaft, die traditionell mit einem Lautkomplex zu der strukturellen Einheit des Wortes verbunden ist. Die Bedeutung bildet die innere Seite des Wortes, während der Lautkörper seine äußere Seite, die materielle Komponente darstellt."[4] Betrachtet man Syntax als Grundlage der Semantik, so stellt letztere die zweite Stufe des semiotischen Prozesses dar. Deshalb ist sie von großer Bedeutung für die Betrachtung der Sprache in ihrer gesellschaftlich-kommunikativen Funktion. "Da Sprachwirksamkeit Wirksamkeit der Semantik ist, muß die Semantiktheorie dominieren ... Daß die Stilistik streng semantisch aufgebaut werden muß, d.h., daß alle Stilfiguren und lexischen Selektionen semantisch interpretiert werden müssen, dürfte kaum jemand bestreiten. Selbst der größte Teil der scheinbar rein rhythmischen Figuren können semantisch-emotionalen Wirkungsfaktoren zugeordnet werden. Die Bestimmung der Sememe der Lexeme ist ausschließlich das Anliegen der Semantik. Aber auch die als rein formal erscheinende Sprachstatistik ist weitgehend schon bei der Auswahl der Populationen, bei der Aufstellung der Korrelationen, bei der Auswertung und Bewertung der Verteilungen usw. semantisch. Sie ist es vollends bei Untersuchungen des Wortschatzes und der Syntagmen."[5]

Eine Schwierigkeit jedoch ergibt sich aus der verschiedenartigen Verwendung des Begriffes 'Semantik'. In ihrer ursprünglichen Bedeutung ist die Semantik die Lehre von den Bedeutungen, in diesem Fall von den Bedeutungen der Zeichen, also der Wörter und Syntagmen.

Unter dem Oberbegriff Semantik soll in den folgenden Kapiteln eine Analyse des Wortschatzes und der Wortverwendung in den Ferienkatalogen versucht werden, wobei das Wort immer in seinem Kontext gesehen wird und in Relation zu seinem Benutzer. Somit wird versucht, auch den pragmatischen Aspekt in diese Untersuchung miteinzubeziehen, zumal die Grenzen zwischen Semantik und Pragmatik fließend sind und eine Betrachtung der Bedeutung auch immer in Zusammenhang steht mit der Wirksamkeit, dies vor allem im Bereich der werblichen Kommunikation. G.Meier geht davon aus, daß eine Wirksamkeitsuntersuchung ohne eine genaue semantische Beschreibung nur Stückwerk bleiben kann.[6] Nicht berücksichtigt werden können jedoch einige Aspekte, die auch unter den Begriff Semantik fallen, so die Zusammenstellung von Wort- und Bedeutungsfeldern, die Etymologie der jeweiligen Wörter bzw. ihre Bedeutungsveränderungen oder die genaue Analyse der einzelnen Bedeutungsfaktoren. Auch auf eine exakte Definition des Begriffes 'Bedeutung' muß hier verzichtet werden.

Ziel des semantischen Teils dieser Arbeit ist es, die in den Ferienkatalogen verwendeten Wörter und ihre Zusammenstellung zu bestimmten Syntagmen zu untersuchen, zu zeigen, in welchem Kontext und zu welchen Zwecken sie verwendet werden und schließlich den Versuch zu unternehmen, die Wirkung der Bedeutungsinhalte auf den Benutzer zu analysieren, da die Verwendung gewisser Wörter und Syntagmen ja nicht immer unbewußt geschieht. G.H.Blanke weist darauf hin, daß z.B. Dichter, Philosophen, Politiker oder auch Reklamefachleute Wörter sehr bewußt gebrauchen: "Um bestimmten Interessen zu dienen, um einen Gegenstand interessanter zu machen, um andere zu tieferem Nachdenken zu bewegen, um ihre Gedanken in eine bestimmte Richtung zu lenken, um sie abzulenken oder auch um sie zu manipulieren, machen sie einen besonderen Gebrauch von Wörtern, indem sie ihrem informativen Inhalt einen direkten affektiven und/oder expressiven Inhalt hinzufügen und diesen manchmal so stark werden lassen, daß die Information ganz in den Hintergrund tritt."[7] Aufgabe soll es auch sein, diesen affektiven und expressiven Inhalt bei der Wahl bestimmter Wörter zu verdeutlichen, denn es ist zu berücksichtigen, "daß die G r e n z e n der Bedeutung unscharf sind, daß Wortbedeutungen keine wissenschaftlich abgeleiteten und systematisierten Begriffe, sondern s p r a c h l i c h e Einheiten sind, die deshalb nicht immer eindeutig auf ihre Denotate zu beziehen sind, weil sie, durch Tradition mit dem Lautkörper verbunden, auch als Invariante eine gewisse Variabilität einschließen müssen."[8] Die Untersuchung des Wortschatzes soll vornehmlich deskriptiv sein, sie soll die wesentlichen Grundzüge sichtbar machen. K.D. Bünting weist aber auch auf die Schwierigkeiten einer semantischen Analyse hin: "Die Inhaltseite der Sprachzeichen ist direkter Beobachtung nicht zugänglich; man kann nur das Verhalten von Sprechenden beobachten und sie nach ihrer Intuition, nach ihrem Sprachgefühl befragen; häufig sind die Linguisten als Sprachbenutzer ihre eigenen Informanten. Aussagen, Hypothese und Theorien im Bereich der Semantik sind deshalb nicht im strengen Sinne, sondern nur approximativ verifizierbar, d.h. sie sind meistens mehr oder weniger plausibel und einsehbar."[9]

Eine bestimmte semantische Theorie, wie sie in letzter Zeit sehr zahlreich vor allem in Anlehnung an syntaktische Untersuchungsmethoden im Bereich der Transformationsgrammatik aufgestellt worden sind[10], soll nicht zugrunde gelegt werden, zumal die meisten dieser Theorien noch im Entwicklungsstadium begriffen sind und damit noch keine Grundlage für die Analyse eines umfangreichen Corpus bieten und letztlich, da es "keine geschloßene semantische Theorie, die eine widerspruchsfreie Erklärung aller semantischen Probleme erlaubt," gibt.[11] Semantik soll also allgemein als Lehre von der Bedeutung verstanden werden.[12]

1. Semantische Aspekte der syntaktischen Untersuchungen

Zuerst soll aber der Versuch unternommen werden, die syntaktischen Besonderheiten der Ferienkataloge auf ihre Bedeutung hin kurz zu analysieren und zu interpretieren.

Die syntaktischen Untersuchungen als unterste Stufe der Semiotik machten die Struktur der Zeichen und ihrer Korrelationen deutlich. So wurde die Grundlage für die syntaktische Verständlichkeit der Zeichen gegeben; denn Verständlichkeit ist Voraussetzung für Wirksamkeit. Wirksamkeit nimmt ihre Zielrichtung auf den pragmatischen Aspekt, auf das Handeln. Handeln des Kommunikanten im Sinne des Kommunikators ist vorrangiges Ziel jeder werblichen Kommunikation, auch der des Reiseveranstalters mit seinen potentiellen Kunden. Durch die Schilderungen in den Ferienkatalogen suggeriert er dem Leser die Buchung einer von ihm angebotenen Reise: "Der Umworbene, der Kunde, muß geradezu fühlen, daß der Werbende, könnte er selbst in die Ferien reisen, bestimmt diesen Ferienort wählen würde."[13] Andererseits muß der Reiseveranstalter, als Kommunikator, sich in der Wahl seiner semantischen Mittel am potentiellen Kunden und seiner Vorstellungswelt orientieren, um somit das höchstmögliche Maß an semantischer Effizienz zu bewirken. "Das Leben der Touristik wird bestimmt durch die Wünsche des Publikums. Deshalb ist es Aufgabe jeder Werbung, die Wunschwelt der Menschen zu erkennen und zu beeinflussen."[14] Die Beeinflussungsmechanismen, die sich aus den syntaktischen Eigenheiten der Sprache der Ferienkataloge ableiten lassen, sollen im Folgenden kurz zusammengefaßt werden, bevor auf die semantische Wirkweise des Wortschatzes und seiner Ausdrucksformen ausführlich eingegangen wird.

1.1. Semantische Aspekte der Wortbildung

Als wichtigstes Mittel zur Wortneubildung wurde die Form der Zusammensetzung festgehalten. Dies gilt sowohl im Bereich der Substantiv- als auch der Adjektivneubildung.

1.1.1. Substantivneubildung

Durch einen dafür umfangreicheren Ausdruck einerseits eine breite Palette von Vorstellungen hervorzurufen und andererseits eine Präzisierung gängiger Begriffe zu erreichen, wurde als hauptsächliche Aufgabe der Substantivzusammensetzungen konstatiert. Der potentielle Urlauber erhält dadurch auf einen Blick eine dezidierte Vorstellung und kann auch gelegentlich an Hand solcher Komposita sofort die Bedeutung eines Urlaubsortes für sich selbst entscheiden. Die Präzisierung, die durch die Komposita hervorgerufen wird, kann beim Leser klarere Vorstellungen erwecken und damit seine Entscheidungsfreudigkeit beeinflussen. In diesem Bereich sind vor allem die Differenzierungskomposita mit den Grundworten 'stadt', 'städtchen', 'dorf', 'landschaft' zu rechnen, die durch die Vermeidung längerer und ermüdend wirkender präpositionaler Fügungen in einem Begriff eine differenzierte Vorstellung komprimieren.

Komposita wie 'Bischofsstadt' (4/21) oder 'Patrizierstadt' (1o/13) signalisieren dem Leser meist altehrwürdige Städte. 'Majastadt' (8/25), 'Ruinenstadt' (8/19) oder 'Trulli-Stadt' (4/63) sprechen vor allem den kunstinteressierten Urlauber an. Bildungen wie 'Alpenstädtchen' (5/71), 'Hafenstädtchen' (2/142) oder 'Festungsstädtchen' (1o/16) charakterisieren zum einen Lage oder besondere Merkmale, erhalten zum anderen aber durch die Diminuitivform zusätzlich eine semantische Bereicherung aus der Sphäre des Anheimelnden und Geborgenen. Die Komposita mit dem Grundwort 'dorf' unterscheiden ebenso nach Lage, geographischen Besonderheiten oder Einwohnerschaft 'Bergdorf' (3/53), 'Gletscherdorf' (5/85), 'Geigenbauerdorf' (6/29), wie die Komposita, die mit dem Grundwort 'landschaft' zusammengesetzt sind: 'Voralpenlandschaft' (5/28), 'Tundrenlandschaft' (4/85). Der Leser und potentielle Urlauber kann somit bereits selektieren und sich auf die seinen Vorstellungen am meisten entgegenkommenden Angaben konzentrieren. Die Komposita mit '-fahrt', '-reise','-ausflug' und '-tour'

dienen ebenfalls der Differenzierung, zudem aber auch dazu, einen gewissen Reiz beim Leser auszulösen; dies vor allem bei Zusammensetzungen, deren semantische Bedeutung dunkel erscheint und daher vor allem auf dem emotionalen Sektor wirkt und das Vorstellungsvermögen anregt, so etwa bei Wörtern wie 'Erlebnis-Kreuzfahrt' (7/3), 'Piratenfahrt' (2/43), 'Wochenend-Schlemmerfahrt' (5/gr.4), 'Bikini-Reise' (4/2), 'Festtagsreise' (2/3) oder 'Bananentour' (4/32).
Die Zusammensetzungen mit den Grundworten 'Programm' und 'Möglichkeit' umfassen nicht nur in einem Begriff die Fülle der Betätigungsmöglichkeiten und geben somit einen zusätzlichen Anreiz zur Urlaubswahl, sondern wecken auch Neugierde und Vorfreude durch so semantisch vielschichtige Komposita wie 'Anti-Schnee-Programm' (5/8), 'Familienprogramm' (3/25), 'Erlebnisprogramm' (2/135), die bei jedem Leser eine Vielzahl von Nebenbedeutungen, die speziell seinem Vorstellungsbereich entsprechen, konnotieren und somit eine zusätzliche Wirkkraft erhalten.

Zudem mobilisieren sie die Imaginationskraft des Lesers, indem er den einzelnen Teilen des Kompositums ihm wichtige semantische Inhalte zuordnet, die wiederum das Spektrum des einzelnen Wortes im Sinne des Lesers erweitern. Mit dieser Erscheinung zusammenhängend ist die semantische Veränderung einiger Neologismen: die Bedeutung der einzelnen Glieder wird unwichtig und das neugebildete Kompositum bekommt eine nur ihm eigene, meist okkasionelle Neubedeutung. Wörter wie 'Ferieninsel' (1o/18), 'Urwaldmelodie' (8/9), 'Wasserwunder' (8/3o) oder 'Farbenrausch' (8/25) erhalten einen neuen, nur dem Komposita eigenen Nebensinn, der mehr aus dem emotionalen Bereich stammt, Gefühle hervorruft und festigt, als einen lexikalisch exakt bestimmbaren Sinn zu haben. "Das syntaktische Gefüge erhält einen Bedeutungsinhalt, der sich nicht mehr genau mit dem deckt, der durch die Zusammenfügung der einzelnen Elemente gewonnen wird. Die innerhalb der stehenden Wortverbindungen herrschenden besonderen semantischen Verhältnisse sind dadurch charakterisiert, daß es in der Regel nicht möglich ist, die aktuellen Bedeutungen der einzelnen Wörter genau zu bestimmen."[15] Ein solcher Nebensinn haftet auch denjenigen Komposita an, die mit den festen Bestimmwörtern 'Urlaub' und 'Ferien' gebildet sind. Im Kontext eines Ferienkataloges gesehen, der Urlaubserwartungen hervorrufen, Vorfreude erwecken soll, bedingen Zusammensetzungen mit den Reizwörtern 'Urlaub', 'Ferien' eine semantische Aufwertung an sich alltäglicher Grundwörter, so z.B. bei 'Urlaubsinsel' (2/8), 'Urlaubs-Umgebung' (1/64), 'Urlaubsmischung' (1/14o) oder einfach 'Urlaubsgefühl' (1/134). Ebenso ist es bei den Zusammensetzungen mit dem Bestimmungswort 'Ferien'. An sich so nüchterne und semantisch mit eher negativen Werten behaftete Wörter wie '-siedlung','-kolonie', '-tempo' oder '-trubel' erfahren durch die Zusammensetzung mit den Reizwörtern 'Ferien' und 'Urlaub' eine semantische Aufwertung. Noch deutlicher wird dies bei Komposita, deren einer Bestandteil bereits ein hochwertiges Fremdwort ist, das meist noch aus der Sphäre des Adligen oder Königlichen stammt. Hierdurch erfolgt eine doppelte Aufwertung. Beispiele sind 'Urlaubsdomizil' (7/65), 'Ferien-Refugium' (4/62) oder 'Urlaubsresidenz' (2/175). Dem potentiellen Urlauber wird somit vor Augen geführt, in welch erlesenem und auserwähltem Rahmen er seine Ferien verbringen kann. Er entkommt nicht nur der alltäglichen Arbeitswelt, sondern sein Urlaubsort wird mit dem Hauch des Exklusiven und Außergewöhnlichen umgeben. Exklusivität und Außergewöhnliches zu signalisieren ist auch oft Zweck der Zusammensetzungen mit einem Fremdwort, noch mehr der Komposita, die mit zwei Fremdwörtern zusammengesetzt sind, wie 'Fata-Morgana-Trip' (2/177), 'Service-Organisation' (4/4), 'Passportarrangement' (3/69) oder 'Circuit-Traninig' (5/37), deren Sinn auf den ersten Blick nicht klar zu Tage tritt. Das Spiel mit dem Unverständlichen ist ein beliebtes Mittel der werblichen Kommunikation überhaupt. Die nicht einwandfrei decodierbaren Fremdwörter erhöhen die Spannung und machen neugierig. Die nicht geläufigen Fremdwörter und vor allem ihre nicht konventionalisierten Verbindungen abstrahieren von standardisierten Bedeutungskernen und umgeben sich so mit der Aura des Besonderen. Der Kommunikator Reiseveranstalter sieht in seinem Kommunikanten, dem potentiellen Urlauber, den vorgebildeten Partner, der gegenüber komplizierten Fügungen mit fremdsprachlichen Komponenten aufgeschlossen und auch mit englischen Wörtern vertraut ist, denn der häufige Gebrauch englischer Teile in Zusammensetzungen ist auffällig. Der Leser wird somit in seinem Selbstwertgefühl gestärkt, indem ihm die Verständlichkeit komplizierter Zeichenstrukturen zugetraut wird. Die Bedeutung des Fremdwortgebrauchs wird an späterer Stelle noch eingehend behandelt.

1.1.2. Adjektivneubildung

Die Adjektiv-Zusammensetzungen, die von Länder-, Kultur- oder Religionsbezeichnungen abgeleitet sind, setzen nicht weniger einen gewissen allgemeinen Bildungsstand beim Leser voraus. Wie wären ihm sonst Bildungen wie 'buddhistisch-hinduistisch' (8/16) oder 'griechisch-baktrisch' (4/9o) verständlich. Ebenso verhält es sich mit Adjektiven, die von Landschafts- oder Ortsnamen abgeleitet sind. Wörter wie 'menorquinisch' (2/42) oder 'singhalesisch' (8/2o) werden von einem Großteil der Leser sicher nicht ganz verstanden werden. Der Hauptteil dieser Adjektive erscheint jedoch in Zusammenhang mit Weltreisen, die von vornherein nur einem begrenzten Publikumskreis offenstehen, da sie preislich über dem Niveau der übrigen Reisen liegen. Es wird vielleicht bewußt nur ein sowohl geographisch wie kulturell gebildetes Publikum gemeint und den intellektuellen Anforderungen eben nur dieses Publikums entsprochen. Besonders bemerkenswert hierbei ist, daß sich eine Vielzahl fremdsprachlicher oder partiell fremdsprachlicher Wörter in Katalog 4 bei Dr. Tigges-Reisen finden, einem Unternehmen, dessen Publikumskreis vornehmlich Akademikern zugeordnet werden.

Ein weiterer wichtiger Aspekt innerhalb der Wortbildung ist die Zusammensetzung mit bestimmten Worten, die nicht immer in ihrer semantischen Grundbedeutung hochwertig sein müssen, aber in der Komposition aufwertend wirken. Diese Form der semantischen Aufwertung ist vor allem in der Warenwerbung ein beliebtes Stilmittel. R.Römer nennt dies "steigernde Komposition".[16] Hier seien nur kurz noch einmal die Adjektivzusammensetzungen mit 'viel-', 'welt-' und vor allem 'reich' erwähnt. Die mit dem Zahladjektiv 'viel-' zusammengesetzten Epitheta suggerieren dem Leser die Autorität der Masse: ein Landstrich wurde von 'vielen' besucht, gepriesen oder gerühmt. Der Urlauber kann sich auf das Urteil von 'vielen' verlassen: die 'vielen' werden für ihn ausschlaggebende Bezugspersonen. Ebenso wie in der Warenwerbung oft ein Leitbild in Beziehung zu der zu verkaufenden Ware gesetzt wird, dienen hier die 'vielen' als Konsumleitbilder für den oft unerfahrenen Reisenden. Was 'viele' preisen, rühmen oder besuchen muß dann konsequenterweise auch gut sein. Noch deutlicher wird dies, wenn einem Epitheta 'welt-' als Präfix vorangestellt wird. Die 'vielen' werden verabsolutiert zu 'allen' zur 'Welt' schlechthin. Was 'weltbekannt' oder 'weltberühmt' ist, ist anerkannt. Der Urlauber kann sich auf die 'ganze Welt' als Gewährsmann für seine Entscheidung berufen. Daher nehmen diese beiden Adjektive auch in der Rangskala der am meisten gebrauchten Epitheta eine vordere Stelle ein.[17]

Die vermehrte Wirkungsintensität der mit dem als Suffix verwendeten Adjektiv 'reich' gebildeten Komposita hat ihren Ursprung in der semantisch sehr hoch anzusetzenden positiven Konnotationskraft des Wortes. Es ist aus der Zielrichtung der Prospekte, die ausschließlich positives Erleben suggerieren wollen, verständlich, daß fast nur positive Wörter mit diesem Adjektiv in Verbindung gesetzt werden. 'reich' suggeriert dem Leser Fülle, Vielzahl des für ihn mit Positivem Behafteten und Interessanten.

Ebenso der positiven Sphäre entnommen sind die Komposita mit dem Grundwort 'freundlich'. Das nur positiv zu deutende Adjektiv wird verbunden mit einer bestimmten Gruppe von Menschen, in die sich der Urlauber einordnen kann. Als Bezugsgruppen dienen u.a. Mütter, Familien oder Touristen schlechthin: 'mutterfreundlich' (1/74), 'familienfreundlich' (2/54), 'touristenfreundlich' (4/72). Der einer dieser Bezugsgruppen sich zuordnende Reisende weiß, daß man zu ihm freundlich ist.

Der Verneinungspartikel 'un'- oder das als Grundwort einer Zusammensetzung gebrauchte 'frei', 'arm' zeitigen eine Umdeutung des Negativen ins Positive und damit zusätzlich durch die Verneinung eine erhöhte Wirkung, indem an sich negative Aspekte durch ihre Negierung mit besonderer Betonung als positiv dargestellt werden. Das Negative wird als Norm präjudiziert, daß es dann doch nicht so ist, steigert die Intensität des Positiven: 'unverbaut' (2/162), 'unversehrt' (4/55). Mit den Adjektiven 'frei' und 'arm' als Komponente der Zusammensetzung werden in ihrem Kontext negativ bewertete Gegebenheiten, meist auf Naturerscheinungen bezogen, versehen: 'lawinenfrei' (5/25), 'nebelfrei' (4/1o2), 'niederschlagsarm' (6/49), 'brandungsarm' (4/14).

Ansonsten dienen die Adjektivzusammensetzungen vornehmlich der Präzisierung und Differenzierung, gelegentlich der Verdeutlichung durch Vergleich. Auf die Wirkweise der Adjektive an sich wird an späterer Stelle noch eingegangen werden.

Die Verbzusammensetzungen sind zu gering, um daraus semantisch relevante Wirkweisen ablesen zu können. Häufig jedoch dienen sie der Veranschaulichung, sind sehr bildhaft und animieren damit die Imaginationskraft des Lesers.

Zusammenfassung (S.297-3o3)

1. Die Erweiterung des Vorstellungsspektrums durch die Komprimierung mehrerer Perspektiven innerhalb eines Begriffes erweitert den Raum für positive Konnotationen.
2. Die semantische Wirkung vor allem der Adjektivzusammensetzungen beruht oft auf der steigernden Komposition. Bestimmte Wörter werden in der Zusammensetzung positiviert oder intensiviert.

3. Dies gilt ebenfalls für die Komposita mit fremdwortlichen Komponenten. Sie können zudem das Selbstgefühl des Lesers erhöhen, da durch begrenzte Verständlichkeit und eine höhere Rezeptionsschwelle an sein Bildungsniveau appelliert wird.
4. Durch Zusammensetzung mit einigen festen Grundworten wie 'viel' oder 'welt' wird die Allgemeinheit als Konsumleitbild aufgebaut, die dem Leser die Entscheidung erleichtern kann.
5. Durch Negierung des Negativen kann die Bedeutung des Positiven gesteigert und somit dem Leser verstärkt sichtbar gemacht werden.
6. Viele Aspekte der Wortbildung dienen der semantischen Aufwertung.

1.2. Semantische Aspekte der Zeichenkorrelationen

Nicht alle im syntaktischen Teil untersuchten Erscheinungen tragen auch deutlich semantische Züge. Daher soll hier auch nur auf einige augenfällige semantische Merkmale innerhalb größerer Syntagmenverbände eingegangen werden.

1.2.1. Satzbildung

Bei der Untersuchung der Hauptstrukturen der Satzbildung wurde festgehalten, daß ein großer Teil des Textes durch Setzungen bestimmt ist und die meisten der Gefüge mit dem leicht rezipierbaren und auch in der Umgangssprache sehr geläufigen Relativsatz gebildet werden.

Reihungen und Gefüge, auch weiter gefaßte, bewirken Aufmerksamkeitserregung durch Abwechslung: Der Leser darf nicht ermüden, seine Aufnahmebereitschaft für die Botschaft des Reiseveranstalters soll gleichbleibend aufrechterhalten werden. Zudem dienen die Nebensätze gelegentlich dazu, positive Anmerkungen, Erläuterungen oder Besonderheiten in den Rahmen des Satzganzen miteinzubeziehen. Dies ist vor allem häufig der Fall bei konditionalen Nebensätzen: 'Und wenn

Sie für sich sein wollen - an der Steilküste im Norden gibt es sonnige kleine Buchten' (1/32). Und auch bei kausalen: 'Ein Versuch lohnt sich, denn hier sind alle Voraussetzungen für wahre Wintererholung gegeben!' (3/32) Allgemein läßt sich festhalten, daß der Wechsel zwischen kürzeren und längeren Sätzen oder Setzungen, das Variieren verschiedenen parataktischen oder hypotaktischen Anschlusses primär einer Auflockerung des Textes dient und somit für den Leser anregend und aufmerksamkeitsfördernd wirkt.

1.2.1.1. Imperativ- und Fragesätze

Ihre Wirkung beruht fast ausschließlich auf persönlicher direkter Miteinbeziehung des Lesers in den Kommunikationsprozeß. Sie haben eine ganz deutlich semantisch-pragmatische Komponente, da sie den potentiellen Urlauber in einen sehr engen Kontakt zum Reiseveranstalter und zur Beschreibung des Urlaubsortes bringen. Näheres dazu im Kapitel über die persönliche Anrede des Lesers.

1.2.1.2. Setzungen

Ein großer Teil der syntaktischen Einheiten besteht aus Setzungen. Auch diese Erscheinung hat einen semantischen Aspekt. Sehr häufig fehlt ein redundanter Satzteil, meist das Prädikat. Somit wird dem Leser die Möglichkeit gegeben, den eliminierten Satzteil selbst nach seinem eigenen Gutdünken zu ergänzen. Die Ersparung dient zum einen der Auflockerung der Gesamtstruktur des Textes, da ein stetiger Wechsel zwischen vollstrukturierten Sätzen und unvollständigen Setzungen gleichbleibende Lesebereitschaft und eine gewisse Spannung sichert, zum anderen wird auch hier der Leser in den Kommunikationsprozeß miteinbezogen, da ihm freigestellt wird, den fehlenden Satzteil nach seinen Intentionen und Konnotationen zu ergänzen, seine Phantasie wird, wenn auch manchmal nur in geringem Maße, angeregt.

Vom Satzganzen losgelöste und durch Punkte isolierte Ortsangaben, Objekte oder Präpositionen verdeutlichen dem Leser die Besonderheiten oder die Schwerpunkte einer Aussage auch optisch und lenken dadurch sein Augenmerk auf eine vom Reiseveranstalter als wichtig erachtete Tatsache: 'Cluburlaub ist die Urlaubsform von morgen, die Sie schon heute erleben können. Im Club. In Otrante'. (9/76) Ähnlich verhält es sich mit den losgelösten Aufzählungen. Die wichtigsten und zudem in ihrer Grundbedeutung hochwertigen Merkmale eines Urlaubsortes werden durch die besondere Stellung noch einmal betont: 'Üppige subtropische Vegetation, malerische Buchten, schroffe Felsklippen'. (2/154) Ebenso verhält es sich bei den isoliert erscheinenden Appositionen und Objekten.

1.2.1.3. Innere Satzerweiterung

Partizipialgruppen, Appositionen und Parenthesen dienen der Satzerweiterung. Ihre semantische Funktion liegt darin, daß in der Erweiterung häufig positive Erscheinungen oder schmückende und hochwertende Attribute angeführt werden: 'Pontresina ..., umrahmt von der märchenhaften Pracht des Hochgebirges;' (1o/6). Ein Ort wird durch ein appositionelles Attribut, das der positiven Sphäre entnommen ist, in seiner Bedeutung und in seiner Exklusivität gesteigert. Appositionen enthalten sehr häufig schmückende Beinamen oder hochwertige Vergleiche und Bilder: 'Bali - geheimnisvoller schimmernder Smaragd in den Tropen'. (1/81) Durch die aus Hochwertwörtern oder aufwertenden Bildern und Vergleichen konstruierten Appositionen wird dem Grundbegriff ein neuer aus positiven Aspekten bestehender Nebenwert zugeordnet.

Die durch die Präposition 'mit' eingeleiteten Aufzählungen enthalten in der Hauptsache eine Reihung positiver Aspekte, einem Ort werden positive Objekte zugeordnet. Sie sollen zu einer noch anziehenderen Darstellung beitragen; sei es durch eine Fülle von Einrichtungen, die Positives verheißen oder einer Vielzahl von Sehenswürdigkeiten: 'Eine langgezogene herrliche Bucht mit schneeweißem, weiten Sandstrand und mit einer Sonne, die fast immer über dem azurblauen Meer steht.' (9/89)

Die in Parenthesen gebotenen Einschübe wirken semantisch aufwertend, wenn sie Appositionen mit hochwertiger Grundbedeutung wiedergeben: 'Houmt Souk - bunter Hauptort der Insel mit fröhlichem Marktleben und kleinen Souks - ist Treffpunkt der Bewohner und Fremden.' (4/36)

1.2.2. Tempus und Modus

Das Perfekt kann in einigen Fällen als Tempus der Hervorhebung der Leistungen des Reiseunternehmens betrachtet werden. Im Perfekt treten gelegentlich Sätze auf, die dazu dienen, dem Leser zu beweisen, wie sehr der Veranstalter um das Wohl des Reisenden besorgt ist und wie sehr er versucht, mit allen Mitteln dem Urlauber seinen Aufenthalt so angenehm wie möglich zu gestalten. Dem Leser wird somit suggeriert, daß der Reiseveranstalter sich unermüdlich um sein Wohl bemüht. Ihm wird ein Gefühl der Sicherheit gegeben, da er sich vom Veranstalter umsorgt fühlt, ein Moment, das gerade für den unerfahrenen Reisenden von Bedeutung ist: 'Viele unserer Rundreisegäste haben es bedauert, an diesem herrlichen Strand nicht noch zusätzlich Badeurlaub machen zu können. Das haben wir geändert.' (1/12o)

Das Futur dient dazu, positive Erlebnisse und Empfindungen des Urlaubers, in Form seiner direkten Miteinbeziehung in den Text, zu präjudizieren. Das Zeichen Futur beinhaltet für den Leser positive Erwartungen, da ihm die Ferienkataloge in dieser Form ein Glücksgefühl, das er haben wird, suggerieren: 'Sie werden begeistert sein von diesem Ferienparadies.' (6/29) Eine weitere Aufgabe des Futurs ist es darzustellen, was in Zukunft noch für den Urlauber getan wird. Futur verweist auf Einrichtungen, die fertiggestellt oder auf Dinge, die neu zum Wohl des Urlaubers geschaffen werden: 'Durch den Bau eines Schleppliftes zwischen Heiligengeist und dem Waagtal wird diese Traumabfahrt von Höhenrain nach Heiligengeist voraussichtlich schon in dieser Saison erschlossen sein' (6/65).

Wie durch Imperativ, Frage und Futur, wird der Leser auch durch den Gebrauch des Konjunktivs in die Schilderung miteinbezogen, denn der Konjunktiv stellt häufig eine höfliche Imperativumschreibung dar: 'Und den orientalischen Markt - den sollten Sie unbedingt sehen.' (2/156) So kann der Konjunktiv teilweise ebenfalls unter den Aspekt der 'persönlichen Anrede' eingeordnet werden.

1.2.3. Interpunktion

Eine besondere semantische Wirkung geht vor allem vom Ausrufezeichen und von den Auslassungspunkten aus. Das Ausrufezeichen dient, wenn es nicht nach echten Ausrufen steht, der besonderen Betonung. Es verstärkt eine Aussage, es weist den Leser noch einmal ausdrücklich auf eine Besonderheit hin, es intensiviert auch optisch. Dem Leser wird 'Wichtigkeit' oder 'Bedeutsamkeit' signalisiert. So kann z.B. nur ein Wort semantisch aufgewertet werden, indem seine Bedeutung im Kontext durch ein Ausrufezeichen hervorgehoben wird: 'Ceylon!' (8/19). Vornehmlich bei Einwortsätzen, die durch die Setzung eines Ausrufezeichens akzentuiert werden, folgt daraus eine Anregung für die Phantasie des Lesers. Er kann die Bedeutung des Ausrufezeichens mit für ihn wichtigen Konnotationen verbinden. Gelegentlich dient das Ausrufezeichen auch dazu, an sich schon hochwertige Ausdrücke in ihrer Einmaligkeit oder Besonderheit noch einmal zu verstärken: 'Eine hochinteressante Fahrt voll unvergesslicher Eindrücke!' (1o/16)

Auslassungspunkte können die Phantasie des Lesers anregen und seine Imaginationskraft mobilisieren. Sie wirken besonders, da durch die Auslassung dem Leser überlassen wird, die Schilderung selbst fortzuführen und weitere in seinem Sinne positive Assoziationen einzusetzen. Die Auslassungspunkte erwecken Neugier, bieten dem Leser Spielraum für seine eigenen Urlaubserwartungen, steigern seine Vorfreude, aktivieren seine Urlaubswünsche:

> Nicht viel - aber dafür haben Sie einen kilometerlangen weißen Sandstrand, glasklares Meerwasser, verborgene Buchten ... (2/171)

Diese Aufzählung kann nun vom Leser selbst weiter ausgemalt werden.

Man muß mal hier gewesen sein ... (9/61)

Die Gründe dafür zu finden, bleibt jedem einzelnen überlassen und er kann sie mit positiven Konnotationen je nach der Zielrichtung seiner Urlaubswünsche füllen.

Zusammenfassung (S.304-309)

1. Der Wechsel verschiedener Satzarten, Satzmuster und Satzlängen sowie verschiedener Arten der Satzerweiterung dient der Auflockerung, will gleichbleibende Aufmerksamkeit erzielen und den Leser aufnahmefähig für die Botschaft des Reiseveranstalters halten.
2. Durch Imperative, Fragesätze, durch Verwendung von Futur und Konjunktiv wird häufig eine direkte Beziehung zum Leser hergestellt: er wird in eine enge Verbindung zum Urlaubsgeschehen gebracht, seine Erwartungen werden dadurch potenziert. Auch durch die präpositionale Anfügung mit 'für' wird der Leser als Mitglied einer bestimmten Gruppe persönlich gemeint.
3. In Nebensätzen und den Erweiterungen der Nominalphrase wie Appositionen oder partizipialen Erweiterungen werden sehr oft Attribute geboten, die den Wert eines Ortes nochmals steigern können.
4. Durch Weglassen redundanter Satzteile oder durch Ausmünden eines Satzes in Auslassungspunkte wird die Phantasie des potentiellen Urlaubers angeregt und somit sein Wunsch nach dem Aufenthalt an einem bestimmten Ort intensiviert.
5. Die Isolierung einzelner Satzteile von dem sie bestimmenden Satz, ebenso wie die Setzung des Ausrufezeichens bewirken eine zusätzliche Steigerung und Betonung. Der Wert einer Aussage wird auch optisch unterstrichen.

2. Wortschatz und Wortwahl

"Ein Wort ist mehr als nur ein willkürlich gesprochenes oder geschriebenes Zeichen, es ist gleichzeitig die Gesamtheit aller von ihm hervorgerufenen Assoziationen."[18] Daher ist es für die Untersuchung der Sprache jedes Bereiches der menschlichen Kommunikation von vorrangiger Bedeutung, das Repertoire der Zeichen und die Möglichkeiten ihrer Denotationen und vor allem auch ihrer Konnotationen sichtbar zu machen. Hier wird vom Zeichen selbst, also vom Wort, bzw. vom Superzeichen, den Wörtern in kleineren syntaktischen Verbänden, ausgegangen. Ziel soll es sein, die Bedeutung des Wortes und die Assoziationen, die Wörter und Wortverbindungen hervorrufen können, zu analysieren und in Relation zum Zeichenbenutzer, also dem Leser der Ferienkataloge, zu bringen.

2.1. Worthäufigkeit

Bevor auf die Bedeutungssphäre der einzelnen Zeichen und Superzeichen eingegangen wird, soll eine kurze Statistik der Häufigkeit der verschiedenen Wortarten vorangestellt werden.

In Katalog 1, dem umfang- und textreichsten Katalog, wurden als Grundlage für das Aufzeigen der Wortartenhäufigkeit 5 ooo Wörter genommen, um somit einen repräsentativen Querschnitt zu erhalten.[19] Es ergibt sich folgendes Bild:

Substantive	17o6	=	34.12 %
Adjektive	722	=	14.44 %
Verben	4o6	=	8.12 %
Präpositionen	6o2	=	12.o4 %
Artikel	517	=	1o.34 %
Pronomen	325	=	6.5 %
Konjunktionen	254	=	5.o8 %
sonstige Wortarten[2o]	468	=	9.36 %
	5ooo	=	1oo.oo %

Dem ähnlich wie Katalog 1 sehr umfangreichen Katalog von Scharnow (2) wurden ebenfalls 5ooo Wörter für die Auszählung einer Wortartenhäufigkeit zugrunde gelegt.[21]

Substantive	1482 = 29.64 %
Adjektive	654 = 13.08 %
Verben	529 = 10.58 %
Präpositionen	587 = 11.74 %
Artikel	466 = 9.32 %
Pronomen	411 = 8.22 %
Konjunktionen	237 = 4.74 %
sonstige Wortarten	634 = 12.68 %
	5000 = 100.00 %

Als Grundlage für den weniger umfangreichen Katalog 3 dienten 3000 Wörter:[22]

Substantive	939 = 31.3 %
Adjektive	513 = 17.1 %
Verben	234 = 7.8 %
Präpositionen	342 = 11.4 %
Artikel	372 = 12.4 %
Pronomen	128 = 4.3 %
Konjunktionen	177 = 5.9 %
sonstige Wortarten	295 = 9.8 %
	3000 = 100.0 %

Bei Katalog 4 wurde bei der Auszählung der Wortartenhäufigkeit getrennt zwischen dem Text der Ortsbeschreibungen und dem der Routenbeschreibungen, da sich, wie die Tabellen zeigen, eine deutliche Differenz zwischen Orts- und Routenbeschreibungen ergibt. Die Auszählung basiert auf 3500 Wörtern insgesamt, davon 2000 bei den Orts- und 1500 bei den Routenbeschreibungen. Die Routenbeschreibungen umfassen einen Gesamttext von nur rund 15 Seiten bei einem Umfang des Katalogs von 118 Seiten. Da die Routenbeschreibungen aber gegenüber den sonstigen Schilderungen extrem textreich sind, wurde auch hier die Anzahl der berücksichtigten Wörter hoch angesetzt. Beim Allgemeintext wurden die 'Tigges-Tips' miteinbezogen. Hotelbeschreibungen und schräggedruckte Anmerkungen wurden nicht mitgezählt, allgemeine Hinweise nur einmal gewertet.[23]

Allgemeiner Text:

Substantive	727 = 36.35 %
Adjektive	324 = 16.2 %
Verben	149 = 7.45 %
Präpositionen	260 = 13 %
Artikel	205 = 10.25 %
Pronomen	77 = 3.85 %
Konjunktionen	93 = 4.65 %
sonstige Wortarten	165 = 8.25 %
	2000 = 100.00 %

Dagegen ergibt sich bei den 1500 ausgezählten Wörtern der Routenbeschreibungen folgendes Bild:

Substantive	742	=	49.47 %
Adjektive	129	=	8.6 %
Verben	4	=	0.26 %
Präpositionen	245	=	16.33 %
Artikel	106	=	7.07 %
Pronomen	2	=	0.13 %
Konjunktionen	79	=	5.27 %
sonstige Wortarten	193	=	12.87 %
	1500	=	100.00 %

Auch Katalog 5 wurde unterteilt in Auszählung der Ortsbeschreibungen und Auszählung der Routenbeschreibungen des grünen Sonderteils, da hier ebenfalls die Skalen der Worthäufigkeit nicht kongruent sind. Für den allgemeinen Text wurden 2000 Wörter als Grundlage genommen[24], wobei die Hotelbeschreibungen sowie die Texte über Sport- und Unterhaltungsmöglichkeiten nicht mitberücksichtigt wurden. Letztere bestehen hauptsächlich aus Substantiven und würden ein proportional zu starkes Überwiegen des Substantivanteils zeitigen.

Substantive	623	=	31.15 %
Adjektive	322	=	16.1 %
Verben	105	=	5.25 %
Präpositionen	261	=	13.05 %
Artikel	208	=	10.4 %
Pronomen	59	=	2.95 %
Konjunktionen	104	=	5.2 %
sonstige Wortarten	318	=	15.9 %
	2000	=	100.00 %

Innerhalb des grünen Sonderteils von Katalog 5 wurden nur die Beschreibungen der Routen bzw. des Tagesablaufs, nicht jedoch der Allgemeintext herangezogen. 1000 Wörter[25], stellen innerhalb des nur 24 Seiten umfassenden Teils einen repräsentativen Querschnitt dar:

Substantive	437	=	43.7 %
Adjektive	82	=	8.2 %
Verben	21	=	2.1 %
Präpositionen	196	=	19.6 %
Artikel	88	=	8.8 %
Pronomen	11	=	1.1 %
Konjunktionen	36	=	3.6 %
sonstige Wortarten	129	=	12.9 %
	1000	=	100.0 %

Für Katalog 6 wurden 25oo Wörter als Grundlage der Auszählung genommen.[26]

Substantive	87o	=	34.8 %
Adjektive	3o9	=	12.36 %
Verben	179	=	7.16 %
Präpositionen	359	=	14.36 %
Artikel	267	=	1o.68 %
Pronomen	1oo	=	4 %
Konjunktionen	134	=	5.36 %
sonstige Wortarten	282	=	11.28 %
	25oo	=	1oo.oo %

Auch in Katalog 7 wurden die allgemeinen Beschreibungen gesondert von den Routenbeschreibungen ausgezählt. Als Auszählungsbasis für den allgemeinen Text wurden nur 5oo Wörter genommen[27], da der Großteil des Katalogs aus den Beschreibungen der jeweiligen Ausflüge besteht und für den allgemeinen Text nur die jeweiligen einleitenden Bemerkungen verbleiben. In diesem Bereich wurde fast der gesamte Text miteinbezogen.

Allgemeiner Text:

Substantive	137	=	27.4 %
Adjektive	75	=	15 %
Verben	54	=	1o.8 %
Präpositionen	47	=	9.4 %
Artikel	64	=	12.8 %
Pronomen	59	=	11.8 %
Konjunktionen	21	=	4.2 %
sonstige Wortarten	43	=	8.6 %
	5oo	=	1oo.o %

Bei der Beschreibung der einzelnen Ausflüge, die den Hauptteil des Katalogs ausmachen, wurden 15oo Wörter[28] als Grundlage der Auszählung angesetzt. Ausflugsbeschreibungen, die wiederholt vorkommen, wurden nur je einmal gewertet:

Substantive	6o1	=	4o.o7 %
Adjektive	155	=	1o.33 %
Verben	46	=	3.o7 %
Präpositionen	225	=	15 %
Artikel	231	=	15.4 %
Pronomen	33	=	2.2 %
Konjunktionen	69	=	4.6 %
sonstige Wortarten	14o	=	9.33 %
	15oo	=	1oo.oo %

Auch bei Katalog 8 wurde die Auszählung der Wortartenhäufigkeit getrennt nach den Texten, die eine allgemeine Einführung in die Reisen geben und den Routenbeschreibungen. Für den allgemeinen Text wurden nur 5oo Wörter ausgezählt, da der Katalog an sich nicht sehr umfangreich ist und diese kurzen Stimmungsbilder nur einen relativ kleinen Raum einnehmen.[29]

Substantive	21o	= 42 %
Adjektive	54	= 1o.8 %
Verben	34	= 6.8 %
Präpositionen	66	= 13.2 %
Artikel	72	= 14.4 %
Pronomen	14	= 2.8 %
Konjunktionen	23	= 4.6 %
sonstige Wortarten	27	= 5.4 %
	5oo	=1oo.o %

Die Auszählung der Wortartenhäufigkeit innerhalb der Routenbeschreibungen basiert auf einem Anteil von 15oo Wörtern.[3o]

Substantive	622	= 41.47 %
Adjektive	134	= 8.93 %
Verben	83	= 5.53 %
Präpositionen	268	= 17.87 %
Artikel	188	= 12.53 %
Pronomen	46	= 3.o7 %
Konjunktionen	41	= 2.73 %
sonstige Wortarten	118	= 7.87 %
	15oo	=1oo.oo %

Bei der Auszählung des Katalogs 9 wurde geschieden zwischen dem Text, der den Club vorstellt und dem der Beschreibung der einzelnen Club-Dörfer. Für den einführenden Text wurden als Grundlage 11oo Wörter genommen.[31]

Substantive	277	= 25.18 %
Adjektive	1o1	= 9.18 %
Verben	142	= 12.91 %
Präpositionen	111	= 1o.o9 %
Artikel	1o5	= 9.55 %
Pronomen	144	= 13.o9 %
Konjunktionen	73	= 6.64 %
sonstige Wortarten	147	= 13.36 %
	11oo	=1oo.oo %

Für die Ortsbeschreibungen wurden der Auszählung 7oo Wörter zugrunde gelegt. Die gering erscheinende Zahl ist jedoch repräsentativ, da die Ortsbeschreibungen sehr kurz gehalten sind. Die Angaben über Anreiseweg, Unterkunfts-, Sport- und Unterhaltungsmöglichkeiten wurden bei dieser Auszählung nicht miteinbezogen.[32]

Substantive	21o	=	3o %
Adjektive	1o2	=	14.58 %
Verben	64	=	9.14 %
Präpositionen	78	=	11.14 %
Artikel	77	=	11 %
Pronomen	56	=	8 %
Konjunktionen	35	=	5 %
sonstige Wortarten	78	=	11.14 %
	7oo	=	1oo.oo %

Auch Katalog 1o wurde getrennt nach allgemeinem Text und Routenbeschreibungen. Die Auszählung der Wortartenhäufigkeit basiert auf 8oo Wörtern bei dem Teil des Textes, der die Reisen kurz charakterisiert.[33]

Substantive	267	=	33.38 %
Adjektive	126	=	15.75 %
Verben	51	=	6.38 %
Präpositionen	83	=	1o.38 %
Artikel	145	=	18.12 %
Pronomen	47	=	5.87 %
Konjunktionen	47	=	5.87 %
sonstige Wortarten	34	=	4.25 %
	8oo	=	1oo.oo %

Bei den Routenbeschreibungen wurden als Grundlage 15oo Wörter angesetzt.[34] Die symbolischen Zeichen, die Mittagessen oder Pause signalisieren, wurden nur dann mitgezählt, wenn sie mit einem Substantiv zusammengesetzt erscheinen, sie wurden dann als solches gewertet.

Substantive	624	=	41.6 %
Adjektive	112	=	7.47 %
Verben	43	=	2.87 %
Präpositionen	298	=	19.87 %
Artikel	172	=	11.47 %
Pronomen	39	=	2.6 %
Konjunktionen	79	=	5.26 %
sonstige Wortarten	133	=	8.86 %
	15oo	=	1oo.oo %

2.1.1. Gegenüberstellung der Wortartenhäufigkeit in Orts- und Routenbeschreibungen

Nimmt man nun alle Kataloge zusammen[35], so ergibt sich für den allgemeinen Text(bzw. für die Ortsbeschreibungen), der dann auf einer Grundlage von 23 1oo Wörtern basiert, das folgende Bild:

Substantive	7448	=	32.24 %
Adjektive	33o2	=	14.3 %
Verben	1947	=	8.43 %
Präpositionen	2796	=	12.1 %
Artikel	2498	=	1o.81 %
Pronomen	142o	=	6.15 %
Konjunktionen	1198	=	5.19 %
sonstige Wortarten	2491	=	1o.78 %
	231oo	=	1oo.oo %

Dagegen zeigt sich für die Zusammenfassung von fünf Routenbeschreibungen bei einer Anzahl von 7ooo Wörtern diese Übersicht:[36]

Substantive	3o26	=	43.23 %
Adjektive	612	=	8.74 %
Verben	197	=	2.81 %
Präpositionen	1232	=	17.6 %
Artikel	785	=	11.22 %
Pronomen	131	=	1.87 %
Konjunktionen	3o4	=	4.34 %
sonstige Wortarten	713	=	1o.19 %
	7ooo	=	1oo.oo %

Eine Gegenüberstellung der Wortartenhäufigkeit von allgemeinen Orts- und Routenbeschreibungen manifestiert einen deutlichen Unterschied innerhalb der Substantiv- und Verbhäufigkeit. Das Überwiegen der Substantive innerhalb der Routenbeschreibungen gegenüber den Ortsbeschreibungen um 11 % und ein fast 6 % geringerer Verbanteil beweisen den für die Routenbeschreibungen konstatierten Nominalstil.

Der geringere Anteil an Adjektiven wird dadurch bedingt, daß bei dem knapp und nüchtern gehaltenen Stil der Routenbeschreibungen kaum mehr Platz für Epitheta bleibt. Die in den Routenbeschreibungen vorkommenden Adjektive beschränken sich meist auf die fast stereotyp gebrauchten Wörter 'bekannt' und 'berühmt' gelegentlich in ihrer Steigerungsform 'weltbekannt' und 'weltberühmt'.

Die Präpositionen liegen in den Routenbeschreibungen um rund 5 % höher als im allgemeinen Textteil. Dies ist darauf zurückzuführen, daß innerhalb der Routenbeschreibungen der Fahrtweg häufig so dargestellt wird, daß Ortsnamen durch Präpositionen verbunden werden, was zwangsläufig einen höheren Anteil gegenüber dem sonstigen Text bedingt.

Artikel treten in beiden Bereichen in etwa gleicher Häufigkeit auf. Die Substantive im allgemeinen Teil sind jedoch häufiger vom Artikel begleitet als in den Routenbeschreibungen, da hier bei fast gleicher Artikelhäufigkeit der Anteil der Substantive wesentlich höher ist. Das seltenere Auftreten des Artikels in den Routenbeschreibungen resultiert aus ihrem knappen Stil, deshalb wird häufiger auf den Artikel verzichtet.

Der Anteil der Pronomen in den Orts- ist rund dreimal höher als in den Routenbeschreibungen. Dies resultiert daher, daß in den Texten der Ortsbeschreibungen öfter das Stilmittel der 'persönlichen Anrede' in all seinen Erscheinungsformen gebraucht wird. In den Routenbeschreibungen herrscht sachlicher und nüchterner Stil vor, daher bleibt nicht ganz so viel Raum für rhetorische Mittel.

Die Häufigkeit der Konjunktionen ist in beiden Textbereichen in etwa gleich, ebenso die der sonstigen Wortarten.

2.1.2. Vergleich der Häufigkeit von Wortarten zwischen Ferienkatalogen und anderen Sprachbereichen

R.Römer bemerkt zu den Wortarten in der Anzeigenwerbung: "Die Sprache der Werbung ist reich an Substantiven und Adjektiven. Besonders die textarmen Anzeigen, die häufig im elliptischen Stil abgefaßt sind, gebrauchen viele Substantive."[37] R.Römer zählt 1oo Anzeigen mit zusammen 9579 Wörtern aus. Im Vergleich mit den Orts- und Routenbeschreibungen der Ferienkataloge ergibt sich folgende Übersicht:

	Anzeigen-werbung	Ortsbe-schreibungen	Routen-beschreibungen
Substantive	31 %	32.2 %	43.2 %
Adjektive	11.9 %	14.3 %	8.7 %
Vollverben	7.9 %	8.4 %	2.8 %
übrige Wörter	47 %	45.1 %	45.3 %
Adverbien	2.2 %	-	-
	1oo.o %	1oo.o %	1oo.o % 38

Die Substantive werden bei R.Römer differenziert nach Waren- und Firmennamen, Eigennamen und Substantiven, wobei die eigentlichen Substantive dann nur mehr einen Anteil von 22.9 % ausmachen. Da bei der Auszählung der Wortarten der Ferienkataloge aber nicht in dieser Weise getrennt wurde, also auch Ortsnamen und geographische Begriffe als Substantive gewertet wurden, mußte die von R.Römer gemachte Unterscheidung vernachlässigt werden. Es zeigt sich, daß die Substantivhäufigkeit der Ortsbeschreibungen in etwa analog zu der der Anzeigenwerbung ist. Der prozentuale Unterschied von knapp 1 % dürfte kaum relevant sein. R.Römer unterscheidet in ihrer Statistik zudem zwischen textreichen und textarmen Anzeigen, wobei sich jedoch kaum gravierende Unterschiede in der Häufigkeit der verschiedenen Wortarten ergeben. Obwohl R.Römer betont, daß vor allem die textarmen Anzeigen sehr viel Substantive verwenden, liegen diese jedoch zusammengenommen bei nur 31.6 %, also rund 13 % weniger Substantive als in den Routenbeschreibungen. Somit kann festgehalten werden, daß zwar für die Ortsbeschreibungen die Werte für Substantive mit denen der Anzeigenwerbung fast kongruieren, die Routenbeschreibungen jedoch in weit höherem Maße vom Nominalstil bestimmt sind als die textarmen Werbeanzeigen.

Auf die Häufigkeit des Substantivs geht auch H.Meier in seiner Sprachstatistik ein. Seine Werte können im Vergleich allerdings nur als Anhaltspunkt herangezogen werden, da H.Meier bei seinen Zählungen von Gegenstandserwähnungen ausgeht. Diese unterteilt er in Nennungen (hierunter rechnet er Namen und Nennwörter) und vertretende Hinweise (Ersatzwörter). Bei einer Durchzählung von mehr als

15o ooo Wörtern Umfang fand H.Meier, "daß in fließenden und syntaktisch voll durchgebildeten Texten durchschnittlich auf je 1ooo Wörter Text rund 3oo Gegenstandserwähnungen entfallen."[39] Als durchschnittliches Verhältnis von Nennungen zu Hinweisen errechnet H.Meier 66 % zu 34 %. Nimmt man dieses Verhältnis als Ausgangsbasis für einen Vergleich mit der Substantivhäufigkeit in den Ferienkatalogen, so ergibt sich eine ungefähre durchschnittliche Zahl von 198 Nennungen (Substantiven) auf 1ooo Wörter Text, also ein Index von 19.8 %. Diese Zahlenangabe macht deutlich, daß der Substantivanteil in den Ferienkatalogen mit einem Index von 32.2 % in den Orts- und sogar 43.2 % in den Routenbeschreibungen über dem von H. Meier errechneten Allgemeinwert liegt. Dieser Zahlenvergleich verdeutlicht, daß in den Ferienkatalogen vornehmlich die Routenbeschreibungen vom Nominalstil geprägt sind. H.Meier errechnet für Texte mit hohem Substantivanteil wie für das Grundgesetz einen Anteil von 3o.9 % Substantiven, für amtliche Wahlvorschriften 3o.7 % und für flüssige Sportreportagen 3o.4 %, alles Werte, die unter dem Index für die Ferienkataloge liegen.[4o] Der Vergleich dieser Zahlen läßt somit gesichert festhalten, daß der Substantivanteil in den Ferienkatalogen und vor allem in den Routenbeschreibungen größer ist als der in der Anzeigenwerbung und größer als der Allgemeinwert für Substantive, auch im Vergleich zu Texten mit hoher Substantivdichte.

Bei den Ferienkatalogen wurde nicht zwischen prädikativen und attributiven Adjektiven unterschieden wie bei R.Römer.

Für die Beziehung Substantiv-Adjektiv ermittelt R.Römer einen Index von 29.2 % und hält dies für eine relativ hohe Frequenz, wenn man als Vergleichswerte u.a. heranzieht Hebel, der im 'Rheinischen Hausfreund' nur 17 % aller Substantive mit attributiven Adjektiven versieht; bei Grimms Märchen sind 14 % der Substantive von attributifen Adjektiven begleitet, bei Nietzsche am Anfang des 'Zarathustra'

6 %, bei Filmdialogen liegt der Index bei 1o %.[41] R.Römer, die sich auf diese von H.Meier errechneten Werte bezieht, übersieht dabei allerdings, daß dieser bei einer groben Zählung feststellt, daß 25 % aller Substantive von vorangestellten Adjektiven und Partizipien begleitet sind und, daß sich auch Extremwerte finden lassen: "Und Joseph ROTH steht nicht allein da, wenn er in ausgezählten Texten Vierzehntel aller Substantive mit Beiwörtern versieht, wobei ein Zehntel der Hauptwörter sogar mit zwei, drei oder mehr Adjektiven ausstaffiert sind."[42] So gesehen wird auch der hohe Anteil an Adjektiven in der Anzeigenwerbung etwas relativiert.

Setzt man in den Ferienkatalogen den Anteil der Adjektive in Korrelation zu dem der Substantive, so ergibt sich der extrem hohe Index von 44.3 % für die Orts- und der immer noch hohe Wert von 2o.2 % für die Routenbeschreibungen. Diese Werte sind jedoch insofern verfälschend, als gerade in den Ortsbeschreibungen häufig ein Substantiv von zwei oder sogar mehreren attributiven Adjektiven begleitet sein kann und somit also bei weitem nicht 44.3 % aller Substantive attributive Adjektive bei sich haben. Außerdem wurden auch prädikativ gebrauchte Adjektive in die Zählung miteinbezogen. Deshalb sind diese Zahlen nur bedingt mit den von H.Meier ermittelten Werten zu vergleichen. Stellt man jedoch den absoluten Anteil von Adjektiven den bei R.Römer genannten gegenüber, so ergibt sich ein deutliches Überwiegen der Adjektive innerhalb der Ortsbeschreibungen der Ferienkataloge (14.3 : 11.9).[43] Berücksichtigt man zudem, daß R.Römer in ihrer Statistik als absoluten Wert 818 attributive Adjektive aufführt und diese in Relation zu 28oo Waren- und Firmennamen sowie Substantiven setzt, wobei sie in Klammern anmerkt, daß ein Substantiv mehrere attributive Adjektive hat, so kann man davon ausgehen, daß auch sie bei der Errechnung ihres Index' dies nicht mitberücksichtigt hat.[44] Somit läßt sich als Ergebnis festhalten, daß der Anteil der Adjektive in den Ortsbeschreibungen der

Ferienkataloge weit über dem der Anzeigenwerbung liegt, sowohl wenn von den relativen als auch von den absoluten Werten ausgegangen wird. Ist der Korrelationsindex zwischen Substantiv und Adjektiv bei den Ortsbeschreibungen auch nicht von absoluter Gültigkeit, so liegt sein Wert doch so deutlich über dem der Anzeigenwerbung, daß als signifikantes Merkmal der Sprache der Ferienkataloge der hohe Anteil an Adjektiven gewertet werden kann. Der Index 2o.2 für das Verhältnis Substantiv - Adjektiv innerhalb der Routenbeschreibungen hat eine höhere Signifikanz, da in den Routenbeschreibungen nur selten ein Substantiv von mehr als einem Adjektiv begleitet wird. Dieser Index liegt zwar unter dem für die Anzeigenwerbung errechneten, aber noch über allen Vergleichswerten, die aus der Literatur herangezogen wurden, was das obige Ergebnis erhärtet.

Der Anteil der Verben überwiegt in den Ortsbeschreibungen leicht gegenüber dem von R.Römer gebuchten, wobei allerdings nochmals ganz deutlich wird, wie sehr die Routenbeschreibungen vom Nominalstil geprägt sind, da hier nur 2.8 % der Wortarten von Verben eingenommen werden, bei R.Römer dagegen 7.9 %.

Unter 'übrige Wörter' rechnet R.Römer Hilfsverben, Pronomina und Partikel. Da die Hilfsverben in den Ferienkatalogen zu den Verben gezählt wurden, dürften die Werte für Verben auch in den Ortsbeschreibungen unter den von R.Römer ermittelten liegen. Nimmt man die in den Ferienkatalogen gesondert behandelten Wortarten (Pronomen, Konjunktionen, Artikel) mit den verbleibenden Wörtern zusammen, ergibt sich ein Wert, der dem von R.Römer ermittelten fast gleichkommt. Fast die Hälfte des Wortschatzes wird also von semantisch wenig bedeutungsvollen Wortarten besetzt.

2.1.3. Die Häufigkeit von Wortarten und ihr Aussagewert

Sowohl in der Anzeigenwerbung als auch in den Ferienkatalogen finden sich in großer Anzahl Substantive, was als Anzeichen von Nominalstil gewertet werden kann und somit im Rahmen der Tendenzen der Gegenwartssprache steht. In allen Ferienkatalogen stehen mit deutlichem Abstand die Substantive an erster Stelle der Rangskala der Wortarten. Gewisse Schwankungen lassen sich jedoch nachweisen. Innerhalb der Ortsbeschreibungen und der allgemeinen Texte zeigt Katalog 8 mit 42 % den höchsten Wert an Substantiven, was dadurch bedingt sein mag, daß die den Routenbeschreibungen vorangestellten Schilderungen der einzelnen Reisen impressionistische Stimmungsbilder geben, daher einen hohen Teil von Setzungen aufweisen und fast stichwortartig aufgebaut sind. Der niedrigste Anteil an Substantiven ist im einleitenden Teil des Katalogs 9 zu finden (25.2 %); mit diesem niedrigen Substantivanteil korreliert ein relativ hoher Verbanteil (12.9 %) sowie ein großer Anteil an Pronomen (13.1 %), der durch die häufige Verwendung der persönlichen Anrede bedingt ist. Die zwischen den Substantivhäufigkeiten auftretenden Schwankungen innerhalb der Routenbeschreibungen sind sehr gering. Alle Werte liegen über 4o %, den höchsten Wert hat Katalog 4 mit fast 5o % (hier allerdings ist der Verbanteil mit o.26 % auch minimal).

Aber auch allgemein hat das Substantiv eine wichtige Funktion: "Was das Hauptwort vor allen anderen Wortgattungen unterscheidet, ist der von ihm vermittelte Bildgehalt. Etwas vorschnell könnte man so weit gehen zu behaupten, daß überhaupt nur das Hauptwort einen unmittelbar bildhaften Eindruck vermittle."[45] Das Substantiv ist das eigentliche Mittel der Benennung. Welchen Bildgehalt und welche Vorstellungsbreite das Substantiv vermitteln kann, zeigt sich innerhalb der Ferienkataloge vor allem an der Fülle der durch Zusammensetzung gebildeten Neologismen, die durch e i n Substantiv ein breites Spektrum von Vorstellungen hervorrufen können. Eine weitere wichtige Funktion des Substantivs ist, "daß sich die nominale Umschreibung oft durch besondere Kürze und Prägnanz auszeichnet."[46]

Diese Funktion ist vor allem für die Substantivverwendung in den Routenbeschreibungen von besonderer Bedeutung. Daß speziell in der Sprache der werblichen Kommunikation das Substantiv wichtig ist, betont auch J.H.Seifert; es ist wichtig vornehmlich deshalb,"weil es allein eine klare Vorstellung zu geben und den Gedankengang zu stützen vermag."[47] Aus allen diesen Gründen resultiert das häufige Erscheinen des Substantivs in den Ferienkatalogen.

Semantisch in ihrer Wirkung verstärkt werden viele Substantive durch die Verbindung mit attributiven Adjektiven. Für die Sprache der Anzeigenwerbung hält R.Römer fest: "Die Vorliebe für das Adjektiv entspringt einzig dem werbenden, anpreisenden Charakter dieser Sprache, deren Erzeuger darauf bedacht sind, die Produkte auszuzeichnen und ihnen besondere Eigenschaften zuzusprechen."[48] Den Adjektiven in den Ferienkatalogen, die in noch weit höherer Anzahl als in den Ferienkatalogen anzutreffen sind, kommt also eine wichtige Bedeutung zu. Den höchsten Adjektivanteil weist mit 17.1 % Katalog 3, ein Winterkatalog, auf. Hier sind vor allem die Klassifizierungen der Wintersportorte häufig mit mehreren Epitheta verbunden. Innerhalb der Routenbeschreibungen liegen die prozentualen Anteile der Adjektive eng beieinander. Lediglich Katalog 7 weist mit 1o.3 % einen etwas höheren Anteil auf. Nimmt man den durchschnittlichen Wert für Substantive und Adjektive zusammen, so ergibt sich ein Index von 46.5 % für die Ortsbeschreibungen. Daraus folgt, daß auch der Schwerpunkt einer semantischen Untersuchung auf diesen beiden Wortarten liegen muß.

Ein großer Teil der Verben in den Ferienkatalogen sind Modalverben bzw. Streckformen des Verbs. Dazu hält V.Schmidt fest: "Strukturelles Zentrum des Satzes ist das finite Verb (Streckverb),semantisches Zentrum des Streckformen-Syntagmas (...) ist das Streckform-Substantiv, das auch als Aussagekern bezeichnet werden kann. Für die Streckform ist diese Auflösung in strukturellen und semantischen Kern charakteristisch."[49] Die in den Ferienkatalogen auftretenden Verben werden zum großen Teil von solchen Streckformen, also von Verbformen eingenommen, bei denen der Schwerpunkt der semantischen Aussage auf dem Substantiv liegt, bzw. dem prädikativen Adjektiv, während das finite Verb nur strukturelles Zentrum, also so gut wie ohne semantischen Aussagewert ist.

Das Modalverb 'sein' ist das in allen Katalogen am häufigsten in Erscheinung tretende Verb.

In Katalog 1 finden sich nach 'sein' und 'haben',wobei 'sein'wesentlich häufiger anzutreffen ist als 'haben', als bevorzugte Verben weiter 'liegen', 'können' (meist in der formelhaften Wendung 'Sie können'), 'bieten', 'geben' und 'bilden' (geordnet nach der Rangfolge ihres Erscheinens).

In Katalog 2 liegt mit sehr großem Abstand an erster Stelle 'sein' und zwar in der Verbindung mit einem prädikativen Adjektiv fast doppelt so häufig wie in der Verbindung mit einem Prädikatsnomen. Der Anteil des Modalverbs 'sein' ist größer als der Anteil aller anderen häufig gebuchten Verben zusammengenommen, wobei 'sein' rund dreimal so oft erscheint wie das Hilfsverb 'haben', das in seiner Häufigkeit noch von 'liegen' übertroffen wird. ('sein' : 'liegen' : 'haben' = 3.8 : 1.2 : 1)[5o] Weitere wiederholt auftretende semantisch nur in Verbindung mit einem Substantiv oder prädikativen Adjektiv wirksame Verben sind (geordnet nach der Häufigkeit ihres Vorkommens): 'geben', 'bieten' und 'machen'.

Auch in Katalog 3, einem Winterkatalog, steht an erster Stelle mit deutlichem Abstand das Modalverb 'sein', öfter mit prädikativem Adjektiv als mit Prädikatsnomen verbunden. Danach erscheint an zweiter Stelle 'liegen' (bedingt durch den Charakter der Winterkataloge, in denen fast stereotyp zuerst die geographische Lage eines Ortes bestimmt wird); der Anteil des Modalverbs 'haben' ist relativ gering ('sein' : 'liegen' : 'haben' = 5.4 : 2.8 : 1).

In Katalog 4 tritt das Modalverb 'sein' gleich häufig verbunden mit Prädikatsnomen und prädikativem Adjektiv auf. Der Anteil von 'sein' ist wesentlich höher als der aller anderen häufigen Verbarten zusammengenommen.
Auch hier ist 'liegen' ein sehr häufig verwendetes Verb, gefolgt von 'geben' (in der formelhaften Verwendung von 'hier gibt es'), 'haben' ist nur sehr selten gebucht ('haben' : 'sein' = 1 : 11.1). Ferner findet sich öfter noch 'machen'.

Ein ähnliches Bild ergibt sich für Katalog 5. Mit Abstand am häufigsten erscheint 'sein' fast zu gleichen Teilen gebraucht mit Prädikatsnomen und prädikativem Adjektiv. Das mehrmals vorkommende 'liegen' (auch hier handelt es sich um einen Winterkatalog, wo 'liegen' sich in formelhafter Verwendung findet) wird noch übertroffen von 'bieten' (meist drückt dieses Verb aus, was an Wintersportmöglichkeiten oder -einrichtungen vorhanden ist). Weiter tritt auf 'haben' ('haben' : 'sein' = 1 : 6.2) dazu noch 'geben' (meist in der Formel 'es gibt').

In Katalog 6 dominiert ebenfalls 'sein'(und zwar in der Verbindung mit einem prädikativen Adjektiv wesentlich häufiger als mit einem Prädikatsnomen),mit deutlichem Abstand gefolgt von 'liegen' (auch bei 6 handelt es sich um einen Winterkatalog) und 'geben' (in der Wendung 'es gibt'), noch seltener 'haben' ('sein' : 'liegen' : 'geben' : 'haben' = 1o : 3.2 : 2.6 : 1).

Im allgemeinen Textteil des Katalogs 7 nimmt,wie in den übrigen Katalogen auch,'sein' eine prominente Stellung unter den Verben ein. Hier allerdings liegt der Anteil der mit Prädikatsnomen verbundenen Formen wesentlich über der Verbindung mit einem prädikativen Adjektiv, mehrmals erscheint sonst nur noch 'haben'.

Auch in dem an sich sehr verbarmen Katalog 8 findet sich'sein'als häufigstes Verb. Die Verbindung mit prädikativem Adjektiv überwiegt. 'haben' tritt nur vereinzelt auf.

In Katalog 9 erscheinen mit vermehrter Häufigkeit nur 'sein' und 'haben', wobei 'sein' zu gleichen Teilen mit Prädikatsnomen und mit prädikativem Adjektiv verbunden ist. Für das Modalverb 'machen' lassen sich noch einige Belege finden. Die Häufigkeit von 'geben' und 'liegen' ist nicht signifikant.

Katalog 1o hat nur einen geringen Anteil an Modalverben, was aber auch darauf zurückzuführen ist, daß das Textmaterial, das zugrunde liegt, im Vergleich zu den übrigen Katalogen geringer ist, zumal hier der Hauptteil des Prospekts von den an sich ja verbarmen Routenbeschreibungen bestimmt ist. Beide Bereiche wurden bei der Verbuntersuchung berücksichtigt. Auch hier läßt sich aber gesichert eine ganz augenscheinliche Dominanz des Modalverbs 'sein' nachweisen und zwar überwiegt hier ganz deutlich die Verbindung von 'sein' mit einem Prädikatsnomen. 'haben' und 'geben' sind mit nur wenigen Belegen gebucht.

Es läßt sich somit festhalten, daß unter den Verben das Modalverb 'sein' eine vorrangige Stellung einnimmt. Gleiches gilt auch für die Routenbeschreibungen, wo sich jedoch auf Grund des nur 2.8 % betragenden Verbanteils keine weiteren signifikanten Aussagen machen lassen.

Als häufig gebrauchte Verben können in den Ferienkatalogen ferner 'haben', 'können', 'bieten', 'geben', 'liegen' und 'machen' angesehen werden. Diese Verben finden sich auch in anderen Sprachbereichen sehr oft. So stellt U.Engel bei der Untersuchung von Gesprächen und Artikeln der Stuttgarter Zeitung fest, daß in beiden Bereichen 'sein' das häufigste Verb ist. Unter den nächsthäufigen finden sich u.a. 'haben' und 'geben', kongruent zu den Ferienkatalogen.[51] In einer Untersuchung zur Nominalisierung des Verbalausdrucks im Zeitungsdeutsch ermittelt H.Popadič als am meisten gebraucht in analytischen Verbalverbindungen 'haben', ferner auch 'machen', 'sein' und 'bieten'.[52] Auch diese Untersuchungen ergeben Parallelen zu den Ferienkatalogen. H.Eggers hält für die Gegenwartssprache, sowohl für die Umgangs- als auch für die Schriftsprache, fest, daß die bedeutungstragenden Vollverba selten geworden sind, daß das Verb zum Funktionsträger ohne semantische Bedeutung wird und daß die nominalen Satzglieder desto mehr Gewicht auf sich vereinigen.[53] Was H.Eggers für die Allgemeinsprache feststellt, gilt uneingeschränkt für die Ferienkataloge.

Für eine semantische Untersuchung kann somit der Bereich des Verbs zum großen Teil ausgeklammert werden, da das Verb nur in seiner strukturellen Funktion von Bedeutung ist, die semantische jedoch auf Substantiv und Adjektiv überträgt: "Da das Streckform-Substantiv der Hauptträger der prädikativen Funktion ist, sind die attributiven Ergänzungen als eine weitgehende Präzisierung des semantischen Gehalts des Prädikats zu werten."[54] Die Bedeutung der Streckform liegt also auch darin, daß das Streckform-Substantiv eine Reihe von Attributen in den Satz aufnehmen kann.

Im Gegensatz zu R.Römer wurde bei der Auszählung der Wortarten noch weiter differenziert nach Präpositionen, Artikel, Pronomen und Konjunktionen.

Die Präpositionen nehmen in den Ortsbeschreibungen allgemein die 4. Stelle einer Rangskala der Wortarten ein, was wohl daraus resultiert, daß der Anschluß vornehmlich durch die Präpositionen 'mit'und 'für' ein häufig anzutreffendes syntaktisches Merkmal vor allem der Ortsbeschreibungen ist. Innerhalb der Routenbeschreibungen liegen die Präpositionen nach den Substantiven sogar an zweiter Stelle, sind also ein wichtiges sprachliches Merkmal, besonders in Relation gesehen zur Sprache der Anzeigenwerbung, wo die Präpositionen nicht einmal einer gesonderten Auszählung für Wert befunden wurden. Die Funktion der Präpositionen ist vornehmlich strukturell, da sie als wertneutrale Verbindungsglieder der mit Aussage- und semantischem Wert beladenen Bedeutungsträgern fungieren.

In den Ortsbeschreibungen sind 33.5 % aller Substantive vom Artikel begleitet, in den Routenbeschreibungen 25.9 %. Gelegentlich kann der Artikel als Mittel der superlativischen Steigerung gesehen werden. Die Anfügung von Objekten vor allem von Genitivobjekten erfolgt sehr häufig mit Artikel.

Einen sehr hohen Artikelanteil hat Katalog 1o im allgemeinen Textteil mit 18.1 %, was dadurch bedingt ist, daß im Gegensatz zu anderen Katalogen hier vermehrt der unbestimmte Artikel anzutreffen ist. Rund 54 % aller Substantive sind in Katalog 1o vom Artikel begleitet, während es bei den Routenbeschreibungen desselben Katalogs nur 27.5 % aller Substantive sind, wobei dann häufig auch ein zu erwartender Artikel weggelassen wird und wahrscheinlich aus Platzgründen Formeln wie 'auf Autobahn' statt 'auf der Autobahn' anzutreffen sind.

Daß der hohe Artikelanteil in den Ferienkatalogen nicht unbedingt eine Besonderheit darstellt, zeigt ein Vergleich mit H.Meiers Sprachstatistik. Denn die Artikel sowohl in ihrer flektierten als auch in ihrer unflektierten Form finden sich unter den zwanzig häufigsten Wörtern unserer Sprache. Für die Häufigkeit der Verbindung Artikel - Substantiv kann (allerdings mit Einschränkungen) auch H.Meiers Sprachstatistik herangezogen werden. Nach seinen Zählungen liegt an erster Stelle das 'Hauptwort mit bestimmtem Artikel'. Laut seinen Angaben sind Hauptwörter in Singular und Plural zu 32.6 % vom bestimmten Artikel begleitet. Dieser Wert steht in erstaunlicher Übereinstimmung mit dem Index, der für die Ferienkataloge errechnet wurde. Hier sind 35.5 % aller Substantive vom Artikel begleitet, wobei allerdings der unbestimmte Artikel mitgezählt wurde. Da dieser aber nur sehr selten vorkommt, kann gesichert festgehalten werden, daß der Artikelanteil in den Ferienkatalogen den von H.Meier errechneten Werten sehr ähnlich ist und seine häufige Verwendung somit durchaus normalsprachlich ist. Innerhalb der Routenbeschreibungen jedoch, die nur einen Index von 25.9 für die Relation Artikel - Substantiv aufweisen, liegt der Anteil der vom Artikel begleiteten Substantive erheblich unter der von H.Meier errechneten Norm, was auf ihren knapp gehaltenen Stil zurückzuführen ist. Weiter hält H.Meier fest: "Während das Substantiv mit bestimmtem Artikel offenbar in den exakten

Texten der Gesetze und der Wissenschaft heimisch ist, kommt diese Verbindung in Briefen und im Sprechstil am wenigsten häufig vor."[55] In diesem Punkt würden die Ferienkataloge mehr wissenschaftlichen Texten als dem allgemeinen Sprechstil oder auch der Literatur gleichen.[56]

Der Anteil der Pronomen in den Ortsbeschreibungen liegt ganz deutlich über dem der Routenbeschreibungen (der Unterschied beträgt über 4 %). Diese Differenz ist vor allem darin begründet, daß in den syntaktisch und semantisch ausgeprägteren Ortsbeschreibungen die persönliche Anrede weit häufiger gebraucht wird. Auffallend ist dabei, daß dieses Stilmittel in den Sommerkatalogen öfter vorkommt als in den Winterkatalogen. Während alle Sommerkataloge zusammengenommen einen Pronomenanteil von rund 7.5 % besitzen, ist dieser Wert in den Winterkatalogen etwa nur halb so hoch (3.7 %). Dies mag seine Begründung darin finden, daß der Schwerpunkt der Aussage in den Winterkatalogen auf der Beschreibung der Wintersportmöglichkeiten und den Angaben zur geographischen Lage ruht, während gerade in den Sommerkatalogen sehr häufig der Leser, seine Erwartungen und potentiellen Handlungen in die Beschreibung miteinbezogen werden. - Der Anteil der Konjunktionen beträgt 5.2 %, dieser relativ hohe Anteil rekrutiert sich vor allem aus dem häufigen Erscheinen von 'und' besonders zwischen Reihungen von Substantiven und Adjektiven.

Für die verbleibenden Wörter (Adverbien der Zeit und des Ortes, sowie Zahlworte, die häufig Distanzangaben ausdrücken) ergeben sich in Orts- und Routenbeschreibungen ähnliche Werte: 1o.78 % und 1o.19 %.

Zusammenfassung (S.31o - 329)

1. Zieht man den Anteil der Substantive, Adjektive und Verben in den Ferienkatalogen vom Gesamttext ab, so ergibt sich, daß die sonstigen Wortarten, Artikel, Pronomen,

Konjunktionen und Adverbien miteingerechnet, rund 43 % des Textes in den Orts- und rund 45.2 % in den Routenbeschreibungen ausmachen. Diese Wörter, die nicht eigentlich semantischen Gehalt tragen, sondern vielmehr den syntaktischen Rahmen bilden, machen somit fast die Hälfte des Textes aus. H. Meiers Untersuchung der häufigsten Wörter der deutschen Sprache ergibt, daß unter den ersten 66 Wörtern keine Haupt- und Eigenschaftswörter und an Verben nur die Modalverben 'sein' und 'haben' in verschiedenen grammatikalischen Formen auftreten.[57] Fast die Hälfte der Ferienkataloge ist somit aus jenen Wörtern aufgebaut, die zu den häufigsten der deutschen Sprache gehören, aber kaum semantische Funktionen haben.

2. Oft gebrauchte Wortformen sind informations- und semantisch inhaltsarme Partikel, während die selteneren Wortformen die Information beinhalten und semantisch wirksam sind. Durch ein Höchstmaß an Information, also einer Vielzahl seltener Wörter, wäre jedoch der Leser überfordert. Er braucht zum Verständnis und zur Apperzeption eines Textes ebenso notwendig die redundanten und semantisch leeren Partikel: "The receiver's need for a maximum of information demands precise, concrete - and consequently rare - words, whereas the sender's desire to economise his efforts results in a predilection for general, abstract and frequent words (pronouns like he, it, words like thing, object for exact terms). The more general a word is, the more frequent. Most frequent of all are the grammatical auxiliaries (articles, pronouns etc.) which convey very little information. Their probability is very high and their quantity of information consequently very small. They are in most cases predictable from the context and have a high degree of redundancy. The concrete, precise terms are rare, their

predictability small and their amount of information large."[58]

3. Auf die Partikel braucht daher bei einer semantischen Untersuchung nicht weiter eingegangen werden, da sie zu den allgemeinen und gängigen Wörtern gehören, die das syntaktische Gerüst eines Satzes bilden und wenig Information, d.h. hier auch wenig inhaltliche Bedeutung tragen. Auch die Verben können, da sie oft nur Modalformen oder aussagearme Verben sind, die den semantischen Gehalt auf Substantiv oder Adjektiv übertragen, von dieser Untersuchung teilweise ausgeklammert werden. Somit liegt der Schwerpunkt der Betrachtungen des Wortschatzes auf Substantiv und Adjektiv, die vornehmlich mit Information und semantischem Gehalt behaftet sind. Auch die Häufigkeit ihres Vorkommens im Vergleich zu anderen Texten, verweist auf die Bedeutung dieser beiden Wortarten.

2.2. Mittel der semantischen Steigerung und Aufwertung

Als Mittel der semantischen Steigerung und Aufwertung sollen alle die Wortkombinationen und syntaktischen Anordnungen verstanden werden, die dazu dienen, durch eine Wortverbindung oder nur durch die Wortwahl einen Begriff mit höherer Wirkungskraft zu versehen und damit den Kern der Aussage zu verstärken. Zu diesen Mitteln zählen nicht nur Superlativ und Komparativ, sondern auch Steigerung durch Partikel oder Kombination mit bestimmten Prä- oder Suffixen. Ebenso gibt es viele hochwertige Adjektive, die ein Substantiv steigern können, zumal, wenn sie in Reihung auftreten. Außerdem sollen alle diejenigen Ausdrücke mitberücksichtigt werden, die aus semantisch hochwertigen Bereichen stammen und somit eine Aussage aufwerten können. Unter allen diesen Mitteln der semantischen Aufwertung ist der Superlativ sicher das deutlichste.

2.2.1. Formen der superlativischen Aufwertung

Vor allem die Werbung ist die Domäne des Superlativs. Obwohl in der Werbeliteratur immer wieder vor dem Gebrauch des Superlativs gewarnt wird, ist er, wie R.Römer feststellt, immer noch häufig anzutreffen.[59] Auch im Bereich der Fremdenverkehrswerbung wird von der Verwendung des Superlativs abgeraten: "Zu allen Zeiten haben verantwortungsbewußte Förderer des Fremdenverkehrs den übermäßigen Gebrauch von Superlativen in den Werbeschriften verabscheut und bekämpft, weil sie einerseits Mißtrauen auslösen, andererseits zu hochgeschraubte Erwartungen hervorrufen, die dann oft mehr oder weniger gröblich enttäuscht werden. Diskreditierungen der Fremdenverkehrswerbung und Erschütterung des Vertrauens zu ihren schönen Verheißungen sind die Folge."[60] Trotz dieser Warnungen, die analog auch in Stilkunden zu finden sind[61], erscheint der Superlativ immer noch in großer Zahl in allen Katalogen und zur grammatischen Form des Superlativs sind noch subtilere Mittel der superlativischen Steigerung getreten. Aus der sehr großen Menge superlativisch aufwertender Formen sollen nun einige markante Gruppen herausgearbeitet werden.

2.2.1.1. Grammatischer Superlativ

Immer noch eines der beliebtesten Mittel der aufwertenden Steigerung ist die Anwendung des grammatischen Superlativs. Dabei gelingt es den Verfassern der Ferienkataloge in fast allen Bereichen Superlativisches zu finden.

Aufgabe des Superlativs ist es, die Höchststufe auszudrücken. "Hierbei geht es in der Regel nicht um den Vergleich zweier Größen, sondern um die Einschätzung einer Gruppe von mehr als zwei Größen auf den Grad der in Rede stehenden Eigenschaft und um die 'Hervorhebung des einzelnen mit einer Eigenschaft behafteten Gegenstandes aus einer

Reihe anderer, mit der gleichen Eigenschaft behafteter.'"[62] Der Superlativ wertet auf. Fast zweifach aufgewertet erscheinen Substantive, die von der gesteigerten Form eines Hochwertadjektivs begleitet sind.

Sehr beliebt ist deshalb in allen Katalogen die Steigerungsform von 'schön'. Das an sich schon sehr hochwertige und mit einer Fülle positiver Konnotationen behaftete Adjektiv, dessen Anwendung auch in der Grundform ein beliebtes Mittel zur semantischen Aufwertung ist, erhält noch stärkere Ausdruckskraft durch die Steigerung. Dabei ist auffallend, daß der Superlativ hier fast nie als Elativ, sondern immer im Zusammenhang mit Bezugsgrößen steht. Für jeden Katalog soll aus der Unzahl der Beispiele nur je ein Beleg angeführt werden.[63]

> Bajamar ist ca. 4o km von Puerto entfernt, beschaulich und ruhig. Aber die schönsten Meerwasser-Schwimmbäder von ganz Teneriffa! (1/64)

> Einige Kilometer außerhalb der Stadt liegt die Playa d'en Bossa, der schönste Strand der Insel. (2/49)

> Die schönsten Abfahrten des Kirchberg-Kitzbühler Skigebietes enden in diesem bezaubernden Ort, ... (3/45)

> Weltbekannter Urlaubsort und zugleich Wohnort internationaler Prominenzen, am schönsten See des Tessins, dem Lago Maggiore. (4/1o9)

> Kitzbühel, dessen schönste Skipisten hier enden, ist nur 6 km entfernt. (5/58)

> Am schönsten Natursee des Schwarzwaldes liegt dieser international bekannte Höhenluftkurort und Wintersportplatz. (6/3o)

> 2 Wochen zu einigen der schönsten Städte des Nahen Ostens - (7/11)

> Fünf volle Tage auf Haiti im schönsten aller Südsee-Paradiese. (8/35)

> Der Club ist an den schönsten Plätzen dieser Welt zuhause, vom Orient bis zum Pazifik. (9/32)

> ...entlang der Blumen- und Palmenriviera über Bordighera, auf der schönsten Küstenstraße der Welt, der Moyenne Corniche, ... (1o/24)

Die Wirkung des Superlativs beruht auf seiner Alleinstellung, seinem Absolutheitsanspruch. Gerade die Steigerungsform des hochwertigen und semantisch indifferenten 'schön' suggeriert dem Leser den Inbegriff alles Positiven. Die herangezogenen Vergleichsobjekte umfassen eine weite Spanne. Hier kann nur der kleine Bereich der Insel, aber auch die ganze Welt als vergleichender Umkreis genommen werden. In dem Beispiel aus Katalog 1 dient der Superlativ, der gleichzeitig noch durch ein Ausrufezeichen verstärkt wird, dazu, eine Aussage, die negativ auf den Leser wirken könnte, auszugleichen. Gleich mehrere semantische Aufwertungen bietet der Beispielsatz aus Katalog 4. Die Aussage wird neben dem Superlativ noch verstärkt durch ein so hochwertiges Wort wie 'weltbekannt' und durch den Hinweis auf die internationale Prominenz, die hier wohnt. Zweifach aufwertend ist auch die Bezeichnung 'schönstes aller Südsee-Paradiese', da eigentlich bereits das Wort 'Paradies' den Inbegriff alles Positiven darstellt. Einige Aussagen sind in der Auswahl ihrer Vergleichsobjekte zu eng gefaßt, um widerlegbar zu sein. Fraglich bleibt, ob die Moyenne Corniche wirklich die 'schönste Küstenstraße der Welt' ist.

Ebenso wie 'schön' werden auch die beiden hochwertigen Adjektive 'bekannt' und 'berühmt' häufig in ihrer Steigerungsform gebraucht. Auch hier handelt es sich gleichsam um eine doppelte Aufwertung. Dem potentiellen Urlauber wird nicht nur Bekanntes und Berühmtes gezeigt, sondern überall das Absolute.

> Besuchen Sie das bedeutendste archäologische Museum Europas. (1/92)

> Natürlich haben wir die bekanntesten Urlaubsorte Europas mit bewährten Hotels im Programm. (2/78)

> ... zur Benediktinerabtei Monte Cassino, dem berühmtesten Kloster des Abendlandes. (4/81)

... in das gewaltige Tierreservat der Etoshapfanne, das bedeutendste überhaupt. (4/9o)

San Antonio Abad, bekanntestes Seebad der Insel, ... (4/14)

Das bedeutendste Wintersportdorf des Grödner Tals liegt eingebettet zwischen ... (5/74)

Bedeutendster Kurort und Wintersportplatz des Schwarzwalds im Titisee-Feldberg-Gebiet. (6/3o)

Am Nachmittag Fahrt nach Lindos, der berühmtesten der dorischen Städte von Rhodos, ... (7/9)

Delphi, die bekannteste Orakelstätte der Antike. (7/9)

Auf dem Weg besuchen Sie Guadeloupe, den bekanntesten Wallfahrtsort Mexikos. (8/25)

Darwin Bay, Tower Island: die bedeutendste Vogelinsel der Galapagos-Insel. (8/29)

... und besuchen einige der bekanntesten "Boîtes de Nuit." (1o/15)

... nach Marseille, der bedeutendsten französischen Hafenstadt. (1o/26)

Eine erstaunliche Häufung der drei genannten Adjektive in ihrer Steigerungsform läßt sich innerhalb der Routenbeschreibungen von Katalog 4 feststellen. Hier handelt es sich um Studienreisen, auch in fernste Gebiete, und der potentielle Urlauber wird immer zu den hervorragendsten Sehenswürdigkeiten und Plätzen gebracht.

Neben den genannten finden sich noch weitere hochwertige Adjektive in superlativischer Steigerung. So vor allem häufig die Beiworte 'interessant', 'wichtig' oder auch 'beliebt', und natürlich die Steigerungsform von 'gut'. 'Wichtig' erscheint sehr oft und fast toposartig in den Routenbeschreibungen der Kataloge 7 und 1o. Hier wird betont,daß der Urlauber zu den 'wichtigsten Sehenswürdigkeiten' geführt wird. Diese Formel wiederholt sich mehrmals. 'Auf dieser Tour sehen Sie die wichtigsten Sehenswürdigkeiten, u.a. ...'(7/35). Auf eine Aufzählung weiterer Beispiele soll jedoch verzichtet werden.

Eine weitere Gruppe von Superlativen bilden solche, die sich auf geographische oder historische Gegebenheiten sowie Einrichtungen beziehen. In dieser Gruppe finden sich vor allem Hinweise auf höchste Berge, größte Städte, tiefste Seen oder auf geographische Extremlagen. Meist sind die Superlative so in Relation zu ihren Bezugspunkten gesetzt, daß von Übertreibung keine Rede sein kann, da der Vergleichsrahmen sehr begrenzt ist. Einige Beispiele sollen dies verdeutlichen, wobei jedoch Superlative ausgeklammert werden, die als weitgehend bekannte Tatsachen vorausgesetzt werden können (wie 'Tokio die größte Stadt der Welt' 1/156). Am häufigsten finden sich die Steigerungsformen von 'groß', wobei beliebige Bezugspunkte dafür dienen können, etwas als das Größte seiner Art herauszustellen. Beispiele für diese Form des Superlativs finden sich sehr häufig in jedem der untersuchten Kataloge: 'Kupio hat übrigens die größte Schwimmhalle Finnlands mit Sauna-Anlagen'. (1/77) Und wenn sich nichts 'Größtes' finden läßt, dann wird das Zweit- oder Drittgrößte angeführt:

> Varna
> Besuchen Sie die größte bulgarische Hafenstadt und drittgrößte Stadt des Landes. (1/83)
>
> Ganz in der Nähe liegt das größte Sport- und Unterhaltungszentrum in Nordjugoslawien. (2/16o)
>
> Neu: Größtes Hallenbad Nordtirols: ... (3/26)
>
> Weiter durch das Öxnardalur nach Akureyri, der zweitgrößten Inselstadt. (4/86)
>
> Größte Vogelkolonie der Nordsee (..). (5/96)
>
> ... und wird durch 8o Seilbahnen, Sessel- und Schlepplifte erschlossen, die es zum größten Skikarussell Italiens machen. (6/6)

Laut Katalog 5 allerdings ist der größte 'Skizirkus Italiens' (5/74) um Wolkenstein zu finden. Die'größte Skischule der Schweiz' liegt nach den Katalogen 6 (6/1o) und 3 (3/66) in Davos. Das 'größte Meerwasser-Hallenbad Europas' befindet sich nach Katalog 6 (6/38) und Katalog 5 (5/96) in Borkum. Häufig herrscht also Übereinstimmung über das 'größte', was den Schluß nahelegt, daß es sich meist (jedoch nicht immer) um gesicherte Angaben handelt.

Weitere Beispiele für den Superlativ von'groß':

Ostwärts nach Aphrodisia, die das größte Zentrum des Aphrodite-Kultes war. (7/59)

Sie haben Gelegenheit zu einem Flug mit einer Sondermaschine nach Copan/Honduras, der zweitgrößten Stadt der Mayaperiode. (8/26)

Lipari. Die größte der eolischen Inseln, ... (9/63)

... über Gol, Geilo nach Vöringfoss, dem größten Wasserfall Norwegens, ... (1o/32)

Diese wenigen Beispiele sollen genügen, um einen Überblick über die häufige Verwendung der Superlativform von 'groß' zu geben. Dabei wurde auch deutlich, daß manche Beispiele weit hergeholt scheinen, vor allem wenn der Vergleichsrahmen eng gesteckt ist, bzw. wenn man vom 'größten' auf das 'drittgrößte' ausweichen muß.

Einige Belegsätze werden nun zeigen, daß auch andere Adjektive (hier handelt es sich vornehmlich um geographische Angaben oder das Tradition und Güte verheißende Beiwort 'alt') ebenso gerne superlativiert werden. Auch hier nur wenige Beispiele, die stellvertretend für die Fülle anderer möglicher stehen:

Weiter geht es nach Irkutsk, der ältesten Stadt Sibiriens. (1/1o8)

Über Sodankylä (sehenswerte älteste Holzkirche Lapplands) nach Rovaniemi ... (2/191)

Höchstgelegener Wintersport- und Erholungsort in den Oberbayerischen Alpen, ... (3/18)

Der neue Schlepplift auf das Wannenjoch (längster Schlepplift des Tales) erschließt ein ideales Skigelände für Anfänger und Könner. (3/27)

Gepflegter Kurort und zugleich südlichstes deutsches Kneippbad am Nordufer des Sees. (4/95)

Morgens nach Coimbra, "Portugals schönster Stadt" mit der ältesten Landesuniversität. (4/33)

Busfahrt zum Eisenberg, der höchsten Erhebung des Knüllgebirges ... (5/gr.19)

Deutschlands längste Piste (3 km) im Dammkar (2244 m). (5/35)

> Zum Hohtälligrat (3286 m) und zum Stockhorn (34o7 m) bringt die höchstgelegene Luftseilbahn der Schweiz.(6/11)

> ... und er besitzt den ältesten Skikindergarten Österreichs. (6/24)

> Aufenthalt am Kap Spartel, dem nordwestlichsten Punkt Afrikas. (7/22)

Superlative dieser Art vermitteln dem potentiellen Urlauber das Gefühl, daß der Reiseveranstalter ihn auch zu den extremsten Punkten des jeweiligen Gebiets bringen wird.

> Franziskanerkloster mit stimmungsvollem Kreuzgang und der ältesten Klosterapotheke Europas. (7/9)

> Die KÖLN-DÜSSELDORFER gegründet 1826, ist die älteste Reederei auf dem Rhein. (7/77)

Es läßt sich für fast jeden Bereich ein Superlativ finden, wenn nur der Bezugsrahmen entsprechend ist: sei es nun Europa oder nur der Rhein.

> Anschließend Besuch des ältesten Lama-Klosters der Mongolei "Erdeni Tzu". (8/18)

> ... der südlichste Handelsplatz der arabischen Welt. (8/1o; Timbuktu)

> Abstecher über die Ölandsbrücke (Europas längste Brücke) zur Insel Öland. (1o/22)

> ... und über die Storströmbrücke (mit 3 km die längste Brücke Europas) zur Insel Falster und Insel Lolland.(1o/22)

Hier ist ein peinlicher Fehler unterlaufen, der auch in den Katalogen der folgenden Jahre nicht korrigiert wurde: Zwei verschiedene Brücken werden mit dem gleichen Superlativ versehen.

Durchgehend in allen Katalogen ist der grammatische Superlativ ein beliebtes Mittel der semantischen Aufwertung. Besonders häufig finden sich Superlative von hochwertigen Adjektiven wie 'schön', 'wichtig', 'interessant', 'gut', 'bedeutend', 'beliebt', 'bekannt' und 'berühmt' sowie von 'groß', 'alt', und vor allem in Winterkatalogen von 'lang', 'hoch' und 'hochgelegen'. Auffallend ist, daß manchmal der Bezugsrahmen sehr eng ist.

2.2.1.2. Elativ

Deutlich geringer als das Vorkommen des Superlativs mit Vergleichsobjekt ist das Vorkommen des Superlativs ohne Vergleichsobjekt. Beispiele für den sogenannten Elativ lassen sich jedoch in jedem der untersuchten Kataloge nachweisen:

> Zwei Häuser allererster Klasse - auch für verwöhnte Ansprüche! (1/166)

Der Steigerungspartikel beim Adjektiv wertet noch einmal superlativisch auf. Ein Ausrufezeichen verstärkt zudem die Aussage.

> Scharnow-Hotelauswahl: Häuser in den schönsten Buchten. (2/48)

> Wir haben die leichtesten und die schwierigsten Skipisten parat, die sonnigsten Strände und die ausgefallensten Sonderwünsche. (3/5)

> Hier liegen die Berge nicht gleich vor der Tür, sondern in der schönsten Sichtweite. (3/22)

In Katalog 3 lassen sich übrigens die meisten Elative buchen.

> ... in das gewaltige Tierreservat der Etoshapfanne, das bedeutendste überhaupt. (4/9o)

> ... mit 5o km bestens gepflegten Pisten aller Schwierigkeitsgrade ... (5/5o)

> 4 Schlepplifte (2 davon mit modernster Flutlichtanlage) ... (5/8)

Der Superlativ von 'modern' erscheint sehr häufig als Elativ; er hat gelegentlich formelhaften Charakter.

> Ein lückenloses Netz modernster Liftanlagen. (6/8)

> Beste Möglichkeiten zur Entspannung und Erholung mitten im Naturpark Rothaargebirge. (6/37)

In Katalog 7 finden sich Elative nur vereinzelt:

> Die Urlaubsexperten wissen aus jahrelanger Erfahrung, was Sie sich ansehen sollten, um die schönsten Eindrücke und Erlebnisse mit nach Hause zu nehmen. (7/3)

> Sie haben einen herrlichen Blick auf den höchsten aktiven Vulkan, den Cotopaxi. (8/28)

> Ein Fleckchen vom Besten. (9/36)

> Sie fahren mit modernstem Tragflügelboot auf der Donau bis Budapest, ... (1o/12)

Der Elativ ist in den Ferienkatalogen seltener zu finden als andere Superlativformen. Fast toposhaft tritt er in einigen Verbindungen auf: In den Winterkatalogen zum Hinweis auf die Beschaffenheit von Pisten und Abfahrten (hier meist 'bestens', in Verbindung mit den Adjektiven 'gepflegt' und 'präpariert'); ferner häufig gebildet vom Adjektiv 'modern', das fast ausschließlich als Elativ erscheint. Das geringe Auftreten des Elativs (besonders selten ist er in den Katalogen 7, 9 und 1o anzutreffen) kann darin begründet liegen, daß er oft floskelhaft und unbestimmt wirkt, und daß seine Ausdruckskraft nicht so groß ist wie die des Superlativs, der innerhalb eines Bezugskreises auftritt. Der Elativ wird eigentlich nie gebraucht, um absolute Wertungen auszudrücken.

2.2.1.3. Relativer Superlativ

Als 'relativer Superlativ' soll hier eine Erscheinung bezeichnet werden, die den Superlativ in seinem Absolutheitsanspruch einschränkt. Man könnte ihn auch als 'vorsichtigen Superlativ' bezeichnen. Der Kommunikator legt sich in seiner Aussage nicht fest, und der Kommunikant kann nicht in dem Maße enttäuscht sein, wenn seine Ansicht nicht mit der des Kommunikators kongruiert, denn dieser hat ja nur eine vage, semantisch jedoch stark aufwertende Aussage gemacht. W.E.Süskind bezeichnet ironisierend diese Art des Superlativs als 'Gummizug-Superlativ': "Dieser Gummizug-Superlativ ('das Mittel ist eines der wirksamsten..') schlappt durch die Sprache der Anpreisungen und Werbetexte."[64] Bei R.Römer sind Superlative dieser Art allerdings nicht gebucht. In den Ferienkatalogen treten diese vorsichtigen Aussagen in sehr großer Zahl auf und machen etwa 1/3 aller Superlativformen aus. Sie können als ein wichtiges Stilmerkmal der Ferienkataloge angesehen werden. Aus der Vielzahl der Belege sollen für jeden Katalog jedoch immer nur einige typische Beispiele exemplarisch angeführt werden.

In allen untersuchten Texten finden sich besonders zahlreich Bildungen mit den Adjektiven 'schön', 'gut', 'alt', 'groß', 'bekannt', 'beliebt' und 'berühmt', natürlich aber auch mit anderen Adjektiven:

Weiterflug nach Kapstadt. Eine der schönsten Städte der Welt! (1/149)

Can Picafort zählt zu den beliebtesten Badeorten der Insel. (1/12o)

Vormittags Fahrt zum Lake Manyara, einem der kleinsten, aber reizvollsten Parks: (1/164)

Hier dient der zweite Superlativ dazu, den ersten aufzuwerten.

Der lange Sand- und Kieselstrand ist einer der schönsten der Adria. (2/158)

Cavtat. Einer der reizvollsten Küstenorte Süddalmatiens, ... (2/154)

Die Wendung 'einer der schönsten' oder 'einer der reizvollsten' erscheint in diesem Katalog sehr häufig und schon fast stereotyp. Aber auch:

Sousse. Eine der ältesten Städte Tunesiens, die schon zu Zeiten der Römer eine Rolle spielte. (2/184)

Das Stubaital zählt zu den schönsten Hochtälern Tirols. (3/41)

Kirchberg zählt mit zu den beliebtesten Wintersportorten Tirols. (3/45)

... und zählt zu den schneesichersten Orten Österreichs. (3/59)

Die Wendung 'zählt zu den schneesichersten' ist typisch für einen Winterkatalog und sehr häufig anzutreffen.

Wie allgemein gehalten diese Art des Superlativs ist, zeigen auch die beiden folgenden Beispiele, die auf der gleichen Katalogseite zu finden sind:

Lignano, eines der schönsten Seebäder der Adria ... (4/67)

Eines der schönsten Seebäder der adriatischen Riviera ist dieser ruhige Hotel- und Villenvorort von Cervia (4/67; Milano Marittima)

Ferner finden sich in großer Zahl Formen, die mit den Hochwertadjektiven 'berühmt', 'bedeutend', 'beliebt' gebildet sind:

...machten diese "Insel der Ruhe" zu einem der beliebtesten Ferienziele Jugoslawiens. (4/6o; Korcula)

Weiter nach Sopocani, einem der bedeutendsten serbischen Königsklöster ... (4/6o)

> Gran Canaria. Eine der vielfältigsten der Kanarischen Inseln. (4/29)

Bei den beiden letzten Beispielen dient der Superlativ ausschließlich der semantischen Aufwertung. Denn die Zahl der bedeutenden serbischen Königsklöster ist so groß nicht und jede der sieben touristisch erschlossenen Kanarischen Inseln ist auf ihre Art vielfältig. Wie in anderen Katalogen auch, kann der 'vorsichtige' Superlativ mit jedem beliebigen Adjektiv gebildet werden:

> Fahrt in die Dordogne, eine der romantischsten Gebirgslandschaften Frankreichs. (4/82)

Beispiele aus Katalog 5:

> Eines der schönsten Skilanglauf- und Tourengebiete Österreichs. (5/64)

> ... gehört das an der Nordseite der Sella-Gruppe gelegene Bergdorf zu den beliebtesten Wintersportplätzen der Dolomiten. (5/72)

> ... zählt der in den Chiemgauer Alpen nahe der Tiroler Grenze gelegene Luftkurort zu den bedeutendsten Wintersportplätzen Deutschlands. (5/36)

> Das Belchen-Gebiet, um das malerische Schwarzwalddorf, gehört zu den schneesichersten des Schwarzwaldes ... (5/16)

> ..., der zu einem der schönstgelegenen Orte im bayerischen Donautal gehört (5/gr.21; Obernzell)

Die beiden folgenden Beispiele haben einen sehr engen Bezugsrahmen. Sie beinhalten daher weniger eine reale, nachprüfbare Aussage als eine irreale semantische Aufwertung:

> Die Frankenalb ist mit ihren Burgen und Höhlen, den bizarren Felsgebilden und dichtbewaldeten Bergen eine der ursprünglichsten Mittelgebirgslandschaften Deutschlands. (5/gr.22)

> Schöne Wanderwege durch dichte Laub- und Nadelwälder führen zur Einhornhöhle, eine der ältesten Tropfsteinhöhlen des Harzes. (5/gr.18)

Auch in Katalog 6 dominieren mit großem Abstand die Formen des Superlativs, die mit dem Adjektiv 'schön' gebildet sind:

> Lernen Sie eines der schönsten Dolomitentäler kennen. (6/7)

Das Beispiel bezieht sich auf das Fassatal. In Katalog 5 (5/7o) wird das benachbarte Grödental mit dem gleichen Superlativ versehen. Auch hier läßt sich also erkennen wie vage dieser Superlativ gehalten ist; wie leichtfertig er gebraucht wird, zeigen auch die folgenden Belegsätze:

> Wir laden Sie ein in eine der schönsten Wintersportlandschaften Österreichs. (Montafon; 6/14)

> In einem der schönsten Wintersportgebiete Österreichs, der Gerlitze ... (6/26)

Auch hier wird deutlich, daß der Superlativ allein der semantischen Aufwertung dient. Durch den vagen Begriff legt sich der Kommunikator Reiseveranstalter nicht fest und kann somit das gleiche semantische Aufwertungsmittel immer wieder und kaum variiert, einsetzen. Weitere Beispiele:

> ... der traditionsreiche Kurort Piestany, eines der berühmtesten Rheumaheilbäder Europas. (6/49)

> ... bietet dieser schmucke Wintersport- und Höhenluftkurort, inmitten einer der renommiertesten Landschaften Europas, ... (6/47)

Die Verbindung des Adjektivs 'renommiert' mit dem Begriff 'Landschaft' verwundert.

Groß ist die Zahl der Städte, die zu den 'schönsten der Welt' zählen:

> Durch die portugiesische Metropole, eine der schönsten Städte der Welt: (7/23)

Die gleiche Apposition erhält Lissabon auch in Katalog 1 (1/172). Auch Leningrad gehört in diesen Kreis:

> Ausgiebige Besichtigungsfahrt durch eine der schönsten Städte der Welt. (7/31)

Beispiele mit anderen Adjektiven:

> ... nach Glendalough, eines der berühmtesten Studienzentren Europas. (7/25)

> Die Fahrt geht weiter zu einem der bekanntesten Touristenziele der Welt, den Pyramiden von Gizeh. (7/11)

Ein Superlativ, der von einem deutschen Leser nur schwer auf seinen Wahrheitsgehalt nachzuprüfen ist, zeigt sich bei folgendem Beispiel:

> Besuch des Lamaklosters Rhumtek, eine der größten Lamaschulen der Erde. (8/16)

> Die Stadt gehört zu den großartigsten Zeugen indianischer Kultur. (8/26; Tikal)

Beispiele aus Katalog 9:

> Mit einer der größten Segelflotten des Clubs. (9/59)
>
> Ephesus. Eine der berühmtesten Städte der Antike. (9/75)

Katalog 1o weist sehr viele Superlative auf, daher auch häufig die Form des relativen Superlativs, vor allem in der Verbindung mit dem Adjektiv 'schön':

> Straßburg ist nicht nur die wunderschöne Hauptstadt des Elsaß, sondern zählt auch zu den schönsten Städten Frankreichs. (1o/7)
>
> ... und sind bald in Schaffhausen, das zu den schönsten Städten der Schweiz zählt. (1o/7)

Beide Beispiele sind der Routenbeschreibung einer Fahrt entnommen. Ferner:

> Nachmittags Fahrt nach Versailles zur Besichtigung des Schlosses, das zu den berühmtesten Baudenkmälern der Welt zählt (...). (1o/15)

Der relative Superlativ ist, wie die zahlreichen Beispiele zeigen, durchgehend in allen Ferienkatalogen ein beliebtes Mittel der semantischen Aufwertung. Sein Vorteil gegenüber dem absoluten Superlativ liegt darin, daß der Reiseveranstalter als Kommunikator sich nicht auf eine absolute Aussage festlegen muß. Er läuft so weniger Gefahr, den potentiellen Urlauber zu täuschen und Reklamationen zu provozieren. Trotzdem geht von diesem vagen Superlativ eine sehr hohe semantische Ausstrahlungskraft aus.

Manchmal ist der Vergleichsrahmen jedoch so eng gewählt, daß der Superlativ an die Grenze des Lächerlichen gerät. Das häufige Vorkommen des relativen Superlativs legt jedoch den Schluß nahe, daß der Reiseveranstalter so auf seine Aussagekraft vertraut, daß er sich nicht scheut, diesen Superlativ immer wieder und gelegentlich sogar mehrmals auf einer Seite zu wiederholen, obwohl seine Wirkung dadurch relativiert werden könnte. Durch die häufige Wiederholung des Superlativs und der zum Teil gleichen hochwertigen Adjektive wirken die Wendungen bisweilen stereotyp.

Daneben läßt sich, jedoch weit weniger häufig, eine weitere Form des 'vorsichtigen' Superlativs nachweisen: Der Superlativ wird durch einen Partikel in seiner Absolutheit eingeschränkt. Einige Beispiele zur Verdeutlichung:

> Neckermann hat hier zwei FKK-Gelände - vielleicht die schönsten des ganzen Mittelmeeres. (1/74)
>
> Morgens in Montego Bay, dem vielleicht malerischsten Badeort der Welt. (4/77)
>
> Lassen Sie sich verwöhnen in dem wohl modernsten und elegantesten "Schwimmenden Luxushotel" der Ostsee. (5/gr.9)
>
> ... in New York, der wohl faszinierendsten Metropole der westlichen Welt, ... (7/62)
>
> Ausführliche Besichtigung der Eremitage, der neben dem Louvre bedeutendsten Kunstsammlung Europas. (7/31)

Hier bedeutet die formale Einschränkung eine inhaltliche Steigerung.

> ... und das Meer ist fast beliebtester Aufenthaltsort der GM's in Palinuro. (9/8o)
>
> Seit 1826 kreuzen die Schiffe der "Köln-Düsseldorfer Rheinschiffahrts-AG" auf diesem wohl schönsten Strom Mitteleuropas. (1o/23)

Die Partikel 'vielleicht', 'wohl', 'kaum', 'fast' dienen dazu, den Superlativ in seiner Absolutheit einzuschränken. Ebenso wie die vorher erwähnten Begrenzungen durch die nur vage Feststellung 'einer der ...' usw. wird hier der Superlativ relativiert. Da er indirekt in Frage gestellt wird, bleibt es dem Leser nun selbst überlassen, das 'vielleicht' zu eliminieren. Durch die Einschränkung muß sich der Kommunikator auch hier nicht definitiv festlegen. Trotz der einschränkenden Partikel bleibt dem Superlativ jedoch seine starke aufwertende Kraft, teilweise auch durch die dem Leser überlassene Wertungsmöglichkeit.

2.2.1.4. Superlativhäufung

Bisher wurden nur Beispiele angeführt, in denen ein Superlativ das Substantiv begleitet; nun soll noch kurz auf die Fälle eingegangen werden, in denen zwei, gelegentlich sogar drei Superlative nebeneinander anzutreffen sind. Wie eine kurze Übersicht mit Belegen aus allen Katalogen zeigt, ist diese Häufung sehr oft vorzufinden, eine Erscheinung, die auch R.Römer in ihrer Untersuchung der Sprache der Anzeigenwerbung kurz erwähnt.[65] Vor allem in Katalog 1 findet sich die Superlativreihung so oft, daß die ausgewählten Beispiele nur einen Bruchteil der gefundenen Belege wiedergeben können. Mehrmals ist einer der Superlative gebildet mit dem Adjektiv 'schön', häufig auch mit 'alt' oder 'groß', Wörtern, die für die Superlativierung fast prädestiniert zu sein scheinen. Es folgt ein weiterer Superlativ, wobei gelegentlich der eines mehr differenzierenden Adjektivs gewählt wird:

> Und wenn die zwölfte Stunde naht, wird's Zeit für die "Melody-Bar", der größten und modernsten Bar des Balkans. (1/134)

> Aber Chinatown ist auch das bunteste, lebendigste Viertel der Stadt. Hier gibt es die aufreizendsten Saris, die kürzesten Minis und die engsten Hot Pants. (1/155)

> Hier ist nicht nur die größte, sondern auch die bekannteste und beliebteste FKK-Region. (1/74)

Als Zeichen der ironischen Distanz gegenüber der Superlativsucht könnte folgender Beleg gewertet werden:

> Moskau. Eine der größten Städte der Welt. ... Mit der größten Glocke der Welt. ... Fahren Sie mit der Metro, der prunkvollsten Untergrundbahn der Welt. ... Oder besuchen Sie die Lomonossow-Universität. Es ist die größte der Welt. Bestaunen Sie den Fernsehturm. Er ist der höchste der Welt. Oder machen Sie einen Einkaufsbummel, entlang den 2,5 km Ladentischen des Kaufhauses "Gum". Das natürlich auch das größte der Welt ist. (1/1o7)

Der Partikel 'natürlich', sowie der losgelöste Relativsatz, zeigen einen Anflug von Ironie gegenüber der Superlativsucht Rußlands. Eine Ironie, die jedoch fast wieder aufgehoben wird, denn fettgedruckt, zu Beginn der gleichen Seite, preist Neckermann seine Errungenschaften auf dem Gebiet der Rußlandreisen folgendermaßen an:

> Die erste Flugverbindung von Frankfurt nach Moskau hat Neckermann eröffnet: 1966! Heute haben wir das breiteste Reiseangebot überhaupt. Und die größte Erfahrung. (1/1o7)

Hier häufen sich drei durchaus ernsthaft gemeinte Superlative.

Auch in den übrigen Katalogen lassen sich genügend Beispiele für Superlativhäufung finden. Sie sind nach ähnlichen Mustern gebaut:

> Eine der schönsten und geschichtlich interessantesten Inseln des gesamten Mittelmeerraumes ist zweifelhaft Zypern, ... (2/131)

> Der kleine Fischerort mit seiner hübschen Altstadt ist zu einem der bekanntesten und meistbesuchten Seebäder der Costa Brava geworden. (2/62)

Der Bezugsrahmen muß jedoch häufig relativ eng sein, um mehrere Superlative zu finden.

> Der schneereichste und meistbesuchteste Ort im Mittelschwarzwald. (3/32)

> Das Kleine Walsertal ..., zählt zu den bekanntesten, schönsten und schneesichersten Hochtälern im Voralpengebiet. (3/23)

Eine Extremform zeigt das folgende Beispiel:

> Ungarn auf seine feurigste, auf seine schönste, unvergleichlichste Art, das ist Budapest.... Budapest auf seine temperamentvollste, begeisterndste Art, das ist der Tag, an dem diese große Stadt Silvester feiert.(3/74)

Durch Reihung und Wiederholung wirkt die ausschließlich der semantischen Aufwertung dienende Aussage so stark, daß sicher übersehen wird, daß zumindest ein Superlativ von einem Adjektiv gebildet ist, das kaum steigerungsfähig ist (was ist unvergleichlicher als unvergleichlich?). Weitere Beispiele:

> Die britische Insel gehört zu den eigenwilligsten und doch wesentlichsten Bereichen Europas. (4/72)

In Katalog 5 finden sich häufig Superlativreihungen mit hochwertigen Adjektiven wie 'schön' oder 'beliebt':

> Mit Recht ist es heute einer der beliebtesten und vielseitigsten Wintersportplätze Tirols. (5/54; Ellmau)

> Österreichs berühmtestes und schönstes Gebirgsdorf. (5/62; Heiligenblut)

Ferner:

> Der schneesicherste und meistbesuchte Wintersportplatz des Harzes. (5/9; Braunlage)

> Zu den schönsten und bekanntesten Erholungsgebieten der Alpen gehört das Tal ... (6/28)

> Reit gilt als der Ort mit dem schicksten, zünftigsten und vergnügtesten Après-Ski. (6/27)

> Der Überland-Ausflug kann wohl als bekannteste, umfassendste und schönste Tour in Norwegen betrachtet werden. (7/25)

> Sie gilt als eines der modernsten, schnellsten und schönsten Schiffe, die Mittelmeer und Atlantik befahren. (7/68)

Am späten Vormittag Weiterflug nach Ponape, einer der lieblichsten und schönsten Inseln der Welt. (8/36)

Wir führen Sie dorthin, wo die Tierwelt am reichsten, die Landschaft am großartigsten ist:(8/11)

- der Club hat die schönsten, aufregendsten Ferienfleckchen für Sie reserviert. (9/4)

Dort, wo Frankreich am erholsamsten, am grünsten, am schönsten ist, ... (9/51)

Der Ritten ist ein Hochplateau (ca. 12oo m), eine der eigenartigsten und berühmtesten Berglandschaften der Alpen. (1o/22)

Österreichs südlichstes und sonnigstes Bundesland ist das Ziel dieser abwechslungsreichen Fahrt. (1o/3)

Hier zeigt sich zudem noch eine,wenn auch schwache, Alliteration.

2.2.1.5. <u>Sonderfälle</u>

Zum Abschluß des Kapitels 'Superlativ' sollen noch einige Beispiele aufgeführt werden, die außerhalb des bisher Betrachteten liegen, und bei denen der Superlativ gelegentlich etwas befremdend, zumindest ungewohnt, wirkt.

Das Adjektiv 'heilig' gehört eigentlich in den Bereich jener Adjektive, die nur schwer steigerungsfähig sind. Trotzdem findet sich die Superlativform dieses Adjektivs und nicht nur in einem Katalog:

Sie besichtigen den "Tempel des Zahns", eine der heiligsten Reliquien des Buddhismus. (1/158)

Durch die Form 'eine der' wird der Superlativ noch eigentümlicher, denn es werden sich schwer Kriterien dafür finden lassen, was heilig, heiliger oder am heiligsten ist.

Ein ähnliches Beispiel läßt sich auch aus Katalog 8 anführen:

Am Nachmittag Fahrt nach Pasupatinath, dem heiligsten Hinduschrein Nepals ... (8/16)

In Katalog 2 findet sich ein Beispiel dafür, daß der Gebrauch des Superlativs an sich in Frage gestellt wird:

Scharnow hat die schönsten Feriensiedlungen im Programm - ohne Übertreibung. (2/98)

Die hochwertige Aussage muß durch eine Anmerkung in ihrer Richtigkeit bestätigt werden. Der Kommunikator steht somit selbst seinen eigenen superlativischen Aussagen skeptisch gegenüber.

Einen Superlativ, dessen eigentliche Sinnlosigkeit auch dem Kommunikator klar ist, zeigt das folgende Beispiel:

> Wer einen der "spanischsten" Orte dieses Küstenstreifens kennenlernen will, sollte Comarruga wählen. (2/67)

Die Anführungszeichen bedeuten dem Leser, daß es diesen Superlativ eigentlich nicht gibt, trotzdem wird auf die semantische Ausstrahlungskraft vertraut, die von ihm ausgeht. Der Satz soll meinen, daß dieser Ort typisch spanisch ist und viele Charakteristika des Landes in sich vereinigt.

Auch in Katalog 4 finden sich einige Superlative, deren Steigerung eigentlich unmöglich ist, und die daher fast ans Lächerliche grenzen:

> ... nach Zagora, einer der typischsten Oasen der marokkanischen Sahara. (4/41)

Die Steigerungsform wirkt befremdend durch die Wendung 'eine der' und den zugleich sehr eng gesteckten Bezugsrahmen. Es bleibt die Frage, wieviel typischste Oasen es in der marokkanischen Sahara wohl überhaupt gibt. Auch hier wird deutlich, daß der Superlativ wohl nur seiner semantischen Steigerungskraft halber gebraucht wird. Witzig könnte man den folgenden, ebenfalls sinnlosen, Superlativ auffassen:

> In Cirencester, einer entzückenden Kleinstadt in den Cotswalds Hills, erleben Sie England, wo es am englischsten ist. (4/73)

Der Superlativ dient wohl auch in diesem Zusammenhang dazu, auszudrücken, daß ein Ort typisch für das ganze Land ist und dem potentiellen Urlauber soll somit das Gefühl vermittelt werden, nicht nur diesen Ort, sondern das ganze Land kennenzulernen.

Katalog 9 weist gleich mehrmals eigentlich unsinnige Superlative auf:

> ... und Sartène, die korsischste unter den korsischen Städten. (9/61)

Eine sehr hochwertige Aussage beinhalten die folgenden Sätze:

> Vittel, das neue Dorf, präsentiert sich mit einem anderen Superlativ. Dem Superlativ, Ihnen alle Club-Superlativen

zu bieten. In Frankreichs grünstem Frankreich ...
(9/4)

Die grammatisch nicht korrekte Pluralbildung findet sich im Originaltext. Da die überraschend und etwas unsinnig wirkende Wendung 'in Frankreichs grünstem Frankreich' an anderer Stelle noch einmal wiederholt wird, kann man wohl davon ausgehen, daß sich die Verfasser von ihr eine nicht unerhebliche semantische Anziehungskraft erwarten.

Auffallend ist, daß in den Winterkatalogen solche fast sinnlosen Superlativformen kaum anzutreffen sind.

Gelegentlich lassen sich diese Superlative als witzig auffassen, meistens wirken sie etwas befremdend, auf jeden Fall ungewöhnlich.

Zusammenfassung (S.331-35o)

1. Als eines der beliebtesten Mittel zur semantischen Aufwertung kann der Superlativ angesehen werden. Häufig finden sich auf einer Katalogseite fünf oder noch mehr Superlativformen: In Katalog 4 z.B. auf S.9o sechs Superlative, ebenso in Katalog 6, S.28 oder 8 Superlative in Katalog 7, S.11.
2. Der Superlativ kann in mehreren Erscheinungsformen auftreten:
   a) als grammatischer Superlativ
   b) als Elativ
   c) als vorsichtiger Superlativ
   d) gehäuft in Reihungen.

   Der grammatische und der vorsichtige Superlativ erscheinen in etwa gleicher Häufigkeit, während der Elativ vergleichsweise selten ist. Superlativreihung ist ebenfalls recht oft zu finden.
3. Der Superlativ erscheint relativ selten als Elativ, sondern meist innerhalb eines Bezugsrahmens. Die Bezugspunkte können von der Welt oder Erde bis zu einem geographisch ganz eng gefaßten Raum reichen, wobei letz-

teres überwiegt. So wird der Wahrheitsgehalt des Superlativs erhöht, da dieser meist einem überschau- und nachprüfbaren Bereich entnommen ist; der Superlativ wirkt dadurch weniger übertrieben, dafür gelegentlich aber fast lächerlich, wenn der Bezugsnahmen zu eng gewählt ist.

4. Mit Vorliebe werden Superlativformen gebildet von den semantisch indifferenten,aber sehr hochwertigen Adjektiven 'schön' (mit Abstand am häufigsten), 'berühmt', 'bekannt', 'beliebt'. Ebenso werden gerne die Adjektive 'groß' und 'alt' in ihrer Steigerungsform gebraucht.
5. Nicht immer beinhaltet der Superlativ eine informationsreiche Aussage; zum einen deshalb, weil er meistens mit semantisch hochwertigen aber aussagearmen,bedeutungsindifferenten und subjektiv interpretierbaren Adjektiven wie 'schön' oder 'beliebt' gebildet ist, zum anderen, da der Bezugsrahmen oft zu eng gewählt ist. Gelegentlich grenzen Superlative ans Absurde, vor allem wenn sie mit nur bedingt steigerungsfähigen Adjektiven gebildet sind. Hier wird allein auf die semantische Aufwertungskraft vertraut.
6. Der enge Bezugsrahmen sowie die häufige Anwendung des sog. 'vorsichtigen Superlativs', der etwas nicht als 'das Schönste' verabsolutiert, sondern nur mit dem Attribut 'eines der Schönsten' versieht, schützen den Kommunikator vor dem Vorwurf der Übertreibung und der Unwahrhaftigkeit. Besonders beim relativen Superlativ bleibt es dem Leser überlassen, den Wahrheitsgehalt einer Aussage selbst zu verifizieren.
7. Wie sehr auf die Wirkungskraft des Superlativs vertraut wird, zeigt die häufig erscheinende Reihung mehrerer Steigerungsformen, auch hierbei ist aber fast immer ein meist eng umgrenzter Bezugsrahmen für den Superlativ gewählt.
8. Gelegentlich werden Superlative gedankenlos verwendet: auf derselben Seite finden sich mitunter fast gleichlautende Ausdrücke, manche auf verschiedene Begeben-

heiten bzw. Orte bezogen. Wendungen wie 'eine der schönsten Städte' u.ä. werden geradezu formelhaft gebraucht. Eine Gegenüberstellung verschiedener Superlative zeigt, daß bisweilen der gleiche Superlativ auf verschiedene Erscheinungen oder Tatsachen angewendet wird.

9. Die Präferenz für den Superlativ ist eine Erscheinung, die auch in der Sprache der Anzeigenwerbung anzutreffen ist. R.Römer bemerkt, daß der grammatische Superlativ überaus häufig gebraucht wird und mühelos Hunderte von Beispielen beizubringen wären.[66] Will in der Anzeigenwerbung der Hersteller sein Produkt als das beste herausstellen, so wird dagegen in den Ferienkatalogen der Versuch unternommen, jeden Ort durch eine superlativische Einrichtung oder geographische Besonderheit in seiner Bedeutung aufzuwerten. Rechtliche Probleme, wie in der Anzeigenwerbung, ergeben sich dabei wohl kaum, da in den Ferienkatalogen die Superlative nicht wertend gegenüber anderen Erscheinungen oder Orten sind, sondern von meist subjektiv interpretierbaren Adjektiven gebildet, so vorsichtig gehalten sind, daß sie nicht immer Absolutheitsanspruch erheben. Das gehäufte Erscheinen von Superlativen wird auch als ein Phänomen der modernen Umgangssprache kritisiert.[67] In der BILD-Zeitung wurde gleichfalls ein hoher Anteil von Superlativen nachgewiesen, vornehmlich gebildet von dem Adjektiv 'groß', eine Erscheinung, die auch in den Ferienkatalogen nachzuweisen ist.[68] Hoher Superlativanteil wäre somit ein Kennzeichen werbender und suggestiver Sprache.

1o. Die semantische Wirkung beruht auf folgenden Gründen:
   a) In seiner grammatischen Funktion als Ausdruck der 'Höchststufe'. Der Superlativ wirkt immer stärker als der Positiv. Dem potentiellen Urlauber wird somit das Gefühl gegeben, daß er überall wirklich Besonderem und Außergewöhnlichem begegnen wird. Er wird in den kostbaren Wochen des Jahres einen Urlaub der Superlative erleben.

b) Durch die vorsichtige Umschreibung des Superlativs wird der Leser zum Gutachter bestellt. Er kann auf einer Reise den Wahrheitsgehalt der Aussagen nachprüfen.

c) Vor allem bei einer Häufung von Superlativen werden dem potentiellen Urlauber vermehrt Rationalisierungsgründe für die Wahl seines Urlaubsortes gegeben.

11. Das häufige Erscheinen des Superlativs kann als ein besonderes Kennzeichen der Sprache der Ferienkataloge betrachtet werden.

2.2.2. Komparativ

Die Mittel zur semantischen Aufwertung sind sehr vielfältig. Ist der Superlativ in all seinen Erscheinungsformen die am häufigsten angewendete Steigerungsform, so findet sich daneben jedoch auch der Komparativ als Aufwertungsmittel, eine Erscheinung, die auch in der Sprache der Anzeigenwerbung anzutreffen ist: "Außer mit den Superlativen arbeitet die Werbesprache immer häufiger mit Komparativen von Adjektiven."[69]

2.2.2.1. Komparativ mit Vergleichsobjekt

Der herkömmliche Komparativ mit Vergleichsobjekt findet sich in den Ferienkatalogen ebenso wie der in der Werbesprache bevorzugte beziehungslose Komparativ, wobei letzterer etwas häufiger erscheint. Für den Komparativ mit Vergleichsobjekt seien nur kurz einige signifikante Belege angeführt:

> Und Safaris, wie es keine besseren gibt auf diesem Kontinent. (1/163)

Der Komparativ wirkt in diesem Beispiel auf Grund der Negation fast stärker als der Superlativ, auch er drückt Absolutheit aus.

> Kleiner und ruhiger als Lido di Jesolo, aber als Badeort nicht weniger gut. (2/162)

Die Komparative dienen hier ausschließlich der sachlichen Information, wobei jedoch 'ruhig' in Zusammenhang mit Erholungsurlaub zu den stark mit positiven Konnotationen behafteten Adjektiven zu zählen ist.

Fast an die Grenze dessen, was innerhalb der Richtlinien der Werbung zulässig ist, kommt der folgende Beispielsatz, bei dem das Vergleichsobjekt ('als wir' = 'Scharnow') zwar nicht ausdrücklich genannt, aber aus dem Kontext zu ersehen ist:

> Strand und Sonne bieten alle. Aber keiner hat ein größeres Unterhaltungs- und Aktivprogramm. (2/56)

Durch die Negation wird die Aussage besonders hervorgehoben und erhält Absolutheitsanspruch. Oder:

> Der Ort bietet Ihnen weit günstigere Schneeverhältnisse als die föhnreichen Alpen; (3/34)

Der Komparativ dient vornehmlich dazu, ein weniger bekanntes Skigebiet, den Bayrischen Wald, gegenüber den sowieso vielbesuchten Alpen aufzuwerten.

> Bodegas und Spezialitätenrestaurants gibt es auf Ibiza mehr als Sie in einem Urlaub ausprobieren können. (4/15)

Die Umschreibung durch den Komparativ wirkt stärker als der entsprechende Positiv 'viel', da der Leser selbst in die Beschreibung miteinbezogen wird.

Etwas salopp-umgangssprachlich, bildhaft, ohne eine exakte Aussage, jedoch voll Konnotationsmöglichkeiten, ist folgender Komparativ:

> Schneller als sonstwo dreht sich das Ski-Karussell in diesem Kernland europäischen Wintersports. (6/2o)

Auch im folgenden Beispiel wird mit dem Komparativ für ein noch unbekanntes Skigebiet (in diesem Fall die rumänischen Karpaten) geworben.

> ... da ist der Winterurlaub noch mehr als nur das Abklappern bekannter Wintersportorte. (6/42)

Etwas manieriert, da von einem Adjektiv gebildet, das kaum steigerungsfähig ist, klingt:

> Bahia - soviele Kirchen wie Tage im Jahr, eine barocker als die andere. (8/3o)

Dafür, daß der Komparativ gelegentlich gebraucht wird, einen Ausgleich für Negatives auszudrücken, ist auch der folgende Beleg ein Beispiel:

> Mit den brasilianischen Städten kann nur Buenos Aires konkurrieren. Dafür sind Boliviens und Perus Plätze geschichtsträchtiger: (8/3o)

Durch den Steigerungspartikel 'viel' verstärkt, erscheint als Relativierung eines Vorurteils:

> Neuseeland - viel schöner als man's gemeinhin erwartet. (8/33)

Den Charakter einer Litotes trägt folgender Katalog 9 entnommener Beleg:

> Und was die Kleinen so begeistert, das lieben die Großen nicht weniger: (9/7o)

In Katalog 1o ist der Komparativ mit Vergleichsobjekt nur einmal zu buchen. Er dient hier der Information:

> Sie sind teilweise anstrengender als unsere Busrundreisen ... (1o/31)

2.2.2.2. Komparativ ohne Vergleichsobjekt

Die wachsende Beliebtheit dieses Komparativs, der auch als 'absoluter Komparativ' bezeichnet wird, ist vor allem für die Sprache der Anzeigenwerbung nachzuweisen: "Neben dem Superlativ greift die Werbung sehr oft zum Komparativ eines Adjektivs, und zwar wird der Bezugspunkt meist verschwiegen."[7o] Dieses Mittel zur semantischen Aufwertung wird gerne gebraucht, denn "Experten, auch Juristen, bewerten die Wirksamkeit des Komparativs höher als die des grammatischen und des inhaltlichen Superlativs."[71] Der Komparativ wird aber auch als Stilmittel empfohlen: "Obwohl solche Komparative unlogisch sind, da sie mit dem Wesen des Komparativs als Vergleichsform in Widerspruch stehen, kommt ihnen doch ein gewisser Stilwert zu. Sie verstärken die Aussage, indem die Eigenschaft dem Gegenstand nachdrücklicher zugesprochen wird als mit dem Positiv, und das Ungewöhnliche, in der Prosa unstatthafte dieser Verwendung des Komparativs hilft mit, die Sprache auf eine höhere Ebene zu heben."[72]

Weniger die höhere Sprachebene als die nachdrückliche Verstärkung ist wichtigstes Moment für die Verwendung des beziehungslosen Komparativs in den Ferienkatalogen. Allerdings erscheint er nicht so häufig wie in der Werbesprache.

Einige typische Verwendungsweisen sollen wiedergegeben werden:

> Unter der Sonne, die hier Dauergast ist. Sie macht den Urlaub hier noch attraktiver und die Landschaft noch reizvoller. (1/64)

> Und vergleichen Sie unsere Preise ruhig mit denen der Konkurrenz. Preiswerter geht es kaum. (1/169)

Hier ist zwar kein Bezugsobjekt angegeben, die Konkurrenz jedoch als Vergleichsmoment impliziert.

In einigen Fällen ist das Vergleichsobjekt vom Leser selbst zu ergänzen, aber aus dem Kontext heraus ersichtlich:

> Neu: Mit Jets der SAS noch schneller am Ziel. (2/187)

Der Komparativ wird zusätzlich noch durch einen Steigerungspartikel verstärkt. Nur der Verstärkung der Aussage und ihrer semantischen Aufwertung dienen folgende Komparative:

> Anspruchsvollere Hotels, gehobene Atmosphäre, man hat Lebensart. Alle Unterhaltungsmöglichkeiten sind gegeben,trotzdem können Sie hier einen ruhigeren Urlaub machen. (2/8)

Aus dem Zusammenhang ersichtlich ist das Vergleichsobjekt (die übrigen Veranstalter) in folgendem Beispiel:

> Wir bieten Ihnen auch hier ein bißchen mehr: (2/148)

Eine Begründung für den Komparativ enthält folgender Belegsatz:

> Herrliche Skigelände (...), lange Sonnenscheindauer und viele Wandermöglichkeiten machen es im Kreis unserer Kunden von Jahr zu Jahr beliebter. (3/26)

Nur aufwertend und verstärkend wirkt:

> Er hält viele Tips und Hinweise für Sie bereit, die Ihren Urlaub noch schöner machen können. (4/5)

Durch die Negation superlativisch wird folgender beziehungslose Komparativ aus Katalog 5, bei dem das vergleichende 'als jetzt' ausgespart ist:

> Preiswerter kommen Sie nie wieder an einen so schönen Mallorca-Aufenthalt. (5/2)

Im nachstehenden Beispiel ist der Vergleichspunkt ('als im Sommer') zwar ausgespart, aber, da er redundant ist, vom Leser leicht selbst zu ergänzen:

> In der hektischen Ferienmetropole geht es im Winter geruhsamer zu ... (5/93)

In Katalog 6 wird häufiger als in anderen Katalogen der beziehungslose Komparativ gebraucht, öfter zum Beispiel, um die Beschaffenheit der Skisporteinrichtungen zu beschreiben:

> Ein Sessellift und sieben Schlepplifte bringen die Skisportler zu weitläufigen Übungshängen sowie zu leichteren und schwierigeren Abfahrten, ... (6/17)

Der beziehungslose Komparativ kann in einigen Fällen auch dazu dienen, einen Ort zu klassifizieren:

> ..., gehört Fieberbrunn, ..., zu den kleineren aber um so gemütlicheren Wintersportorten der Kitzbüheler Alpen. (6/21)

Einen auch in der Umgangssprache beliebten Euphemismus stellt folgender, häufiger auftretende Komparativ dar:

> Rund 6o km geräumte Spazierwege für Nichtsportler und ältere Gäste. (6/27)

Eine starke semantische Ausstrahlung und viele positive Konnotationen besitzt eine Wendung wie:

> Die lange graue Jahreshälfte wird geteilt. Der Winter wird kürzer. Bunter. Sonniger. Erträglicher. (6/2)

Nur der semantischen Aufwertung und Positivierung dienen die nachstehenden gesteigerten Adjektive:

> In unserem umfangreichen Programm werden Sie viele größere Kreuzfahrten-Schiffe finden. Auch solche, auf deren Planken sich die "elegante Welt" lieber begibt.[73] Und Schiffe, auf denen alles ein wenig teurer ist ... (7/18)

Die Begründung für den Komparativ wird bei folgendem Beleg aus Katalog 8 mitangegeben:

> Unsere Reisegruppen sind klein. So kann sich der Reiseleiter viel intensiver mit den Anliegen des Einzelnen befassen. (8/2)

Aus dem Kontext zu rekonstruieren ist der (sehr ausgefallene)Vergleichspunkt für den nachstehenden Komparativ:

> Jambo, Tembo - guten Tag, Elefant! ... Mächtiger nur die 6ooo-Meter-Kuppe des Kilimandscharo, ... (8/4)

Durch Anführungszeichen hervorgehoben:

> Deshalb - hier dürfen Sie zum candlelight dinner auch gern etwas "eleganter" erscheinen. (9/56)

In Katalog 1o sind Komparative überhaupt nur sehr vereinzelt anzutreffen. Die Beispiele für beziehungslose Komparative, die alle dem folgenden Beleg ähneln, wirken fast wie Formeln:

> Die Reiseleitung empfiehlt Ihnen zahlreiche lohnende kleinere und größere Touren ... (1o/22)

Zusammenfassung (S.353-358)

1. Der Komparativ sowohl mit als auch ohne Vergleichsobjekt findet sich zwar weitaus seltener als der Superlativ ist aber dennoch ein gern gebrauchtes Mittel zur semantischen Aufwertung.
2. Häufig hat der Komparativ versteckten superlativischen Charakter, vor allem dann, wenn als Vergleichsobjekt eine Negation benutzt wird. Der Komparativ mit Vergleichsobjekt tritt manchmal in Verbindung mit einer Litotes auf. Er wirkt in diesem Zusammenhang fast stärker als der grammatische Superlativ.
3. Der Komparativ mit Vergleichsobjekt kann dazu dienen, einen unbedeutenderen Ort gegenüber bekannteren aufzuwerten.
4. In einigen Fällen dient der Komparativ dazu, einen Veranstalter und dessen Leistungen herauszustellen, wobei vielleicht aus werberechtlichen Gründen der Superlativ und die ausdrückliche Nennung eines Vergleichsobjekts vermieden werden.
5. Beim beziehungslosen Komparativ ist das Vergleichsobjekt meistens redundant und für den Leser aus dem Kontext oder dem Zusammenhang ersichtlich; es kann daher ausgespart werden.
6. Der Komparativ ohne Bezug kann auch eine indifferente Aussage beinhalten, die im Kontext gesehen positiv wirkt, nur einen Grad, nicht aber Definitives ausdrückt. Der Reiseveranstalter braucht sich somit nicht festzulegen.

Der Komparativ ist jedoch semantisch vielsichichtiger, dadurch wird das Spektrum der jeweiligen Vorstellungen weiter gefaßt.

7. Hin und wieder findet sich der beziehungslose Komparativ in fast formelhafter Verwendung.
8. Nicht zuletzt dienen einige absolute Komparative allein der semantischen Aufwertung, indem sie einen hohen Grad der durch das Adjektiv ausgedrückten Eigenschaft angeben. Manchmal könnte auch durch den Positiv die gleiche Aussage wiedergegeben werden.
9. In einigen wenigen Fällen dient der Komparativ auch der sachlichen Unterrichtung über einen Ort und dessen Einrichtungen und Gegebenheiten. Manchmal wirkt der Komparativ fast witzig, zumindest überraschend, da sein Vorkommen innerhalb des jeweiligen Kontextes ungewohnt wirkt.
10. Der Komparativ wird vornehmlich zur semantischen Aufwertung gebraucht, denn:
    a) er ist häufig von inhaltlich indifferenten und hochwertigen Adjektiven gebildet,
    b) er drückt ein stärkeres Maß der Eigenschaft aus als die Grundstufe des Adjektivs,
    c) er kann vor allem in Verbindung mit einem Bezugsobjekt Eigenschaften im positiven Sinn unterstreichen und sie so gegenüber Negativem aufwerten,
    d) schließlich kann er auch einen echten Grad der Steigerung ausdrücken.

2.2.3. Steigerung durch Artikelgebrauch

"Auch der bestimmte Artikel kann einen superlativischen Eindruck hervorrufen und somit zur Superlativreklame und zur Alleinstellungswerbung gehören," stellt R.Römer für die Sprache der Anzeigenwerbung fest.[74] Sie gibt jedoch nur ganz wenige Beispiele für diese Artikelverwendung an. Auch in den Ferienkatalogen findet man die Superlativierung durch den Artikel oder durch ein Zahlwort nur sehr vereinzelt. Diese Form der superlativischen Aufwertung ist wohl mehr in der gesprochenen Sprache anzutreffen, da durch die Betonung die Bedeutung besser erkenntlich gemacht werden kann als in einem geschriebenen Text, wo ein vielleicht betonend gemeinter Artikel überlesen werden kann. So sind auch in den wenigen Beispielen, die sich für diese Superlativform finden lassen, die Artikel optisch durch Unterstreichung oder Anführungszeichen als betont gekennzeichnet. Unter den Arten der superlativischen Aufwertung kommt somit dem Artikelgebrauch nur ein unbedeutender Rang zu. Daß allerdings auch dieses Mittel häufiger innerhalb eines Kataloges verwendet wird, zeigen die Beispiele aus Katalog 3.

> Barbecue. Einfach "das Erlebnis". (1/39)
>
> Zusammen mit Albena der Schwarzmeer-Ort für den Urlaub mit der ganzen Familie. (2/112)
>
> Urteil des Gästeparlaments: ... Soviel Abwechslung an einem Ort hätte ich nie für möglich gehalten. (2/89)
>
> Hinterzarten ... "Der" gepflegte Wintersportplatz und heilklimatische Jahreskurort im Hochschwarzwald. (3/29)
>
> Flims ... "Der" beliebte Wintersportplatz auf der Sonnenterrasse über dem Vorderrheintal. (3/68)

Bei den vorangehenden Belegen kann man sicher davon ausgehen, daß der Artikel der Steigerung und der Hervorhebung dient. Es ließen sich noch einige Beispiele beibringen, in denen der Artikel betonend wirken könnte,da aber die optische Hervorhebung fehlt, bleiben diese Fälle fraglich:

> Monastir. Der schicke Badeort Tunesiens. (1/127)

Durch die Hervorhebung und Betonung des bestimmten Artikels wird der Grad der Bekanntheit verstärkt und als allgemein gültig vorausgesetzt, da ja auch normalsprachlich durch den bestimmten Artikel Bekanntheit signalisiert wird. Der betont gebrauchte bestimmte Artikel konnotiert Absolutheit und wirkt deshalb semantisch aufwertend.

2.2.4. Steigerung durch Vorsatzwörter

Eine weitere Form der Aufwertung ist die Steigerung durch Partikel oder Vorsatzwörter, eine Erscheinung, die auch in der modernen Umgangssprache anzutreffen ist.[75] In den Ferienkatalogen werden vornehmlich die Gradadverbien 'sehr' und 'besonders' gebraucht, die einen hohen Grad der jeweiligen Eigenschaft ausdrücken.

Auch in diesem Bereich ist 'schön' eines der Adjektive, die am häufigsten in gesteigerter Form zu belegen sind. Die Steigerungspartikel können aber auch andere hochwertige Adjektive begleiten. Besonders häufig finden sich hier formelhafte Wendungen, vornehmlich in den Winterkatalogen. Die folgenden Beispiele sollen dies verdeutlichen:

> Sehr schöne Badebucht mit einem feinsandigen und flachen Strand (...). (1/28)
>
> Besonders berühmt: die Serengeti-Löwen. (1/164)
>
> Dieser wirklich sehr schöne Strandabschnitt wird auch von den Einheimischen geschätzt - ... (2/156)
>
> An einer besonders schönen Bucht liegt Becici mit der großen Hotelanlage. (2/156)

Einmal wird die Aussage sogar noch verstärkt durch den zusätzlichen Partikel 'wirklich', der die Wahrhaftigkeit der Aussage unterstreicht. Die Belegsätze aus Katalog 2 finden sich auf derselben Seite - fast gleichlautende Epitheta in Steigerungsform. Beide Beispiele zeigen, wie oft semantische Aufwertungsmittel auf engem Raum gebraucht werden, bisweilen sogar innerhalb eines Satzes:

> In der Tat - die Uferpromenade am breiten Strand ist besonders schön angelegt und tadellos gepflegt. (2/84)

'tadellos' ist ebenfalls als steigerndes Vorsatzwort zu betrachten.

Im Winterkatalog 3 ist die Wendung 'sehr schön gelegen' so oft aunzutreffen, daß man ihr formelhaften Charakter nicht absprechen kann:

> Gepflegter, sehr schön gelegener und vor allem preisgünstiger Erholungsort. (3/43)

Gleichfalls so häufig, daß es als Formel betrachtet werden muß, findet sich die Wendung 'besonders geeignet':

..., besonders geeignet für gute und beste Skiläufer.(3/73)

Daneben ist natürlich auch die Verbindung der Steigerungspartikel mit anderen Adjektiven zu belegen:

..., in sehr sonniger und schneesicherer Lage. (3/36)

Mit doppelter Verstärkung:

... ist ganz besonders preisgünstig... (3/34)

In Katalog 4 erscheint als Vorsatzwort vor allem 'besonders', häufig in der formelhaften Wendung 'besonders geeignet':

Besonders gut ist das "Olivio" im Schloßhotel der Altstadt Ibiza oder das "Refugio" in San Antonio. (4/15)

Besonders geeignet für Familienferien. (4/1o5)

In Katalog 5 findet sich die Wendung 'sehr schön' so oft, daß sie nur noch als Floskel bezeichnet werden kann und ihre Aufwertungskraft durch die häufige Verwendung fast relativiert wird; 'sehr' kann jedoch auch mit anderen Adjektiven verbunden werden:

Sehr schönes Tourengebiet. (5/6o)

Sehr schönes Langlaufgebiet. (5/35)

... liegt ... dieser sehr beliebte Windersportplatz. (5/73)

'besonders' erscheint vornehmlich in den stereotypen Wendungen 'besonders geeignet', 'besonders reizvoll', 'besonders beliebt':

Besonders geeignet für Familien-Winterferien. (5/63)

Landschaftlich besonders reizvoll und sehr sonnig. (5/45)

Bei Könnern besonders beliebt. (5/35)

In Katalog 6 ist 'besonders' mit vielen Belegen nachzuweisen, jedoch weniger stereotyp, sondern mit wechselnden Adjektiven:

... - von Erholungssuchenden besonders geschätzt. (6/35)

Es gilt als besonders sonnig und schneesicher. (6/24)

In Katalog 7 erscheint 'sehr' vor allem in der Verbindung mit 'schön gelegen':

... und wieder talwärts zu dem sehr schön gelegenen Ort Foerde. (7/25)

In Katalog 8 dient hauptsächlich 'besonders' als Steigerungspartikel, ebenso in Katalog 9:

Besonders interessant: ein Nachmittagsausflug zum Unterwasserfischen. (8/36)

Romantik und Wasser, das sind die Dinge, die dieses Club-Dorf besonders liebenswert machen. (9/94)

In Katalog 1o, wo der Anteil von 'sehr' überwiegt, findet sich vor allem häufig die Wendung 'sehr empfehlenswert':

... sehr empfehlenswerter Busausflug (ein Höhepunkt der Reise!) (1o/9)

Durch die Apposition und das Ausrufezeichen wird die Aussage zusätzlich verstärkt.

Bilden 'sehr' und 'besonders' auch den weitaus größten Teil der steigernden Partikel, so finden sich doch auch eine Reihe anderer, sogenannter Vorsatzwörter, die stark semantisch aufwertend wirken. Die wichtigsten seien hier noch kurz erwähnt, es sind häufiger 'einmalig', 'außerordentlich', 'absolut', aber auch zahlreiche andere finden sich mit Einzelbelegen:

Oder verbringen Sie den Tag im einmalig schönen Donau-Delta. (1/171)

Wirklich erholsame Ferientage. (1/22)

Hochklassige Hotels, der außerordentlich gepflegte Villenvorort Cervias ... (2/166)76

Absolut abgeschieden sind die Bungalows Famara. (2/87)

Im folgenden Beispiel wird die Übertreibung auch dem Verfasser bewußt, das betreffende Vorsatzwort wird in Anführungszeichen gesetzt:

Die Strände sind "unendlich" lang. (2/176)

Weitere Beispiele:

Der anheimelnde, kleine Ort, nördlich von Linz/Donau ist außergewöhnlich billig ...(3/34)

Höhen mit unvergleichbar schönen Ausblicken. (3/31)

Ferienzentrum in einmalig schöner Parklandschaft am Fuße einer bewaldeten Hügelkette. (4/53)

'einmalig' erscheint mehrmals, jedoch immer in Verbindung mit 'schön'. Eine starke Aufwertung drückt auch die Verbindung mit 'höchst' aus:

> ... so ist Großbritannien heute nicht nur EWG-Mitglied, sondern ein höchst touristenfreundlicher und europabewußter Teil unseres Kontinents. (4/72)

In Katalog 5 dient neben anderen 'überaus' zur Verstärkung der Aussage:

> Ausgangspunkt für Skiwanderungen und Spaziergänge durch das landschaftlich überaus reizvolle Dreiburgenland. (5/27)

Den höchsten Grad signalisiert 'absolut'. Mit einer Fülle von Belegen und ganz stereotyp gebraucht, findet sich die Wendung 'absolut schneesicher' (übrigens auch in anderen Winterkatalogen):

> Absolut schneesicher von November bis Mai.(5/49)

> Dieses hervorragende und bis ins späte Frühjahr absolut schneesichere Skizentrum... (5/5o)

Eine deutliche Verstärkung der semantischen Wirkung wird in Katalog 6 gelegentlich durch die Voranstellung von 'ungewöhnlich' erreicht:

> Das Wintersportparadies von internationalem Ruf, ..., bietet in einem landschaftlich ungewöhnlich reizvollen Rahmen ... (6/47)

Auch der Beginn des Satzes ist bereits sehr hochwertig.

In Katalog 7 dient das etwas altertümlich wirkende Wort 'ungemein' der zusätzlichen Aufwertung:

> Hier erreichen wir das landschaftlich ungemein reizvolle Gebiet der "Tausend Inseln" ... (7/64)

Auch in Katalog 8 ist 'überaus' als steigernder Partikel anzutreffen:

> Zu Fuß, ..., pirschen Sie durch das überaus tierreiche, landschaftlich reizvolle Reservat. (8/11)

In Katalog 9 findet sich ein weiterer Beleg für die Verbindung eines steigernden Vorsatzwortes mit dem Hochwertadjektiv 'schön':

> Cefalu liegt in einer einmalig schönen Bucht, 6o km vor Palermo. (9/62)

Ein Höchstmaß an Positivem drückt auch das in Katalog 1o gebuchte 'äußerst' aus:

> Dieser malerische Ort am Comer See ist äußerst windgeschützt ... (1o/24)

Sehr beliebt ist hier außerdem die Steigerung durch das hochwertige 'einmalig'. Es begleitet fast ausschließlich 'schön', so daß von einer stereotypen Verwendung durchaus die Rede sein kann. Auffallend ist, daß vornehmlich das Substantiv 'Fahrt' von der so gesteigerten Adjektivform begleitet wird:

Eine einmalig schöne Fahrt durch die gastliche Schweiz. (1o/1o)

Zusammenfassung (S.361-365)

1. Zur Steigerung und Verstärkung einer Aussage werden neben Superlativ und Komparativ auch verschiedene intensivierende Vorsatzwörter gebraucht; sie werden jedoch nicht so häufig herangezogen wie die erstgenannten Formen.
2. Die Vermutung liegt nahe, daß sie gelegentlich gebraucht werden, um die Eintönigkeit nur superlativischer Steigerung zu vermeiden. Der Gebrauch der verschiedensten Partikel zeigt, daß die Steigerungsarten in den Ferienkatalogen sehr vielfältig sind.
3. Am beliebtesten sind hierbei mit Abstand die gängigen Gradadverbien 'sehr' und 'besonders'. Vor allem die Verbindung 'sehr schön' wirkt stereotyp und hat durch die häufige Verwendung wenig realen Aussagewert, aber eine hohe semantische Ausstrahlungskraft, da durch das mit 'sehr' verstärkte indifferente 'schön' eine große Zahl von Konnotationen beim Leser möglich ist. Ebenso formelhaft wirkt die häufig anzutreffende Verbindung 'besonders geeignet', die aber ebenfalls positive Vorstellungen hervorruft und zugleich auch wertet.
4. Daneben finden sich auch einige ausgefallenere Vorsatzwörter (einige davon treten an anderer Stelle auch in attributiver Verwendung auf),die in ihrer Grundbedeu-

tung meist schon hochwertig sind oder einen sehr hohen Grad, manchmal den höchsten, ausdrücken. Sehr oft verwendet wird 'einmalig' bevorzugt in der Verbindung mit 'schön'; 'wirklich' bekräftigt den Wahrheitsgehalt einer Aussage. 'ungewöhnlich' oder 'außerordentlich' drücken eine Besonderheit aus, einen Grad, der über dem Durchschnitt liegt, sie besitzen daher eine starke semantische Wirkungskraft. Ein Höchstmaß bezeichnet 'absolut', dieses Wort erscheint meist formelhaft in den Winterkatalogen in Verbindung mit 'schneesicher'.

5. Durch den Gebrauch von Vorsatzwörtern und Gradadverbien ist die Möglichkeit gegeben, die in den Ferienkatalogen so häufig anzutreffende Superlativierung zu variieren; die ständige Steigerung und Verstärkung wird dadurch dem Leser nicht so offensichtlich.
6. Eine wenn auch nur ganz vereinzelt auftretende Form der semantischen Aufwertung kann die Steigerung durch Wiederholung sein. Eine Aussage wird dadurch intensiviert: 'Viel, viel Ruhe!' (1/128) Die Wiederholung hat hier die gleiche Funktion wie 'sehr'.
7. Die Steigerung durch Gradadverbien oder sonstige Vorsatzwörter wirkt semantisch aufwertend, da entweder Wörter benutzt werden, die einen sehr hohen,wenn nicht den höchsten Grad ausdrücken,oder solche, die das Besondere, Außergewöhnliche,manchmal kaum mehr Reale signalisieren.
8. Da diese Vorsatzwörter häufig bereits hochwertige und positive Wörter verstärken, dienen sie der vermehrten Steigerung und Aufwertung. Meist handelt es sich um semantisch indifferente und subjektiv beliebig interpretierbare Aussagen, die Raum für die verschiedensten positiven Konnotationen lassen. Wie wenig reale Aussagekraft diese Wendungen oft haben, zeigt sich vor allem im vermehrten Gebrauch stereotyper Formeln, die in den verschiedensten Kontexten auftreten können. Die ständige Superlativierung, die sich in den Ferienkatalogen fast auf jeder Seite und dabei gelegentlich mit mehreren Be-

legen nachweisen läßt, kann auch durch die vielfältigen Variationen kaum verhüllt werden. Ob sie dem Leser jedoch auffällt, bleibt dahin gestellt.

9. Im Gebrauch der steigernden Vorsatzwörter zeigen sich u.a. Parallelen zur Sprache der BILD-Zeitung. E.Mittelberg erwähnt die ermüdende Häufigkeit des Gradadverbs 'besonders'.[77] Es kann wohl neben 'sehr' als das einfachste und deutlichste Verstärkungswort gelten und garantiert eine Wirkung auf jeden Leser. R.Römer geht auf diese Erscheinung nicht gesondert ein.

2.2.5. Steigerung durch Komposition

Als eine wichtige Erscheinung der Anzeigenwerbung wertet R.Römer die 'steigernde Komposition', der sie breiten Raum innerhalb der verschiedenen Möglichkeiten zur 'semantischen Aufwertung' schenkt. Als Morpheme erwähnt R.Römer steigernde Präfixe, Substantive und Adjektive. "Wenn sie als Steigerungsmorpheme auftreten, sind sie meist mit wertendem Inhalt gefüllt."[78] Auch in Bezug auf die modernen Umgangssprache wird die steigernde Komposition als eine aus der Werbesprache übernommene Erscheinung kritisiert.[79] Natürlich finden sich in den Ferienkatalogen ebenfalls eine Fülle solcher durch Komposition gesteigerter Wörter. Allerdings decken sich die Belege nur selten mit den von R.Römer oder auch in den Sprachgeschichten angeführten Beispielen. Vor allem die Steigerungspräfixe weichen in der Werbesprache und in der Fremdenverkehrssprache erheblich voneinander ab. Im Folgenden soll nun eine Übersicht über die hauptsächlich verwendeten steigernd zusammengesetzten Adjektive und Substantive gegeben werden.

2.2.5.1. Adjektivkomposita

Da dieser Bereich auch zur Wortbildung zu zählen ist, wird verständlich, daß einige Belege mit solchen schon unter dem Kapitel 'Wortbildung' erwähnten zusammelfallen. Da aber alle diese zusammengesetzten Adjektive der semantischen Aufwertung dienen, soll hier noch einmal auf sie eingegangen werden. Komposita, die mit dem Suffix '-voll' gebildet sind, wie z.B. 'eindrucksvoll' oder 'reizvoll' erscheinen in den untersuchten Ferienkatalogen sehr häufig. Da sie aber allgemein wohl kaum mehr auf den ersten Blick als Komposita auffallen und zu den häufig gebrauchten Hochwertadjektiven zu zählen sind, soll auf sie erst im Kapitel 'Adjektivverwendung' näher eingegangen werden.

Als das am häufigsten gebrauchte Steigerungsmorphem kann das Substantiv 'Welt-' als erstes Glied einer aufwertenden Komposition sowohl im Bereich der Adjektiv- als auch der Substantivzusammensetzung betrachtet werden. 'Welt-' als Präfix erscheint bei den Adjektiven vor allem in den beiden sehr oft zu buchenden Kombinationen 'weltberühmt' und 'weltbekannt'. Die beiden hochwertigen Komposita sind mit sehr großer Häufigkeit(mit Ausnahme von Katalog 9)durchgehend in allen Katalogen zu belegen. Sie werden den verschiedensten Gegebenheiten und Erscheinungen zugeordnet. Sie können sich beziehen auf Städte und Orte, Plätze, Pisten, Strände, Gärten, Grotten, Straßen und Bauwerke (Kirchen, Museen, Hotels). Gelegentlich finden sich Übereinstimmungen in den Katalogen für das, was als 'weltberühmt' oder 'weltbekannt' angesehen wird: So das Taj Mahal als 'weltberühmt' in 4/91 und 8/15, die Glühwürmchengrotten von Waitomo (Australien) in 8/33 und 4/92. 'weltberühmt' sind die Skigebiete von Davos in 3/66 und 6/1o. Der Ort zählt als 'weltbekannt' in 4/111 und 5/82.Die oberbayerischen Königsschlösser sind 'weltbekannt' laut 3/24 und 5/28. Das Casino du Liban in Beirut gilt als 'weltberühmt' in 7/11 und 'weltbekannt' in 2/132. Dies sind nur einige Beispiele aus der Fülle von Belegen, die sich für diese beiden Adjektive nachweisen lassen. Schon die Übersicht über die große Zahl der Anwendungsmöglichkeiten läßt erkennen, in welchem Umfang beide Adjektive gebraucht werden. Ihre starke semantische Wirkung resultiert daraus, daß die ganze Welt als Autorität gilt. Fast jeder will das sehen und kennen, was die ganze Welt kennt und rühmt. Adjektivkomposita mit 'welt-' als steigernder Vorsilbe finden sich sonst nur vereinzelt:

welterfahren (5/3; 7/61) weltmännisch (3/74)
weltoffen (4/84) weltweit (8/2)

Die Komposition bewirkt Aufwertung, da der Bezugsrahmen erweitert wird.

Nehmen 'weltberühmt' und 'weltbekannt' unter den aufwertenden Komposita den breitesten Raum ein, so erscheinen an zweiter Stelle, die schon unter dem Kapitel Wortbildung behandelten Komposita mit 'viel'. 'viele' garantieren für Qualität. Dies kommt zum Ausdruck in einem Kompositum wie 'vielgerühmt', zum Beispiel die Côte d'Azur (1o/2o), aber auch Gastfreundschaft (2/67). Ähnlich bei 'vielgepriesen' (Lago Maggiore 1o/4) oder'vielbesucht'(Unteruhldingen 4/95). In den Katalogen 1 und 1o ist häufiger das Adjektiv 'vielbesungen' anzutreffen in Zusammenhang mit wechselnden Orten und geographischen Gegebenheiten, über die jedoch alle bekannte Lieder existieren; so z.B. Loreley (1o/1o), Valencia (1/44), Wien (1o/14) oder der Golf von Neapel (1/17o). Schwerer nachprüfbar ist die Aussage 'vielbeschrieben' (die Insel Lanzarote 2/89).

Wiederum häufiger zu belegen sind die Adjektive 'vielseitig' und 'vielfältig', vornehmlich in den Sommerkatalogen 2 und 4 und den Winterkatalogen 5 und 6. Die Adjektive werden oft formelhaft verwendet und beziehen sich auf Unterhaltungs-, Ausflugs- oder Sportmöglichkeiten:

Vielseitige Unterhaltung. (2/194)

Vielseitige Unterhaltungsmöglichkeiten. (4/67)

... ein vielfältiges Programm für Erholung und Freizeit. (5/96)

Vielseitige Möglichkeiten für Skifahrer und Langläufer. (6/32)

Die Komposita wirken hochwertend, da das Zahladjektiv Fülle signalisiert.

Auch das mit positiven Konnotationen behaftete Adjektiv 'reich' als Glied eines Kompositums dient der semantischen Aufwertung. 'reich' signalisiert, daß etwas in großer Fülle vorhanden ist. Wie vielfältig die Zusammensetzungen mit 'reich' sein können, wurde schon im Kapitel 'Wortbildung' an einer Vielzahl von Belegen gezeigt. Ein in den Ferienkatalogen häufig gebrauchtes Kompositum mit dem Grundwort 'reich' ist z.B. 'abwechslungsreich', auf das unter dem Kapitel 'Adjektivverwendung' noch eingegangen wird. Kurz erwähnt werden soll hier noch einmal das Adjektiv 'erlebnisreich', das fast ausschließlich und toposhaft auf 'Reise', 'Ausflug' oder 'Fahrt' bezogen wird:

> Ein idealer Ausgangspunkt für erlebnisreiche Ausflüge, ... (1/11o)
>
> Erlebnisreiche Fahrten mit Pferdeschlitten durch die waldreiche Umgebung. (6/32)
>
> ..., führt diese erlebnisreiche Reise ... (1o/21)

Da das Erleben mit ein Grundmotiv des Reisens ist, wirkt gerade dieses Kompositum stark positiv in Richtung auf einen Buchungsentschluß. Bei dem Beispiel 'überreich' hingegen wird das hochwertige Adjektiv 'reich' durch die Präposition 'über', die in diesem Zusammenhang eine steigernde Funktion hat, nochmals verstärkt; 'über' drückt hier weniger ein 'zuviel' als ein 'sehr' aus: Marrakesch z.B. ist 'überreich an Sehenswertem' (7/33).

Das Adjektiv 'hoch' dient als erstes Glied eines Kompositums zur semantischen Aufwertung, weil dadurch ein stärkerer Grad ausgedrückt wird als durch die Grundform des jeweiligen Adjektivs. 'hoch' erfüllt in etwa die gleichen Funktionen wie die aufwertenden Vorsatzwörter. Dieses steigernde Wort erscheint relativ häufig in Verbindung mit den Adjektiven 'interessant' und 'modern'. Allerdings ist das Vorkommen dieser zwei Komposita im Vergleich zur Häufigkeit anderer Adjektive verhältnismäßig gering. 'hochinteressant' bezieht sich fast immer auf eine Reise oder Ähnliches:

> Ein hochinteressanter Ausflug für Freunde altgriechischer Kultur und Geschichte. (1/171)

Reiche Abwechslung und geruhsame Erholung zugleich bietet diese hochinteressante Donaufahrt ... (1o/23)

'hochmodern' findet sich als aufwertendes Beiwort z.B. für ein Schiff (7/72) oder für ein Hotel (9/32). 'hochklassige' Hotels (2/166) bietet Scharnow an, wobei diese Steigerungsform als Wortneubildung angesehen werden kann (das Wort ist bei G.Wahrig nicht belegt im Gegensatz zu 'hochinteressant'[8o]). Bei G.Wahrig gebucht ist 'hochtourig' eine Bezeichnung für 'mit hoher Drehzahl laufend'.[81] Dieses Kompositum gibt einen Sachverhalt wieder. Aufwertend wirkt es in nachstehendem Beispiel durch die Übertragung in einen anderen Bereich als den seiner ursprünglichen Bedeutung:

Ein hochtouriges Ferienzentrum, das hält, was es verspricht. (1/42)

Bei R.Römer ist 'hoch-' ebenso als aufwertendes Kompositionsglied gebucht. Von den zahlreichen bei ihr aufgeführten Beispielen findet sich jedoch nur 'hochmodern' auch in den Ferienkatalogen.[82] In der modernen Umgangssprache sind steigernde Komposita mit 'hoch-' ebenfalls häufig anzutreffen.[83]

Stark intensivierend und aufwertend wirkt auch das Adjektiv 'wild' als Vorsilbe. Es findet sich vor allem oft in der Verbindung mit dem Adjektiv 'romantisch'. G.Wahrig gibt als Erklärung für 'wildromantisch' 'sehr romantisch'[84], was deutlich macht, daß das Adjektiv einen hohen Grad an Romantik ausdrückt. Wie später noch zu zeigen sein wird, gehört auch das Grundwort 'romantisch' zu den beliebtesten Epitheta der Ferienkatalogssprache. Laut G.Wahrig bezieht sich 'wildromantisch' auf eine 'Gegend, Schlucht'. In den Ferienkatalogen können die Bezugspunkte jedoch recht verschieden sein: Bergwelt oder Gebirgslandschaft, Felsenküste oder Küste allgemein, ein Ort oder eine Landschaft. Vor allem in Katalog 1o tritt 'wildromantisch' mehrmals auf, wobei es sich ausschließlich auf Schluchten oder Täler bezieht. Exemplarisch die folgenden Beispiele:

Bis zur wildromantischen Felsenküste mögen es von der Clubanlage ca. 12o m sein, ... (2/42)

Wildromantische Umgebung. (4/25; bezieht sich auf den Ring of Kerry in Irland)

... durch das wildromantische Tal des Hinterrheins. (4/112)

... durch die wildromantische Schlucht der Via Mala ... (1o/7)

durchs wildromantische Sarcatal bis Riva ... (1o/7)

Die beiden letzten Beispiele zeigen, daß man sich nicht scheut, dieses intensivierende Kompositum gleich zweimal auf einer Seite für zwei verschiedene geographische Gegebenheiten zu verwenden. Die Belege 4/112 und 1o/7 meinen die gleiche geographische Region, da die Via-Mala-Schlucht vom Hinterrhein gebildet und durchflossen ist. Auch hier herrscht Übereinstimmung der Kataloge in der Wahl der Epitheta. Neben 'wildromantisch' tritt gelegentlich noch das mit der gleichen Wirkung behaftete und nicht bei G.Wahrig gebuchte 'wildzerklüftet' auf. Es kann in Zusammenhang mit Gebirgen, wie dem Antiplano (8/31) oder mit Küsten, wie der Nordküste Sardiniens (4/65), erscheinen.

Aufwertend wirken auch die Adjektive mit 'ur-'; 'ur-' verweist auf etwas Altes, Unverändertes, Ursprüngliches, was heute nur noch selten anzutreffen ist. Auch das Adjektiv 'ursprünglich' soll an dieser Stelle mitbehandelt werden, da es der gleichen Funktion dient. Vornehmlich sind 'urwüchsig' und 'urtümlich' anzutreffen. Die Aufwertungskraft der Adjektive 'urwüchsig' und 'urtümlich' beruht auf der Betonung des Alten und Ursprünglichen, während die Vorsilbe 'ur-' in 'urgemütlich' und 'uralt', die ebenfalls häufig zu buchen sind, ohne einen realen Sinn auszudrücken nur der Intensivierung des Grundwortes dient. 'urwüchsig' bezieht sich hauptsächlich auf Seen, Inseln, Landschaften, Wälder, aber auch Behaglichkeit (6/17) kann 'urwüchsig' sein oder eine Bootsfahrt. 'urtümlich' kann in Zusammenhang mit Städten, Wäldern, Landschaftsformen verwendet werden. Der Gebrauch von 'ursprünglich' ist sehr verschieden: Orte können so bezeichnet werden, aber auch die'Atmosphäre'oder 'Herzlichkeit' (6/42). Einige Beispiele sollen der Verdeutlichung dienen:

... dazu das faszinierende Panorama einer urwüchsigen Gebirgslandschaft, ... (6/42)

..., die diese urwüchsige Insel mit den schönen Sandstränden sehr zu schätzen wissen. (2/139; Kos)

Wie wär's ... mit einer urwüchsigen Bootsfahrt rund um die Insel? (2/14o)

Morgens Flug nach Maroua in Nordkamerun, der urtümlichen Hauptstadt des Diamaré... (4/89)

Anschließend Busfahrt durch grandios urtümliche Wüstenlandschaft nach Herat. (4/9o)

Ursprünglicher, kleiner Fischerhafen an der Westküste der Insel. (1/14)

Der in einem breiten Talkessel gelegene ruhige Luftkurort mit seiner ursprünglichen Atmosphäre ... (5/53)

Doppelt aufwertend ist die Wendung 'grandios urtümlich', da eine Verstärkung durch das hochwertige Adjektiv 'grandios' erfolgt.

'uralt' erscheint vornehmlich in Verbindung mit Städten, kann aber auch auf Gebäude, Kulturen, Heiligtümer oder z.B. Bäume angewendet werden. 'urgemütlich' sind fast ausschließlich Restaurationsbetriebe, einmal bezieht sich dieses Epitheton auf die Altstadt von Kopenhagen (1/173).

Anschließend ausführliche Besichtigungen der uralten singhalesischen Hauptstadt (28o v.Chr.). (8/2o)

..., zum uralten Kloster Debre Damo ... (4/89)

... mit uralten Buddha-Figuren ... (8/2o)

..., umgeben von prächtigen, uralten Eichen, ... (9/36)

..., urgemütliche Lokale, ... (3/19)

Semantisch dunkel bleibt die Bedeutung von 'uralt' im folgenden Beispielsatz:

Zwischen den schattigen Hainen, ..., umarmt Sie eine uralte Friedlichkeit. (1/78)

Das Adjektiv dient hier wahrscheinlich nur der Ausdrucksverstärkung ohne einen realen Sinn zu haben. Daneben finden sich,jedoch nur mit je einem Beleg, die Adjektive 'urwelthaft' und 'urtypisch', beides Adjektivneubildungen.[85] 'urwelthaft' drückt eine Ähnlichkeit aus und wirkt vielleicht noch stärker, weil es ungewöhnlich klingt. In 'urtypisch' ist 'ur-' nur verstärkender Partikel, der einen hohen Grad signalisiert.

Durch die urwelthafte Landschaft der felsigen Ostküste nach Höfn im Hornafjördur. (4/86)

Sie - junge, ungebundene GM's. Die viel Sinn für das natürliche, das urtypische Clubleben mitbringen. (9/62)

'ur-' als steigernde Vorsilbe wird auch bei R.Römer, jedoch mit ganz anderen Beispielen, belegt.[86]

Die Negation durch das Präfix 'un-' wirkt aufwertend und verstärkend, da 'un-' fast ausschließlich erscheint, um das Negative zu verneinen und somit ins Positive zu konvertieren. Die Verneinung des Negativen wirkt jedoch häufig stärker als nur die Wiedergabe des Positiven. Die mit 'un-' verneinten Adjektive sind zahlreich und es können bei weitem nicht alle aufgeführt werden. Nur einige Beispiele typischer Verwendungsweisen sollen aufgezeigt werden. Am beliebtesten ist 'unvergeßlich', das sich mit einer Vielzahl von Belegen nachweisen läßt. Sehr häufig stößt man dabei auf die fast toposhafte Wendung 'unvergeßliches Erlebnis'. Ebenso 'unvergeßlich' sind auch Eindrücke (mit mehreren Belegen gebucht), Blicke, Sonnenuntergänge, Ferien. Das 'unvergeßliche Erlebnis' kann sich auf die verschiedensten Dinge und Erscheinungen beziehen:

Wir haben alle Voraussetzungen geschaffen, daß unsere Frühlings-Kreuzfahrten zu einem einzigartigen, zu einem unvergeßlichen Erlebnis werden. (1/168)

Ein unvergeßliches Erlebnis: Wildfütterung. (3/15)

... lassen einen Anatolien-Urlaub zum unvergessenen Erlebnis werden. (4/55)

Ein unvergeßliches Erlebnis: Die Rundfahrt durch die Schärenwelt ... (5/gr.4)

Als Beispiele für die anderen Anwendungsbereiche von 'unvergeßlich' seien aus den zahlreichen Belegen folgende exemplarisch ausgewählt:

Unvergeßlich schön. (1/168; Bukarest)

Hier dient 'unvergeßlich'als steigerndes Adjektiv zu 'schön', wie auch in folgendem Beispiel:

... garantiert unvergeßlich schöne Skiferien. (5/76)

Fröhliche, unvergeßliche Stimmung. (1/3o)

Bangkog. Es bietet Ihnen eine Fülle unvergeßlicher Eindrücke! (2/2o1)

Eine hochinteressante Fahrt voll unvergeßlicher Eindrücke! (1o/16)

... nach Interlaken, mit dem unvergeßlichen Jungfraublick. (1o/12)

Bei einigen Beispielen wird die Aussage noch durch ein Ausrufezeichen verstärkt.

Sehr zahlreich sind auch die Belege für die übrigen Adjektive, die durch das verneinende Präfix 'un-' ins Positive umgedeutet werden. Sie erscheinen jedoch alle nicht annähernd so häufig, wie 'unvergeßlich'. 'unberührt' wird meist in Bezug gesetzt zu Landschaften; 'unversehrt' findet sich ebenfalls als Epitheton zu landschaftliche Gegebenheiten. 'unberührt' und 'unversehrt' sind vor allem mit vielen Belegen in Katalog 4 anzutreffen.

Unberührte Fleckchen zwischen Büschen und Zwergpinien, ... (2/42)

Busfahrt durch die unberührte afghanische Landschaft ...(4/9o)

Die unversehrte Schönheit der Landschaft, ... (4/55)

Beliebt ist auch 'unverfälscht', das sich auf Verschiedenartiges wie Landschaft, Natur, den Charakter einer Stadt oder auch Abstrakta wie Atmosphäre beziehen kann:

..., eine kleine spanische Altstadt mit noch unverfälschtem, vom Touristenstrom fast unberührtem Leben und Treiben. (2/71)

... "Rothenburg ob der Tauber" - ein unverfälschtes Bild aus dem Mittelalter (...). (1o/1o)

Die Adjektive 'unerschöpflich' (4/44), 'unschätzbar' (1/155), 'unübersehbar' (4/82) und 'unermeßlich' werden fast ausschließlich als Epitheta zu Kunstschätzen gebraucht:

> ..., wo unermeßliche Schätze aus der Inka- und Vorinkazeit gesammelt sind. (8/27)

'ungetrübt' (1/64) steht vor allem in Verbindung mit den Ferien selbst ebenso 'ungezwungen':

> Eine lauschige, verschwiegene kleine Bucht für ungezwungene Ferien! (1/64)

Mit einer größeren Zahl von Belegen findet sich 'unvergleichlich' (allerdings nicht so oft wie 'unvergeßlich'), wobei es auch in der Form 'unvergleichbar' als steigerndes Adjektiv 'schön' begleiten kann (z.B. 2/115). 'unvergleichlich' sind Strände, die Atmosphäre, die Lage oder Gegenden:

> Auf der Insel mit dem unvergleichlichen Sandstrand. (1/128)
>
> Skianfänger und Durchschnittsläufer finden hier ein unvergleichliches Gelände ... (5/77)
>
> ... bis Budapest, der Hauptstadt mit ihrer unvergleichlichen Atmosphäre ... (1o/12)

Etwas häufiger finden sich noch 'unübertroffen' und 'unbeschreiblich'. 'unübertroffen' bezieht sich meist auf die Lage, kann aber auch als Epitheton zu Schneereichtum, Naturschönheiten oder Heilerfolgen in Kurorten gebraucht werden. 'unbeschreiblich' begleitet vor allem besondere Naturerscheinungen:

> ..., eine klimatisch unübertroffene Lage, ... (6/26)
>
> Zu den unübertrefflichen Naturschönheiten des Rittens zählen auch die "Erdpyramiden". (1o/22)
>
> Grand Canyon - ein unbeschreibliches Naturwunder. (1/15o)

Die übrigen mit 'un-' verneinten Adjektive seien mit je einem Beleg nur kurz aufgezählt:

> unauslöschlich (1o/2o; Eindrücke)
> unbegreiflich (9/66; Atmosphäre)
> unbegrenzt (4/65; Möglichkeiten)
> unendlich (9/57; Weite)
> unerreicht (5/94; Unterhaltungsmöglichkeiten)
> unerschlossen (2/9; Buchten)
> ungewöhnlich (3/14; Schneereichtum)
> unglaublich (8/17; Aussicht)
> unvorstellbar (2/96; schöner Strand)

Bei den mit der negierenden Vorsilbe 'un-' gebildeten Adjektiven handelt es sich vornehmlich um solche Beiwörter, die in der negierten Form häufiger gebräuchlich sind als in der unnegierten. Diese Adjektive sind alle hochwertig, da die Negierung eines in seiner Grundbedeutung wertfreien oder negativen Adjektivs die Positivierung verdeutlicht. Einige dieser Epitheta erscheinen so oft, daß ihr Gebrauch fast formelhaft wirkt.

Kurz erwähnt seien noch einige durch Komposition intensivierte Adjektive, die nicht sehr oft auftreten und meist nur mit wenigen Belegen zu buchen sind. Etwas häufiger erscheint das Adjektiv 'alt' als verstärkende Vorsilbe. Die semantischen Konnotationen, die von diesen Adjektiven ausgehen, liegen im Bereich der Tradition, des Bewährten.

altbekannt (3/14; Luftkurort Marquartstein)
altbürgerlich (6/4o; Pracht der Häuser)
altehrwürdig (6/39; Hansestadt Lübeck)

Vornehmlich in Katalog 2 finden sich intensivierende Vorsilben, wobei es sich gelegentlich um Adjektive aus dem umgangssprachlichen Bereich handelt:

blitzblank (2/42; Sommerhäuser)
brandneu (2/38; Feriencenter)
nagelneu (2/9; Club Cala Vadella)

'brandneu' ist eine Lehnprägung nach dem englischen Vorbild 'brandnew'. Umgangssprachlich wirkt ebenfalls das durch Komposition verstärkte Adjektiv 'steinalt' (1/118; Kreuzfahrerkirchen).Steigernd kann auch die Verbindung mit einer Zeitangabe sein:

Das Mühl- und Waldviertel sind jahrhundertealte Bauerngebiete. (1o/5)

Etwas ausgefallener als mit dem schlichten 'gut' gesteigert und einer gehobeneren Sprachschicht angehörig,wirkt 'wohlorganisiert' (7/55) bezogen auf Kreuzfahrten. 'super-' als aufwertende Vorsilbe wird bei R.Römer mit einer großen Zahl von Belegen gebucht und auch von H.Moser als oft benutzte steigernde Vorsilbe erwähnt[87]; in den Ferienkatalogen sind jedoch nur sehr wenige mit 'super-' gesteigerte Wörter zu finden, ebenso selten Verbindungen mit den zusätzlich durch die fremdsprachliche Komponente aufwertenden Präfixen 'ultra-' und 'hyper-'. Alle drei Vorsilben erscheinen in Verbindung mit dem Adjektiv 'modern':

supermodern (4/2; Ferienpark)
hypermodern (4/91; City von Sydney)
ultramodern (4/93; Hauptstadt Brasiliens)

Diese mit lateinisch-griechischen Teilen gebildeten Adjektive sind jedoch nur so vereinzelt anzutreffen, daß sie die Ausnahme sind und nicht als charakteristisch für die Sprache der Ferienkataloge angesehen werden können. Hier zeigt sich ein deutlicher Unterschied zur Werbesprache, wo diese aufwertenden Präfixe (vor allem 'super-' und 'ultra-') mit zahlreichen Beispielen zu belegen sind.[88]

2.2.5.2. Substantivkomposita

Auch bei den Substantiven finden sich einige Beispiele für Aufwertung durch Zusammensetzung mit solchen Wörtern, die bereits in ihrer Grundbedeutung hochwertig sind, ihren hochwertigen Charakter in der Komposition auf das Grundwort übertragen und somit dessen Ausdruckskraft verstärken. Allerdings wird dieses Prinzip beim Substantiv nicht so häufig angewendet wie beim Adjektiv und auch verglichen mit der Werbesprache sind die in den Ferienkatalogen zu findenden Belege für Substantivkomposita deutlich geringer.[89]

Ebenso wie bei der Adjektivzusammensetzung überwiegen auch hier die Beispiele für Komposition durch Voranstellung des Substantivs 'Welt'. Die Verbindungen können sehr vielfältig sein. Beliebt ist vor allem die Kombination 'Welt-' als steigernde Vorsilbe und die Bezeichnung für eine Stadt. Es finden sich: 'Weltstadt', 'Weltzentrum', 'Weltbad', 'Welthafen' und sogar 'Weltflughafen'. Als 'Weltstadt' werden u.a. tituliert Barcelona (1/39) und Palma (2/9; für den gleichen Ort findet sich die ebenfalls sehr hochwertige Zusammensetzung 'mit Weltstadt-Niveau';2/19);

weitere Weltstädte sind Wien (3/35), Bagdad (4/88), Zürich (1o/18) und Bukarest (1o/23). Noch aufwertender wirkt 'Welthauptstadt des guten Geschmacks' (4/81) als Apposition zu Paris. Ein 'Weltzentrum des Wintersports' ist St.Moritz (3/67), Wien ein 'Weltzentrum von Kunst und Lebensgenuß' (4/85), Las Palmas ein 'Welthafen' (2/86) und Schipohl ein 'Weltflughafen' (1o/21). Als Weltbäder werden so gegensätzliche Orte wie Bad Wiessee (4/98) und Biarritz (1o/27) eingestuft. In der Verbindung mit Ortsbezeichnungen findet 'Welt-' als aufwertende Vorsilbe seine häufigste Verwendung. Als weitere mit diesem Präfix intensivierte Komposita können angeführt werden:

Weltformat (6/1o; die Unterhaltungsprogramme von St.Moritz)
Weltnummern (1/13; in den Nightclubs von Palma)
Weltsensation (5/gr.4; das Wikingerschiff-Museum in Kopenhagen)
Weltstadt-Abenteuer (5/gr.7;'einen Hauch von', in Berlin)

Ebenso aufwertend wirkt, wenn etwas von 'Weltruf' oder 'Weltrang' ist: 'Ausstellungen von Weltrang' findet man in Paris (4/81), die Kunstschätze der Museen von Amsterdam genießen z.T. 'Weltruf' (5/gr.7), ebenso Pontresina (6/1o) oder das Restaurant 'Karpatenhirsch' in Kronstadt (6/43).

Die Intensivierung von Substantiven durch die Zusammensetzung mit 'Welt' resultiert wie bei den Adjektivkomposita daraus, daß etwas als in der ganzen Welt, also überall, berühmt bezeichnet wird oder,daß sich dort die ganze Welt trifft. 'Weltstadt' ist die Bezeichnung für eine Großstadt mit mehr als einer Million Einwohnern, eine Zahl, die Palma und Zürich bei weitem nicht erreichen, sie dürften somit nicht als Weltstädte bezeichnet werden. Diese Appositionen sowie die anderen Komposita mit 'Welt', die einen Ort bezeichnen, meinen wohl die Weltbedeutung, die diese Städte oder Orte haben oder,daß sich eben hier die Welt trifft. Sie drücken auch eine Höchststufe an Bekanntheit aus, ein Moment, das auf den potentiellen Urlauber sicher wirkt.

Finden sich die oben genannten Komposita häufiger und in allen Katalogen, so sind die übrigen durch Zusammensetzung aufgewerteten Substantive nicht durchgehend in allen Katalogen und nur mit relativ wenigen Beispielen zu belegen. Sie sollen jedoch kurz erwähnt werden, um die vielfältigen Intensivierungsmöglichkeiten im Bereich der Substantivzusammensetzung zu verdeutlichen. Die Voranstellung des Wortes 'Parade' kann eine Steigerung bewirken, da dieses Wort Vorbildliches konnotiert:

Paradeabfahrtsstrecke (5/65)
Paradeort (2/19o; Lappeenranta oder 6/17; Mayrhofen/Zillertal)
Paradepiste (5/47)
Paradestrand (1/89)

Ein Höchstmaß drücken die Komposita mit 'Spitze' aus. Ein Nachtclub z.B. gewinnt an Ansehen und Renommierwert,wenn 'spanische und internationale Spitzenkönner' (2/57) auftreten. In 'Spitzenhotels' (1/166) würde jeder Urlauber sicher gerne einmal wohnen und 'internationale Spitzenklasse einer "Schwimmenden Stadt"' (7/61) ist das hochwertige Attribut zu einem Schiff. Eine hohe semantische Ausstrahlungskraft geht von dem Wort 'Luxus' aus. Es löst beim potentiellen Urlauber Vorstellungen des ganz Besonderen aus, Vorstellungen von Aufwand und Prunk. In diesem Sinne wirken die folgenden Komposita:

Luxusjacht (8/37)
Luxus-Liner (7/75)
Luxusomnibus (1/92)

Die Fahrt im Schlafwagen wird bezeichnet als 'Ein Reiseluxus für jedermann' (6/3). Die bei R.Römer häufig gebuchten Komposita mit 'Super-' und 'Riesen-'[9o] finden sich in den Ferienkatalogen nur ganz vereinzelt:

Superpiste (5/65)
Super-Zoo Afrika (8/3)
Riesenfeuerwerk (1/147)
Riesenswimmingpool (2/43)
Riesenstrand (1/1o5)

Vielleicht sind diese Worte nun doch zu übertrieben und werden deshalb nur selten gebraucht bzw. vermieden. An die Stelle des hochwertigen Adjektivs 'prächtig' kann auch eine Zusammensetzung mit 'Pracht' treten: 'Prachtstrand' (1/153).

Die Verbindung mit 'Lieblings-' bewirkt eine Aufwertung erst durch den Kontext, der den Bezugskreis näher definiert:

Einer der Lieblingsstrände der Deutschen, ... (2/54)

... Lieblingsort vieler Maler und Künstler ... (5/86)

Der potentielle Urlauber kann sich mit dem Bezugskreis identifizieren: Wenn ein Strand der Lieblingsstrand der Deutschen schlechthin ist, ist er das sicher nicht grundlos, die Aussage impliziert positive Konnotationen und eine Menge deutscher Urlauber garantiert für die Qualität des Ortes. 'Maler und Künstler' stellen eine Bezugsgruppe dar, in deren Nähe sich der Leser aus Prestigegründen vielleicht gerne aufhalten möchte. Aus einem ähnlichen Grund erhält auch das Kompositum 'High-Society-Ort' (2/55) seine besondere Wirkung, die noch verstärkt wird durch die fremdsprachliche Komponente. Die 'high society' ist eine Gesellschaft, in deren Umkreis sich der Leser ebenfalls aus Gründen der sozialen Selbsteinstufung gerne befinden möchte.

Waren bisher alle Komposita mit einem Substantiv als aufwertendem Präfix verbunden, so lassen sich auch Belege finden, bei denen ein Adjektiv in Superlativform bzw. eine Präposition die aufwertende Funktion übernimmt und dadurch steigert: 'Höchstmaß' (1o/2), ähnlich das 'Bestmögliche' (1o/2), ferner 'Überfülle' (1o/15), ebenso 'Übermaß' (2/86; an Strand), wobei 'über' für 'sehr groß' steht. Diese Substantive drücken einen Superlativ aus. Bei der Steigerung durch Voranstellung von 'Klasse' ist nicht klar, ob es sich um den umgangssprachlich gebrauchten Hochwertausdruck für 'sehr gut' handelt oder um eine Verkürzung von '1. Klasse': 'Klasse-Hotels' (1/138).

Aus dem im Kompositum ausgedrückten Vergleich beziehen die beiden folgenden Substantive ihre semantische Aufwertung: 'Bilderbuchdorf' (5/54)und 'Postkartenidylle' (8/25). Die Orte werden somit fast aus dem Bereich des Realen gerückt. Nur im Bilderbuch oder auf der Postkarte, aber kaum in Wirklichkeit, finden sich so ideale Plätze. Eine semantische Verstärkung erhält das an sich sehr positive Substantiv 'Attraktion' durch die Präfigierung mit 'Haupt-': 'Hauptattraktion' (9/33), es grenzt somit ans Superlativische. 'Club-Bestseller' (9/56) erscheint als Apposition zu einem Urlaubsort. Da dieses Wort aus dem Bereich des Buchhandels genommen ist, wo es eine durchaus positive Bedeutung hat, wirkt der Gebrauch auffallend und semantisch anziehend durch die Übertragung; er konnotiert positive Vorstellungen. Da es der Ort ist, der sich wörtlich genommen am besten verkauft, muß es sich um einen vielbesuchten Ort handeln, was seine Gründe haben wird. Zweideutig ist die Bedeutung des Kompositums 'Goldland': Da 'Goldland des Südens' (8/6) auf Südafrika bezogen wird, ergibt sich zum einen die Denotation zu den Goldminen des Landes und die Auflösung des Kompositums müßte dan heißen 'ein Land, in dem Gold gefunden wird'. Zum anderen kann es aufgefaßt werden als eine Verstärkung mit dem Sinn 'goldenes Land', wobei dann 'Gold' ein zwar semantisch indifferentes und beziehungsloses Vorsatzwort wäre, jedoch stark mit positiven Konnotationen behaftet. Sicher schwingt der Unterton dieser Bedeutung in der Verwendung des Kompositums mit.

Zusammenfassung (S.367-382)

1. Ein weiteres beliebtes Mittel der semantischen Steigerung ist die Aufwertung und Verstärkung mit Hilfe der Zusammensetzung. Ein Adjektiv oder ein Substantiv kann durch die Prä- oder Suffigierung mit einem in seiner Grundbedeutung hochwertigen oder auch wertfreien Adjektiv oder Substantiv oder mit einer Vorsilbe intensiviert werden.
2. Dabei zeigt sich, daß dieses Prinzip im Bereich der Adjektive mehr zum Tragen kommt als im Bereich der Substantive.

3. An hervorragender Stelle steht dabei das Wort 'Welt' sowohl bei der Adjektiv- als auch bei der Substantivverstärkung. Die beiden Adjektive 'weltberühmt' und 'weltbekannt' zählen zu den am meisten gebrauchten Adjektiven innerhalb der Ferienkataloge überhaupt. Ihre semantische Wirkung beruht auf der Konnotation, etwas sei in der ganzen Welt anerkannt. Der potentielle Urlauber kann sich bei der Wahl seines Urlaubsortes auf die Autorität der Masse berufen. Ähnlich ist die semantische Wirkung einiger mit 'viel' gebildeter Adjektive.
4. Aus der Denotation der Fülle erhalten die Adjektive, die mit 'reich' und einige die mit 'viel' zusammengesetzt sind, ihre semantische Aufwertung.
5. Eine Intensivierung des Grundadjektivs bewirken die als Vorsilben gebrauchten Adjektive 'hoch' und 'wild', wobei 'hoch' als wertneutral, 'wild' als Grundwort eher mit negativen Konnotationen behaftet erscheint. Innerhalb des Kompositums wirken sie wie das Gradadverb 'sehr', verstärken somit das Grundwort in positivem Sinn, während die mit der intensivierenden Vorsilbe 'ur-' verbundenen Komposita gelegentlich Konnotationen in Richtung 'alt', 'ursprünglich' erzielen; manchmal dient 'ur-' allerdings nur der Verstärkung.
6. Auch das negierende 'un-' kann eine semantische Aufwertung bewirken, indem die Negation des Negativen oder Wertneutralen stärker ist als die entsprechende positive Form.
7. Im Bereich der Adjektive lassen sich einige formelhafte Verwendungen nachweisen, so erscheint 'vielseitig' bevorzugt in Verbindung mit Unterhaltungsmöglichkeiten, ist 'urgemütlich' ein stereotypes Epitheton zu Lokalen und 'unvergeßlich' vornehmlich Erlebnissen und Eindrücken zugeordnet.
8. Bei den Substantivkomposita dient das Wort 'Welt' vornehmlich der semantischen Aufwertung von Städten und Orten. Die sonstigen Belege für Substantive, die durch

Zusammensetzung intensiviert werden, sind Einzelbelege aus verschiedenen Katalogen. Die Aufwertung resultiert aus variierenden Gründen.

9. Mit der semantischen Verstärkung muß die reale Aussage nicht immer kongruieren (z.B. bei 'Weltstadt'). Die Zusammensetzung bewirkt in einigen Fällen lediglich eine Hochwertigkeit, die bewußt das positive Konnotationsspektrum erweitern soll.

10. Einige Komposita (vor allem die mit 'Lieblings-' zusammengesetzten) erhalten ihre semantische Aufwertung erst aus dem Kontext, wodurch an das 'kaufauslösende' Prestigedenken des Urlaubers appelliert wird.

11. Die steigernde Komposition ist vor allem in der Werbesprache vermehrt anzutreffen. In den Ferienkatalogen findet sie sich nicht ganz so häufig, jedoch differenzierter. Besonders auffallend ist der Unterschied beim Gebrauch von 'ultra-', 'super-' und 'spezial-', die weder bei der Substantiv- noch bei der Adjektivneubildung im Gegensatz zur Anzeigensprache, wo sie geradezu als charakteristisch bezeichnet werden können, ins Gewicht fallen. Dies mag begründet sein in der abweichenden Thematik der beiden Bereiche, die teilweise auch eine andere Sprachhaltung und Wortwahl bedingt. Die Sprache der Ferienkataloge ist nicht ganz so offensichtlich, sondern mehr unterschwellig superlativisch.

12. Die zahlreichen angeführten Belege machen deutlich, wie vielfältig und differenziert die Mittel der semantischen Aufwertung allein im Bereich der steigernden Komposition sind. Hier zeigt sich, daß die Ferienkataloge sehr bewußt konzipiert sind und die verschiedensten sprachlichen Möglichkeiten, die zu einer Ausdrucksverstärkung führen, genutzt werden.

2.2.6. Semantische Aufwertung durch Wortverbände

Nicht nur Zusammensetzung in einem Wort, sondern auch die Zusammenstellung mehrerer Wörter bewirkt eine semantische

Aufwertung der Aussage. Dies stellt in jedem Fall eine Auflockerung in der superlativischen Ausdrucksweise dar. Meist wird die Verstärkung durch die Kombination einiger Hochwertwörter erreicht, manchmal kann aber auch die richtige Zusammenstellung wertneutraler Wörter im jeweiligen Kontext eine semantische Aufwertung zeitigen oder der Vergleich mit sehr positiven Dingen oder Erscheinungen. Hierbei lassen sich verschiedene Gruppen unterscheiden.

2.2.6.1. Superlativische und hochwertende Syntagmen

In diesem Kapitel sollen alle jene Wortgruppen zusammengefaßt werden, die superlativischen oder sehr hochwertenden Inhalt haben. Syntagmen dieser Art können sehr vielfältig gebildet sein, ihr Ziel ist letztlich aber immer, einen Ort vor allen anderen herauszustellen. Hier finden sich sehr häufig syntaktische Einheiten, die einen grammatischen Superlativ umschreiben oder anschaulich erweitern. Einige charakteristische Beispiele sollen dies verdeutlichen, wobei ähnlich lautende Syntagmen, die in verschiedenen Katalogen zu finden sind, aus Platzgründen meist nur einmal erwähnt werden. So sind gelegentlich längere Wendungen anzutreffen, die beweisen, daß an einem Urlaubsort 'alles' geboten wird:

> An diesem kilometerlangen, feinsandigen Strand (...) wird so ziemlich alles geboten, wonach das Urlauberherz sich sehnt. (1/9)

Eine Abwandlung des häufig gebrauchten 'unbeschreiblich' stellt der folgende Satz dar, der eine zusätzliche Verstärkung durch den Gebrauch der persönlichen Anrede erhält:

> ... können wir unmöglich beschreiben - das müssen Sie selbst erleben. (1/143)

Das Adjektiv 'einmalig' kann folgendermaßen umschrieben werden:

> Ein Strand, wie es ihn wahrscheinlich auf der ganzen Welt nicht mehr gibt! Strand bis zum Horizont. (1/57)

Der Superlativ wird thematisch in einer Wendung wie:

> Hier können Sie Urlaub der Superlative machen. (1/6o)

Die ausführliche Betonung, daß ein Urlaubsort nahezu ideal ist, findet sich in mehreren Katalogen:

> ... bietet Ihnen alles, was Sie von einem gelungenen Urlaub erwarten. (2/115)

Dieser Einleitung folgt dann meist eine Aufzählung der geographischen Besonderheiten oder der jeweiligen Einrichtungen.

Umschreibende und dadurch noch stärker wirkende Wortfolgen für das Adjektiv 'unbeschreiblich' sind ebenfalls häufig anzutreffen:

> Es gibt so viel Sehenswertes zu sehen, daß unser Platz nicht ausreicht, um alles zu beschreiben, und ein Urlaub nicht, um alles zu besuchen: (2/2oo)

Es folgt dann eine Aufzählung, die aber zur Betonung des oben Geschriebenen in Auslassungspunkten ausläuft.

In den Winterkatalogen wird nach ähnlichen Schemata verfahren:

> Bulgarien ist wie geschaffen für einen idealen Winter-Urlaub. (3/38)

> ... inmitten einer Landschaft, die alles in sich vereinigt, was der Erholungssuchende und der aktive Urlaubsgast wünscht. (3/24)

In diesem Zusammenhang kann auch die Negation aufwertend wirken:

> Kein anderes Gebiet in den Alpen bietet so viele Liftanlagen und Pisten auf engstem Raum. (3/63)

Ein einzelner Aspekt kann hervorgehoben werden durch die umgangssprachlich-metaphorische Wendung 'etwas groß schreiben':

> Gastfreundschaft wird dort groß geschrieben. (3/3o)

Wohl als Bezeichnung dafür, daß ein Ort sonnig und schneereich ist, dient die an sich inhaltlich unsinnige Aussage:

> Hier hat man Sonne und Schnee wirklich aus erster Hand. (3/61)

Superlativisch ist die französische Wendung in folgendem Beispiel:

> Der bereits zur Römerzeit bekannte Badekurort ist ... zum Wintersportplatz "par excellence" geworden. (3/7o)

Wie geeignet ein Urlaubsort ist, drücken auch folgende Hochwert-Syntagmen aus:

> ... und bietet alles, was einen Urlaub verschönt. (4/71)

> Mit einem Satz: Eine Insel für den Urlaub geschaffen. (4/36)

Auch durch nachstehende Umschreibung kann ein Ort aufgewertet werden:

> Österreichs höchstes Kirchdorf hat als Skiplatz internationalen Ruf. (5/49)

Durch ein Wort, das aus dem Bereich der Gastronomie übernommen ist und auf Wintersporteinrichtungen übertragen wird, resultiert die Aufwertung im folgenden Belegsatz:

> Ein Leckerbissen für alle Pistenfans - (5/54)

Es bleibt fraglich, ob der stark aufwertende lateinische Superlativ allen Lesern verständlich ist in einem Satz wie:

> ... präsentiert sich der renommierte Platz als das "Non plus ultra" unter den alpinen Wintersportorten. (6/1o)

Verabsolutierend wirkt:

> Das ausgesprochene Almgebiet mit seinen vielen Hügeln und Mulden hat die nähere Umgebung dieses Wintersportortes ... geradezu für den Skilauf geschaffen. (6/18)
>
> ... Skihänge und Abfahrten für jeden Geschmack und für jedes Können. (6/47)

Auf alle Kreuzfahrtgäste der Nation kann sich der potentielle Urlauber berufen, falls er sich für eine in Katalog 7 angebotene Fahrt nach Norwegen entscheiden sollte:

> Die Naturwunder der norwegischen Fjorde stehen auf der Beliebtheitsskala des deutschen Kreuzfahrt-Publikums an erster Stelle. (7/26)

Durch die Einschränkung wirkt der folgende Satz aus Katalog 8 fast wie ein Superlativ:

> Nur wenige Plätze im Himalaya können sich an Schönheit mit Gilgit messen. (8/15)

Absolutheitsanspruch drückt sich in folgendem Belegsatz aus:

> Club-Freuden jeglicher Art. Denn Vittel bietet Ihnen alles. ... All die schönen Dinge, die das Club-Leben so "süß" machen. (9/51)

An Stelle der Auslassungszeichen steht im Original-Text eine Aufzählung, die die Bergründung für 'alles' darstellt. Diese Aufzählung läuft in Auslassungspunkten aus. Das in Anführungszeichen gesetzte 'süß' kann eine versteckte Anspielung auf den 1959 unter der Regie von Federico Fellini entstandenen Film 'Dolce vita', 'Süßes Leben' sein. L.Mackensen erwähnt, daß dieser Filmtitel sozusagen über Nacht Kennmarke für einen Lebensstil wurde.[91] Daß in Katalog 9 sehr viel mit bewußt eingesetzten Stilmitteln gearbeitet wird, zeigen auch die folgenden Beispiele, bei denen die Superlativierung zusätzlich durch rhetorische Figuren verstärkt wird:

> Der Club hat vieles für sich. Club-Urlaub in Kusadasi hat alles für sich. (9/75)

Ebenfalls auf der Wiederholung (fast einem Polyptoton) basiert die Verstärkung im nachstehenden Beleg:

> Tun Sie das, was Ihnen Spaß macht im Club.
> Und es gibt vieles hier, was Ihnen Spaß machen wird. (9/5)

Ideale Urlaubsbedingungen signalisiert eine Aussage wie:

> Nizza, der Treffpunkt intern. Touristik, bietet dem Besucher Unterhaltung und Zerstreuung jeder Art, ... (1o/25)

Eine begründende Aufzählung schließt sich an. Thematisch wird der Superlativ in:

> Eine Reise der Superlative! (1o/28)

Eine Auswahl aus der reichen Anzahl der Beispiele zeigte, wie verschiedenartig eine superlativische Aussage dargestellt werden kann. Bezogen sich fast alle oben genannten Beispiele auf die Umschreibung viel gebrauchter superlativischer Adjektive oder dienten sie der Betonung, wie ideal und besonders geeignet ein Urlaubsort ist, so sollen im weiteren noch einige Beispiele für hochwertende Ausdrücke angeführt werden, die exemplarisch verdeutlichen sollen, wie nur durch einige Reizworte ein Ort in seinem Urlaubswert hochstilisiert wird.

In Katalog 1 zum Beispiel durch eine an sich sinnlose Verabsolutierung:

> Nicht Bangkog - Chiengmai ist Thailand! (1/156)

Somit soll dem Leser das Gefühl vermittelt werden, durch den Besuch dieses typischen Ortes, das ganze Land kennengelernt zu haben. Diese Aussage geht zwar zuungunsten von Bangkog, was jedoch nicht weiter ins Gewicht fällt, da es sich um eine Anschlußreise handelt, die nur von Bangkog ausgeht. Durch diese Wendung wirbt das Unternehmen dafür, noch einen zusätzlichen Ausflug zu buchen.

Auf der semantischen Ausstrahlungskraft eines Namens, der an ein positives und viel gebrauchtes Adjektiv anklingt, ist in Katalog 2 die Werbung für eine ganze Ferienanlage aufgebaut:

> ..., liegt La Romantica. Der Name sagt eigentlich schon alles. (2/1o1)

Aufwertung durch den Wortverband der Apposition:

> Dubrovnik, Fernziel von Generationen. (2/154)

Das in G.Wahrigs Wörterbuch nicht verzeichnete 'Fernziel' kann etwas schwer Erreichbares und daher Begehrenswertes konnotieren. Was Generationen als Ziel anstrebten, muß auch heute noch etwas Besonderes sein.

Im syntaktischen Verband kann die Aussage noch mehr verstärkt werden als durch ein schlichtes Adjektiv ('vielfältig'):

> Der leuchtende Name "Arosa" als Wintersportplatz gründet sich auf die Vorzüge, wie sie in dieser Vielfalt selten zusammentreffen: (3/66)

Auch hier schließt sich eine begründende Aufzählung an. Auf den Konnotationen, die allein die Nennung eines Ortsnamens ausstrahlen kann, basiert eine Aussage wie:

> Ein Name, der für sich spricht. (3/67; St.Moritz)

Durch die Betonung der Einmaligkeit erhält nachstehende Aussage ihre semantische Verstärkung:

> Weihnachten-Silvester 74/75 in Rom - ein Erlebnis, das in jeder Generation nur einmal möglich ist. (5/gr.13)

Die Begründung: zu diesem Zeitpunkt beginnt das Heilige Jahr.

In Katalog 6 ist die bevorzugte Verwendung positiver Verben auffallend:

> Gemütliches Kleinstädtchen, das sich durch seine schneereiche Lage auszeichnet. (6/32)

Fast gleichlautend in zwei verschiedenen Katalogen findet sich die folgende Umschreibung:

> ... - es sind Rheinfahrten Erster Klasse! (7/77)

> Die neuen Passagierschiffe ... bieten Rheinreisen "1.Klasse", ... (1o/23)

Der Ausdruck ist semantisch ambivalent. 'Erster Klasse' kann sich speziell auf den Komfort beziehen, andrerseits aber auch die ganze Rheinfahrt als 'erstklassig' charakterisieren.

Vor allem von Fernreisen wird ein bißchen Abenteuer, meist jedoch das 'gesicherte'[92] erwartet. Der ersehnte Nervenkitzel wird in folgenden Beispielen betont:

Afrika - das große Abenteuer. (8/3)

(Trotz der neuen Straße von Gilgit nach Baltit verlangt die Fahrt eine gute Kondition und etwas Abenteuerblut). (8/15)

Auf der steigernden Wiederholung basiert die Wirkung des folgenden Satzes:

Spanien - und besonders Analusien hat seine ganz eigenen Reize. Und in Puerto Maria seine ganz besonderen: (9/85)

Der Anreiz, eine Fahrt in ein bestimmtes Land zu buchen, wird sicher verstärkt durch eine Wendung wie:

Jugoslawien vereinigt die Schönheit vieler Reiseländer in sich: (1o/32)

Es folgt eine begründende Aufzählung.

Natürlich ist es bei der Fülle von Belegen aus den ja in ihrer Grundtendenz sehr positiv gehaltenen Ferienkatalogen nicht möglich, alle hochwertigen Aussagen genauer zu analysieren. Es sollte nur ein kleiner Überblick über die verschiedenen Formen semantisch aufwertender Syntagmen gegeben werden.

Auffallend in diesem Bereich ist vor allem aber noch der Gebrauch eines Wortes, durch das eine Aussage ganz besonders unterstrichen werden kann.

2.2.6.2. Höhepunkt

'Höhepunkt' ist eines der Reizwörter der Ferienkatalogssprache. Es ist in jedem der Kataloge meist mehrere Male anzutreffen; ganz besonders häufig ist sein Vorkommen in Katalog 1o.

Tanger: Die Wunderwelt des Orients. Höhepunkt Ihres Urlaubs! (1/3o)

Eine Reise muß indes nicht nur einen 'Höhepunkt' haben:

Die erfahrene N-U-R-Kreuzfahrtleitung, der Service einer perfekten Schiffsmannschaft und die Annehmlichkeiten unseres bewährten Kreuzfahrt-Liners "MS Irpinia" (...) versprechen eine Seereise voller Höhepunkte ... (1/171)

Eine Aufzählung folgt. Weitere Beispiele:

Einer der Höhepunkte ist die Besichtigung der Königsgräber, der Pyramiden und der Sphinx von Gizeh. (2/132)

> Der Durchzug der Elefantenherden durch den Luangwa-Fluß beim Morgengrauen ist der Höhepunkt Ihrer Safari-Erlebnisse. (4/89)
>
> Die HUMMEL- Teneriffa-Reise hat drei gewichtige Höhepunkte: ... (5/94)

Auch hier folgt eine Aufzählung derselben. Oder:

> Höhepunkt dieser Reise aber ist der Heilige Abend im kleinen Oberndorf. (5/gr.23)
>
> Ein Besuch dieser lebensfrohen, seit Generationen besungenen Stadt, ..., gehört zu den Höhepunkten jeder Mittelmeer-Kreuzfahrt. (7/21)

Wiederum eine Summierung von 'Höhepunkten' bietet der folgende Beleg aus Katalog 8:

> Und Linien-Jets der großen Luftfahrt-Gesellschaften bringen Sie schnell und sicher von Höhepunkt zu Höhepunkt. (8/32)

Da diese Aussage sich auf eine Weltreise bezieht, ist die Häufung von 'Höhepunkten' verständlicher.

In Katalog 1o gehört das Wort 'Höhepunkt' zu den bevorzugt gebrauchten Wörtern. Allein die Wendung 'ein Höhepunkt (der Reise) ist' erscheint rund 1o Mal innerhalb des recht knapp gefaßten und kurzen Katalogs, sie wirkt daher fast formelhaft:

> Die blaue Donau, das herrliche Budapest, der malerische Plattensee und die Romantik der Csarda - das sind die Höhepunkte dieser Reise! (1o/17)
>
> Ein Höhepunkt ist die Schiffsreise mit unterhaltsamem Bordleben. (1o/18)
>
> Eine faszinierende Reise mit vielen Höhepunkten. (1o/15)

Das Wort 'Höhepunkt' dient dazu, ein oder mehrere Ereignisse besonders herauszustellen und damit dem potentiellen Urlauber einen zusätzlichen Buchungsanreiz zu bieten. Diese Wendungen haben einen stark aufwertenden Charakter, bedingt durch die positiven Konnotationen, die das Wort 'Höhepunkt' auslöst. Statt 'Höhepunkt'kann gelegentlich auch 'Krönung' erscheinen.[93]

2.2.6.3. Steigerung durch Syntagmen aus dem Bereich des Kostbaren

Unter diesem Oberbegriff sollen Wortfolgen zusammengefaßt werden, die eine semantische Aufwertung vornehmlich durch die Verwendung von Wörtern und Begriffen aus dem Bereich des Kostbaren,des Reichtums bewirken.Meist handelt es sich um Metaphern.

> Hinter der 2 km langen Stadtmauer verbergen sich die eigentlichen Kostbarkeiten dieser Halbinsel: die romantische Altstadt mit engen Treppengäßchen, Brunnen, Palästen, Kirchen und Klöstern, ... (1/1o1)

Noch intensiver, bedingt durch das etwas altertümliche Wort, wirkt:

> Kyoto ist ein Schatzkästlein japanischer Kultur. (1/156)

Von sehr anschaulichen und entsprechenden Adjektiven begleitet wird die Metapher in einem Beispiel wie:

> Die Insel der Edelsteine ist selbst ein Juwel, hochkarätig, strahlend, mit vielen Facetten: ... (1/158)

Auch Katalog 4 gebraucht häufig den Vergleich mit Pretiosen:

> ..., und nach Ascoli Piceno, einem Kleinod der italienischen Kunst des Mittelalters und der Renaissance. (4/81)

> ... und über Santa Fé nach Granada, dem Juwel der spanisch-islamischen Kunst. (4/84)

Aufwertend wirken auch Wendungen aus dem Wortfeld 'Reichtum':

> ... liegt dieser Höhenluftkurort und Wintersportplatz in einem an Naturschönheiten reich beschenkten Hochgebirgstal. (6/28)

Nur aus dem hochwertigen Adjektiv resultiert die Wirkung der folgenden Aussage, deren realer Inhalt unklar bleibt, wohl auch unwichtig ist:

> ... ist die Adria-Hellas-Fahrt noch immer so wertvoll wie im Jahr 1958! (7/7)

Eine Hochstilisierung der üblichen Souvenirs bieten die folgenden Sätze:

> Schöne Dinge zum Mitnehmen finden Sie überall. Auf den Indianermärkten oder bei den Juwelieren in Rio. Schätze aus Südamerika! (8/3o)

Sehr bildlich ist nachstehender Beleg aus Katalog 9:

> Eingeschlossen in ein Schmuckkästchen von kupfernen Mauern, ... (9/57)

In Katalog 1o häufen sich Metaphern aus dem Bereich des Kostbaren:

> Weiterfahrt ... nach Béaune, dem Kleinod Burgunds. (1o/13)

> ... zeigt Ihnen diese Reise die von hochaufragenden Berggipfeln umrahmten Juwelen der Schweizer Seen ... (1o/6)

Ähnlich wie die mit 'reich' zusammengesetzten Adjektive wirkt die Umschreibung:

> Reich an landschaftlichen und städtebaulichen Schönheiten ist diese Fahrt. (1o/2o)

Die genannten Beispiele verdanken ihre Hochwertigkeit dem metaphorischen Vergleich mit Gegenständen aus dem Bereich des Kostbaren und Wertvollen, die beim Leser positive Konnotationen auslösen.

Zusammenfassung (S.384-393)

1. Eine weitere der zahlreichen Variationen im Bereich der semantischen Aufwertung ist die Verwendung hochwertender Wortkonstellationen.
2. Bei den Syntagmen, die einen Ort oder seine Gegebenheiten und Einrichtungen aufwerten, lassen sich einige Gruppen herauskristallisieren:
   a) Es wird beschrieben, was ein Ort alles bietet, wie ideal er ist, um dort einen Urlaub zu verbringen. Diese Aufwertungen wirken meist superlativisch.
   b) Der häufige Gebrauch der gleichen hochwertigen Adjektive wird vermieden durch eine Umschreibung, die die gleiche aufwertende Aussagekraft hat.
   c) Ein Ereignis oder eine Sehenswürdigkeit wird als Höhepunkt herausgestellt.
   d) Pretiosen werden als Metaphern herangezogen. Auch hier zeigt sich eine Ähnlichkeit zur Werbesprache: R.Römer bucht u.a. 'kostbar' als eines der Hochwertwörter, mit denen Produkte benannt werden.[94] In der Anzeigenwerbung werden ebenfalls solche Adjektive und Substantive verwendet, "die einen kostbaren oder exclusiven Bedeutungsmantel tragen", wobei 'Brillant' als ein Beispiel erwähnt wird.[95]

e) Daneben ist noch eine Fülle hochwertender Wortkombinationen anzutreffen, bei denen die Aufwertung auf den verschiedensten Gründen beruhen kann, u.a. auf der positiven Wirkungskraft bestimmter Verben, dem Gebrauch inhaltlich positiver,fremdsprachlicher Wendungen, der Erwähnung des Abenteuers usw. Dabei werden gelegentlich auch rhetorische Figuren verwendet, so vor allem Wiederholung, aber auch (meist umgangssprachliche) Metaphern.

3. Gelegentlich haben diese Syntagmen nur wenig realen Aussagewert, da sie jedoch aus semantisch indifferenten,aber stark mit positiven Werten besetzten Wörtern aufgebaut sind, lassen sie beim Leser einen großen Freiraum für persönliche positive Konnotationen.
4. Viele dieser hochwertenden Umschreibungen dienen dazu, den Urlaub an einem Ort dem Leser als ideal vor Augen zu führen und ihm damit zu suggerieren, daß alle die Wünsche, die er für seinen Urlaub hat, hier in Erfüllung gehen werden.
5. Bereits diese kleine Auswahl aus der großen Fülle der Beispiele, die sich in diesem Bereich beibringen lassen, zeigt, in wie verschiedenartiger Weise Aussagen aufgewertet oder positiv verstärkt werden können. Alle diese Beispiele können auch als Anzeichen dafür gelten, daß die Ferienkataloge vornehmlich solche Wörter und Syntagmen bevorzugen, die Raum für positive Konnotationen lassen.

2.2.7. Steigerung durch Appellation an das Prestigegefühl des Lesers

Wurden im Vorangehenden Belege dafür gebracht, wie eine semantische Aufwertung durch Wortwahl, stimmige Syntagmen und Vergleiche erzielt werden kann, und resultierte aus den verschiedensten Gründen die Wertsteigerung des jeweiligen Ortes, so soll im Folgenden auf ein werbepsychologisch wichtiges Phänomen eingegangen werden, die Appellation an das Prestigegefühl des Lesers.

In zahlreichen Schriften, die sich mit der Werbung aus soziologischer und psychologischer Sicht befassen, wird immer wieder darauf verwiesen, daß Werbung nicht nur einen Selbstzweck erfüllt, sondern in hohem Maße dazu dient, die soziale Selbsteinschätzung des Konsumenten zu beeinflussen.[96] So stellt die Werbung für den prestigesüchtigen Konsumenten in vielen Anzeigen Vorbilder heraus, denn die Menschen "streben danach, den Höhergestellten ähnlich oder gleich zu werden und sich von den unter ihnen Stehenden möglichst deutlich zu unterscheiden."[97] Zu einer der wichtigsten emotionalen Werbestrategien (und der Bereich der Emotion spielt in der Werbung eine große Rolle), wurde das Versprechen der Hebung des sozio-ökonomischen Status.[98] R.Römer hält fest, daß sich im gedanklichen Umkreis des gesellschaftlichen Ansehens die größte Fülle der Werbeaussagen überhaupt findet. "Dies hängt auch mit der Tatsache zusammen, daß Waren einen Geltungsnutzen, einen Prestigenutzen, einen Zusatznutzen haben. Im Verbrauch von Waren offenbaren sich soziale Grenzen und soziale Selbsteinschätzung, die einander bedingen."[99] Fast ohne Einschränkungen läßt sich dies auch auf den Bereich des Fremdenverkehrs übertragen. Das vermehrte Reisen an sich beruht teilweise auf solchen Gründen: "Immer weitere Bevölkerungskreise empfanden die Verbringung der Ferien außerhalb des Wohnorts als zur standesgemäßen Existenz, als zum Lebensstandard unerläßlich und ahmten räumlich wie zeitlich die Reisegewohnheiten der höheren Kaufkraftklassen nach."[100] Auch nicht ausschließlich die Erholung dient als Reisemotiv: "Das zweite größere Motiv scheint das Prestigebedürfnis weiter Bevölkerungsschichten zu sein."[101] Als Gründe für die Wahl eines bestimmten Ortes wurden ermittelt:

"a) die tatsächlichen Bedürfnisse

b) die Selbsteinschätzung des Touristen

c) der immaterielle Wert (image) eines Fremdenverkehrs-ortes"[102]

und als eines der vorrangigen Grundbedürfnisse, die das Reisen bedingen: "das Bedürfnis, anderen gegenüber den eigenen sozialen und wirtschaftlichen Status oder den Grad der Bildung und des Lebensstils vor Augen zu führen."[103] Da ähnliche Motive sich auch beim Kauf von Waren nachweisen lassen, legt die Werbung Wert darauf, dem Leser das Gefühl zu vermitteln, durch den Kauf einer bestimmten Ware sein Prestige zu erhöhen: "Die Werbung versucht, durch Schmeichelei die Selbsteinschätzung des Verbrauchers zu erhöhen. Das Mittel, das die Werbung anzubieten hat, um das sozial höherstehende Vorbild zu erreichen, ist der Verbrauch einer bestimmten Ware. Die gesamte Argumentation der Werbung läuft in diesem Punkt darauf hinaus, daß jemand lediglich durch den Kauf einer Ware, die reiche, kultivierte, verständige Menschen bevorzugen, diesen Menschen wenn nicht gleich, so doch ähnlich wird. Sie suggeriert dem Verbraucher, er sei ein anspruchsvoller Mensch, er dürfe anspruchsvoll sein, er beweise Kennerschaft und Exklusivität, wenn er diese oder jene Ware kaufe."[104] Gerade der Appell an das Prestigegefühl des potentiellen Urlaubers ist ein wichtiges Moment, das auch in der Fremdenverkehrswerbung seine Wirkung nicht verfehlt: "Da sich die wenigsten Menschen ihres eigenen Prestigebedürfnisses bewußt sind, dieses Bedürfnis vielleicht nicht einmal wahr haben wollen, empfiehlt sich hier ein unterschwelliger Appell an die einschlägigen Motive: der Wunsch, dort zu sein, wo die große Welt verkehrt, als weitgereister Mann, als gebildet zu erscheinen."[105] Der bekannte Werbefachmann D.Ogilvy gibt in seinen 'Geständnissen eines Werbemannes' u.a. auch eine Anleitung für das wirksame Entwerfen einer Fremdenverkehrsanzeige. Als besonders erfolgreichen Weg zur Reisemotivation empfiehlt er, Gewicht zu legen "auf den Prestigegewinn, der mit einer solchen Reise verbunden ist."[106] Als weiteren

Punkt führt er an: "Die Reiseziele sind sehr der Mode unterworfen. Ihre Anzeige sollte also betonen, daß 'man' heutzutage in Ihr Land fährt. Der Modetrend hat einen geradezu magischen Einfluß auf den Fremdenverkehr."[1o7]
Aus diesen Gründen erscheint es verständlich, daß sich in den Ferienkatalogen eine Fülle von Belegen beibringen läßt, die an das Prestige des potentiellen Urlaubers appellieren. Im Folgenden sollen einige signifikante Beispiele aus allen Katalogen erwähnt werden, wobei bei weitem nicht alle Belege berücksichtigt werden können. Es lassen sich in etwa drei Motivkreise abgrenzen: Beliebt ist es vor allem, auf die Internationalität und Exklusivität des am jeweiligen Urlaubsort anzutreffenden Publikums zu verweisen; daneben finden sich häufig Wendungen wie 'für Kenner' usw., wobei der potentielle Reisegast sich mit diesen Gruppen identifizieren kann; dazu ferner noch das Hervorheben der wachsenden Beliebtheit und Berühmtheit eines Ortes.

2.2.7.1. Betonung des Publikumskreises

Vielgebraucht ist in diesem Zusammenhang das Adjektiv 'international'.

> Internationale Atmosphäre auf Schritt und Tritt. (1/89; Rimini)

Für den Urlauber noch anziehender wird ein Ort, in dem er die Leitbilder seiner Gesellschaftsordnung wiederfindet:

> Der Charme dieses Ortes am tiefblauen Meer, ... hat nicht nur Filmstars, Aristokraten und Künstler bezaubert. (1/5o; Marbella)

Das 'nicht nur' könnte eine Miteinbeziehung des angesprochenen Urlaubers beinhalten.

Als nähere Bestimmung für Neckermanns Club Aldiana findet sich die Beifügung:

> Dort, wo die Glücklichen wohnen. (1/78)

Glück gehört zu den menschlichen Hauptwünschen. Dem Leser wird unterschwellig suggeriert, daß, wenn er diesen Club als Urlaubsort wählt, auch er zu jenen Glücklichen zählen wird.

Das nachstehende Beispiel aus Katalog 2 bezieht sich auf einen Ort, dem auch in Katalog 1 'Internationalität' zugebilligt wird:

> ... - ein internationales Publikum weiß zu schätzen, was Rimini alles bietet. (2/164)

Aus einem sehr illustren Kreis sind die folgenden Urlauber gewählt:

> Kaiser und Könige hatten hier ihre Sommerresidenz. (2/149; Korfu)

> Hier in der Nähe macht Staatspräsident Bourgiba Urlaub - Grund genug für Sie, sich das auch mal zu überlegen. (2/176; Sousse)

In Katalog 3 beruft man sich auf eine ausgewählte Personengruppe, die in ihrer Urlaubsentscheidung als ausschlaggebend angesehen wird:

> Den Münchnern ist Schliersee als Wintersportort schon längst ein Begriff, - und sie sind sehr wählerisch! (3/13)

Prestigefördernde Miturlauber auch in Katalog 4:

> Seit Jahrzehnten Treffpunkt Intellektueller und Künstler aus aller Welt. (4/63; Positano)

> Das reizvolle Seebad ... wurde zum Refugium des europäischen Hochadels und unzähliger internationaler Filmstars. (4/24; Marbella)

> Auch heute noch ist die Insel Ferien-Refugium Nr.1 der internationalen Society. (4/62; Capri)

In den beiden letzten Beispielen wird durch die gehobene Wortwahl, die sich vor allem in der Verwendung von Fremdwörtern zeigt, die Exklusivität unterstrichen. Daß sich innerhalb der Kataloge Übereinstimmungen in der Beschreibung der Orte finden, wird offenbar an der fast gleichlautenden Charakterisierung des Publikumskreises von Marbella in den Katalogen 1 und 4. Eine ähnliche Aussage über einen Ferienort auch bei nachstehenden Belegsätzen:

> Hier trifft sich das internationale Publikum. (4/26)

> Ton und Atmosphäre wird bis tief in die Nacht hinein von einem internationalen Publikum bestimmt. (5/95; Puerto de la Cruz)

In Katalog 6 gehören 'international' und seine Umschreibungen ebenfalls zu den Reizwörtern:

> Der moderne Skiort, ..., ist nicht nur ein Treffpunkt von Wintersportlern aus aller Welt, auch das gesellschaftliche Leben hat hier internationales Format. (6/15; St.Anton am Arlberg)

Da es sich bei 6 um einen Winterkatalog handelt, beruft man sich gelegentlich darauf, daß international anerkannte Skiläufer zu seinem Besucherkreis zählen:

> ..., trifft sich aber auch die alpine Weltelite, denn es gibt Abfahrten bis zu sieben Kilometer Länge. (6/24; Lienz)

Katalog 7 stellt fast ausschließlich Kreuzfahrten vor und gerade diese gelten immer noch, vornehmlich auf Grund ihres Preises, als etwas Exklusives. Daher ist es auch nicht verwunderlich, daß häufig mit einer Reihe von hochwertenden Wörtern der Publikumskreis hervorgehoben wird:

> Man lernt anspruchsvolle, kultivierte Mitreisende kennen, die einen Stil zwischen Tradition und Moderne schätzen. (7/47)

> Kreuzfahrten auf dem Rhein sind Ferien ganz besonderer Art: zusammen mit einem internationalen, anspruchsvollen Publikum erleben Sie ... (7/77)

Bei den voranstehenden Beispielen ist meist der potentielle Urlauber selbst miteinbezogen, er kann sich, bucht er diese Reise, zum kultivierten, anspruchsvollen Publikum zählen; seine Selbsteinschätzung wird aufgewertet.

In folgenden Beispielen aus Katalog 9 wird dem Leser ebenfalls eine Identifikationsmöglichkeit gegeben:

> Mit viel Komfort und großzügigen Anlagen präsentiert sich dem verwöhnten Weltmann das Dorf für Anspruchsvolle. (9/56)

> Exklusives im Club, damit Sie sich genauso exklusiv fühlen. (9/23)

In Katalog 1o wiederum finden sich häufig Beispiele für die Betonung der Internationalität.

> Die Königin der Riviera in der Engelsbucht, mit der imposanten Promenade des Anglais, dem Treffpunkt der internationalen Welt, ... (1o/26; Nizza)
>
> Nizza, der Treffpunkt intern. Touristik, ... (1o/2o)

Zusammenfassend läßt sich festhalten, daß der Verweis auf die Internationalität und Prominenz des Publikums, das einen Ferienort besucht, in fast allen Katalogen und mit mehreren Belegen nachzuweisen ist. Dadurch wird für den potentiellen Urlauber ein Buchungsanreiz geboten, da es sein Prestige steigert, den Urlaub an einem Ort mit exklusivem Besucherkreis aus aller und der großen Welt zu verleben.

2.2.7.2. Prädestination für einen bestimmten Urlauberkreis und Berufung auf Autoritäten

Das Selbstwertgefühl des Lesers kann auch gesteigert werden, wenn er selbst in einen Kreis ausgesuchter Gäste miteinbezogen wird. Durch die Betonung, daß ein Urlaubsort für gewisse Bezugsgruppen prädestiniert ist, wird dem potentiellen Urlauber die Möglichkeit gegeben, sich mit einer dieser Bezugsgruppen zu identifizieren. Daneben kann die Bedeutung eines Ortes dadurch unterstrichen werden, daß gewisse Autoritäten, manchmal sind sie namentlich genannt, manchmal handelt es sich nur um eine vage definierte Expertengruppe, ein positives Urteil über den Ort und seine Einrichtungen abgeben. Der Urlauber kann sich bei seiner Wahl auf die Meinung von Fachleuten stützen, stimmt mit ihnen überein. Was diese gut finden, wird auch für ihn gut sein.

> So richtig für Kenner, die was vom Faulenzen und Sonnenbaden verstehen. (1/64)
>
> Ein beliebter Badeort für Eingeweihte, ... (1/15)

> Für Anspruchsvolle (Oasis La Zenia) und Freiheitsliebende (App. Dinamarca). (1/44)

Einen gewissen Widerspruch stellt die Betonung des Individualismus in Katalogen von Großveranstaltungen dar, deren erklärtes Ziel es ja ist, möglichst viele Menschen für einen Urlaubsort zu begeistern. Aber gerade dieser Hinweis ist von Wichtigkeit, um auch solche Zielgruppen anzusprechen, für die organisierte Reisen mit der negativen Denontiation der Masse behaftet sind:

> Urlaubsziel für Individualisten. (1/24; San Antonio Abad)

Die Berufung auf anerkannte Autoritäten kann sich positiv auswirken, da sich der Urlauber von ihnen in seiner Wahl bestätigt findet, sie für die Qualität des Ortes garantieren:

> Sir Francis Chichester war von der Bucht von Pollensa begeistert. Er war Ehrenmitglied des "Club Nautico", bei dem unsere Boote liegen. (1/142)

> Wenn selbst erfahrene amerikanische Jachtleute die mittlere und südliche Adria über die Caribic stellen, muß 'was dran sein. (1/143)

In einen erlesenen Kreis weniger, besonders ausgesuchter Gäste miteinbezogen,fühlt sich der Leser bei Wendungen wie:

> Die Cala Canyamel gilt nach wie vor als ein Geheimtip für einen besonderen Mallorca-Urlaub. (2/28)

> Exklusiv! Lage und Ausstattung einmalig auf Ibiza. Und nur einem relativ kleinen Kreis vorbehalten. (2/51; Club Cala Vadella)

Sehr häufig urteilen nicht näher bestimmte 'Kenner' über die Qualität eines Urlaubsortes:

> Kenner bezeichnen Obertauern als "Nonplusultra" für den Skifahrer, und das ist nicht übertrieben. (3/53)

Die Meinung dieser Autoritäten wird vom Reiseveranstalter sanktioniert.

In Katalog 4 wird dem potentiellen Urlauber ebenfalls ein Geheimtip von Berufenen verraten:

> Ein geheimer Tip der Kenner ist der goldene Sandstrand "El Rodadero Beach", ... (4/78)

In den Kreis dieser Experten kann auch der Urlauber aufgenommen werden, wenn er den entsprechenden Ort bucht:

> Die kleine, nicht sehr bekannte Schwesterinsel von Rhodos mit ihren unberührten Stränden ist ein Ferienziel für Kenner. (4/45; Kos)

Ähnliche Motive finden sich ebenfalls in Katalog 5:

> Kenner und Genießer haben es schon immer gewußt: Im Winter und Frühling ist die Riviera am bekömmlichsten. (5/87).
>
> Großes Silvester Galamenü für verwöhnte Gaumen. (5/gr.2o)
>
> ... der selbst den anspruchsvollsten Gast zufrieden stellt. (5/gr.12)

Sich selbst miteinbeziehen kann man eventuell auch in folgende Personengruppe:

> Das ausgedehnte Skigebiet, das Ski-Asse aus aller Welt anlockt, ... (6/6)

Ebenso exklusiv ist die in Katalog 7 erwähnte Bezugsgruppe, in die sich mancher Urlauber sicher gern einreihen möchte:

> Rheinkreuzfahrten nach Holland - Kurzferien für Anspruchsvolle. (7/76)

In Katalog 9 wird vornehmlich verwiesen auf Kenner des Club Méditerranée, also der Einrichtung, die vorgestellt wird:

> Cefalu, ein Hüttendorf-Tip von Kennern der Club-Palette. (9/62)
>
> Kenner des klassischen Clubs kommen immer wieder hierher zurück. (9/66)

Bei folgendem Beispiel wird der Urlauber in einen außergewöhnlichen und anspruchsvollen Kreis miteingeschlossen:

> Agadir ist für Urlaubs-Professionals. Für Kenner, die meinen, sie hätten alles Schöne dieser Urlaubswelt bereits erlebt. (9/56)

Nur einem bestimmten Zirkel ist diese in Katalog 1o vorgestellte Reise vorbehalten:

> Eine Reise für Kenner und Liebhaber kultivierten Lebens und gemütlich gelassener Romantik längst vergangener Zeit. (1o/13)

All diesen Beispielen ist gemeinsam, daß der potentielle Urlauber einer ihn aufwertenden Bezugsklasse zugerechnet wird, bzw. daß ihm die Möglichkeit geboten wird, sich mit diesem Kreis zu identifizieren oder, daß zur Wahl eines Urlaubsortes indirekt durch das Urteil von Autoritäten geraten wird.

2.2.7.3. Betonung der Beliebtheit eines Ortes

Wurde als Hauptkriterium für die Wahl eines Gebietes in den vorangehenden Belegen meist die Tatsache angeführt, daß der Ort für eine bestimmte Gruppe prädestiniert, also einer kleinen Zahl von Kunden vorbehalten ist, so beruht der Buchungsanreiz in den folgenden Beispielen auf der Betonung, daß ein Ort zunehmendes Interesse in weiten Kreisen erweckt. Der Urlauber kann sich für einen Ort entscheiden, der gerade in Mode ist, ein Motiv, das für die Wahl eines Ferienortes als besonders wichtig angesehen wird.[1o8] Außerdem wurde festgestellt: "Ein bißchen Farbe, Atmosphäre und Berühmtheit, darauf kommt es dem Reisenden hauptsächlich an."[1o9] Besonders deutlich wird dies in folgenden Beispielen aus Katalog 1:

> Alle Welt spricht von "Torre" (1/46)

> Immer mehr Urlauber sind von Santa Ponsa und seiner herrlichen Umgebung begeistert! (1/18)

Ähnlich wirkt auch eine Aussage wie:

> International gerühmt - ... (2/166; Cattolica)

Das Prinzip, die wachsende Beliebtheit eines Ortes zu betonen, findet sich auch in den Winterkatalogen:

> Marquartstein in den Chiemgauer Bergen ist ein altbekannter Luftkurort und erfreut sich auch im Winter stetig wachsender Beliebtheit. (3/14)

> Immer mehr Wintersportler und Erholungssuchende schätzen diesen aufstrebenden Wintersportort. (3/7o; Les Dialerets)

Fast gleichlautende Beispiele sind in Katalog 5 anzutreffen:

> Auch als Wintersportplatz erfreut sich das am Lech nahe der Tiroler Grenze gelegene Mineral- und Moorbad zunehmender Beliebtheit. (5/29)

> Das idyllische Bergdorf am Südosthang der Samnaunberge erfreut sich dank seines hervorragend ausgebauten Skizirkus auf der Komperdell-Alpe (2377 m) internationaler Beliebtheit. (5/45)

Diese Syntagmen haben eine ähnliche Funktion wie die mit 'viel' oder 'Welt' zusammengesetzten Adjektivkomposita oder wie die häufig gebrauchten Beiwörter 'bekannt', 'beliebt', 'berühmt'.

Zusammenfassung (S.394-4o3)

1. Zu einem weiteren Bereich aufwertender Syntagmen lassen sich Aussagen zusammenfassen, die an das Prestige des potentiellen Urlaubers appellieren. Sie wirken auf verschiedene Weise:
   a) Ausgewählte Personengruppen (meist unter der Berufung auf ihre Internationalität und Prominenz) werden als Publikum eines Zielgebietes vorgestellt. Durch die Wahl dieses Gebietes kann der Urlauber sein eigenes Prestige steigern, da er sich in Gesellschaft eines erlesenen Kreises befindet.
   b) Die Qualität eines Urlaubsortes und seiner spezifischen Einrichtungen wird durch das Urteil anerkannter Persönlichkeiten bestätigt. Diese Autoritäten können mit Namen genannt sein oder auch eine nicht näher oder nur unzureichend bestimmte Gruppe von'Kennern'sein. Wählt der Urlauber diesen Ort, stimmt er mit diesem'Zirkel' überein.
   c) Der Urlaubsort wird als für einen bestimmten Kreis von Urlaubern besonders geeignet angepriesen. Dem potentiellen Urlauber wird so die Möglichkeit gegeben, sich mit dieser meist mit positiven Attributen versehenen Bezugsgruppe zu identifizieren und so seinen eigenen Status aufzuwerten.
   d) Es wird auf die Beliebtheit eines Urlaubsgebietes verwiesen und damit dem Leser die Sicherheit gegeben, einen Urlaubsort zu wählen, der zur Zeit in Mode ist, der aus den verschiedensten Gründen, die manchmal auch erwähnt werden, gerne besucht wird. Die Wahl des Ferienortes wird somit von einer Vielzahl anderer Urlauber gleichsam als richtig bestätigt.
2. Der Appell an das Prestige und die meist nur indirekt gebotene Möglichkeit der Einstufung in einen exklusiven und hochgestellten Kreis weniger erscheint in den Ferien-

katalogen häufig und auf verschiedene Art ausgedrückt. Hier zeigen sich Übereinstimmungen mit der Konsumwerbung. S.Hayakawa sieht in dieser Beziehung sogar eine Übereinstimmung so verschiedener Gebiete wie Dichtung und Werbung und zwar die gemeinsame Funktion, "in unsere Phantasie einzutreten und jene Idealisierung unserer selbst zu formen, die in starkem Maße unser Verhalten bestimmt."[11o]

2.2.8. Semantische Aufwertung durch Beziehung zum Irrationalen

Von vielen Psychologen, die sich mit dem Problem der Ferien beschäftigen, wird festgehalten, daß der Urlaub häufig als eine Flucht aus dem Alltag, teilweise sogar aus der Realität zu betrachten ist: "Die Urmotive der Ferien- und Vergnügungsreisen liegen zunächst in einer Flucht aus dem Alltag."[111] Mit dem Zuhause,von dem der Urlauber sich für zwei oder drei Wochen löst, löst er sich auch von den alltäglichen Problemen, von seinen Sorgen; der Urlaub wird zur Flucht in eine andere, schönere Welt. Vielleicht ist es aus dieser Grundsituation heraus verständlich, daß viele Wörter in den Ferienkatalogen aus der Sphäre des Irrationalen, des Traums, des Wunders genommen sind.

2.2.8.1. Wunder, Märchen, Sage

In einer ersten Gruppe sollen alle die Ausdrücke zusammengefaßt werden, bei denen entweder ein Bestandteil ein Wort dieser Sphäre ist ('wundervoll') oder die Syntagmen aus Wörtern dieses Bereichs darstellen.

2.2.8.1.1. Adjektivzusammensetzungen aus dem Bereich Wunder, Märchen, Sage

In allen Katalogen lassen sich in großer Zahl Adjektive nachweisen, deren erstes Glied das Wort 'Wunder' ist. Vornehmlich anzutreffen sind dabei 'wunderschön' und 'wundervoll'. Bei 'wunderschön' dient der erste Teil wohl vornehmlich als Verstärkungspartikel, 'wundervoll' wird bei G.Wahrig als 'herrlich' wiedergegeben.[112] Beide Adjektive drücken somit einen hohen Grad von 'schön' aus, wobei nicht auszuschließen ist, daß sie auch Konnotationen mit der ursprünglichen Bedeutung des Wortes 'Wunder' auslösen. Beide Epitheta sind auf jeden Fall in ihrer Grundbedeutung sehr positiv. Weiter finden sich häufig Adjektive, die einen Vergleich ausdrücken wie 'märchenhaft' oder 'zauberhaft'; bei diesen Beiwörtern ist die Verbindung zum Bereich des Irrationalen noch eher erkennbar. Dieser Sphäre zuzurechnen sind auch die Zusammensetzungen mit 'Geheimnis', wobei es sich hier vorzugsweise um den Gebrauch des Adjektivs 'geheimnisvoll' handelt. Der Verweis auf das Geheimnis wirkt anziehend, weil es Neugier erweckt und Konnotationen des Unbekannten, Außergewöhnlichen auslöst. Auf die Verwendung dieser Adjektive soll an Hand einiger Beispiele kurz eingegangen werden.

In Katalog 1 ist 'wunderschön' häufig anzutreffen. Seine Verwendung entspricht einer Steigerungsform von 'schön':

> Mit einem neu erbauten Ferienzentrum - wunderschön angelegt! (1/64)

Weiter wird Inseln, Orten, Stränden, Buchten aber auch Ausflügen das Epitheton 'wunderschön' beigegeben:

> Teneriffa hat einen wunderschönen Sandstrand im sonnensicheren Süden: Playa de las Americas. (1/64)

> Wunderschönes Ibiza - erleben Sie dieses Urlaubsparadies auf unserer Inselrundfahrt. (1/3o)

'wundervoll' wird meist als Beiwort zu wertvollen Gegenständen gebraucht, so z.B. 'wundervolle Fayencen' (1/136) oder 'wundervolle chinesische Seide' (1/155). Eine Höchstform von 'schön' stellt die vergleichende Bildung 'märchenhaft' dar, die in ihrer ursprünglichen Bedeutung aussagt, daß so etwas in der Realität eigentlich gar nicht anzutreffen wäre.

> Völlig zu Recht steht dieses märchenhafte Gelände unter Naturschutz. (1/75)

In Katalog 1 ist außerdem das Adjektiv 'zauberhaft' häufig zu buchen, das eine ähnliche Grundbedeutung wie 'märchenhaft' hat und das semantisch eine Verstärkung von 'schön' darstellt. Es bezieht sich hier ausschließlich auf geographische Gegebenheiten wie Landstriche, Buchten und Städte ebenso das Adjektiv 'bezaubernd':

> Zauberhaftes Andalusien. (1/172)
>
> Neben dem winzigen Fischerhafen: die zauberhafte Sandbucht. (1/23)
>
> Bezauberndes Kap der Ostküste des Peloponnes. (1/113)

'zauberhaft' kann auch als steigerndes Vorsatzwort dienen:

> Südlich der Bucht von Becici liegt dieses zauberhaft schöne Fleckchen - ... (1/1o4)

'sagenhaft' ist heute zu einem mit stark positiven Konnotationen behafteten Modeadjektiv geworden; es bezieht sich in Katalog 1 zumeist auf den Preis oder das Hotelangebot:

> ... hervorragende Hotels zu einem sagenhaften Preis. (1/31)

Das redundante 'billig' ist vom Leser selbst zu ergänzen. 'sagenumwoben' wird meist mit Exotischem in Verbindung gebracht, konnotiert Fremdes, fast Unheimliches und wirkt daher interessant.

> ..., sagenumwobenes Kleinasien, ... (1/171)

Auch'geheimnisvoll' nimmt vornehmlich Bezug auf Exotisches:

> Besuch ... der geheimnisvollen Meriniden-Nekropole, ... (1/46)

Hier wird sicher schon der Begriff 'Meriniden-Nekropole' für viele Leser geheimnisvoll sein (bei den 'Meriniden' handelt es sich um eine Berber-Dynastie im Marokko des Mittelalters).

Bei den in Katalog 2 nur vereinzelt gebuchten Adjektiven 'wunderschön' und 'wunderhübsch' (2/53) stellt 'Wunder' gleichsam eine verstärkende Vorsilbe dar:

> Playa del Ingles, das ist eine phantastische Dünenlandschaft, ein wunderschöner Strand, ... (2/94)

Auch hier beziehen sich 'zauberhaft' und 'bezaubernd' ausschließlich auf Geographisches wie Inseln, Orte, Buchten:

> Zwei Hotels, einige Häuser und eine zauberhafte Badebucht. (2/49)
>
> Bezaubernder Ferienort am Hardangerfjord. (2/192)

'sagenhaft' wird in seiner umgangssprachlichen Verwendung zur Charakterisierung von günstigen Preisen gebraucht oder als intensivierendes Vorsatzwort, während 'sagenumwoben' hier einen realen Tatbestand ausdrückt:

> Zum Beispiel an den sagenhaft schönen Strand von Maspalomas ... (2/89)
>
> ... (Palast des sagenumwobenen Königs Minos). (2/142)

In Katalog 2 erscheint 'geheimnisvoll' ebenfalls in Zusammenhang mit Exotischem, nämlich bei der Beschreibung von Reisen nach Thailand:

> ... Anschlußreisen, die zu geheimnisvollen und aufregenden Stätten fremder und längst vergangener Kulturen führen. (2/2o1)

In Katalog 3, einem Winterkatalog, ist 'wunderschön' ein häufig gebrauchtes Adjektiv, das sich vornehmlich auf die Lage eines Ortes oder die umgebende Landschaft bezieht; ebenso 'bezaubernd' und 'märchenhaft'. Es ist anzunehmen, daß diese Adjektive der Monotonie eines zu häufigen 'schön' entgegenwirken sollen:

> Diese Hotelsiedlung liegt ruhig und sehr sonnig inmitten eines wunderschönen Skigebietes, ... (3/64)
>
> ... liegt dieser bezaubernde Wintersport- und Erholungsort. (3/51)
>
> Der reizvolle und märchenhafte Wintersport- und Erholungsort liegt im Herzen der Waadtländer Alpen. (3/7o)

Als 'sagenhaft' wird in Katalog 4 der Palast in Knossos bezeichnet (4/49), der in Katalog 2 durch das Adjektiv 'sagenumwoben' näher bestimmt wird. 'sagenumwoben' zählt hier zu den häufig belegten Adjektiven. Es kann sich auf Landschaften, Berge, Burgen beziehen und steht meist in Verbindung mit entfernt liegenden Gebieten. Ebenso verhält es sich mit 'geheimnisvoll':

... und zum sagenumwobenen Berg Eryx bei Trapani. (4/82)

... und den sagenumwobenen Khyberpaß nach Peshawar ... (4/9o)

... nach Chiwa, der geheimnisvollen Stadt... (4/8o)

3 1/2 Tage im geheimnisvollen Dschungel am Amazonas. (4/92)

Fast noch stärker, da es allgemein selten gebraucht wird, wirkt das beinahe poetische Adjektiv 'geheimnisumwittert':

Vormittags weiter zur zweiten Abbasiden-Residenz Samarra mit geheimnisumwitterten Kalifenpalästen ... (4/88)

Vor allem diese Adjektive dienen dazu, beim Leser Neugier zu wecken.

'zauberhaft' und 'bezaubernd' dienen als Epitheta für Landschaften und Orte, wobei 'zauberhaft' auch als steigerndes Vorsatzwort zu 'schön' verwendet werden kann:

Ein zauberhaft schöner Küstenstreifen ... (4/1o)

Viele jugoslawische Künstler haben sich dieses bezaubernde Städtchen ... (4/57)

Wesentlich rationaler ist dagegen Katalog 5 gestaltet. Es finden sich gelegentlich 'bezaubernd' oder 'wunderschön':

Der gepflegte Winterkurort am Ende des bezaubernden Zillertales ... (5/52)

Die weltbekannte Touristenmetropole an der Baie des Anges - einer bezaubernd schönen Bucht - ... (5/86)

Wunderschönes Skiübungsgelände ... (5/74)

Romantisch und fast klischeehaft, aber durch den Bezug auf das Irrationale hochwertig, klingt:

... bietet ... die Gelegenheit zu erholsamen Spaziergängen durch verzauberte Winterwälder. (5/gr.21)

'zauberhaft' kann sich auf die Lage beziehen ('in zauberhafter Lage'; 5/gr.22).

In Katalog 6 ist an Adjektiven aus dem Bereich des Irrationalen nur 'märchenhaft' anzutreffen:

Pferdeschlitten fahren in die märchenhafte Waldlandschaft des Hochschwarzwaldes. (6/3o)

'wunderbar' und 'bezaubernd' sind auch in Katalog 7 zu belegen, beide hier in der Bedeutung von 'sehr schön':

... (wunderbarer Ausblick über das Abisko-Schutzgebiet) (7/27)

Berühmter Kurort auf der Krim, bezaubernde Landschaft ... (7/43)

Knossos wird, wie in anderen Katalogen auch, mit dem Beiwort 'sagenhaft' versehen (7/9).

Häufiger dagegen finden sich in Katalog 8 Adjektive wie 'wunderbar', 'wunderschön' oder 'wundervoll'; sie können sich auf Verschiedenes beziehen. Meist sind auch hier diese Adjektive ihrem Sinn nach Verstärkungen für 'schön':

Ausruhen und Baden am wundervollen Strand von Copacabana. (8/3o)

Von 24oo m Höhe führt Sie eine wunderbare Panoramastraße nach Massawa ... (8/8)

Während 'zauberhaft' dem Sinnbereich von 'schön' entstammt, steht 'verzaubert' dem des Irrationalen näher:

Die verzauberte Inkastadt Machu Picchu erleben ... (8/24)

Da Katalog 8 Fernreisen vorstellt und somit in entlegene Gebiete führt, ist verständlich, daß hier Adjektive aus dem Bereich des Unerforschten häufiger anzutreffen sind:

Eingeschlossen das Erlebnis der geheimnisvollen Osterinseln ... (8/32)

Ganz Abenteuerluste (!) können unter Leitung eines einheimischen Führers den Fußmarsch zum geheimnisvollen, sagenumwobenen See Vaihiria in den Bergen wagen ... (8/37)[113]

Am Nachmittag Weiterflug zum sagenumwobenen Mt. Hagen im Hochland Neuguineas. (8/33)

Dem Zauber Südostasiens ist folgende Wendung angepaßt:

Das verwunschene Heiligtum von Borobodur ... (8/19)

Mit dem Beiwort 'märchenhaft' wird in Katalog 9 Istanbul versehen (9/75) und 'zauberhaft' können auch Straßen sein:

... zauberhafte Straßen und wilde Natur ... (9/83)

In Katalog 1o sind es Naturschönheiten:

- und eine hochinteressante Fahrtroute mit zauberhaften Naturschönheiten ... (1o/28)

Sehr anziehend klingt:

..., umrahmt von der märchenhaften Pracht des Hochgebirges; (1o/6)

Als 'wunderschön' wird eine Stadt tituliert und als 'wundervoll' ein Landstrich:

Straßburg ist nicht nur die wunderschöne Hauptstadt des Elsaß, ... (1o/7)

... und durch den San Bernardino-Tunnel (165o m) in das wundervolle Misox zum berühmten Lago Maggiore ... (1o/7)

Die Adjektive und Adjektivzusammensetzungen aus dem Bereich des Märchens, der Sage, des Wunders bilden zum einen verstärkende Formen zur Bezeichnung von 'schön', sie drücken Schönheit in einem Grad aus, der eigentlich schon außerhalb der Realität liegt (vor allem 'bezaubernd', 'wunderschön' oder 'wundervoll'), zum anderen bezeichnen sie das Ungewöhnliche, Exotische (hier vor allem 'sagenumwoben', 'geheimnisvoll'), das Neugierde erweckt. Sie dienen der Intensivierung des Ausdrucks, bringen Abwechslung in den manchmal stereotypen Gebrauch der schmückenden Epitheta und wirken durch ihren mit stark positiven Konnotationen behafteten Charakter aufwertend.

2.2.8.1.2. Substantive und Syntagmen aus dem Bereich Wunder, Märchen, Sage

Unter den Substantiven und Syntagmen, die aus diesem Umkreis stammen, ist 'Zauber' das am meisten in diesem Zusammenhang gebrauchte Wort. Die semantische Wirkkraft des Wortes 'Zauber' beruht weniger auf seiner ursprünglichen Verwendung in magischer Bedeutung, sondern konnotiert vielmehr 'unwiderstehlicher Reiz, fesselnder Liebreiz'.[114] Vornehmlich in Katalog 1 findet dieses Wort häufig Verwendung:

Das kleine Städtchen ist geprägt von arabischem Einfluß und hat bis heute seinen eigenwilligen Zauber bewahrt. (1/26)

> Die vier Mogul-Gärten, Zeugnisse des unvorstellbaren Luxus der Mogul-Kaiser: die "Königliche Quelle", der "Garten des Vergnügens", das "Haus der Liebe" und der "Garten des Morgenwindes" - Namen voller Zauber. (1/159)

Vereinzelt sind auch Verben aus diesem Bereich zu buchen:

> Der Charme dieses Ortes ... hat nicht nur Filmstars, Aristokraten und Künstler bezaubert. (1/5o)

Der Vergleich mit dem Übernatürlichen verstärkt die folgende Aussage:

> Porto. Ein Wunder der Natur. Felsgebilde in wilden, seltsamen Formen wie Fabelwesen, die vor Urzeiten dem Meer entstiegen sind. (1/75)

Gelegentlich werden die berühmten 'Märchen aus 1oo1 Nacht', die voll Konnotationen des Schönen, des Luxus, des Exotischen sind, zur Charakterisierung orientalischer Städte herangezogen:

> Marrakesch (Marokko): ein Märchen aus 1oo1 Nacht - (1/53)

Oder es erfolgt allgemein die Gleichsetzung mit einem 'Märchen', um so den Reiz der Gegend besonders herauszustellen:

> Denn der Golf von Siam ist ein Märchen aus strahlender Sonne, rauschenden Wellen und traumhaftem Palmenstrand. (1/153)

In Katalog 2 dient 'Zauber' ebenfalls der Umschreibung von Schönheit, kann aber auch die ursprüngliche Bedeutung mitbeinhalten:

> Südländischer Zauber umfängt Sie. (2/174)

Der Reiz der folgenden Aussage liegt in der Verwendung des Verbs in seiner ursprünglichen Bedeutung und der Personifizierung:

> Ein wasserführender Süßwasserfluß (...) zaubert eine üppige Vegetation und lädt zu romantischen Bootsfahrten ein. (2/28)

In seinem Informationswert nichtssagend und nur ansprechend auf Grund der hochwertenden Wortkombination aus dem Bereich des Irrationalen, ist die folgende Katalog 3 entstammende Gleichsetzung eines Ortes mit einem Märchen in einer Wendung, die sonst nur aus der Literatur bekannt ist:[115]

> Mit seinem Sonnenreichtum und seiner Nebelfreiheit ist es ein zauberhaftes Wintermärchen, ... (3/15)

Das Adjektiv verstärkt zusätzlich die Aussagekraft des Substantivs, zumal es der gleichen Sphäre entnommen ist.

Wohl zur Bezeichnung von eigenartiger Schönheit und seltsamem Reiz steht 'Zauber' in folgendem Beispiel:

> Nach Bursa: reizvolle Bauten typisch türkischer Kunst im Zauber des alten Orients. (4/55)

In Katalog 5 sind vornehmlich im grünen Sonderteil Wendungen aus dem Bereich Märchen und Sage anzutreffen. In einem Beispiel klingt auch die Konnotation des magischen 'Zauberns' mit an:

> ... als in diesem verträumten Schwarzwaldtal, das der Winter mit seiner weißen Pracht noch mehr verzaubert hat. (5/gr.22)

> Vom glitzernden Weiß verschneiter Berge umrahmt, entfaltet Tirols Hauptstadt gerade im Winter ihren ganzen Zauber. (5/gr.13)

Der Ausdruck 'Wintermärchen' findet sich auch im Winterkatalog 6:

> Erleben Sie moderne Wintermärchen. (6/6)

Verschneite Wälder inspirieren oft zum Vergleich mit der 'Märchen-' oder 'Wunderwelt':

> Wohin die Ausflüge auch führen, immer gehen sie auch durch die so romantische Wunderwelt der tief verschneiten Karpaten ... (6/43)

Die Schweiz wird mit dem Attribut 'Europas Winterreisewunderland'(6/1o) versehen, das die vielfältigen Möglichkeiten zum Wintersport signalisieren soll, die, so läßt das Kompositum als Schluß zu, schon ans Wunderbare grenzen.

In Katalog 7 wird Istanbul beschrieben als:

> Die Stadt am Goldenen Horn, schillderne Kuppeln der Moscheen, schlanke Minaretts, ein Bild aus "1oo1 Nacht". (7/43)

Katalog 8 versieht,wie auch Katalog 1 (1/152),Bali mit dem Attribut 'Märcheninsel' (8/35).

Das 'Märchen aus 1oo1 Nacht' wird in Katalog 9 bezogen auf einen Ort (ein Clubdorf) in Marokko:

> Die blühenden Gärten, die exotischen Innenhöfe, die Palmen, die Mentalität der Menschen - Hier leben Sie im Märchen aus 1oo1 Nacht. (9/45)

In Katalog 1o sind mehrere Belege für Syntagmen und Komposita aus dem Bereich Märchen und Wunder zu finden: Die Faszination, die von Paris ausgeht, wird umschrieben:

> Der Zauber von Paris wird Sie umfangen. (1o/15)

Die Schönheit Venedigs ist so groß, daß gleich zwei Ausdrücke aus der Sphäre des Irrationalen die Stadt charakterisieren:

> Bummel durch diese zauberhafte Märchenstadt. (1o/15)

Als 'Märchenwelt' werden die Dolomiten (1o/4) und als 'Wunderwelt' Karsthöhlen (1o/16) bezeichnet.

Schönheit und Reiz, die von manchen Orten ausgehen, werden durch den Begriff 'Zauber' wiedergegeben. Die dem Irrationalen entstammenden Begriffe 'Wunder' und 'Märchen' und ihre Komposita dienen dazu, die besondere Atmosphäre einer Landschaft oder eines Ortes zu unterstreichen, das 'Märchen aus 1oo1 Nacht' wird häufig als Bild für orientalische Orte herangezogen.

2.2.8.2. Traum

Ein weiterer Bereich des Irrationalen, der zur semantischen Aufwertung von Orten oder Gegebenheiten dient, ist der des Traums. Der semantische Grundgehalt der Aussagen aus dieser Sphäre ist der, daß etwas so schön ist, so ideal, wie es sonst kaum in der Realität, sondern eigentlich nur im Traum zu finden ist. Auch somit kann der Urlaub als eine Flucht aus dem Alltag in eine Welt des Traums hochstilisiert werden.

Als Adjektive aus diesem Bereich finden sich vornehmlich 'traumhaft' und 'verträumt'. 'verträumt' löst mehr Konnotationen des Kleinen, Friedlichen, Ruhigen und Geborgenen aus und bildet den Gegensatz zur Hektik des Alltags. 'traumhaft' dagegen, meist auf Buchten oder Strände bezogen, bezeichnet einen hohen Grad an Schönheit.

In Katalog 1 begleitet 'verträumt' als Epitheton meist Orte, Plätze oder Buchten, kann aber auch mit Abstrakta wie 'Romantik' in Zusammenhang gebracht werden:

> Altes, romantisches Städtchen auf einer Halbinsel. Voll winkliger Gäßchen und verträumter Plätze. (1/93)
>
> ... dort verträumte Fischerromantik am kleinen, buntschillernden Hafen. (1/14)
>
> ... vornehme Villen und ein traumhafter Strand: 2 km lang, aus feinem Kies, mit kleinen Felsbuchten. (1/4o)

Als Umschreibung für 'traumhaft' kann folgende Personifizierung angesehen werden:

> Ein feiner, langer und breiter Sandstrand, den sich andere Orte nur erträumen. (1/71)

'Schön wie es nur im Traum sein kann' ist die Denotation des folgenden Ausdrucks:

> Penang ist der Traum von einer Insel. (1/152)

Die Reiseveranstalter bieten jedoch die Möglichkeit, Träume zu realisieren:

> Hier werden Träume von Sonne, Licht und Meer, Sehnsüchte nach Ruhe und Erholung wahr! (1/158)

In Katalog 2 kann 'traumhaft' gelegentlich zur Verstärkung von 'schön' auftreten:

> Ob die Götter diesen Ort deswegen - als Entschädigung - mit einer so traumhaft schönen Landschaft umgeben haben? (2/149)

Auch Scharnow läßt Träume in Erfüllung gehen:

> Wer die Ruhe liebt und die Einsamkeit nicht scheut, verlebt hier einen Traumurlaub. (2/87)
>
> Baden und Sonnen an der Copacabana ist kein unerreichbarer Traum mehr. (2/197)

In Katalog 3 konnotiert 'verträumt' Ruhe und Romantik:

> Der anheimelnde, kleine Ort, ... liegt inmitten einer verträumten winterlichen Hügellandschaft ... (3/34)

Die Verwirklichung eines Traumes verheißt der Aufenthalt in Chamonix, denn dieser Ort präsentiert sich als 'Traumziel für rasante Skiläufer' (3/71).

'traumhaft' wechselt mit 'träumerisch' in Katalog 4, wobei 'traumhaft' intensivierendes Vorsatzwort zu 'schön' ist die Bedeutung von 'träumerisch' aber unklar bleibt. Vielleicht verursacht der Drang nach Ausdrucksvariation gelegentlich Unsicherheiten in der Wortwahl.

> Baden und Spazierengehen an der traumhaft schönen Bucht von Korolevu. (4/92)

> Mallorca - azurblaues Meer, weite Strände, träumerische Buchten, ... (4/6)

Hin und wieder finden sich auch Komposita mit dem aufwertenden Bestimmwort 'Traum-':

> Libanon - Traumland zwischen Orient und Okzident. (4/51)

> Drei Tage auf dem Traumeiland Tahiti. (4/92)

Die Urlaubsgebiete werden durch die Attribute idealisiert. "Traumstraße der Alpen" (4/1o3) ist fast schon zur offiziellen Bezeichnung der Brennerautobahn geworden. Sie läßt sich auch in Katalog 1o (1o/19 "Traumstraße über die Alpen") und in den meisten Veröffentlichungen der Brenner Autobahn AG ('Traumstraße über die Alpen') finden.

Auch Dr. Tigges-Reisen lassen manchmal Träume wahr werden:

> Erfüllung eines Jugendtraums: Eine Woche im Zigeunerwagen durch Irland. (4/75)

In Katalog 5 finden sich zahlreiche Substantivkomposita mit 'Traum' als erstem Glied:

Traumabfahrt (5/31)	Traumpiste (5/72)
Traumlandschaft (5/42)	Traumstadt (5/gr.4)

Was ein 'Traum-Urlaub' ist, wird folgendermaßen definiert:

> Viel Zeit haben. Die Ruhe der Insel einmal in Ruhe genießen können. Und dabei unabhängig sein; voll beweglich. Den eigenen Wagen vor dem Hotel. Das ist Traum-Urlaub auf Mallorca. (5/2)

'traumhaft' und 'verträumt' sind auch in Katalog 6 nachzuweisen:

> ... mächtige Schneegipfel, tiefverschneite Wälder, traumhafte Pisten, ...[116] (6/5)

> Das verträumte Dorf erhält sein besonderes Gepräge ... (6/7)

Oder eine Landschaft wird mit einem 'Traum' gleichgesetzt:

> Schwarzwald im Winter - ein Traum von tiefverschneiten, romantischen Wäldern, Eiszapfen an weit heruntergezo-

genen Dächern, wohlige Wärme an Kaminen und prächtigen Öfen, Geborgenheit und traute Gespräche in gemütlichen Bauernstuben. (6/3o)

Beim folgenden Belegsatz, bei dem ein deutlicher Bezug auch aus dem Kontext nicht ersichtlich wird, ist wohl die Winterlandschaft gemeint:

Die weiße Traumwelt ist unerschöpflich in ihrer Vielfalt. (6/3)

'traumhaft' dient in Katalog 8 der Verstärkung von 'schön', wobei es auch zu einer Adjektivneubildung durch Kontamination beider Wörter kommen kann:[117]

... mit Besuch der traumhaft schönen Cookbucht. (8/34)

Die Goldstadt Johannesburg und das traumschöne Kapstadt am Tafelberg. (8/6)

Daneben lassen sich mehrere Komposita mit 'Traum' als Determinativwort belegen:

Aber das Ziel sind ja die Trauminseln im Stillen Ozean: Fidschi, Samoa, Tahiti. (8/33)

Fliegen ins Traumland, zu grünen Tropeninseln im Stillen Ozean. (8/33)

Asien - Traumkontinent mit tausend unergründlichen Gesichtern. (8/13)

Auffallend ist, daß diese Hochwertkomposita so häufig gebraucht werden.

Eine extreme Steigerungsform bringt folgendes Beispiel aus Katalog 9, bedingt durch den Absolutheitsanspruch, den die Negation bewirkt:

Sie können sich keinen schöneren Urlaub träumen. (9/51)

Semantisch indifferent und in seiner Aussage unklar ist ein Ausdruck wie:

Ein wenig verträumte Hütten-Romantik, ... (9/94)

Die Adjektive, Substantive und Syntagmen aus dem Bereich des Traums dienen dazu, den Grad des Positiven zu erhöhen: Etwas ist so schön, daß es schon außerhalb der Realität liegt, eigentlich nur im Traum vorkommen kann. Die Reiseveranstalter bieten sich an, diese Träume zu erfüllen. Das Wort 'Traum' selbst findet sich häufig als aufwertendes Determinativwort, das Adjektiv 'verträumt' drückt Ruhe, Frieden und Geborgenheit aus.

2.2.8.3. Paradies und Göttliches

Als Inbegriff alles Guten und Schönen, als Gegenpol zum alltäglichen Leben gilt das Paradies. Ein Höchstmaß an semantischer Aufwertung stellt somit der Vergleich eines Ortes mit dem Paradies dar, mit dem idealen Zustand der Vergangenheit und dem Sehnsuchtsort der Zukunft. So ist es verständlich, daß das Paradies in den Ferienkatalogen des öfteren zur Positivierung eines Ortes, seiner Gegebenheiten oder Einrichtungen herangezogen wird. Dies geschieht in verschiedenen Erscheinungsformen. Häufig finden sich Komposita mit dem Grundwort 'Paradies', wobei das Determinativwort differenziert und präzisiert. Einen ähnlichen Effekt hat die Wendung 'ein Paradies für', wobei eine Bezugsgruppe angegeben wird. Daneben erscheint gelegentlich die bloße Gleichsetzung eines Ortes mit dem Paradies. Das Adjektiv 'paradiesisch' ist seltener anzutreffen.
In Katalog 1 kommt es meist in fast stereotyper Verwendung vor:

> Paradiesische Ruhe, ... (1/152)

> In einem paradiesischen Fleckchen Erde, weitab von den Trampelpfaden der Welt. (1/78)

Gleichgesetzt mit dem Paradies werden die Orte Marbella und Playa del Ingles:

> Ein Paradies mit weißen Stränden und verträumten Buchten ... (1/5o)

> Afrikanische Sonne, rauschender Atlantik - ein Paradies. (1/57)

Anscheinend gibt es sehr viele Paradiese, wenn betont werden muß, daß die wahren Paradiese rar geworden sind; es wird deutlich, daß dieses hochwertige Wort durch seine häufige Verwendung schon abgegriffen ist:

> Es gibt nur noch wenige wahre Paradiese. Wir haben eins für Sie entdeckt: im Indischen Ozean - (1/167)

Wie viele 'Paradiese' allein in einem Katalog zu finden sind, zeigt eine Zusammenstellung der mit diesem Wort gebildeten Substantivkomposita in Katalog 1, wobei jeweils nur eine Belegstelle angegeben wird:

Badeparadies (1/22)
Blumenparadies (1/1o2)
Einkaufsparadies (1/39)
Ferienparadies (1/2o)
Reiterparadies (1/145)
Tierparadies (1/164)
Urlauberparadies (1/81)
Vogelparadies (1/136)

Das Bestimmwort dient dazu, das Paradies genauer zu kennzeichnen oder hervorzuheben, daß das positive Grundwort sich auf einen bestimmten Bereich beschränkt. Ebenso häufig findet sich die Wendung 'ein Paradies für', wobei das Präpositionalobjekt die Bezugsgruppe spezifiziert und ebenfalls eingrenzend ist:

ein Paradies für Reiter, Angler, Wanderer und Golfer (1/1o6)
ein Paradies für Unbekümmerte (1/29)
ein Paradies für Vogelliebhaber (1/164)
ein Paradies für Wassersportler (1/66)
ein Paradies für Wasservögel (1/164)
ein Paradies für Weltenbummler (1/159)

Gelegentlich wird 'Paradies' noch von Adjektiven, die mit positiven Assoziationen behaftet sind, begleitet:

Ein echtes Ferienparadies! (1/2o)

Romantisches Paradies für den großen Badehunger. (1/64)

Hammamet wird als 'Paradiesgarten' (1/125) bezeichnet und eine Umschreibung ist:

Ein tropischer Garten Eden - ... (1/158)

Entsprechende Verwendungsweisen finden sich in Katalog 2. Als Komposita mit dem Grundwort 'Paradies' erscheinen zusätzlich zu den oben genannten:

Familienparadies (2/117)
Kinderparadies (2/113)

Die Copacabana wird folgendermaßen aufgewertet:

Am Tag ist dieser berühmteste Teil Rios das Paradies für Badefreudige, Sonnenhungrige und alle kleinen Nachwuchs-Pelés. (2/2oo)

Zur Beschreibung von Kreta wird das aus gleicher Bedeutungssphäre entnommene Wort 'göttlich' herangezogen, das im Kontext eine Art Wortspiel darstellt, da es sich einerseits auf den Gott Zeus bezieht, der hier der Sage nach geboren wurde, andrerseits aber auch Assoziationen zur ungewöhnlichen Schönheit der Insel hervorrufen soll:

> Kreta - hier wurde Zeus geboren, eine wahrhaft göttliche Insel. (2/143)

Bei Katalog 3 handelt es sich um einen Winterkatalog, daher sind die Komposita und die Syntagmen mit 'Paradies' meist auf das Skifahren bezogen:

> Skifahrerparadies (3/62)
> Skiparadies (3/3o)

Diese Komposita können noch von anderen hochwertigen Wörtern begleitet sein, wodurch eine doppelte Aufwertung erzielt wird:

> Veltlin Skifahrer-Paradies mit 3 Sternen (3/2)
>
> ... Skiparadies mit besonderem Reiz ... (3/57)

Der Islam-Wallfahrtsort Mekka wird als aufwertender Vergleich für einen Skiort gebraucht, wenn Sils-Maria als 'das neu entdeckte Langlauf-Mekka' (3/67) apostrophiert wird.

Im Sommerkatalog 4 findet sich neben den schon genannten Komposita wie 'Ferienparadies' (4/63) und 'Badeparadies' (4/19) noch 'Naturparadies' (4/76) als Attribut zu Andros Island/Bahama. Brela in Jugoslawien wird als 'Paradies für Taucher und Schnorchler' (4/58) vorgestellt. Ebenfalls eine Spezifizierung stellt die Wendung 'ein Paradies der Ruhe' (4/19) dar, ebenso 'grünes Paradies':

> Kleine Sporaden-Insel nördlich von Euböa, bekannt als "grünes Paradies". (4/45)

Fast mit den gleichen Worten wie in Katalog 2 wird Kreta charakterisiert:

> Sie gilt als Geburtsort des Göttervaters Zeus. - Auf dieser wahrhaft "göttlichen" Insel voller Naturschönheiten und Sehenswürdigkeiten ... (4/49)

In Katalog 5 wird Helgoland als 'Einkaufsparadies' (5/96) bezeichnet und die Gerlitze in Kärnten wird mit dem Attribut versehen:

> Ein Paradies für Familien-Skisport. (5/66)

Eine reiche Auswahl an Komposita mit dem Grundwort 'Paradies' bietet Katalog 6:

Ferienparadies (6/19)
"Gesundheitsparadies (6/35)
Hobbyparadies (6/18)
Kinderferienparadies (6/29)
Kinderparadies (6/29)
Schneeparadies (6/16)
Ski-Paradies (6/21)
Urlaubsparadies (6/27)
Wintersportparadies (6/47)

Die Komposita können auch in syntaktische Fügungen aufgelöst werden, wie das Beispiel 'Paradies für Kinder' (6/29) zeigt. Eine Höchstform des Positiven drücken Wendungen aus wie:

Ein Schneeparadies der Superlative. (6/1o)

Allgäu - Ferienparadies der Superlative, ... (6/28)

In Katalog 7 wird die Hebriden-Insel Harris als 'bekanntes Urlaubsparadies' (7/25) vorgestellt.

Sehr reichhaltig ist die Palette der verschiedenen 'Paradiese' in Katalog 8. Von den schon erwähnten Komposita finden sich hier mit mehreren Belegen 'Badeparadies' (8/7), 'Einkaufsparadies' (8/19) und 'Tierparadies' (8/24). Daneben sind noch zu buchen:

Südsee-Paradies (8/35)
Tropenparadies (8/13)

'Südsee-Paradiese' scheint es jedoch mehrere zu geben:

Fünf volle Tage auf Tahiti im schönsten aller Südsee-Paradiese. (8/35)

'Die Paradiese unserer Welt' (8/33) sind die Inseln Fidschi, Samoa und Tahiti. Auch hier wird 'Paradies' gelegentlich näher definiert:

Autofahrt nach Terelch, einem wahren Paradies für Naturfreunde. (8/18)

Mit dem Adjektiv 'paradiesisch' wird ein Badeplatz versehen:

... und fahren mit dem Jeep zum Nanpil Fluß, einer paradiesischen Badestelle. (8/36)

Als 'Götterinsel' wird Bali bezeichnet (8/19), unklar bleibt der Aussagewert von 'göttlich' im folgenden Zusammenhang:

Das Taj Mahal im göttlichen Ebenmaß, ... (8/16)

Das semantisch hochwertige Adjektiv kann hier nur vollendete Schönheit konnotieren, dient vielleicht auch nur der besonders starken Aufwertung.

In Katalog 9 sind die auch sonst häufig gebuchten Komposita 'Familienparadies' (9/59) und 'Ferienparadies' (9/7o) zu belegen.

Die Umgebung des Genfer Sees wird in Katalog 1o mit dem Paradies gleichgesetzt, wobei die Wendung 'ohne Vergleich' die Aussage zusätzlich aufwertet, obwohl sie unsinnig ist:

Das Paradies um den Genfer See ist ohne Vergleich. (1o/1o)

Das Wallis vereinigt mehrere Paradiese in sich:

... Fahrt durch das anmutige Wallis, das Blumen-, Wein- und Obstparadies der Schweiz, ... (1o/18)

Ferner läßt sich noch 'Tulpenparadies' (1o/21) belegen als Paraphrase für die Niederlande.

Als eine der stärksten Formen der semantischen Aufwertung kann die Gleichsetzung eines Ortes oder eines Landstriches mit dem Paradies angesehen werden. Neben dem Vergleich mit dem Paradies schlechthin lassen sich auch Formen der Differenzierung nach spezifischen Eigenschaften oder bestimmten Personengruppen nachweisen. Es sind auffallend viele Komposita und Syntagmen mit diesem sehr hochwertigen Wort zu buchen.

Zusammenfassung (S.4o5-422)

1. Aus dem Bereich des Irrationalen genommen sind Wörter und Syntagmen der Sphäre Wunder, Märchen, Sage, Traum, Paradies. Sie können als häufig gebrauchte Mittel zur semantischen Aufwertung angesehen werden.
2. Die Hochwertigkeit dieser Aussagen besteht vornehmlich darin, daß Erlesenheit und Schönheit des Angebotenen und Beschriebenen bereits an Irrationales und Außerirdisches grenzen und somit den höchsten Grad an Vollkommenheit bezeichnen. Dem Leser wird suggeriert, daß ihm in seinem Urlaub ein Maximum an Idealem (auch Außergewöhnlichem) geboten wird.
3. Im Bereich Märchen, Sage, Wunder lassen sich folgende Untergruppen differenzieren:
   a) Adjektive wie 'wunderschön', 'wundervoll', 'märchenhaft', 'zauberhaft' und 'bezaubernd' drücken im allgemeinen einen hohen Grad an Schönheit aus. Sie dienen

der Abwechslung und vermeiden die Monotonie, die der Gebrauch immer gleicher hochwertiger Adjektive und Superlative bewirken könnte.

b) 'sagenumwoben' bezieht sich meist auf Gegebenheiten, die auch in der Allgemeinsprache mit diesem Epitheton versehen werden. Ein Vergleich zwischen den Katalogen zeigt, daß das gleiche Adjektiv gelegentlich auf die gleiche Erscheinung angewendet wird. Adjektive wie 'sagenumwoben', 'sagenhaft' und 'geheimnisvoll' erhalten ihre semantische Wirkkraft durch den Reiz des Ungewöhnlichen, des Exotischen, dem noch eine Spur des Abenteuerlichen beigemischt ist.Sie erwecken Neugier. Es handelt sich dabei vornehmlich um Erscheinungen oder Gebiete in großer Entfernung, vor allem wenn das Adjektiv 'geheimnisvoll' auftritt. Auch dieses Adjektiv findet sich in verschiedenen Katalogen in gleichem Zusammenhang. 'sagenhaft' ist manchmal auch in umgangssprachlicher Verwendung anzutreffen.

c) 'Zauber' steht häufig synonym für den besonderen Liebreiz einer Gegend, 'Märchen-' oder 'Wunderwelt' erscheint öfter in der Verbindung mit Winter, Berglandschaft oder sehr fernen Gebieten. Die exotischen und positiven Konnotationen, die vom 'Märchen aus 1oo1 Nacht' ausgehen, werden häufig zur Schilderung der Schönheiten Marokkos oder des Orients bemüht. Die Substantive und Syntagmen aus diesem Bereich wirken stark aufwertend, da sie mit Vorstellung von Schönheit, wie sie nur im Märchen möglich ist, behaftet sind.

4. Aus den gleichen Gründen sind auch die Substantive und Syntagmen aus dem Bereich des Traums aufwertend. 'traumhaft' findet sich gelegentlich als steigerndes Vorwort zu 'schön', während 'verträumt' Ruhe, Romantik und Geborgenheit, den Gegensatz zur Hetze des Alltags konnotiert. 'Traum' läßt sich des öfteren als aufwertender Teil eines Kompositums nachweisen und drückt einen hohen Grad an idealer Beschaffenheit oder Schönheit aus.

5. Manchmal versprechen die Reiseveranstalter expressis verbis, Träume zu erfüllen.
6. Komposita und Syntagmen mit dem aufwertenden Bestandteil 'Traum' erscheinen so oft, daß die Gefahr der Abnutzung gegeben ist.
7. Auch das Wort 'Paradies', das eigentlich den höchsten Grad an Schönheit ausdrücken müßte, wird durch den häufigen Gebrauch, vor allem in der Zusammensetzung, in seiner Aussage zum Teil wieder abgeschwächt. Hin und wieder müssen deshalb zur Bekräftigung als Verstärkungspartikel die Adjektive 'echt' oder 'wahr' vorangestellt werden. Das Adjektiv 'paradiesisch' findet sich wesentlich seltener, dann aber meist in toposhafter Verwendung.

   Mit dem Paradies werden gelegentlich Orte und Gebiete gleichgesetzt, zumeist erscheint 'Paradies' jedoch als Glied eines Kompositums, wobei das Determinativwort einschränkt oder spezifiziert; manche 'Paradiese' sind für bestimmte Gruppen prädestiniert. - Substantive dieser Art sind beliebig bildbar.
8. Sonstige Begriffe aus dem Bereich des 'Göttlichen' sind deutlich seltener anzutreffen.
9. Die Wörter und Wendungen aus der Sphäre des Irrationalen stellen eine weitere Variation der superlativischen Aufwertung dar, deren zahlreiche Erscheinungsformen in den vorangehenden Kapiteln dargestellt wurden.
10. Syntagmen aus dem Umkreis des Königlichen, wie sie in der Konsumwerbung so häufig anzutreffen sind (F.Scherke weist vor allem auf die Bedeutung der Konsumleitbilder I. Klasse, wie König, Prinz, Fürst hin und auch R.Römer gibt zahlreiche Beispiele)[118], sind in den Ferienkatalogen nur ganz vereinzelt anzutreffen, so daß sie einer gesonderten Erwähnung nicht wert sind, zumal die Beispiele deckungsgleich sind mit jenen, die unter dem Kapitel 'Betonung des Publikumkreises' erwähnt wurden.[119]

2.3. Adjektivgebrauch

Wie schon der Überblick über die Wortarten gezeigt hat, finden sich Adjektive, im Vergleich zu anderen Sprachbereichen, in den Ferienkatalogen recht häufig.

Die Untersuchung des Adjektivs ist aus zwei Gründen wichtig: Zum einen wird gegenüber der Fremdenverkehrswerbung immer wieder der Vorwurf erhoben, sie würde zu oft von klischeehaften Formeln (und damit sind auch Adjektive gemeint) Gebrauch machen; zum anderen sind gerade die Adjektive neben ihrem konventionalisierten Bedeutungskern mit Gefühls- und Nebenwerten beladen, die dem Leser Konnotationen und Assoziationen nach seinen Vorstellungen und Wünschen erlauben.

In der Literatur zur Fremdenverkehrswerbung wird wiederholt vor dem stereotypen Gebrauch lobender oder ausdrucksarmer Adjektive gewarnt, und darauf hingewiesen, daß gerade der Text in der Fremdenverkehrswerbung ein hohes Maß an Information besitzen soll.[120] "Leider kann man aber immer noch von den allzu 'wundervollen' und 'romantischen Landschaften', 'großartigen Sehenswürdigkeiten', 'idyllischen' und 'komfortablen' Fremdenverkehrsorten und ähnlichen Allerweltsschlagworten lesen. ... Problematisch erscheinen jene billigen Formulierungen, die überall passen und im Grunde genommen doch nichts bedeuten."[121]

Im Rahmen dieses Kapitels soll nur auf die häufig verwendeten und die besonders auffallenden Adjektive sowie ihre Verwendungsweisen eingegangen werden.

2.3.1. Häufig gebrauchte Adjektive

Die Hauptfunktion der Ferienkataloge ist es, die jeweiligen Urlaubsgebiete möglichst positiv zu beschreiben. Dazu werden neben superlativischen oder aufwertenden Syntagmen, wie sie im vorangehenden Kapitel vorgestellt wurden, natürlich vornhemlich hochwertende und mit positiven Konnotationen besetzte Adjektive herangezogen. Eine Grenze zwischen beschreibenden, wertenden oder nur schmückenden Beiwörtern ist nicht immer leicht zu ziehen, da die meisten der verwendeten Adjektive semantisch vielschichtig sind. Auf eine Einteilung nach solchen Kriterien wird daher verzichtet.

Im Folgenden soll eine Übersicht über die am meisten gebrauchten Adjektive gegeben werden, wobei alle jene aufgezählt sind, die sich durchgehend in allen Katalogen mit starker Frequenz finden lassen. Sie sind nicht ihrer Häufigkeit nach geordnet, da die Werte in den einzelnen Katalogen schwanken. Alle genannten Adjektive jedoch sind in jedem Katalog überdurchschnittlich oft vertreten.

ausgezeichnet
bekannt
beliebt
berühmt
einmalig
einzigartig
elegant
faszinierend
f (ph)antastisch[122]
gemütlich
gepflegt
großartig
herrlich
hervorragend
ideal
idyllisch
interessant
international
komfortabel
malerisch
reizvoll
romantisch
schön

Ferner finden sich noch die folgenden Adjektive in großer Anzahl, jedoch nicht in allen Katalogen und nicht ganz so häufig wie die oben genannten:

abwechslungsreich
erstklassig
exklusiv
freundlich
gigantisch
grandios
gut
hübsch
mächtig
modern
prächtig / prachtvoll
renommiert
ruhig
vorzüglich
zünftig

Während die Adjektive der ersten Gruppe relativ gleichmäßig sowohl in Sommer- als auch in Winterkatalogen zu finden sind, lassen sich bei den Adjektiven der zweiten Gruppe Präferenzen für die Winterkataloge nachweisen.
Vor allem die Adjektive 'abwechslungsreich', 'erstklassig', 'freundlich', 'gut', 'modern', 'renommiert', 'ruhig', 'vorzüglich' und 'zünftig' sind zuweilen in stereotyper

Verwendung zu finden. 'freundlich', 'renommiert' und 'ruhig' dienen zur Klassifizierung von Wintersportorten. 'ausgezeichnet', 'erstklassig', 'gut', 'hervorragend' und 'vorzüglich' werden meist zur Charakterisierung von Wintersporteinrichtungen herangezogen. 'abwechslungsreich' erscheint häufig in Zusammenhang mit Unterhaltungsmöglichkeiten, während sich 'zünftig' oft auf die Gestaltung der abendlichen Unterhaltung bzw. den Ort, an dem sie stattfindet, bezieht. 'mächtig' tritt öfter als Beiwort zu Bergen auf. Nicht alle Adjektive lassen sich bestimmten Substantivgruppen zuordnen, gewisse Regelmäßigkeiten in ihrem Gebrauch sind jedoch auch bei den Adjektiven der ersten Gruppe erkennbar, was jedoch nicht heißt, daß diese Adjektive generell einem bestimmten Kontext zugeordnet sind; sie können immer auch in anderen Bereichen gebraucht werden. 'bekannt' und 'beliebt' beziehen sich meist auf Orte oder Einrichtungen; vor allem 'berühmt',aber auch 'bekannt' treten als Epitheta zu Sehenswürdigkeiten auf. 'einmalig', 'einzigartig', 'faszinierend' und 'phantastisch' sind häufig verbunden mit geographischen Gegebenheiten oder Naturereignissen, 'gewaltig' erscheint vorzugsweise in Verbindung mit Gebirge, 'gigantisch' drückt Größe aus, jedoch nicht nur in Zusammenhang mit der Gebirgswelt. 'komfortabel' bezeichnet Einrichtungen, ebenso 'modern'; 'gepflegt' ist meist die Umgebung, vor allem Anlagen, 'elegant' ebenfalls die Umgebung, häufig jedoch auch Geschäfte oder gastronomische Einrichtungen.

Die übrigen immer wieder gebrauchten Adjektive, so z.B.'herrlich', 'malerisch', 'reizvoll' oder 'romantisch' sind semantisch so vieldeutig, daß sie als Beiwörter zu den verschiedensten Erscheinungen herangezogen werden können.

Nachstehend soll an Hand von je einem Beispiel aus jedem der Kataloge die Verwendungsweise der häufig gebrauchten Adjektive verdeutlicht werden, wobei jedoch nicht alle erfaßt und bei weitem nicht alle Arten ihres Gebrauchs vorgeführt werden können. Die Belege zeigen nur exemplarisch einige Anwendungsbereiche:

Sie bummeln auf der gepflegten Promenade, durch elegante Geschäfte, entdecken verträumte Tavernen in den romantischen Gassen der Altstadt. (1/42)

Großzügige Anlagen, herrlicher, gepflegter Sandstrand, ... Ausgezeichnete Hotelleistungen, ... (2/166)

In gemütlichen Dorfgaststätten sind "Tiroler Roter" und eine zünftige Jause (sehr preiswert) ein Genuß. (3/21)

Eleganter, internationaler Wintersportort. ... Die durchweg modernen Hotels und Restaurants befinden sich alle unmittelbar an den Seilbahnen oder Liften. Hervorragende Skilaufmöglichkeiten ... (3/73)

Beliebtes Seebad mit reizvollem Hintergrund ... Einmalig der Blick auf Portofino ... (4/7o)

Kleines, freundliches Feriendorf am Westufer des idyllischen Fuschlsees ... (5/38)

... liegt inmitten einer überaus reizvollen Waldlandschaft und ist mit seinen Stätten gepflegter Gastlichkeit weit über die Grenzen des Landes hinaus bekannt. (5/gr.21)

Malerisches kleines Städtchen mit einem milden Höhenklima. Herrliches Skigebiet für Abfahrtsläufer und Skiwanderer. Gut präparierte Pisten. (6/32)

Weiter durch das schöne Eltal an kleinen Höfen, idyllischen Seen vorbei nach Gaular. Vom höchsten Aussichtspunkt Nystöl fantastisches Panorama. (7/25)

Zwei Tage im faszinierenden Hongkong. (8/22)

Ein herrlicher, schattiger Pinienwald, ein großer Swimming-Pool mit Open-Air-Bar, kleine idyllische Sandstrände, die sich mit romantischer Felsküste abwechseln (...). Gemütliche Bungalows in malerischer Umgebung ... (9/82)

Von den grandiosen Hochalpen mit der einzigartigen weltbekannten Großglockner-Straße zur interessanten Seereise auf einem modernen Schiff quer über die Adria, von den weltbekannten Seebädern Italiens bis zu den malerischen Küsten Jugoslawiens, ... (1o/16)

Die oben angeführten Beispiele zeigen, wie vielfältig die gleichen Adjektive verwendet werden können. Gemeinsam ist ihnen allen, daß sie der positiven Sphäre entnommen sind. Das Hauptziel ist es, den Urlaubsort oder die Urlaubsumgebung mit einem Maximum an positiven Attributen zu versehen, um damit den Leser zum Reisen zu veranlassen. Als wesentliches Merkmal der, wie er sie nennt, 'Jedermann-Reisen' (womit er Pauschalreisen meint) hält J.Stave fest: "Die Sprache der 'Jedermann'Reisen'ist eine 'Anpreisungssprache'. Ihr Hauptmerkmal ist die uneingeschränkte Bereitschaft, nur Gutes zu sagen und zwar so vollständig wie möglich; am liebsten wird alles Gute in einen einzigen Satz gepackt:"[123]

In seiner Untersuchung über die 'Landschaft' der Sprache und die 'Landschaft' der Geographen befaßt sich G.Hard auch mit den Attributen, die der 'Landschaft' in Ferienkatalogen beigegeben werden. Auch G.Hard bucht als sehr häufig 'schön', 'herrlich','reizvoll', 'malerisch', 'romantisch' und hält fest, daß die meisten der Adjektive in "dieser oder ähnlicher Weise ästhetisch wertend sind" und nur sehr wenige physiognomisch beschreibend oder typisierend.[124] Was G.Hard ermittelt, gilt in gewissem Maß auch für den Adjektivgebrauch in den hier untersuchten Ferienkatalogen und zwar nicht nur in Bezug auf die Landschaft, sondern ebenso in Bezug auf die Beschreibung geographischer Erscheinungen, Einrichtungen oder Unterhaltungsmöglichkeiten. K.Lütge erwähnt in seinem Aufsatz 'Text - Werbung "von der Stange"' als häufig gebrauchte Adjektive: 'gepflegt', 'herrlich', 'malerisch', 'einmalig', 'einzigartig'.[125] K.Lütges Artikel stammt aus dem Jahr 1956 und G.Hard bezieht sich auf Kataloge aus den Jahren 1965-1968. Es zeigt sich also, daß die häufig gebrauchten Adjektive über Jahre hinweg die gleichen sind. Es kann somit festgehalten werden, daß fast alle Beiwörter der positiven Sphäre entnommen und nicht typisierend, exakt erläuternd sind, sondern daß es sich vielmehr um Adjektive handelt, die aus einer Vielzahl positiver Bedeutungselemente zusammengesetzt und häufig noch mit Neben- und Gefühlswerten besetzt sind.

Die meisten sprachlichen Zeichen haben neben ihrem durch Tradition festgelegten Bedeutungskern Nebenbedeutungen, die diesen Bedeutungskern überlagern. "Jedes Zeichen besitzt einen standardisierten 'lexikalischen' Bedeutungskern, über den zwischen den Mitgliedern einer Gruppe ein weitgehender Konsensus besteht. Dieser 'Bedeutungskern' ist durch Tradition und Konvention festgelegt. Zugleich und darüber hinaus aber verfügt fast jedes Zeichen - ... - über ein mehr oder weniger breites 'Bedeutungsspektrum', das sich als ein Fächer von oft stark besetzten Zusatz- und Nebenbedeutungen darstellt."[126] Nach A.Sieberer besteht der Wortinhalt aus Bedeutung und Beiwert und der Beiwert aus Nebenvorstellungen und Gefühlswert.[127] Gerade bei den oben angeführten Adjektiven handelt es sich um sprachliche Zeichen, deren Bedeutungskern in hohem Maße von positiven Gefühlswerten und Nebenbedeutungen umlagert ist. Dies führt dazu, daß diese Adjektive weitgehend vom Benutzer subjektiv interpretiert werden: "Nachrichten aber, die sich aus Zeichen mit gefühlswichtigen Nebenbedeutungen konstituieren, und die daher eine erhöhte gefühlshafte Valenz besitzen, werden oft weitgehend subjektiv interpretiert und verstanden. Ihr Orientierungswert liegt weniger in den standardisierten Bedeutungskernen als gerade in den Nebenbedeutungen, die persönliche Erfahrung und individuelles Erleben erst kommunikabel machen."[128] Gerade aber dieser Aspekt ist für die werbliche Kommunikation und ebenso auch für die Kommunikation zwischen Veranstalter und potentiellem Reisenden von Bedeutung. Denn dadurch, daß die Adjektive von subjektiv interpretierbaren Nebenbedeutungen umgeben sind, sprechen sie jeden Leser in für ihn positiv zu deutender Weise an und lassen ihm Raum für seine spezifischen Urlaubsvorstellungen. Somit wird ein breiter Kreis von potentiellen Kunden erfaßt und jedem die Möglichkeit angeboten, seine ganz eigenen'Ferienträume'in den so angepriesenen Orten zu verwirklichen. Die Adjektive sind so gewählt, daß sie in jedem bestimmte positive Assoziationen auslösen. Auf ihre Wirkung kann sich der Veranstalter verlassen. Daß das Gleiche auch für die meisten aufwertenden Wörter und Syntagmen gilt, ergibt sich von selbst. Ähnlich wirken auch die Adjektive im Bereich der Wirtschaftswerbung.[129]

2.3.2. Stereotypen

Den meisten der genannten Beiwörtern ist somit gemein, daß sie in ihrem Bedeutungskern positiv, semantisch vielschichtig und damit subjektiv interpretierbar und in verschiedensten Kontexten anwendbar sind. Die Adjektive sind inhaltlich vage, gelegentlich untereinander austauschbar, ästhetisch wertend. Ähnlich vage und in seiner Bedeutung vielschichtig ist auch das in allen Katalogen häufig anzutreffende und in den verschiedensten Verwendungsweisen gebrauchte Adjektiv 'typisch'. Ein Restaurant kann 'typisch' sein, oder ein Dorf, eine Landschaft oder einfach die Gemütlichkeit oder Atmosphäre. Dieses an sich wertneutrale Adjektiv gibt dem potentiellen Urlauber die Gewißheit, das zu sehen, was anerkannt ist, wobei schwer zu entscheiden ist, was eigentlich die Kriterien für 'typisch' sind. Die verschiedenartige Verwendungsweise dieses häufig zu buchenden Adjektivs sollen einige Beispiele aus den jeweiligen Katalogen verdeutlichen:

> Verlockend die typischen Bodegas. (1/5o)
>
> Nur 4 km landeinwärts und man kommt in die typisch spanische Stadt Gandia. (2/71)
>
> Typisches Schwarzwalddorf und anerkannter Luftkurort ... (3/31)
>
> Internationaler Badeort mit typisch italienischer Atmosphäre am Nordufer des Sees. (4/115)
>
> Abends erleben Sie typische Wiener Gemütlichkeit in Grinzing bei einem Heurigen (...). (5/gr.13)
>
> ... liegt der Wintersportplatz eingebettet in eine typische Schwarzwälder Berglandschaft mit ausgedehnten Waldungen. (6/31)

> Durch die typischen und unberührten Dörfchen des Hinterlandes nach Coin, ... (7/5o)

> Vom Boot aus haben Sie Gelegenheit, die typischen Häuser der Yapesen zwischen Palmen und Mangroven zu fotografieren. (8/36)

> Und alles im typischen Club-Charakter ... (9/89)

> ... nach Verona. Besichtigung der typisch italienischen Stadt. (1o/15)

Auffallend ist, daß nur selten die gleichen Orte in den verschiedenen Katalogen mit dem Beiwort 'typisch' versehen werden.-Hier bewegt sich die Sprache der Ferienkataloge fast im Bereich des Formelhaften.

In jedem der Kataloge finden sich einige Wendungen, die die Kritik an den stereotypen Phrasen der Fremdenverkehrswerbung verständlich erscheinen lassen.[13o] Einige Wendungen, so die folgenden, grenzen ans Klischeehafte:

> Durch saftige Wiesen und schattige Wälder. (1/145)

> Aus der Ferne grüßt die Kathedrale der altehrwürdigen Bischofs- und Hafenstadt Ciudadela herüber. (2/39)

> Ein idyllisches Fleckchen auf einer Anhöhe ... (3/57)

> ..., in der Ferne schimmert tiefblau das Tyrrhenische Meer. (4/62)

> ... treffen Sie immer wieder auf liebliche Bergdörfer, einsame Berghütten, verschneite Wälder, stille Seen und viele romantisch verlaufende Wanderwege. (6/22)

> Schneebedeckte, ... Gipfel wechseln mit grünen lieblichen Tälern und kristallblauen Seen. (8/15)

Diese trivialen Formeln jedoch erwartet der Leser vielleicht, denn sie sind in hohem Maße redundant. Vor allem M.Bense weist darauf hin, daß man besonders in der werblichen Kommunikation der Information einen Ballast aus trivialer Bedeutung mitgeben muß, damit die Information "ankommt".[131] Vielleicht können diese Klischees als Tribut an den Leser angesehen werden, der die vertrauten Floskeln erwartet; sie dienen der Verständlichkeit, da der Leser durch Redundanzen für Innovationen aufnahmebereiter wird.

2.3.3. Anschaulichkeit durch Adjektive

Die Untersuchung der Adjektive auf positive, semantisch vielschichtige Beiwörter und bekannte Klischees zu beschränken, hieße das Bild verfälschen. Denn es finden sich durchaus auch seltener gebrauchte Epitheta,die anschauliche Bilder aufbauen und Stimmungen schildern können:

> Vorbei an prustenden Nilpferden und schläfrigen Krokodilen. Vorbei an Sandbänken und grünen Ufern. Bevölkert von tänzelnden Kronen-Kranichen, behäbigen Pelikanen und legendären Ibissen. (1/165)
>
> ..., überrollt von tosenden Brechern, Schaumkronen und sprühender Gischt. (1/64)
>
> Gelber Sand, erstarrte Lava in vielen Farben, bizarre Formen - eine herbe, karge Landschaft. (2/98)
>
> ..., obwohl die ganze Gegend quirlig lebendig und fröhlich ist. (3/62)
>
> ... - eine "besondere" Küste mit unendlichen Stränden, bizarren, weißsandigen Buchten, blauen Grotten, rotleuchtenden Felsen und weißen Häusern. (4/32)
>
> ... mit stimmungsvollen Weihnachtsfeiern und spritzigen Silvesterparties. (5/gr.7)
>
> ... liegt eingebettet zwischen dem wuchtigen Langkofel und den eleganten Geislerspitzen. (6/6)
>
> ... die farbige, lärmende Welt der Bazare, ... (7/37)
>
> Mit staubtrockenen Savannen und dampfenden Regenwäldern. (8/3)
>
> Fés: Dunkle Gassen und buntes Leben, ... (9/49)
>
> ... inmitten duftender, lichter Arven- und Lärchenwälder und blumiger Bergwiesen, ... (1o/6)

Die wenigen Beispiele zeigen, daß gelegentlich auch weniger klischeehafte und dadurch aussagereichere Adjektive verwendet werden. Bei dem großen Umfang des untersuchten Materials versteht es sich jedoch von selbst, daß nicht alle auftretenden Adjektive Erwähnung finden können.

2.3.4. Adjektivhäufung

Reihungen und Aufzählungen finden sich, wie schon im syntaktischen Teil dieser Arbeit dargelegt wurde, in den Ferienkatalogen sehr häufig; nicht nur als eigener 'Satz' vom eigentlichen Bezugssatz losgelöst, sondern auch im Satzinneren. Syndetische und asyndetische Reihungen von Substantiven und Adjektiven sind durchgehend in allen Katalogen anzutreffen.

Oft werden einem Substantiv zwei Adjektive vorangestellt, manchmal sind sie durch 'und' verbunden. Adjektivnachstellungen sind nur ganz vereinzelt nachzuweisen. Mit mehreren Belegen zu buchen sind Reihungen von drei oder mehreren Adjektiven (das letzte oft durch 'und' angeschlossen). Dem Adjektiv kann auch ein Adverb oder ein verstärkendes Beiwort vorangestellt sein. Es ist also durchaus üblich, daß einem Substantiv zwei oder mehrere Adjektive beigegeben sind. Es treten auch Reihungen von Substantiven auf, die jeweils von einem oder mehreren Adjektiven begleitet sind. Alle diese Formen dienen der Textauflockerung, Anschaulichkeit und Präzisierung. Es finden sich natürlich auch Muster, die von den hier beschriebenen abweichen. Der folgende Überblick soll nur einige Verwendungsweisen verdeutlichen.

> Malerisch grüne Täler, wildromantische Felsen, bizarre Steilküsten. Rote, weiße, gelbe Blumenberge, Zuckerrohrplantagen, Bananenhaine. (1/67)

> Prächtige blumengeschmückte Promenaden, entzückende Cafés. Uralter Stadtkern mit engen, ausgetretenen Gassen und pulsierendem Leben. ... Großer, feiner Sandstrand. (1/127)

> Ganz neu, ganz gezielt gebaut und an einem fantastisch langen, breiten Strand. Hotels in eigenwillig treppenartigem Stil: weiß, hell, modern. (2/125)

> Hübsche, weiße Reihenbungalows verstecken sich zwischen hohen, schattenspendenden Bäumen oder liegen inmitten üppig blühender Blumenrabatten. (2/173)

> Deutschlands höchster Berg hat zwei Seiten: Eine mondäne und eine beschauliche, eine berühmte und eine

stille, eine elegante und eine schlichte, eine bayerische und eine Tiroler Seite. (3/16)

... mit einem einmalig schönem, 8 km langem, sanft ins Meer abfallendem Sandstrand, ... (4/66)

Ein Berg - behäbig, rund, sonnig, schneesicher, kurz: familiengerecht. (5/66)

Reit gilt als der Ort mit dem schicksten, zünftigsten und vergnügtesten Après-Ski. (6/27)

Der Überland-Ausflug kann wohl als bekannteste, umfassendste und schönste Tour in Norwegen betrachtet werden. (7/25)

Interessante Autofahrt durch das wild zerklüftete äthiopische Hochland ... (8/8)

Die klare, gesunde, frische Luft regt an, ... (9/51)

... sind Höhepunkte dieser landschaftlich kontrastreichen und eindrucksvollen Fahrt, ... (1o/7)

Die Beispiele belegen,wie verschiedenartig sich Adjektiv- oder von Adjektiven begleitete Substantivreihungen darstellen können. Die Reihungen treten in den einzelnen Katalogen mit unterschiedlicher Häufigkeit auf, Katalog 4 wendet diese Formen besonders gerne an.

Zusammenfassung (S.425-435)

1. Der im Vergleich zu anderen Sprachbereichen relativ hohe Anteil von Adjektiven ist ein Kennzeichen der Sprache der Ferienkataloge.
2. Ein Substantiv ist sehr oft von zwei Adjektiven begleitet, wobei diese syndetisch oder asyndetisch verbunden sein können. Es lassen sich auch Reihungen von mehreren Adjektiven nachweisen sowie Adjektive, die von Adverbien oder verstärkenden Beiwörtern begleitet sind. Adjektivreihungen dienen der Präzisierung,meist jedoch erhöhter Anschaulichkeit. Auch die Adjektivhäufung kann als ein Stilmerkmal der Ferienkataloge betrachtet werden.

3. Eine Trennung zwischen schmückenden, bewertenden oder beschreibenden Adjektiven wurde nicht vorgenommen, da viele der häufig gebrauchten Adjektive nur schwer einzuordnen wären. Wörter wie 'herrlich' oder 'schön' können als beschreibend, als nur schmückend oder als ästhetisch wertend angesehen werden. W.Seibicke definiert schmückende Adjektive als "Schnörkel, die die klaren Umrisse verwischen."[132]
4. Allen verwendeten Adjektiven ist gemeinsam, daß sie der positiven Sphäre entnommen und mit - natürlich positiven - Neben- und Gefühlswerten besetzt sind. So bleibt es dem jeweiligen Leser überlassen, sie seinen Vorstellungen entsprechend zu interpretieren. Die Frage, ob aus diesen sehr vage gehaltenen Adjektiven Enttäuschungen resultieren, wenn die Wirklichkeit am Urlaubsort nicht mit den Vorstellungen des Urlaubers kongruiert, sei dahingestellt.
5. Bei der Untersuchung der verwendeten Adjektive ließen sich zwei Gruppen sehr häufig gebrauchter Beiwörter herausarbeiten, die alle positiv, semantisch vielschichtig und gelegentlich in ihrer Anwendung stereotyp, d.h. bestimmten Kontexten zugeordnet sind.
6. Vor allem durch den Gebrauch trivialer und sprachlich abgenutzter Adjektive, geraten manche Wendungen in den Bereich der abgedroschen wirkenden Phrase. Es finden sich immer noch Wendungen, die schon seit vielen Jahren stereotyp in der Fremdenverkehrswerbung eingesetzt werden. Die Frage, ob der Leser solche liebgewordenen Wendungen erwartet, kann nicht mit letzter Sicherheit beantwortet werden.
7. Gelegentlich bieten die Beiwörter jedoch auch anschauliche Beschreibungen, lockern den Text auf, tragen zur Lebendigkeit der Schilderung bei und sichern somit auch die Aufmerksamkeit beim Leser.
8. Bisweilen sind also die Adjektive anschaulich und charakterisierend, zum größten Teil aber sind sie vage, inhaltlich ausdrucksarm und so mit Gefühlswerten behaftet, daß sie mehr emotional auf den Leser wirken als echte Informationen beinhalten, obwohl auch einige Beispiele für sach-

lich unterrichtende Adjektive(meist charakterisieren sie die Beschaffenheit eines Strandes) nachzuweisen sind.

9. Wörter wie 'ideal', 'phantastisch', 'wunderbar' oder 'wundervoll', die in den Ferienkatalogen zu den häufig gebrauchten Beiwörtern zu rechnen sind, zählt R.Römer zu den hoch-wertenden Adjektiven, die auch in der Werbesprache häufiger nachzuweisen sind und betont, daß sie in der Werbung nicht als alltagssprachliche Bezeichnung für 'erfreulich', 'angenehm' gemeint sind, sondern daß die Werbung die Verblassung der Inhalte ignoriert und ihre Produkte wirklich als 'phantastisch' aufgenommen wissen möchte.[133] Dies kann man wohl auch bei der Verwendung hochwertender Adjektive in den Ferienkatalogen annehmen, wobei die Ferienkataloge, im Vergleich zu den bei R.Römer aufgeführten Beispielen, ein viel breiteres Spektrum an Hochwertadjektiven zeigen und nur die oben erwähnten Beispiele in beiden Bereichen häufiger anzutreffen sind.

2.4. Sprachschichten

Werbliche Kommunikation muß für möglichst viele Menschen verständlich sein, damit sie ihr Ziel, Wirksamkeit, erreichen kann. Das gilt im gleichen Maße für die Ferienkataloge. Auch sie müssen verständlich sein, da sie erst dann die erwartete positive Reaktion beim Leser und potentiellen Urlauber zeitigen können. In fast allen Handbüchern, die sich mit dem Abfassen von werblichen Texten befassen, wird die Verständlichkeit für breite Leserschichten als vorrangiges Ziel gefordert. Verständlichkeit jedoch resultiert nicht nur aus einfachen Satzstrukturen und leicht erfaßbaren Satzlängen, sondern ebenso aus der richtigen Wahl der Worte. Die Wörter müssen einer Sprachschicht entnommen sein, die einem möglichst großen Kreis von Lesern geläufig und verständlich ist. Deshalb wird immer wieder gefordert, Texte werblicher Kommunikation in der vertrauten

Umgangssprache abzufassen: "Werbetexte sollten so viele Ausdrücke der Umgangssprache enthalten wie irgend möglich. Die Umgangssprache ist der lebendige Grundstock der Sprache überhaupt."[134] Oder: "Nicht die Schulsprache, die 'amtliche' Regeln befolgt, sondern die Muttersprache, die Umgangssprache, in der wir uns generell wirksam verständigen, ist für die Werbung maßgeblich, nur sie bringt uns zusammen."[135] P.Teigeler empfiehlt, folgende Wörter bevorzugt zu verwenden:

"1. Häufig vorkommende Wörter, die daher allgemein sehr bekannt sind (...)
2. Wörter der jeweiligen Muttersprache,
3. Wörter der Umgangssprache,
4. konkrete Wörter,
5. kurze Wörter."[136]

Untersuchungen über die Sprache der Anzeigenwerbung ergaben, daß diese Grundsätze in der Wirtschaftswerbung beherzigt werden. So hält J.Stave fest, daß die Basis der Werbesprache die Umgangssprache ist. Er begründet dies damit, daß 8o % der Leser von Zeitungsinseraten Volksschulbildung haben, und daß sich die Werbung nach ihrem sprachlichen Standard zu orientieren habe, um sich Gehör zu verschaffen.[137] E.Beheim-Schwarzbach weist darauf hin, daß in der Wirtschaftswerbung geschrieben wird, wie man im täglichen Umgang spricht, unter Verwendung eines Wortschatzes, der auch einfachen Menschen geläufig ist.[138] J.D.Bödeker kommt zu dem Ergebnis, daß die Werbesprache in der Regel normalsprachlich ist, "salopp-umgangssprachlich", selten "gehoben".[139] Auch R.Römer stellt für die Sprache der Anzeigenwerbung normalsprachliche und alltagssprachliche Ausdrucksweise fest, verweist aber auch auf zahlreiche Stilbrüche, bedingt durch schwankende Wortwahl.[14o]

Für die Ferienkataloge gelten ähnliche Voraussetzungen wie für die Anzeigenwerbung. Auch die Ferienkataloge wenden sich an einen großen Kreis von Menschen, auch für sie ist Verständlichkeit oberste Voraussetzung, auch ihr Wortschatz müßte damit auf der Umgangssprache basieren.

Der Untersuchung der Sprachschichten sollen jedoch einige Anmerkungen zum Problem ihrer Einteilung und Bestimmung vorangestellt werden, zumal in diesem Bereich erhebliche Definitionsprobleme auftreten, vor allem bei der Festlegung dessen, was als 'Normalsprache', 'Alltagssprache' oder 'Umgangssprache' zu verstehen ist. R.Klappenbachs Gliederung der Sprachschichten gibt folgendes Bild wieder:

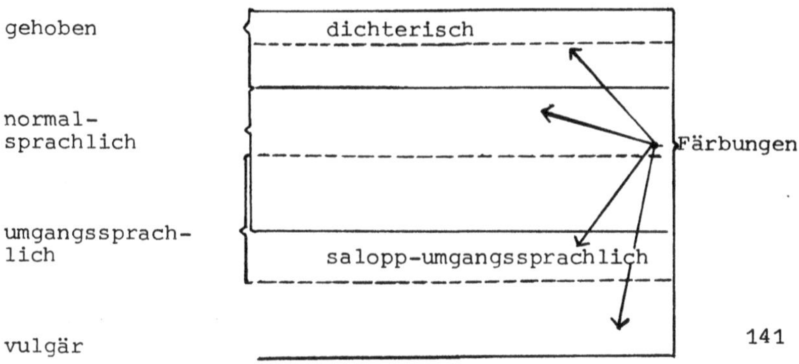

[141]

R.Klappenbach definiert: "Die Hauptschicht, die in der Mitte die größte Breite umfaßt, ist die normalsprachliche Wortschicht. Sie enthält den größten Prozentsatz aller Wörter und Redewendungen, die von allen gebildeten deutschsprechenden Menschen im öffentlichen Leben schriftlich und mündlich gebraucht werden. Die Wörter dieser Schicht sind normalerweise ohne Gefühlswert und können in jeder Situation ohne Bedenken verwendet werden. Sie haben rein kommunikative Funktion, sind im ganzen Sprachraum gleichmäßig verbreitet und bilden das Fundament der Sprache."[142] Als 'umgangssprachlich' definiert R.Klappenbach: "Die schmalere umgangssprachliche Schicht ist eine Variante der Normalsprache, die typisch für die mündliche Rede ist."[143] Auch H.Moser hält fest, daß die Umgangssprache

identisch mit der gesprochenen Alltagssprache ist.[144] An anderer Stelle definiert er: "Unter Alltagssprache schließlich verstehen wir eine Stilstufe zwischen Alltagsmundart und Durchschnittshochsprache, die meist mit der Umgangssprache zusammenfällt, aber auch in hochsprachlicher Lautung (Hochlautung) auftritt."[145] I.Radtke gibt als Merkmale der Umgangssprache an: "Die Umgangssprache kann als überregionale, allgemein verständliche und allgemein gebräuchliche Kommunikationsform angesehen werden." Auch er betont, daß Umgangssprache im wesentlichen gesprochene Sprache ist.[146] E.Riesel unterscheidet prinzipiell zwischen Literatursprache und Umgangssprache, hält aber fest, daß de facto eine solche Trennung nicht vorzunehmen ist: "Wie die Sprachwirklichkeit beweist, ist heute die Vorherrschaft der strenggenormten schriftlich-literarischen Redeweise gebrochen. Die mündliche Literatursprache von der einen und die literarische Umgangssprache von der anderen Seite her kommen einander entgegen und verschmelzen allmählich zu der modernen Gebrauchssprache des 2o. Jahrhunderts."[147]
E.Riesel verdeutlicht dies durch folgendes Schaubild:

Nationalsprache

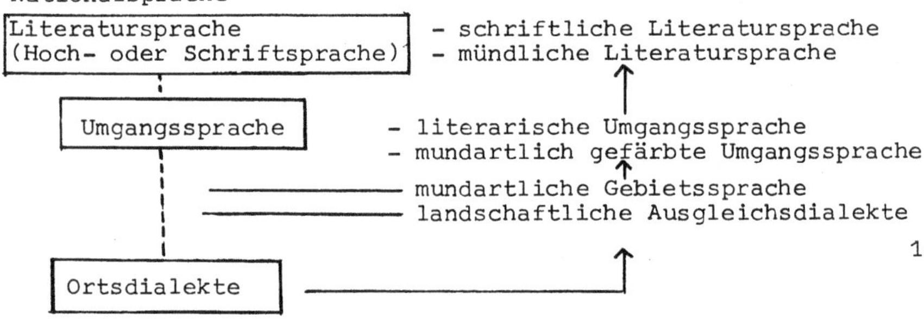

[148]

Diese wenigen Definitionen zeigen bereits die Schwierigkeiten einer eindeutigen Bestimmung der verschiedenen Sprachschichten[149], worauf auch hier verzichtet werden soll.

Im Folgenden soll nur versucht werden, Merkmale verschiedener Sprachebenen in den Ferienkatalogen herauszuarbeiten, wobei ein Schwerpunkt auf die Verwendung umgangssprachlicher Elemente gesetzt wird, worunter vor allem eben Erscheinungen der gesprochenen Sprache zu verstehen sind. Daneben wird noch kurz auf hochsprachlich-poetische bzw. literarisch-archaisierende Elemente eingegangen. Ein weiterer Abschnitt sei dem Fremdwortgebrauch und der Verwendung fremdsprachlicher Begriffe sowie dem Fachwortschatz vorbehalten.

2.4.1. Umgangssprachliche Elemente

Bereits im syntaktischen Teil der Arbeit wurde mehrmals darauf hingewiesen, daß sich Elemente gesprochener Sprache in der Syntax der Ferienkataloge wiederfinden. Als umgangssprachliche syntaktische Merkmale können festgehalten werden:

1. Bevorzugung des Einfachsatzes.
2. Meidung längerer und mehrgliedriger Gefüge, sowie Vorliebe für kurze Sätze.
3. Deutliches Vorherrschen des Relativsatzes vor allen anderen Nebensatzarten.
4. Verselbständigung von Satzteilen, Nachtrag, Isolierung von Nebensätzen.

Da die Ferienkataloge überregionale Verbreitung haben, versteht es sich von selbst, daß dialektale Wendungen so gut wie nicht anzutreffen sind. Ganz vereinzelt finden sich mundartliche Ausdrücke; sie sind der Mundart des beschriebenen Gebietes entnommen und dienen somit der Veranschaulichung. So erscheint das plattdeutsche 'klöhnen' in dem Kompositum 'Klöhnabend' bei der Beschreibung eines Aufenthaltes in Borkum (5/96) und Wendungen wie die "Ollen Ickes",'Riesenschwof' oder "Ick bin dufte" (5/gr.7) alle in Zusammenhang mit einem Berlin-Angebot. Das süddeutsche "Gaudi" (6/29) findet sich innerhalb einer Schilderung des Werdenfelser Landes. Die Anführungszeichen sind jeweils schon im Original gesetzt und weisen somit darauf hin, daß die Wendungen außerhalb des normalsprachlichen Rahmens stehen.

Daß unterste Sprachschichten wie Slang, Vulgär- oder Gaunersprache nicht anzutreffen sind, versteht sich ebenfalls von selbst.

2.4.1.1. Umgangssprachliche Verschleifungen und Verkürzungen

Die in den Ferienkatalogen am häufigsten anzutreffende Erscheinung aus dem Bereich der Umgangssprache ist die Zusammenziehung zweier Wörter, wobei meist ein Apostroph auf die Auslassung eines Buchstabens verweist. Hierbei finden sich sehr häufig Belege für die Zusammenziehung von Verb und dem Pronomen 'es', wobei als Schreibung das apostrophierte 's erscheint. Solche umgangssprachlichen Kontaminationen treten in allen untersuchten Katalogen auf; dabei besonders häufig findet sich die Form 'gibt's' statt 'gibt es', sowie die Verkürzung von 'etwas' zu 'was', ebenso von 'einmal' zu 'mal'. Folgende Belege sollen als Beispiele für umgangssprachliche Kontamination bzw. Reduktion dienen:

- wenn Sie nicht reiten, Tennis spielen oder faul am großen Strand 'rumliegen wollen. (1/73)

Hier ist immer was los, lassen Sie sich's nicht entgehen! (1/4o)

Ihre Kinder werden's Ihnen danken. Sie wissen doch, wie gern die darin rumtoben! (2/35)

Wie wär's mal mit Venedig? (2/166)

Am Abend geht's dann in gemütliche Gaststätten im typischen Schwarzwälder Stil. (3/31)

In Mrs. Hampfields Restaurant gibt's gute Fischgerichte. (4/76)

Und wer's bequemer liebt, ... (5/gr.18)

Im Schatten des Big Ben läßt's sich gut flanieren. (6/4o)

Bis Tozeur und Nefta geht's noch ganz zivil. (8/12)

Sie speisen mit Sicht auf's Meer oder ins Gebirge, ... (9/8)

Weiter geht's im Olt-Tal über den "Roten-Turm"-Paß in die Südkarpaten bis Sibiu. (1o/29)

Die umgangssprachlichen Kontaminationen finden sich, wie die Beispiele zeigen, auch innerhalb von Sätzen, die ansonsten 'normalsprachlich' gehalten sind, bzw. hochsprachliche Wendungen oder Fremdwörter aufzeigen. Auch hier trifft man somit auf Stilbrüche, wie sie R.Römer für die Werbesprache nachweisen konnte. Die umgangssprachlichen Kontaminationen sind die artikulierteste Ausdrucksform der Umgangssprache und vor allem der gesprochenen Sprache in den Ferienkatalogen. Ein weiteres deutliches Zeichen umgangssprachlichen Einflusses ist die Verwendung von Modewörtern oder salopp-umgangssprachlichen Ausdrücken.

2.4.1.2. Modewörter und salopp-umgangssprachliche Elemente

Modewörter finden sich sehr häufig im Bereich der Adjektive, gelegentlich auch im Bereich der Verben. Ein beliebtes umgangssprachliches Wort ist z.B. das Adjektiv 'schick'. Seltener gebraucht sind die umgangssprachlichen Verben 'tun' und 'kriegen'. Relativ häufig findet sich das dem Englischen entstammende Mode-Verb 'starten'. Im Bereich der Substantive sind gelegentlich Modewörter oder umgangssprachliche Ausdrücke anzutreffen, häufiger nur in Verbindung mit Redensarten oder festen Wendungen, die in einem späteren Kapitel gesondert behandelt werden. Daneben sind auch umgangssprachlich verkürzte Lokaladverbien nachzuweisen. Einige Beispiele aus den jeweiligen Katalogen sollen die Anwendung von Modewörtern und salopp-umgangssprachlicher Ausdrucksweise verdeutlichen:

Durch die Bazarstraßen mit proppevollen Läden. (1/152)

Dort finden Sie Spezialitäten-Restaurants (...) und dufte Nightclubs (...). (1/9o)

Das umgangssprachliche 'Ding' an Stelle des betreffenden Substantivs (in diesem Fall eine Art von Boot) findet sich in folgendem Beispiel:

> Lassen Sie sich von "Profis" sagen, wie ein solches Ding am besten läuft. (1/144)

Ebenfalls umgangssprachlich ist die Verkürzung des englischen 'Professional' zu 'Profi', was durch die Anführungszeichen markiert wird. Weitere Beispiele sind:

> Baden, faulenzen, wandern oder zu einem Ausflug starten. (1/16)

> Wiesen und Wälder. Und mittendrin unsere Hotels. (1/137)

Katalog 2 bedient sich gerne der Umgangssprache als Mittel der Auflockerung. Neben zahlreichen umgangssprachlichen Wendungen finden sich mehrere modische Adjektive, diverse Substantive, sowie einige Verben dieser Sprachschicht. Aus den zahlreichen Beispielen seien einige charakteristische ausgewählt:

> Nachtclubs, Bars, Diskotheken und schnuckelige kleine Pinten, ... (2/55)

> Das Africana Village - ein heißer Tip für echten Aktiv-Urlaub! (2/198)

> Ruhe, Einsamkeit, Abgeschiedenheit - Urlaub für "Abgeschlaffte". (2/98)

Hier wird das Modewort durch Anführungszeichen gekennzeichnet, die auf den nicht normalsprachlichen Duktus verweisen.

> Urteil des Gästeparlaments: Die Ausflüge Ihrer Reiseleitung sind wirklich Klasse. (2/166)

Das umgangssprachlich-saloppe 'Klasse' als Ausdruck der Wertschätzung überrascht nicht, da es sich bei der Rubrik 'Urteil des Gästeparlaments' um bewußt umgangssprachlich konzipierte Zitate von Urlaubsgästen handelt. Salopp wirkt auch die folgende Zahlenangabe:

> Und jede Menge Ausflüge. (2/119)

Umgangssprachliche oder modische Verben zeigen sich nur vereinzelt:

> Die Gäste unserer Pension Salva sind so zufrieden, daß es ihnen piepe ist, ob der Ort im Hintergrund einen Schönheitspreis gewinnt oder nicht. (2/19)

Anschaulich und leicht ironisch wirkt die folgende Verbneubildung:

> Sie können Sport treiben ... oder sich am langen Sandstrand die begehrte Bräune anzüchten. (2/125)

Umgangssprachlich-metaphorisch ist die Verbverwendung in folgendem Beispiel:

> Hier können Sie in sehr reizvoller Landschaft ab- und ausspannen, ohne gleich zu versauern. (2/9)

In den mehr nüchtern gehaltenen Winterkatalogen erscheinen im allgemeinen, ausgenommen von Verkürzungen und Kontaminationen, im Bereich des Wortschatzes seltener umgangssprachliche Elemente. Zugleich metaphorisch verwendet ist das Verb in folgendem Kontext:

> Jetzt wimmelt es rund um Innsbruck von gepflegten Pisten, langen und kurzen Liften, ... (3/4o)

Ab und zu findet sich die umgangssprachlich-mundartliche Bezeichnung 'Brettln' für 'Ski', wobei das Abweichen von der Normalsprache meist durch Anführungszeichen betont wird:

> Spezialausrüstung wird gegen Gebühr verliehen, sofern Sie nicht die eigenen "Brettln" benutzen wollen. (3/52)

Bei der Wendung "Trimm dich fit" (3/35) handelt es sich um eine umgangssprachliche Wortneubildung, mit der eine Aktion benannt wurde, die den Volkssport fördern soll. Diese Aktion wurde durch Werbekampagnen aber so propagiert, daß sich die entsprechende Bezeichnung in den allgemeinsprachlichen Wortschatz einzugliedern scheint, was letztlich auch die Verwendung in den Ferienkatalogen beweist.

Katalog 4 gebraucht sehr häufig das umgangssprachlich-modische Adjektiv 'schick':

> Amüsant ist zu jeder Tageszeit ein Bummel durch die Altstadt mit ihren schicken Modegeschäften, ... (4/24)

Sehr salopp und etwas überraschend in der einen Stilbruch bewirkenden Verbindung mit einem Fremdwort klingt:

> Die von der Zivilisation noch recht unbeleckte Insel ... (4/16)

Als Beispiele für umgangssprachliche oder modische Verben können dienen:

> In den vielen witzig eingerichteten Diskotheken, Nightclubs und Bodegas tut sich immer etwas. (4/24)

> Zypern hat Linksverkehr - Sie müssen also beim Überqueren der Straßen nach links gucken. (4/5o)

Etwas derb wirkt das folgende Substantiv, das wohl auch deshalb in Anführungszeichen gesetzt ist; ebenso wird auch beim anschließenden Beleg der umgangssprachliche Duktus durch Anführungszeichen markiert:

> "Tenuta Amalia", Weingut, Künstlerkneipe, "Freßlokal" ... (4/67)

> Berühmt die Jod-Schwefelthermen, aber nicht weniger ausschlaggebend das vielseitige "Drumherum". (4/98)

In Katalog 5 finden sich neben wenigen umgangssprachlichen Substantiven auch Verben dieser Sprachstufe:

> Keine Angst, auch Sie werden in diesem Riesenrummel den richtigen Partner finden, ... (5/gr.7)

> Nicht Sie tragen Ihr Gepäck, sondern der Wagen. Und schleppt was weg. (5/92)

In Katalog 6 läßt sich als modisches Adjektiv 'in' belegen:

> Zu den bedeutendsten Wintersportplätzen,die auch international "in" sind, gehört ... (6/9)

Auch hier wird das Modewort, das dem Englischen entnommen ist, durch Anführungszeichen vom normalsprachlichen Text abgesetzt. Was sonst als umgangssprachlich-modisches und aufwertendes Substantiv zu buchen ist, erscheint hier in Adjektivform:

> Langzeiturlaub - ein klasse TRANSEUROPA-Angebot. (6/21)

Umgangssprachlich und leicht süddeutsch-mundartlich gefärbt zeigt sich folgendes Beispiel, das einem Kontext entnommen ist, der einen Aufenthalt in München beschreibt:

> Von schmucken Maderln über herzhaften Leberkäs ... (6/41)

Ein umgangssprachliches Verb enthält neben anderen der Satz:

> Und zu Silvester geht es natürlich (bayerisch) hoch her, ... (6/41)

Im Bereich der Substantive sind, da es sich um einen Winterkatalog handelt, vor allem einige scherzhafte Bezeichnungen für Skifahrer anzutreffen:

> Sanfte Übungshänge für "Pistensäuglinge". (6/27)

> Sportliche und gesellige Veranstaltungen für "Skihaserln" und "Pistenfüchse". (6/27)

Der scherzhafte Charakter dieser Wendungen wird auch hier durch Anführungszeichen markiert. Die Ausdrücke sind zugleich metaphorisch und sprechen für die Bildhaftigkeit umgangssprachlicher Redeweise.

Dem umgangssprachlichen 'Budenzauber' scheint 'Hüttenzauber' (6/32) nachgebildet, wobei es sich um eine okasionelle Bildung handelt. Wenn G.Wahrig 'Budenzauber' als 'fröhliches Fest im eigenen Zimmer'[150] erklärt, könnte 'Hüttenzauber' analog bedeuten 'fröhliches Fest in der (Ski-)Hütte'. Sehr salopp wirkt die folgende Substantivierung:

> ..., da ist der Winterurlaub noch mehr als nur das Abklappern bekannter Wintersportorte. (6/42)

Da Katalog 7 meist recht teure Seereisen vorstellt und somit ein gehobeneres Publikum anspricht, bleibt für umgangssprachliche Elemente wenig Raum. Die beiden Wörter aus diesem Bereich sind daher bereits distanzierend durch Anführungszeichen gekennzeichnet:

> Daher kann auch einmal etwas "schiefgehen". (7/3)

> ..., die Planken des größten "Potts", der z.Zt. die Meere befährt, ... (7/61)

Als Beispiele für die Verwendung umgangssprachlicher bzw. modischer Redeweise finden sich in Katalog 8 u.a.:

> Bei der ADAC REISE ist alles drin im Programm. (8/24)

> Sie können starten, wo Sie wollen. (8/39)

Etwas respektlos und fast blasphemisch klingt:

> Ein bunter Religionsmischmasch erwartet Sie in Paramaribo: (8/28)

Modisch wirkt folgende Neubildung durch die englische Komponente und die Anspielung auf den durch seine Verfilmung sehr populär gewordenen Roman Boris Pasternaks:

> Urlaub mit Doktor-Schiwago-Touch. (8/18)

Das Kompositum soll russische Atmosphäre signalisieren. Umgangssprachlich ist eine Substantivierung wie:

> Aber wir haben die Routen so angelegt, daß auch noch Zeit zum Verschnaufen bleibt. (8/32)

Dies kann bedeuten, daß Pausen zur Erholung eingelegt werden, vielleicht auch daß jeweils genügend Zeit zu den Besichtigungen bleibt und daß die Tour (es handelt sich um eine Weltreise) nicht zu anstrengend ist.

In den Katalogen 9 und 1o sind umgangssprachliche Wörter nur sehr vereinzelt anzutreffen. Als Beispiel aus Katalog 9 kann die Übertragung eines Tiernamens auf Menschen angesehen werden:

> ..., ideal für Wasserratten. (9/36)

In Katalog 1o ist das umgangssprachliche Verb durch Anführungszeichen vom übrigen Text abgehoben:

> Wollen Sie die Landschaft nicht nur "durchrasen", ... (1o/2)

Ein Überblick über die einzelnen Kataloge hat gezeigt, daß sich modische und umgangssprachlich-saloppe Wörter fast überall finden, seien es nun Adjektive, Substantive, Verben oder Lokaladverbien. Es lassen sich vor allem im Bereich der Modewörter sehr oft Einflüsse des Englischen nachweisen. Häufig werden anschauliche Vergleiche oder umgangssprachliche Bilder erzielt.

2.4.1.3. Umgangssprachliche Redewendungen

Ebenfalls in fast allen Katalogen kommen umgangssprachliche Redewendungen oder längere Syntagmen der umgangssprachlich-saloppen Sphäre vor. Z.B. die Zwillingsformel 'Drum und Dran' findet sich häufiger und in verschiedenen Katalogen, ebenso die umgangssprachliche Zeitangabe 'rund um die Uhr':

> Und das "weiße Gold" dieser Küste sind die großen feinsandigen und flachen Strände. Mit allem Drum und Dran. Mit dem pulsierenden Zentrum Benidorm, wo das Leben rund um die Uhr braust. (1/41)

Salopp wirkt:

> Ein Café mit Pfiff: "Delicado". (1/53)

oder die Metapher: "für den großen Badehunger" (1/64),als Bezeichnung, daß ein Ort besonders für Urlauber geeignet ist, die viel baden wollen. Gelegentlich werden auch umgangssprachliche Sprichwörter in den Text miteinbezogen:

> Selbstverständlich kaufen Sie nicht die Katze im Sack! Nach Erscheinen des Prospektes prüfen Sie, ob Routen und Preise Ihrer Vorstellung entsprechen. (1/175)

Da die Kataloge 1 und 2 sich an einen sehr großen Kundenkreis verschiedenster, auch unterer, Schichten wenden, finden sich hier am häufigsten umgangssprachliche Redewendungen. Aus der Fülle von Belegen, die sich vor allem in Katalog 2 finden, können nur exemplarisch einige signifikante Beispiele angeführt werden:

> Es geht etwas ruhiger zu als in den beiden Nachbarorten. Das heißt nun aber nicht, daß hier "der Hund verfroren ist"! (2/16)
>
> Kinderermäßigung ist bei diesem Preis leider nicht "drin". (2/31)
>
> Wenn Sie dann nach einem Zug durch die Gemeinde so richtig geschafft sind, werden Sie sich freuen, daß ... (2/55)
>
> Trotzdem werden hier abends nicht die Bürgersteige aufgerollt: ... (2/63)

Es handelt sich hier teilweise um sehr anschauliche umgangssprachliche Bilder. Die Wendungen 'daß der Hund nicht verfroren ist' und 'die Bürgersteige werden nicht aufgerollt' konnotieren, daß es in diesem Ort zwar ruhig ist, aber dennoch abendliche Unterhaltung geboten wird.

Auch in den Winterkatalogen, so in Katalog 3, lassen sich umgangssprachliche Syntagmen beibringen, die sehr bildlich sind,z.B. die Umschreibung:

> Von hier ist es nur ein Katzensprung zu den schönsten Skipisten, ... (3/4)

In Katalog 4, der sich vornehmlich an gehobenere Schichten wendet, finden sich umgangssprachlich-saloppe Syntagmen nicht so gehäuft, aber auch hier lassen sich einige Beispiele nachweisen:

> Zu Schiff oder Flugzeug kann man in Tagesausflügen Marokko erreichen, um in Tanger oder Tetuan einen Zipfel von Tausendundeiner Nacht zu erwischen. (4/24)
>
> Boulevard-Cafés, Restaurants, Kegelbahnen, Kino - auch für Nachtschwärmer ein volles Programm. (4/1o8)
>
> Vormittags Rundfahrt in und um Singapore; (4/91)

Die Redewendung steht ihrer Stilhaltung nach im Gegensatz zur wohl als vornehmer empfundenen,englischen Schreibung des Stadtstaates 'Singapur'.

In Katalog 5 zeigen sich umgangssprachliche Redewendungen vor allem im grünen Sonderteil:

> Mit "Volldampf voraus" und guten Vorsätzen ins neue Jahr - das bietet Ihnen die neue MS "Prinz-Hamlet" auf einer Seereise ... (5/gr.1o)

Die Redewendung 'mit Volldampf voraus' ist zweideutig. Sie kann sich sowohl auf die Schiffsreise als auch auf den Beginn des neuen Jahres beziehen.

Eine umgangssprachlich-bildliche Wendung enthält folgendes Beispiel aus Katalog 6:

> Für Sportfans, die nach heißen Abfahrten am Tage abends unter Gleichgesinnten bei zünftigem Apres-Ski die "Puppen tanzen" lassen wollen. (6/3)

Hier, wie auch schon in einigen der oben angeführten Beispiele, werden die umgangssprachlichen Wendungen durch Anführungszeichen vom normalsprachlichen Text abgehoben. Ebenso bei diesem Beleg:

> Es fehlt ... an nichts, was einen Winterurlaub nur "rund" machen kann. (6/2o)

'rund' soll sicher soviel wie 'vollkommen' bedeuten. Als umgangssprachlich-hyperbolische Zwillingsformel erscheint:

> Geschichtliche Stätten zu bewundern gibt es in Hülle und Fülle, ... (6/4o)

Umgangssprachlich ist auch folgende Reihung:

> Für jung und alt Jubel, Trubel, Heiterkeit - (6/12)

Eine der seltenen umgangssprachlichen Wendungen in Katalog 7 ist das Bild:

> Bitte schlucken Sie also Ärger nicht hinunter - gehen Sie gleich zur Kreuzfahrtleitung. (7/3)

In Katalog 8 zeigt sich der Einfluß der gesprochenen Sprache in einem Zusatz wie:

> ... - ganz individuell nach Ihren Wünschen, versteht sich! (8/39)

oder zum Beispiel durch ein Kompositum:

> Wer noch nie in Amerika war, sollte sich mit diesem Reiseprogramm die Vereinigten Staaten von ihrer Schokoladen-Seite her zeigen lassen. (8/38)

Das saloppe Wort ist superlativisch und meint die 'schönste Seite'.

Auch in Katalog 9 sind vom normalsprachlichen Text abweichende Wendungen durch Anführungszeichen markiert:

Futurologische Architektur, der aber nie das "Gewisse Etwas" an der uns so lieben "Gemütlichkeit" fehlt. ... viel Amüsement, viel "gleiche Wellenlänge". (9/76)

Die umgangssprachlichen Ausdrücke sind semantisch vage und hochwertend.

In Katalog 1o erscheint mehrmals das Wort 'Schlager' als umgangssprachliche Bezeichnung für ein besonderes Angebot:

Ein Schlager unseres Programms! (1o/17)

Die Beispiele zeigen, daß in allen untersuchten Katalogen umgangssprachliche Wendungen und Redensarten, manchmal auch solche Sprichwörter, zur Auflockerung des Textes herangezogen werden. Sie sind oft bildlich oder metaphorisch. Gelegentlich werden umgangssprachliche Syntagmen durch Anführungszeichen vom Kontext abgehoben.

2.4.1.4. <u>Sonstige umgangssprachliche Elemente des Wortschatzes</u>

Als Merkmal umgangssprachlicher Redeweise kann auch der Gebrauch von Flickwörtern oder Interjektionen angesehen werden[151], welche sich jedoch in den Ferienkatalogen nur ganz vereinzelt zeigen:

"Verdiente Ruhe" und so - das läuft hier nicht. (2/89)

Ja FEWOTELS verwöhnen! (5/67)

Gelegentlich erscheint direkte Rede oder deren Nachahmung, und zwar nicht nur in Rubriken wie 'Urteil des Gästeparlaments', sondern auch innerhalb der Texte der Ortsbeschreibungen, vornehmlich in Katalog 2, der auch sonst zahlreiche umgangssprachliche Züge aufweist. Die direkte Rede ist jedoch ebenfalls nur sehr selten anzutreffen. Bisweilen sind solche Wendungen durch Anführungszeichen markiert:

Wenn Sie Ihren Urlaub verschlafen wollen, so nach dem Motto: "Ich bin vielleicht kaputt. 3 Wochen will ich nichts hören und sehen!", dann sollten Sie lieber nicht nach Las Palmas fahren. (2/89)

> Rhodos. ... Erste Frage: "Wo ist der Koloß geblieben?" (2/145)
>
> Na sowas - Pluderhosen! (2/156)
>
> Hurra,
> hier ist die Jugend unter sich! (3/11)
>
> ..., zumal Lienz sich, wie es im Ort stolz heißt, "für Kinder und Familien immer wieder etwas einfallen läßt." (6/24)

Es hat sich gezeigt, daß die Ferienkataloge durchgehend mit umgangssprachlichen Elementen durchsetzt sind. Dies äußert sich vor allem in Verschleifungen und Verkürzungen, in der Wortwahl, in der Auflockerung des Textes durch umgangssprachliche Redewendungen sowie gelegentlich in der Nachahmung und Zitierung wörtlicher Rede.

2.4.2. Hochsprachlich-poetische und literarisch-archaisierende Ausdrucksweise

Wie schon oben S.425 erwähnt, wird immer wieder der Vorwurf erhoben, daß die Sprache der Fremdenverkehrswerbung sich in poetischen, klischeehaften Formeln verliert, wobei dann als Beispiele 'idyllische Plätzchen' und 'trutzige Burgen' zitiert werden. Auch der Sprache der Anzeigenwerbung wird poetisch übersteigernde Diktion vorgeworfen, aber auch darauf verwiesen, daß sie älteres Sprachgut wieder belebt: "Zu dem Traumbild muß die Sprache passen: Reklame formuliert elitär und gestrig. Sie entwirft Idylle; daher nähert sich ihr Vokabelschatz gelegentlich dem der Reiseprospekte, Schlager und Filme." Weiter heißt es bei L.Mackensen: "Feierstundenwörter werden bevorzugt", worunter er dann Adjektive wie 'verträumt', 'schmuck', 'idyllisch' oder 'anheimelnd' versteht.[152] Daß einige der genannten Adjektive nicht nur in der Werbung, sondern auch in den Ferienkatalogen anzutreffen sind, wurde bereits erwähnt. Das Zitat zeigt aber auch, mit welcher Ignoranz die Sprache der Reiseprospekte von einigen Sprachforschern abgetan wird. Ähnlich bei H.Küpper, der behauptet, in Werbeschriften der Fremdenverkehrsvereine fänden sich Ausdrücke der gesunkenen Lyrik des 19. Jahrhunderts, und der diesen Schriften Operetten-Schnulzenstil vorwirft.[153] Natürlich schleicht sich gelegentlich auch die poetische Feiertagssprache in die Ferienkataloge ein. Dieser Aspekt darf jedoch keinesfalls überbewertet werden.

2.4.2.1. Poetisch-feierliche Ausdrucksweise

Hier sollen Belege angeführt werden für eine Ausdrucksweise, die gehobener ist als die Normalsprache, bedingt durch ausgesuchte Wortwahl. Es finden sich einige selten gebrauchte, manchmal fast poetisch klingende Wörter:

> Sie ist die Hauptstadt Grusiniens, wo man so trefflich versteht, köstlichen Wein zu keltern. (1/111)
>
> Balsam für strapazierte Nerven. (2/154)
>
> Der freundliche, anheimelnde Ort ... (3/59)
>
> Über den Bergwäldern glänzen die Firne mächtiger Gletscher. (4/1o4)
>
> Von Samstagnachmittag bis Donnerstag haben Sie genügend Muße, Ihren Urlaub harmonisch ausklingen zu lassen. (5/94)
>
> In gemütlichen Lokalen läßt es sich zur Winterszeit, während draußen der Schnee stiebt, trefflich speisen. (6/31)
>
> Zwei Promenaden bieten während der Wintermonate Gelegenheit zu erquickenden Spaziergängen. (6/38)
>
> Glitzernde Eisberge, in denen sicn das Licht der Polarsonne bricht. (8/29)
>
> ... - alles in glücklicher Harmonie zu einzigartigen Ferien vereint. (1o/28)
>
> Weiter durch den lieblichen Taubergrund ... (1o/1o)

Die vorangehenden Beispiele zeigen, daß sich die Verfasser der Ferienkataloge bisweilen (jedoch nicht zu oft) durchaus in sehr gewählter, ja fast poetischer Form auszudrücken verstehen und eben nicht nur Elemente der Umgangssprache, sondern auch die gehobene Normalsprache bzw. eine fast dichterische Sprache anzutreffen ist. Einige dieser Wendungen grenzen bereits ans Klischeehafte. Manchmal ist diese Ausdrucksweise jedoch durchaus anschaulich und charakterisiert einen Ort oder eine Erscheinung bereits durch die Wahl der Wörter. Im allgemeinen zeigen sich in den einzelnen Katalogen keine augenfälligen Relationen zwischen niedrigem Anteil von Umgangssprache und hohem Anteil gehobener Sprache bzw. umgekehrt.

2.4.2.2. Archaisierender Sprachgebrauch

Oft ist es schwierig zu unterscheiden, ob ein Wort nur selten gebraucht ist, daher ungewohnt klingt und der gehobenen, fast poetischen Ausdrucksweise zuzuordnen ist, oder ob es sich um ein altertümliches Wort handelt, das in der heutigen Allgemeinsprache fast zu einem Fremdkörper geworden ist. Daß in der Sprache der Anzeigenwerbung altes Sprachgut wieder belebt wird, betont u.a. L.Mackensen.[154] Auch P.Oßwald weist darauf hin, daß in der Werbung veraltete Wörter manchmal wieder zur Geltung kommen.[155] Beispiele für solche ungebräuchlichen und wohl doch als altertümlich zu bezeichnenden Wörter finden sich auch in Ferienkatalogen. Sie treten nur vereinzelt auf, dafür aber in fast allen Katalogen. Das Wort 'Eiland' ist im heutigen Sprachgebrauch durch 'Insel' verdrängt, ebenso 'Gestade' durch 'Küste' ersetzt worden. Beide Wörter sind jedoch häufig in den Ferienkatalogen zu belegen. Ebenso das Adjektiv 'schmuck', das für den heutigen Sprachbenutzer antiquiert klingt. 'schmuck' ist hier ein beliebtes Adjektiv, das manchmal in Verbindung mit Diminuitivformen erscheint.Daneben finden sich aber auch einige andere,kaum mehr gebräuchliche und veraltete Wendungen.

> Ein schmuckes, weißes Fischerstädtchen, das von seiner bewegten Vergangenheit träumt. (1/66)
>
> Im gemütlichen "Batschvata" kredenzt man Ihnen blumige Weine und harte Schäpse (...). (1/81)

... - frönen Sie dem süßen Nichtstun - ... (2/178)

Die gepflegten Gaststätten schaffen eine heimelige Atmosphäre. (3/3o)

Der schmucke Ort hat dank seiner Lage ... (3/45)

In der Nähe viele kleine Buchten und romantische Felsgestade. (4/44)

"Insel der ewigen Jugend" nennt man dieses grüne Eiland im Golf von Neapel. (4/63)

Der schmucke Wintersportort am Eingang zum oberen Saalachtal ... (5/6o)

Kleinere Spaziergänge in unmittelbarer Ortsnähe führen an schmucken Bauernhäusern vorbei. (6/31)

Lugano, ... liegt malerisch zwischen dem Monte Brè und dem Monte San Salvadore am Gestade des Sees. (1o/9)

Man meint, durch das milde Klima, im Orient zu weilen, ... (1o/24)

Antiquierte Wörter und Wendungen tragen gelegentlich dazu bei, die Ausdrucksweise sehr gewählt erscheinen zu lassen.

Zusammenfassung (S.437-455)

1. Die Ferienkataloge sind nicht einheitlich in ihrer Sprachhaltung. Es finden sich neben umgangssprachlichen Elementen auch Wörter oder Syntagmen der gehobenen oder fast poetischen Sprachschicht. Man kann im Bereich des Wortschatzes aber in der Grundhaltung wohl von normalsprachlichem Duktus ausgehen, d.h., daß die Wörter vornehmlich einer Schicht entnommen sind, die als dem normalen Sprachbenutzer geläufig angesehen werden kann. Die Sprache der Ferienkataloge ist zu bezeichnen als eine gehobene Alltagssprache, die sowohl gegenüber der Umgangssprache als auch gegenüber der gehobenen Normal- bzw. Literatursprache offen ist und von diesen einige Elemente übernimmt. Der Einfluß der Umgangssprache überwiegt

nicht. Die wechselnde Sprachhaltung zeigt sich manchmal sogar in relativ kurzen Syntagmen: diese sind dann in ihrer Wortwahl uneinheitlich, man trifft gelegentlich auf Stilbrüche.

2. Merkmale umgangssprachlicher Ausdrucksweise sind vor allem Verschleifungen und Verkürzungen, wie sie für die gesprochene Sprache typisch sind. Die umgangssprachliche Redeweise drückt sich im Wortschatz ferner in der Verwendung von Mode- oder stark von der gesprochenen Sprache gefärbten Wörtern und Syntagmen aus, sowie im Gebrauch saloppe Redensarten oder umgangssprachlicher Sprichwörter. Gelegentlich wird direkte Rede nachgeahmt. Diese Erscheinung bleibt jedoch isoliert. Ebenfalls nur vereinzelt finden sich umgangssprachliche Interjektionen.
3. Umgangssprachliche Elemente und Ausdrucksformen dienen in erster Linie der erhöhten Verständlichkeit, da diese Ausdrucksweise dem ganzen Leserkreis vertraut ist. Die Ferienkataloge passen sich somit der Ausdrucksweise der Mehrzahl ihrer Leser an. Sie dienen zudem der Textauflockerung, wirken oft anschaulich und bildhaft. Umgangssprachliche Wendungen sind jedoch nicht so häufig anzutreffen, wie es von den Verfassern von Werbehandbüchern gefordert wird und wie es in der Werbesprache der Fall ist.
4. Daneben lassen sich auch gewählte, poetische und manchmal veraltete Wörter und Wendungen nachweisen, jedoch nicht in dem Maße, in dem umgangssprachliche Elemente anzutreffen sind. Der archaisierende Sprachgebrauch beschränkt sich auf einige Wörter wie 'schmuck', 'Eiland' oder 'Gestade', die häufiger Verwendung finden. Die gehobene bzw. poetische Sprachhaltung zeigt sich in verschiedenen Formen: gelegentlich wirken diese Wörter fast elitär, manchmal finden sich die gehobenen Wendungen an der Grenze zum klischeehaften Ausdruck. Auch sie dienen der Textauflockerung, da ihr Vorkommen überrascht. Sie können als Stilmittel, jedoch nicht als Stilmerkmal, be-

trachtet werden, da ihr Vorkommen nicht so häufig ist, wie es die Kritik an der poetisierenden Fremdenverkehrssprache erwarten läßt.

5. Analog zu den Untersuchungen von R.Römer für die Werbesprache kann festgehalten werden, daß die Sprache der Ferienkataloge in ihrer Wortwahl zwischen verschiedenen Sprachschichten schwankt.[156] Als Basis kann jedoch nicht die Umgangssprache, sondern muß die gehobene Normalsprache, also eine Sprachschicht zwischen gehobener Umgangssprache und gehobener Sprache überhaupt, angesehen werden.[157] Dafür spricht auch die häufige Verwendung von Fremdwörtern, eine Erscheinung, die im folgenden Kapitel näher untersucht werden soll. E.Mittelberg zu Folge macht dagegen die volkstümliche BILD-Zeitung in weit höherem Maße von umgangssprachlich-derber Redeweise Gebrauch als z.B. die Werbung oder die Ferienkataloge.[158]

2.5. Fremdwortgebrauch und Fachwortschatz

Die häufige Verwendung von Fremd- und Fachwörtern kann zwar auch als Audruck einer gehobenen Sprachschicht gewertet werden, da jedoch die Anzahl der Fremd- und Fachwörter sowie der Begriffe aus anderen Sprachen sehr groß ist und das Spektrum der verwendeten Wörter sehr breit, soll diesem Bereich ein eigenes Kapitel gewidmet werden.

Im gleichen Maße wie die Verwendung der Umgangssprache für die Werbung propagiert wird, wird vor dem Gebrauch von Fremd-, Kunst- und Fachwörtern gewarnt. "Zu vermeiden sind abstrakte Wörter, Fachausdrücke und Fremdwörter."[159] Oder: "Es empfiehlt sich also in den Texten keine Fremdwörter zu verwenden, deren Aussprache und Verständnis dem Durchschnittsverbraucher Schwierigkeiten macht oder die zu Verwechslungen Anlaß bieten können. Ein Fremdwort bedeutet für den größten Teil der Bevölkerung gar nichts."[160] Was O.W.Haseloff als Argument gegen 'Kunstwörter' vorbringt, gilt gleicherweise gegen Fremdwörter: "So ist die Verwendung von 'Kunstwörtern' problematisch, da auf Seiten des Umworbenen für sie keine Deutungs- und Erlebnismuster bereitstehen."[161] Trotzdem finden sich in der Werbesprache zahlreiche Fremdwörter, wie z.B. R. Römer[162] oder P.Oßwald[163] in ihren Untersuchungen festgehalten haben. Ebenso konstatiert auch L.Kerstiens eine Vorliebe für das Fremdwort: "Scheinfremdwörter verbinden sich mit echten zu einem regelrechten Jargon."[164] Dies resultiert daraus, daß den Fremdwörtern eine gewisse Wirkung nicht abzusprechen ist: "Daß Fremdwörter und Fachausdrücke, besonders wenn sie nicht verstanden werden, oft von bestrickender Wirkung sind, ist bekannt."[165] L.Mackensen bemerkt zum Gebrauch von Fremdwörtern: "Das Aufregende beim Fremdwort ist das Neue, ganz Ungewohnte."[166] Oder: "Das Fremdwort stuft den, der es sich beilegt, gesellschaftlich auf. Das bewirkt der ungewohnte Klang, der Exklusivität vermuten, jedenfalls aber aufhorchen läßt."[167] Dies sind sicherlich Gründe, die auch den häufigen Gebrauch von Fremdwörtern in den Ferienkatalogen mitbedingen. Bereits in dem Kapitel, das die Wortneubildungen behandelt, wurden zahlreiche Beispiele für Komposita mit den verschiedensten fremdsprachlichen Komponenten aufgeführt. Diese Beispiele belegen, wie sorglos verschiedene Fremdwörter zur Bildung von Komposita herangezogen werden, was darauf schließen läßt, daß zahlreiche dieser Wörter schon fest in den allgemeinen Wortschatz aufgenommen sind. Die Verwendung von Fremdwörtern tritt in den Ferienkatalogen in vielfältigen Erscheinungsweisen auf: Häufig gebraucht werden vor allem Fremdwörter lateinisch-griechischen Ursprungs; neben solchen, die auch normalsprachlich schon geläufig sind, finden sich einige seltener gebrauchte und schwerer verständliche Fremdwörter. Weiter zeigt sich stark der Einfluß des Englischen. Es sind jedoch auch in durchaus nennenswerter Zahl Begriffe aus fremden Sprachen, wie z.B. dem Französischen oder Spanischen anzutreffen. Daneben machen die Ferienkataloge reichlich Gebrauch von Fachwörtern der verschiedensten Sparten, Katalog 4 in erhöhtem

Maße von kunstgeschichtlichen oder ethnologischen Begriffen. Im Rahmen dieses Kapitels können jedoch nur die Grundtendenzen des Fremdwortgebrauchs in den Ferienkatalogen aufgeführt werden, da Fremd- und Fachworte so häufig und vielfältig sind,daß eine detaillierte Untersuchung dieses Wortschatzes einer eigenen Untersuchung vorbehalten sein müßte. Ebenso auch die sicher interessante statistische Auswertung der Häufigkeit von Fremdwörtern, Fachtermini und fremdsprachlichen Elementen, wie sie schon von H.Meier in Ansätzen unternommen wurde.[168]

2.5.1. Häufig gebrauchte, geläufige Fremdwörter

Fremdwörter finden sich in großer Zahl im Bereich der Substantive, Adjektive und auch Verben. Im folgenden Abschnitt sollen einige typische und häufig in allen Katalogen verwendete Fremdwörter zusammengestellt werden, wobei jedoch kein Anspruch auf Vollständigkeit erhoben wird. Die Wörter sind nicht ihrer Frequenz nach, sondern alphabetisch geordnet; da alle erwähnten Substantive mehrmals aber mit unterschiedlicher Häufigkeit in allen Katalogen erscheinen, wurde deshalb auch auf die Angabe von Belegstellen verzichtet. An öfter gebrauchten substantivischen Fremdwörtern sind nachzuweisen:

Aktivität	Komfort	Qualität
Atmosphäre	Kontakt	Spezialität
Attraktion	Kontrast	Symbol
Charakter	Kulisse	Tradition
Individualist	Metropole	Variation
Faszination	Panorama	Vegetation
Folklore	Prominenz	Zentrum
Kombination	Publikum	Zivilisation

Diese Fremdwörter zeigen sich in den verschiedensten Bereichen der Kataloge. Sie sind nicht auf einen bestimmten Kontext beschränkt.

Daneben lassen sich in großer Zahl Adjektive lateinisch-griechischen Ursprungs nachweisen. Einige der hier genannten wurden auch schon unter der Rubrik 'häufig gebrauchte Adjektive' aufgeführt.

absolut
aktiv
alpin
antik
attraktiv
bizarr
charakteristisch
exklusiv
exotisch
exquisit
familiär
flankiert
harmonisch
historisch
imposant
individuell
inklusiv
intensiv
interessant
international
intim
klassisch
konzentriert
kulturell
luxuriös
markiert
mondän
originell
perfekt
pittoresk
präpariert
prominent
pulsierend
rasant
renommiert
rustikal
speziell
(sub)tropisch
sympathisch
temperiert
traditionell
turbulent
zentral

Im Bereich der Verben finden sich Fremdwörter nicht in solcher Häufigkeit wie bei Substantiven und Adjektiven, was vornehmlich durch das geringere Erscheinen dieser Wortart bedingt ist.

amüsieren
arrangieren
faszinieren
garantieren
gruppieren, (sich)
informieren
kombinieren
pulsieren
präsentieren, (sich)

Der Überblick über häufig gebrauchte Fremdwörter zeigt, daß diese in großer Zahl in den Ferienkatalogen anzutreffen sind. Es handelt sich dabei um keine besonders ausgefallenen Wörter, sondern um solche, die auch allgemeinsprachlich durchaus gebräuchlich sind. Ob sie jedoch jedem Leser verständlich sind, bleibt fraglich. Wohl alle Fremdwörter lassen sich einer gehobenen normalsprachlichen Schicht zuordnen. Einige dieser Wörter könnten durch deutsche Entsprechungen ersetzt werden, wie 'Metropole' durch 'Hauptstadt', oder z.B. 'pittoresk' durch 'malerisch', andere wiederum geben einen Sachverhalt exakter wieder als die deutsche Entsprechung ('Attraktion', 'Aktivität', 'bizarr', 'temperiert', 'pulsierend'). Die meisten der fremdwortlichen Adjektive sind semantisch vielschichtig und stark mit positiven Werten behaftet. Gewisse Adjektive sind auf einen bestimmten Kontext beschränkt, so findet sich 'alpin' fast ausschließlich in Winterkatalogen. 'präpariert', 'markiert' und 'rasant' erscheinen ebenfalls hauptsächlich in Winterkatalogen und beziehen sich auf Pisten, Abfahrten oder Wanderwege. Die erwähnten Fremdwörter dienen manchmal der Präzisierung, vor allem aber sprechen sie auch anspruchsvollere Leser an. Da die verwendeten Fremdwörter auch im allgemeinen Umgang durchaus gebräuchlich sind[169], kann ihr Vorkommen nicht als exaltierter sprachlicher Duktus angesehen werden. Sie lockern den Text auf und machen die sprachliche Vielfalt deutlich.

2.5.2. Vereinzelt gebrauchte, seltene Fremdwörter

Daneben finden sich in jedem Katalog einige Fremdwörter, deren Gebrauch in der Allgemeinsprache selten ist, die eher in gehobener Sachprosa zu vermuten wären, manche die gesucht, bisweilen sogar leicht manieriert wirken und bei denen es fraglich ist, ob sie von der Mehrheit der Leser überhaupt verstanden werden. Bei den meisten dieser Fremdwörter handelt es sich um solche lateinisch-griechischen Ursprungs. Ohne Anspruch auf Vollständigkeit sollen die wichtigsten, alphabetisch geordnet, wiedergegeben werden. Einige Beispielsätze sollen sie auch in ihrem Kontext zeigen, wobei auch hier deutlich wird, daß sich verschiedene Sprachschichten innerhalb eines Satzes vermischen können.

adäquat (7/68)
Akklimatisation (8/16)
Alternative (1/11o)
Areal (9/51)
arriviert (5/44)
audiovisionell (9/63)
Auditorium (9/23)
autonom (8/35)
Avantgardist(7/2)
Domäne (4/11)
dominieren (2/36)
Dorado (2/174)
dynamisch (8/33)
Elogen (4/11)
Favorit (8/3)
flanieren (6/4o)
Fluidum(1/39;5/gr.7)
Furore (5/98)
hektisch (4/18)
Improvisation (1/55)
infizieren (4/11)
insular (2/186)
Intensität (3/56)
Kapazität (1/144)
Kondition (8/15)
konfektionieren (4/11)
konfrontieren (2/45)
konstant (2/33)
kulinarisch (1/116)
labyrinthisch (4/8o)
Lokalkolorit (2/144)
markant (8/3o)
Monotonie (6/32)
monumental (4/83)

offerieren (8/35)
Okzident (7/11)
opulent (5/84)
prägnant (4/75)
Präsent (5/gr.19)
professionell (1/42)
provozieren (2/45)
Rarität (3/51)
Refugium (4/24)
Regeneration (4/96)
reglementiert (5/67)
Resident (7/33)
respektabel (6/14)
Spektakel (9/14)
Synthese (4/77)
Territorium (4/91)
Urbanität (4/86)
Utensilien (6/37)
versiert (6/6)
vital (4/73)
Vulkanismen (4/91)
Zertifikat (7/23)
ziseliert (4/37)
zyklopisch (4/46)

Zum Abschluß: die archaische Schönheit der Fanoft-Kirche. (1/173)

Auf alle Fälle sollten Sie mal einen Bummel durch das lukullische Tanger machen. (1/12o)

Passionierte Faulenzer, Sonnenhungrige, Erlebnishungrige sind in Las Palmas richtig. (2/89)

Die Vegetation ist mediterran. (2/176)

Eine beinahe eben verlaufende Talsohle und die einmündenden Täler prädestinierten Davos auch für das immer beliebter werdende Skiwandern. (3/66)

Hier begegnen Sie den Wurzeln unserer christlich-abendländischen Kultur, die Europa zum dynamischsten Kontinent der Welt machte. Fast 2 Jahrtausende - von der Antike bis zum Barock - war diese Stadt wirklich oder doch ideelle Mitte der Welt. Aber Rom ist auch eine moderne Weltstadt von beglückender Vitalität. (4/81)

Zu mitternächtlicher Stunde können Sie sich noch an den ausgewählten Köstlichkeiten eines reichhaltigen Buffets delektieren. (5/gr.18)

..., praktisch eine moderne Hotelsiedlung aus der Retorte für alle Ansprüche. (6/19)

SS "France" - das ist das Optimum an Komfort. (7/61)

Keine Hast, keine Hektik, kaum etwas ändert sich. Sydney wieder voller Aktivität. (8/33)

Otrante ist realisierte Zukunftsmusik. In der Anlage: Futurologische Architektur, ... (9/76)

..., zwischen West und Ost, zwischen Orient und Okzident. (1o/32)

Auffallend viele Fremdwörter sind in Katalog 4 zu buchen, was jedoch nicht verwunderlich ist, da Dr. Tigges vornehmlich Akademiker zu seinem Kundenkreis zählt und in dem untersuchten Katalog mehrere Kultur- und Studienreisen anbietet.

Die Verwendung von weniger geläufigen (natürlich nicht gänzlich unbekannten), manchmal etwas gewählt klingenden Fremdwörtern scheint zu bestätigen, daß man in der werblichen Kommunikation auf die Anziehungskraft des Ungewohnten vertraut. Daneben verleihen sich die Kataloge dadurch bisweilen einen wissenschaftlichen Habitus (manche der Ausdrücke wären in wissenschaftlicher Sachprosa zu erwarten), unterstreichen damit aber auch ihre Seriosität. Noch mehr gilt dies für den Gebrauch von Fachwörtern.

2.5.3. Fachwörter und Spezialtermini

In allen Ferienkatalogen finden sich in großer Zahl Fachausdrücke aus den verschiedensten Gebieten. Auch R. Römer widmet in ihrer Untersuchung ein Kapitel dem Gebrauch von Fachtermini. Sie weist darauf hin, daß der Leser häufig mit Fach- aber auch Pseudofachwörtern konfrontiert wird, die ihm teilweise unverständlich bleiben müssen.[170] Handelt es sich in der Werbesprache bei den Fachtermini vornehmlich um technische oder medizinische Ausdrücke, so sind die Fachausdrücke, die sich in den Ferienkatalogen finden, vornehmlich dem Bereich der Geschichte und Kunstgeschichte entnommen. Sie benennen bestimmte Bauwerke, ordnen kunstgeschichtlichen Epochen zu, bringen differenzierende Namen für Völkergruppen oder Dynastien. Diese Spezialtermini sind vor allem häufig in Katalog 4 anzutreffen, bedingt durch die große Zahl an Studienreisen, die sich an ein wahrscheinlich kunstgeschichtlich interessiertes Publikum wenden. Ferner finden sich Spezialausdrücke aus dem Bereich des Sports, da die Tendenz zu einem aktiven Urlaub, in dem verschiedene Sportarten betrieben werden, deutlich zunimmt. Weiter sind, allerdings nicht so häufig, einige Sonderausdrücke aus der Architektur nachzuweisen, dies vor allem bei der Beschreibung der Unterkunftsmöglichkeiten. Auch aus dem Gastronomischen, in Zusammenhang mit den Verpflegungsangeboten, lassen sich einige Spezialtermini belegen. Für diese Bereiche sollen aus den verschiedenen Katalogen einige Beispiele angegeben werden, wobei eine Vollständigkeit allerdings nicht angestrebt werden kann und soll und nur einige der häufig auftretenden oder sehr markanten Belege angeführt werden.

Neckermann Reisen (Katalog 1) wendet sich an alle Leserschichten und gilt als sehr volkstümlich. Trotzdem finden sich einige Fachausdrücke wie:

> Die Moschee Koutoubia. Die Grabstätten aus der saadischen Dynastie. (1/46)

> Viele Museen, das in neoklassizistischem Stil erbaute Athenäum (Sitz der staatlichen Philharmonie "George Ernescu") ... (1/136)

Als 'saadische Dynastie'versteht sich die Scherifen-Familie der Sa'd, die ab 1525 in Marrakesch(auf diese Stadt bezieht sich der Beispielsatz) regierte. 'Neoklassizistisch' bezeichnet eine Stilrichtung. Häufig anzutreffen, und dies auch in anderen Katalogen, sind die arabischen Wörter 'Kasbah' (1/44) oder 'Medina' (1/44) für die arabischen Viertel bzw. Altstadtquartiere nordafrikanischer Städte.[171] - 'Boule' (1/78) oder 'Boccia' (1/99) sind Bezeichnungen für Spiele. Sie werden erwähnt als Unterhaltungsmöglichkeiten am Urlaubsort. 'Boccia' ist ein italienisches Kugelspiel, 'Boule' seine französische Entsprechung.[172] Ein 'Pedalo' ist ein Fahrzeug, das am Urlaubsort gemietet werden kann. Da in Katalog 1 auch Segelkurse angeboten werden, finden sich einige Begriffe aus dem Bereich der Seglersprache, wie 'Navigations-Tages-Törn'[173] (1/144) oder die Bootsbezeichnung 'Optimist' (1/142). 'Eskimorolle' (1/144) ist die von den Eskimos erfundene Technik, ein Boot nach dem Kentern wieder aufzurichten, ohne es zu verlassen, ein Spezialterminus der Kajakfahrer. Für 'Brevet' (1/42), das im Originaltext in Anführungszeichen erscheint, ist die Erklärung 'das Diplom für taucherisches Können' bereits im Text beigegeben.

Der Architektursprache ist 'Cottagehäuser' (2/172) entnommen, worunter man von Gärten umgebene Villen versteht. 'Go-cart' (2/172) ist ein Kleinfahrzeug für Autorennen, 'Bingo' (2/179) ein englisches Gesellschaftsspiel. Für das Wort 'Dart', 'englisches Pfeilwurfspiel' (2/198), ist die Erklärung im Originaltext in Klammern beigefügt.

In Katalog 3, einem Winterkatalog, finden sich einige Spezialausdrücke, die mit dem Skifahren zusammenhängen, so 'Skipaß' (3/45) oder 'Skiabonnement' (3/67). Beide Ausdrücke bezeichnen hier Ausweise zur Benützung der Lifte usw., während 'Skipaß' sonst als Bezeichnung dient für Haftpflichtversicherung gegen Bruch und Diebstahl beim Neuerwerb von Skiern;[174] ferner erscheint 'Langlaufloipe' (3/45): eine 'Loipe' ist eine künstlich angelegte Langlaufstrecke. - Sportarten sind 'Bowling' (3/17), eine Art Kegeln, und 'Curling' (3/66), eine Art Eisschießen; eine Wintersportart bezeichnet 'Autoskijöring' (3/34). 'Skijöring' nennt man das Skifahren hinter Pferden oder Motorrädern. Beim 'Autoskijöring' wird der Skifahrer wohl von einem Auto gezogen. 'Lunch-Coupons' (3/68) werden in der Gastronomie und Hotellerie Essensgutscheine genannt.

Vornehmlich in Katalog 4 finden sich sehr viele Beispiele für die Verwendung von Fachausdrücken. So wird z.B. die Bezeichnung 'Opuntien' (4/16) für eine Kakteenart, 'Jacaranda' (4/26) für eine baumförmige Pflanzengattung Afrikas oder die Nennung der 'Pitysen' (4/16), als einer spanischen Inselgruppe, vielen Lesern nichts sagen, ebenso die Bezeichnung 'Ibizencos' (4/13) für die Bewohner der Insel Ibiza. Daß 'Barrakuda' (4/31) eine Fischart ist, ist aus dem Kontext ersichtlich. Der Ausdruck 'Souks' (4/38) für die arabischen Altstadtgassen nordafrikanischer Städte ist auch in allen anderen Katalogen, die Reisen nach Nordafrika anbieten, anzutreffen. Die in Katalog 4 beschriebenen Studienreisen werden wohl vornehmlich kunstgeschichtlich und kulturhistorisch interessierte Akademiker als Zielgruppe ansprechen. Anders ist der häufige Gebrauch von Fachtermini nicht zu verstehen. Exemplarisch sollen nur einige angeführt werden: 'Reconquista' (4/84) ist die Bezeichnung für die Zurückdrängung der arabischen Herrschaft in Spanien; 'Medrese' (4/87) nennt man islamische Hochschulen; 'sassanidisch' (4/88) ist die Adjektivableitung der persischen Dynastie der Sassaniden; 'aksumitisch' (4/89) gebildet vom Namen der äthiopischen Stadt Aksum, die vom 1. bis 5. Jahrhundert n.Chr. Hauptstadt des äthiopischen Reiches war. 'jainistisch' (4/91)hier in geänderter Schreibweise Adjektivform zu 'Dschainismus', einer indischen Religion. Die 'Timuriden' (4/9o) waren die Nachfolger des asiatischen Eroberers Timur. 'Nabatäerstadt' (4/87) bezieht sich auf eine Stadt des in der Antike mächtigen nordwestarabischen Volksstammes der Nabatäer. 'Safawiden' (4/9o) hießen Angehörige einer persischen Dynastie der frühen Neuzeit, die das Land zu einer kulturellen Hochblüte brachten. 'Zoroastische Sanktuarien' (4/9o) bedeutet:Heiligtümer des Zoroastrismus, einer von Zarathustra gegründeten Religion, die persische Nationalreligion war. Die Aufzählung der Namen einiger Negerstämme aus dem Süden Afrikas wird durch Epitheta veranschaulicht:

> ... verschleierte Touareg, schmalgesichtige Bororo, geschmeidige Sarah, geschäftstüchtige Fessan. (4/89)

Katalog 5: der Architektursprache entnommen ist der Begriff 'Punkthaus' (5/7) für Hochhaus. Da mit dem Ferienaufenthalt gelegentlich auch eine Kur verbunden sein kann, finden sich einige Ausdrücke aus dem medizinischen und therapeutischen Bereich wie 'balneologisch' (5/gr.18), 'Inhalation' (5/11) oder 'Alpin-Solarium' (5/6o).

Aus dem gleichen Bereich stammt in Katalog 6 z.B. das Wort 'Unterwasserdruckstrahlmassage' (6/39). Für Wintersportler vielleicht verständlich ist das aus dem Englischen übernommene 'Skeleton' (6/1o), das einen Sportschlitten bezeichnet.

Katalog 7, in dem (teure) Schiffsreisen vorgestellt werden, wendet sich wohl auch an ein gehobeneres Publikum. Es finden sich bei der Beschreibung der Landausflüge sehr viele Begriffe meist griechischen Ursprungs, die Gebäude differenzieren. Zu den vielleicht noch geläufigen gehören 'Hippodrom' (7/9), als Bahn für Wagen- und Pferderennen, oder 'Mausoleum' (7/37), eine monumentale Grabstätte. Schwerer verständlich sein dürften die Bezeichnungen 'Agora' (7/9) für Versammlungs- oder Marktplatz, 'Odeon' (7/9): Gebäude für musikalische und deklamatorische Aufführungen, 'Nekropole' (7/11) für frühzeitliche Begräbnisstätte oder 'Hypogeum' (7/21) für einen unterirdischen Grabraum. Ferner erscheinen in Katalog 7, da dort auch Segeltörns angeboten werden, einige Begriffe aus der Seefahrtssprache, wie 'Pantry', 'Peilscheibe', 'Navigationsbesteck', 'Lifeline' (alle 7/65).

Auch in Katalog 8 überrascht der vermehrte Gebrauch von Fachwörtern nicht, da dieser Katalog Fernreisen enthält. So sind 'Kudus' (8/6) eine Gattung von Waldantilopen, 'Dauen' (8/4) Segelfahrzeuge an ostafrikanischen Küsten; 'Sarong' (8/36) ist ein Bekleidungsstück der Malaien, die 'Watussi' (8/9) sind ein afrikanischer Volksstamm, die 'Maori' (8/33) ein polynesischer auf Neuseeland. 'Klongs' (8/19) nennt man in Südostasien Kanäle. 'Daibutsu' (8/23) ist der japanische Name für einige Buddhastatuen, 'Stupa' die Bezeichnung für einen buddhistischen Sakralbau zur Aufnahme der Reliquien Buddhas und seiner Schüler, daraus entwickelt sich die 'Pagode' (8/15); 'Achämeniden' (8/14) heißen die Angehörigen eines altpersischen Herrschergeschlechts. 'Gamelanmusik' (8/19) leitet sich her von 'Gamelan', so bezeichnet man Orchester auf Java und Bali.

Als Beispiel aus Katalog 9 sei 'Petanque' (9/18) als Name für ein südfranzösisches Spiel mit Stahlkugeln genannt. Bei 'Hammam' (9/69) wird die Erklärung 'Dampfbad', in Klammern gesetzt,im Text beigefügt.

In Katalog 1o läßt sich 'Trulli' (1o/25) belegen, die italienische Bezeichnung für Rundhäuser, die sich vor allem in Apulien finden. Der 'Mistral' (1o/26) ist ein kalter, trockener Nordwind in Südfrankreich.

Alle diese Beispiele beweisen, daß sich in jedem der Ferienkataloge Wörter finden, die einem Spezialwortschatz entnommen und für den Leser sicher nicht immer zu verstehen sind. Gerade diese Ausdrücke jedoch unterstreichen die Seriosität der Unternehmen, die sich in so vielen Fachgebieten auskennen und die entsprechenden Bezeichnungen wissen. Sie geben den Ferienkatalogen bisweilen einen wissenschaftlichen Anstrich. Daß sich diese Ausdrücke gehäuft in Katalogen finden, die Fernreisen anbieten, ist verständlich. Dabei lassen sich jedoch sehr spezifische Ausdrücke nachweisen, die auch einem akademisch vorgebildeten Leser Verständnisschwierigkeiten bereiten dürften. Manchmal klingt allein die Aufzählung der Besichtigungspunkte exotisch und sicher nur für wenige Urlauber plausibel.

> Rundfahrt in Kyoto, der "klassischen Stadt Japans" (Nijo Castle, Goldpavillon Kinkakuji, Ryoanji-Tempel mit Felsgarten, Daitokuji mit Daisen-in-Garten.)(4/92)

> Sie sehen den 12oo Jahre alten Kailasanatha-Tempel, Ekambaranatha und Varadarajaswamy. (8/17)

Hier wirkt wahrscheinlich allein der Reiz der fremden und unverständlichen Wörter. Es gilt, was R.Römer von der Reisewerbung sagt: "Die Reisewerbung argumentiert sehr stark mit exotischen Namen und Assoziationen."[175]

2.5.4. Fremdsprachliche Begriffe

Ferner sind durchgehend in allen Katalogen fremdsprachliche Begriffe, Wörter und manchmal auch Redewendungen anzutreffen.

Da Spanien in den letzten Jahren zu einem der beliebtesten Ferienländer geworden ist, erscheinen in allen Katalogen, die Spanienreisen anbieten, auch spanische Begriffe. Allen voran die spanische 'Bodega' (1/14) als Bezeichnung für ein

Restaurant. Häufig werden auch kulinarische Spezialitäten erwähnt, wie die Getränke 'Sangria' (1/4o) oder 'Jerez' (1/172). Statt des deutschen Wortes 'Rotwein' findet sich die spanische Form 'Vino Tinto' (1/53), aber auf deutsche Art groß geschrieben. Überhaupt werden in Katalog 1, aber auch in anderen Katalogen, häufig landestypische Gerichte erwähnt, dem jeweiligen Zielort entsprechend schwedische, rumänische oder asiatische. Die Erklärung ist in den meisten Fällen gleich mitangeführt:

> Besondere Spezialitäten, wie Kaeng Ped Kai (Curry-Huhn), Ka Pad (gebratener Reis), Kao Chae (geeister Reis mit Zutaten) und Mee Grob (knusprige Nudeln) ißt man in "King's Garden". (1/154)

Ebenfalls mit Erklärung erscheint:

> ..., lernen Sie "Pereniza", den Kußtanz. (1/81)

Als bekannt hingegen wird das italienische Wort für kleine Gaststätten 'Trattoria' (1/84) vorausgesetzt, denn es folgt keine weitere Definition.

Um eine spanische Besonderheit handelt es sich bei 'Tapas' (2/75), so werden Schalen bezeichnet, die allerlei zum Knabbern enthalten. Das spanische Wort 'aficionado', das Kunstfreund, Liebhaber, Amateur, auch Sachverständiger bedeutet,[176] findet sich in folgendem Beispiel:

> Aficionadas finden in der Nähe einen 18-Loch-Golfplatz. (2/84)

Der Golfplatz liegt in Marbella/Andalusien. Statt dem deutschen Wort 'Platz' wird das spanische 'Plaza' (2/63) verwendet, wenn ein spanischer Ort beschrieben wird; ist es ein italienischer, so heißt es 'Piazza' (2/171).

Da die Winterreisen vornehmlich in deutschsprachige Gebiete führen, verringert sich natürlich der Anteil fremdsprachlicher Begriffe in den Winterkatalogen. Trotzdem finden sich sprachliche Anpassungen an den beschriebenen Urlaubsort: so wird der Imbiß in einem österreichischen Ort zur 'Jause' (3/21).

In Katalog 4 sind weitere spanische Begriffe anzutreffen, z.B.,bereits im Originaltext in Anführungszeichen gesetzt, "casas blancas"(4/13) statt 'weiße Häuser'. Auch hier wird auf kulinarische Spezialitäten verwiesen, die man probieren sollte. Sie werden mit ihren Originalnamen genannt, wobei eine Erklärung des Gerichts beigefügt ist. Dies kommt in Katalog 4 sehr häufig vor,nicht nur bei spanischen Gerichten. Als Beispiel:

> "Paella", Reisgericht mit Hühnerfleisch, Tintenfisch, Muscheln, Safran. "Zarzuela", verschiedene Fische oder "Tortilla", ein Spezialomlett. (4/23)

'Pineta' (4/63) für Pinienhain ist italienisch, die Wendung 'auf eine Grappa-Länge' (4/65) bezieht sich auf den italienischen Trebernschnaps. 'Bistro' (4/81), als typisch französische Erscheinungsform einer Gaststätte findet sich bei einer Beschreibung von Paris.

Die französische Wendung 'Carte de Reduction' (5/87), eine Karte, bei deren Vorzeigen man Ermäßigung erhält, ist ebenfalls bei der Schilderung eines französischen Ortes anzutreffen.

In Katalog 6 wird dem in Anführungszeichen gesetzten bulgarischen "Mechana" in Klammern die Erklärung 'volkstümliches Spezialitäten-Restaurant' (6/45)beigefügt.

In Katalog 7 begegnet man neben einigen englischen und französischen Wendungen wieder der beliebten spanischen 'Bodega' (7/5o).

Vor allem in Katalog 8 wird es geschickt verstanden,Urlaubsatmosphäre einzufangen, indem man den Wortschatz dem jeweiligen Land anpaßt; Südamerika wird so vorgestellt:

> Das "andere" Amerika. Das der Gauchos und Cariocas, des Tequila und der Samba, der wilden Fiestas und der mondänen Strände. Der stolzen Señores ... (8/24)

'Gauchos' sind berittene Hirten, 'Tequila' ist ein Schnaps, 'Samba' ein Tanz, 'Cariocas' die Einwohner Rios,'Fiestas' sind Feste und die 'Señores' Herren.

Dieses Prinzip wird gesteigert, indem ganze Redewendungen in der Originalsprache mit deutscher Übersetzung wiedergegeben werden:

> Jambo, Tembo - guten Tag, Elefant! Sagen Sie's auf Suaheli ... (8/4)

> Sdrawstwuitje Towarischtschi! - Guten Tag, Genossen! (8/18)

In Katalog 9 sind vor allem viele französische Redewendungen anzutreffen, da es sich ja um ein französisches Unternehmen handelt, so 'Pastis' (9/15) als Name für ein französisches Getränk oder "Grande Aventure" (9/21), in Anführungszeichen gesetzt, als Benennung einer Exkursion, statt des deutschen 'großes Abenteuer'. Der Sprachgebrauch des Clubs wird auf den ersten Seiten erläutert:

> Der Hotel-Direktor heißt hier Chef de village und trägt Bluejeans oder einen Pareo, genau wie seine GO's, die gentils organisateurs oder auf deutsch "freundliche Helfer". Sie sind auf den ersten Blick nicht von den Gästen den GM's, gentils membres oder "freundlichen Mitgliedern" zu unterscheiden. (9/6)

Diese Bezeichnungen werden auch in weiteren Verlauf des Tridents beibehalten. Die Betreuer z.B. werden 'Moniteure' (9/18) genannt.

In Katalog 1o erscheint bei einer Beschreibung von Paris, in Anführungszeichen gesetzt, der Ausdruck "Boîtes des Nuit" (1o/15) für 'Nachtclub', die Autobahn wird in Italien zur 'Autostrada' (1o/14), das ungarische 'Csarda' (1o/12) für 'Schenke in der Pußta oder auf dem Land' findet sich im entsprechenden Kontext.

Durch die Verwendung fremdsprachlicher Wörter und Begriffe wird auch sprachlich versucht, sich dem Ort, der beschrieben wird, anzupassen. Diese fremdsprachlichen Einschübe lockern den Text auf, sie veranschaulichen, sie vermitteln schon im voraus ein bißchen von der Atmosphäre des Urlaubslandes und wecken so die Vorfreude im Leser. Daß sicher nicht alle Wörter verstanden werden, bleibt in diesem Zusammenhang wohl nebensächlich. Die Schreibweise ist teilweise dem Deutschen angepaßt, was sich vor allem darin äußert, daß fast alle fremdsprachlichen Wörter groß geschrieben werden.

2.5.5. Französische und englische Fremdwörter

Weiter finden sich in den Ferienkatalogen öfter französische und in weit höherem Maße englische Wörter und Wendungen, die jedoch meist als Fremdwörter angesehen werden müssen, da sie nicht speziell der Ortscharakterisierung dienen, sondern bei Beschreibungen der verschiedensten Orte und Einrichtungen auftreten und den Einfluß der französischen, vor allem aber der englischen Sprache auf den Wortschatz des Deutschen sichtbar machen. Bereits im Kapitel Wortbildung wurden zahlreiche Zusammensetzungen mit französischen und viel häufiger noch mit englischen Komponenten erwähnt. Auf die Bedeutung des Einflusses der englischen Sprache auf die deutsche haben vor allem B.Carstensen,H.Galinsky und W.F.Leopold in ihren Untersuchungen[177] hingewiesen. Hervorgehoben wird dabei die Wirkung der englischen Sprache auf das Gebiet des Verkehrs, der Reise sowie der Werbung. B.Carstensen hält fest, daß im Bereich der Reklame der Anteil englischen Wortguts besonders hoch ist: "Das Englische hat in diesem Bereich ganz offensichtlich den vornehmeren Klang."[178] Dies gilt sicher auch für den Gebrauch französischer Wendungen. Ein kurzer Überblick soll den Einfluß auf die Kataloge verdeutlichen. Die Zahl der Belege für englische Wendungen ist jedoch so groß, daß nur einige Beispiele exemplarisch aufgeführt werden können.

In Katalog 1 erscheinen aus dem Französischen stammend die beiden wohl als Modewörter zu betrachtenden Ausdrücke 'Clique' (1/27) und 'Flair' (1/172), die sich beide auch in anderen Katalogen wiederfinden. 'Night-Club' (1/12) und 'Show' (1/38) haben ihre deutschen Entsprechungen fast ganz verdrängt. Gelegentlich findet sich die Lehnprägung 'Nachtclub', während 'Schau' kaum anzutreffen ist. Daß 'Drink' (1/37) vornehmlich in seiner englischen Form verwendet wird,erwähnt auch W.F.Leopold.[179] Hier gilt sicher, daß der englische Ausdruck modischer klingt. Aus dem Bereich der Gastronomie treten auf: 'Lunch' (1/164), 'Picknick' (1/78) und 'Barbecue' (1/39), das soviel wie 'Grillen im Freien' bedeutet. 'Trend' (1/56) ist ein dem Englischen entnommenes Modewort. 'Globetrotter' (1/14o) hat'Weltenbummler' fast verdrängt.[18o] Für 'Tramps' und 'Snobs' (1/169) sind sicher nur schwierig Eindeutschungen zu finden, während 'Shop' (1/53) für 'Laden', 'Busstop' (1/72) für 'Haltestelle' und 'Dancing' (1/142) für 'Tanz' sicher nur des vornehmeren bzw. modischeren Klanges wegen gewählt sind. 'Highlife' (1/88) gehört zu den Wörtern, die dazu dienen, eine gewisse Atmosphäre zu signalisieren und keinen festen Bedeutungskern haben, daher ist wohl auch hier eine entsprechende Eindeutschung schwierig. 'Happy sailing' (1/142) erscheint mehrmals und gilt gleichsam als Motto für Segelkurse. Der englische Ausdruck dient wahrscheinlich dazu, junge Leute durch die modische Wendung anzusprechen.Die Ausdrücke 'Swinging London' (1/172), wie auch 'Pub', 'Sandwich' und 'Guiness' (1/172), eine Biermarke, erscheinen bei einer Beschreibung Londons und sind, wie das auch für andere fremdsprachliche Begriffe festgehalten wurde, dem Urlaubsort angepaßt.

In Katalog 2 finden sich als französische Begriffe z.B. 'Amüsement' (2/135) oder 'Avenue' (2/184). Auch hier überwiegen jedoch die englischen Ausdrücke. 'Baby-Sitting' (2/43) ist ein schon lange geläufiger Begriff, 'Streß' (2/174) ein vielgebrauchtes Modewort. Die englischen Gerundbildungen 'Shopping' und 'Sight-Seeing'[181] (2/145) wirken modisch. Beide erscheinen groß geschrieben, während 'by night' (2/139) noch kleingeschrieben wird. Der Begriff 'Management' (2/139) ist bereits von der Geschäftssprache her bekannt, während mit 'Drugstore'[182] (2/51) eine typisch englisch-amerikanische Einrichtung bezeichnet wird. Daneben finden sich einige schon in Katalog 1 erwähnte Anglizismen.

Das gilt auch für einige Ausdrücke, die sich in Katalog 3 finden. Hier ist außerdem, das auch in anderen Katalogen gebuchte 'Clou' (3/3o) anzutreffen, dessen Verwendung vielleicht durch den gleichnamigen Film gesteigert wurde. Die Wendung 'Skivergnügen en francais' (3/71) erscheint bei der Beschreibung des französischen Gebirgsortes Chamonix. Sie sagt inhaltlich kaum etwas aus, stellt vielmehr ein Reizwort dar, das positive Assoziationen auslösen soll.

'Hobby'[183] (3/2) gehört zu den schon lange im Deutschen heimischen Anglizismen. 'Diskothek'[184] (3/11) als Bezeichnung für ein Lokal, in dem nach Schallplattenmusik getanzt wird, geht zurück auf das englische Wort für'Schallplatte' 'disk'. 'Disc-Dancing' (3/42) ist eine deutsche Neubildung, aus englischen Komponenten. Weiter findet sich 'Shopping-Center' (3/6o), die englische Bezeichnung für 'Geschäftsviertel', 'Tea-Room' (3/66) könnte durch 'Teestube' ersetzt werden.

'Swimmingpool' (4/1o6) mit oder ohne Bindestrich geschrieben, hat fast völlig das deutsche 'Schwimmbad' verdrängt; diese Bezeichnung dient nun wohl eher für öffentliche Badeanstalten, während 'Swimming-Pools' in Privathäusern oder Hotels anzutreffen sind. Das deutsche 'glücklich' mit 'happy' (4/16) wiederzugeben,ist sicher eine Huldigung an die Jugend. 'Beauty Treatment' (4/1o3), im Originaltext in Anführungszeichen gesetzt, umschreibt euphemistisch eine Schönheitsbehandlung, 'Fitting' (4/1o3), nach F. und I.Neskes 'Wörterbuch englischer und amerikanischer Ausdrücke in der deutschen Sprache' ein technischer Ausdruck, bezeichnet hier, wohl von 'fit' abgeleitet, Erholung durch körperliche Ertüchtigung.[185] Die Verwendung des englischen 'Society' (4/62) statt 'Gesellschaft' wirkt vornehmer, vor allem, da das Wort von dem Adjektiv 'international' attributiert wird. Bei der Beschreibung eines Englandaufenthalts findet sich die Wendung 'English way of life' (4/72).

Das ursprünglich französische Wort 'finesse' kommt in Katalog 5 in der verdeutschten Pluralform 'Finessen' vor (5/gr.13). Auch in diesem Katalog erscheinen, vornehmlich im grünen Sonderteil, sehr viele englische Begriffe. Neben den oben schon erwähnten u.a. noch 'Store' und 'Shop' in der tautologischen Aufreihung:

> Berlin hat 148 ooo Stores, Shops, Boutiquen, Kaufhäuser, Läden und Märkte. (5/gr.7)

Vielleicht dienen die englischen Ausdrücke der Differenzierung, wahrscheinlicher ist aber, daß sie einfach die Aufzählung vergrößern sollen. Die englische Wendung 'last not least'[186] (5/gr.7) ist auch allgemeinsprachlich schon geläufig, während der in Anführungszeichen gesetzte Ausdruck"Dine around Zürich" (5/gr.12), als Bezeichnung für das Angebot gepflegt in Zürich zu dinieren, wohl dem exclusiven Charakter dieser Veranstaltung entspricht. 'Paying guest' mit der in Klammern gesetzten deutschen Übersetzung 'zahlender Gast' (5/gr.6) kann als feststehender Begriff angesehen werden. Die Wörter 'Teen' und 'Twen' (5/gr.6) sind nicht original englische Wörter, sondern nur dem Englischen nachgebildet (abgeleitet von den Zahlen auf '-teen' zwischen 13 und 19 und 'twen' für 2o). Die Zusammenziehung 'Brunch' (5/gr.2o) aus den englischen Wörtern 'Breakfast' und 'Lunch' als Bezeichnung für eine größere Mahlzeit am späten Vormittag wird im Wörterbuch von Schöffler-Weis als familiärer Ausdruck gebucht.[187] 'Candle-light-Dinner' (5/gr.18) nennt man in den Ferienkatalogen ein feierliches Abendessen bei Kerzenlicht und 'Christmas-Dinner' (5/1o) wohl analog dazu das Weihnachtsessen. 'Beauty-Farm' (5/14) hingegen ist auch bei F. u. I. Neske gebucht als Ausdruck für eine sanatorium-ähnliche Schönheitspflegestätte.[188]

An noch nicht erwähnten englischen Wörtern erscheint in Katalog 6 ferner 'Snob-Appeal' (6/1o), das in der Schreibung 'Snob Appeal' auch bei F. u. I.Neske gebucht ist.[189] Das Wort dient zur Charakterisierung des bekannten Wintersportortes St. Moritz. 'Routinier' (6/11) stammt aus dem französischen Sprachbereich und bedeutet 'erfahrener Praktiker'.

Bereits ein seit langem eingebürgertes Wort ist 'Steward' (7/18)[19o] auch 'duty-free-shop' (7/47) für 'zollfreien Laden' wird allgemeinsprachlich verwendet.[191] 'Lunch' (7/11) anstatt 'Mittagessen' klingt gewählter, 'Skyline' (7/63) ist als Bezeichnung für die Silhouette von New York durchaus gebräuchlich.[192]

Befremdend durch die ungewohnte Flexion wirkt das englische Adjektiv in folgender Wendung: 'Fahrt in einem air-conditioned Bus' (8/25);daß es dafür auch eine halbdeutsche Entsprechung gibt, zeigt die Wendung 'vollklimatisierte Luxusbusse' (8/38). Das in Anführungszeichen gesetzte "topless" (8/36) wirkt anspruchsvoller als die von F. u. I. Neske dafür angegebene umgangssprachliche Entsprechung 'oben ohne'.[193] 'Caravan' (8/39) als gehobenere Bezeichnung für 'Wohnwagen' bürgert sich auch allgemeinsprachlich ein. 'Camper'[194] (8/39) beziehen F. u. I.Neske auf jemanden, der einen Camping-Urlaub macht, während es hier dem Kontext nach Bezeichnung für einen Wohnwagen sein muß. Für 'Swimmingpool' findet sich auch die Verkürzung 'Pool' (8/29); 'rush-hour' (8/22), in englischer Kleinschreibung, ist durch ein deutsches Wort nur schwer wiederzugeben.[195]

Es wurde bereits darauf verwiesen, daß sich in Katalog 9 vermehrt französische Ausdrücke finden, da es sich um einen Katalog handelt, der eine französische Einrichtung beschreibt und ursprünglich französisch abgefaßt und dann erst ins Deutsche übersetzt wird. So finden sich auch vermehrt französische Fremdwörter wie 'Metier' (9/2o), 'Esprit' (9/23); 'Entrez' (9/82) kann als Imperativ zu 'entrer' verstanden werden. Die Redewendung "comme il faut" (9/64) wird allerdings in Anführungszeichen gesetzt. Daneben finden sich aber auch hier zahlreiche englische Ausdrücke: "Matches"[196] (9/18) für Tennisspiele, in Anführungszeichen gesetzt; das auch in der Normalsprache gebräuchliche "Teamwork" (9/18), das ursprünglich für 'gemeinsame wissenschaftliche Arbeit' verwendet wurde, hier aber auf das gemeinsame Erlernen von Tennis bezogen wird. Etwas überspannt klingt das englische Wort für 'Hintergrund' in folgendem Beispiel:

> Die Natur zaubert einen faszinierenden "Background". (9/51)

Das englische "Action" (9/8o), im Originaltext in Anführungszeichen gesetzt, drückt mehr aus als nur 'Handlung'. Es ist semantisch vielschichtiger und wohl eine Art Reizwort für

für junge Leute.Die Wendung 'at its best' (9/61) klingt modisch und spricht dadurch sicher die Jugend an.

In Katalog 1o erscheinen englische Wendungen wie 'Shopping' (1o/19) vornehmlich in Zusammenhang mit der Beschreibung von Reisen nach "swinging London" (1o/19)

In allen Katalogen finden sich in großer Zahl Belege für englische Wörter ebenso für die Übernahme englischer Syntagmen. In der Mehrzahl erscheinen diese Wörter dem Deutschen entsprechend groß geschrieben.Die Schreibung differiert jedoch häufig in den verschiedenen Katalogen und auch gegenüber der Schreibweise bei F. u. I. Neske. Manche englischen Wörter haben ihre deutsche Entsprechung fast ganz verdrängt wie 'Nightclub' und 'Swimmingpool'. Einige sind schon seit langem im Deutschen heimisch, während andere erst vor kurzer Zeit übernommen wurden. Es sind auch Wendungen aus dem Englischen anzutreffen, die in der Normalsprache nicht oder nur sehr selten gebraucht werden. Die englischen Ausdrücke geben den Ferienkatalogen häufig das Flair des Modischen; dies ist wichtig, da sie sich ja auch an junge Leute wenden. Hier scheint aber der Einfluß von 'Swinging London', also des Englischen und nicht des Amerikanischen, eine Rolle zu spielen. In den 6oer Jahren,bedingt durch die Beatles und die von englischen Modeschöpfern kreierte Mini-Mode, wurde London zum Mekka der Jugend.-Der Einfluß des Englischen im Bereich des Wortschatzes kann als ein Kennzeichen der Sprache der Ferienkataloge gelten.

Die Verwendung französischer Fremdwörter verweist auf eine gehobene Sprachebene, wobei manche Wendungen allerdings fast gekünstelt oder gewollt wirken.

Da Reise und Transport einen Bereich bilden, der als anfällig für Einflüsse aus dem Englischen angesehen wird, verwundert es nicht, daß viele der touristischen Fachausdrücke, die in den Ferienkatalogen erscheinen, ebenfalls auf englischen Ausdrücken basieren.

2.5.6. Touristische Fachausdrücke

Unter diesem Kapitel sollen einige Wörter, häufig auch Komposita, angeführt werden, die als eine Art touristischer Fachwörter bezeichnet werden können und die wohl auf den Kontext von Reise und Reiseunternehmen beschränkt bleiben werden. Unter englischem Einfluß entstanden sind Wörter wie 'Transfer', worunter in den Ferienkatalogen und auch allgemein im Tourismus die Beförderung vom Flughafen bzw. Bahnhof zum jeweiligen Hotel verstanden wird.[197] 'Service' bedeutet so viel wie 'Dienst am Kunden', die Wichtigkeit dieses Wortes für die Reklamesprache betont auch B.Carstensen.[198] Mit der Verbreitung des Reisens, vor allem des wachsenden Flugverkehrs, werden Wörter wie 'Jet' für 'Düsenflugzeug' und 'nonstop' für 'ohne Aufenthalt' übernommen, ebenso 'chartern' für 'mieten' oder 'Economy-Klasse' für 'Touristen-Klasse'. Unter 'Fly and Drive' wird der Flug an einen Zielort verstanden, an dem dann ein Mietauto bereit steht für Rundfahrten, 'Fly and Cruise' bedeutet, in ein Urlaubsland fliegen und mit dem Schiff zurückkommen. Unter englischem Einfluß mit Lehnbedeutung von 'to book' ist nach B.Carstensen das Wort 'buchen' für 'einen Platz bestellen' entstanden.[199] Aus dem Französischen entstammt 'à-la-carte' als Bezeichnung für die freie Speisenauswahl im Gegensatz zum Essen 'in Vollpension', wo das Menü vorgeschrieben ist. Aus dem Lateinischen entstammt das häufig gebrauchte Wort 'Exkursion' für 'Ausflug'. Zu den oft gebrauchten Verben gehören 'organisieren' und 'arrangieren'.

Daneben findet sich eine Reihe weiterer meist deutscher Wörter, fast ausschließlich Komposita, die sich wohl nur im Bereich der Fremdenverkehrssprache finden lassen. Einige Beispiele sollen aufgeführt werden:

Abflughafenmehrpreis (2/12o)
Anschlußflug (2/19o)
An- und Rückreise-Arrangement (1o/23)
Bedarfsfluggesellschaft(2/11)
Buchungsbestätigung (1/175)
Dependance (3/65)[2oo]
Dreibettbuchung (4/52)
EZ-Zuschlag (3/11)[2o1]
Festgebuchte (1/144)
Halbpension (8/23)
Hauptsaisonpreis (3/11)
IT-Linienflug (9/8o)[2o2]
Jet-Hin- und -Rückreise (7/72)
Kinderermäßigung (2/14)
Kindernachlaß (2/7)

Kinderpreis (6/3)
Mahlzeitengutschein (3/53)
Mitflugpreis (2/7)
nachbuchen (1/144)
Nebensaisonpreis (5/5)
Pauschalarrangement (6/49)
Pauschalpreis (2/7)
Pauschaltaxe (1o/23)
Reisebestätigung (1/175)
Reise-Rücktrittskosten-Versicherung (1/175)
Rücktrittsgarantie (2/98)
Saisonzuschlag (1o/16)
Talon-Verpflegungssystem(2/119)
Teilnehmer-Nummer (1/175)
Touristenklasse (5/41)
Unterbrechungszuschlag (1o/19)
Verpflegungsvoucher (4/52)
Vollpension (8/27)
Vorausbuchung (2/87)
Zwischensaison (3/23)

Von diesen Wörtern ist anzunehmen, daß gerade die längeren und spezifizierenden Komposita auf den schriftlichen Gebrauch in den Ferienkatalogen und Reisebüroanmeldungen beschränkt bleiben. Einige Wörter jedoch werden sicher, wenn auch in begrenztem Themenkreis, im mündlichen Gespräch gebräuchlich werden oder sind es schon. So bucht G.Wahrig bereits den Ausdruck 'Halbpension'[2o3], während 'Vollpension' dort nicht erscheint. Ebenfalls bei G.Wahrig gebucht ist 'Pauschalpreis', ein Wort, das vornehmlich, aber nicht nur, im Tourismus anzutreffen ist, ebenso 'Touristenklasse'.[2o4] 'Reiseleitung' dagegen erscheint nicht.

Zusammenfassung (S.457-479)

1. Die Sprache der Ferienkataloge ist in hohem Maße durchsetzt von Fremdwörtern, Fachausdrücken und fremdsprachlichen Begriffen. Sie unterliegt deutlich dem Einfluß der englischen Sprache.
2. Im Bereich der Fremdwörter ließen sich Gruppen häufig verwendeter Wörter lateinisch-griechischen Ursprungs bei den Substantiven, in großer Zahl bei den Adjektiven, aber auch bei den Verben herausarbeiten. Diese Wörter sind alle im normalsprachlichen Bereich geläufig. Es kann somit angenommen werden, daß sie von einem Großteil der

Leser auch verstanden werden und beweist, daß der deutsche Wortschatz reich an Fremdwörtern ist. Vor allem unter den Adjektiven finden sich sehr viele Fremdwörter. Diese dienen der Abwechslung, sie vermeiden die Monotonie, die die Wiederholung gleicher deutscher Epitheta gewiß bewirken würde. Gelegentlich besitzt das Fremdwort jedoch eine intensivere Ausdruckskraft als die deutsche Umschreibung, bzw. gibt bestimmte Vorstellungen präziser wieder.

3. Daneben finden sich in allen Katalogen eine Reihe recht ausgefallener und schwerer verständlicher Fremdwörter. Hier liegt die Vermutung nahe, daß diese Fremdwörter verwendet werden, um die Ferienkataloge einer höheren Sprachschicht zuzuordnen - was ja auch durch den häufigen Fremdwortgebrauch an sich erzielt werden soll -, bzw. um den Katalogen den Anstrich der Seriosität und wohl auch der Wissenschaftlichkeit zu verleihen. Einige dieser Ausdrücke, isoliert betrachtet, ließen sich eher in wissenschaftlicher Sprachprosa vermuten als in Ferienkatalogen. Selten gebrauchte Fremdwörter finden sich in Katalogen, die sich an alle Publikumsschichten wenden, wie 1 und 2, wohl als Tribut an die Mittel- und Oberschicht, die auch erreicht werden soll, vermehrt jedoch in 4, dem Katalog eines Unternehmens, das allgemein im Ruf steht, vornehmlich Akademiker als Zielgruppe zu haben. Auch Katalog 8, der Fernreisen vorstellt, die wohl auf Grund ihres Preises nur für eine bestimmte Schicht realisierbar sind, macht häufiger Gebrauch von seltenen Fremdwörtern, ebenso Katalog 9, der ebenfalls nur einen ausgewählten Publikumskreis ansprechen soll. Ganz vereinzelt finden sich auch Verdeutschungen für Fremdwörter, so 'Volkskunstprogramm' (1o/12), für das sonst übliche 'Folklore' und 'Scheitelpunkt' (4/42) für 'Zenit'.

4. In allen Katalogen erscheinen auch Wörter aus dem Bereich des Fachsprachlichen. Fachtermini sind für ver-

schiedene Sportarten anzutreffen (in den Winterkatalogen vornehmlich Ausdrücke, die sich speziell an die Skifahrer wenden), daneben Fachwörter aus Kunst- und Kulturgeschichte. Diese sind gehäuft zu belegen in den Katalogen 4, 7 und 8, in denen Studienreisen in entfernte Kulturkreise angeboten werden. Die auftretenden Wörter sind jedoch gelegentlich so spezifisch, daß sie auch von einer gebildeten Schicht wohl nur schwer verstanden werden können. Zur Erklärung einiger Fachbegriffe wurde als grundlegendes Nachschlagewerk die Brockhaus Enzyklopädie[205] herangezogen. Einige Ausdrücke, vor allem solche, die sich auf Kulturgeschichtliches beziehen, konnten dort nicht aufgefunden werden. Vor allem diese Fachtermini dienen dazu, den Katalogen den Anstrich der Wissenschaftlichkeit zu verleihen. Gerade bei der Beschreibung von Kulturreisen in sehr entfernte Gebiete, muß man aber davon ausgehen, daß sie sich an ein spezifisch vorgebildetes Publikum wenden, andernfalls wäre bereits die Aufzählung der wichtigsten Sehenswürdigkeiten unverständlich. Daneben ist jedoch zu berücksichtigen, daß von schwer verständlichen Ausdrücken immer eine gewisse Anziehungskraft ausgeht, die auf den Leser wirkt, seine Aufmerksamkeit, seine Neugier erregt. C.Cherry betont, "daß es gerade diese seltensten Wörter, Redewendungen, Gesten und sonstige Zeichen sind, die unsere Aufmerksamkeit gefangen nehmen; sie geben der Kommunikationsverbindung die Intensität."[206] Allerdings ist es dann aber wichtig, zwischen geläufigen und ausgefallenen Begriffen ein ausgewogenes Maß zu finden, um den Leser durch die Verwendung fremder Ausdrücke nicht zu verwirren und um damit nicht das Gegenteil, Desinteresse aus mangelnder Rezeptionsfähigkeit, zu bewirken.

5. Alle Ferienkataloge sind durchsetzt von Begriffen und Wörtern, die aus fremden Sprachen übernommen sind. P.v.Polenz nennt sie Zitatwörter. Sie werden nur gebraucht, wenn über Dinge geredet wird, die es nur in dem betreffenden Land gibt. Als Beispiele führt er u.a. 'Kibbuz' an, das mehr-

mals auch in seiner Pluralform 'Kibbutzim' (z.B. 4/87) in den Ferienkatalogen erscheint. P.v.Polenz hält fest, daß diese Wörter ihrem lexikalischen Status nach den Eigennamen nahestehen.[207] Häufig sind solche Zitatwörter dem Spanischen entnommen. Bevorzugt werden fremde Speisen mit ihrer Originalbezeichnung genannt. Manche für ein Urlaubsland typische Erscheinungen werden mit dem betreffenden fremdsprachlichen Wort wiedergegeben, was seinen Gebrauch legitimiert; daneben finden sich aber auch Wendungen, die in die entsprechende Sprache übersetzt sind, so könnte für 'Vino Tinto' auch 'Rotwein' stehen. Gelegentlich sind diese fremdsprachlichen Begriffe in Anführungszeichen gesetzt, manchmal ist ihnen eine deutsche Erklärung oder Übersetzung in Klammern beigegeben. Die fremdsprachlichen Wendungen erscheinen meist in deutscher Großschreibung, wenn sie in den laufenden Text miteinbezogen sind. Diese Zitatwörter dienen hauptsächlich dazu, ein anschauliches Bild vom Urlaubsort zu geben, sich auch sprachlich diesem Gebiet anzupassen und damit im Urlauber vermehrt Urlaubsvorfreude zu wecken. Dieses Prinzip wird in Katalog 8 fast ins Extreme gesteigert durch die Zitierung fremdsprachlicher Sätze. Ob diese Begriffe aus anderen Sprachen verstanden werden oder nicht, spielt dabei weniger eine Rolle, da durch sie hauptsächlich Atmosphäre verbreitet werden soll. Sie haben Signalfunktion ihre tatsächliche Bedeutung kann negiert werden, da sie eigentlich nicht wichtig ist. Wichtig ist vielmehr, daß diese Wörter im potentiellen Urlauber schon daheim die Atmosphäre des Urlaubs lebendig werden lassen und ihn mit dem 'Flair' des Urlaubsortes umgeben.

6. Der Anteil an französischen Fremdwörtern ist nicht sehr hoch, außer in Katalog 9, da der Club eine französische Einrichtung ist und das Trident auf einer französischen Vorlage beruht. Zudem wird in vielen Clubdörfern französisch gesprochen. Daher kann man annehmen, daß auch ein Teil der Katalogleser der französischen Sprache

mächtig ist. In den übrigen Katalogen bewirken die französischen Ausdrücke oft eine gehobenere Stilhaltung und klingen gewählter als ihre deutsche Entsprechung, außer es handelt sich um Modewörter. Fast alle erwähnten französischen Begriffe sind im Deutschen geläufige Fremdwörter, die meist schon in G.Wahrigs Wörterbuch der deutschen Sprache Eingang gefunden haben, so sind dort gebucht: 'Amüsement', 'Avenue', 'Clou', 'Esprit', 'Finesse', 'Flair', 'Metier', 'Routinier'.[208]

7. Wie schon im Kapitel Wortbildung und ebenso bei der Analyse der Hotelbeschreibungen festgestellt wurde, unterliegt die Sprache der Ferienkataloge stark dem Einfluß des Englischen. Die Untersuchung des aus dem Englischen übernommenen Wortschatzes hat gezeigt, daß es sich in den meisten Fällen um schon im Deutschen heimische Ausdrücke handelt, da viele der betreffenden Wörter bei F. u. I.Neske und ebenso schon in G.Wahrigs Deutsches Wörterbuch aufgenommen sind. So sind bei G.Wahrig außer den schon als dort gebucht erwähnten Wörtern noch zu finden: 'Drink', 'Globetrotter', 'Management', Match','Picknick', 'Show', 'Snob', 'Store', 'Streß', 'Tea-Room', 'Teamwork', 'Ten', 'Tramp', 'Trend', 'Twen'.[209] Bei F. u. I.Neske erscheinen neben den schon als dort belegt genannten noch: 'Action', 'Background', 'Dancing', 'Drugstore', 'Lunch', 'Night-Club', 'Paying Guest', 'Shopping Center', 'Society' und 'Swimmingpool'.[210] Es kann also angenommen werden, daß diese Wörter von breiten Leserkreisen verstanden werden. Die englischen Ausdrücke geben gelegentlich eine englische bzw. amerikanische Erscheinung oder Einrichtung besser wieder als die betreffenden deutschen Umschreibungen, sie bringen Abwechslung und lockern den Text auf. Häufig werden Modewörter oder modische Wendungen gebraucht, hier finden sich auch weniger geläufige Ausdrücke, vor allem dann, wenn sich die Kataloge an die Jugend wenden. Sie geben sich somit den Anschein des 'Jugendlichen', ein Prinzip, das ja auch in der Werbung häufig zu finden ist. Der für die

Allgemeinsprache konstatierte Einfluß des Englischen spiegelt sich somit in den Ferienkatalogen deutlich wieder. Wie dies auch bei einigen Fremdwörtern der Fall ist, wirken manche der englischen Ausdrücke jedoch bisweilen etwas gewollt oder gekünstelt, vor allem, wenn es sich um die Zitierung längerer englischen Wendungen handelt. Ganz vereinzelt finden sich auch Begriffe, die so im Englischen nicht gebräuchlich sind. Der Anteil des Englischen ist im allgemeinen jedoch nicht so hoch wie im Bereich der Werbung, allerdings warnt auch R.Römer davor, den Anteil der Werbung bei der Einführung englischer Ausdrücke zu überschätzen.[211] Die Schreibung englischer Ausdrücke ist dem deutschen Prinzip der Großschreibung meist angepaßt. Wenig geläufige Wörter werden durch die Ferienkataloge kaum gefördert, es handelt sich ja meist um bereits im Deutschen gebräuchliche englische Wörter und Floskeln. Einige vor allem der modischen Ausdrücke werden sicher im Laufe der Zeit durch andere ersetzt werden. - Da die Veranstalter einen großen Publikumskreis ansprechen, ist es wichtig, daß sie sich auf der einen Seite einen seriösen und wissenschaftlichen Anschein geben, auf der anderen Seite jedoch auch betonen, daß sie modern und den Strömungen der Zeit gegenüber aufgeschlossen sind.-Einige, besonders die modischen Wendungen, sind sicher unter dem jüngsten Einfluß des Englischen und nicht, wie es für die Nachkriegszeit gilt, des Amerikanischen übernommen worden, was auf der Popularität Londons beruht.

8. Auch die Internationalität des Reisens spiegelt sich im Gebrauch fremdsprachlicher Ausdrücke wieder. Die Verwendung englischer Fachausdrücke im Bereich des Tourismus, vor allem in Zusammenhang mit dem Flugverkehr, resultiert sicher daraus, daß die Sprache des Flugverkehrs Englisch ist. Durch die zunehmende Verbreitung des Fliegens beginnen sich auch Ausdrücke aus diesem Bereich im Deutschen einzubürgern, was z.B. ein Wort wie 'Jet' beweist,

das bereits in G.Wahrigs Deutsches Wörterbuch aufgenommen ist.[212]

9. Die touristischen Fachwörter, die sich in den Ferienkatalogen nachweisen lassen, sind meist zu lang, dies gilt vor allem für Komposita, oder zu differenziert, um auch in die Allgemeinsprache einzudringen. Einige Worte jedoch, die in Zusammenhang mit Reise und Urlaub stehen, werden im entsprechenden Kontext sicher auch im mündlichen Gespräch Verwendung finden.

Zusammenfassende Bemerkungen zum Wortschatz und zur Wortwahl

1. Eine Übersicht über die Wortartenhäufigkeit in den Ferienkatalogen hat ergeben, daß (Substantive ausgenommen) Adjektive zu den am meisten gebrauchten Wortarten zählen. Wenn H.-D.Ebert die Prospekte deutscher Touristikunternehmen als eine Literatur der Adjektive bezeichnet, ist dem teilweise zuzustimmen.[213]
2. Eine Aufstellung häufig verwendeter Adjektive hat gezeigt, daß sich Gruppen von Beiwörtern zusammenstellen lassen, die sich in allen Katalogen wiederfinden und in den verschiedensten (manchmal jedoch in begrenzten) Zusammenhängen Verwendung finden. Diese häufig gebrauchten Adjektive sind alle einer positiven Sphäre entnommen und in den meisten Fällen semantisch indifferent, d.h. sie beinhalten keine exakt nachprüfbaren Informationen, sondern sie erwecken beim Leser vielfältige Konnotationen und Assoziationen, die natürlich alle wiederum positiv sind. Diese Adjektive sind meist mit Gefühls- und Nebenwerten behaftet und erlauben dem Urlauber, sie nach seinen persönlichen Vorstellungen und Wünschen zu interpretieren. Was I.Hantsch für die Werbesprache festhält, läßt sich in diesem Punkt exakt auch auf die Ferienkataloge übertragen: "Die 'denotative' Genauigkeit weicht dabei in den Texten einer konnotativen Dichte und einem

Reichtum an Assoziationen. Die Betrachtung der informationsträchtigen Daten ... zeigt, daß diese nur zum geringsten Teil objektivierbar sind, dafür aber eine sehr intensive konnotative Wertigkeit besitzen, d.h. ihre Wirkung auf assoziativer Ausstrahlung und Gefühlswerten gruppenverbindlicher Gültigkeit aufbauen."[214] Es läßt sich für die Ferienkataloge festhalten, daß vornehmlich in ihrer Grundbedeutung positive, zahlreiche Konnotationen auslösende Wörter bevorzugt werden.

3. Als weiteres Grundmerkmal kann die stark ausgeprägte Neigung zur semantischen Aufwertung und Superlativierung angesehen werden. Um einen Ausdruck zu intensivieren, seine Aussage zu positivieren,werden die verschiedensten Mittel gebraucht: der grammatische sowie der relative Superlativ, der Komparativ mit und ohne Vergleichsobjekt, Steigerung durch vielerlei Vorsatzwörter, durch aufwertende Komposition, Umschreibung mit hochwertigen Syntagmen. Durch die Betonung, daß ein Urlaubsort sehr beliebt ist, von internationaler Prominenz besucht, wird an das Prestigegefühl des potentiellen Urlaubers appelliert. Durch Vergleiche mit dem Irrationalen oder dem Kostbaren werden Urlaubsgebiete noch anziehender beschrieben.Häufig werden mehrere positive Beiwörter aneinandergereiht, um die Vorzüge des Ortes oder seiner Einrichtungen zu unterstreichen.
4. Ziel der Ferienkataloge ist es, ein Urlaubsgebiet so zu beschreiben, daß es einer möglichst großen Zahl von Lesern als ideales Feriengebiet erscheint, und sie beim jeweiligen Unternehmen eine Reise buchen. Um dies zu erreichen, werden weniger sachliche Informationen geboten (auch diese finden sich natürlich, z.B. wenn die Lage eines Ortes angegeben wird, die Beschaffenheit seines Strandes oder wenn seine Einrichtungen aufgezählt werden), sondern vielmehr bedient man sich der Persuasion durch positive Beschreibung, anschauliche und stimmungsvolle Schilderung. Was L.Kerstiens für die Werbung festhält, gilt uneingeschränkt auch für die Ferienkataloge: "Vielmehr werden

Stimmungen beschworen, Gefühle geweckt, unterbewußte Strebungen und Antriebe angesprochen;"[215] Durch die verschiedensten Mittel der Superlativierung und Aufwertung wird das Bild einer heilen und schönen Urlaubswelt entworfen, die jedem Urlauber Erfüllung seiner Träume verspricht. Auch hier kann auf die Ferienkataloge übertragen werden, was I.Hantsch für die Werbung festhält: "In der Fügung der Zeichen konstruiert sich eine gedankliche Zwischenwelt der superlativischen Idealität, der uneingeschränkten Lebensfreude in harmonischer Geselligkeit."[216] Die Ferienkataloge beschreiben durch positive und aufwertende Adjektive und Attribute in mannigfachen Variationen, wobei die nüchterne und sachliche Information hinter einer euphemistischen, hochwertenden und positiven Schilderung zurücktritt. Daß gelegentlich vertraute Stereotypen auftauchen, stört nicht. Die Sprache der Ferienkataloge ist die Sprache des Positiven und des Superlativs. Es ist jedoch keine marktschreierisch-plumpe Anpreisungssprache, vielmehr werden teilweise unterschwellig und nicht immer auf den ersten Blick ersichtlich, optimistische Vorstellungen projiziert.

5. Der Wortschatz der Ferienkataloge ist einer Sprachschicht zwischen gepflegter Alltagssprache und einer Normalsprache mit Anklängen an die gehobene Sprache entnommen. Slangwörter und Vulgarismen haben hier keinen Platz. Nachahmung gesprochener Alltagsrede und umgangssprachliche Wörter und Wendungen lockern den Text auf, sind Tribut an die alle Schichten umfassende Leserschaft, stellen einen vertraulichen Kontakt her, passen sich der Redeweise der Leser an, vermindern die Distanz zwischen Veranstalter und potentiellem Urlauber. Nie aber wird die Umgangssprache zu derb, zu 'volkstümlich'. Immer wieder sorgen zahlreiche Fremd- und Fachwörter, manchmal auch Syntagmen einer gehobenen, fast poetisch wirkenden Sprachschicht dafür, den Katalogen den Anstrich von Seriosität, profunder Kenntnis der Verhältnisse, ja fast wissenschaftlicher

Akribie zu geben. Die häufige Verwendung von Fach- und Fremdwörtern wertet vielleicht auch den Leser in seinem Selbstgefühl auf, da ihm das Verständnis auch ausgefallener Wörter zugetraut wird. Durch die Verwendung von Modewörtern und zahlreichen englischen Ausdrücken dagegen, geben sich die Kataloge modern und versuchen vor allem Jugendliche zu erreichen. Die Stilhaltung schwankt somit zwischen so extremen Polen wie jugendlicher Unbekümmertheit (in der Verwendung umgangssprachlich-modischer Syntagmen) und seriöser Wissenschaftlichkeit (durch den Gebrauch ausgefallener und stark spezifizierender Fachtermini).

6. Die Ferienkataloge sind immer um sprachliche Vielfalt bemüht, sei es nun in der Variation der Sprachebenen oder in der Variation hochwertender Aussagen. E.Beheim-Schwarzbach bezeichnet die Sprache des Werbers als Sprache der Polarität: "Neben der eindeutig knappen und gestrafften Formulierung steht die unscheinbare und offene Ausdrucksweise, die einen Reichtum tiefer, dunkler Beziehungen enthält."[217] Auch die Sprache der Ferienkataloge ist eine Sprache der Polarität: Denn der klar strukturierten, leicht faßlichen, akzentuierenden Syntax steht die vielschichtige, zahlreiche positive Konnotationen bedingende stets positive Ausdrucksweise (im Bereich der Semantik) gegenüber.

3. Rhetorische Mittel

Bereits die Untersuchungen zu Syntax und Wortschatz haben gezeigt, daß sich die Ferienkataloge der verschiedensten Mittel bedienen, um die Leseaufmerksamkeit aufrechtzuerhalten, die Spannung zu steigern, den Text aufzulockern und den Leser in Kontakt mit dem Veranstalter zu halten. Das bewirken vor allem die aufgelockerte Syntax, besonders aber die Verwendung von Imperativ und Frage, die als rhetorische Mittel angesehen werden können und auf die schon an früherer Stelle eingegangen wurde.

In vielen Werbehandbüchern wird auf die Bedeutung der Rhetorik hingewiesen, als Mittel, die Aufmerksamkeit des Lesers zu festigen und ihn bereiter für die Aufnahme der Werbebotschaft zu machen.[218] Zu den pragmatischen rhetorischen Figuren zählt J.Kopperschmidt neben der rhetorischen Frage auch die Anrede.[219] Die Ferienkataloge wenden sich an eine große anonyme Leserschaft. Im Gegensatz zur Urlaubsberatung in den Reisebüros fehlt der persönliche Kontakt zwischen Reisevermittler und potentiellem Urlauber.

3.1. Die Beziehung zwischen Reiseveranstalter und Urlauber

Eine Möglichkeit, die anonyme Beziehung zwischen Reiseveranstalter und Urlaubsplaner persönlicher zu gestalten und diesen unmittelbar in das geschilderte Geschehen miteinzubeziehen, ist die Verwendung der direkten Anrede.

3.1.1. Persönliche Anrede

S.Hayakawa sieht in der unmittelbaren Ansprache an den Leser oder Hörer einen affektiven Kunstgriff: "Sie mildern die Unpersönlichkeit förmlicher Reden, so daß ein Redner oder Schriftsteller, dem seine Botschaft besonders am Herzen liegt, kaum darauf verzichten kann, sie anzuwenden".[22o] Dieser Kunstgriff ist vor allem für die Werbung wichtig, um den einzelnen aus der Masse der Angesprochenen herauszuheben, vergessen zu machen, daß sich die Werbung an Millionen richtet und im Leser oder Zuhörer das Individuum anzusprechen. Daß die Werbung von diesem Prinzip reichlich Gebrauch macht, bewiesen u.a. die Untersuchungen von J.Stave und R.Römer.[221] Die Anrede mit 'du', der man in der Werbesprache häufig begegnet, fehlt bis auf eine Ausnahme in den Ferienkatalogen. Diese sehr vertrauliche Anredeform wäre dem sprachlichen Duktus der Ferienkataloge nicht angepaßt. Die genannte Ausnahme findet sich in Katalog 1 bei der Beschreibung des Clubs Aldiana: hier ist das vertrauliche 'du' die allgemeine Anredeform unter den Clubmitgliedern.

Um den potentiellen Cluburlauber mit den Lebensformen im Club vertraut zu machen und ihn auf seinen Urlaub einzustimmen, wird er auch im Katalog bereits geduzt:

> Bezahlen sollst Du erst, wenn Du uns wieder verläßt. Und noch etwas: Wir vom Club tun alles, was wir für Dich tun, gerne. (1/78)

Als Formen der persönlichen Anrede wurden bereits Imperativ, Frage und Futur erwähnt. - Katalog 1, in dem sehr häufig Imperative anzutreffen sind, verwendet, was nicht verwunderlich ist, auch sehr oft weitere Formen der persönlichen Anrede, um den Leser miteinzubeziehen. Fast auf jeder Seite, auf manchen sogar fünf- oder sechsmal, finden sich solche Wendungen. Das gilt teilweise auch für die anderen Kataloge. Aus der Fülle der Beispiele sollen nur einige den Gebrauch der persönlichen Anrede verdeutlichen:

> Wenn Sie einfaches, aber zwangloses Badeleben großem Hotelkomfort vorziehen, kommen Sie mit uns auf die Insel Sipan. ... Hier können Sie ungestört baden, schnorcheln, angeln. Wenn Sie Rummel und Abwechslung lieben:... (1/104)

> Sehen Sie nach, was "Ihre" Fernreise jetzt kostet. (1/162)

Die Übertreibung durch das persönliche Possessivpronomen wird durch die Anführungszeichen relativiert.

Auch in Katalog 2 wird auf fast jeder Seite, manchmal sogar mehrmals innerhalb eines Satzes oder kurzen Textabschnittes, der potentielle Urlauber angesprochen:

> Es ist möglich, daß Sie gelegentlich mal ein Auge zumachen wollen. Wenn Sie dann trotzdem nicht auf vielfältige Unterhaltung verzichten wollen, ist Can Pastilla vielleicht das Richtige für Sie. (2/12)

> Hier fällt alles von Ihnen ab. Südländischer Zauber umfängt Sie. Ruhe und Entspannung - wenn Sie das brauchen, hier finden Sie's. (2/174)

In den Winterkatalogen findet sich die persönliche Anrede etwas seltener als in den Sommerkatalogen, dennoch lassen sich auch hier genügend Beispiele anführen:

> Ob Sie nun begeisterter Sportler oder aber Nichtsportler sind, Leermoos ist in beiden Fällen der richtige Ort für Ihren Winterurlaub. (3/20)

Beispielsätze aus Katalog 4 und 5 sind:

> Mit schnellen und bequemen Düsenmaschinen erreichen Sie Ihr Ferienziel in 9o Minuten. (4/1o5)
>
> ..., wo Sie segeln, Wasserski laufen, reiten und sich amüsieren können. Auch Ihre Kinder kommen auf ihre Kosten. (4/66)
>
> Unter Leitung einer ortskundigen Führung sehen und erfahren Sie Wissenswertes über die Insel Sylt und deren Bewohner. (5/gr.15)

In Winterkatalog 6 ist die persönliche Anrede nicht ganz so häufig zu belegen, aber auch hier kann sie innerhalb eines kurzen Textteils wiederholt werden:

> Unzählige Bergbahnen und Skilifte bringen Sie zu immer neuen Hängen und Abfahrten, Hütten und Almen, Tälern und Dörfern. ... Bei zahlreichen Wettkämpfen können Sie die internationale Ski-Elite bewundern. (6/2o)

In Katalog 7 und 8 wird der Leser vor allem bei den Beschreibungen der verschiedenen Ausflüge direkt miteinbezogen:

> Bei diesem Ausflug sehen Sie viel von Marokkos Vergangenheit. Sie besuchen Tetuan, ... ferner sehen Sie die Medina und den Kalifenpalast. (7/22)
>
> Jeden Morgen haben Sie Gelegenheit, mit dem Landrover auf Pirsch zu fahren. Sie können auch ausruhen und am Swimmingpool liegen. Oder Sie schließen sich einer "walking safari" an: Zu Fuß, nur mit der Kamera bewaffnet, pirschen Sie durch das überaus tierreiche, landschaftlich reizvolle Reservat. (8/11)

In den Routenbeschreibungen sind an sich nur wenige Verbformen zu buchen. Fast ausschließlich finden sie sich dann jedoch in Verbindung mit der persönlichen Anrede, die zudem die häufig nur stichwortartig gehaltenen Angaben auflockert. Dies gilt für die Routenbeschreibungen aller Kataloge.

In Katalog 9 wird die persönliche Anrede, vor allem innerhalb des einleitenden Teils, der mit der Clubidee vertraut macht, gebraucht, gelegentlich jedoch auch bei der Beschreibung der einzelnen Clubdörfer:

> Der Club gehört Ihnen. Sechsundvierzig mal.
> Was Sie dann aus Ihren Clubferien machen - sei es in Roussalka, St.Moritz oder Tahiti - das liegt ganz alleine bei Ihnen. Sie müssen "hineinschlüpfen" in Ihr Club-Ferien-Leben. Sie müssen den Club intensiv erleben. (9/5)
>
> Afrika. Und das Meer. Ihr Afrika und Ihr Meer. (9/69)
>
> Aufregend, weil Sie da sind ... (9/87)

Durch die Auslassungspunkte wird der Satz in seiner Wirkung verstärkt: dem Leser wird deutlich Raum für seine Vorstellungen gelassen, dadurch wird auch die Unsinnigkeit der Aussage vertuscht.

In Katalog 1o findet sich neben der oft zu belegenden Anrede 'Sie' sehr häufig das vertraute 'wir', das den Gruppencharakter dieser Reisen deutlich zum Ausdruck kommen läßt. 'wir' bezeichnet sowohl die Angestellten des Unternehmens, die die Fahrt betreuen, als auch die Gruppenteilnehmer; dadurch soll ein Gemeinschaftsgefühl aufgebaut werden.

> Der Vormittag steht ganz zu Ihrer Verfügung. (1o/4)

> Auf der Autobahn und über Innsbruck, Brennerpaß erreichen wir Sterzing. Dem Eisack folgend kommen wir über Brixen nach Bozen. ... Der Zauber dieser "Königin der Meere" empfängt uns. Bei einer Stadtführung (...) lernen wir Markuskirche, Dogenpalast, Seufzerbrücke und das geschäftige Venedig mit seinen engen Gassen kennen. (1o/4)

Durchgehend in allen Katalogen und überall mit sehr großer Häufigkeit, lassen sich Beispiele nachweisen für die direkte Anrede an den Leser und seine Miteinbeziehung in die Beschreibung des Urlaubsortes oder die Erläuterung der Fahrt. Meist werden in dieser Form Handlungen ausgedrückt, die der potentielle Urlauber, ist er einmal am Urlaubsort, selbst ausführen wird. Wie bei der Verwendung des Futurs werden dadurch vornehmlich positive Handlungen projiziert. Die Beschreibung wird für den einzelnen persönlicher, regt seine Phantasie an, erweckt vermehrte Vorfreude. Der Leser kann sich seinen Urlaub schon zu Hause ausmalen. Einiges wird ihm so dargeboten, daß er das Gefühl erhalten kann, der Veranstalter würde sich nur um ihn persönlich kümmern, nur ihn persönlich meinen.

3.1.2. Betonung der persönlichen Beziehung

Bei der Untersuchung der Vergangenheitsformen wurde schon erwähnt, daß der Reiseveranstalter häufig in Perfektform betont, was er in einem bestimmten Zielgebiet für 'seine' Kunden getan hat. Daneben finden sich Wendungen, in denen der jeweilige Veranstalter seine augenblicklichen Leistungen hervorhebt, unterstreicht, was er an Erlebnissen anzubieten hat oder erwähnt, was zum Wohl des einzelnen Urlaubsgastes geschieht. Dabei wird als Urheber entweder der betreffende Veranstalter mit seiner Firmenbezeichnung genannt oder stellvertretend steht das Pronomen 'wir'. Gelegentlich finden sich auch Wendungen nach dem Muster 'wir - für Sie'. Dieses Prinzip ist in allen Katalogen anzutreffen.Auch hier sollen nur exemplarisch einige Beispiele angeführt werden:

> Neckermann bestimmt hier den Trend, den deutsche Urlauber immer höher schätzen: absolute Freizügigkeit in Appartements. Daß wir auch erstklassige Hotels haben - darüber reden wir nicht. (1/56)

> Neckermann + Reisen zeigt Ihnen dieses Amerika. (1/15o)

> Wir haben ein Hotelangebot, das für jeden Geschmack und jede Urlaubskasse das richtige hat. Und wir haben ein Programm, das zwischen Amüsement, Baden und den Zeugen alter Kultur ausgewogen ist. (2/135)

> Wir zeigen Ihnen aber auch das unbekannte Griechenland. (2/136)

> Für ein Monatsgehalt haben wir den ganz großen Urlaub für Sie vorbereitet. (2/197)

> Wir, die Urlaubsexperten, haben jeden Urlaubsstoff auf Lager: (3/5)

> In diesem Winter möchten wir Ihnen ein besonderes Weihnachtsprogramm anbieten. ... (3/65)

> Gemeinsame Ausflüge werden von unserer Reiseleitung arrangiert. (4/71)

> Übrigens - wir bieten Ihnen in diesem Jahr größtenteils nur Halbpension an, damit Sie auf Ihren Ausflügen nicht auf eine Lunchtüte angewiesen sind. (4/74)

> Und wenn Sie auf Londons farbenprächtigen Straßenmärkten genug gefeilscht haben, empfehlen wir Ihnen dringend einen Besuch in einem der zahlreichen Theater. (5/gr.6)

Sie werden begeistert sein von den gepflegten Pisten und Abfahrten ... und dem geselligen Leben in den von uns für Sie ausgesuchten freundlichen Zielorten. (6/7)

Die "Dalmatija" ist dennoch unser Star! Warum? Wir wissen, daß sie für die Mehrheit unserer Gäste gerade richtig ist. (7/18)

Lateinamerika - die ADAC-REISE fliegt mit Ihnen nach Mexico und Amazonien, nach Galapagos und Rio de Janeiro. (8/24)

Wir führen Sie dort hin, wo die Tierwelt am reichsten, die Landschaft am großartigsten ist: ... (8/11)

Sie können dabei sein, auf den Entdeckungsreisen, die der Club für Sie organisiert. (9/21)

Bei dieser Tour möchten wir Sie in das Zentrum des berühmten Bardolino-Weines führen und Sie mit der Weinlese und der Traubenkur bekannt machen. (1o/7)

Wir empfehlen den Besuch der berühmten Gemäldeausstellung in der Accademia. (1o/15)

Diese Beispielsätze machen deutlich, daß die Veranstalter versuchen, im Rahmen der Kataloge ihre, wie es scheint, ganz persönliche Beziehung zum potentiellen Urlauber zum Ausdruck zu bringen. Wendungen, wie die oben erwähnten, sollen dem Leser suggerieren, daß der Veranstalter beständig und unermüdlich um das Wohlergehen seines Kunden bemüht ist und ihm immer, auch am Urlaubsort, mit guten Ratschlägen zur Seite steht. Der Urlauber kann sich jederzeit auf den Veranstalter verlassen. Einige dieser Aussagen sind als 'Public relations', als Bemühung zur Gewinnung öffentlichen Vertrauens, zu betrachten, andere aber auch als direkte Werbung, als besonderes Betonen einer Leistung, die andere Unternehmen nicht bieten, wenn dies auch nur unterschwellig mitanklingt. Manche der erwähnten Belege sind nicht den Ortsbeschreibungen selbst, sondern den einzelnen Abschnitten, die ihnen vorangestellt sind, entnommen. - Auch in der Anzeigenwerbung findet sich diese Hervorhebung des persönlichen Kontaktes, dort zwischen Händler und Kunden.[222]

3.1.3. Verwendung von 'man'

Als Gegensatz zur persönlichen Anrede kann die Verwendung des generalisierenden 'man' betrachtet werden. In Werbehandbüchern wird meist vor der Verwendung des farblosen 'man' gewarnt.[223] S.Mauermann jedoch verweist auf die besondere Bedeutung, die dem Wort in der Werbesprache zukommt:"Mit man kann, namentlich in der Werbesprache die sichtende, beurteilende, anerkennende Allgemeinheit der Käufer, der Kunden, gemeint sein. Die Alltäglichkeit, die Masse, die Menge, soll dabei gewöhnlich ausgeschaltet bleiben; man will sich ja an Urteilswillige wenden."[224] In den Ferienkatalogen hat 'man' neben seiner Funktion als Bezeichnung für ein unbestimmtes Kollektiv auch die, eine beurteilende, anerkennende Allgemeinheit zu versinnbildlichen, es kann somit auch aufwertend wirken. 'man' findet sich jedoch mit Ausnahme von Katalog 4 nicht allzu häufig. In einigen Katalogen, vor allem jenen mit geringerem Umfang, ist es nur mit sehr wenigen Belegen zu buchen. Die gleiche semantische Aussage wie 'man' beinhaltet auch 'alle':

> Abends bummeln alle durch die romantische Altstadt. (1/73)

> Der Schlager der Saison. Hier muß man dabei sein. (1/15)

In seiner mehr allgemeinen Bedeutung und wohl als Abwechslung zum häufig auftretenden 'Sie' findet sich 'man' im folgenden Beispiel:

> Je weiter man wandert, um so mehr einsame Sanddünen und Ruhe findet man. (1/2o)

Dagegen:

> Anspruchsvollere Hotels, gehobene Atmosphäre, man hat Lebensart. (2/8)

Ähnlich wie 'man',jedoch etwas eingrenzender, wirken auch Wendungen wie:

> Scharnow-Gäste treffen sich jeden Samstag im Club Parzival in Lloret de Mar. (2/58)

In Katalog 4 ist 'man' häufiger zu buchen, wobei es im Gegensatz zur Anrede mit 'Sie', als Bezeichnung für eine nicht näher definierte Personengruppe oder aufwertend für nicht genannte Autoritäten gebraucht werden kann. Mehrmals finden sich auch Sätze mit der fast stereotyp wirkenden Formel 'man trifft sich'..:

> Ist man noch in Europa oder schon in Afrika? Man vergißt es. (4/13)
>
> Abends trifft man sich in den Hotelbars und Diskotheken. (4/3o)

In ähnlicher Verwendung ist 'man' auch in Katalog 6 zu belegen:

> Und am Abend ist man gern im kleinen Kreis unter sich, denn hier kann man es noch sein. (6/33)
>
> Abends trifft man sich im Café, im Tiroler Keller oder an der Bar. (6/15)

Mehr als Impersonalium wirkt 'man' in einem Satz wie:

> Gemütlich und familiär; man fühlt sich gleich wohl. (7/18)

Aufwertend dagegen ist es in folgendem Zusammenhang:

> Man muß mal hier gewesen sein ... Unbedingt! ... Einmal muß man Cargese erlebt haben. (9/61)

Oder auch:

> Die an Kunstschätzen reiche Stadt muß man kennen. (1o/19)

'man' findet sich in den Ferienkatalogen vergleichsweise selten, dient wohl oft als Variationsform zur Anrede mit 'Sie', gelegentlich auch als Bezeichnung für eine wertende Allgemeinheit.

Zusammenfassung (S.488-496)

1. Die Ferienkataloge machen wesentlich häufiger Gebrauch von der persönlichen Miteinbeziehung des Lesers durch die Anrede mit 'Sie', als von dem unpersönlichen und die Allgemeinheit umfassenden Wörtchen 'man'. Während 'man' sich nur mit relativ wenigen Beispielen belegen läßt, dabei häufig in der stereotypen Formel 'man trifft sich', findet sich die Anredeform 'Sie' sowie ihre

Flexionsformen und das dazugehörende Possessivpronomen oft mehrmals auf einer Katalogseite oder auch innerhalb eines kurzen Textabschnittes. Da die Winterkataloge im allgemeinen etwas distanzierter gehalten sind, läßt sich die persönliche Anrede hier nicht ganz so häufig nachweisen wie in den Sommerkatalogen.

2. Die Miteinbeziehung des Lesers durch die Anrede mit 'Sie', die auch beim Imperativ, bei der Frage und häufig beim Futur auftritt, bewirkt, daß das Geschehen am Urlaubsort direkt auf den Leser bezogen wird, er selbst sich in seiner Phantasie, schon beim Lesen des Textes, die Aktionen am Urlaubsort vorstellen kann. Die Beschreibung des Urlaubsortes wird so für ihn anschaulicher, gleichsam konkreter. Zudem verringert die persönliche Anrede die Anonymität zwischen Reiseveranstalter und Urlauber.
3. Wenn der Veranstalter darauf verweist, was er speziell für den Urlauber am jeweiligen Urlaubsort geschaffen hat, was er an Möglichkeiten bietet, wie er sich um ihn sorgt, so ist das auch ein Weg, die Beziehung zwischen Veranstalter und Urlauber persönlicher zu gestalten.Das drückt sich vor allem auch in der Formel 'Wir - für Sie' aus. Dadurch wird das Vertrauen des Urlaubers in den Veranstalter vermehrt. Daneben sollen diese Wendungen aber auch die Leistung des Veranstalters gegenüber den anderen Veranstaltern hervorheben.
4. 'man' erscheint in seiner allgemeinen Verwendung zum Ausdruck einer unbestimmten Personengruppe und dient anscheinend als Variation des häufig auftretenden 'Sie'. Daneben steht es manchmal aber auch für eine wertende anerkennende Autorität und sei es nur die Autorität der Urlauber.
5. Durchgehend in allen Katalogen kann man das Bemühen feststellen, den einzelnen Urlauber direkt anzusprechen, ihn in die Schilderung miteinzubeziehen und dadurch seine Phantasie anzuregen, die Anonymität abzubauen und dem

potentiellen Urlauber das Gefühl zu vermitteln, der Reiseveranstalter sei nur für ihn persönlich da.

6. Die häufige Verwendung des persönlichen 'Sie' hat die Sprache der Ferienkataloge mit der Sprache der Anzeigenwerbung gemein.[225] Die z.B. in der BILD-Zeitung[226] häufig anzutreffende suggestive Kollektivform 'wir' findet sich innerhalb der Ferienkataloge nur in Katalog 1o, einem Katalog für Busreisen; hier soll die Gemeinschaft der Reisenden untereinander betont werden, aber auch mit dem Unternehmen und dessen Angestellten. Dieses Gemeinschaftsgefühl läßt sich bei Busrundreisen wohl eher aufbauen als bei anderen Reiseformen. Sonst bedeutet 'wir' immer nur 'wir, die Unternehmer'. Die Kollektivform 'wir', wie auch die persönliche Anrede mit 'du', wäre der Stilhaltung der Kataloge kaum angepaßt, weil sie eine Spur zu vertraulich wirkt.
7. Die häufige Verwendung der persönlichen Anrede ist ein Kennzeichen der Sprache der Ferienkataloge.

3.2. Redewendungen, Sprichwörter, Zitate und ihre Abwandlungen

Weiter kann als rhetorisches Mittel, das wohl eher unbewußt auf den Leser wirken soll, die Verwendung von Sprichwörtern, Redensarten oder Zitaten bzw. Anklänge an diese oder abgewandelte Formen angesehen werden. Für den Bereich der Anzeigenwerbung wurde dieses Prinzip bereits eingehend untersucht. So weist z.B. P.Oßwald die Verbindung mit Redewendungen, Zitaten und Sprichwörtern nach,[227] ebenso H.Herles.[228] Als wirksame rhetorische Mittel zur Gestaltung eines Werbetextes führt W.Winterfeldt u.a. Anspielung und Überraschung an.[229] J.Stave betrachtet die Werbesprache als eine Sprache aus zweiter Hand, auch insofern, als sie sich auf schon Vorhandenes stützt: "..., - auf Anklänge, Wortverbindungen und Redensarten, die dem Leser unbewußt geläufig sind, so daß der Werbetext auf einen schon vorbereiteten Sprachschatz trifft." Als Begründung hierfür gibt er an:

"Werbung kostet sehr viel Geld, und so kann sie es sich fast nie leisten, in sprachliches Neuland vorzustoßen."[230] Mag diese Begründung auch für die Ferienkataloge nur in begrenztem Umfang zutreffen, (denn diese geben sich sprachliche progressiv vor allem im Bereich der Wortbildung und gelegentlich auch in ihrer eigenwilligen Syntax),so stimmt jedoch,daß sie sich auf bekannte Redensarten, Sprichwörter oder gern auch Filmtitel stützen und diese dann variieren. In jedem der Kataloge finden sich mehrere Beispiele für dieses Vorgehen, von denen jedoch nur einige exemplarisch erwähnt werden können.

3.2.1. Redensarten und Sprichwörter und ihre Variationen

Redensarten und Sprichwörter, an die sich die Ferienkataloge anlehnen, sind meist dem umgangssprachlichen Bereich entnommen. Die Variationen dieser bekannten Sprachmuster wirken oft witzig: Das anschauliche Bild 'den Pfennig umdrehen' für 'sparen' wird erweitert in der Wendung 'den Sparpfennig umdrehen' (1/169).Überraschend ist 'zu sündhaft kleinen Preisen' (1/155) statt dem erwarteten, da geläufigen, 'teuer', als dessen Verstärkung 'sündhaft' alltagssprachlich dient. Der umgangssprachliche Ausdruck 'etwas kann sich sehen lassen', der Anerkennung und Bewunderung ausdrückt, erstaunt durch die Personifizierung: 'Aber auch der Abend kann sich sehen lassen' (1/55), was bedeuten soll, daß an abendlicher Unterhaltung viel geboten wird. Auf einem Werbeslogan, und zwar der Werbung für die Fernsehlotterie, 'mit 5 Mark sind Sie dabei', einer Wendung, die sich bereits in den umgangssprachlichen Wortschatz eingegliedert hat, beruht:

> Dieser Strand dürfte der einzige der Welt sein, der Ihnen das Vergnügen eines Elefantenritts bietet: fünf Mark pro Stunde, und Sie sind dabei! (1/153)

Die Abwandlung dieses Slogans ist ein Beweis dafür, daß manche Werbeaussagen von der Umgangssprache aufgenommen werden. Sonst wäre solch eine Anspielung nicht verständlich.

Daß auch einige ursprünglich fremdsprachliche Redewendungen schon im Deutschen heimisch sind, zeigt die Wendung 'süßes Nichtstun' (2/178), die die Übersetzung des italienischen 'dolce far niente' ist. Das umgangssprachliche 'es kostet Sie keinen Pfennig' wird abgewandelt in 'es kostet Sie keine Perle' (2/198), da im Hotel Africana Village nicht mit Geld, sondern mit Perlen bezahlt wird. Die umgangssprachlich-bildliche Bezeichnung 'den Rubel rollen lassen' wird verändert in 'die Lewa rollen lassen' (2/113); Lewa ist die bulgarische Währungseinheit und der Ausdruck findet sich bei der Beschreibung eines bulgarischen Urlaubsortes. Die euphemistische Umschreibung für 'faul' 'sich auf seinem Lorbeer ausruhen' erscheint leicht variiert in folgender Litotes:

> Die Tiroler haben sich auf olympischem Lorbeer nicht ausgeruht, ... (3/4o)

Auf der hyperbolischen Wendung 'alles Menschenmögliche' basiert die witzige Formulierung 'alles Wintermögliche' (3/3). Der Ausspruch 'eine ruhige Kugel schieben' bekommt im folgenden Beispiel durch seinen Kontext eine Doppelbedeutung:

> Möchten Sie gerne mal auf Tahiti mit ihrem Kegelclub eine ruhige Kugel schieben? (4/5)

Auf der umgangssprachlichen Umschreibung für 'fremd': 'etwas kommt einem spanisch vor' beruht die Wirkung eines Satzes wie:

> Damit Ihnen Spanien nicht mehr so spanisch vorkommt, lernen Sie Spanisch in Spanien. (5/93)

Die auffallende Umkehrung und Wiederholung der Wörter 'spanisch' und 'Spanien' könnte als rhetorische Figur einer Epanados erklärt werden. Eine Redewendung, die der Werbesprache entstammt, die aber schon zumindest in den umgangssprachlichen Wortschatz eingedrungen ist und dort vielfältig variiert wird, ist 'ein ganz neues Gefühl', eine weitere Variation dazu stellt 'ein ganz neues Festgefühl' (6/48) dar, bezogen auf Weihnachten, das man nicht zu Hause sondern in einem Ferienort verbringt. Die Wendung 'einer Sache den letzten Schliff geben' wird erweitert zu:

> Die Lehrer der Skischulen des Ortes geben jedem den letzten Ski-Schliff, ... (6/22)

Wörtlich genommen, und daher wirkt es überraschend, wird das folgende umgangssprachliche Bild:

> Wer noch höher hinaus möchte, kann die Pölsalm oder die Roßalm erklimmen, ... (6/23)

Es handelt sich hier um eine Reaktualisierung.-Von seinem ursprünglichen Bedeutungsfeld, dem Theater, auf die Welt des Skifahrens übertragen ist folgende Wendung:

> Über 8o Skilehrer stehen bereit, um Erwachsene wie Kinder zu Meistern auf den Brettern zu machen, die hier die Welt bedeuten. (6/2o)

Gleich zwei Anspielungen, einmal an das Schlagwort von 'der heilen Welt' und einmal an ein Bibelzitat("Und wenn ich allen Glauben hätte, so daß ich Berge versetzte",1.Korinther 13/2) enthält folgender Satz:

> Ein Hauch von Süden streift bereits das Land, in dem die Welt noch heil ist, weil Berge und Täler sich nicht versetzen lassen. (6/24)

Der Sinn dieses Satzes allerdings bleibt unklar. Daß manche Werbeslogans schon so in den umgangssprachlichen Wortschatz übergegangen sind, daß sie ohne Verständnisschwierigkeiten variiert werden können,zeigt auch folgende Abwandlung des Slogans 'Neckermann macht's möglich': 'Die Holländer machten's möglich' (8/28). Den Versuch einer Redewendung neue Ausdruckskraft zu geben zeigt nachstehendes Beispiel:

> Und der Club beweist Ihnen, daß in Frankreich das Wort vom "Leben wie Gott in Frankreich" noch seine Bedeutung hat. (9/51)

Die aufgeführten Belege beweisen, daß die Ferienkataloge sich gerne auf bekannte Redewendungen stützen. Dabei zeigt sich aber, daß diese Wendungen oft sehr witzig variiert werden und durch den geänderten Kontext oft überraschend und auflockernd wirken.

3.2.2. Variierung von Buch- oder Filmtiteln

Eine ähnliche Erscheinung ist die Variation von bekannten Buch-, Film- oder Schlagertiteln, wobei hauptsächlich Titel bekannter Filme den Ausgangspunkt bilden. Dem 1964 in Italien unter der Regie von Sergio Leone entstandenen Film 'Für eine Handvoll Dollar' nachgebildet ist 'für eine Handvoll Peseten' (1/8). 'Urlaub auf italienisch' (1/91) lehnt sich an den Titel des in Italien 1961 unter der Regie von Pietro Germi gedrehten Films 'Scheidung auf italienisch' an. Ebenfalls der Titel eines bekannten Films wird zur Beschreibung von Hongkong herangezogen: 'Immer noch ist diese Welt die Welt der Suzie Wong' (1/155). Der Film 'Die Welt der Suzie Wong' wurde 196o unter der Regie von Richard Quine nach dem Roman von Richard Mason und dem Bühnenstück von Paul Osborn in England gedreht. Die persische Märchensammlung '1ooo und eine Nacht' klingt an in der hyperbolischen Wendung "1ooo und eine Bar" (1/53), wobei die Anführungszeichen dem Originaltext entnommen sind und bereits dadurch die Anspielung sichtbar gemacht wird. In Anlehnung an den Roman von Graham Greene 'Unser Mann in Havanna' ist 'unser Mann auf Menorca' gebildet (2/9), womit der Reiseleiter gemeint ist. Die Wendung 'Ein Duft von Kräutern' (4/34) könnte dem bekannten Bühnenstück von James Saunders 'Ein Duft von Blumen' nachempfunden sein. Eine Anspielung, die bestimmt nur literarisch vorgebildeten Lesern verständlich sein dürfte, findet sich ebenfalls in Katalog 4: Die deutsche Übersetzung von 'Vanity fair', dem Roman von William Thackeray, enthält der Belegsatz:

> Der Jahrmarkt der Eitelkeiten spielt auf den Boulevards der griechischen Neustadt Varosha. (4/5o)

Wenn Kopenhagen als 'Wonderful Copenhagen' (5/gr.4) bezeichnet wird, so kann dies in Anklang an das weitverbreitete Lied geschehen. Als Anspielung auf den Titel der früher recht bekannten Fernsehsendung 'Es darf gelacht werden' könnte folgender Satz verstanden werden:

> Es darf nach Herzenslust gebummelt und besichtigt werden, ... (6/41)

Der Satz 'Und die Musik spielt dazu' (6/41) ist die Zeile eines Liedes, das in der Operette 'Das weiße Rößl' vorkommt. 'Und immer wieder lockt die Wildnis' (8/3) zeigt wiederum Ähnlichkeit mit einem Filmtitel: 'Und immer lockt das Weib', dieser Film wurde 1956 in Frankreich unter der Regie von Roger Vadim gedreht.

Vor allem Katalog 9 macht häufig Gebrauch von Anspielungen auf Buch- oder Filmtitel. Der Satz 'Denn manche mögen's sehr aktiv' (9/17) ist deutlich dem von Billy Wilder 1959 in den USA gedrehten Film 'Manche mögen's heiß' nachgebildet. Die Wendung 'Djerba la douce' (9/69) erinnert stark an den bekannten Billy Wilder-Film 'Irma la douce', der 1962 in den USA entstand nach einem Theaterstück von Alexandre Breffort.[231] Der Satz 'Der Club, der an die Zukunft erinnert' (9/76) kann als Anspielung gedeutet werden auf Erich von Dänikens 1968 erschienenes Buch 'Erinnerungen an die Zukunft'. Als eine Anlehnung an den von Roy Black gesungenen Schlager 'Ganz in Weiß' könnte folgender Satz verstanden werden: 'Genuesische Festungsstadt, ganz in weiß auf einem Felsen über dem Meer gelegen' (9/89).

Die etwas archaisch anmutende Form 'Weiter rollt der Wagen' (1o/19), gemeint ist ein Omnibus, könnte als Anspielung auf den Refrain 'aber der Wagen, der rollt' des sehr bekannten Volksliedes 'Hoch auf dem gelben Wagen' zu deuten sein.

<u>Zusammenfassung (S.498-5o3)</u>

1. Die Ferienkataloge variieren gerne gängige Redewendungen, geläufige Werbeslogans, Titel bekannter Filme, Bücher oder Fernsehsendungen. Sie lehnen sich somit an schon bekannte Wendungen und Muster an. Hier zeigt sich eine überraschende Parallele zum Nachrichtenmagazin 'Spiegel', das von diesem Prinzip sehr häufig und ausführlich Gebrauch macht. B.Carstensen bucht als Vorlagen für Anspielungen u.a. 'Manche mögen's heiß', 'Unser Mann in Havanna', 'Es darf gelacht werden' und 'Mit fünf Mark sind Sie dabei', Syntagmen, die auch in den Ferienkatalogen variiert werden.[232]

2. Zum einen erleichtern diese Anspielungen sicher die Verständigung, da sich der Leser auf bekannte Muster stützen kann, zum anderen sind die gebotenen Variationen oft witzig und überraschend, lockern den Text auf.
3. Sie können als Stilmittel betrachtet werden und zeigen, daß die Ferienkataloge sehr bewußt gestaltet sind und das Bemühen vorliegt, die Lektüre bisweilen auch amüsant zu gestalten.
4. Meist beziehen sich die Anspielungen auf volkstümliche Wendungen oder Titel sehr bekannter Filme. Nur selten finden sich Anspielungen auf Anspruchvolleres, wie z.B. Titel von Büchern oder Theaterstücken (Anspielungen solcher Art sind häufiger nur in Katalog 4 nachzuweisen). Es kann also davon ausgegangen werden, daß die Anspielungen von einem Großteil der Leserschaft verstanden werden.
5. Inhaltliche Beziehungen zwischen den Büchern oder Filmen, auf deren Namen angespielt wird und den entsprechenden Äußerungen in den Katalogen bestehen so gut wie nicht (eine Ausnahme bildet hier nur der Belegsatz auf Katalog 1, in dem Hongkong mit der Welt der Suzie Wong gleichgesetzt wird).
6. Schon diese wenigen Beispiele zeigen die Kunstfertigkeit im Umgang mit Stilfiguren. Hier gilt, was H.D.Ebert über die Prospekte deutscher Touristikunternehmen mit kritisierendem Unterton aussagt: "Tatsächlich kann man sie getrost als Werke deutscher Stilkunst lesen, denn so handwerklich, mitunter artifiziell versiert, handhabt kaum ein Einzelautor ein so begrenztes Sprachmaterial wie die kollektiven Worturheber dieser Schriften."[233] Noch deutlicher wird diese Kunstfertigkeit bei der Verwendung von Metaphern, Vergleichen oder Bildern, rhetorischen Mitteln, von denen in den Ferienkatalogen häufig Gebrauch gemacht wird.

3.3. Bildbereich

Unter diesem Kapitel sollen alle jene Erscheinungen subsumiert werden, die in Stilkunden und Rhetoriken unter den Rubriken Bild, Metapher oder Vergleich erwähnt werden. Es können hier allerdings nur einige Anmerkungen gemacht werden. Eine ausführliche Analyse der vielfältigen Erscheinungen auf diesem Gebiet müßte einer eigenen Untersuchung vorbehalten sein. Zum Problem der Definition und Abgrenzung der Begriffe sei deshalb auch nur auf die einschlägige Literatur verwiesen.[234] Es wird hier lediglich auf häufig wiederkehrende Metaphern und Bilder sowie Personifikationen eingegangen.

Die vornehmliche Aufgabe von Bildern und Metaphern kann darin gesehen werden, die Sprache anschaulicher, lebendiger werden zu lassen, die Aussage zu verdichten und verdeutlichen. Daneben beruht ihre Wirkung oft auf dem überraschenden Effekt, den sie erzielen.[235] Auf die Bedeutung, vor allem von Vergleich und Bild für die Werbesprache, weisen viele Autoren hin.[236] Daß Metaphern und bildhafte Darstellungen, häufig auch Personifikationen, in großer Zahl in den Ferienkatalogen zu finden sind, sollen einige signifikante Beispiele verdeutlichen. Es lassen sich dabei mehrere Gruppen von Bildern und Vergleichen herausstellen, die in großer Zahl in fast allen Katalogen anzutreffen sind, z.B. der Vergleich eines Ortes mit einem anderen meist berühmteren:

> So hat auch die Algarve ihr kleines St. Tropez. (1/69; Albufeira)
>
> Mit der zauberhaften Hauptstadt Srinagar, dem Venedig Asiens. (1/159)
>
> Was für die Münchner der Starnberger See ist, ist für die Athener Rafina. (1/112)

Eine ähnliche Gleichsetzung ist "das steirische Davos" (3/52)[237] als Benennung für den Skiort Gröbming, ein ausgesprochener Vergleich:

> Sofia und der Vitoscha sind ein so untrennbarer Begriff wie Zermatt und das Matterhorn. (3/38)

In großer Zahl finden sich diese Gleichsetzungen mit bekannten Orten in Katalog 4. Einige der ausgefallensten seien hier erwähnt:

In Santa Eulalia wohnen zahlreiche Künstler. Man nennt es das Worpswede Ibizas. (4/15)

Ausflug ins Thjorsardalur zum alten ausgegrabenen Wikingergehöft Stöng, dem "Pompeji Islands", ... (4/86)

..., zum Kloster Mafra, "dem portugiesischen Eskorial", ... (4/33)

Zum "spanischen Rom" Merida ... (4/83)

Beispiele aus Katalog 5 sind:

Die Plaza Gomila mit ihren Bars, Cafés und Nightclubs ist der Montmartre von Palma. (5/93)

Ebenfalls mit Venedig verglichen wird Stockholm, das als das 'Venedig des Nordens' (5/gr.5) bezeichnet wird. Den Beinamen "Meran Osttirols" (6/24) erhält der Wintersportort Virgen; die Anführungszeichen sind dem Original entnommen. In Katalog 7 wird eine Landschaft mit einer bekannten Stadt in Beziehung gebracht.

Diese Landschaft wird auch "Grünes Venedig" genannt. (7/23; Marais Portevin)

Daß Venedig als Vergleich für eine von Kanälen durchzogene Stadt schlechthin gilt, zeigt auch folgendes Beispiel aus Katalog 8:

Vor unbekannter Zeit gab es hier einmal ein mikronesisches Venedig, ... (8/36)

Eine Ähnlichkeit drückt aus:

..., die weißen Wasserfälle von Pamukkale gleichen den Niagara-Fällen und den Ruinen der ehemaligen Hierapolis. (9/75)

In Katalog 1o werden Amsterdam und auch Stockholm als 'Venedig des Nordens' bezeichnet (1o/21; 1o/22), bei Stockholm jedoch wird die Apposition in Anführungszeichen gesetzt. Aosta wird zum "Rom der Alpen" (1o/17), Kloster Neuburg zum "Escorial" Österreichs (1o/14) und Freistadt zum 'oberösterreichischen Rothenburg' (1o/4).

Bei allen diesen Beispielen bewirkt die Gleichsetzung eine Aufwertung, da Orten oder manchmal Stätten die besonders gerühmten Eigenheiten bedeutenderer Orte oder deren hervorstechendes Merkmal zugesprochen werden.

Ferner finden sich besonders häufig die Metaphern 'Perle' oder 'Tor' (zu einem bestimmten Landstrich). Gerade der Vergleich (meist) landschaftlicher Schönheit mit einer Perle ist in der Fremdenverkehrswerbung so verbreitet, daß die Verwendung dieser Metapher bereits als klischeehaft gelten kann. Weiter ist es in fast allen Katalogen üblich, die Wendung 'mitten in' durch die Metapher 'im Herzen von' wiederzugeben. Die Entstehungsstätte einer Religion, einer kulturellen Bewegung usw. wird häufig metaphorisch bezeichnet als 'Wiege'.

So heißt in Katalog 1 der Baikalsee 'Perle Sibiriens'(1/1o8). Die Insel Capri ist die 'Perle des Mittelmeeres' (1/92). Fès die 'Perle des Islam' (1/122), Tanger, 'das Tor Afrikas'(1/46). Cadiz liegt 'im Herzen Andalusiens' (1/172), Mihintale ist 'die Wiege des ceylonesischen Buddhismus' (1/158).

Kreta wird bezeichnet als "Wiege der europäischen Kultur" (2/142), Dubrovnik als 'eine Perle unter den Städten der Adria' (2/154).

Von besonderer Wirkung ist die Wiederholung der Metapher in folgendem Beispiel:

> Cala'n Porter, das Tor in der Südküste Menorca, wird für Sie das Tor zu einem unvergeßlichen Urlaub sein. (2/39)

Die 'Tor'-Metapher findet sich auch in den Winterkatalogen:

> Weißenbach, das Tor zum Tannheimertal, ... (3/27)

Les Diablerets liegt 'im Herzen der Waadtländer Alpen'(3/7o). Besonders häufig erscheint in Katalog 4 die Perlen-Metapher: Ghardaia wird zur "Perle der Oasen" (4/88), Isfahan zur"Perle Persiens" (4/9o), Brunnen zur "Perle des Vierwaldstätter Sees" (4/1o8), Penang zur "Perle des Orients" (4/91), Baguio ist die 'Sommerhauptstadt im Herzen Luzons' (4/91), Mürren wird bezeichnet als

> Malerischer Höhenluftkurort und höchstes Bergdorf im Herzen des Berner Oberlandes. (4/11o)

Das russische Kloster Etschmiadzin gilt als 'Wiege und Zentrum des armenischen Christentums' (4/8o). Nara ist die "Wiege japanischer Kunst" (4/92)

In Katalog 5 findet sich vor allem häufig die metaphorische Wendung 'im Herzen von': Brüssel wird als 'lebhafte

Stadt im Herzen Europas' (5/gr.6) beschrieben; die Turracherhöhe wird als 'Wintersportzentrum im Herzen des steirisch-kärntner Nockgebietes' (5/64) vorgestellt, La Plagne bezeichnet als Skizentrum 'im Herzen der "Tarentaise"'.[238]

Die gleiche Wendung findet sich auch in Katalog 6 sehr häufig: Bischofsgrün ist ein 'bekannter Luftkurort und Wintersportplatz im Herzen des Fichtelgebirges' (6/33), Längenfeld liegt 'im Herzen des Ötztals' (6/18), Pinzolo 'im Herzen der Brenta-Dolomiten' (6/9), Clausthal-Zellerfeld wird "Herz des Oberharzes" genannt (6/35), Ischgl wird von der Apposition begleitet "Tor in die blaue Silvretta" (6/16), Todtnau gilt als die'Wiege des mitteleuropäischen Skisports' (6/3o).

Fast eine Katachrese, gemildert jedoch durch die Anführungszeichen, ist folgendes Bild für Marrakesch: 'Die "Perle des marokkanischen Südens" ist überreich an Sehenswertem' (7/33). Auch hier wird Kreta als Wiege bezeichnet, 'Wiege unserer Kultur' (7/9), ähnlich wie in Katalog 4.

Mandalay ist 'das unzerstörbare Herz Burmas' (8/19), wobei das Adjektiv 'unzerstörbar' auch aus einem Kontext heraus keinen klaren Sinn erhält. Nara, die erste Hauptstadt Japans, wird als 'Wiege von Kunst und Schrifttum' (8/23) erwähnt, fast gleichlautend mit der Apposition in Katalog 4.

Ein 'Tor zur Türkei' (9/72) ist die kleine türkische Hafenstadt Foca.

Das "Tor zum Orient" (1o/2o) Marseille, eine Reise führt 'ins Herz der Dolomiten' (1o/4) oder:

> Am Brienzersee vorbei ins Herz des Berner Oberlandes, nach Interlaken ... (1o/12)

Dürnstein ist die "Perle der Wachau" (1o/14), Dubrovnik 'die Perle des Mittelmeeres' (1o/32); in Katalog 1 wird Capri mit der gleichen Apposition versehen, Dubrovnik jedoch istlaut Katalog 2 'eine Perle unter den Städten der Adria' (2/154). In folgendem Beispiel wird das Bild von den Perlen in metaphorischer Form weitergeführt:

> Eine Kette touristischer Perlen reiht diese 4-Tages-Reise aneinander: (1o/1o)

Ebenso wird auch in anderen Katalogen gelegentlich ein Bild beibehalten:

> Athen ist - immer noch - das Herz Griechenlands. Es schlägt temperamentvoll, bewegt und schwermütig. (1/114)

> ... und viele andere Völker mehr prägten das Gesicht dieses Landes. Ein Gesicht, das Sie von Anfang an faszinieren wird. (1/96)

Oder:

> ... ganz Berlin ist eine Wolke. Und damit Sie sich in dieser Wolke zurechtfinden, ... (g/gr.7)

Neben den schon genannten häufig gebrauchten Metaphern (vor allem der 'Perle', dem 'Tor' und der 'Wiege'), die sich in vielen Katalogen nachweisen lassen, manchmal auf gleiche, meist jedoch auf verschiedene Erscheinungen bezogen, finden sich aber noch Vergleiche, Personifikationen und Metaphern, die weniger stereotyp und zum Teil sehr anschaulich sind. Auch hier sollen wieder exemplarisch einige Beispiele angeführt werden:

Marrakesch wird die Apposition 'faszinierendes Gesicht des Südens' (1/122) beigegeben, Bali die Apposition 'schillernder Smaragd in den Tropen' (1/152). Helsinki ist "die weiße Königin der Ostsee" (1/173). Portugal erhält den Beinamen "Garten am Atlantik" (4/32). Häufig finden sich in Katalog 4 Beispiele für die Gleichsetzung einer schönen Stadt mit einer Königin: So ist Bordighera die "Palmenkönigin" der Riviera (4/69), Zvikov die "Königin der böhmischen Burgen" (4/85) oder Garda "die Königin des Gardasees" (4/115). Manche dieser Gleichsetzungen sind sicher übertrieben und entsprechen kaum dem tatsächlichen Charakter der Orte. Ausgefallen ist die Metapher: Crans-Montana liegt 'auf dem Sonnenbalkon des Wallis' (4/111), überraschend die Personifikation:

> Das warme Rot des wuchtigen Kirchturms überragt die weiße Dachlandschaft der wiederaufgebauten Altstadt. (5/gr.1o)

"Fee der Dolomiten" (6/7) wird Moena genannt, "Königin der Dolomiten" die Marmolata (6/7), "König der Wälder (6/32) ist der Arber, der 'majestätisch thront' (6/32). Witzig wirkt folgender Vergleich:

> ... und die Sehenswürdigkeiten sind so unterschiedlich wie die Rocklängen: Vom Mini-Mini bis zum Maxi-Maxi. (6/4o)

Etwas weit hergeholt ist:

> Gleich einer Ouvertüre, die bereits alle Themen einer Oper vorwegnimmt und zusammenfaßt, präsentiert sich der Chiemgau vor dem Berchtesgadener Land: Schon Alpen mit aufragenden Gipfeln und rasanten Abfahrten, zugleich aber noch Vorland mit weiten Tälern und sanften Hügeln. (6/27)

Das Schiff SS "Homeric" wird als "Patrizier der Meere" (7/47) charakterisiert. Viele personifizierende Metaphern enthält Katalog 8: 'Afrika - die dunkle Schöne', 'Der Atem der Wildnis' (beide 8/3); "Mütterchen Rußland" (8/18) wird auch allgemeinsprachlich gebraucht. Asien ist ein 'Traumkontinent mit tausend unergründlichen Gesichtern' (8/13). Sehr anschaulich ist der Vergleich: 'Kulturschätze scheinen hier wie Tropenblumen zu wachsen' (8/19). Die Wüstenstadt Taroudant ist 'eingeschlossen in ein Schmuckkästchen von kupfernen Mauern' (9/57). Katalog 1o bemüht sehr häufig den Vergleich mit einer Königin, wobei sehr differenziert wird. Venedig ist "Königin der Meere" (1o/4). Das gleiche Attribut erhält die Stadt auch in Katalog 4. Es gilt als allgemein gebräuchlich. Nizza ist 'Königin der Côte d'Azur' (1o/24) oder sogar "Königin der Riviera" (1o/25), während Alassio nur die "Königin" der Riviera-Badeorte ist (1o/24). Der Tessin wird als 'Sonnenerker der Schweiz' bezeichnet (1o/7), Lugano nur als 'Sonnenerker der Südschweiz' (1o/9).Sehr preziös wirkt:

> Die größten Gletscher der Westalpen und der Mont Blanc bilden ein schimmerndes Diadem um das fruchtbare Talbecken.(1o/17)

Daneben finden sich, und das in fast allen Katalogen, Personifikationen, die darauf beruhen, daß Verben, die sonst nur menschliche Tätigkeiten bezeichnen, auf Dinge bezogen werden. Diese Personifikationen wirken oft sehr anschaulich, manchmal aber auch etwas gewollt wie die folgenden exemplarischen Belege zeigen sollen:

> Mit Dünen, auf die die Sahara neidisch werden könnte. (1/57)
>
> Der Schnee packt schon im März die Koffer. (1/151)
>
> Dort, wo sich das westliche Afrika im rauschenden Ozean kühlt. (1/78)
>
> Und ein Kontinent begrüßt Sie mit seinem ungestümen Temperament. (2/197)
>
> Das Lächeln Asiens empfängt Sie. (2/197)
>
> Wo der Großglockner grüßt und die Hohen Tauern nach Süden blicken, da paaren sich Sonne und Schnee zu bizarrem Spiel auf schroffen Graten. ... (6/24)
>
> Der Landrover keucht über holprige Pisten: (8/9)
>
> Hier geht dem Club schon mal sein jugendliches, südliches Temperament durch, ... (9/8o)
>
> Die Natur erweckt den Gardasee zu einer Symphonie von Sonne und Blüten. (1o/11)
>
> Die englische Landschaft mit ihren Schlössern und idyllischen Kleinstädten atmet noch das Mittelalter. (1o/15)

Die Beispiele zeigen, daß die Personifikationen oft sehr anschaulich gewählt sind und so dazu beitragen, die Ferienkataloge sprachlich aufzulockern.

<u>Zusammenfassung (S.5o5-511)</u>

1. In allen Katalogen finden sich in großer Zahl bildhafte Darstellungen, Vergleiche, Personifikationen und Metaphern, die sehr häufig in Form von Appositions-Metaphern erscheinen.
2. Beliebt ist es, touristisch wenig erschlossene Orte aufzuwerten, indem als Beinamen der eines allgemein

bekannten und geschätzten Ortes zugefügt wird. Dazu können die Namen verschiedener Orte dienen, deren natürlich positive Eigenschaften auf den weniger bekannten Ort übertragen werden. Daneben bewirken diese Metaphern natürlich Anschaulichkeit. Besonders Venedig wird häufig als Vergleichsgröße herangezogen, wobei sich einige Bilder wie z.B.die Gleichsetzung Amsterdams mit Venedig wohl auch schon allgemein eingebürgert haben und keine Neuschöpfungen der Ferienkataloge sind. Manchmal werden auch sehr entfernt liegende Städte erklärend mit einer anderen,wohl allen Lesern bekannten Stadt verglichen.

3. Weiter finden sich fast durchgehend in allen Katalogen einige Metaphern, die gelegentlich fast klischeehaft wirken. Hierunter fallen die zahlreichen 'Perlen' und 'Wiegen', aber auch Wendungen, wie 'im Herzen von' oder 'Tor zu'. 'Perle',vor allem als Synonym für landschaftliche Schönheit, trifft man so häufig und manchmal wahllos gebraucht, daß verständlich wird, warum über die zahlreichen 'Perlen', die die Fremdenverkehrswerbung schmücken, schon von jeher gelächelt wurde. Die Metapher 'im Herzen von' ist natürlich intensiver als die nüchterne Präposition 'in' und die Wendung 'Tor zu' signalisiert, daß man beim Besuch einer so bezeichneten Stadt auch immer etwas von der Atmosphäre des Gebietes, zu dem sie den Eingang bildet, erlebt.
4. Im Gegensatz zu diesen etwas formelhaften Syntagmen beweisen jedoch zahlreiche anschauliche und häufig auch witzige Bilder, Vergleiche, Metaphern und Personifikationen, daß die Katalogverfasser es geschickt verstehen, die Beschreibung bildhaft zu erweitern und damit die Aussagekraft zu verdichten. Die Wendungen sind dabei nur ganz vereinzelt dem umgangssprachlichen Bereich entnommen, sie entstammen vielmehr meist einer gehobenen Sprachschicht, wirken gelegentlich etwas preziös. Daß die Metaphern gerne aus dem Bereich des

Erlesenen genommen werden, zeigt das häufige Auftreten von 'Perle' oder 'Königin'. Die zahlreichen personifizierenden Gleichsetzungen einer Stadt mit einer 'Königin' wirken manchmal leicht übertrieben. Sonst lassen sich keine für alle Kataloge verbindlichen Bereiche, aus denen Metaphern und Bilder entnommen sind, nachweisen. Gemeinsam ist ihnen natürlich allen, daß sie in den meisten Fällen positive Konnotationen auslösen.

5. Die Personifikationen, die auf der Übertragung eines Verbs vom menschlichen in den dinglichen Bereich beruhen, sind teilweise umgangssprachlich, teilweise aber auch der gehobenen poetischen Sprachschicht entnommen. Als ein rhetorisches Mittel, das in der Werbesprache häufig zu finden ist, nennt R.Römer die Vermenschlichung der Ware. Auch sie gibt Beispiele dafür, wie Dinge mit Hilfe von Verben zu handelnden Subjekten werden, so wie es ähnlich auch in den Ferienkatalogen zu finden ist.[239]
6. Die Wirkung von Metaphern, Vergleichen, Bildern und Personifikationen beruht vornehmlich auf der Anschaulichkeit, die sie hervorrufen; sie lockern somit manchmal auf recht witzige und überraschende Weise den Text auf, verstärken die Aufmerksamkeit beim Leser. Einige Metaphern werden stereotyp gebraucht. Alle genannten Beispiele jedoch beweisen, daß die Ferienkataloge bewußt und mit Sorgfalt konzipiert sind und vielfach auch Stilmittel, wie sie sonst eher in schöngeistiger Literatur zu vermuten wären, in den Ferienkatalogen gebraucht werden. Noch deutlicher kommt das bei der Verwendung rhetorischer Figuren zum Ausdruck.

3.4. Rhetorische Figuren

Auf einige rhetorische Mittel wurde bereits im Kapitel 'Syntax' hingewiesen, so kann die rhetorische Frage, der Imperativ, aber auch die Loslösung einzelner Satzteile von ihrem Bezugssatz als Nachtrag oder epiphrasis dazu gezählt werden. Weiter wurde schon darauf verwiesen, daß die Reihung von Substantiven und Adjektiven syndetisch oder asyndetisch zu einer Eigenart der Sprache der Ferienkataloge gehört. Unter der Bezeichnung enumeratio kann auch dies als rhetorische Figur betrachtet werden. Dreierfiguren, Wiederholungen einzelner Wörter in Form von Anaphern gelten als rhetorische Mittel, die auch in der Werbung häufig eingesetzt werden; R.Römer weist sie in einigen Werbetexten nach[24o], Möckelmann/Zander für Werbeslogans.[241] J.Stave bemerkt: "Die Werbung macht sich auch gerne die beschwörende Kraft zunutze, die dem Stabreim innewohnt."[242] Der Gebrauch dieser Figuren wird auch von Werbefachleuten empfohlen.[243] Auf einige besonders auffällige Worthäufungen, die sicher bewußt als rhetorische Mittel eingesetzt sind, soll hier noch einmal kurz eingegangen werden. Bei einigen dieser Worthäufungen finden sich zudem noch Alliteration oder Wortwiederholung, Anapher. Ein ganz auffälliges Beispiel für Stabreim ist z.B. 'Kein Reder redet uns rein' (1/169). Alliterierend sind ferner 'Marokkos moderne Metropole' (1/46), 'weiter, weißer Sandstrand' (1/88) oder 'Üppige Flora, große Parkanlagen, Palmen und Promenaden' (1/1o2). Eine Anapher, die zugleich alliterierend ist, bietet folgendes Beispiel: 'Bei Beat und Blues. Bei Sirtaki und Samba'(1/169). Eine Anapher stellt auch die folgende Dreierfigur dar: 'Heiße Nächte, heiße Bars und heißes Temperament' (1/42). Als Beleg für eine Dreierfigur, die zugleich stark rhythmisch wirkt, kann folgender Satz angesehen werden: 'Fiesta, Siesta und Corrida!' (1/46). R.Römer verweist auf das sehr häufige Vorkommen der Dreierfigur in der Werbesprache, die auf die sakrale Wirkung der Dreierzahl zurückzuführen ist.[244] In den Ferienkatalogen finden sich die Dreierfiguren nicht ganz so häufig wie in der Werbung, wo sie laut R.Römer in fast jeder Anzeige zu beobachten sind.

Alliterierend ist in Katalog 2 die folgende Worthäufung: 'Malerisch! Moscheen, Minaretts, verschleierte Muselmaninnen' (2/156), eine Anapher 'Kein Auto, kein Lärm, keine Diskothek, ...' (2/154). Häufig werden in den Ferienkatalogen auch feste formelhafte Wendungen wie 'Rat und Tat' (2/115), 'Leben und Treiben' (2/181) oder die Synonyma 'auf Schritt und Tritt' (2/156) verwendet.

Sehr oft, vor allem in den Winterkatalogen, findet sich die antithetische Wendung 'jung und alt' (z.B. 3/27), um zu betonen, daß etwas für alle geeignet ist. Auch hier sind Worthäufungen beliebt. So die alliterierende Dreierfigur 'Spiel, Sport und Spaß' (3/1o) oder die fast schon hyperbolische Wiederholung eines Wortes 'Und Schnee, Schnee, Schnee ...' (3/34).[245] Eine Anapher stellt folgender Beispielsatz dar:

> Die Zeit reicht, um mit neuen Erlebnissen, mit neuen Eindrücken ein neues Jahr zu beginnen: (3/74)

Alliterierende Doppelformen sind: 'Bodegas und Bars' (4/8) oder 'Gegenwart und Geschichte, Geisteswelt und Gastronomie' (4/81).

Eine alliterierende formelhafte Wendung mit fast synonymen Wörtern ist 'nach Lust und Laune' (5/gr.11), eine Wendung, die auch in anderen Katalogen anzutreffen ist. Eine Anapher:

> Mit erstklassigem Service und echter Gastfreundschaft. Mit skandinavischen Leckerbissen. Mit Sauna und Solarium. Mit Tanz und großem Unterhaltungsprogramm. (5/gr.9)

In Katalog 6 finden sich häufig die formelhaften Wendungen 'jung und alt' (6/12) und 'Leben und Treiben' (6/4o), eine leicht alliterierende Dreierfigur ist 'Spaß, Sonne und Schnee' (6/28), alliterierend auch 'Pub oder Pob' (6/4o), ebenso 'fein und festlich' (6/41).

In Form einer Dreierfigur erscheint die Aufzählung 'Inseln, Atolle, Korallenriffe' (8/36).

Vor allem in Katalog 9 sind Anaphern ein beliebtes Stilmittel:

> Voller Fröhlichkeit. Voller Ungezwungenheit. Voller französischem Charme. (9/36)

> Mit all seinen sportlichen Einrichtungen. Mit einer der größten Segelflotten des Clubs. Mit seiner vorzüglichen französischen Küche. Mit dem Meer und dem Wind, mit den Sandbuchten und den Ausblicken. Und mit der Natur, ... (9/59)

Die Anapher wird bei diesem Beispiel im Originaltext noch dadurch optisch hervorgehoben, daß dreimal das Wort 'mit' untereinandergedruckt ist. Eine auffallende Alliteration: die Dreierfigur 'Pastis, Pétanque und etwas Provence' (9/9o), ebenfalls alliterierend 'fesselnd und farbig' (9/63), hier zudem personifizierend die formelhafte Verwendung der Synonyme in 'Marokko - wie es leibt und lebt' (9/45).

In Katalog 1o sind vornehmlich Doppelformen anzutreffen, etwa die stereotype und synonyme Wendung 'kreuz und quer' (1o/15) oder ebenfalls fast synonym 'Erholung und Entspannung' (1o/19). Eine Reihung von Doppelformen: 'Land und Leute, Kunst und Kultur, das Gestern und Heute' (1o/29). Eine vielleicht unbewußte Alliteration 'durch Weiden und Wiesen mit Windmühlen' (1o/23).

Gebundene Sprache, wie sie in der Werbung, vor allem bei Slogans häufig anzutreffen ist[246], findet sich in den Ferienkatalogen so gut wie nicht. Die zwei Beispiele, die sich nachweisen lassen, sind beide Überschriften und der Reim kann auch zufällig sein: 'Reben und Wein am Bündner Rhein' (1o/3) und 'FKK auf Korsika' (1/74).

Auch bei einigen der aufgezeigten Alliterationen ist nicht ganz sicher, ob es sich um bewußt verwendete rhetorische Figuren oder vielleicht nur um Zufälligkeiten handelt. Die Anaphern werden sicher bewußt zur Unterstreichung eines Aspekts bzw. zur Betonung einer Erscheinung eingesetzt.-Die häufige Verwendung formelhafter Wendungen unterstützt J.Staves' These[247], daß die Sprache der Werbung eine Sprache aus zweiter Hand ist und sich auf vorgeformte Muster stützt. Dies erhöht die Verständlichkeit, da diese Floskeln dem Leser vertraut sind.

Ganz bewußt dagegen werden in den Ferienkatalogen gerne Wortspiele mit Homonymen - gleichlautenden Wörtern, die jedoch Verschiedenes bedeuten - verwendet oder gleiche Wörter, vor allem Verben, werden in verschiedenen Beugungsformen wiederholt. Es handelt sich dabei um die Klangfiguren Paronomasie und Polyptoton, ferner findet sich die Klangfigur Epanodos.

Auf dem Doppelsinn von 'Manhattan', einmal als Bezeichnung für einen Cocktail und einmal als Name eines Ortsteils von New York, beruht folgendes Wortspiel:

> Wo José zu Hause ist, von dem die Spanier sagen, daß er den besten Manhattan ostwärts von Manhattan mixt. (1/53)

Auf der Klangfigur der Epanodos, der Wiederholung von Worten in umgekehrter Ordnung, basiert die Wirkung des folgenden Satzes:

> ... alle Leute mögen Sie und Sie mögen alle. (1/134)

Die gleiche Figur liegt dem folgenden Satz zugrunde:

> Arenal - das ist ein einziges Fest von morgens bis abends und von abends bis morgens. (2/12)

Ein Polyptoton, hier die Wiederholung eines Verbs in verschiedenen Konjugationsformen, ist in den beiden nachstehenden Beispielen anzutreffen:

> Scharnow liebt die liebenden Bräute von 18 - 8o. (2/7)

> Sie brauchen nicht griechisch zu sprechen, Sie werden verstehen und werden verstanden. (2/149)

Sehr witzig wirkt folgende Paronomasie:

> Sie können Deutsche aus allen Himmelsrichtungen treffen: Aus Köln, aus Hannover, aus Mannheim. Sie können an jeder Ecke Frankfurter, Hamburger und Wiener - essen. (2/12)

Der vorangehende Text legt dem Leser nahe, die im zweiten Satz folgenden Herkunftsbezeichnungen auf die Bewohner dieser Städte zu beziehen, um so überraschender ist daher, daß sie hier als Bezeichnung für Wurstwaren verwendet werden.

Auf einem Wortspiel beruht folgende Neuschöpfung: Durch Reduplikation von 'Bon', dem französischen Wort für 'Gutschein', entsteht 'Bon-Bon-Karte' (3/11). Das Wort klingt nun an die Bezeichnung für eine Süßigkeit an und erhält dadurch eine zusätzliche positive Aufwertung.

Ein Polyptoton ist die Wendung aus Katalog 4 'hier sieht man und wird gesehen' (4/9), eine Paronomasie: 'Bulgarien hat mehr als das Schwarze Meer' (4/52).

Ebenfalls eine Paronomasie liegt zugrunde bei dem Satz:

> Noch nie waren die Waren in Londons Schaufenstern so preiswert - ... (5/gr.6)

Gleich zweimal erscheint ein Polyptoton in dem Satz:

> Eine schon "klassisch" gewordene Fahrt in die Klassik, auf der Sie sehen, was man gesehen haben muß. (7/13)

Als Epanodos könnte man deuten:

> Ein Swimming-Pool fehlt selten und ansonsten - ansonsten wird es auch Ihnen an nichts fehlen. (9/12)

An ein Polyptoton erinnert:

> Ein Lebenskünstler, der auch im Urlaub ungekünstelt leben will. (9/75)

Auf der rhetorischen Figur der Paronomasie beruht:

> Mehr vom Meer. Mehr vom Meer heißt mehr vom Leben, mehr vom Urlaub. Und mehr vom Sport. (9/93)

Der Satz ist zugleich anaphorisch.-Ein Wortspiel zeitigt das Weglassen der Konjunktion in den Belegsätzen:

> Sveti Marko ist einfach und schön. Einfach schön. (9/94)

Als Epanodos läßt sich das Kompositum und die überraschende Auflösung seiner Bestandteile in folgendem Beispiel bezeichnen:

> Keine Traumlandschaft, aber eine Landschaft für Träumer. (1o/5)

Die vorangehenden Belege zeigen, daß in den Ferienkatalogen bewußt Wortspiele eingefügt werden, die teilweise frappierend, aber auch witzig wirken und den Text geschickt auflockern.

In vielen Werbehandbüchern wird empfohlen, interessante Gegensätze bzw. Antithesen zu benutzen.[248] Einige solcher Gegensatzpaare lassen sich auch in den Ferienkatalogen nachweisen, wobei es sich aber nicht immer um ausgesprochene Antithesen handelt, sondern vielfach dienen diese Paare dazu, einen Ort oder ein Gebiet durch gegensätzliche Erscheinungen zu charakterisieren und dadurch für den Leser interessanter werden zu lassen. Vermehrt finden sich Belege für oft überraschende und bisweilen auch witzige Kontraste vor allem in Katalog 1, so z.B.

> Sie erfrischen sich mit einem kühlen Drink nach heißen Rhythmen. (1/24)
>
> Kleiner Fischerhafen mit großer Vergangenheit: (1/121)
>
> Unbezahlbar - aber kostenlos ... (1/155)

In folgendem Beispiel werden die Gegensatzpaare zur Charakterisierung eines Ortes gehäuft:

> Albufeira bietet jedem etwas: Von der malerischen Fischerkneipe bis zum mondänen Nightclub. Von der einsamen Badebucht bis zum quirligen Hotelstrand. (1/69)

Ein Beleg aus Katalog 2:

> Ein kleiner Ort. Mit einer kleinen Bar, einem kleinen Geschäft. Aber ein großer Urlaub für die Familie. (2/171)

Hier wirkt die Antithese überraschend und aufwertend. Zur Beschreibung Athens werden folgende Kontraste benutzt:

> Weltstadt und Dorf, arm und reich, Hütten und Paläste, Nightclubs und Folklore, das ist Athen. (2/137)

Fast paradox wirkt:

> Und romantisch dazu, denn Sie können dort noch zu zweit allein sein. (6/34)

Ein weiteres Beispiel für eine Antithese aus Katalog 6 ist:

> Das Kleinwalsertal ist, seinem Namen zum Trotz, gerade deshalb "groß", weil es klein ist. (6/28)

Antithetisch ebenfalls die folgende Wendung aus Katalog 7:

> Altbekanntes und doch neues See- und Kurbad. (7/44)

Zur Kennzeichnung Japans dient in Katalog 8 der Kontrast 'Tradition und Moderne' (8/22). Zudem leicht alliterierend ist das nachstehende, recht unorthodoxe Gegensatzpaar, das auch hier zur Charakterisierung einer Stadt herangezogen wird:

> Die 7-Millionen-Stadt Mexico-City mit Barock und Beton. (8/25)

Aus Katalog 9 entnommen:

> Ganz groß - für Ihre Kleinen. (9/78)

Die Antithesen und Wendungen mit Kontrastpaaren wirken häufig überraschend und werden wohl auch deshalb gebraucht, sehr oft dienen sie jedoch der Charakterisierung eines Ortes.

Aus dem Bereich der Wortfiguren finden sich weiter Hyperbel und Litotes, wobei die hyperbolischen Wendungen meist formelhaft sind und sich vornehmlich im Gebrauch der Adjektive 'zahllos', 'unzählig' und ihrer Variationen manifestieren. In den Winterkatalogen beziffern 'zahllos' (z.B. 5/75), 'unbegrenzt' (5/49), 'unzählig' (6/2o), 'eine unerschöpfliche Zahl' (6/15) oder 'eine schier unübersehbare Zahl' (6/22) die Pisten und Abfahrtsmöglichkeiten. 'zahllos' können auch Sehenswürdigkeiten sein (1o/11), hyperbolisch auch die Mengenangabe 'aus der unübersehbaren Fülle' (4/81). Übertreibend sind Aussagen wie:

> In Nepal tausend neue Wunder buddhistisch-hinduistischer Kultur. (8/16)

oder, daß sich im spanischen Urlaubsort Can Pastilla 'die halbe Welt trifft' (1/9).

Litotes zeigt sich meist in Form von Negation:

> Aber auch auf einen Badestrand brauchen Sie nicht zu verzichten. (1/77)

> Und Sie brauchen auf den Komfort, den Sie an Land gewöhnt sind, nicht zu verzichten. (7/72)

Die redundante, da kaum Information tragende Wendung 'nicht weniger als' dient der Betonung und Hervorhebung:

> ..., denn nicht weniger als 28 Bergbahnen und Liftanlagen sind in Minutenschnelle zu erreichen. (3/53)

> ..., zu denen nicht weniger als 26 Seilbahnen und Liftanlagen bringen, ... (6/22)

Die Untertreibung kann auch durch Anführungszeichen deutlich gemacht werden:

> Zum Skigebiet "Hohe Mut", das "nur" 267o m hoch liegt, ... (6/19)

Doppelte Verneinungen verstärken: 'es gibt so gut wie nichts, was es nicht gibt' (6/1o) ist zugleich als Epanados zu verstehen. Oder:

> Und glauben Sie ja nicht, daß in Finnland nachts nichts los ist. (1/77)

Bei den hyperbolischen Wendungen handelt es sich häufig um geläufige Adjektive der Mengenangabe oder Umschreibungen gleichen Inhalts, die unterstreichen, wieviel Sport- und Unterhaltungseinrichtungen es gibt. Auch Litotes (als doppelte Verneinung oder Verneinung des Gegenteils) soll einen Aspekt besonders hervorheben und nachhaltig betonen.

Als weitere Wortfiguren lassen sich schließlich noch einige Euphemismen und Periphrasen finden. Euphemismen dienen meist dazu, negative Zustände in den Urlaubsorten möglichst neutral oder positiv verbrämt zu schildern, manchmal auch, um Tabuworte zu umschreiben. Periphrasen werden gelegentlich gebraucht, um ein Land durch die Aufzählung seiner Hauptcharakteristika zu veranschaulichen oder um nüchterne Tatbestände witziger auszudrücken. Vor allem Katalog 1 gebraucht gerne Euphemismen und Periphrasen: So wird das etwas heikle Thema der Freudenmädchen in Südostasien (ein wichtiger Reiseanreiz) sehr geschickt abgehandelt:

> Die Masseusen von Bangkog haben Thailand interessant gemacht. In mehr als 24oo Salons nehmen die Mädchen den Begriff"Massage" nicht so wörtlich. (1/154)

> Zu den berühmten Badehäusern von Peitou sollten Sie aber alleine finden. Daß die Frauen hier schön sind, weiß man auf der ganzen Welt! Aber wie charmant, müssen Sie selbst erleben ... (1/155)

Die Auslassungszeichen sind dem Original entnommen, auch sie sind euphemistisch, weil sie vieles der Phantasie des Lesers überlassen.

Häufig wird den Reiseunternehmern zum Vorwurf gemacht, den Baulärm an verschiedenen Urlaubsorten zu verschweigen. Daß es laut ist, will man verständlicherweise nicht offen zugeben, so finden sich dann Umschreibungen wie:

> Und da bleibt den Canariern auch gar nichts anderes übrig, als noch mehr Hotels zu bauen. Was sie auch fleißig tun. Aber das sollte Sie nicht weiter stören. Denn draußen am Strand und in den Dünen hören Sie nichts davon. (1/57)

> Aber auch in Spanien wird in der Nacht nicht gebaut. Und tagsüber sind Sie ja sowieso am Strand. (1/64)

Als Euphemismus dafür, daß ein Ort eher etwas langweilig ist, dient 'wenn Sie großen Rummel entbehren können' (1/64). Preiswerte, aber dafür nicht sehr komfortable Hotels werden folgendermaßen angeboten:

> Das sind nette, einfache "Pensionen", ohne großen Komfort. Aber den brauchen Sie auch nicht. Denn wer will schon seinen Urlaub abwohnen?! (1/55)

Periphrasen zur Schilderung Griechenlands und Irlands sind:

> Neckermann bringt Sie in die Welt des Perikles, Alexander des Großen und der Spartaner. (1/115)

> Land der Frische, der klaren Farben und der sauberen Luft, mit mildem Klima. Land der Tradition: mit mittelalterlichen Banketten, Balladen und Bräuchen, mit alten Gemäuern und Ruinen. (1/1o6)

Hier findet sich zudem eine alliterierende Dreierfigur und die anaphorische Wiederholung des Wortes 'mit'.

Daß es beim Bau einer neuen Feriensiedlung sicher nicht ganz leise zugeht und einiger Trubel herrscht, wird in Katalog 2 ausgedrückt durch einen Satz wie:

> Haben Sie ein wenig Geduld - noch ist nicht alles fertig, und wo gehobelt wird, da fallen notgedrungen auch mal Späne. (2/1o5)

Als Umschreibung dafür, daß es auch laut und ziemlich überlaufen ist, dient:

> Es gibt Strände, an denen Urlauber eine große fröhliche Familie bilden, ... (2/8)

Die eventuelle Störung durch eine Eisenbahnlinie wird verharmlost durch die Umschreibung:

> Ach ja, kriegen Sie bei der Ankunft keinen Schreck: Die zwischen Strand und Ort verlaufende Bahnlinie ist eine Nebenstrecke, die nachts ruhig ist. Und am Tage? Wen stört sie da schon bei dem Trubel! (2/63)

Die Erwähnung des Nacktbadens wird in Katalog 4 mit folgendem Euphemismus umgangen:

> In den vielen einsamen Buchten mit schönen Stränden können Sie ungestört - wenn Sie mögen - "ohne" baden und braun werden. (4/57)

Oder es wird als 'nahtlos Braunwerden' (4/58) bezeichnet. Als Umschreibung dafür, daß Organisation und Service nicht einwandfrei sind, findet sich unter der Überschrift 'Erwarten Sie keine Perfektion' die Aussage:

> Preußische Gründlichkeit und Schnelligkeit sind noch weitgehend unbekannt. (4/15)

Als witzige Periphrase dafür, daß etwas für jeden geeignet ist, steht in Katalog 6 'für jeden Geschmack und für jeden Geldbeutel' (6/29).

Die Nennung Japans wird vermieden durch die Kennzeichnung als 'Land der Geishas' (8/13). Zur Veranschaulichung dessen, was in Mexico an Erlebnissen wartet, dient die Periphrase:

> Das Mexico, wo Tequila, Marimba und Mariachi zu Hause sind. Das Mexico des Popocatepetl und der Postkartenidylle von Xochimilco. (8/25)

In Katalog 9 werden ältere Kinder als solche bezeichnet, 'die den Kinderschuhen schon ein wenig entwachsen sind' (9/28).

Vor allem in Katalog 1o finden sich häufig umschreibende Aufzählungen der Hauptakzente eines Landes statt der Nennung des Namens. Eine Rundreise durch die Beneluxländer wird durch folgende Stichpunkte wiedergegeben:

> Zu Windmühlen und Grachten, ins Tulpenparadies und Heimat eines Rubens, Rembrandts und Van Goghs führt diese erlebnisreiche Reise, ... (1o/21)

Eine Reise nach Ungarn wird so vorgestellt:

> Eine romantische Reise mit dem Akzent des Landes der Czardasfürstin, des Gulasch, Tokayers, der Zigeunermusik und der unbeschwerten Lebensfreude. (1o/12)

Die Provence wird periphrastisch bezeichnet als 'das Land der Troubadours, Mistrals und van Goghs' (1o/26).

Diese Beispiele beweisen den Einfallsreichtum, wenn es darum geht, eine negative Tatsache euphemistisch zu verhüllen oder durch Umschreibung und stichpunkthafte Andeutungen, Neugier zu erwecken.

Zusammenfassung (S.513-524)

1. Schon ein kurzer Überblick zeigt, daß die Ferienkataloge von den verschiedensten rhetorischen Figuren (Wort-, Klang- und Gedankenfiguren) gern und häufig Gebrauch machen. Teilweise werden auch sehr selten und sonst nur in der schöngeistigen Literatur benützte Stilmittel in dieser Gebrauchsprosa verwendet. Das beweist, daß die Ferienkataloge sehr bewußt konzipiert sind und zur Verstärkung ihrer Aussagen, neben zahlreichen schon genannten Kunstgriffen, auch rhetorische Figuren heranziehen.
2. An Gedanken- oder pragmatischen Figuren finden sich Anrede, Imperativ und rhetorische Frage. Sie dienen dazu, den Leser anzusprechen und miteinzubeziehen.
3. Zahlreich sind vor allem Klangfiguren anzutreffen. Es lassen sich Alliteration, Anapher, Epanodos, Polyptoton sowie formelhafte Wendungen nachweisen. Mehrmals sind auch Wortspiele, also Paronomasie, zu belegen. Onomatopoesie kann nur an einem Beispiel aus Katalog 1 deutlich gezeigt werden ('das Tam Tam der Trommeln'; 1/79). Alliterierend und in Anapherform erscheinen gelegentlich Worthäufungen, vor allem Dreierfiguren. Die Alliteration kann vielleicht auch zufällig sein, in manchen Fällen dagegen ist sie so auffallend, daß man davon ausgehen muß, daß sie mit Bedacht eingesetzt ist. Bewußt verwendet werden immer Anaphern, die meist der zusätzlichen Betonung dienen. Die formelhaften festen Wendungen, wie das antithetische 'jung und alt' oder die Synonyma 'Leben und Treiben' sind fast ausschließlich dem umgangssprach-

lichen Bereich entnommen. Die Kataloge stützen sich in diesem Punkt auf vorgeformte Redensweisen und Sprachmuster. Vornehmliches Ziel aller dieser Klangfiguren ist es, den Text aufzulockern. Sie wirken oft überraschend, manchmal auch witzig.

4. Daneben finden sich aus dem Bereich der Gedankenfiguren häufig Kontrastpaare, Antithesen. Manchmal dienen sie dazu, einen Ort durch gegensätzliche Erscheinungen zu charakterisieren. Einige dieser Antithesen sind frappierend, fast paradox und daher ebenfalls als Textauflockerung zu verstehen.
5. Hyperbolisch können genannt werden häufig anzutreffende Adjektive wie 'unzählig' oder 'zahllos' oder die entsprechenden Umschreibungen für Mengenangaben. Diese Hyperbeln sind oft in Winterkatalogen anzutreffen, um die große Anzahl an Liften, Abfahrten usw. zu betonen. Es handelt sich dabei um allgemeinsprachlich ebenfalls gern gebrauchte hyperbolische Wendungen, wobei besonders ausgefallene oder ganz offensichtliche Übertreibungen selten nachzuweisen sind.Negation des Gegenteils und häufig auch doppelte Negation dienen der Verstärkung und der Hervorhebung eines wichtigen Aspekts.
6. Euphemismen finden sich nicht so oft, wie zu vermuten wäre. Ihre Aufgabe ist es vor allem, negative Aspekte in gefälliger Form und fast beiläufig zu erwähnen oder so zu umschreiben, daß das Negative stark abgemildert wird. Sehr dezent wird auf die abendlichen Unterhaltungsmöglichkeiten für Herren in Südostasien hingewiesen, die explizite Erwähnung des Nacktbadens wird durch geschickte Wortwahl umgangen. Daneben werden gelegentlich Periphrasen zur anschaulicheren Darstellung einfacher Sachverhalte gebraucht oder um ein Land durch Nennung seiner Hauptcharakteristika akzentuiert zu schildern, was Neugier und Vorfreude stärker weckt und zugleich eine konkrete Vorstellung liefert.

7. Einige der erwähnten rhetorischen Figuren, wie Euphemismus, Antithese oder Wortspiel, lassen sich auch in der Sprache der Anzeigenwerbung nachweisen[249], ohne daß jedoch Übereinstimmungen im einzelnen nachzuweisen sind. In beiden Bereichen wird die Wirkung rhetorischer Mittel genutzt.
8. Die Verwendung der verschiedenen rhetorischen Figuren zeigt, daß die Ferienkataloge sehr bewußt gestaltet sind, daß auf sprachliche Auflockerung großer Wert gelegt und versucht wird, durch witzige, abwechslungsreiche und oft überraschende Wortkonstellationen die Beschreibungen zu beleben und somit die Aufmerksamkeit auf den Inhalt zu lenken. Rhetorische Figuren dienen der Hervorhebung und Betonung. Auffallend ist die Verwendung sehr gewählter Stilfiguren, wie sie in so großer Zahl eher in der Literatur als in Gebrauchsprosa zu vermuten wären.

ZUSAMMENFASSENDE BEMERKUNGEN ZUR SPRACHE DER FERIENKATALOGE, IHRER WIRKUNG, IHRER BEZIEHUNG ZUR ALLGEMEINSPRACHE UND ZU DEN LESERN DER FERIENKATALOGE

Aufgabe dieser Arbeit sollte es sein, die Sprache im Fremdenverkehr an Hand der Ferienkataloge einiger großer deutscher Touristikunternehmen zu analysieren.

Es wurde davon ausgegangen, daß sich in den Ferienkatalogen der Kommunikationsprozeß zwischen Veranstalter und potentiellem Kunden vollzieht. Der Reiseveranstalter hat Informationen, das Angebot verschiedener Reisen in verschiedene Gebiete. Durch die Ferienkataloge will er diese Informationen einem möglichst breiten Kreis von Lesern zukommen lassen, mit dem Ziel, daß bei richtig verstandener Kommunikation die Leser im Sinne des Veranstalters handeln und eine Reise des entsprechenden Unternehmens buchen. "Die Werbung für Reise-Dienstleistungen ist wie jede Wirtschaftswerbung eine vielseitige Kommunikation zwischen den Touristikunternehmen und ihren potentiellen Kunden mit dem Zweck, diese zum Kauf der angebotenen Leistungen zu veranlassen."[1] Dem Reiseveranstalter muß es also gelingen, in seinem Katalog sein Angebot so darzustellen, daß es beim potentiellen Reisenden den Wunsch nach einer Urlaubsfahrt mit gerade diesem Veranstalter hervorruft.Das, was der Veranstalter mitzuteilen hat, äußert er im Katalog, der das Communiqué ist: "Als Träger von Information und Persuasionssymbolik fungiert die Werbebotschaft (Kommuniqué). Sie hat die Funktion, Meinungen, Einstellungen und Verhaltensweisen der Umworbenen gemäß den Absichten und Zielen des Werbenden in ökonomisch wirksamer Weise zu verändern."[2] Der Katalog ist immer noch bedeutendstes Kommunikations- und Werbemittel: "Kataloge und Prospekte gehören zu den wichtigsten Werbemitteln der Touristik-Branche; man könnte sie sogar als <u>das</u> wichtigste Werbemittel bezeichnen, weil die Entscheidung für eine konkrete Reise, für ein konkretes Reiseziel in hohem Ausmaß von Prospekten bestimmt und beeinflußt wird."[3]

Bei der Beschreibung der Sprache der Ferienkataloge als der Zeichen und Superzeichen, aus denen das Communiqué aufgebaut ist, wurde versucht, eine Teilung in Syntax und Semantik vorzunehmen. Die beiden Begriffe dienten einer groben Einteilung dieser Arbeit in ein Kapitel, das die Strukturen der Wort- und Satzbildung und in eines, das den Wortschatz, die Wortwahl und die Verwendung verschiedener rhetorischer Mittel darstellen sollte. Im Kapitel 'Syntax' wurde versucht, die Regeln aufzuzeigen, nach denen Wörter, längere Satzeinheiten und Sätze gebildet werden, die Muster nachzuweisen, nach denen die Ferienkataloge aufgebaut sind. Hier wurden alle die Erscheinungen untersucht, die den Aufbau eines Textes charakterisieren: die Formen, nach denen Wörter gebildet, die Art und Weise, wie diese Wörter zu Sätzen zusammengefügt werden, wie diese Sätze bzw. Setzungen aufgebaut, was ihre Hauptkennzeichen sind, worunter z.B. Gefüge verschiedenster Art, Formen der inneren Satzerweiterung, aber auch Tempus und Modus und die Länge der jeweiligen Sätze zu rechnen sind. Ein zweiter mit dem Oberbegriff 'Semantik' versehener Teil sollte darlegen, welche Wörter in welchen Darstellungsarten bevorzugt verwendet werden, was durch die Verwendung dieser Wörter ausgedrückt, wiedergegeben und bewirkt werden soll. Unter der Überschrift 'Semantik' wurden deshalb so verschiedene Erscheinungen wie Wortartenhäufigkeit, Mittel der semantischen Aufwertung, Adjektivgebrauch, Fremdwortverwendung, Anteil verschiedener Sprachschichten und rhetorische Mittel zusammengefaßt, um ein möglichst genaues Bild davon zu geben, wie der Reiseveranstalter versucht, die Einstellung des Lesers zu seinen Gunsten zu beeinflussen. Hier wurden auch Aspekte mitbehandelt, die vielleicht nicht immer direkt als semantisch zu verstehen sind,aber Semantik sollte ja ganz allgemein als Lehre von der Bedeutung interpretiert werden. Auch die Wahl eines bestimmten Wortes einer bestimmten Sprachschicht in einer bestimmten Form bedeutet immer etwas.

Auf die Anwendung oder Fortführung einer bestimmten Theorie wurde verzichtet, denn der Schwerpunkt lag auf der Beschreibung, der Beschreibung eines Sprachbereiches als Beispiel für die Verwendung von Sprache in einem bestimmten Gebiet, so wie es R.Römer für die Sprache der Anzeigenwerbung und E.Mittelberg für die Sprache der BILD-Zeitung getan haben.

Da aber Sprache in Beziehung zu ihren Benutzer gesehen werden sollte und da ein Zeichen nicht nur Bedeutung hat, sondern auch immer Bedeutung für jemanden, wurde auch versucht, Gründe zu finden, warum gewisse Wörter bevorzugt anzutreffen sind. Gerade die Ferienkataloge haben ja keinen Selbstzweck, sie sind Gebrauchsprosa: sie sollen wirken; sie stellen wie alle werblichen Äußerungen Kommunikation dar, die Handeln zeitigen will: "Die Übermittlung von Informationen und Bedeutungsinhalten zum Zweck der Steuerung von Meinungen, Einstellungen, Erwartungen und Verhaltensweisen gemäß spezifischer Ziele betrifft die zentrale Aufgabe der Werbung."[4] Deshalb wurde bei der Beschreibung der Wortwahl und der Darstellungsformen immer wieder versucht, auch eine eventuelle Wirkung auf den Leser zu ermitteln. Die Lehre von der Bedeutung der Zeichen in Relation zu ihren Benutzern ist die Pragmatik. Da die Pragmatik jedoch zu den Bereichen gehört, die noch kaum erforscht und die interdisziplinär sind ("'Pragmatik' ... ist angewiesen auf eine enge Zusammenarbeit mit anderen Disziplinen wie Soziologie, Psychologie, Philosophie, Logik und Mathematik, Informations- und Systemtheorie, Jurisprudenz, Literaturwissenschaft etc."[5]) konnten nur einige Vermutungen geäußert werden.

Vorrangiges Ziel dieser Arbeit also war es, die Sprache der Ferienkataloge an Hand möglichst vieler Einzelerscheinungen zu beschreiben und die Ergebnisse durch möglichst viele Beispiele zu verdeutlichen, um so ein Bild von der Sprachverwendung in diesem Bereich zu erhalten. Die Beschreibung von Sachverhalten stand dabei immer im Vordergrund.

1. Grundzüge der Sprache der Ferienkataloge

Untersucht man den Sprachstil eines bestimmten Autors an Hand verschiedener Werke, kann man von e i n e m Autor ausgehen, dessen Biographie, dessen Lebensumstände, dessen persönliche und schriftstellerische Entwicklung bekannt ist, bei dem man Einflüsse verschiedenster Art nachweisen kann. Anders bei der Untersuchung schriftlicher Äußerungen im Bereich der Werbung, zum Teil auch der Zeitung und natürlich der Ferienkataloge. Das einzige, was man gesichert weiß, ist, daß sie von einem anonymen Autorenkollektiv entworfen werden, manchmal von einer Werbeagentur, und daß bestimmte dafür ausgebildete Autoren mit der Abfassung der Kataloge betraut sind. Die Ferienkataloge gehören zur anonymen Gebrauchsprosa. Ebenso sind auch die einzelnen Verfasser von Anzeigen unbekannt, meist weiß man nur den Namen der betreuenden Agentur. Man spricht nun ganz allgemein von der Sprache der Anzeigen- oder Wirtschaftswerbung, von der Sprache der Zeitung, hier meist differenzierter von der Sprache des 'Spiegel' oder der BILD-Zeitung. Kann man auch eine Sprache des Fremdenverkehrs oder der Ferienkataloge feststellen? Diese Arbeit hat den Versuch unternommen, darzulegen, daß sich innerhalb der Ferienkataloge in der sprachlichen Grundhaltung viele Gemeinsamkeiten nachweisen lassen, sowohl in der Art wie Wörter und Sätze gebildet werden, als auch im Bereich der Wortverwendung, der Wortwahl und der rhetorischen Mittel. Bereits die Beispiele, die aus jedem der Kataloge angeführt wurden, konnten dies verdeutlichen. Es wurden bewußt Kataloge verschiedener Unternehmen, verschiedener Jahre und mit verschiedenen Reiseformen und -zielen ausgewählt, um so zu einem gesicherten Ergebnis zu gelangen. Daß diese Kataloge untereinander in mancher Hinsicht auch differieren, ist verständlich, da sie ja von verschiedenen Autoren, zu verschiedenen Zeiten und mit Schwerpunkt auf verschiedenen Urlaubsarten verfaßt wurden. Für die Skiferien in Ruhpolding wird natürlich in Nuancen anders geworben als für eine Reise rund um die Welt. Bevor die spezifischen Merkmale der einzelnen Kataloge kurz beschrieben werden, sollen noch einmal in einem ganz kurzen Überblick die Hauptcharakteristika der Sprache der Ferienkataloge zusammengefaßt werden.

1.1. Hervorstechende Merkmale im Bereich der Syntax

Folgende Merkmale können im Bereich der Syntax als Hauptcharakteristika, die allen Ferienkatalogen eigen sind, festgehalten werden:

1. Zur Ersparung längerer Fügungen und Nebensätze werden in großer Zahl Substantive neugebildet, meist Determinativkomposita, deren Aufgabe es ist zu präzisieren, zu differenzieren und eine Fülle von Vorstellungen und Erscheinungen zu komprimieren. Ähnliches gilt auch für Adjektivkomposita.
2. Aus dem gleichen Grund wird die Nominalphrase erweitert durch auch mehrere Glieder umfassende Partizipialkonstruktionen, Appositionen und präpositionalen Anschluß.
3. Dies bewirkt eine Reduzierung der Gefüge und die Dominanz des Einfachsatzes. Finden sich Nebensätze, so sind es meist Relativsätze.
4. Rund ein Drittel der Einfachsätze sind als Setzungen zu definieren, bedingt durch Ersparung des redundanten Prädikats oder durch Isolierung von Satzteilen.
5. In den Ferienkatalogen finden sich zur Auflockerung verschiedene Zeitformen sowie die Verwendung von Passiv und Konjunktiv. Die Interpunktion ist oft willkürlich. Die Sätze sind in ihrer Mehrzahl kurz oder mittellang.
6. Die Routenbeschreibungen aller Kataloge sind deutlich geprägt vom Nominalstil, was sich in der häufigen Verwendung gewisser Substantive und Präpositionen, zahlreicher Appositionen, Parenthesen und Aufzählungen zeigt und einen minimalen Anteil von Verben und Gefügen zeitigt. Die Hotelbeschreibungen bestehen meist aus stereoptypen Wendungen.

7. Die Syntax ist darauf ausgerichtet, Schwierigkeiten bei der Aufnahme des Textes zu vermeiden, sie ist daher so konzipiert, daß sie für den Großteil der Leser leicht verständlich ist. Durch syntaktische Variation wird jedoch einer Monotonie vorgebeugt. Es wird versucht, möglichst viele Vorstellungen auf engem Raum, sei es in Wörtern, die Nominalphrase erweiternden Syntagmen oder Relativsätzen, zusammenzufassen. Demgegenüber werden wichtige Aspekte durch Isolierung betont.

Die genannten Merkmale lassen sich in allen untersuchten Katalogen als sprachliche Grundtendenzen nachweisen. Einige dieser Charakteristika werden in den einzelnen Katalogen jedoch mehr oder weniger akzentuiert. Unterschiede zeigen sich somit weniger im Prinzip als in der Setzung von Schwerpunkten.

1.2. Hervorstechende Merkmale im semantischen Bereich, bei Wortwahl und Wortgebrauch

Wie im Bereich der Syntax, so lassen sich auch im semantischen Bereich Regelmäßigkeiten in allen Katalogen festhalten. Als gemeinsame Kriterien hierfür können angesehen werden:

1. Substantive vor allem aber Adjektive finden sich in den Ferienkatalogen häufiger als in anderen Sprachbereichen. Das Verb wird oft zum bedeutungslosen Funktionsträger.
2. Eine Gruppe vielgebrauchter Adjektive ist in jedem der Kataloge anzutreffen. Die meisten dieser Adjektive sind semantisch indifferent, der positiven Sphäre entnommen, zahlreiche positive Konnotationen auslösend und mit Gefühls- und Nebenwerten behaftet.
3. Die Neigung zur superlativischen Aufwertung und semantischen Steigerung, sei es durch verschiedene Formen des Superlativs oder Komparativs, durch Komposition, aufwertende Vorsatzwörter oder durch hochwertige Syntagmen, läßt sich für alle Kataloge konstatieren.

4. Der Wechsel der Sprachebenen, der Gebrauch von Fremd- und Fachwörtern, der Einfluß des Englischen wird ebenso in allen Katalogen deutlich.
5. Auch die Verwendung der persönlichen Anrede und der verschiedensten rhetorischen Mittel und Figuren ist allen Katalogen gemeinsam.

Die Ferienkataloge sind somit geprägt von einem Hang zum Positiven und Superlativischen, da alle Kataloge das gemeinsame Ziel haben, Urlaubsorte so darzustellen, daß sie die Leser zum Buchen einer Reise animieren. Die verschiedenen Veranstalter bieten teilweise die gleichen Orte an; hier ließen sich ebenfalls Gemeinsamkeiten festhalten: An Hand einiger Beispiele wurde nachgewiesen, daß manchmal die gleichen Orte mit den gleichen Epitheta oder wenn nicht mit den ganz gleichen,so doch zumindest sehr ähnlichen Attributen versehen werden. Für einen genauen Vergleich der Beschreibung entsprechender Orte in verschiedenen Katalogen fehlte jedoch hier der Raum.

Da die Ferienkataloge eine gemeinsame Ausgangsbasis haben, ist verständlich, daß sie sich auch in ihrer Darstellungsform ähneln, ebenso wie sich die Sprache der Werbung gleicht, auch wenn durch werbliche Anpreisungen die verschiedensten Produkte verkauft werden sollen. Da sich in den Grundtendenzen also eine Reihe von Gemeinsamkeiten festhalten läßt, erscheint es berechtigt, von einer gemeinsamen Sprache der Ferienkataloge auszugehen. Daß dies jedoch allgemein für die Sprache der Fremdenverkehrswerbung oder sogar des Fremdenverkehrs gelten kann, läßt sich daraus nicht endgültig schließen. Der Vergleich, der ganz vereinzelt mit allgemeinen Wendungen der Fremdenverkehrswerbung gemacht wurde, zeigt zwar Gemeinsamkeiten in der Verwendung des Superlativs, einiger klischeehafter und stereotyp wiederkehrender Adjektive und einiger abgenutzter Bilder; aus diesen sporadischen Gemeinsamkeiten jedoch eine einheitliche Fremdenverkehrssprache abzuleiten, wäre verfrüht. Hier bedarf es genauerer und gründlicherer

Untersuchungen. Auch für andere Sparten im Bereich des Fremdenverkehrs kann nur eine eingehende Analyse zu gesicherten Ergebnissen führen. Ähnlichkeiten in der Wortwahl zeigen sich wohl immer, wenn vom Reisen oder vom Tourismus die Rede ist, aber pauschal von einer Fremdenverkehrssprache zu reden, wäre ungerechtfertigt, zumal sich ja schon bei der Analyse mehrerer Kataloge Differenzen im Detail und in der Betonung einzelner Aspekte zeigten. Gemeinsam ist allen Bereichen der Fremdenverkehrswerbung und vielen Äußerungen im touristischen Umfeld gewiß, daß es sich um eine anpreisende Sprache handelt, die versucht, einen Ort, ein Land oder ein Zielgebiet möglichst positiv darzustellen.

2. Unterschiede zwischen den einzelnen Katalogen

Schon eine Übersicht über die verschiedenen Tabellen, bei denen die Einzelwerte nach Katalogen differenziert angeführt wurden, zeigt, daß die Kataloge in einigen Bereichen differieren. So lassen sich zwar immer Werte angeben, die so nahe liegen, daß man eine Erscheinung als für alle Kataloge charakteristisch bezeichnen kann, aber die einzelnen Werte schwanken natürlich, sei es nun bei der Anzahl der Setzungen, der Anzahl und Art der Nebensätze (daß Relativsätze ganz deutlich überwiegen ist natürlich allen Katalogen gemeinsam), bei der Verwendung verschiedener Zeitformen, bei der Satzlänge oder der Häufigkeit der Wortarten. Die Abweichungen wurden jeweils bei der Behandlung der einzelnen Aspekte schon näher erläutert. Es wäre ja auch überraschend, ein völlig homogenes Bild zu erhalten.

Die untersuchten Kataloge stammen aus verschiedenen Jahren, von verschiedenen Unternehmen und beinhalten Reisen verschiedener Art: Flugreisen in die beliebtesten Feriengebiete (Katalog 1, 2 und 4), Winterreisen (Katalog 3, 5 und 6), Seereisen (Katalog 7), Weltreisen (Katalog 8), Ferien im Club (Katalog 9) und Busreisen (Katalog 1o).

Eine erste Trennung in Sommer- und Winterkataloge läßt bereits einige Unterscheidungen erkennen. So ist in allen Winterkatalogen eine durchschnittlich höhere Satzlänge zu erkennen, dies ist bedingt dadurch, daß die Winterkataloge (dabei ist es gleich, ob es sich um Kataloge verschiedener Unternehmen oder verschiedener Jahre handelt) ihre Ortsbeschreibungen gern mit einer diffizilen Erläuterung der Lage eines Ortes einleiten und häufig Aufzählungen von Einrichtungen bieten. Hier finden sich öfter als in den Sommerkatalogen mehrgliedrige Partizipialkonstruktionen, die eine Aufschwellung und damit Verlängerung des Einzelsatzes bewirken. Bedingt durch die einleitende Lagebeschreibung läßt sich in den Winterkatalogen deshalb auch häufiger die Verwendung des Verbs 'liegen' nachweisen. Ferner wurde festgehalten, daß die Winterkataloge einige Adjektive immer wieder fast stereotyp benützen; diese Adjektive dienen der Charakterisierung der Wintersportanlagen und -einrichtungen. Eine Abweichung zu den Sommerkatalogen zeigt sich auch darin, daß die Winterkataloge im ganzen gesehen etwas nüchterner und distanzierter gehalten sind, was einen nicht ganz so hohen Anteil der persönlichen Anrede und ein etwas geringeres Vorkommen verschiedener rhetorischer Mittel zeitigt. Auch in der Wortbildung zeigen sich teilweise Unterschiede zwischen Sommer- und Winterkatalogen, bedingt durch die verschiedene Thematik. Es ist verständlich, daß in den Winterkatalogen mehr Substantivkomposita zu finden sind, die sich auf Differenzierung oder Präzisierung von Wintersporteinrichtungen beziehen.

Die Kataloge 4, 5 (im grünen Sonderteil), 7, 8 und 1o bieten zahlreich bzw. vornehmlich Rundfahrten und Ausflüge an und die Kataloge 7, 8 und 1o bestehen zum größten Teil aus deren Schilderung, die 'Routenbeschreibungen' genannt wurden. In ihrem syntaktischen Aufbau ähneln sich die Routenbeschreibungen in allen Katalogen sehr. Sie sind ganz deutlich vom Nominalstil geprägt, sehr knapp gehalten, verzichten streckenweise ganz auf syntaktische Variationen, wiederholen ein Repertoire bestimmter Substantivgruppen, weisen sehr viele Präpositionen auf und beinhalten manchmal fast stichwortartig eine Aufzählung der wichtigsten Sehenswürdigkeiten. In der Wortwahl und Wortverwendung ähneln sie den Ortsbeschreibungen bzw. dem sonstigen Text.

Es wurde schon darauf verwiesen, daß die Zielorte, die in den Ferienkatalogen vorgestellt werden, bei den verschiedenen Unternehmen häufig die gleichen sind: "Von wenigen Ausnahmen - ... - abgesehen, sind die Wettbewerber mit praktisch gleichen Angeboten auf dem Markt."[6] Deshalb wird es für die einzelnen Veranstalter immer schwieriger, sich in ihren Angeboten voneinander abzuheben: "Der gezielten Entwicklung des Image einzelner Reiseanbieter kommt steigende Bedeutung zu. In dem Maße, wie sich mehr oder weniger gleiche Leistungen zu mehr oder weniger gleichen Preisen im Wettbewerb gegenüberstehen, wird der entscheidende Impuls beim Verbraucher durch das Image bzw. durch den Service der einzelnen Anbieter gegeben werden."[7] Daß die einzelnen Veranstalter sich bemühen, ihren Service für den Urlauber besonders zu betonen und sich von anderen Veranstaltern positiv abzuheben, wurde bereits mit einigen Beispielen belegt. Um sich trotz dieser Gleichheit zu unterscheiden, wird zudem die bewußte Zielgruppenorientierung empfohlen: "Die Grundbedingung der erfolgreichen Angebotspolitik liegt für Reisebüro und -veranstalter in einer klaren 'Marktsegmentierung' und, damit verbunden in einer zielgruppengerechten Angebotsgestaltung."[8] Es wird als günstig angesehen, wenn die Veranstalter eine bestimmte Gruppe von potentiellen Urlaubern ansprechen oder sich auf eine bestimmte Urlaubsform spezialisieren und nicht versuchen, für alle alles zu bieten. Daraus ergäben sich dann auch zwangsläufig Differenzierungen zwischen den einzelnen

Katalogen. Einige spezifische Unterscheidungsmerkmale bei der Sprachverwendung lassen darauf schließen, daß manche Unternehmer versuchen, einen bestimmten Kreis bevorzugt anzusprechen.

Im Folgenden soll nun kurz versucht werden, einige Besonderheiten der einzelnen Kataloge aufzuzählen, die teilweise auch mit dieser Zielgruppenorientierung in Zusammenhang zu sehen sind. Hierbei können allerdings nur einige ganz signifikante Merkmale besonders betont werden, ohne daß Anspruch auf Vollständigkeit erhoben wird; auf einige Differenzen wurde ja bereits bei der Untersuchung der einzelnen Erscheinungen verwiesen. Die Unterschiede zwischen den jeweiligen Katalogen sind übrigens in der Wortwahl und Wortverwendung, also im semantischen, deutlicher als im syntaktischen Bereich.

Da die Kataloge verschieden lang sind, das der Untersuchung zugrunde liegende Textmaterial also in seinem Umfang differiert, war es immer leichter, für eine bestimmte Erscheinung mehrere Belege in den textreichen Katalogen zu finden als in den weniger textreichen. Die Zahl der Belege sagt jedoch noch nichts über die Signifikanz eines Phänomens für den jeweiligen Katalog aus. Sehr viele Belege entstammen den Katalogen 1 und 2, weil es sich hier um die umfangreichsten handelt.

1 steht für den Katalog von Neckermann + Reisen, einem Unternehmen, das laut eigener Aussage 'Urlaub für alle Deutschen macht'.[9] Neckermann wendet sich somit an einen extrem großen Kundenkreis. Alle Merkmale, die sich für die Sprache der Ferienkataloge nachweisen lassen, zeigen sich in Katalog 1 auf Grund des umfangreichen Textmaterials besonders deutlich. Auffallend an Katalog 1 ist die im Gegensatz zu anderen Katalogen noch häufigere Verwendung des Imperativs und der persönlichen Anrede. Neckermann hebt daneben immer wieder seine eigenen Leistungen, also den Service, für die Kunden hervor und ist in

der Gestaltung des Katalogs um die Aufhebung der Anonymität zwischen Veranstalter und potentiellem Urlauber bemüht: Der Leser wird immer wieder in die Schilderung der Urlaubsorte miteinbezogen. Bei der Beschreibung der Fahrten nach Südostasien sind die zahlreichen Euphemismen, die die abendlichen Unterhaltungsmöglichkeiten für Herren umschreiben, nicht zu übersehen.

Auch Katalog 2 (Scharnow), der ebenfalls sehr umfangreich ist, zeigt besonders deutlich und mit vielen Belegen die Merkmale der Ferienkatalogssprache. Bei einer genauen Betrachtung von Katalog 2 wird ganz offensichtlich, daß die Sprache der Ferienkataloge sehr bewußt konzipiert ist. Hier finden sich zahlreiche rhetorische Mittel, hier werden umgangssprachliche und sehr anschauliche Redewendungen wiederholt eingeflochten, der ganze Text ist bewußt sehr locker gehalten. Im Gegensatz zu anderen Katalogen finden sich etwas weniger Setzungen. Katalog 2 weicht vor allem in seinen Hotelbeschreibungen von den übrigen Katalogen ab, da hier der Text nicht in so hohem Maße aus stereotypen Wendungen zusammengesetzt ist, sondern auch in den Hotelbeschreibungen der aufgelockerte Stil beibehalten wird. Sowohl bei den Hotel- als auch bei den Ortsbeschreibungen wirkt jedoch die bemühte Textauflockerung gelegentlich artifiziell. Der Katalog ist in seiner Stilhaltung dennoch sicher der breiten Mittelschicht, an die sich dieses Unternehmen vornehmlich wenden soll[1o], angepaßt.

Die Unterschiede zwischen Winter- und Sommerkatalogen wurden bereits betont. Die Winterkataloge 3, 5 und 6 ähneln sich sehr, sowohl in der Syntax als auch im gelegentlich stereotypen Wortschatz. Katalog 6 hebt sich durch das Bemühen um eine bewußt gepflegte Sprache etwas von den anderen Katalogen ab, wobei jedoch mitunter gekünstelte Wendungen erscheinen, die manchmal ans Klischeehafte, manchmal sogar ans Lächerliche grenzen. Diese kunstvoll konstruierten Syntagmen finden sich fast ausschließlich in den den Ortsbeschreibungen vorangestellten Kurzcharakterisierungen eines größeren Zielgebietes.

Dem Unternehmen Dr. Tigges (Katalog 4) geht der Ruf voraus, als spezielle Zielgruppe Akademiker anzusprechen. Die Untersuchung des Katalogs kann das vor allem für den Bereich der Studien- und Kulturreisen bestätigen. In den Ortsbeschreibungen zeigt Katalog 4 die Charakteristika aller anderen Ferienkataloge, höchstens insofern leicht abweichend, als die Ortsbeschreibungen gelegentlich etwas knapper gefaßt sind und die persönliche Anrede nicht so häufig gebraucht wird wie in den übrigen Katalogen. Ein deutliches Merkmal des Katalogs 4 ist die häufige Verwendung von Fach- und Fremdwörtern, in den Ortsbeschreibungen nicht ganz so häufig, besonders jedoch in den Beschreibungen der Kultur- und Studienreisen. Diese sind durchsetzt von Fremd- und vor allem Fachwörtern, die u.a. Bauwerke, Epochen, Dynastien, Religionen und Völker bezeichnen. Das wirklich exakte Verständnis dieser Texte wird nur einem ganz kleinen Teil der Leserschaft möglich sein. Der häufige Fremd- und Fachwortgebrauch kann sicher als ein Tribut an die akademische Leserschaft gewertet werden.

Katalog 7, vom Unternehmen Touropa, unterscheidet sich von den anderen Katalogen dadurch, daß ausschließlich Schiffsreisen angeboten werden. Der Hauptteil des Textes wird eingenommen von Beschreibungen der jeweiligen Ausflüge. Auch hier finden sich sehr viele, nicht immer sofort verständliche Fachausdrücke, denn auch hier, wie in Katalog 4, handelt es sich um Reisen in meist kunstgeschichtlich bedeutende Gebiete und die entsprechenden Sehenswürdigkeiten werden durch Fachtermini charakterisiert und vorgestellt. Da Schiffsreisen preislich um einiges über normalen Ferienflugreisen, wie sie Neckermann und Scharnow anbieten, liegen, läßt dies den Schluß zu, daß solche Reisen sich nur an einen begrenzten und auch interessierten Kreis wenden und diesem auch sprachlich entgegenkommen; oder die Selbsteinschätzung dieser Leser soll erhöht werden, da ihnen auch das Verständnis komplizierter Fachausdrücke zugetraut wird. Umgangssprachliche Wendungen finden sich in Katalog 7 auffallend selten, man befleißigt sich einer gepflegteren Sprache.

Katalog 8 stellt Weltreisen vor und auch dieser Katalog besteht zum großen Teil aus den Beschreibungen des Reiseverlaufs, also den sogenannten Routenbeschreibungen. Besonders auffallend an diesem Katalog sind die Kurzcharakterisierungen der einzelnen Reisen, die den Routenbeschreibungen vorangestellt sind. Hier handelt es sich meist darum, mit wenigen, aber sehr bewußt gewählten Wörtern, Stimmungen aufzubauen, Gefühle zu mobilisieren und das jeweilige Land durch Erwähnung seiner Hauptcharakteristika fast schlagwortartig vorzustellen. Hier finden sich überdurchschnittlich viele Setzungen, die persönliche Anrede, die in den Routenbeschreibungen gelegentlich auftaucht, fehlt fast ganz, es werden überraschende Wendungen gebraucht, oft Bilder, rhetorische Figuren. Diese Kurzcharakterisierungen wirken akzentuierend, sehr bewußt konzipiert und sprachlich ausgefeilt. Auch in Katalog 8 erscheinen häufig Fach- und Fremdwörter, da die vergleichsweise sehr teuren Fernreisen nur einem limitierten und sicher bildungsbeflissenen Kreis vorbehalten sind. Andrerseits, vor allem in den Kurzcharakterisierungen, gibt sich der Katalog sprachlich manchmal sehr salopp, was jedoch nur wieder der Auflockerung dient und sehr bewußt eingesetzt scheint.

Eine gewisse Sonderstellung unter den Katalogen nimmt 9 ein, da hier nicht nur Reisen angeboten werden, sondern auch eine neue Urlaubsform, Urlaub im Club, vorgestellt wird. Auf den einleitenden Seiten, die mit dem Club-Leben vertraut machen, findet sich sehr oft die persönliche Einbeziehung des Lesers, um damit dem potentiellen Club-Urlauber das Club-Leben anschaulich vor Augen zu führen; dies bewirkt einen überproportionalen Anteil an Verben und Pronomen in diesem Bereich. Der Club ist eine französische

Einrichtung und das Trident wird französisch verfaßt und dann erst ins Deutsche übersetzt. Daher ist es nicht verwunderlich, daß Katalog 9 gegenüber den anderen Katalogen weitaus mehr französische Wörter und Fremdwörter aufweist. Ähnlich den allgemeinen Texten in Katalog 8 sind die Kurzbeschreibungen der jeweiligen Clubdörfer sehr bewußt konzipiert. Es wird auch im syntaktischen Bereich mit sehr vielen Stilmitteln gearbeitet: so hat Katalog 9 eine Vorliebe für betonende Isolierung von Satzteilen, für Setzungen. Außerdem werden sehr häufig Wortspiele, Anspielungen und rhetorische Figuren verwendet. Auch hier fallen die sehr bewußt konstruierten, manchmal fast manieristischen Beschreibungen sofort auf.

Katalog 1o ist ein Katalog für Busrundreisen; der Hauptteil des Katalogs ist von den Routenbeschreibungen bestimmt. Isaria und Nord-Süd sind zwei kleinere, dafür alteingesessene und renommierte Unternehmen, der Wirkungskreis ihrer Kataloge ist jedoch regional begrenzt. Eine auffallende Eigenheit dieses Kataloges gegenüber anderen ist der häufige Gebrauch des Personalpronomens 'wir', das sich in diesem Fall, nicht wie in anderen Katalogen, auf den Veranstalter bezieht, sondern für die Reisenden und die die Reise betreuenden Angestellten steht. Unter der Anrede 'wir' wird der potentielle Urlauber in die Schilderung miteinbezogen und zugleich in die Gemeinschaft der Busreisenden aufgenommen. Das 'wir' betont den Gruppencharakter der Reise. Im Bereich der semantischen Aufwertung ist an Katalog 1o besonders hervorstechend die häufige Verwendung der positiven Wörter 'Höhepunkt' bzw. 'Schlager'. Daneben benutzt Katalog 1o gelegentlich leicht altertümlich, aber dadurch sehr gepflegt wirkende Wörter und mit Vorliebe etwas bemüht konstruierte Bilder.

Diese kurze Zusammenstellung sollte zeigen, daß die einzelnen Kataloge durchaus ihre Eigentümlichkeiten haben, diese jedoch immer im Rahmen der allgemeinen Charakteristika der Sprache der Ferienkataloge bleiben. Deutliche Unterschiede dadurch bedingt, daß die Kataloge verschiedenen Jahren entstammen,zeigten sich nicht. Gerade die Winterkataloge differieren zeitlich stark (Katalog 6 1971/72, Katalog 3 1972/73 und Katalog 5 1974/75) und trotzdem lassen sich gerade hier besonders viele gemeinsame und für Winterkataloge typische Merkmale und Eigenheiten nachweisen. Zwei Kataloge (3 und 7) sind vom gleichen Veranstalter, von Touropa. Außer dem Hinweis auf die 'Urlaubsexperten', so bezeichnet das Unternehmen sich und seine Mitarbeiter, finden sich keine besonderen Gemeinsamkeiten, die deutlich machen, daß es sich um Kataloge desselben Veranstalters handelt.

Einige Kataloge haben sich im Laufe der Jahre natürlich leicht verändert, das gilt vor allem für die äußere Form. Der Sommerkatalog von Neckermann für 1976 z.B. ist umfangreicher geworden, den Hotelbeschreibungen wird wesentlich mehr Platz eingeräumt, sie sind auch optisch deutlicher hervorgehoben. Aber bereits ein flüchtiger Überblick zeigt, daß sich die Sprachhaltung kaum geändert hat. Natürlich finden sich einige andere Modewörter, manche Beschreibungen weichen von den hier untersuchten ab, die Grundtendenzen, sowohl im Bereich der Syntax als auch im Wortschatz, sind jedoch gleich geblieben.

Auch der Sommer-Katalog 1976 von Scharnow zeigt Änderungen, vornehmlich in der äußeren Form. Der Katalog ist umfangreicher geworden und etwas unübersichtlicher. Auch hier treten die Hotelbeschreibungen ganz deutlich in den Vordergrund. Fast scheint das Hotel wichtiger zu sein als der Urlaubsort. Die Ortsbeschreibungen weichen in ihrer Grundhaltung kaum von denen des Katalogs 1973 ab, die Setzungen scheinen etwas geringer geworden zu sein.

Der Winterkatalog von Touropa aus dem Jahr 1975/76 ist in seinen Grundtendenzen ähnlich dem hier untersuchten, während beim Katalog für Schiffsreisen jetzt die ausführlichen Ausflugsbeschreibungen stark zurückgedrängt werden.

Einige Kataloge haben sich mehr gewandelt, aber vor allem äußerlich. Dr. Tigges gibt für das Jahr 1976 drei Sommerkataloge heraus: einen für Bahn-Urlaub, einen für Flugurlaub und die früher im Sommerkatalog mitaufgenommenen Studienreisen erscheinen in einem gesonderten Katalog. Die Stileigenheiten jedoch haben sich kaum geändert, im Gegenteil, sie treten nach einem kurzen Überblick zu urteilen,fast noch stärker zu Tage, so z.B. der relativ hohe Anteil an Setzungen. Im Katalog, der Studien- und Erlebnisreisen vorstellt, wird jetzt getrennt in Beschreibungen der einzelnen Reisen und nur ganz stichwortartig gehaltene Angaben zum Reiseablauf. Sprachlich ist trotz dieser Neuerungen das meiste gleich geblieben. Es finden sich zum Teil sogar wortwörtlich dieselben Wendungen, Bilder, Superlative oder Fachwörter wie in dem hier untersuchten Katalog.

Äußerlich eine andere Form angenommen hat auch der Fernreise-Katalog des ADAC. Bei dem in dieser Arbeit untersuchten Katalog waren vor allem die kurzen Stimmungsbilder, die die jeweilige Fahrt charakterisierten, besonders auffällig. Auf diese Stimmungsbilder wurde im Katalog von 1975/76 ganz verzichtet. Bei den Routenbeschreibungen ist bemerkenswert, daß die persönliche Anrede des Lesers mit 'Sie' sich abwechselt mit der vertraulichen Form 'wir', die eine Gemeinschaft der Reisenden aufbaut wie es auch in Katalog 1o der Fall ist. Syntax und Wortschatz sind in ihren Grundzügen gleich geblieben.

Das Trident des Club Méditerranée für das Jahr 1976 zeigt noch die gleichen charakteristischen Merkmale wie das hier benutzte für das Jahr 1973.

Der Katalog von Isaria/Nord-Süd ist fast wortwörtlich 1976 der gleiche wie 1974.

Ein neuerer Winterkatalog für Skireisen des Unternehmens TransEuropa war nicht zu erhalten.

Die Grundtendenzen, die Erscheinungen, die allgemein konstatiert worden sind, bleiben die gleichen, ändern würden sich gelegentlich nur die einzelnen Beispielsätze; Änderungen also nur im Detail.

Es kann somit noch einmal betont werden, daß es sich bei der Sprache der Ferienkataloge um eine einheitliche Sprache handelt, wobei die einzelnen Kataloge einige Eigentümlichkeiten aufweisen. Wie diese Sprache sich nun zur allgemeinen Sprache verhält, wie sie im Vergleich zu anderen Sprachbereichen zu sehen ist, soll der folgende Abschnitt noch einmal zusammenfassend verdeutlichen.

3. Verhältnis der Sprache der Ferienkataloge zur Allgemeinsprache und zu anderen Sprachbereichen

Die Sprache der Ferienkataloge ist nicht immer einheitlich einer bestimmten Sprachebene zuzuordnen. Es finden sich zum einen durchgehend in allen Katalogen Elemente der gesprochenen Sprache und der Umgangssprache, zum anderen verweisen der häufige Gebrauch auch ausgefallener Fremdwörter oder altertümlicher, fast poetischer Wendungen auf eine höhere fast literatursprachliche Ebene. Auch im Bereich der Syntax zeigen sich Polaritäten: Es erscheinen Merkmale gesprochener Sprache wie die Bevorzugung des Einfachsatzes, der Verzicht auf längere und komplizierter strukturierte Gefüge, die Vorliebe für kurze Sätze. Dagegen sind aber auch hier ganz deutliche Attribute gehobener Schriftsprache nachzuweisen: die Neigung zu umfangreichen Partizipialkonstruktionen, die manchmal auch mehrere Glieder umfassen können, aber auch zu anderen Erweiterungsformen der Nominalphrase wie Appositionen, die häufig verwendet werden. Das gelegentliche Auftreten extrem langer Sätze und das Vorhandensein auch seltener Nebensatzarten verweisen ebenfalls auf eine gehobene Schriftsprache. Die Sprache der Ferienkataloge ist keine spontane,sondern eine bewußt konzipierte Sprache und so sind die wenigsten Erscheinungen als zufällig zu betrachten. Wenn umgangssprachliche Elemente oder die Nachahmung gesprochener Sprache in den Ferienkatalogen auftreten -auffallend in den Katalogen sind vor allem die umgangssprachlichen Verschleifungen und

Verkürzungen sowie einige umgangssprachliche Redewendungen und der Gebrauch von Modewörtern - so werden diese Sprachformen bewußt verwendet, um den Text aufzulockern oder um sich den Sprachgepflogenheiten der Leser anzupassen. Die bisweilen an die gesprochene Sprache erinnernde Syntax erleichtert die Aufnahme und das Verständnis des Textes. Im Gegensatz dazu stehen die Fremd- und Fachwörter sowie die Verwendung einiger fast poetischer Ausdrücke und der vielen Stilfiguren, die manchmal Ähnlichkeiten mit der Ausdrucksweise schöngeistiger Literatur anklingen lassen. Manche stichwortartigen Stimmungsbilder könnte man fast als von pointillistischem Stil geprägt,bezeichnen. Die Sprache der Ferienkataloge zeigt somit eine gewisse Polarität zwischen umgangssprachlich-salopper, manchmal modischer,und gehobener, manchmal fast wissenschaftlicher, Sprachhaltung in Syntax und Wortwahl. Ebenso zeigt sich auch eine Polarität zwischen sprachlicher Fortschrittlichkeit und Tradition. So werden zum einen durch teilweise mehrgliedrige Zusammensetzungen viele Substantive, seltener Adjektive, neugebildet, es werden Modewörter verwendet, die Sprache der Ferienkataloge gibt sich progressiv, zum anderen wird jedoch altes,kaum mehr gebräuchliches Sprachgut wiederbelebt, werden seit Jahren in der Fremdenverkehrswerbung liebgewordene Klischees weiterbenutzt, finden sich Anklänge an vorgeformte Sprachmuster.

3.1. Verhältnis zur Allgemeinsprache

Die Sprache der Ferienkataloge läßt sich wohl am besten, in Bezug auf die Zugehörigkeit zu einer bestimmten Sprachschicht,charakterisieren als eine Sprache, die als gehobene Normalsprache zu bezeichnen ist, offen nach den angrenzenden Sprachebenen, zum einen anfällig für Einflüsse aus dem umgangssprachlichen Bereich, ohne jedoch jemals zu derb oder zu volkstümlich zu werden, zum anderen zu einer gehobenen Prosa tendierend, komplizierte syntaktische

Fügungen ebenso wie einen gehobenen Wortschatz aufnehmend.

Die Nähe zur modernen Allgemeinsprache wurde schon an Hand vieler einzelner Vergleiche verdeutlicht. Die Grundtendenzen der Sprache der Ferienkataloge stimmen in groben Zügen, teilweise aber auch im Detail, mit den Grundtendenzen der modernen Gegenwartssprache überein. Die Vorliebe für Substantiv- und Adjektiv-,weniger für Verbneubildung durch Zusammensetzung, die Benutzung vieler Sprachformen, die einer sprachlichen Ökonomie dienen, die Bevorzugung des präpositionalen Attributs, das Vermeiden längerer Gefüge und die ganz deutliche Präferenz des Relativsatzes vor allen anderen Nebensatzarten, die Bevorzugung von Einfachsätzen sind Erscheinungen, die die Sprache der Ferienkataloge mit der Gegenwartssprache gemein hat. Nur in wenigen Punkten finden sich Abweichungen zu deren Grundformen, so in der Vorliebe für zahlreiche Genitivobjekte und zwar nicht in Form des in der Umgangssprache beliebten präpositionalen Anschlusses mit 'von',sondern der des flektierten Objekts, in der ganz wesentlich höheren Zahl der Setzungen und in der allgemein kürzeren Satzlänge. Die Sprache der Ferienkataloge ist also in großen Zügen der modernen Gegenwartssprache ähnlich und vor allem in der Syntax in vielen Erscheinungen mit ihr übereinstimmend.

Auch der Wortschatz, der die Sprache der Ferienkataloge bestimmt,ist durchaus normalsprachlich. Daß ein Schwerpunkt auf der Verwendung positiver und semantisch indifferenter Wörter mit großen Konnotationsmöglichkeiten liegt, ist durch die Zielsetzung der Kataloge gegeben, deren Aufgabe es ist, ein Urlaubsgebiet möglichst positiv zu schildern. Eine Sprache, die beschreibt, macht naturgemäß sehr häufig Gebrauch von Adjektiven. Adjektive finden daher in den Ferienkatalogen bevorzugt, und mehr als in anderen Sprachbereichen üblich, Verwendung. Daß diese

Adjektive fast ausschließlich der positiven Sphäre entnommen sind, versteht sich ebenso. Die Ferienkataloge bedienen sich daneben zahlreicher Mittel der semantischen Aufwertung und der Superlativierung. Es wurde zwar auch für die moderne Gegenwartssprache festgehalten, daß durch Abnützung hochwertender Wörter vermehrt Komposita und meist modische Vorsatzwörter zu einer nochmaligen und übertreibenden Steigerung herangezogen werden, Erscheinungen, die sich durchaus auch in den Ferienkatalogen zeigen, jedoch sind hier die Mittel der semantischen Aufwertung wesentlich differenzierter als im allgemeinen Sprachgebrauch. Die Sprache der Ferienkataloge wurde definiert als eine Sprache des Positiven und des Superlativischen. Sie ist durch die bevorzugte Verwendung in ihrer Grundbedeutung positiver Wörter gekennzeichnet, die weniger deutliche Denotationen als eine Fülle positiver Konnotationen und Assoziationen enthalten und häufig mit Gefühls- und Nebenwerten besetzt sind. Dies zeigt sich im Adjektivgebrauch ebenso wie in der Verwendung zahlreicher hochwertender Syntagmen. Durch die Bevorzugung eines positiven Wortschatzes und der verschiedensten Mittel zur häufig superlativischen Aufwertung hebt sich die Sprache der Ferienkataloge natürlich von der Allgemeinsprache ab. Sie benutzt jedoch fast ausschließlich Wörter, die gebräuchlich sind. Auch bei den zahlreich zu buchenden Fremdwörtern handelt es sich hauptsächlich um solche, die auch in der Allgemeinsprache verwendet werden, nur die meisten Fachtermini sind verständlicherweise normalsprachlich nur sehr selten anzutreffen. Auch die englischen Wörter, die in den Ferienkatalogen zu belegen sind, sind bereits in der Allgemeinsprache eingebürgert, was ihr Erscheinen in G.Wahrigs Deutschem Wörterbuch bestätigt. Die Ferienkataloge sind aus allgemeinsprachlich gängigen Wörtern gebildet, jedoch mit einem ganz deutlichen Schwerpunkt auf der Verwendung semantisch indifferenter und positiver Wörter.

3.2. Die Sprache der Ferienkataloge im Vergleich zur Sprache der Anzeigenwerbung und anderen Sprachbereichen

Die Ferienkataloge wurden als Form werblicher Kommunikation gesehen und daher wurde zum Vergleich in den verschiedensten Bereichen immer wieder die Werbesprache herangezogen, vor allem die Ergebnisse von R.Römers Untersuchung über die Sprache der Anzeigenwerbung. Auch die Sprache der Werbung ist eine positive, eine aufwertende Sprache, eine Sprache der Anpreisung. "Sie verwendet viele superlativische Wörter, Wörter aus der emotionalen Sphäre und bestimmte rhetorische Mittel."[11] Sie dient einem ähnlichen Zweck wie die Sprache der Ferienkataloge, auch sie soll zum Kauf anregen. Allerdings, und hier liegt der Unterschied zwischen Ferienkatalogen und Anzeigenwerbung, die kommerzielle Werbung will ein bestimmtes, deutlich darstellbares Produkt verkaufen, während die Ferienkataloge ein Bündel von Leistungen anbieten, etwas beschreiben, was der Kunde vor dem Kauf nicht zu sehen bekommt, ihm soll letztlich aber auch 'Urlaub' verkauft werden und nicht nur der Aufenthalt an einem bestimmten Ort. Ein wesentlicher Unterschied besteht weiter darin, daß Werbung, hier vor allem die Slogans, sehr oft wiederholt wird, somit längere Zeit wirksam ist, immer wieder begegnet. Die Ferienkataloge dagegen, und in diesem Punkt besteht auch ein Gegensatz zu den werblichen Äußerungen der Reiseveranstalter durch Werbekampagnen in Form von Zeitungsanzeigen und Plakaten, in denen Reklame für die einzelnen Touristikunternehmen gemacht wird, werden meist nur zu bestimmten Zeiten gelesen, vor allem dann, wenn eine Urlaubsreise geplant wird. - Die Formen der Kommunikation sind somit in einigen Zügen verschieden, und es kann vielleicht auch davon ausgegangen werden, daß Ferienkataloge in vielem bewußter gelesen werden, als es bei Anzeigen der Fall ist, deren Einfluß man häufig unbewußt ausgesetzt ist. Trotz einiger Differenzen zeigen sich jedoch in vielen Beziehungen Übereinstimmungen zwischen der Sprache der Ferienkataloge und der der Anzeigenwerbung, vor allem im Bereich der Syntax. Auffallend an der Werbesprache sind vor allem ihre Wortneubildungen; dies ist ein Gebiet, auf dem die Werbesprache wie auch die Sprache der Ferienkataloge sehr schöpferisch ist; Adjektivneubildungen allerdings finden sich in der Werbesprache wesentlich häufiger als in den Ferienkatalogen, die ständige Neubildung von Adjektiven ist hier kein wesentliches Merkmal, man stützt sich mehr auf schon gebräuchliche Adjektivkomposita. Auch die Bevorzugung des Einfachsatzes und die Meidung längerer Gefüge haben die Werbesprache und die Sprache der Ferienkataloge aus Gründen der leichteren Eingänglichkeit gemein. Der hohe Anteil an unvollständigen Sätzen ist ebenfalls ein gemeinsames Charakteristikum; für textreiche Anzeigen und für die Ortsbeschreibungen der Ferienkataloge ergibt sich fast der gleiche prozentuale Wert, während sich die Routenbeschreibungen durch ihren extrem hohen Anteil an Setzungen deutlich sowohl von den Ortsbeschreibungen als auch von der Anzeigenwerbung abheben. Ebenso im Bereich der Satzlängen ähneln sich beide Sprachbereiche, wobei sich vor allem Übereinstimmung zwischen den Ferienkatalogen und textreichen Anzeigen ergeben. Im Bereich der langen Sätze jedoch,und auch im Durchschnitt,bevorzugen die Ferienkataloge etwas längere Sätze, was häufig durch Aufzählungen oder erweiterte Nominalphrasen bedingt ist, ein Unterschied, der vor allem darin mitbegründet sein mag, daß der Untersuchung der Ferienkataloge ein umfangreicheres Corpus zugrunde liegt und die einzelnen untersuchten Textabschnitte wohl länger als Anzeigen sind. So ergibt sich ein etwas stärkeres Überwiegen der Sätze mit über 2o Wörtern, vor allem im Vergleich zu textarmen Anzeigen.

Im Wortschatz sind sich in der Grundhaltung Ferienkataloge und Anzeigen ebenfalls ähnlich. Beide zeigen eine Vorliebe für die häufige Verwendung von Adjektiven, für semantische Aufwertung durch Superlativ und Komparativ, steigernde Komposition, aufwertende Wörter und Syntagmen. Beide Bereiche benutzen einen positiven Wortschatz. In der Wortwahl jedoch zeigen sich Differenzen zwischen Ferienkatalogen und Warenwerbung. Die Ferienkataloge bedienen sich im Bereich der semantischen Aufwertung wesentlich diffizilerer Methoden, sie variieren beständig, wechseln Adjektive, hochwertende Syntagmen, steigernde Vorsatzwörter. Die semantische Aufwertung in den Ferienkatalogen ist subtiler, weniger augenfällig als in der Anzeigenwerbung.-Die häufigere Verwendung von Adjektiven beruht teilweise darauf, daß die Ferienkataloge, da ihr Produkt ja nur in ganz geringerem Maße vorzeigbar ist, ihre Schilderung durch den Gebrauch zahlreicher Epitheta vordergründig veranschaulichen müssen. Einige Unterschiede zeigen sich auch in Bezug auf die Sprachebenen. Die Werbesprache ist deutlicher durch die Umgangssprache geprägt als die Ferienkataloge, die öfter zur gehobenen Sprachschicht tendieren. Die verwendeten Fachwörter entstammen in Werbung und Ferienkatalogen verschiedenen Bereichen. Ähnlichkeiten ergeben sich wiederum in der Nutzung rhetorischer Mittel, wobei Anrede, Imperativ, Frage in beiden Bereichen häufig verwendet werden. Aber auch dabei zeigt sich, daß beide Sprachformen differieren: zwar ist beiden die Verwendung zahlreicher rhetorischer Figuren gemein, aber die Ferienkataloge sind auch hier wesentlich diffiziler gestaltet, es erscheinen die verschiedensten, auch ausgefallenen und wohl in schöngeistiger Literatur und Dichtung gebräuchlichen rhetorischen Figuren. Im ganzen kann bei einem Vergleich zwischen Werbesprache und Sprache der Ferienkataloge festgehalten werden, daß sie sich in vielem ähneln, vor allem in ihrer positiven Grundhaltung und ihrer einfachen syntaktischen

Struktur, die eine Aufnahme des Textes erleichtern soll, daß jedoch die Ferienkataloge differenzierter gestaltet sind, mehr variieren, mehr syntaktische Möglichkeiten zur Auflockerung des Textes nutzen und in Bezug auf die Wortwahl nicht so laut und offensichtlich anpreisen wie die Anzeigen. Einige Unterschiede ergeben sich natürlich auch durch die verschiedene Thematik.

R.Römer sieht die Sprache der Anzeigenwerbung als Teilgebiet in einem größeren Sprachbereich: "sie ist Teil eines größeren Ganzen, das wir P r o p a g a n d a s p r a c h e nennen wollen und worunter verstanden werden soll: eine Sprache, die gesprochen wird, um das Denken und Handeln von Menschen zu lenken, deren Denken und Handeln noch nicht in der Richtung der Intention des Sprechers liegt, sondern dahin erst gebracht werden muß; in deren Denken und Handeln vielleicht gar Widerstände besiegt werden müssen."[12] Da die Sprache der Ferienkataloge soviel Ähnlichkeiten mit der Werbesprache aufweist, erhebt sich natürlich die Frage, ob auch diese Sprachform als Propagandasprache betrachtet werden muß. Ein wesentlicher Unterschied zur Anzeigenwerbung besteht wohl darin, daß das Denken und Handeln derer, die sich einen Ferienkatalog besorgen, in gewisser Form schon in teilweiser Übereinstimmung mit dem Ziel des Kommunikators stehen, denn die meisten, die Ferienkataloge lesen, wollen in Urlaub fahren. Sie sollen auf Grund der Ferienkataloge nur noch entscheiden wohin; ihre Intention Urlaub zu machen soll verstärkt werden. Die Ausgangspunkte sind nicht so verschieden wie im Bereich der Wirtschaftswerbung. Natürlich sollen auch die Ferienkataloge beeinflussen, sie haben das Ziel, den Leser zum Buchen einer Reise zu veranlassen. Die Sprache der Ferienkataloge soll Verhaltensweisen lenken, positive Einstellungen verstärken, den Wunsch eine Urlaubsreise zu buchen, intensivieren, sie soll zum Handeln im Sinne des Kommunikators auffordern. Dadurch wird jedoch Denken nicht grundsätzlich geändert. Wer eine Aversion gegen Pauschalreisen hat, wird sich kaum der Lektüre eines Ferienkatalogs aussetzen, während ein Gegner von Wirtschaftswerbung ihren Äußerungen durch die tägliche unbewußte Konfrontation wohl kaum entgehen kann. So ist die Sprache der Ferienkataloge eine Sprache, die Handeln bewirken, jedoch nicht grundsätzlich ändern soll. Sie ist eine anpreisende und lobende Sprache, aber wohl nur zu einem kleinen Teil wirkliche Propagandasprache, denn viele negative Konnotationen, die dieser Begriff auslöst, stimmen nicht mit den Intentionen der Ferienkataloge überein.

Gelegentlich wurden zum Vergleich einiger Spracherscheinungen die Untersuchungen E.Mittelbergs zur Sprache der BILD-Zeitung herangezogen. Ähnlichkeiten zeigen sich im Bereich der Syntax, vor allem bei jenen Erscheinungen, die dazu dienen, die Sprache verständlich und leicht rezipierbar zu gestalten, hierunter sind zu rechnen Einfachsätze, kurze Sätze, Vermeidung von Gefügen. In beiden Bereichen finden sich häufig Setzungen und auch in der Art der von der Norm abweichenden, willkürlichen Interpunktion zeigen sich Übereinstimmungen. Gemeinsamkeiten sind syntaktisch gelegentlich in Details anzutreffen, was daran liegt, daß beide Sprachformen Ausdruck moderner Gegenwartssprache sind und auf breite Kreise wirken wollen.
Im Bereich des Wortschatzes und der Wortwahl weichen BILD-Zeitung und Ferienkataloge jedoch wesentlich voneinander ab. Die BILD-Zeitung ist deutlich polemischer, sie verwendet entschieden häufiger umgangssprachliche Elemente, manchmal auch in derber Form, sie ist bewußt volkstümlicher und in vielem entschieden plumper und aufdringlicher als die Ferienkataloge. Die Sprache der BILD-Zeitung eignete sich noch am besten für einen Vergleich, da die Untersuchungen E.Mittelbergs sehr ausführlich sind und die verschiedensten Aspekte, die auch in dieser Arbeit erwähnt wurden, behandeln. Daneben wurden auch andere Arbeiten über die Zeitungssprache herangezogen. Aber letztlich konnten hier nur Vergleiche im Detail vorgenom-

men werden, da die Sprachbereiche Zeitung - Ferienkataloge thematisch sehr differieren. Das gilt vor allem für die Sprache des 'Spiegel'. Hier liegen zahlreiche Einzeluntersuchungen vor.[13] In allen diesen Arbeiten wird jedoch herausgehoben, daß es sich bei der Sprache des 'Spiegel' um eine besondere Sprachform, mit Einschränkungen um eine Masche, ja sogar um einen eigenen Slang handelt.[14] Daraus ergibt sich, daß die Sprache des 'Spiegel' zu einem Vergleich wenig geeignet ist. Dennoch zeigen sich auch hier im Detail einige Übereinstimmungen, so vor allem im häufigen Gebrauch englischer Ausdrücke sowie gelegentlich von Archaismen[15] und (allerdings nur entfernt) im Prinzip der Anspielung auf Redewendungen und Filmtitel, was im'Spiegel'jedoch viel häufiger zu finden ist. Gerade in diesem Bereich werden zum Teil überraschende Parallelen sichtbar,die aber durchaus auch Zufälligkeiten sein können.

3.3. <u>Die Sprache der Ferienkataloge als Sondersprache</u>

R.Römer geht in ihrer Untersuchung zudem auf das Problem ein, ob die Sprache der Anzeigenwerbung als Sondersprache zu betrachten sei. Sie legt einige Kriterien für die Bestimmung einer Sprache als Sondersprache zugrunde, so z.B. daß Sondersprachen nur von einem beschränkten Personenkreis gesprochen werden, der esoterischen Kommunikation dienen, einen besonderen Wortschatz haben und ein besonderes Ausdrucksbedürfnis erfüllen.[16] Sie hält fest, daß die Werbesprache in kleinen Teilbereichen die Merkmale einer Sondersprache aufweist, aber gerade in ihrem wesentlichsten Punkt, im Bereich des Wortschatzes, nicht von der Normalsprache abweicht: "Der besondere Wortschatz der Werbesprache ist aber weniger von der Gemeinsprache geschieden als derjenige anderer Sondersprachen. Die Besonderheit des Wortschatzes kommt zum größten Teil dadurch zustande, daß wenige Wörter eine überaus hohe Frequenz aufweisen. Bis auf die Neologismen, die sie unaufhörlich bildet, gehört die Werbesprache mit ihren wertenden Wörtern, ihren Epitheta, ihren aus Wörtern gewonnenen Markennamen, ihren Steigerungswörtern dem Grundbestand der Gemeinsprache an."[17]

Für die Reiseprospekte gibt H.-D.Ebert folgende Definition: "Die bunten Bilderhefte der Reiseverkäufer sind Werbung, na klar, aber was heißt das? Sie sind geographisches Preislied und Agitprop-Suggestion, gut geölte Naturlyrik und aphoristischer Definitionseifer - ..."[18] Einige dieser Merkmale, obschon H.-D.Ebert sehr überspitzt formuliert, treffen mit Einschränkungen auf die Ferienkataloge zu. Sie sind 'geographisches Preislied', da sie alle Urlaubsgebiete anpreisen, da sie geographische Gegebenheiten aufwertend schildern; 'Agitprop-Suggestion' bezeichnet als übertreibendes Modewort nicht ganz die Handlungsbeeinflussung, die durch die Ferienkataloge bewirkt werden soll; in der Lobpreisung der Natur durch abgenutzte Klischees sind sie vielleicht 'gut geölte Naturlyrik'; 'aphoristischen Definitionseifer' kann man ihnen, betrachtet man nur die Wortbildung, sicher nicht absprechen. Darf man deshalb aber schon von einer eigenen Sprache sprechen? Werden die Kriterien für Sondersprache, die R.Römer angibt, zugrunde gelegt, so ergibt sich Folgendes: Daß die Sprache nur von einem besonderen Personenkreis gesprochen wird, kann nicht auf die Sprache der Ferienkataloge übertragen werden, da es sich hier rein um geschriebene Sprache handelt. Diese Sprache wird von wenigen für viele geschrieben. Vielleicht noch stärker als die Werbesprache ist die Sprache der Ferienkataloge auf das Schriftliche fixiert. Gesprochene Rundfunkwerbung oder Fernsehwerbung gibt es für Reiseunternehmen noch relativ wenig, und auch die Werbefilme, die gelegentlich von Urlaubsgebieten vorgeführt werden, beruhen auf einem schriftlich fixierten Drehbuch. Ob die Reisebüroangestellten sich in ähnlicher Form wie die Kataloge äußern, müßte an Hand von Untersuchungen nachgeprüft werden.- Daneben aber zeigt sich deutlich, daß die Sprache der Ferienkataloge doch eigentlich keine Sondersprache ist, denn ihr fehlt das wohl wichtigste Kennzeichen - der eigene Wortschatz. Wie schon häufig erwähnt, gebraucht die Sprache der Ferienkataloge den Wortschatz der Allgemeinsprache, seien es nun Adjektive, Fremdwörter oder auch Wörter aus anderen Sprachen. Sie arbeitet hauptsächlich, außer es dient besonderen Zwecken, mit solchen Wörtern, die allen verständlich sind, die alle gebrauchen und - auch hier mangelt es der Sprache der Ferienkataloge an einem Kriterium der Sondersprache - sie dient nicht der esoterischen Kommunikation, ganz im Gegenteil, sie möchte viele, wenn möglich alle potentiellen Urlauber erreichen. Die Sprache der Ferienkataloge unterscheidet sich von der Allgemeinsprache also im wesentlichen dadurch, daß sie eine Sprache ist, die vornehmlich und in großer Zahl positive Wörter verwendet und diese häufig wiederholt, die viele aufwertende Syntagmen benutzt. Da die Sprache der Ferienkataloge eine Lob- und Anpreisungssprache ist und häufig dabei auch von stereotyp rühmenden Klischees Gebrauch macht und manche schon veralteten Wörter wiederbelebt, kann sie in gewisser Weise auch als 'Feiertagssprache' gelten. Diese preisenden Klischees sind aber auch nicht so häufig, daß sie die Sprache ganz deutlich kennzeichnen, vielmehr sind die veralteten Lyrismen nur ein kleiner Bestandteil dieser Sprache, der zwar beim Lesen besonders auffällt, jedoch kein Hauptcharakteristikum ist. Die Sprache der Ferienkataloge ist positiver als die Allgemeinsprache, da sie Negatives negiert, sie ist eine Sprache, die auf dem emotionalen Sektor wirkt, eine Sprache, die oft auch übertreibt, daraus resultiert die Skepsis, die den Ferienkatalogen gegenüber häufig zu Tage tritt: "Gleichzeitig fällt auf, daß vor allem der Werbung und den Prospektbeschreibungen von Touristikunternehmen teilweise mit erheblicher Skepsis begegnet wird. Reiseveranstalter besitzen im allgemeinen nur eine bedingte Glaubwürdigkeit; Reisebüros gegenüber ist man eher geneigt, einen gewissen Vertrauenskredit einzuräumen, da hier ein persönlicher Gesprächspartner hinter dem Counter steht, den man im Notfall persönlich verantwortlich machen kann."[19] Auch die auf S.6 wiedergegebene Befragung einiger Urlauber ergab, daß 51 % die Angaben in den Ferienkatalogen für übertrieben halten. Dies beruht darauf, daß die Ferienkataloge die Welt nur positiv kennen und auch so beschreiben.

Die Sprache der Ferienkataloge ist positiv übertreibend, sie ist eine Sprache, die auf Schriftlichkeit angewiesen ist und sie ist eine von einem anonymen Autorenkollektiv bewußt konzipierte Sprache, die beeinflussen soll. Was für die Sprache des Slogans und der Werbung festgehalten wird, kann auch ohne Einschränkung auf die Sprache der Ferienkataloge übertragen werden, nämlich,"daß es sich ... keineswegs um eine unreflektierte Primitivsprache handelt. Sie weiß vielmehr mit den Mitteln der Rhetorik und der traditionellen Lyrik ebenso wie mit den neuzeitlichen Techniken suggestiver Menschenführung umzugehen."[2o] Durch ihre Ausdrucksformen stellt die Sprache der Ferienkataloge sicher eine Sonderform der allgemeinen Sprache dar. Da diese Sprache jedoch alle erreichen soll, da sie einen Wortschatz gebraucht, der allen verständlich ist, kann sie nicht als eine Sondersprache betrachtet werden, sondern vielmehr als eine Sonderform der Sprache der Gegenwart, die auf einen bestimmten Bereich beschränkt ist.

4. Die Bedeutung der Sprache der Ferienkataloge und ihre Wirkungen

Wenn die Sprache der Ferienkataloge als eine Sonderform der Gegenwartssprache bezeichnet wird, muß noch kurz auf die Frage eingegangen werden, ob und wie diese sprachliche Sonderform auf die Allgemeinsprache ausstrahlt oder einwirkt.

4.1. Wirken die Ferienkataloge auf die Allgemeinsprache?

Auch hier soll zuerst kurz die Werbesprache vergleichend herangezogen werden. Die Meinungen über den Einfluß der Werbesprache differieren. So behauptet H.Hartwig, daß der Einfluß der Werbesprache auf die Umgangssprache groß sei, da sie täglich Millionen erreiche.[21] S.Grosse drückt sich vorsichtiger und einschränkender aus, indem er behauptet: "Auf dem Weg des scherzhaften Entlehnens und Abwandelns, schleichen sich Worte und Wendungen auch in den allgemeinen Sprachgebrauch ein."[22] R.Römer, die sich sicher am intensivsten mit der Sprache der Anzeigenwerbung auseinandergesetzt hat, negiert jedoch einen Einfluß: "Die Frage, ob die spezifischen Werbewörter, die Augenblickseinfälle der Werbetexter, überhaupt die Diktion der Werbeanzeigen die Gemeinsprache beeinflussen und sich fühlbar in ihr niederschlagen, kann vorläufig verneint werden."[23] Und: "Der Zwang, zu sprechen, nur um Aufmerksamkeit zu erregen, verhindert die Werbung, eine der großen Quellen zu sein, aus denen die Gegenwartssprache gespeist wird."[24] R.Römer konzediert, daß gelegentlich Wendungen in die Allgemeinsprache übernommen werden, hält aber dagegen, daß die Lebensdauer dieser Übernahmen sicher nur kurz sei und daß hauptsächlich Slogans übernommen werden, die jedoch als Redensarten Zitatcharakter haben.[25] Die Werbesprache ist aber nun ein Sprachbereich, mit dem man gemeinhin viel stärker konfrontiert wird als mit den Ferienkatalogen. Werbeanzeigen nimmt man unbewußt beim Lesen einer Zeitung auf, Werbeslogans hört man nebenbei in Rundfunk und Fernsehen, Plakaten begegnet man, sobald man nur auf die Straße tritt. Die Ferienkataloge hingegen liest man bewußt, wenn man einen Urlaub plant und das wird höchstens zweimal im Jahr sein. So ist es schon aus diesem Grund unwahrscheinlich, daß die Ferienkataloge die Allgemeinsprache besonders prägen können. Sicher wird auch der sprachliche Duktus eines populären Autors nicht die Allgemeinsprache beeinflussen nur deshalb, weil seine Bücher in hoher Auflagenzahl erscheinen und von vielen gelesen werden.

Die Sprache der Ferienkataloge basiert auf der Normalsprache. Im Bereich des Wortschatzes bilden nur die zahlreichen Wortneuschöpfungen eine Ausnahme. Zum größten Teil handelt es sich jedoch um Augenblickskomposita, die nur für eine kurze Zeit bestimmt sind und darum nur schwer Eingang in die Allgemeinsprache finden werden. Teilweise sind diese Wörter auch zu lang und zu spezifisch, um in ein persönliches Gespräch aufgenommen zu werden. Etwas anders verhält es sich dagegen mit den touristischen (Fach)-Wörtern.Diese gehen sicher allmählich in die Normalsprache ein, vor allem, wenn über Reisen und Urlaub gesprochen wird. Hierher sind Wörter zu rechnen wie 'Pauschalreise', 'Vollpension', 'Halbpension', 'Saisonzuschlag', 'Buchungsbestätigung', 'Zielgebiet', 'Lunchpaket', 'Einzelzimmer' oder 'buchen'. Sie werden verwendet, wenn von(organisiertem) Reisen die Rede ist, da es Begriffe sind, die mit dem Phänomen des Urlaubs und des Tourismus eng verbunden sind. Sie werden jedoch nicht nur in den Ferienkatalogen verwendet, sondern auch im Gespräch im Reisebüro, im Gespräch mit dem Reiseleiter. R.Römer erwähnt, daß über die Werbesprache Bezeichnungen für moderne Geräte, ihre Arbeitsweise, für Verpackungen und Handelsformen von Lebensmitteln in die Allgemeinsprache Eingang gefunden haben. Sie rechnet diese Wörter jedoch dem Bereich der Sprache der Wirtschaft und des Handels zu und nicht eigentlich der Werbesprache.[26] Ähnliches kann auch für den Gebrauch einiger Wörter in den Ferienkatalogen gelten: es werden teilweise Begriffe benutzt, die durch das Anwachsen des Tourismus und der organisierten Reisen auf dem Wege sind, sich in die Allgemeinsprache einzubürgern. Hierbei handelt es sich jedoch um Wörter, die sich auf das Reisen allgemein beziehen, die nicht nur auf die Ferienkataloge beschränkt sind, sondern sich auf alle Bereiche erstrecken, die mit dem Tourismus im Zusammenhang stehen und die durch die Ferienkataloge nur propagiert werden. Das hat also nur bedingt etwas mit der Sprache der Ferienkataloge zu tun. Eine andere Frage ist aber, ob die häufig in den Ferienkatalogen gebrauchten positiven und semantisch indifferenten Epitheta und die vielen superlativischen Aufwertungen einen Einfluß auf die Allgemeinsprache haben, zumindest dann, wenn Urlaub und Reise thematisch werden. H.-D.Ebert scheint die Sprache der Ferienkataloge in diesem Bereich für einflußreich zu halten: "Noch stehen die Touristik-Formeln über Land und Leute nicht im Büchmann, aber sie kommen so beflügelt daher, daß an ihrem Überleben Zweifel nicht angebracht scheinen:aphoristische Verknappungen, wie geschaffen zugleich als Briefsteller-Service für Ansichtskartenschreiber, die mit einem Satz die Daheimgebliebenen neidgelb machen möchten."[27] Daß einige Formeln so klischeehaft wirken, daß man das Gefühl hat, sie schon viele Male gehört zu haben, stimmt sicherlich,und vielleicht hat die preisende Sprache der Ferienkataloge auch wirklich einen Einfluß auf das Abfassen von Ansichtskarten, denn auch hier wird ja oft auf stereotype Formeln zurückgegriffen. Aber dies beruht vielleicht auf der gleichen Thematik und dem Zwang zum positiven Ausdruck. In den meisten Fällen wird ein Urlaub als schön empfunden und daher bei seiner Schilderung auf hochwertige Syntagmen und Epitheta, wie sie in den Ferienkatalogen benutzt werden, zurückgegriffen. Ob aber die Sprache der Ferienkataloge einen wirklichen Einfluß auf die Allgemeinsprache und sei es nur auf die Sprache, in der über den Urlaub gesprochen wird, hat, könnten nur genaue und über einen großen Zeitraum sich erstreckende Untersuchungen beweisen. Sicher ist, daß Wörter und Wendungen aus dem Bereich des Tourismus durch seine immer größer werdende Verbreitung und seinen Einfluß sich auch in der Allgemeinsprache einbürgern werden. Ob nun gerade die Ferienkataloge mit ihrem spezifischen Wortschatz, ihren Wortneubildungen (die vielleicht in einigen Bereichen, z.B. wenn es sich um Komposita handelt, die mit gewissen Sportarten zusammenhängen oder mit typisch touristischen Erscheinungen, eventuell häufiger gebraucht werden), ihren spezifischen Aufwertungsmechanismen,wirklich auch auf die Allgemeinsprache abfärben, bräuchte sehr detaillierter und langfristiger Untersuchungen, um mehr als nur Vermutungen äußern zu können. Die Wendung 'die kostbarsten Wochen des Jahres' wird schon seit einiger Zeit als aufwertendes Synonym für 'Urlaub' propagiert, wer jedoch benutzt diese Wendung, wenn er über Urlaub spricht?

4.2. Die Verständlichkeit der Ferienkataloge und das Verhältnis von Information und Emotion

Es wurde im Verlauf dieser Arbeit immer wieder betont, daß die wichtigste Voraussetzung für die Wirkung einer Sprache ihre Verständlichkeit ist. Kommunikation ist nur möglich, wenn Sender und Empfänger den gleichen Code, das gleiche Repertoire von Zeichen benutzen. Kommunikation kann erst Handeln bewirken, wenn die Botschaft verstanden wird, wenn die verwendeten Zeichen von Kommunikator und Kommunikant auch gleich interpretiert werden. Für den Bereich der Syntax wurde an Hand von zahlreichen Beispielen nachgewiesen, daß die Ferienkataloge klar strukturiert sind, um so einer möglichst breiten Leserschicht das Verständnis zu erleichtern. Syntaktische Variationen dagegen dienen dazu, das Lesen nicht zu einem ermüdenden Vorgang werden zu lassen und die Aufnahmebereitschaft für die Botschaft nicht zu verringern. Von ihrer Syntax her sind die Ferienkataloge also so konzipiert, daß sie von den meisten Lesern ohne größere Schwierigkeiten aufgenommen werden können.

Komplexer wird es jedoch im Bereich der Semantik. Es wurde schon mehrmals darauf verwiesen, daß die Ferienkataloge sich eines Wortschatzes bedienen, der allgemein verbreitet ist, daß also die Wörter, die gebraucht werden, für die Leser in den meisten Fällen leicht verständlich sind. Aber ist auch immer das exakt verständlich, was sie aussagen? Viele Begriffe, die bevorzugt verwendet werden, sind solche, die semantisch indifferent sind, d.h. Wörter, die keine exakten Denotationen, hingegen eine Fülle positiver Konnotationen besitzen, die Gefühls- und Nebenwerte haben, die für jeden eine andere Vorstellung auslösen: 'schön', 'herrlich', 'phantastisch' sind Wörter, die jedem Benutzer durch ihre Nebenwerte anderes aussagen und was z.B. als 'malerisch' bezeichnet wird, ist für manchen in der Realität einfach nur 'schmutzig'. Viele der Wörter und aufwertenden Syntagmen haben kaum eine exakte Denotation, außer der des Positiven, sie stehen zwischen Information und Emotion, denn sie sagen inhaltlich wenig aus, wirken mehr emotional, und hieraus ergibt sich eines der größten Probleme in Bezug auf die Ferienkataloge, die Frage, inwieweit bieten die Ferienkataloge echte Information und inwieweit wirken sie nur auf dem emotionalen Sektor.

Die Ferienkataloge, so haben viele Untersuchungen und Befragungen ergeben, dienen immer noch als wichtigste Entscheidungshilfe bei der Wahl eines Urlaubsortes.[28] Da der Urlauber den Urlaubsort vorher weder prüfen noch begutachten kann, muß er sich auf die Richtigkeit der Angaben im Prospekt verlassen. Was aber ist echte Information? C.F.Weizäcker sagt über die Beziehung von Sprache und Information: "Daß es Sprache als Information gibt, darf niemand vergessen, der über Sprache redet. Daß Sprache als Information uns nur möglich ist auf dem Hintergrund einer Sprache, die nicht in eindeutiger Information verwandelt ist, darf niemand vergessen, der über Information redet."[29] Die Ferienkataloge bieten Information über Urlaubsorte, aber diese Informationen sind bisweilen so von emotionalen Nebenwerten geprägt, daß ihre eigentliche Aussage nicht mehr klar ersichtlich ist. Die Ferienkataloge informieren relativ sachlich, wenn sie die Namen der Urlaubsorte nennen, ihre geographische Lage fixieren, die Einrichtungen aufzählen, über die diese Orte verfügen. Aber was wirklich ist ein 'schöner Strand', 'eine reizvolle Landschaft', eine 'einmalige Lage'? Die Sprache der Ferienkataloge wirkt durch ihren positiven und konnotationsreichen Charakter vornehmlich auf das Emotionale und aus den vagen und hochwertigen Aussagen, die aber als wirklichkeitsgetreue Beschreibung deklariert werden, resultieren die Enttäuschungen beim Urlauber, wenn seine so geweckten Vorstellungen nicht mit vorgefundener Realität kongruieren: "Das Gefährliche an den Katalogen, die Anspruch auf wirklichkeitsgetreue Beschreibung erheben, ist, daß die Werbefachleute unter dem Siegel dieses Anspruchs das Bild eines Urlaubsziels so zeichnen, wie es den Erwartungen dessen entspricht, der den Prospekt durchsieht. Aber auch der potentielle Reisende spricht weniger auf das tatsächliche Bild eines Urlaubsortes an, als vielmehr auf das, was seinen Erwartungen und Vorstellungen von Ferien entgegenkommt. Und das heißt, daß vieles sehr unterschiedlich ausgelegt werden kann. Besonders die teilweise recht poetisch abgefaßten Wendungen - die sehr oft keine Information enthalten - bewirken, daß viele Kunden im guten Glauben in Urlaub fahren, all das zu erleben, was in den Katalogen zu lesen ist und ihren Erwartungen entspricht."[3o] Um möglichst viele Urlauber anzusprechen, sind die Ferienkataloge so gehalten, daß die Urlauber aus den Beschreibungen die Erfüllung ihrer speziellen Urlaubsträume herauslesen können. Ein Urlaubsziel erscheint dann buchenswert, wenn es den Anschein erweckt, alles das zu bieten, was sich der potentielle Urlauber erwartet, denn die Urlaubsentscheidung für einen bestimmten Ort hängt häufig davon ab, "von welchem Ort der Urlaubsgast die Auffassung gewinnt, daß er dort seine Urlaubswünsche am besten erfüllen kann."[31] Durch die semantisch vagen Aussagen wirbt der Touristikveranstalter daher eigentlich am effektivsten. Die positiven Aussagen werden noch unterstützt durch positive Darstellungen im optischen Bereich. Die Bilder, die den Text erläutern und denen neben dem Text eine besondere Beachtung geschenkt wird, was die Befragung mehrerer Urlauber ergab (laut Fragebogen S.6), diese Bilder, mit denen die Ferienkataloge sehr reichlich ausgestattet sind, zeigen die Urlaubsorte, bzw. den Strand, die Hotels natürlich immer nur von der schönsten Seite und natürlich immer nur in Ausschnitten. Junge, fröhliche Menschen, blaues Meer, blauer Himmel, elegante Hotels und in den Winterkatalogen immer reichlich Sonne und Schnee. Leider war es, um diese Arbeit nicht zu sehr anwachsen zu lassen, nicht mehr möglich, auf die wechselseitigen Beziehungen zwischen Bild und Text, auf die Informationen, die durch das Zeichen 'Bild' übertragen werden, einzugehen, was sicher interessant gewesen wäre, zumal ja zahlreiche Bilder auch mit Unterschriften versehen sind (die natürlich nicht von der Sprache der Ferienkataloge abweichen und meist Paraphrasen der jeweiligen Ortsbeschreibungen sind). Allgemein kann jedoch festgehalten werden, daß die hochwertigen Aussagen durch die Bilder und ihre Motive unterstützt werden und dem Leser so in erhöhtem Maße ein vollkommener Urlaub präsentiert wird.

Ein weiteres Problem ist das der Halb- und der Nichtinformation. Die Veranstalter bieten eine solche Fülle von Zielorten an, daß natürlich jedem Ort nur ein kleiner Abschnitt gewidmet und somit ein Urlaubsgebiet nie erschöpfend charakterisiert werden kann, daß man sich immer auf einige möglichst typische Eigenheiten und wirksame Stichworte beschränken muß. Der potentielle Urlauber wird dann häufig der Überzeugung sein, daß gerade über den Ort, den er sich ausgewählt hat, zu wenig Angaben zu finden sind, zumal er, auch das ergab der auf S.6 wiedergegebene Fragebogen, Wert auf ausführliche Beschreibungen legt. Es ist aber nicht möglich, immer erschöpfend über einen Ort zu berichten, und daß man dann Negatives nur am Rande erwähnt bzw. gar nicht, ist aus der Sicht des Reiseveranstalters heraus verständlich. Nur über Baulärm muß er laut Gerichtsbeschluß den Urlauber aufklären.[32] Einige Hinweise auf Baustellen finden sich denn auch in den Katalogen, jedoch meist in euphemistischer

Form verbrämt und stark abgemildert. Denn "die Manipulation durch fehlende bzw. unvollständige Angaben schafft gewissermaßen erst Raum für die Manipulation durch die sich ständig ergänzenden und wiederholenden unthematischen Informationen. Man braucht nur einmal auszurechnen, wie wenig Abbildungsfläche auf Transportmittel und Unterkünfte und wie viel auf Stimmungswerte entfällt, die sich auf alle Angebote projizieren lassen."[33]

Wie schon erwähnt, setzen sich ja die Ortsbeschreibungen aus den immer gleichen Motivkreisen zusammen: Lage, Publikumskreis, Einrichtungen usw. Superlative, hochwertige Adjektive, aufwertende Syntagmen sind beliebig auf verschiedene Einrichtungen anwendbar. Manche lobenden Formeln wiederholen sich in verschiedenen Kontexten stereotyp. Die Beschreibungen der verschiedensten Orte sind häufig ähnlich, echte Unterscheidungskriterien werden kaum angeführt, nur die Aufwertungsmechanismen variieren. Der Vorwurf, die Ferienkataloge würden zu wenig exakte Informationen bieten und zu sehr auf dem emotionalen Sektor wirken, erscheint berechtigt.

4.3. Die Wirkung der Ferienkataloge und ihrer Sprache auf Einstellungen und Vorstellungen der Leser

Ein Problemkreis, der natürlich nicht geklärt, sondern zu dem nur in Ansätzen der Versuch einer Antwort unternommen werden kann. Die Grundbedrüfnisse, die den Urlaubswunsch bedingen, sind verschieden: das Bedürfnis, sich von harter Arbeit auszuruhen, anderen seinen wirtschaftlichen Status zu zeigen und sich selbst sozial einzustufen, den täglichen Pflichten und Sorgen zu entrinnen.[34] Die Entscheidung für einen Urlaubsort beruht nicht immer auf der Kenntnis desselben, sondern darauf, "daß der Urlaubsort zunächst nur Ausdrucksfeld der Wünsche nach Ausgleich, nach einer Kompensation für die in mancher Hinsicht unerfüllte, unbefriedigende, belastende oder enttäuschende Lebenssituation darstellt."[35] Der Veranstalter hat die Aufgabe, mit seinem Angebot den Wünschen des Urlaubers entgegenzukommen "und das zu vermitteln, was der Einzelne wirklich meint: Tage unbeschwerter Heiterkeit, aktiven Erlebens und damit ausgefüllten Lebens in vielfältigster Form. Mit seinem touristischen Angebot müßte er das erstellen und verkaufen, was man allgemein als nicht käuflich ansieht: Glück."[36] Und letztlich versuchen die Ferienkataloge in ihrer Schilderung der Urlaubsgebiete, dem potentiellen Urlauber das auch zu bieten. Sie schildern eine positive, eine heile, eine glückliche Welt, in Urlaubsgebieten, wie sie schöner nicht sein können, an Orten, die eine Fülle von Superlativischem bieten an Landschaft, Stränden, Sehenswürdigkeiten oder Einrichtungen, die den Urlaub verschönern sollen. Vieles ist schon so unwirklich schön, daß es mit Wörtern aus dem Bereich des Irrationalen beschrieben werden muß. Durch die verschiedensten Mittel der semantischen Aufwertung wird dem Urlauber die Welt nicht anders dargestellt als unter dem Aspekt des Positiven: "Im übrigen ist alles so angelegt, daß der Rezipient den Eindruck gewinnen muß, hier werde ihm ein - im Grunde unbezahlbares! - Mehr geboten, eine Art Urlaubsparadies, in dem er ständig durch strahlend blauen Himmel, lukullische Schlemmereien, appetitliche Bikinimädchen und eine Schar von 'dienstbaren Geistern' und 'Betreuern' 'verwöhnt' wird."[37] Ähnlich wie durch die Werbung wird durch die Ferienkataloge eine schöne, heile Welt aufgebaut: "In der Fügung der Zeichen konstruiert sich eine gedankliche Zwischenwelt besonderer Art: eine utopische Welt der superlativischen Idealität, der uneingeschränkten Lebensfreude in harmonischer Geselligkeit. Eine Utopie wird evoziert, ..."[38] Die Ferienkataloge wollen den Leser aus seiner Alltagswelt (Flucht aus dem Alltag ist ja ein häufiges Motiv für Urlaub) in eine Urlaubstraumwelt versetzen. Manchmal ist jedoch das Erwachen am Urlaubsort bitter, dann, wenn Realität und überhöhte Traumvorstellungen auseinanderklaffen: "Überhaupt scheinen sich die meisten Konfliktsituationen und Reibungen aus der Spannung zwischen

Erwartung und Wirklichkeit zu ergeben. Vielfach bilden die Werbeprospekte und durch Reisebüros vermittelte Angebote der großen Reisegesellschaften die einzige Grundlage für die Entstehung einer Erwartungshaltung in unerfahrenen Touristen."[39]

Nicht immer ist es jedoch möglich, die Enttäuschungen durch den Gang vors Gericht zu kompensieren. Ein Gerichtsprozeß kann erfolgreich sein, wenn es um exakt nachprüfbare Verminderungen des Urlaubs geht. "Der Nachweis einer nicht wahrheitsgetreuen Beschreibung ist nicht oder nur sehr schwer zu erbringen, wenn es sich um nicht objektiv nachprüfbare Gegebenheiten handelt, wenn also persönlich gefärbte Empfindungen im Spiel sind."[40] Imponderabilien wie Glück, Entspannung, Erholung, eine Flucht in eine schöne Urlaubswelt kann man versprechen. Kann man diese Versprechungen aber auch erfüllen? Die Ferienkataloge evozieren übersteigerte Vorstellungen, persönliche Glückserwartungen. Sie inspirieren den Leser dazu, seine eigenen Erwartungen und Imaginationen aus den Katalogen herauszulesen. Wenn aber diese nicht erfüllt werden, kann der Reiseveranstalter nicht haftbar gemacht werden. Denn seine Aussagen provozieren zu viele Illusionen, sind subjektiv interpretierbar, sind durch indifferente Beiwörter und vorsichtige Superlative vage gehalten, aber eben kaum einfach nachprüfbar falsch. Die Veranstalter sichern sich dadurch gegen Beschwerden ab und überlassen es dem Urlauber, ob die von ihnen geweckten Träume in Erfüllung gehen oder nicht.

Eine andere Frage ist, wie die Ferienkataloge das Bild des einzelnen von seinem Urlaub prägen, ob sie nicht schon bestimmte Einstellungen und Verhaltensweisen, Erlebnismuster vorprogrammieren und so Vorstellungen vom Urlaubsort und vom Erleben des Urlaubs manipulieren. Denn nur wenige reklamieren ja und ein großer Teil der Urlauber ist durchaus zufrieden, zufrieden, weil er seinen Urlaub erlebt hat, wie er in den Ferienkatalogen geschildert war. Aber auch hier bedürfte es langer und genauer Beobachtung und Untersuchung, um zu ermitteln, welchen Einfluß die Ferienkataloge auf das 'Image', das von einem Ort besteht, haben, und wie sie die Anschauungen über einen Urlaubsort mitbestimmen können. Da sich ja gelegentlich auf Grund des Prospektmaterials Präferenzen für gewisse Urlaubsorte zeigen (s. S.23-32), liegt die Vermutung nahe, daß manche Urlaubsgebiete durch die Veranstalter und ihre Werbemaßnahmen gleichsam aufgebaut wurden.

Die Ferienkataloge beeinflussen, indem sie verstärkt das Bedürfnis nach Urlaub wecken, indem sie versuchen, durch die positive Schilderung verschiedener Urlaubsorte den Leser zum Buchen einer Reise zu veranlassen, indem sie ihm anbieten, die Erfüllung seiner Träume, die Flucht in eine heile Urlaubswelt, zu ermöglichen. Daß diese Kataloge wirklich vermehrt Handeln im Sinne des Kommunikators bewirken, zeigen die auch in Rezessionsjahren steigenden Zuwachsraten der Touristikunternehmen. Im Urlaubsjahr 1975 verreisten 24 65o ooo Millionen Deutsche über 14 Jahre, rund 4 745 ooo davon buchten eine Pauschalreise.[41] Wieviel Tausende Personen mehr mit den Ferienkatalogen in Kontakt gekommen sind, läßt sich nur vermuten.

Diese Arbeit sollte die Sprache der Ferienkataloge beschreiben und dadurch sichtbar machen, wie versucht wird, durch Sprache Handeln zu beeinflussen. Dabei konnten nicht alle Erscheinungen genügend ausführlich behandelt werden. Und manche Fragen müssen auch offen bleiben und werden erst nach eingehenden Beobachtungen, vor allem auch im soziologischen, psychologischen und wirtschaftswissenschaftlichen Bereich, beantwortet werden können. Hier sollte der Versuch gemacht werden,die wichtigsten Strukturen dieser Sprache aufzuzeigen und zu analysieren: Die Sprache der Ferienkataloge ist gekennzeichnet durch eine verständliche, die Aufnahmefähigkeit der meisten Leser nicht überfordernde Syntax, die in Grundtendenzen mit der modernen Gegenwartssprache übereinstimmt. In den Ferienkatalogen sollen auf knappem Raum viele Erscheinungen zusammengefaßt und dargestellt werden, dazu trägt die Syntax in großem Maße bei. Durch den positiven Wortschatz, der mit dem der Gegenwartssprache kongruiert, soll der Wunsch nach Urlaub geweckt und dem Leser Gelegenheit zur Erfüllung seiner so erwachten Urlaubswünsche geboten werden. Bei der Sprache der Ferienkataloge handelt es sich um eine von einem anonymen Kollektiv entworfene, bewußt konzipierte Sprache, die im Bereich der Syntax und Semantik mit den verschiedensten und diffizilsten Mitteln versucht, eine positive Schilderung verschiedener Urlaubsgebiete zu erreichen. Dieses Bemühen um eine wirkungsvolle Gestaltung wird auch in einer der jüngsten Werbekampagnen der g-u-t-Reisen thematisch. 'Herr Th. aus E. bei F.' ist einer jener anonymen Mitarbeiter, die den Urlaub vorbereiten: "Herr Th. und die Texter ringen um jedes Wort, das zu viel oder zu wenig verspricht.

Für den Leser sind Urlaubskataloge ein Vorgeschmack auf Reisen. Man kann die halbe Welt darin finden - und die ganze Fülle seiner Träume."[42]

ANMERKUNGEN

Zur Themenwahl

1 Mit den Problemen des Tourismus befassen sich neben Wirtschaftswissenschaftlern u.a. auch Psychologen, Soziologen, Mediziner. Einigen Universitäten sind bereits Institute für Fremdenverkehrswissenschaften angegliedert. So in München das Deutsche Wirtschaftswissenschaftliche Institut für Fremdenverkehr, das kontinuierlich eine Schriftenreihe herausgibt. Vornehmlich mit soziologischen und psychologischen Aspekten des Tourismus befaßt sich der Studienkreis für Tourismus e.V. in Starnberg, der seine Vorschungsergebnisse ebenfalls regelmäßig in einer eigenen Schriftenreihe publiziert.

2 Die Zahlen wurden entnommen der Broschüre Urlaubsreisen 1974; Einige Ergebnisse der Reiseanalyse 1974; Hrsg. Dipl.Volkswirt Wolfgang Sauer: Studienkreis für Tourismus e.V. Starnberg April 1975.

3 Die Zahlenangaben sind einem Artikel der ZEIT entnommen. DIE ZEIT Nr.52 vom 2o.12.74.S.34.

4 Wolfgang Sauer: Prognosen über die Entwicklung des Tourismus. In: Marktforschung im Tourismus. Studienkreis für Tourismus e.V. Starnberg 1972.S.99.

5 Tourismus - Freizeit und Erholung. Forumsgespräch anläßlich der Interpublica 1973 (2. Internationale Fachausstellung für Wirtschaftswerbung 15.-18.September 1973) in München. 18.9.73.

6 Evolution et perspectives du tourisme moderne. Par F.Tissot. In: Zeitschrift für Fremdenverkehr 2 (1963) S.42-5o. S.42.

7 Victor W.Flury: Charakteristik der Entwicklungstendenzen im Fremdenverkehr. In: Zeitschrift für Fremdenverkehr 2 (1966)S.74f. S.74.

8 Hans Magnus Enzensberger: Vergebliche Brandung der Ferne. Eine Theorie des Tourismus. In: Merkur XII (1958) S.7o1-72o. S.713.

9 Horst Wagenführ: Ökonomische und soziologische Aspekte der zukünftigen Freizeit. In: Tourismus 198o. Fremdenverkehr zwischen gestern und morgen. Studienkreis für Tourismus e.V. Starnberg 1968. S.6-15. S.11.

(zur Themenwahl)

1o Hier sei vor allem verwiesen auf den schon oben Anm.8 erwähnten Aufsatz von H.M.Enzensberger.

11 Z.B. Horst-Dieter Ebert: Reiseprospekte deutscher Touristikunternehmen: Eine Literatur der Adjektive. In: Der Spiegel 3o/1971, nachgedruckt in: Werbung im Tourismus. Studienkreis für Tourismus e.V. Starnberg 1973. S.1o5-1o7, oder 'Die kostbarsten Wochen des Jahres'. Filmprotokoll eines durchschnittlichen Urlaubs. Gerhard Bott. Ausgestrahlt ARD am 17.1o.73.

12 Entnommen dem Artikel'Wohin geht die Reise'von Barbara von Jhering'. In: DIE ZEIT Nr.3 vom 11.1.1974.S.33f.

13 Friedrich Wagner: Die Urlaubswelt von morgen. Düsseldorf, Köln 197o. S.24.

14 Kein Schmerzensgeld für schlaflose Nächte. Josef Schmitt. In: Süddeutsche Zeitung Nr.258 vom 8.11.73. S.33.

15 OLG Köln 16 U 81/72. Zitiert aus: DIE ZEIT Nr.52 vom 21.12.73. S.51.

16 Werbekodex. In: Werben und Verkaufen. Nr.3o vom 27.Juli 73.S.6.

17 Edward M.Barnett: Tomorrow's travellers and how to attract them.In: Zeitschrift für Fremdenverkehr 4 (1971) S.145-148. S.146.

18 W.Bracht: Offensive Fremdenverkehrswerbung. In: Der Fremdenverkehr 3(1966)S.8-1o. S.8.

19 Heinz Göckeritz: Nicht totzukriegen: Opas Prospekte. In: Fremdenverkehr + Werbung '7o. Hrsg. Gerhard Witzstrock. Baden-Baden o.J. S.47-54. S.47f.

2o Klaus Dieter Hartmann: Zur Gestaltung von Titelseiten bei Urlaubs-Katalogen und -Prospekten. In: Werbung im Tourismus. Hrsg. Studienkreis für Tourismus e.V. Starnberg 1973. S.59-64. Unterstreichung im Original.

21 W.Bracht:Offensive Fremdenverkehrswerbung. S.8.

22 Gottfried Aigner: Manipulation durch Verschweigen - ein Stück Dummheit. In: Werbung im Tourismus. S.117-121. S.117.

23 Von 17 bis 7o sind alle Altersgruppen vertreten. Das Überwiegen einer bestimmten Altersgruppe kann nicht festgestellt werden. Auch das Feld der Berufe ist

(zur Themenwahl)

heterogen. Sowohl Akademiker (z.B. Dr., Ärztin, Dipl. Ing., Landgerichtsrat) als auch Handwerker (Monteur, Polier, Maschinenschlosser) sind vertreten. Daneben finden sich Personen, die noch in Ausbildung stehen (z.B. Schüler, Student) und Rentner. Auch hier kann von einem Überwiegen einer gewissen Schicht nicht gesprochen werden. Die Angaben gelten selbstverständlich nicht als repräsentativ.

24 Einmal erfolgte die Antwort: "Text ist sowieso Schmarrn".

25 Ein Teilnehmer schrieb "knappe Angaben und deutlich", ein anderer "ausführliche Beschreibungen (aber wahrheitsgetreu)", ein weiterer "knappe, wesentliche Angaben".

26 Eigene Anmerkungen, z.B. "neutral", "genügend ausgeführt", "bei Nord-Süd o.k.", "normal" (3 mal), "übertrieben = nein" (2 mal).

27 Zitiert nach o.V.: Seit wann gibt es das Wort "Fremdenverkehr"? In: Beiträge zur Fremdenverkehrskunde Nr.7 (September 1968) S.45.

28 Zitiert nach Hans-Joachim Knebel: Soziologische Strukturwandlungen im modernen Tourismus. Stuttgart 196o. S.5.

29 W.Hunziker und K.Krapf: Grundriß der allgemeinen Fremdenverkehrslehre. Zürich 1942. S.21.

3o Elmar Aretz: Tourismus A-Z. Köln,Berlin,Bonn,München 1972. S.59.

31 Horst W.Opaschowski: Tour - Tourist - Tourismus. Eine sprachgeschichtliche Analyse. In: Der Fremdenverkehr 3(197o) S.28.

32 Zitiert nach H.-J.Knebel: Strukturwandlungen S.5.

33 Bela Markos: La théorie du tourisme. In: Zeitschrift für Fremdenverkehr. Nr.2(1949)Bern. S.52-54. S.54.

34 H.-J.Knebel: Strukturwandlungen. S.5.

35 Weitere Definitionen für die Begriffe 'Fremdenverkehr' und 'Tourismus' finden sich bei: Paul Bernecker: Die Wandlungen des Fremdenverkehrsbegriffes. In: Jahrbuch für Fremdenverkehr. 1.Jg.Heft 1 1952/53 S.31-38. - H.D.Schmidhauser: Diskussionsbeitrag zur neuen Fremdenverkehrsdefinition. In: Zeitschrift für Fremdenverkehr

(zur Themenwahl)

2(1971)S.51-53. - Ottmar Rechenauer: Was ist Fremdenverkehr? In: Der Fremdenverkehr 6 (1951) S.1ff. Neue Definitionsversuche folgen fast jährlich.

36 Die Tabelle ist entnommen: Gisela Pivonas: Tourismus im Kraftfeld der öffentlichen Meinung: Das Image des Tourismus. In: Werbung und Tourismus. S.13-19. S.13.

37 "Dann aber liegen Berichte aus Ägypten aus den Jahren 2ooo-1ooo v.Chr. vor, aus denen hervorgeht, daß Vergnügungs- und Erholungsreisen zum täglichen Leben der Ägypter fast aller Stände gehörten und es sogar einen Gott der Reisenden gab." Karl Fuss: Geschichte der Reisebüros. Darmstadt 196o. S.11.

38 Wulf Schadendorf: Zu Pferde, im Wagen, zu Fuß. Tausend Jahre Reisen. München 1959. S.9.

39 K.Fuss: Geschichte der Reisebüros. S.23.

4o W.Schadendorf: Zu Pferde, zu Wagen, zu Fuß. S.18.

41 H.-J.Knebel: Strukturwandlungen. S.38.

42 H.-J.Knebel: Strukturwandlungen.S.115.

43 H.-J.Knebel: Strukturwandlungen. S.79f.

44 Karl Fuss: Das Werden der Gesellschaftsreise. In: Das Reisebüro. Beilage zur Zeitschrift Der Fremdenverkehr 9/1o (1955) S.1-5. S.4.

45 Die Angaben über die Entwicklung der Reisebüros sind dem oben Anm. 42 erwähnten Aufsatz von Karl Fuss entnommen sowie dessen Buch über die Geschichte der Reisebüros.

46 Matthias Thömmes: Reisebüro, Helfer des Reiseverkehrs. In: Das Reisebüro 11(1966)S.11f. S.11.

47 Heinz Klatt und Jürgen Fischer: Handbuch für Reiseveranstalter und Buchungsstellen, Verkehrsunternehmen, Beherbergungsbetriebe, Vermieter, Gaststätten und Reiseleitungen. Köln, Berlin, München, Bonn 1961. S.32.

48 E.Aretz: Tourismus A-Z. S.125. Das jeweilige Stichwort wird von E.Aretz bei wiederholter Nennung mit dem Anfangsbuchstaben abgekürzt. Die Wörter wurden jeweils in Klammern ergänzt. So wurde auch bei den folgenden Zitaten verfahren.

49 Erwin K.Scheuch: Soziologie der Freizeit. In: René König. Handbuch der empirischen Sozialforschung. Stuttgart 1969. S.735-833. S.8o4.

(zur Themenwahl)

5o Dieter Hebestreit: Touristik Marketing. Berlin 1975.S.16.

51 H.Klatt und J.Fischer: Handbuch für Reiseveranstalter. S.28 und 29f.

52 E.Aretz: Tourismus A-Z. S.115.

53 F.Wagner: Die Urlaubswelt von morgen. S.12.

54 F.Wagner: Die Urlaubswelt von morgen. S.13. Ähnliches konstatiert W.Bracht: "Vom Zweck her unterscheidet sich also die Fremdenverkehrswerbung nicht von der Wirtschaftswerbung. Sie mag eine kultur- oder sozialpolitisch besonders wertvolle 'Ware' anzubieten haben und der Anbieter mag in der Regel eine öffentlich-rechtliche Institution sein, aber das bedingt höchstens einen graduellen, nicht einen prinzipiellen Unterschied zur Wirtschaftswerbung." W.Bracht: Offensive Fremdenverkehrswerbung. S.8.

55 Carola Möller: Gesellschaftliche Funktionen der Konsumwerbung. Stuttgart 197o. S.7.

56 Hans-Ludwig Zankl/M.Hoffmann: Werbeleitfaden für das Hotel- und Gaststättengewerbe. Stuttgart 1964. S.1o.

57 Hans-Ludwig Zankl: Artikel Fremdenverkehrswerbung. In: Karl Peltzer. Enzyklopädisches Handbuch der Werbung und Publikation. Bd.1. München 1961. S.29of.

58 Jost Krippendorf: Marketing im Fremdenverkehr. Berner Studien zum Fremdenverkehr Heft 7. Bern,Frankfurt 1971. S.55.

59 D.Hebestreit: Touristik Marketing. S.165.

6o Herbert Brandt: Probleme der Werbung für Reiseunternehmen. In: Werbung im Tourismus. S.65-69. S.65.

61 Vor allem ist zu nennen: Ruth Römer: Die Sprache der Anzeigenwerbung. Düsseldorf 3.Aufl. 1973, in deren Nachfolge ein Großteil der weiteren Literatur zu Sprache und Wirtschaftswerbung steht.

62 Otto Walter Haseloff: Grundfragen werblicher Strategie. In: Format 2o (1969) S.3-9. S.6.

63 Willi Bongard: Männer machen Märkte. Oldenburg, Hamburg 1963. S.7o.

64 H.Brandt: Probleme der Werbung. S.69 und persönliche Äußerungen anläßlich der Interpublica 1973 in München, Forumgespräch Tourismus - Freizeit und Erholung.

(zur Themenwahl)

65 Auf Probleme der Kommunikation und der Kommunikationsforschung wird im Kapitel über den methodischen Ansatz noch näher eingegangen.

66 Rudolf Seyffert: Werbelehre Bd.1. Stuttgart 1965. S.825.

67 Eugen Johannes Maecker: Planvolle Werbung hilft verkaufen. Hamburg 1939. S.122.

68 D.Hebestreit: Touristik Marketing. S.173.

69 "Die Kataloge der Reiseunternehmer sind im allgemeinen wenig ausgeformte Gebrauchsdrucksachen." H. L.Zankl: Das Lehrbuch der Fremdenverkehrswerbung. Berlin 1956. S.45. Hierzu sei anzumerken, daß es sich mittlerweile um sehr ausgeformte Gebrauchsdrucksachen handelt.

7o "... es ist immer etwas wie die Flucht aus Zeit und Raum, wie die Suche nach der Fülle oder Geborgenheit eines verlorenen Paradieses". Joseph Leugger. Weitere soziologische Aspekte des Fremdenverkehrs. In: Zeitschrift für Fremdenverkehr 1(1958) S.9-16. S.14.

71 H.-J.Knebel: Strukturwandlungen. S.116.

72 Nach Dipl. Psych. Helmut Kentler in der Sendung von Gerhard Bott: Die kostbarsten Wochen des Jahres.

73 H.-J.Knebel: Strukturwandlungen. S.138.

74 H.-J.Knebel: Strukturwandlungen. S.139.

75 Neben den populärwissenschaftlichen Büchern sei hier vor allem auf die Schriftenreihen verwiesen, die von den wissenschaftlichen Instituten für Fremdenverkehr herausgegeben werden, wie die der Institute in St.Gallen und Salzburg und die des Deutschen Wirtschaftswissenschaftlichen Instituts für Fremdenverkehr an der Universität München.

76 H.-D.Ebert: Reiseprospekte deutscher Touristikunternehmen: Eine Literatur der Adjektive. In: Werbung und Tourismus. S.1o5-1o7.

77 Joachim Stave: Alle preisen Jedermann-Reisen. In: Wie die Leute reden. Lüneburg 1964. S.62-68.

78 Bibliographie der Werbeliteratur. Zsg. v. Friederike Kästing unter Mitarb. v. Rüdiger Schiller. Stuttgart 1972.

(zur Themenwahl)

79 Winterprospekt 73/74 Auflage: 2,5 Millionen
Fernreiseprospekt 73/74 Auflage: 6oo ooo

8o Eine Annahme, die sich bereits für das folgende Jahr als richtig erwies: Neckermann hatte im Geschäftsjahr 1974 trotz wirtschaftlicher Rezession 87 6oo Buchungen mehr aufzuweisen. Eine Tendenz, die sich auch bei anderen Reiseveranstaltern auf Grund der Buchungszahlen konstatieren ließ, die im vergangenen Geschäftsjahr im allgemeinen zunahmen.

81 Die Zitate geben auch im Folgenden wörtliche Antworten aus den Fragebögen wieder. Unterstreichung im Original.

82 Herbert Brandt: ... in der Ferne leuchtet das Abendgold. In: trend 4. Daten Hypothesen Meinungen. Juni 1973. Herausgeber: Scharnow Public Relations. Ohne Seitenzahl.

83 Paul Lepach: Zentralisierung und Profilierung. In: Der Fremdenverkehr 2/75. S.33f.

84 H.Brandt: ... in der Ferne leuchtet das Abendgold.

85 H.Brandt: ... in der Ferne leuchtet das Abendgold.

86 P.Lepach: Zentralisierung. S.33.

87 K.Fuss: Geschichte der Reisebüros. S.121.

88 P.Lepach: Zentralisierung. S.33.

89 Brief von Dr.Reinhold Tigges vom 26.9.1974.

9o P.Lepach: Zentralisierung. S.33.

91 F.Wagner: Urlaubswelt von morgen. S.189.

92 Werner Herrwerth: Werbung für eine neue Ferien-Idee: Club Méditerranée. In: Werbung im Tourismus. S.93-96. S.95. D.Hebestreit hält fest: "Der Club Méditerranée ist bislang immer noch Vorbild für eine zielgruppenreine Produktpolitik und die Herstellung von Ferien-Geselligkeit". D.Hebestreit: Touristik Marketing. S.1o7.

93 W.Herrwerth: Werbung für eine neue Ferien-Idee. S.94.

94 K.Fuss: Geschichte der Reisebüros. S.127. Auch die übrigen Angaben sind diesem Buch entnommen. S.116ff.

95 Die Zahlen beruhen allein auf den Angaben des Reisebüros Nord-Süd.

(zur Themenwahl)

96 Die Zahlen sind entnommen Ernst Bernhauer: Motivieren oder verkaufen. In: Der Fremdenverkehr 5/75. S.22f. Laut D.Hebestreit werden 47,5 % eines normalen Werbeetats für Kataloge und Streuprospekte ausgegeben. D.Hebestreit: Touristik Marketing. S.171.

97 Daß sich in der Zeit bis zur Fertigstellung dieser Arbeit die Kataloggestaltung, wenn z.T. auch nur geringfügig, geändert hat, muß als gegeben hingenommen werden.

Zum methodischen Ansatz

1 Brockhaus Enzyklopädie Bd.1o. Wiesbaden 197o. S.385.

2 Siegfried Maser: Grundlagen der allgemeinen Kommunikationstheorie. Stuttgart, Berlin, Köln, Mainz 1971. S.9.

3 In Anlehnung an Wulf D.Hund: Kommunikation in der Gesellschaft. Frankfurt 197o. S.2o.

4 Unter Repertoire sei hier verstanden die Gesamtheit aller Zeichen, über die Sender und Empfänger verfügen.

5 Der Code ordnet nach bestimmten Regeln diese Zeichen des Repertoires.

6 Otto Walter Haseloff: Kommunikationstheoretische Probleme der Werbung. In: Handbuch der Werbung. Hrsg. v. K.Chr. Behrens: Wiesbaden 197o. S.157-2oo. S.168.

7 Helmut Seiffert: Information über die Information. München 3.Aufl. 1971. S.24.

8 Auch auf Probleme der semantischen Informationstheorie, wie sie Rudolf Carnap und Yehoshua Bar-Hillel entwickelten, einzugehen, würde den Rahmen dieser Arbeit sprengen. Ebenso bleiben Aspekte der ästhetischen Informationstheorie (die mit Namen wie George David Birkhoff und Max Bense verbunden sind) unberücksichtigt.

9 Colin Cherry: Kommunikationsforschung - eine neue Wissenschaft. Frankfurt 1963. S.232.

1o Max Bense: Kommunikationsforschung und Werbung (= Heft 24/65 der troost-Schriftenreihe). Die Broschüre ist der auszugsweise Sonderdruck eines Vortrages, den Prof. Max Bense vor den Mitarbeitern der troost KG, Werbeagentur, Düsseldorf, gehalten hat. Ohne Jahres- und Seitenzahl.

(zum methodischen Ansatz)

11 O.W.Haseloff: Kommunikationstheoretische Probleme der Werbung. S.17o.

12 Symbol soll hier nicht im hermeneutischen oder zeichentheoretischen Sinn (Peirce) verstanden werden, sondern steht für die kleinen Bilder, die auf bestimmte Funktionen verweisen, so z.B. ein stilisiertes Kindergesicht auf kinderfreundliche Hotels, in denen es besondere Ermäßigungen für Eltern mit Kindern gibt.

13 Umberto Eco: Einführung in die Semiotik. München 1972. S.246f.

14 Nach Charles Sanders Peirce (1839-1914), der sich als erster intensiver mit der Zeichenlehre auseinandersetzte und der die triadische Zeichenrelation begründete, werden den drei Bezügen des Zeichens jeweils wieder drei Untergruppen von Zeichen zugeordnet.
Die einzelnen Zeichen lassen sich dann wiederum miteinander verbinden, dadurch erhält Peirce insgesamt 66 Zeichenklassen. In dieser Arbeit soll nur die ursprüngliche triadische Funktion des Zeichens in Betracht gezogen und als theoretische Grundlage benutzt werden. Sich mit dem Problem der Zeichentheorie auseinander zu setzen, würde im Rahmen dieser Arbeit zu weit führen, da die Semiose nur als e i n Mittel der Sprachbeschreibung dienen soll.

15 Georg Klaus: Semiotik und Erkenntnistheorie. Berlin 1969. S.8o.

16 "...; mit Denotation ist eine kognitive, intellektuelle Bedeutung eines Wortes gemeint und mit Konnotationen emotionale Nebenbedeutungen, ..." Karl-Dieter Bünting: Einführung in die Linguistik. Frankfurt 1971. S.166.

17 Als Legitimation für dieses Vorgehen sollen die bei Hans J.Vermeer: Einführung in die linguistische Terminologie. München 1971 angeführten Autoren gelten: "So kann H j e l m s l e v , Louis: Principes de Grammaire Générale; in: Det Kgl. Danske Videnskabernes Selskab. Historisk-filologiske Medelelser XVI 1; København 1928 mit aller Vorsicht Morphologie als "science du mot" und Syntax als "science des combinations des mots" bezeichnen (...), aber zugleich sagen "Toute morphologie est syntaxe. Toute syntaxe est morphologie." (...) Nicht zu trennen wären beide Gebiete wieder nach dem von H j e l m s l e v zitierten Marty (...), nach dem Syntax die Lehre von den "combination des signes" ist, selbst wenn wir "signes" im Sinne des lexemischen Sprachzeichens nähmen. Für

(Zum methodischen Ansatz)

enge Verbindung spricht sich auch B e c k e r , Henrik: Die letzte Hand am Sprachgebäude; in: Traveaux du Cercle Linguistique de Prague 6; Prag 1936, 12-23 aus, denn "die zu Unrecht oft geschiedene Formenlehre (Morphologie) und Syntax" würden in den Wortfügungen wieder zusammengefaßt (...)."(Streichungen und Sperrungen im Original) S.16.

18 Georg F.Meier: Wirksamkeit der Sprache. In: Zeitschrift für Sprache, Phonetik und Kommunikation. 22 (1969). S.474-492. S.475f.

19 Wolfgang Brandt: Die Sprache der Wirtschaftswerbung. Reihe Germanistische Linguistik, hrsg. vom Forschungsinstitut für deutsche Sprache. Deutscher Sprachatlas Marburg/Lahr 1-2/73.S.84.

2o K.-D.Bünting: Linguistik. S.16. Sperrung im Original.

21 Durch Betonung des kommunikativen Aspekts der Sprache werden Fragen des Stils und der Stildefinition bewußt ausgeklammert.

22 Als Grundlage dienen die gängigen deutschen Grammatiken, vor allem die Duden-Grammatik, die Deutsche Grammatik von Johannes Erben und die Grammatik von Wladimir Admoni sowie einige Stilkunden.

23 G.F.Meier: Wirksamkeit. S.488. G.F.Meier, der von einer funktionalen Betrachtungsweise ausgeht, ordnet alle Erscheinungen einer semantischen Betrachtungsweise unter: "... alle dem Kommunikationseffekt dienenden Ebenen, also Grammatik, Lexik und Stilistik ..." S.487.

<u>Syntax</u>

1 Heinz Giebelhausen: Der Mensch und die Werbung. Gelnhausen 1964. S.69.

2 Interview mit Martin Walser: In: Werberundschau. Zeitschrift der Freunde neuer Werbung. Stuttgart. Jahrgang 23/Heft 62 (März/April 1964) S.21.

3 Hans Ferdinand Josef Kropff: Neue Psychologie in der neuen Werbung. Stuttgart 1951. S.162.

4 H.F.J.Kropff: Die Werbemittel und ihre psychologische, künstlerische und technische Gestaltung. Essen 1953. S.17o.

(Syntax, Wortbildung)

5 Hans-Ludwig Zankl/M.Hoffmann: Werbeleitfaden für das Hotel- und Gaststättengewerbe. S.66.

6 Hans Eggers: Zur Syntax der deutschen Sprache der Gegenwart. In: Studium Generale 15/Heft 1. S.49-59. S.56.

7 Stellvertretend seien hier genannt: Friedrich Maurer und Friedrich Stroh: Deutsche Wortgeschichte Bd.II. Berlin 2.Aufl.1959. Darin: Hugo Moser: Neuere und neueste Zeit. S.445-56o. - Hugo Moser: Deutsche Sprachgeschichte. Tübingen 6.Aufl.1969. Walter Henzen: Deutsche Wortbildung. Tübingen 3.Aufl.1965. S.17: "Das Streben nach Kürze ist für die Wortbildung so bedeutungsvoll, daß man zuweilen die ganze Zusammensetzung als eine Folge des Zusammenfassungstriebs ansieht."

8 Wolfgang und Editha Müller: Wortbildung - Ausdruck der Zeit. In: Muttersprache 1961. S.65-78. S.65.

9 Hans Eggers: Deutsche Sprache der Gegenwart im Wandel der Gesellschaft. In: Sprache Gegenwart und Geschichte (= Schriften des Instituts für deutsche Sprache. Jahresbericht 1968. Sprache der Gegenwart Bd.V.)Düsseldorf 1969. S.9-29.

1o Walter Henzen sieht große Schwierigkeiten bei der Bestimmung, ob ein Kompositum eine Zusammensetzung oder eine syntaktische Fügung sei, da keine genauen Determinanten für die Definition vorhanden sind. "... so wird man sagen dürfen, daß in der Regel der Begriffsgehalt eines zusammengesetzten Wortes ein einheitlich vorhandenes Ganzes bildet (...), während bei einer Fügung zwei oder mehrere Begriffsinhalte erst im Augenblick des Sprechens zueinander in Beziehung gesetzt werden." W.Henzen: Deutsche Wortbildung. S.43. Auch diese Definition hilft letztlich nicht weiter, da im Augenblick des Sprechens bzw. Schreibens auch eine Fügung 'ein einheitliches Ganzes' bildet, was durch die schriftliche Fixierung noch verstärkt wird. Wolfgang Fleischer: Wortbildung der deutschen Gegenwartssprache. Leipzig 1969, hält die Unterscheidung nach verschiedenen Termini für eine synchrone Sprachbetrachtung nicht maßgebend. S.58; S.6o. Genaue Abgrenzungen der jeweiligen Begriffe finden sich außer in der Duden-Grammatik Mannheim, Wien, Zürich 1973 § 867 S.345 bei K.-D.Bünting: Linguistik. S.112f. sowie ausführlich in dem Aufsatz von Gunter Starke: Zum Problem der Zusammenbildung in der deutschen Gegenwartssprache. In: Deutsch als Fremdsprache 5 (1968) S.148-159.

11 W.Henzen: Wortbildung. S.52.

(Syntax, Wortbildung)

12 Aus der Vielzahl der Belege wurde jedesmal nur ein Beispiel ausgesucht, auch wenn Bildungen dieser Art häufiger und in den verschiedensten Katalogen auftreten.

13 Ursprünglich war der Versuch geplant, die Bindestrich-Bildungen in einem eigenen Kapitel zu behandeln. Bedingt jedoch durch das hohe Maß an Willkürlichkeit, das bei Setzung bzw. Nichtsetzung des Bindestrichs herrscht, wurde dieser Plan aufgegeben und die Bindestrich-Bildungen in die Kapitel über zwei- bzw. mehrgliedrige Zusammensetzungen eingefügt.

14 Die Anführungszeichen sind dem Original entnommen. Dadurch wird bereits innerhalb der Ferienkataloge betont, daß es sich um okkasionelle, nur für den Augenblick bestimmte Bildungen handelt.

15 Diese Wendung steht stellvertretend für rund 1o weitere mit 'Silvester-' zusammengesetzte Komposita.

16 Bernd Naumann: Wortbildung in der deutschen Gegenwartssprache. Tübingen 1972. S.98. B.Naumann jedoch bewertet den Anteil der Genitivsyntagmen und des Fugen-s sehr hoch:"Die Tatsache, daß das Genitiv-s zahlenmäßig bei Genitivsyntagmen weit überwiegt, daß es analog an Formen tritt, die ihren Genitiv nicht mit [s] bilden, daß es in Substantive eingeschoben werden kann, die nicht aus Genitivsyntagmen bestehen und vor allem, daß es bei Neubildungen regelmäßig verwendet wird, läßt es geraten erscheinen, dieses [s] bei Substantiven aus Genitivsyntagmen als Regel zu verstehen." S.97.

17 Hugo Moser: Typen sprachlicher Ökonomie im heutigen Deutsche. In: Sprache und Gesellschaft (= Sprache der Gegenwart Bd. XIII). Düsseldorf 1971. S.89-117. S.96.

18 Hans Wellmann, Nikolaus Reindl, Annemarie Fahrmeier: Zur morphologischen Regelung der Substantivkomposition im heutigen Deutsch. In: ZfdPh 93 (1974) S.358-378., S.365.
Prozentzahlen für den Anteil von -Ø-:
Homo faber 72.9 %
Studium Generale 58.8 %
Corpus I (5o gleichlange Texte verschiedener Provenienz) 72.8 %
S.365.

19 Obwohl in diesem Kapitel nur zweigliedrige Substantivneubildungen angeführt werden sollen, sind hier aber

(Syntax, Wortbildung)
trotzdem schon einige drei- oder mehrgliedrige Komposita erwähnt, um ein vollständiges Gesamtbild der Komposita mit einem festen Bestandteil zu geben. Dies gilt auch für die folgenden Abschnitte. Einige der angeführten Beispiele treten mehrmals sowohl in einem als auch in verschiedenen Katalogen auf. Es wird stellvertretend aber immer nur eine Belegstelle aus einem Katalog angeführt. Gerade unter den Komposita mit festem Bestandteil finden sich manchmal auch allgemeinsprachlich gebrauchte Wörter, die jedoch der Vollständigkeit halber mit erwähnt sein sollen.

2o Gerhard Hard, der in seiner Habilitationsschrift die 'Landschaft' der Sprache und die 'Landschaft' der Geographen untersucht, bezieht sich in einem Abschnitt auch auf die Darstellung der 'Landschaft' in Reiseprospekten aus den Jahren 1965-1968. Er analysiert vor allem die der 'Landschaft' zugeordneten Adjektive, behandelt aber auch die Komposita mit '-landschaft', wobei er 137 Belege für 34 Komposita anführt. Er stellt fest, daß 'Landschaft' dabei hauptsächlich vom '(Hoch)-gebirge' und vom 'Berg' bestimmt wird. Die von ihm genannten Beispiele decken sich zum größten Teil mit den in dieser Arbeit aufgeführten bis auf einige Einzelbelege wie 'Ackerbaulandschaft', 'Pinienlandschaft' oder Zusammensetzungen mit einem Eigennamen. Näheres siehe Gerhard Hard: Die 'Landschaft' der Sprache und die 'Landschaft' der Geographen. Semantische und forschungslogische Studien zu einigen zentralen Denkfiguren in der deutschen geographischen Literatur.Bonn 197o. Besonders S.59f.

21 Auch hier zeigen sich wieder Überschneidungen: Um eine Vollständigkeit der Komposita mit '-fahrt' zu bekommen, wurden ebenfalls bereits einige Wörter aufgenommen, die nicht zu den zwei-, sondern zu den mehrgliedrigen Zusammensetzungen gehören. Die angeführten Beispiele werden dann im Kapitel über mehrgliedrige Zusammensetzungen nicht mehr erwähnt; gleiches gilt für die Zusammensetzungen mit einem Fremdwort oder die mit einem Eigen- oder Ortsnamen. Auch sie werden an späterer Stelle nicht mehr aufgeführt.

22 Dieses Wort wird bei Gerhard Wahrig: Deutsches Wörterbuch. Gütersloh, Berlin, München, Wien 1966. Sp.634 definiert als 'Fahrt flußaufwärts; Fahrt bergauf', während es 4/89 aus dem Kontext verstanden werden muß als 'Fahrt durch bergige Landschaft'.

23 Zusammensetzungen mit diesen beiden Fremdworten gehören inhaltlich eng zu den Komposita mit '-fahrt' sowie '-ausflug' und werden deshalb schon hier und nicht unter dem Kapitel'Zusammensetzungen mit fremdsprachlichen Bestandteilen' behandelt.

(Syntax, Wortbildung)

24 Bei G.Wahrig: Wörterbuch, ist keines der aufgeführten Komposita mit 'Urlaub-' gebucht, auch nicht mit 'Ferien-', allein 'Ferienkolonie', Sp.1242, ist gebucht, jedoch mit der Definition 'Einrichtung, durch die bedürftigen Stadtkindern ein Ferienaufenthalt auf dem Land ermöglicht wird'. Die Belegstelle 2/158 faßt diesen Begriff jedoch weiter: 'Eine baumbestandene, teils felsige Halbinsel, dazwischen Villen und Bungalows - eine kleine Ferienkolonie für sich.' Dieses Wort ist hier von der Bedeutung bei G.Wahrig abweichend und vor allem positiv gebraucht.

25 Johannes Erben: Gesetz und Freiheit in der deutschen Hochsprache der Gegenwart/Norm - Spielraum - Verstösse. In: Deutschunterricht 12/Heft 5 (196o) S.25-28.

26 'Tivoli' dürfte hier als Vergleichspunkt dienen, da dieser Vergnügungspark bei Torremolinos liegt und nicht bei Kopenhagen bzw. Rom.

27 Hierbei handelt es sich um eine scherzhafte Gegenbildung zu der im Text in engem Zusammenhang genannten 'Intimsphäre'.

28 Auf die allgemeine Bedeutung des Fremdwortgebrauchs wird im semantischen Teil näher eingegangen werden.

29 Im Italienischen z.B. werden Reisebusse im allgemeinen als 'Pullmann' bezeichnet. 'Pullmannwagen' ist bei G.Wahrig: Wörterbuch. Sp.2812, gebucht.

3o Bei Schöffler-Weis: Wörterbuch der englischen und deutschen Sprache, Stuttgart 1967 alle nicht verzeichnet.

31 Näheres zu diesem Problembereich findet sich im semantischen Teil.

32 Einige dieser aus der Verbindung mit Verbalstämmen entstandenen Komposita wurden bereits in den vorangehenden Abschnitten aufgeführt.

33 Keines dieser Komposita ist bei G.Wahrig: Wörterbuch verzeichnet.

34 W.Henzen: Wortbildung. S.18o.

35 Gebucht bei G.Wahrig: Wörterbuch. Sp.2791; Sp.296.

36 H.Wellmann u.a.: Zur morphologischen Regelung. S.364. Der Anteil wird mit 73 % beziffert.

(Syntax, Wortbildung)

37 Ekkehard Mittelberg: Wortschatz und Syntax der BILD-Zeitung. Marburg 1967. S.113. Auch S.97ff.

38 H.Moser: Typen sprachlicher Ökonomie. S.1oo.

39 R.Römer: Anzeigenwerbung. S.36.

4o E.Mittelberg: BILD-Zeitung. S.113.

41 U.a. H.Moser: Neuere und neuste Zeit. S.476. Ders.: Typen sprachlicher Ökonomie. S.89ff.; S.1o6 verweist H.Moser auch auf die Tempovermehrung der Informationsvermittlung durch Zusammensetzungen.

42 R.Römer: Anzeigenwerbung. S.37.

43 R.Römer: Anzeigenwerbung. S.37.

44 H.-D.Ebert: Literatur der Adjektive. S.1o5ff.

45 R.Römer: Anzeigenwerbung. S.51: "Das ungewöhnlich zusammengesetzte Adjektiv hat seit Jahren eine Hochblüte in der Werbesprache."

46 H.Moser: Neuere Zeit und neuste Zeit. S.478.

47 R.Römer: Anzeigenwerbung. S.45ff.

48 R.Römer: Anzeigenwerbung. S.45: "Die Tendenz zur Zusammensetzung läßt sich in der Sprache der Werbung in ungewöhnlichem Ausmaß beim Adjektiv beobachten."

49 G.Wahrig: Wörterbuch. Sp.2116 bzw. Sp.399o.

5o Hans Joachim Kann: Anmerkungen zu modernen Adjektivbildungen. In: Muttersprache 82 (1972) S.1o5-1o9; S.1o7.

51 R.Römer: Anzeigenwerbung. S.46f.

52 Diese Adjektive wären auch in die Gruppe der Komposita mit dem festen Bestandteil 'freundlich' einzureihen.

53 Lutz Mackensen: Traktat über Fremdwörter. Heidelberg 1972. S.14.

54 P.Oßwald und E.Gramer: Die Sprache der Werbung. S.82.

55 E.Mittelberg: BILD-Zeitung. S.1oof.

56 E.Mittelberg: BILD-Zeitung. S.1oo. - R.Römer: Anzeigenwerbung. S.46. - H.Moser: Typen sprachlicher Ökonomie. S.99f. - Wladimir Admoni: Zu Problemen der Syntax.

(Syntax, Wortbildung)
Entwicklungstendenzen des deutschen Satzbaus von heute. In: Deutsch als Fremdsprache. 7 (197o) S.9-17. S.12.

57 Siegfried Grosse: Reklamedeutsch. In: Wirkendes Wort. 16 (1966) S.89-1o4.

58 Dazu siehe auch Wilhelm Schneider: Stilistische deutsche Grammatik. Freiburg, Basel, Wien 2.Aufl.196o. S.2o4f. und Wolfgang Fleischer: Wortbildung. S.279.

59 Auf Probleme des Nominalstils als Spracherscheinung wird an späterer Stelle eingegangen.

6o Die Funktion des Verbs in solchen Wendungen wird im Kapitel 'Rhetorische Mittel' näher behandelt werden.

61 Johannes Erben: Deutsche Grammatik. Frankfurt 1968. S.75.

62 G.Wahrig: Wörterbuch. Sp.285, jedoch nicht wie hier in der Bedeutung 'erholen'.

63 W.Fleischer: Wortbildung. S.282ff.

64 E.Mittelberg: BILD-Zeitung. S.1o2. - R.Römer: Anzeigenwerbung, geht auf Verbneubildung nicht ein.

65 Jan van Dam: Beobachtungen zur modernen Wortbildung. In: Festschrift für Hugo Moser. Hrsg. v. Ulrich Engel, Paul Grebe und Heinz Rupp. Düsseldorf 1969. S.19-23.

Satzbau

1 Die Kataloge 7, 8 und 1o, die Rundreisen enthalten, sind nach Reiseetappen aufgegliedert.

2 J.Erben: Deutsche Grammatik. S.113.

3 W.Admoni: Sprachbau. S.223.

4 Über Probleme der Interpunktion wird später in einem gesonderten Kapitel gehandelt.

5 R.Römer: Anzeigenwerbung. S.164. Dafür führt R.Römer an dieser Stelle mehrere Belege an. Daher sollen hier nur noch zwei Beispiele angeführt werden: "Machen Sie aus einem langen Satz mehrere kurze." fordert Fritz Börner: Raffiniertes Textschreiben. Aufbau und Formung des Werbetextes. Berlin, Heidelberg o.J. S.31. Ähnlich

(Satzbau)

Victor Schwab, der als Mittel, das Interesse des Lesers zu fesseln, unter Regel 16 angibt: "Gebrauchen Sie kurze, einfache, klare Sätze! Vereinfachen Sie Sätze von wortreicher Konstruktion!" Victor Schwab: Anzeigen wirksam texten. München 1965. S.145.

6 Hans Eggers: Zur Syntax der deutschen Sprache der Gegenwart. In: Studium Generale 15/Heft 1 (1962) S.49-59.

7 Hugo Moser: Wohin steuert das heutige Deutsch. Triebkräfte im Sprachgeschehen der Gegenwart. In: Satz und Wort im heutigen Deutsch(= Sprache der Gegenwart Band I). Düsseldorf 1967. S.15-35.

8 Otto Walter Haseloff: Über Wirkungsbedingungen politischer und werblicher Kommunikation. In: Kommunikation. Schriftenreihe der RIAS-Funkuniversität. Hrsg. O.W.Haseloff. Berlin 1969. S.151-187; S.176.

9 S.Grosse: Reklamedeutsch. S.91.

1o Wolfgang Manekeller: Der Werbetext. In: Handbuch der Werbung. Hrsg. v. K.Chr.Behrens. Wiesbaden 197o. S.247-254; S.254.

11 Wilfried Seibicke: Wie schreibt man gutes Deutsch? (= Duden-Taschenbücher Bd.7). Mannheim, Wien, Zürich 1969. S.79.

12 Katalog 1: Die Sätze sind entnommen den Seiten 2o mit 59; 11o mit 159. - Katalog 2: S.3o mit 79; S.1oo mit 1o6; S.13o mit 179. - Katalog 3: Der ganze Katalog bis auf die Einleitungsseiten wurde bei der Auszählung berücksichtigt. - Katalog 4: S.15 mit 79; S.95 mit 1o2. - Katalog 5: S.8 mit 92. - Sonderteil: Fast der gesamte Text mit Ausnahme einiger Aufzählungen wurde bei der Auszählung zugrundegelegt. - Katalog 6: S.6 mit 36. - Katalog 7: Auch hier wurde der gesamte Text ausgewertet, allerdings mit Ausnahme der Ausflugsbeschreibungen, die zwar den Hauptteil des Katalogs ausmachen, aber allgemein besonders behandelt werden. - Katalog 8: Auch hier wurde der gesamte Text der Ortsbeschreibungen berücksichtigt. - Katalog 9: S.12 mit 15; S.2o mit 96. - Katalog 1o: Der gesamte allgemeine Text mit Ausnahme der Routenbeschreibungen wurde untersucht.

13 R.Römer: Anzeigenwerbung. S.165.

14 E.Mittelberg: BILD-Zeitung. S.184.

(Satzbau)

15 H.Eggers: Zur Syntax der deutschen Sprache der Gegenwart. S.53.

16 Christel Leska: Vergleichende Untersuchungen zu Frequenz und Distribution syntaktischer Erscheinungen gesprochener und geschriebener Sprache - durchgeführt an Texten deutscher Gebrauchsprosa. Diss. (Masch.) Leipzig 1966. S.93ff.

17 Hier soll die Interpunktion nur in ihrer Funktion als Satzverbindungsmittel dargestellt werden. Über die sonstige Bedeutung der Zeichensetzung, ihre Besonderheiten und ihren semantischen Wert wird an späterer Stelle gehandelt.

18 Die Funktion von 'und' wird an späterer Stelle noch ausführlicher behandelt.

19 Helmut Gipper: Zur Problematik der Fachsprachen. In: Festschrift für Hugo Moser. Hrsg. v. Ulrich Engel, Paul Grebe und Heinz Rupp. Düsseldorf 1969. S.66-81. S.79f.

2o Karl Korn: Sprachwandlungen im heutigen Deutschland: Der serielle Satz. In: Deutsch - gefrorene Sprache in einem geforenen Land? Hrsg. v. Friedrich Handt. Berlin 1964. S.179-185. S.183.

21 Hans Eggers: Deutsche Sprache der Gegenwart im Wandel der Gesellschaft. In: Sprache Gegenwart und Geschichte. Schriften des Instituts für deutsche Sprache. Jahrbuch 1968. S.9-29.

22 H.Moser: Wohin steuert das heutige Deutsch?

23 Barbara Wackernagel-Jolles: Untersuchungen zur gesprochenen Sprache: Beobachtungen zur Verknüpfung spontanen Sprechens. Göppingen 1971. S.484.

24 Elise Riesel: Der Stil der deutschen Alltagsrede. Leipzig 197o. S.2o3.

25 E.Riesel: Alltagsrede. S.188; im Original Kursivdruck.

26 Zum Problem der Einteilung und Unterordnung von Neben- bzw. Gliedsätzen s. vor allem Ingerid Dal: Kurze deutsche Syntax. Tübingen 1952. S.194ff. und Gerhard Helbig: Zur Einteilung der Nebensätze. In: Deutsch als Fremdsprache. 7 (197o) S.252-26o.

(Satzbau)

27 Die mit der Konjunktion 'wo' angeschlossenen Nebensätze wurden durchwegs als Relativsätze mitgezählt, da sie nur in ganz seltenen Fällen als Lokalsätze zu bestimmen sind.

28 Auf weitere Angaben von Prozentzahlen soll hier verzichtet werden, da es sich bei den Nebensätzen, die innerhalb der Routenbeschreibungen auftreten, bis auf wenige Ausnahmen fast ausschließlich um Relativsätze handelt.

29 Die in Klammern gesetzten Auslassungszeichen bedeuten, daß Einfügungen, die im Original in Parenthese gesetzt sind, weggelassen werden. Es handelt sich dabei meist um Höhenangaben.

3o B.Wackernagel-Jolles: Gesprochene Sprache. S.215.

31 F.Börner: Raffiniertes Textschreiben. S.54.

32 Eduard Benes: Die sprachliche Kondensation im heutigen deutschen Fachstil. In: Linguistische Studien III (= Festgabe für Paul Grebe zum 65. Geburtstag). Düsseldorf 1973. S.4o-5o. S.41.

33 E.Mittelberg. BILD-Zeitung. S.251.

34 Ludwig Kerstiens: Das werbende Sprechen. In: Zeitschrift für deutsche Sprache 26 (197o) S.129-141. S.137.

35 U.a. B.Wackernagel-Jolles: Gesprochene Sprache. S.215.

36 H.Moser: Typen sprachlicher Ökonomie. S.98.

37 Ch.Leska: Vergleichende Untersuchungen. S.215. Unterstreichungen im Original.

38 Ch.Leska: Vergleichende Untersuchungen. S.216. Unterstreichungen im Original.

39 Siegfried Grosse: Zur Sprache der Wirtschaftswerbung. In: Strukturen und Interpretationen. Blanka Horacek zum 6o. Geburtstag. Hrsg. Alfred Ebenauer u.a. Wien, Stuttgart 1974. S.64-68. S.8o.

4o Übernommen aus W.Admoni: Sprachbau. S.254.

41 Im Gegensatz zu R.Römer: Anzeigenwerbung, die Befehl und einleitende Frage (S.179f., S.184f.) den rhetorischen Mitteln zuordnet, sollen hier Imperativ- und

(Satzbau)

Fragesatz der besseren Gesamtübersicht willen auch unter der Rubrik Satzarten betrachtet werden. Ihr semantischer Wert wird an späterer Stelle behandelt.

42 Ein Vergleich der Stilhaltungen der einzelnen Kataloge wird im Schlußteil versucht, s.S.534ff.

43 Nach Brigitte Frank-Böhringer: Rhetorische Kommunikation. Quickborn 1963. S.33, handelt es sich bei den Imperativen um eine 2. Klasse von Sätzen (neben den Aussagesätzen): "Es handelt sich um solche Sätze, die nicht nur eine echte semantische Funktion, sondern zudem eine pragmatische Funktion erfüllen, indem sie einen Zielzustand der Außenwelt nicht allein als Möglichkeit aufweisen, sondern als Aufgabe vorschreiben."

44 R.Römer: Anzeigenwerbung. S.179ff.

45 H.F.J.Kropff z.B. empfiehlt "Fragen, deren Beantwortung Neugierde erweckt." H.F.J.Kropff: Neue Psychologie in der neuen Werbung. Stuttgart 1951. S.29o.

46 W.Schneider: Stilistische Deutsche Grammatik. S.419.

47 Johannes H.Seifert: Wirksam texten! Reutlingen 195o. S.23 und S.37.

48 Ludwig Reiners: Deutsche Stilkunst. München 1944. S.224.

49 E.Mittelberg: BILD-Zeitung. S.198.

5o H.Eggers: Syntax. S.53f.

51 Ch.Leska: Vergleichende Untersuchungen. S.93.

52 E.Mittelberg: BILD-Zeitung. S.184f.

53 Joachim Stave: Bemerkungen über den unvollständigen Satz in der Sprache der Werbung. In: Muttersprache 83 (1973) S.21o-224. S.211.

54 R.Römer: Anzeigenwerbung. S.168.

55 Brigitte Schlinkmann-Keppler und Ferdinand Hanke: Die Syntax der konzipierten gesprochenen Sprache in der kommerziellen Werbesprache. In: Aspekte der gesprochenen Sprache. Hrsg. Barbara S.Wackernagel-Jolles. Göppingen 1973. S.257-3o5. S.281.

(Satzbau)

56 W.Admoni: Sprachbau. S.245.

57 W.Admoni: Sprachbau. S.245.

58 J.Erben: Deutsche Grammatik. S.24. H.Brinkamnn spricht sich gegen die Begriffe 'Ellipse' und 'Ersparung' aus und verwendet den Begriff 'Reduktion', wobei er die Reduktion als ein legitimes sprachliches Verfahren ansieht. Henning Brinkmann: Reduktion in gesprochener und geschriebener Rede. In: Gesprochene Sprache (= Sprache der Gegenwart. Band XXVI).Düsseldorf 1974. S.144-162. S.144f.

59 H.Eggers: Syntax.

6o Colin Cherry: Kommunikationsforschung - eine neue Wissenschaft. Frankfurt 1963. S.34

61 O.W.Haseloff: Wirkungsbedingungen politischer und werblicher Kommunikation. S.183.

62 O.W.Haseloff: Kommunikationstheoretische Probleme der Werbung. S.191.

63 E.Riesel: Alltagsrede. S.198.

64 E.Riesel: Alltagsrede. S.199; im Original Kursivdruck.

65 Hans Eggers: Sprache und Gesellschaft im 2o. Jahrhundert. In: Jahrbuch der Deutschen Akademie für Sprache und Dichtung. 1969/7o.Heidelberg,Darmstadt 197o.S.25-5o.

66 Hans-Dieter Heistrüvers: Die sprachliche Untersuchung von Werbetexten im Deutschunterricht. In: Deutschunterricht 2o (1968) Nr.5. S.98-111.-s. auch R.Römer: Anzeigenwerbung. S.165ff.

67 W.Schneider: Stilistische deutsche Grammatik. S.443.

68 E.Mittelberg: BILD-Zeitung. S.276ff.

69 Wladimir Admoni: Die umstrittenen Gebilde der deutschen Sprache von heute. III. Das erweiterte Partizipialattribut. In: Muttersprache 74 (1964) S.321-332; vor allem S.331f.

7o Heinrich Weber: Das erweiterte Adjektiv- und Partizipialattribut im Deutschen. München 1971; bes. S.116, 123ff.

71 H.Moser: Typen sprachlicher Ökonomie. S.97f.

(Satzbau)

72 Eduard Schwyzer: Zur Apposition. Abhandlung der Deutschen Akademie der Wissenschaften zu Berlin, phil.-hist.Klasse (1945/46) Nr.3. S.7ff. S.16.

73 J.Erben: Deutsche Grammatik. S.137.

74 H.Eggers: Sprache der Gegenwart. S.9-29.

75 E.Riesel: Alltagsrede. S.2o9; Kursivdruck im Original.

76 H.Eggers: Sprache und Gesellschaft im 2o.Jh. S.44.

77 E.Benes: Sprachliche Kondensation. S.43.

78 H.Eggers: Deutsche Sprache der Gegenwart. - Ders.: Beobachtungen zum "präpositionalen Attribut" in der deutschen Sprache der Gegenwart. In: Wirkendes Wort. Sammelband I. Düsseldorf 1962. S.277-287.

79 s. auch H.Moser: Typen sprachlicher Ökonomie. S.98.

8o H.Brinkmann: Reduktion. S.157.

81 W.Admoni: Sprachbau. S.252.

82 Dieter Faulseit und Gudrun Kühn: Stilistische Mittel und Möglichkeiten der deutschen Sprache. Halle 2.Aufl.1963. S.173.

83 Gerhard Schubert: Über das Wort "und". In: Wirkendes Wort. Sammelband I. Düsseldorf 1962. S.166-174.

84 E.Mittelberg: BILD-Zeitung. S.288f.

85 E.Riesel: Alltagssprache. S.214.

86 J.Erben: Grammatik. S.56.

87 Duden-Grammatik. S.79.

88 B.Wackernagel-Jolles: Gesprochene Sprache. S.229.

89 V.O.Schwab: Anzeigen wirksam texten. S.144.

9o H.Brinkmann: Die Deutsche Sprache. Düsseldorf 1962.S.341.

91 J.Erben: Grammatik. S.58.

92 Dazu nähere Angaben bei Sigbert Latzel: Perfekt und Präteritum in Ein-Satz-Äußerungen der geschriebenen deutschen Sprache. In: Hermann Gelhaus und Sigbert Latzel: Studien zum Tempusgebrauch im Deutschen

(Satzbau)
(= Institut für deutsche Sprache. Forschungsbericht 15). Mannheim 1974. S.173-274. S.177ff.

93 Duden-Grammatik. S.84.

94 Jost Trier macht Unterscheidungen zwischen der inhaltlichen Bedeutung der verschiedenen Tempusformen: "Für die Vorvergangenheit sind kennzeichnend affektische Beteiligung des Sprechenden, urteilende Stellungnahme, Herausstreichen der Wichtigkeit des Gesagten, Zusammenfassungen von Teilhandlungen zu einem größeren als insgesamt zu überliefernden Ganzen, Aufruf zur inneren Beteiligung der Hörer,Nähe zur Lenkung und Motivation des Handelns, Nähe zur Rechenschaft, Rechtfertigung und Verantwortung, Affinität zu allem, was Gewissen ist und sagt. - Auf der anderen Seite zeigt die Erzählvergangenheit einen deutlichen und ihr weseneigentümlichen Mangel an affektischer Beteiligung, eine Zurückhaltung des Urteils, eine gleichmäßig über das Dargestellte verteilte Liebe und sehr geringe Mitbeteiligung des Bedenkens, der Rechtfertigung, der Klage und der Anklage." Jost Trier: Unsicherheiten im heutigen Deutsch. In: Sprachnorm, Sprachpflege, Sprachkritik (= Sprache der Gegenwart. Bd.II, Jahrbuch 1966/67). Düsseldorf 1968. S.11-27. S.13.

95 J.Trier: Unsicherheiten. S.23.

96 Wolfhard Kluge: "Ich schoß auf eine Wildkatze." Über die Vergangenheitsformen im Neuhochdeutschen. In: Muttersprache 75 (1965) S.74-83. S.8o.

97 Heinz-Günter Haug: Der Tempusgebrauch in der gesprochenen Sprache. In: Aspekte der gesprochenen Sprache. Hrsg.Barbara Wackernagel-Jolles. Göppingen 1973. S.81-121. - Ulrike Hauser-Suida und Gabriele Hoppe-Beugel: Die Vergangenheitstempora in der deutschen geschriebenen Sprache der Gegenwart. Düsseldorf, München 1972. Hier finden sich detaillierte Untersuchungen zum obligatorischen Tempusgebrauch und seinen Varianten sowie zur consecutio temporum. Als Materialgrundlage dient das Corpus des Instituts für deutsche Sprache. Hierbei handelt es sich primär um perfektivisch gehaltenes Material wie Romane, Berichte.

98 Gabriele Beugel: Zur Syntax der Schlagzeile. In: Neue Beiträge zur deutschen Grammatik. Hugo Moser zum 6o. Geburtstag gewidmet (= Duden-Beiträge Heft 37). S.9-22; vor allem S.9.

99 S.Latzel:Ein-Satz-Äußerungen. s.Anm.92.

1oo S.Latzel: Ein-Satz-Äußerungen. S.246.

1o1 Nach S.Latzel: Ein-Satz-Äußerungen. S.246, gilt allgemein für die geschriebene Sprache Präteritum: Perfekt = 4.97 : 1.

(Satzbau)

1o2 B.Wackernagel-Jolles: Gesprochene Sprache. S.229.

1o3 u.a. H.-G.Haug: Tempusgebrauch. S.97, S.1o9. - U.Hauser-Suida und G.Hoppe-Beugel: Vergangenheitstempora S.15o. - S.Latzel: Ein-Satz-Äußerungen. S.243f.

1o4 Hermann Gelhaus: Das Futur in der deutschen Gegenwartssprache. In: Institut für deutsche Sprache. Forschungsberichte 1. Hrsg. Ulrich Engel und Irmgard Vogel. Mannheim 1971. S.19-3o. S.19.

1o5 J.Erben: Grammatik. S.6o.

1o6 Duden-Grammatik. S.97.

1o7 So H.Moser: Wohin steuert das heutige Deutsch. Ebenso H.Eggers: Deutsche Sprache der Gegenwart.

1o8 Z.B. Paul Michligk: Geheimnisse der Werbesprache. Essen 1967. S.146.

1o9 "Der Konjunktiv bezeichnet dagegen die Einschätzung des Vorgangs als eines nur potentialen oder sogar irrealen, dessen Existenz also mehr oder weniger unbestimmt ist. Verschiedene Formen des Konjunktivs bezeichnen verschiedene Grade dieser 'Irrealität': Vermutung, Zweifel, völlige Irrealität." W.Admoni: Sprachbau. S.192.

11o I.Dal: Syntax. S.156.

111 H.-G.Haug: Tempusgebrauch. S.93.

112 Siegfried Jäger: Der Konjunktiv in der deutschen Sprache der Gegenwart. München, Düsseldorf 1971. - Ders.: Hochsprache und Sprachnorm. In: Institut für deutsche Sprache. Forschungsberichte 1.Hrsg. U.Engel und I.Vogel.Mannheim 1971. S.83-97.

113 S.Jäger: Konjunktiv. S.26f., S.271.

114 Die Zahlenangaben sind entnommen: Klaus Brinker: Das Passiv im heutigen Deutsch.Düsseldorf,München 1971. S.68f.

115 "Aktivieren starke Tätigkeitswörter, und nehmen wir deshalb ihre guten Dienste für die Werbesprache wohlbedacht auf, dann meiden wir Passivformen. Die Passivform kehrt das Tätigkeitswort um." P.Michligk: Geheimnisse der Werbesprache. S.146. Die These, daß Passivformen das Verb umkehren,ist allerdings in der Sprachforschung längst umstritten, ebenso daß Passiv eine 'leidende Form' ist.

116 Leo Weisgerber: Die Welt im "Passiv". In: Die Wissenschaft von deutscher Sprache und Dichtung. Festschrift für Friedrich Maurer. Hrsg.H.Moser, W.Rehm, H.Rupp. Stuttgart 1963. S.25-59. S.46.

(Satzbau)

117 E.Mittelberg: BILD-Zeitung. S.225f.

118 Harald Zimmermann: Zur Leistung der Satzzeichen (= Duden-Beiträge Heft 36). Mannheim, Zürich 1969.S.19.

119 H.Zimmermann: Satzzeichen. S.4o.

12o L.Reiners: Stilkunst. S.11o.

121 L.Reiners: Stilkunst. S.111.

122 H.Zimmermann: Satzzeichen. S.4off.

123 E.Mittelberg: BILD-Zeitung. S.259f.

124 H.Brinkmann: Reduktion. S.159.

125 E.Mittelberg: BILD-Zeitung. S.263f.

126 H.Zimmermann: Satzzeichen. S.31ff.

127 E.Mittelberg: BILD-Zeitung. S.261f.

128 E.Mittelberg: BILD-Zeitung. S.268f.

129 E.Mittelberg: BILD-Zeitung. S.271.

13o Genauere Angaben siehe oben S.176ff.

131 In Klammern steht auch hier das prozentuale Verhältnis der Parenthesen von Routenbeschreibung zu sonstigem Text. Die Prozentzahlen dienen nur als Anhaltswert, da in einem Satz mehrere Parenthesen vorkommen können.

132 So z.B. H.Moser: Wohin steuert das heutige Deutsch. - Ders.: Gegenwartstendenzen des heutigen Deutsch.

133 O.W.Haseloff: Kommunikationstheoretische Probleme der Werbung. S.191.

134 Wolfgang Manekeller:Der Werbetext. In:Handbuch der Werbung. Hrsg.v.K.Chr.Behrens. Wiesbaden 197o. S.247-254. S.254.

135 Detaillierte Angaben zu den einzelnen Satzlängen und ein graphischer Überblick finden sich im Anhang.

136 Ausgezählt wurden die Sätze S.8 mit 17,S.3o mit 49, S.6o mit 89, S.112 mit 143.Bei der Auswahl der Seiten wurde versucht, ein breites Spektrum der verschiedensten Reisen mitzuberücksichtigen. Sonderbeschreibungen spezieller Leistungen wurden im allgemeinen nicht mitgezählt, da sie sich häufig wiederholen.

137 Ausgezählt wurden die Seiten 12 mit 36 und 4o mit 64.

(Satzbau)

138 Ausgezählt wurden S.2o mit 4o, S.62 mit 72, S.95 mit 115. Es wurden nur die Ortsbeschreibungen und die Routenbeschreibungen berücksichtigt; Tips, besondere Hinweise und Hotelbeschreibungen wurden ausgelassen.

139 Hier wurden S.15 mit 39 und S.6o mit 95 ausgezählt sowie im grünen Sonderteil S.5 mit 15 und die Seiten 18/19. Der Unterschied zwischen den verschiedenen Satzlängen im allgemeinen Text und in den Beschreibungen des Tagesablaufs zeigt sich schon an der Zahl der berücksichtigten Sätze. 718 Sätze bei den allgemeinen Ortsbeschreibungen sind verteilt auf 73 Seiten, während sich die 565 ausgezählten Sätze der Tagesablaufbeschreibungen auf 13 Seiten insgesamt konzentrieren.

14o Grüner Sonderteil S.5 mit 15, S.18f.

141 Ausgezählt wurden die Seiten 6 mit 26, 3o mit 37 und 46/47.

142 Ausgezählt wurden S.8 mit 15, S.18 mit 27, S.42 mit 53, S.7o mit 75, S.28 mit 33 und S.54 mit 59, wobei Abschnitte, die sich sehr häufig wiederholen, dann nicht mehr mitgezählt wurden.

143 Ausgezählt wurden S.3 mit 17 und S.28 mit 33.

144 Bei den auf S.44 mit 63 und 7o mit 95 ausgezählten Sätzen wurden die Seiten mit allgemeinen Angaben über den Club weniger berücksichtigt.

145 Ausgezählt wurden S.3 mit 22.

146 O.W.Haseloff: Wirkungsbedingungen S.176.

147 Wilhelm Fucks: Nach allen Regeln der Kunst. Stuttgart 1968.

148 R.Römer: Anzeigenwerbung. S.171f. R.Römer untergliedert in 1-3, 4-6, 7-9, 1o-14, 15-2o und mehr als 2o Wörter. Die Werte wurden zum Vergleich zusammengefaßt.

149 B.Schlinkmann-Keppler und F.Hanke: Kommerzielle Werbesprache. S.277 und S.28o.

15o Anneliese Klug: Satzlänge und Satzfüllung in Werbetexten. In: WZUR 18 (1969) Heft 6/7. S.631-637. S.632.

151 Ch.Leska: Vergleichende Untersuchungen. Bd.2. Tabelle 1 und 9; Bd.1. S.9o, S.2o7.

(Satzbau)

152 H.Eggers: Syntax. S.53.

153 H.Eggers: Syntax. S.53.

154 E.Mittelberg: BILD-Zeitung. S.188f.

155 H.Meier: Sprachstatistik. S.191.

156 Wilhelm Fucks und Josef Lauter: Mathematische Analyse des literarischen Stils. In: Mathematik und Dichtung. Hrsg. R.Gunzenhäuser und H.Kreuzer. München, 2.Aufl. 1967. S.1o7-122. S.114f.

157 Hardi Fischer: Entwicklung und Beurteilung des Stils. In: Mathematik und Dichtung. Hrsg. R.Gunzenhäuser und H.Kreuzer. München 2.Aufl.1967. S.171-184. S.173.

158 z.B. F.Börner: Raffiniertes Textschreiben. S.84.

159 AIDA-Regel: Nach ihr sind die Aufgaben der Werbung: Erregung von Aufmerksamkeit (Attention), Interesse (Interest), des Wunsches, den Gegenstand zu besitzen (Desire), Veranlassung zur Handlung (Action). Diese Werberegel erscheint in jedem Handbuch. Sie ist hier zitiert nach R.Römer. Anzeigenwerbung. S.27. - Die Wirksamkeit dieser Regel ist heute allerdings ebenso umstritten wie das in seiner Durchführung sicher schwer praktikable Neun-Stufen-Gesetz der Werbeagentur Wündrich-Meißen:
1. Blickfang
2. Neugiererweckung durch Schlagzeile
3. "Story"
4. Folgerung aus der "Story"
5. Überleitung zur propagierten Leistung
6. Bedarfsweckung nach der Leistung (Argumentation)
7. Abwägung von Leistung und Gegenleistung (Gegenüberstellung von Dienst und Preis)
8. Einwandwiderlegung
9. Antrieb zum Handeln

Auch dieses Gesetz wird häufig in der Werbeliteratur angeführt. Es ist hier zitiert nach W.Bongard: Männer machen Märkte. S.228.

16o R.Römer: Anzeigenwerbung. S.187.

161 "Die Dame ist hartnäckig. Sie hat zwar im gleichen Scharnow-Jet gesessen wie Sie, aber jetzt tut sie wie ein Eisberg, den auch die heißeste Spaniensonne nicht schmelzen kann. Da gibt's nur eins: Einladen zu einem Bummel durch die kleinen Gäßchen, in denen die kleinen Kneipen und Bodegas liegen, in denen es die süffigen spanischen Weine gibt, in denen die Wahrheit steckt. Auch über die Dame ..." (2/57)

(Satzbau)

162 P.Teigeler: Verständlichkeit und Wirksamkeit. S.41f.

163 Die Bedeutung des Reise- und Anzeigenteils deutscher Tageszeitungen für die Förderung des Fremdenverkehrs. Diplomarbeit von Monika Heldrich. München 1955. (masch.) S.13.

164 Repräsentativerhebung des Instituts für Werbepsychologie und Markterkundung in Frankfurt. April 1968: "Die Einstellung der Bevölkerung zu Reiseunternehmen und Urlaubsreisen." In: Motive - Meinungen - Verhaltensweisen. Studienkreis für Tourismus e.V. Starnberg 1969. S.59.

Aufbau der Prospekte

1 Jochen Möckelmann und Sönke Zander: Form und Funktion der Werbeslogans. Göppingen 197o. - Barbara Sandig: Syntaktische Typologie der Schlagzeile. München 1971. - Volker Klotz: Slogans. In: Sprache im technischen Zeitalter. Heft 8 (1963) S.538-546.

2 R.Römer: Werbesprache. S.79. Anm.235. Im Original kursiv gedruckt.

3 Public relations: "Die Werbung um öffentliches Vertrauen (Vertrauenswerbung), die öffentliche Meinungs- und Beziehungspflege mit publizistischen Mitteln, bes. durch Wirtschaftsunternehmen und -verbände, ..." Brockhaus. Enzyklopädie. Bd.15. S.242.

4 J.Möckelmann und S.Zander: Werbeslogan. S.76.

5 V.Klotz: Slogans. S.541.

6 V.Klotz unterscheidet als Modi der Slogans: befehlend, belehrend, in vertraulichem Parlando, behauptend, einweihend, euphorisch mitreißend. S.541. - W.Winterfeldt unterscheidet 9 Formen des Slogans: 1. die einfache Behauptung 2. die vom Leser zu ergänzende Behauptung 3. die Aufforderung 4. die Versicherung 5. die Frage 6. die dunkle Rede 7. die unausgesprochene Behauptung 8. der harmlose Aphorismus 9. die Suggestion. Wolfgang Winterfeldt: Besser texten - mehr verkaufen. Bad Wörishofen 1965. S.16off.

7 V.Klotz hält fest, daß Slogans zwei- oder dreigliedrig sind. V.Klotz: Slogans. S.543 - Zweiteilige Syntax registrieren auch J.Möckelmann und S.Zander: Werbeslogans. S.47.

(Aufbau der Prospekte)

8 J.Möckelmann und S.Zander: Werbeslogans. S.54.

9 Die Anführungszeichen sind bereits im Originaltext enthalten, sie verdeutlichen, daß es sich bei der Titelgebung um eine Übernahme einer sonst anders gebrauchten Wendung handelt. Ebenso ist es bei den Beispielen 7/11, 1o/2o, 1o/14, 1o/12.

1o H.-D.Ebert: Literatur der Adjektive. S.1o6.

11 Die Zahlen in Klammern geben den zitierten Katalog an.

12 Die Häufigkeit bestimmter Einrichtungen ist vom jeweiligen Komfort des Hotels abhängig und hat mit sprachlichen Kriterien nichts zu tun.

13 Auf weitere Zusammensetzungen mit 'Restaurant' wurde im Kapitel über die Wortbildung schon näher eingegangen.

14 Dieses Wort z.B. ist in der zusammengeschriebenen Form 'Beautyfarm' im Wörterbuch der englischen und amerikanischen Ausdrücke in der deutschen Sprache. Hrsg. v. Fritz und Ingeborg Neske. München 197o. S. 4o gebucht. Nicht alle der genannten Komposita jedoch sind im Wörterbuch zu finden.-So sind bei Schöffler-Weis: Wörterbuch der englischen und deutschen Sprache, z.B. gebucht 'Shopping-center' als 'Geschäftsviertel' S.192, 'Bus-Service' als 'Busverkehr' S.119; 'Quick-lunch' als 'schnelles Mittagessen' S.8o1, 'Skindiving' als 'Sporttauchen' S.925 und andere. Einige dieser Ausdrücke sind nach Informantenbefragungen zumindest im Amerikanischen geläufig, so 'Candle-light-dinner', 'Room-Service' oder 'Wellcomedrink', diese Ausdrücke sind jedoch nicht im Wörterbuch verzeichnet. Andere hingegen scheinen Komposita aus englischen Komponenten zu sein, z.B. 'Showgrill' oder 'Bar-Dancing' und sind so im Englischen oder Amerikanischen nicht gebräuchlich.

15 Die Verben sind nach der Häufigkeit ihres Erscheinens geordnet.

16 Auch hier wie bei den folgenden Katalogen sind die Verben nach der Häufigkeit ihres Vorkommens geordnet.

17 S.Grosse bemerkt zur Sprache der Wirtschaftswerbung: "Im Blick über die Merkmale des Satzbaus im Werbetext kann man feststellen, daß der einfache Satz vorherrscht und zu einem sehr viel kleineren Teil Satz-

(Aufbau der Prospekte)

gefüge mit einer Erweiterung des ersten Abhängigkeitsgrades vorkommen, aber weitere Nebensatzerweiterungen kaum üblich sind, weil offenbar mehrgliedrige hypotaktische Gebilde nicht mehr die gewünschte rasche Eingängigkeit besitzen." S.Grosse: Zur Sprache der Wirtschaftswerbung. S.80. - F.Börner betont, daß im Werbetext das Aneinanderreihen reiner Hauptsätze ein schnelleres Vorwärtskommen, ein flotteres Mitreißen, ein schnelleres Tempo des Denkens oder Empfindens bewirkt. F.Börner: Raffiniertes Textschreiben. S.51.

18 "Vor allem sind es neue Substantive, die für neue Erscheinungen entstanden sind. Im wertenden Bereich des Adjektivs sind die Neubildungen weit weniger zahlreich, und auch der Bezirk des Verbs wird im Vergleich zum Substantiv lange nicht so stark ausgebaut." Hugo Moser: Zur Situation der deutschen Gegenwartssprache. In: Studium Generale 15 (1962) Heft 1. S.40-48 . S.46.

19 H.Moser: Gegenwartssprache. S.48 und H.Eggers: Wandlungen im deutschen Satzbau. In: Deutschunterricht Jg.13, Heft 5 (1961) S.47-61. S.53: "Ein Augenblickskompositum anstelle einer syntaktischen Fügung bedeutet aber zugleich eine weniger reiche Gliederung des Satzes."

20 H.Eggers: Wandlungen. S.55.

21 H.Eggers: Wandlungen. S.58.

22 W.Admoni: Zu Problemen der Syntax. S.12.

23 W.Admoni: Zu Problemen der Syntax. S.13.

24 Ch.Leska: Vergleichende Untersuchungen. S.227.

25 Christel Leska: Vergleichende Untersuchungen zur Syntax gesprochener und geschriebener deutscher Gegenwartssprache. In: Beiträge zur Geschichte der deutschen Sprache und Literatur (Halle) 87 (1965) S.427-464. S.454. - Ähnlich: Ulrich Engel: Syntaktische Besonderheiten der deutschen Alltagssprache. In: Gesprochene Sprache (= Sprache der Gegenwart Band XXIV). Düsseldorf 1974. S.199-228. S.205.

Semantik

1 Hans Hörmann: Funktionen des Sprechens und der Sprache. In: Kommunikation. Forschung und Information. Hrsg. O.W.Haseloff. Berlin 1969. S.63-7o. S.65.

2 P.Teigeler: Verständlichkeit und Wirksamkeit. S.11.

3 C.Cherry: Kommunikationswissenschaft. S.284.

4 Wilhelm Schmidt: Lexikalische und aktuelle Bedeutung. Berlin 1963. S.16.

5 Georg F.Meier: Wirksamkeit der Sprache. S.488. Unterstreichung bedeutet Kursivdruck im Original.

6 "Eine genaue semantische Beschreibung der Lexeme in verschiedenen Kontexten, eine exakte Zuordnung bestimmter Intonationskurven zu bestimmten Emotionen und die semantische Beschreibung von Stilfiguren in verschiedenen Kommunikationssituationen für eine bestimmte Sprache ist eine unabdingbare, wenn auch sehr umfangreiche Kleinarbeit, ohne die eine Wirksamkeitsuntersuchung nur Stückwerk bleiben kann. Dazu kommen zahlreiche statistische Untersuchungen, die in jeder Einzelsprache auf Häufigkeiten, unbedingte und bedingte Wahrscheinlichkeiten hinweisen müssen." G.F.Meier: Wirksamkeit. S.476f. - Unterstreichungen geben Kursivdruck im Original wieder.

7 Gustav H.Blanke: Einführung in die semantische Analyse. München 1973. S.95f.

8 Thea Schippan: Einführung in die Semasiologie. Leipzig 1972. - Sperrungen im Original.

9 K.-D.Bünting: Einführung in die Linguistik. S.16o.

1o Als erster grundlegender Ansatz zu einer semantischen Theorie sind die Arbeiten von Jerrold J.Katz und Jerry A.Fodor zu betrachten.-Bibliographische Angaben und weitere Titel zu neueren Semantiktheorien sind aufgeführt bei Achim Eschbach: Zeichen-Text-Bedeutung. Bibliographie zu Theorie und Praxis der Semiotik. München 1974.

11 T.Schippan: Semasiologie.S.9.

12 In einem so allgemeinen Sinn wie u.a. bei Samuel J. Hayakawa: Semantik. Sprache im Denken und Handeln. Darmstadt 1971.

13 Walter Fuchs: Bedeutung und Durchführung der inneren und äußeren Werbung im Fremdenverkehr. Diss.(masch.)München 1954. S.12.

(Semantik)

14 Manfred Rudolph: Wahrheit im Katalog. Scharnow-Artikeldienst. Hannover. o.J. o. Seitenzahl.

15 W.Schmidt: Lexikalische und aktuelle Bedeutung. S.89.

16 R.Römer: Anzeigenwerbung. S.86ff.

17 Epitheta und die Häufigkeit ihres Erscheinens werden in einem eigenen Kapitel noch besonders behandelt werden.

18 C.Cherry: Kommunikationsforschung. S.1oo.

19 Es wurde versucht, bei der Auszählung der Wortarten alle Bereiche der jeweiligen Kataloge mitzuberücksichtigen. Daher wurden verschiedene Seiten innerhalb der Kataloge ausgezählt, Hotelbeschreibungen jedoch ausgeklammert, besondere Hinweise, die sich öfter wiederholen, bei der Auszählung nur einmal berücksichtigt. Herangezogen wurden in Katalog 1 die Seiten 1o mit 25, 64 mit 67, 8o mit 84, 116 mit 121, 152 und 153, sowie S.17o. So wurden fast alle geographischen Gebiete, die in diesem Katalog behandelt werden, erfaßt.

2o Unter sonstige Wortarten sind zu rechnen Partikel, Zahlwörter, Adverbien. Abkürzungen wie km usw. wurden als Substantive gewertet. Als Prädikatsnomen erscheinende Adjektive wurden auch bei der Auszählung in diese Wortart miteinbezogen. Bei geographischen Bezeichnungen, die aus mehreren Wörtern bestehen, wurden deutlich als Adjektiv zu verstehende Teile auch als solche gezählt. Semantisch eng verbundene mehrgliedrige Eigennamen wurden hingegen als ein Substantiv bewertet.

21 Auch hier wurde versucht, ein möglichst breites Spektrum der Beschreibungen zu erfassen. Als Grundlage dienten die Seiten 25 mit 33, 115 mit 125 (ohne S.123), 5o mit 57, 7o mit 79, 14o mit 143, S.145 und S.2oo und 2o1.

22 Ausgezählt wurden die Wörter auf den Seiten 12 mit 26 sowie 5o mit 66 oben.

23 Für den allgemeinen Text wurden die Seiten 3o mit 44, 6o mit 64 sowie die Seiten 1o5 und 1o6 herangezogen.
Um ein möglichst repräsentatives Bild zu bekommen, wurde innerhalb der Routenbeschreibungen meist nur je eine Reisebeschreibung ausgesucht, um so die verschie-

(Semantik)

denartigsten Reiseziele miteinzubeziehen: S.83 (Nordspanien, Portugal), S.85 (Südnorwegen), S.87 (Israel), S.9o (Rhodesien) und S.91 (Indien, Nepal). Längere zusammengesetzte Ortsnamen wurden als ein Substantiv gerechnet.

24 Ausgezählt wurden die Seiten 15 mit 24, 6o mit 68, wobei von S.66 nur die Einleitung mitberücksichtigt und S.67 ausgelassen wurde.

25 Die Beschreibung des Tagesablaufs und der Fahrtrouten auf den Seiten 4, 13, 14 (nur Anfang) und 19 dienten als Textgrundlage.

26 Hier wurden für die Auszählungen die Seiten 15 mit 18 (zur Hälfte), 3o und 31 (bei 31 nur zwei Abschnitte) und der Anfang von S.37 herangezogen. Die Auszählung beschränkte sich auf wenige, dafür sehr textreiche Seiten aus verschiedenen Teilen des Katalogs.

27 Als Grundlage wurden ausschließlich die fettgedruckten Textteile genommen und zwar der Seiten 7, 18, 42, 47, 55, 61, 68 und 72.

28 Bei der Auszählung der Routenbeschreibungen wurden die Überschriften der jeweiligen Ausflüge ausgeklammert. Als Textgrundlage dienten die Seiten 11, 25, 43 und 5o.

29 Ausgezählt wurden hier die Seiten 4 mit 1o, sowie die Seiten 19, 28 und der Anfang der Seite 34.

3o Für die Auszählung der Wortartenhäufigkeit der Routenbeschreibungen wurden die Seiten 11, 19, 27 und 35 herangezogen.

31 Ausgezählt wurden die Seiten 1o mit 15, sowie die Seiten 24 mit 3o (oben).

32 Hier wurde der Anfang der Seite 36, sowie die Seiten 61 mit 7o und 85 mit 94 als Textgrundlage genommen.

33 Ausgewertet wurden die Seiten 1o mit 17 (nicht vollständig).

34 Die Wörter wurden entnommen den Seiten 12 und 13 sowie 2o und 21 und dem Anfang von S.24. Da die Routenbeschreibungen sehr textreich sind, wurde nur eine geringe Seitenzahl des ohnehin nicht sehr umfangreichen Katalogs berücksichtigt.

(Semantik)

35 Bei Katalog 9 wurden sowohl Beschreibung der Clubdörfer als auch allgemeiner Text miteinbezogen.

36 Berücksichtigt wurden hier die Routenbeschreibungen der Kataloge 4, 5 (grüner Sonderteil), 7, 8 und 1o.

37 R.Römer: Anzeigenwerbung. S.77.

38 Die Tabelle wurde entnommen R.Römer: Anzeigenwerbung. S.8o, allerdings wurde sie leicht abgeändert, um die richtigen Vergleichsverhältnisse herzustellen. R.Römer differenziert in ihrer Aufstellung wie folgt: "Zusammen enthalten die 1oo Anzeigen 9579 Wörter; davon sind:

Waren- oder Firmennamen	6o5 = 6.3 %
Eigennamen	177 = 1.8 %
Substantive	2195 = 22.9 %
attributive Adjektive	818 = 8.5 %
prädikative Adjektive	328 = 3.4 %
Adverbien	218 = 2.2 %
Vollverben	761 = 7.9 %
übrige Wörter	4477 = 47.o %
	9579 =1oo.o %

39 H.Meier: Sprachstatistik. Bd.1, S.197.

4o H.Meier: Sprachstatistik. Bd.1, S.197.

41 R.Römer:Anzeigenwerbung. S.81; die Beispiele sind entnommen H.Meier: Sprachstatistik. Bd.1, S.2o6.

42 H.Meier: Sprachstatistik. Bd.1, S.2o5.

43 Bei R.Römer: Anzeigenwerbung. S.8o wurden zum Vergleich die Werte für attributive und prädikative Adjektive zusammengenommen.

44 R.Römer: Anzeigenwerbung. S.81.

45 Wilhelm E.Süskind: Vom ABC zum Sprachkunstwerk. München 1965. S.12. Kursivdruck im Original.

46 Karlheinz Daniels: Substantivierungstendenzen in der heutigen Gegenwartssprache. Düsseldorf 1963. S.177.

47 J.H.Seifert: Wirksam texten. S.16.

48 R.Römer: Anzeigenwerbung. S.78.

49 Veronika Schmidt: Die Streckformen des deutschen Verbums. Halle 1968. S.31.

(Semantik)

5o Die angegebenen Vergleichswerte wurden ermittelt durch Zählung der Modalverben und anderer häufig gebrauchter Verben durch alle Teile der Kataloge. Auch sie stellen nur Annäherungswerte dar, die einer Verdeutlichung dienen sollen.

51 Ulrich Engel: Syntaktische Besonderheiten der deutschen Alltagssprache. In: Gesprochene Sprache (= Sprache der Gegenwart Bd.XXVI). Düsseldorf 1974. S.199-228. S.2o5f.

52 Hanna Popadić: Untersuchungen zur Frage der Nominalisierung des Verbalausdrucks im heutigen Zeitungsdeutsch (= Forschungsberichte. Institut für deutsche Sprache. Hrsg. U.Engel und I.Vogel). Mannheim 1971. S.11. Grundlage: die Zeitung 'WELT' vom 1.-3o. Nov.1965.

53 H.Eggers: Syntax. S.56.

54 V.Schmidt: Streckformen. S.56.

55 H.Meier: Sprachstatistik. Bd.1, S.2o5; ebenso die Zahlenangaben.

56 H.Meier gehtbei seiner Zählung von Partikeln aus, die das Substantiv begleiten. H.Meier errechnet, daß 87.6 % bestimmte Artikel sind. Der Anteil der von Partikeln begleiteten Substantive in verschiedenen Texten ist:

Grundgesetz	16.8 %
Arbeitsgesetz	16.o %
Fontane "Effi Briest"	6.o %
Nietzsche "Zarathustra"	6.o %
Luthers deutsch verfaßte Briefe	4.5 %

H.Meier: Sprachstatistik. Bd.1, S.211. Für die Ferienkataloge ergibt sich mit 1o.81 % und 11.22 % eine Mittelstellung zwischen Gesetzestexten und Literatursprache.

57 H.Meier: Sprachstatistik. Bd.2, S.112.

58 Bertil Malmberg: Structural linguistics and human communication (= Kommunikation und Kybernetik. Hrsg. H.Wolter und W.D.Deidel. Bd.2) Berlin, Göttingen, Heidelberg 1963. S.144.

59 R.Römer: Anzeigenwerbung. S.85f. und S.1o6.

6o o.V.: Das Superlativ-Laster. In: Der Fremdenverkehr. III.Jahrgang (Juli 1951) S.11.

(Semantik)

61 z.B. L.Reiners: Stilkunst. S.359ff.

62 J.Erben: Grammatik. S.112. J.Erben zitiert F.Sommer: Vergleichende Syntax der Schulsprachen. Leipzig und Berlin, 3.Aufl.1931. S.39.

63 Es kann nur der Versuch unternommen werden, den Superlativ in allen Arten seines Vorkommens zu analysieren. Die Beispiele sind sehr reichlich und wiederholen sich auch innerhalb der Kataloge. Aus Platzgründen können deshalb immer nur wenige Belege exemplarisch angeführt werden.

64 W.E.Süßkind: Vom ABC zum Sprachkunstwerk. S.59.

65 R.Römer: Anzeigenwerbung. S.1o8.

66 R.Römer: Anzeigenwerbung. S.1o6.

67 H.Moser: Neuere und neuste Zeit. S.5o4: "Den gerade in unseren Tagen so beschleunigten Verlust an Gehaltstiefe versuchen die Sprecher durch Verstärkungen auszugleichen,die meist ihrerseits wieder das gleiche Schicksal erleiden. Dazu gehören die Verwendung des Superlativs, besonders in der Sprache der Reklame ...". Ferner auch: H.Moser: Entwicklungstendenzen des heutigen Deutsch. - L.Mackensen: Die deutsche Sprache in unserer Zeit, vor allem S.124ff.

68 "Die meisten Superlative - und ihrer sind gewiß nicht wenige - bestreitet die BZ nämlich mit der Steigerung von groß. ... Manchmal fragt man sich nämlich, ob die Fülle der Superlative nicht auf Kosten der Sachlichkeit lebt." E.Mittelberg: BILD-Zeitung. S.64. Unterstreichung gibt Kursivdruck im Original wieder.

69 Johann Dietrich Bödeker: Sprache der Anzeigenwerbung. (= Sprachhorizonte. Arbeitsunterlagen für den Sprach- und Literaturgebrauch). Dortmund, 4.Aufl.1972. S.21.

7o R.Römer: Anzeigenwerbung. S.1o9. Bei P.Oßwald und E.Gramer: Die Sprache der Werbung. S.8o wird dieser Komparativ als absoluter, vergleichsloser Komparativ bezeichnet. - I.Hantsch nennt ihn beziehungslosen Komparativ. Ingrid Hantsch: Zur semantischen Strategie der Werbung. In: Sprache im technischen Zeitalter.Heft 42(1972) S.93-1o7. S.99.

71 J.D.Bödeker: Sprache der Anzeigenwerbung. S.21.

72 W.Schneider: Stilistische deutsche Grammatik. S.73.

(Semantik)

73 Die Auslassungspunkte sind dem Original entnommen. Sie sollen die Phantasie des potentiellen Urlaubers aktivieren.

74 R.Römer: Anzeigenwerbung. S.1o8.

75 H.Moser: Neuere und neuste Zeit, vor allem S.5o4. - L.Mackensen: Die deutsche Sprache in unserer Zeit. S.126.

76 Auslassungspunkte im Original.

77 E.Mittelberg: BILD-Zeitung. S.66.

78 R.Römer: Anzeigenwerbung. S.86.

79 L.Mackensen: Die deutsche Sprache in unserer Zeit. S.124ff. und H.Moser: Neuere und neuste Zeit. S.5o4.

8o G.Wahrig: Wörterbuch. Sp.18o1.

81 G.Wahrig: Wörterbuch. Sp.18o4.

82 R.Römer: Anzeigenwerbung. S.89. R.Römer bucht S.93 ebenfalls die Hochwertkomposita 'weltbekannt', 'weltberühmt' und 'weltweit'.

83 L.Mackensen: Die deutsche Sprache in unserer Zeit. S.127 und H.Moser: Neuere und neuste Zeit. S.5o4.

84 G.Wahrig: Wörterbuch. Sp.4o19.

85 Während die Adjektive 'ursprünglich', 'urtümlich', 'urwüchsig', 'uralt' und 'urgemütlich' bei G.Wahrig: Wörterbuch. Sp.3763, 3764, 3764, 3758, 376o gebucht sind, erscheinen nur die beiden Substantive 'Urwelt' und 'Urtyp' Sp.3764, nicht aber die genannten Adjektive.

86 R.Römer: Anzeigenwerbung. S.92.

87 R.Römer: Anzeigenwerbung. S.91 und H.Moser: Neuere und neuste Zeit. S.5o4.

88 R.Römer: Anzeigenwerbung. S.91f.

89 s. R.Römer: Anzeigenwerbung. S.88ff.

9o R.Römer: Anzeigenwerbung. S.88ff. Sie bucht ebenfalls Komposita mit 'Welt-', 'Spitze-', 'Luxus-'. Für die BILD-Zeitung hebt E.Mittelberg hervor, daß Determinativkomposita mit dem Bestimmwort'Riesen-' als Lesereiz dienen. E.Mittelberg. BILD-Zeitung. S.63.

(Semantik)

91 L.Mackensen: Verführung durch Sprache. München 1973.S.11o.

92 Die Wendung 'gesichertes Abenteuer' findet sich z.B.2/176.

93 Beispiel: 'Die Krönung unseres Ausflugsprogramms, Höhepunkt Ihrer Reise!' (1/75).

94 R.Römer: Anzeigenwerbung. S.1o3.

95 o.V.: Sprache - Werbesprache. In: Format 47 (1974) S.6-9, S.9.

96 Exemplarisch aus der Vielzahl der Literatur zu diesem Gebiet seien genannt: Ludwig von Holzschuher: Psychologische Grundlagen der Werbung. Essen 1956; Carola Möller: Gesellschaftliche Funktionen der Konsumwerbung. Stuttgart 197o; vor allem auch Ernest Dichter: Strategie im Reich der Wünsche. Düsseldorf 1961.

97 H.F.J.Kropff: Neue Psychologie. S.72.

98 I.Hantsch: Semantische Strategie. S.1o2.

99 R.Römer: Anzeigenwerbung. S.157.

1oo K.Krapf: Erkundung und Messung des touristischen Konsums. In: Forschungsinstitut für Fremdenverkehr, rechts- und wirtschaftswissenschaftliche Fakultät der Universität Bern. Jahresbericht 1962. S.19-33. S.25.

1o1 Horst Todt: Das Reisemotiv in der Fremdenverkehrswerbung. In: Beiträge zur Fremdenverkehrskunde. Januar 1968. S.37f., S.42, S.38.

1o2 N.Nauhove: Motivforschung als Teil der Marktforschung im touristischen Bereich. In: Jahrbuch für Fremdenverkehr 13 (1965) S.46-74. S.48.

1o3 N.Nauhove: Motivforschung. S.49.

1o4 R.Römer: Anzeigenwerbung. S.157; R.Römer stellt einige Wortgruppen zusammen, deren semantische Wirkung auf diese 'Werte' zielt. Als ein wichtiges Wort in diesem Zusammenhang erwähnt sie 'Welt' (S.159), auf dessen Bedeutung für die Ferienkataloge ja schon unter dem Kapitel 'Steigerung durch Komposition'(S.367ff.) eingegangen wurde.

1o5 H.Todt: Reisemotiv. S.42.

1o6 David Ogilvy: Geständnisse eines Werbemannes. München 1966. S.133f.

(Semantik)

1o7 D.Ogilvy: Geständnisse. S.134.

1o8 D.Ogilvy: Geständnisse. S.133f.

1o9 Pierre Martineau: Kaufmotive. Düsseldorf 1959. S.179.

11o S.Hayakawa: Semantik. S.346.

111 Paul Bernecker: Methoden und Mittel der Fremdenverkehrswerbung. In: Zeitschrift für Fremdenverkehr. Heft 4 (1953) S.136-146. S.14o. Ähnlich äußerten sich auch Psychologen in der Fernsehsendung von G.Bott: Die schönsten Wochen des Jahres.

112 G.Wahrig: Wörterbuch. Sp. 4o55.

113 Hier handelt es sich wohl um einen Druckfehler, es muß sinngemäß heißen 'Abenteuerlustige'.

114 G.Wahrig: Wörterbuch. Sp.4o73.

115 Bei G.Wahrig: Wörterbuch, nicht belegt. In der Literatur findet sich das Wort in den Titeln 'Deutschland - ein Wintermärchen' von Heinrich Heine und in William Shakespeares Komödie 'Das Wintermärchen'.

116 Die Auslassungspunkte zu Beginn des Zitats entstammen dem Original.

117 'traumschön' ist bei G.Wahrig: Wörterbuch, nicht belegt.

118 Felix Scherke: Der Verbrauchercharakter (= Schriftenreihe der GfK-Gesellschaft für Konsumforschung e.V. 2o) Nürnberg 1964. S.51ff.; R.Römer: Anzeigenwerbung. S.99ff.

119 Kaiser und Könige hatten hier ihre Sommerresidenz. Gut genug für Sie, einen königlichen Urlaub zu verbringen. (2/149)

12o Otto Schwink: Prospekte - werbewirksam gestaltet. In: Der Fremdenverkehr 12 (1949) S.5-7. S.7. - Fred Robida: Banalisierung der Fremdenverkehrswerbung. In: Der Fremdenverkehr 11 (1961) S.33. - Otto Zielke: Routine und Experiment in der Verkehrswerbung. In: Der Fremdenverkehr 11 (1958) S.35f. - Jost Krippendorf: Marketing im Fremdenverkehr. S.148.

121 Hans-Ludwig Zankl: Bild oder Schrift? In: Der Fremdenverkehr 9/1o (1955) S.1o-13. S.1o.

122 Das Wort ist in beiden Schreibweisen anzutreffen.

(Semantik)

123 J.Stave: Alle preisen Jedermann-Reisen. In: Wie die Leute reden. S.64.

124 G.Hard: Landschaft. S.55f. G.Hard gibt hier eine detaillierte Aufzählung aller von ihm gebuchten Adjektive wieder. Die meisten der von ihm verzeichneten Beiwörter finden sich auch in den in dieser Arbeit untersuchten Ferienkatalogen wieder. - In einem Aufsatz über den 'Blauen Führer' (ein französischer Reiseführer) erwähnt R.Barthes, daß der 'Blaue Führer' die Landschaft kaum anders als unter der Form des Malerischen kennt. Roland Barthes: Der "Blaue Führer". In: Mythen des Alltags. Frankfurt 1964. S.59-63. S.59.

125 Karl Lütge: Text - Werbung "von der Stange". In: Der Fremdenverkehr 3/4 (1956) S.25f.

126 O.W.Haseloff: Kommunikationstheoretische Probleme der Werbung. S.167.

127 Anton Sieberer: Vom Gefühlswert der Wörter. In: Sprache 3 (1954) S.4-22. Zur Komplexität der Wortbedeutungen s. auch: T.Schippan. Semasiologie. S.58ff. - W.Schmidt: Lexikalische und aktuelle Bedeutung. Berlin 1963. - Ders.: Deutsche Sprachkunde: "Unter dem Nebensinn verstehen wir also die Nachbarbegriffe und Begleitvorstellungen, mit denen der Vorstellungs- und Begriffsgehalt eines Wortes verbunden sein kann." S.48. Gesperrt gedruckt im Original.

128 O.W.Haseloff: Wirkungsbedingungen. S.17o.

129 Im Bereich der Wirtschaftswerbung gehen speziell auf dieses Problem die folgenden Aufsätze ein: Wolfram K.Köck: Manipulation durch Trivialisierung. In: Sprache und Gesellschaft. Hrsg. Annamaria Rucktäschl. München 1972. S.275-367; vor allem S.34of. - I.Hantsch: Semantische Strategie. S.1oo.

13o Vor allem J.Stave: Alle preisen Jedermann-Reisen. In: Wie die Leute reden. S.66f.

131 Max Bense: Kommunikationsforschung und Werbung. Unpaginiert.

132 Wilfried Seibicke: Wie schreibt man gutes Deutsch? (= Duden-Taschenbücher Bd.7) Mannheim, Wien, Zürich 1969. S.116.

133 R.Römer: Anzeigenwerbung. S.1o4.

(Semantik)

134 Helmut Haese: Höhere Umsätze durch das packende Wort. Reutlingen 1956. S.14.

135 P.Michligk: Geheimnisse der Werbesprache. S.21.

136 P.Teigeler: Verständlichkeit und Wirksamkeit. S.4o.

137 J.Stave: Anmerkungen zu einem Werbetext aus rhetorischer Sicht. In: Muttersprache 81 (1971) S.343-35o. S.347.

138 Eberhard Beheim-Schwarzbach: Die Sprache in der Wirtschaftswerbung. In: Wirkendes Wort 2. Sonderheft (1954) S.3-23. S.15.

139 J.D.Bödeker: Sprache der Anzeigenwerbung. S.21.

14o R.Römer: Anzeigenwerbung. S.111ff.

141 Ruth Klappenbach: Gliederung des deutschen Wortschatzes der Gegenwart. In: Deutschunterricht 12 (196o) Heft 5. S.29-45. S.31.

142 R.Klappenbach: Gliederung. S.31. Sperrungen im Original.

143 R.Klappenbach: Gliederung. S.33. Sperrungen im Original.

144 H.Moser: Zur Situation der deutschen Gegenwartssprache. S.42.

145 Hugo Moser: Deutsche Sprachgeschichte. Tübingen 6.Aufl.1969. S.16.

146 Ingulf Radtke: Die Umgangssprache. In: Muttersprache 83 (1973) S.161-171. S.168.

147 E.Riesel: Alltagsrede. S.47. Unterstreichung bedeutet Kursivdruck im Original.

148 E.Riesel: Alltagsrede. S.46.

149 Zur Einteilung der Sprachschichten,ferner H.Moser: Umgangssprache. In: Zeitschrift für Mundartforschung XXVII (196o) S.215-232. - Jost Trier. Alltagssprache. In: Die deutsche Sprache im 2o. Jahrhundert. Göttingen 1966. S.11o-133. - Henning Brinkmann: Hochsprache und Mundart. In: Wirkendes Wort 6 (1955/56) S.65-76.

15o 'Hüttenzauber' ist bei G.Wahrig: Wörterbuch nicht belegt. Dagegen mit der erwähnten Erklärung 'Budenzauber' Sp.781.

(Semantik)

151 So z.B. E.Riesel: Alltagsrede. S.1o5. - H.Moser: Umgangssprache. S.224.

152 L.Mackensen: Verführung durch Sprache. München 1973. S.174.

153 Heinz Küpper: Sozialsymbol und Umgangssprache. In: Muttersprache 71 (1961) S.135-144.

154 L.Mackensen: Verführung. S.174.

155 P.Oßwald: Die Sprache der Werbung. S.83.

156 R.Römer: Anzeigenwerbung. S.114.

157 Hier wird Bezug genommen auf die Gliederungen von R.Klappenbach u. E.Riesel, S.439, 44o.

158 E.Mittelberg: BILD-Zeitung. S.74ff.

159 P.Teigeler: Verständlichkeit und Wirksamkeit. S.4o.

16o H.F.J.Kropff: Neue Psychologie. S.293.

161 O.W.Haseloff: Kommunikation, Transformation und Werbeerfolg. In: Kommunikation & Gesellschaft (= Effektive Werbung 3). Karlsruhe 1972. S.18o-2oo. S.2oo.

162 R.Römer: Anzeigenwerbung. S.123ff.

163 P.Oßwald: Die Sprache der Werbung. S.84.

164 L.Kerstiens: Das werbende Sprechen. S.131f.

165 Werner Suhr: Die Magie in der Wirtschaft. Stuttgart 1956. S.226.

166 L.Mackensen: Verführung. S.95.

167 L.Mackensen: Traktat über Fremdwörter. Heidelberg 1972. S.94.

168 H.Meier: Sprachstatistik. Bd.1. S.22ff.

169 Die in den Ferienkatalogen als häufig gebraucht ermittelten Fremdwörter sind alle bei G.Wahrig: Wörterbuch belegt. Einige der Adjektive sind nicht gesondert aufgeführt, die Substantive, von denen sie abgeleitet sind, erscheinen jedoch.

17o R.Römer: Anzeigenwerbung. S.115ff.

(Semantik)

171 Sich wiederholende Fachwörter oder Spezialtermini werden nur einmal erwähnt.

172 Die Definitionen der Sportarten sind zumeist entnommen dem Sport-Brockhaus. Wiesbaden 1972.

173 'Seetörn' wird im Sport-Brockhaus S.416 erklärt als 'Langstreckenfahrt mit einer Segelyacht in See'.

174 So im Sport-Brockhaus. S.428.

175 R.Römer: Anzeigenwerbung. S.151.

176 Langenscheidts Taschenwörterbuch der spanischen und deutschen Sprache. Berlin, München, Zürich 17.Aufl. 1974. S.31.

177 Broder Carstensen: Englische Einflüsse auf die deutsche Sprache nach 1945. Heidelberg 1965. - Broder Carstensen/Hans Galinsky: Amerikanismen der deutschen Gegenwartssprache. Heidelberg 1967. - Werner F.Leopold: English influence of postwar german. Lincoln 1967.

178 B.Carstensen: Englische Einflüsse. S.26.

179 W.F.Leopold. English influence. S.16.

18o 'Globetrotter' bucht Paul W.Krauss als Fremdwort im Bereich Transport und Reise. P.W.Krauss: The increasing use of english words in Germany. In: German Quarterly XXXI (1958) S.272-286. S.278.

181 F.u.I.Neske: Englische und amerikanische Ausdrücke, buchen 'Shopping' nicht, 'Sightseeing' jedoch S.247.

182 Nach F.u.I.Neske seit 1969 im Deutschen eingeführt. F.u.I.Neske: Englische und amerikanische Ausdrücke. S.1o5.

183 Gebucht bei G.Wahrig: Wörterbuch. Sp.1796.

184 G.Wahrig: Wörterbuch. Sp.9o9 bucht 'Diskothek' nur in der Bedeutung von 'Schallplattensammlung'.

185 F.u.I.Neske: Englische und amerikanische Ausdrücke. S.119. Nach Schöffler-Weis: Wörterbuch. S.377 werden für 'fitting' auch die Bezeichnungen angegeben: 'passend', 'gerecht', 'angebracht' oder 'Änderung', 'Anprobe' sowie auch 'Montage', 'Einbau'. - Die Gefahr, daß solch ein Ausdruck wie 'Fitting' nicht verstanden wird, ist groß. Bei einem Test gab es bereits Verständnisschwierigkeiten bei dem ähnlichen Wort 'Fitness-Urlaub': "Der Begriff 'Fitness-Urlaub' ist für

(Semantik)

Menschen mit durchschnittlichem Bildungsniveau weitgehend unverständlich; ab mittlerem sozialem Niveau wird das Konzept richtig als ein sportlich-aktiver Urlaub aufgefaßt, dessen Angebot man einem bekannten Reiseveranstalter ohne weiteres zutraut. Verständnis und Glaubwürdigkeit ist bei diesem Begriff an das höhere Sozial- und Bildungsniveau gebunden." Wolfgang Meyer: Die Durchführung von Konzept- und Slogan-Tests für die Reise-Werbung. In: Werbung im Tourismus. S.43-5o. S.45f.

186 Nach F.u.I.Neske: Englische und amerikanische Ausdrücke. S.166, schon seit vor dem Ersten Weltkrieg im Deutschen.

187 Schöffler-Weis: Wörterbuch. S.112. Bei Gerhard Hellwig: Kennen Sie die neuesten Wörter? München 1972. S.26, wird das Wort erklärt als "eine anstelle von Frühstück und Mittagessen eingenommene Mahlzeit."

188 F.u.I.Neske: Englische und amerikanische Ausdrücke. S.4o.

189 F.u.I.Neske: Englische und amerikanische Ausdrücke. S.253.

19o Nach F.u.I.Neske: Englische und amerikanische Ausdrücke. S.263, schon seit 1847 in Deutschland gebräuchlich.

181 F.u.I.Neske: Englische und amerikanische Ausdrücke. S.1o7.

192 F.u.I.Neske: Englische und amerikanische Ausdrücke. S.25o.

193 F.u.I.Neske: Englische und amerikanische Ausdrücke. S.281.

194 F.u.I.Neske: Englische und amerikanische Ausdrücke. S.61.

195 Bei F.u.I.Neske: Englische und amerikanische Ausdrücke. S.234, wird das Wort umständlich umschrieben als "Bezeichnung für die Zeit am Tage, während welcher, bedingt durch Geschäfts-, Arbeits- und Schulbeginn bzw. -ende, der Straßenverkehr seine größte Dichte erreicht".

196 Nach F.u.I.Neske: Englische und amerikanische Ausdrücke. S.182,seit 19o3 im Deutschen.

(Semantik)

197 'Transfer' bedeutet eigentlich 'Wechsel' und geht auf das Lateinische zurück. Die Bedeutung, die 'Transfer' im Tourismus hat, ist weder bei F.u.I.Neske: Englische und amerikanische Ausdrücke. S.285, gebucht noch bei B.Carstensen: Englische Einflüsse. S.194. Beide kennen dieses Wort nur im Bereich der Wirtschaft und des Sports (vor allem des Fußballs). F.u.I.Neske belegen es noch für den Bereich der Psychologie.

198 "Service mit der Nebenform Servis wurde in verschiedenen Bedeutungen und zu verschiedenen Zeiten aus dem Frz. entlehnt. Für 'Dienst, Dienstleistung' ist jedoch heute die engl. Aussprache das Üblichere, und auch eine Reihe von Zusammensetzungen beruhen auf engl. Einfluß seit 1945. ... in der Reklame von Luftfahrtgesellschaften ist der Service oder Bord-Service offensichtlich ein unentbehrlicher Bestandteil geworden." B.Carstensen: Englische Einflüsse. S.171f.

199 B.Carstensen: Englische Einflüsse. S.218.

2oo Dependance ist die durch das Französische euphemistisch verhüllende Bezeichnung für das Nebenhaus eines Hotels, in dem Gäste untergebracht werden, wenn das Hotel belegt ist.

2o1 EZ ist die Abkürzung für Einzelzimmer.

2o2 IT ist die Abkürzung für Inclusiv-Tour.

2o3 G.Wahrig: Wörterbuch. Sp.1629.

2o4 G.Wahrig: Wörterbuch. Sp.2682, 3587.

2o5 Brockhaus Enzyklopädie. Bd.1-23. Wiesbaden 1966ff.

2o6 C.Cherry: Kommunikationsforschung. S.28.

2o7 Peter v.Polenz: Geschichte der deutschen Sprache. Berlin 7.Aufl.197o. S.138.

2o8 G.Wahrig: Wörterbuch. Sp.36o, 546, 817, 1166, 1272, 1285, 2422, 2976.

2o9 G.Wahrig: Wörterbuch. Sp.941,1541, 2349, 2379, 2725, 3282, 33o8, 3439, 346o, 3537, 3538, 3539, 3593, 36o8, 3645.

21o F.u.I.Neske: Englische und amerikanische Ausdrücke. S.22, 33, 92, 1o5, 174, 193, 2o6, 244, 254, 27o.

(Semantik)

211 R.Römer: Anzeigenwerbung. S.128.

212 G.Wahrig: Deutsches Wörterbuch. Sp.1928.

213 H.-D.Ebert: Prospekte deutscher Touristikunternehmer: Eine Literatur der Adjektive.

214 I.Hantsch: Semantische Strategie. S.1o6.

215 L.Kerstiens: Das werbende Sprechen. S.13o.

216 I.Hantsch: Semantische Strategie. S.1o7.

217 E.Beheim-Schwarzbach: Die Sprache der Wirtschaftswerbung. S.15f.

218 So vor allem bei F.Börner: Raffiniertes Textschreiben und W.Winterfeldt: besser texten - mehr verkaufen.

219 Josef Kopperschmidt: Rhetorik. Einführung in die persuasive Kommunikation. 2.Aufl. Ulm 1972. S.224ff.

22o S.Hayakawa: Semantik. S.151.

221 J.Stave: Anmerkungen zu einem Werbetext. S.345, S.347. - R.Römer: Anzeigenwerbung. S.181ff.

222 R.Römer: Anzeigenwerbung. S.183f.

223 H.Haese: Höhere Umsätze durch das packende Wort. S.12.

224 Siegfried Mauermann: Man. Ein Beitrag zur Untersuchung unseres Wortgebrauchs. In: Muttersprache 71 (1961) S.234-236. S.234.

225 R.Römer: Anzeigenwerbung. S.181ff.

226 E.Mittelberg: BILD-Zeitung. S.153f., S.157.

227 P.Oßwald: Die Sprache der Werbung. S.84.

228 Helmut Herles: Sprichwort und Märchenmotiv in der Werbung. In: Zeitschrift für Volkskunde 62 (1966) S.67-8o.

229 W.Winterfeldt: besser texten - mehr verkaufen. S.32ff.

23o J.Stave: Briefe über die hygienische Erziehung des Menschen. In: Wie die Leute reden. S.73f.

231 Die Angaben über die jeweiligen Filme, auf die angespielt wird, sind entnommen den Handbüchern:6ooo Filme

(Semantik)

1945-1958. 3.Aufl.Düsseldorf 1963; Filme 1959-1961. Düsseldorf 1962; Filme 1962-1964. Düsseldorf 1965; Filme 1965-197o. Düsseldorf 1971.

232 Broder Carstensen: Spiegel-Wörter Spiegel-Worte. München 1971. S.82 und S.9o.

233 H.-D.Ebert. Eine Literatur der Adjektive. S.1o5.

234 U.a. Christine Brooke-Rose: A grammar of metaphor. London 1958. - Hugo Meier: Die Metapher. Winterthur 1963. - Werner Ingendahl: Der metaphorische Prozeß. Düsseldorf 1971. - Ludwig Reiners: Deutsche Stilkunst. S.262ff.

235 L.Reiners: Deutsche Stilkunst. S.265ff.

236 F.Börner: Raffiniertes Textschreiben. S.33ff. - J.H.Seifert: Wirksam texten. S.5of. - H.J.F.Kropff: Die Werbemittel. S.78f.

237 Wenn ein Ausdruck in doppelten Anführungszeichen erscheint, so sind diese dem Original entnommen. Die Wendung wird also schon innerhalb des Textes besonders hervor- und vom Kontext abgehoben. Einfache Anführungszeichen markieren das Zitat.

238 Tarentaise ist die Bezeichnung für die Tallandschaft der oberen Isère in den Savoyer Alpen.

239 R.Römer: Anzeigenwerbung. S.2oof.

24o R.Römer: Anzeigenwerbung. S.175f. und 185f. - J.D.Bödeker: Sprache der Anzeigenwerbung. S.27.

241 J.Möckelmann und S.Zander: Werbeslogans. S.54.

242 J.Stave: Wie die Leute reden. S.73.

243 W.Winterfeldt: besser texten - mehr verkaufen. S.34. - Siegfried Mauermann: Was lernt der Werbetexter von der Rhetorik? In: Werberundschau 28 (1958) S.24-32.

244 R.Römer: Anzeigenwerbung. S.185f.

245 Die Auslassungszeichen sind dem Original entnommen.

246 R.Römer: Anzeigenwerbung. S.193f. Sie weist jedoch darauf hin, daß die Verswerbung zurückgeht und ihre Wirkung umstritten ist.

247 J.Stave: Wie die Leute reden. S.73f.

(Semantik)

248 F.Börner: Raffiniertes Textschreiben S.44. - S.Mauermann: Was lernt der Werbetexter von der Rhetorik? - H.F.J.Kropff: Werbemittel. S.79f.

249 R.Römer: Anzeigenwerbung. S.173ff.

<u>Zusammenfassende Bemerkungen zur Sprache der Ferienkataloge, ihrer Wirkung, ihrer Beziehung zur Allgemeinsprache und zu den Lesern der Ferienkataloge</u>

1 Heinz Hahn: Vorwort zum Sammelband Werbung im Tourismus. S.5.

2 O.W.Haseloff: Kommunikationstheoretische Probleme. S.158.

3 Klaus Dieter Hartmann: Zur Gestaltung von Titelseiten bei Urlaubs-Katalogen und -Prospekten. - In: Werbung im Tourismus. S.59-64. S.59. Unterstreichung im Original.

4 O.W.Haseloff: Kommunikationstheoretische Probleme. S.16o.

5 Siegfried J.Schmidt, Hrsg.: Pragmatik I. München 1974. S.7 (Vorwort).

6 Rupert Kramer: Tourismuswerbung. In: Marketing im Tourismus. Hrsg. Studienkreis für Tourismus e.V. Starnberg 197o. S.115-118. S.115.

7 R.Kramer: Tourismuswerbung. S.117.

8 Jürgen Geissler: Was die Leute über organisierte Reisen meinen. In: Das Reisebüro 11 (1969) S.3-4. S.4.

9 So ein Slogan, den Neckermann seit einigen Jahren benutzt und der sich auch auf den einleitenden Seiten des hier untersuchten Katalogs findet.

1o Nach P.Lepach: Zentralisierung und Profilierung.S.33.

11 R.Römer: Anzeigenwerbung. S.2o4.

12 R.Römer: Anzeigenwerbung. S.2o6. Sperrung im Original.

13 Die wichtigsten sind: B.Carstensen: Spiegel-Wörter Spiegel-Worte. München 1971. - Hartmut Lück: Zeitungsdeutsch und Umgangssprache: Untersuchungen zur Sprache des SPIEGEL. In: Muttersprache 73(1963)

(Zusammenfassende Bemerkungen)

S.327-337. - Dieter Just: Der SPIEGEL. Arbeitsweise - Inhalt - Wirkung. Hannover 1967.

14 "Dabei kann man die 'SPIEGEL-Sprache' durchaus einen SPIEGEL-Slang nennen, ..." B.Carstensen: Spiegel-Wörter. S.127.

15 Den großen Anteil englischen Wortguts betrachtet B.Carstensen als ein Charakteristikum der 'Spiegel'-Sprache. B.Carstensen: Spiegel-Wörter S.6o. Als Archaismen erwähnt er u.a. S.55f. 'hehr', 'gülden'.

16 R.Römer: Anzeigenwerbung. S.2o2.

17 R.Römer: Anzeigenwerbung. S.2o4.

18 H.-D.Ebert: Eine Literatur der Adjektive. S.1o5.

19 J.Geissler: Was die Leute über organisierte Reisen meinen. S.4.

2o J.Möckelmann und S.Zander: Werbeslogans. S.87.

21 Heinz Hartwig: Werbesprache oder Reklamejargon? In: Wirtschaft und Werbung 17 (1963) S.42o-424. S.422.

22 S.Grosse: Reklamedeutsch. S.91.

23 R.Römer: Anzeigenwerbung. S.211.

24 R.Römer: Anzeigenwerbung. S.212.

25 R.Römer: Anzeigenwerbung. S.214.

26 R.Römer: Anzeigenwerbung. S.2o9f.

27 H.-D.Ebert: Eine Literatur der Adjektive. S.1o6.

28 "Die Wahl des Reisezieles wird in vielen Fällen tatsächlich wesentlich vom Reiseprospekt beeinflußt. Das ergab eine Untersuchung unter der Leitung des Bonner Pädagogen und Psychologen Professor Wolfgang Böhm (...) in Zusammenarbeit mit der Deutschen Gesellschaft für internationalen Jugendaustausch (...) und später auch mit dem Studienkreis für Tourismus." Herbert Görne: Urlaub nach Maß. Düsseldorf, Wien 1968. S.117f.

29 Carl Friedrich Weizäcker: Sprache als Information. In: Die Sprache. Hrsg. von der Bayerischen Akademie der Schönen Künste. München 1959. S.45-76. S.76.

(Zusammenfassende Bemerkungen)

3o Wolfhard Buchholz: Gelingt die Flucht aus dem Alltag? In: Süddeutsche Zeitung Nr.26 vom 31.1.74. S.35.

31 Burkhard Schade: Psychologische Hintergründe für Urlaubswünsche. In: Beiträge zur Fremdenverkehrskunde (Mai 1967) S.47ff. S.47.

32 "Immerhin hat das Amtsgericht Essen aber schon 1971 festgestellt, daß Reiseunternehmen verpflichtet sind, auf Baulärm, durch den die in einem Hotel untergebrachten Touristen gestört werden können, im Katalog hinzuweisen." Hans-Friedrich Foltin: Manipulation durch Touristik-Werbung? In: Tourismus und Werbung. S.1o9-115. S.112.

33 H.-F.Foltin: Manipulation. S.114.

34 Die Angaben sind entnommen N.Nauhove: Motivforschung. S.48f.

35 B.Schade: Psychologische Hintergründe für Urlaubswünsche. S.47.

36 Heinz Lissbauer und Gustav Zedek: Tourismus. Angebot und Nachfrage. Wien o.J. (1973) S.8.

37 H.-F.Foltin: Manipulation. S.113.

38 I.Hantsch: Semantische Strategie. S.1o7.

39 Emerich Francis: Urlaub an der Côte d'Azur. Studienkreis für Tourismus. München 1972. S.25f.

4o W.Buchholz: Gelingt die Flucht aus dem Alltag?

41 Die Zahlen sind entnommen bzw. errechnet nach einem Artikel von Horst Hachmann: So verreisten die Deutschen. In: Die ZEIT Nr.9 vom 2o.2.1976. S.52. Die in diesem Artikel erwähnten Zahlen entstammen der Reisebefragung '75, die von der Zeitschrift Der Fremdenverkehr + Das Reisebüro in der Zeit vom 2o.12.75 bis zum 1o.1.1976 durchgeführt wurde.

42 Das Zitat erscheint in einer Anzeige der g-u-t-Reisen, die seit Anfang 1976 unter anderem in der Illustrierten STERN erscheint. Der Textteil nach dem Absatz ist im Original fett gedruckt.

Literaturverzeichnis

Die Kataloge

Katalog 1	=	Neckermann + Reisen (NUR) Sommer 1973
Katalog 2	=	Scharnow Flugreisen Sommer 1973
Katalog 3	=	Touropa Winter 72/73
Katalog 4	=	Dr.Tigges Fahrten Flugreisen Studien- und Fernreisen Bahnreisen Sommer 1973
Katalog 5	=	Hummel Winter Frühjahr 1974/75
Katalog 6	=	TransEuropa Winter 71/72
Katalog 7	=	Touropa Kreuzfahrten Sommer 73
Katalog 8	=	ADAC Reise GmbH Weltweite Reiseziele 1972/73
Katalog 9	=	Club Méditerranée Hrsg. Nov. 1972
Katalog 1o	=	Isaria Nord-Süd Bus Reisen 74

In das Literaturverzeichnis aufgenommen wurden auch Artikel und Bücher, die nicht unmittelbar zitiert, sondern im weiteren Umkreis mitherangezogen wurden.

Sammelwerke werden meist nicht noch einmal gesondert erwähnt, sondern nur in Zusammenhang mit den darin enthaltenen Artikeln.

Einige Zeitschriftenaufsätze, bei denen kein Verfasser genannt oder zu ermitteln war, werden am Ende dieses Verzeichnisses unter der Rubrik o.V. angeführt.

ACHS, Hugo: Reklame für Fremdenverkehrsbetriebe. Graz o.J. (1911).

ADMONI, Wladimir: Die umstrittenen Gebilde der deutschen Sprache von heute. III. Das erweiterte Partizipialattribut. - In: Muttersprache 74 (1964) S.321-332.

Ders.: Der deutsche Sprachbau. 3. Aufl. München 197o.

Ders.: Zu Problemen der Syntax. Entwicklungstendenzen des deutschen Satzbaus von heute. In: Deutsch als Fremdsprache 7 (197o) S.9-17.

AGRICOLA, Erhard: Fakultative sprachliche Formen. - In: Beitr. zur Gesch. der deutschen Spr. und Lit. (Halle) 79 (1957) Sonderband. S.43-76.

AIGNER, Gottfried: Manipulation durch Verschweigen - ein Stück Dummheit. - In: Werbung im Tourismus. Hrsg. v. Studienkreis für Tourismus e.V. Starnberg 1973. S.117-121.

ALKJAER, Ejler: Fremdenverkehrswerbung. - In: Handbuch der Werbung. Hrsg. v. K.Ch.Behrens. Wiesbaden 197o. S.951-96o.

ANTAL, László: Aspekte der Semantik. Frankfurt 1972.

ARENS, Hans: Sprachwissenschaft. Freiburg, München 1969.

ARETZ, Elmar: Tourismus A-Z. Köln, Berlin, Bonn, München 1972.

ASMUTH, Bernhard, und Luise Berg-Ehlers: Stilistik. Düsseldorf 1974.

AZZALINO, Walther: Mittel der Verstärkung und Abschwächung eines sprachlichen Ausdrucks. - In: Wirkendes Wort Sammelband 1. Düsseldorf 1962. S.156-165.

BADURA, Bernhard: Sprachbarrieren. Zur Soziologie der Kommunikation. Stuttgart, Bad Cannstatt 1971.

BALDINGER, Kurt: Le synonymie - problèmes sémantiques et stylistiques. - In: Probleme der Semantik. Hrsg. Theodor W. Elwert. Wiesbaden 1968. S.41-61.

BAR-HILLEL, Yehoshua: Language and information. Palo Alto, London 1964.

BARNETT, Edward M.: Tomorrow's travellers and how to attract them. - In: Zeitschrift für Fremdenverkehr 4 (1971) S.145-148.

BARTH, Max: Englisches im Deutschen. - In: Muttersprache 67 (1957) S.143-145 und S.186-188.

BARTHES, Roland: Mythen des Alltags. Frankfurt 1964.

BARTSCH, Renate: Adverbialsemantik. Frankfurt 1972.

BAUMANN, Hans-Heinrich: Über Konjunktionen und die sogenannten 'konjunktionslosen Konjunktionalsätze' im Deutschen. - In: Grammatik - Kybernetik - Kommunikation. Festschrift für Alfred Hoppe. Hrsg. Klaus Günther Schweisthal. Bonn 1971. S.9-18.

BAUMGÄRTNER, Klaus, und Dieter Wunderlich: Ansatz zu einer Semantik des deutschen Tempussystems. - In: Beihefte zur Zeitschrift Wirkendes Wort 2o (1969) S.23-49.

BAUSINGER, Hermann: Bemerkungen zu Formen der gesprochenen Sprache. - In: Satz und Wort im heutigen Deutsch(= Sprache der Gegenwart Bd.I) Düsseldorf 1967. S.292-312.

BEHAGEL, Otto: Von deutscher Sprache.Lahr in Baden 1927.

BEHEIM-SCHWARZBACH, Eberhard: Die Sprache in der Wirtschaftswerbung. - In: Wirkendes Wort 2. Sonderheft (1952) S.13-23.

BENES, Eduard: Die sprachliche Kondensation im heutigen deutschen Fachstil. In: Linguistische Studien III. Festgabe für Paul Grebe zum 65 Geburtstag (= Sprache der Gegenwart Bd.XXIII) Düsseldorf 1973. S.4o-5o.

BENSE, Max: Allgemeine Theorie der Zeichen. Baden-Baden 1967.

Ders.: Wechselwirkungen zwischen Sprache und Kulturprozeß. - In:Kommunikation. Forschung und Information. Hrsg. Otto Walter Haseloff. Berlin 1969. S.92-99.

Ders.: Kommunikationsforschung und Werbung. Heft 24/65 der troost-Schriftenreihe. Diese Broschüre ist der auszugsweise Sonderdruck eines Vortrages, den Prof. Max Bense vor den Mitarbeitern der troost KG,Werbeagentur GWA, Düsseldorf, gehalten hat.

BERNECKER, Paul: Die Wandlungen des Fremdenverkehrsbegriffes. - In: Jahrbuch für Fremdenverkehr 1 (1952/53) S.31-38.

Ders.: Methoden und Mittel der Fremdenverkehrswerbung. - In: Zeitschrift für Fremdenverkehr 4 (1953) S.136-146.

Ders.: Grundzüge der Fremdenverkehrslehre und Fremdenverkehrspolitik. Wien 1962.

BERNHAUER,Ernst: Motivieren oder verkaufen. - In: Der Fremdenverkehr 5 (1975) S.22f.

BEUGEL, Gabriele: Zur Syntax der Schlagzeile. - In: Neue Beiträge zur deutschen Grammatik. Hugo Moser zum 6o. Geburtstag gewidmet. Hrsg. Ulrich Engel und Paul Grebe. Mannheim, Wien, Zürich 1969. S.9-22.

Dies., und Ulrike Suida: Perfekt und Präteritum in der deutschen Sprache der Gegenwart. - In: Institut für deutsche Sprache. Forschungsberichte 1. Hrsg. Ulrich Engel und Irmgard Vogel.Mannheim 1971. S.9-18.

BEYER, Erhard: Die Kunst zu texten ...- In: Wirtschaft und Werbung 17 (1961) S.64o-646.

BIBLIOGRAPHIE der Werbeliteratur. Zsg. von Friederike Kästing unter Mitarbeit von Rüdiger Schiller. Stuttgart 1972.

BLANKE, Gustav H.: Einführung in die semantische Analyse. München 1973.

BLOOMFIELD, Morton W.: Zum Synkategorematischen in der Dichtung. Von der Semantik zur Syntax. - In: Literaturwissenschaft und Linguistik. Hrsg. Jens Ihwe. Frankfurt 1971 Bd.II/1.S.62-74.

BÖDEKER, Johann Dietrich: Sprache der Anzeigenwerbung. Ein Arbeitskurs zum Verständnis appellativen Gebrauchs der Sprache. 4. Aufl. Dortmund 1972.

BONGARD, Willi: Männer machen Märkte. Oldenburg, Hamburg 1963.

BOOST, Karl: Neuere Untersuchungen zu Wesen und Struktur des deutschen Satzes. Berlin 1964.

BÖRNER, Fritz: Raffiniertes Textschreiben. Berlin, Heidelberg o.J.

BOTT, Gerhard: Die kostbarsten Wochen des Jahres. Filmprotokoll eines Durchschnittsurlaubs. Ausgestrahlt am 17.1o.1973. ARD.

BRAAK, Ivo: Poetik in Stichworten. 3. Aufl. Kiel 1969.

BRACHT, W.: Werbung und Fremdenverkehr. - In: Der Fremdenverkehr 8 (1951) S.7-9.

Ders.: Offensive Fremdenverkehrswerbung. In: Der Fremdenverkehr 3 (1966) S.8-1o.

BRANDT, Herbert: Probleme der Werbung für Reiseunternehmen. - In: Werbung im Tourismus. Hrsg. Studienkreis für Tourismus e.V. Starnberg 1973. S.65-69.

Ders.: ... in der Ferne leuchtet das Abendgold. - In: trend 4 Daten Hypothesen Meinungen (Juni 1973) Hrsg. Scharnow Public Relations.

BRANDT, Wolfgang: Die Sprache der Wirtschaftswerbung. Deutscher Sprachatlas Marburg/Lahr 1-2 1973.

BREKLE, Herbert Ernst: Semantik. München 1972.

BRINKER, Klaus: Das Passiv. - In: Institut für deutsche Sprache. Forschungsberichte 1. Hrsg. Ulrich Engel und Irmgard Vogel. Mannheim 1971. S.31-38.

Ders.: Das Passiv im heutigen Deutsch. München 1971.

Ders.: Zur Funktion der Fügung sein + zu + Infinitiv in der deutschen Gegenwartssprache.-In: Neue Beiträge zur deutschen Grammatik. Hugo Moser zum 6o. Geburtstag gewidmet. Hrsg. Ulrich Engel und Paul Grebe.Mannheim, Wien, Zürich 1969. S.23-34.

BRINKMANN, Henning: Hochsprache und Mundart. - In: Wirkendes Wort 6 (1955/56) S.65-76.

Ders.: Die Struktur des Satzes im Deutschen. - In: Neuphilologische Mitteilungen 69 (1959) S.377-4o1.

Ders.: Die deutsche Sprache. Gestalt und Leistung. Düsseldorf 1962.

Ders.: Die Wortarten im Deutschen. - In: Wirkendes Wort Sammelband 1. Düsseldorf 1962. S.2o6-22o.

Ders.: Reduktion in gesprochener und geschriebener Rede. - In: Gesprochene Sprache (= Sprache der Gegenwart Bd.XXVI) Düsseldorf 1974. S.144-162.

BROCKHAUS Enzyklopädie. Wiesbaden 1966ff.

BROOKE-ROSE, Christine: A grammar of metaphor. London 1958.

BRÜCKNER, Peter: Die informierende Funktion der Wirtschaftswerbung. Berlin 1967.

BUCHHOLZ, Wolfhard: Gelingt die Flucht aus dem Alltag? - In: Süddeutsche Zeitung Nr.26 vom 31.1.1974. S.35.

BUCHLI, Hans: Zur Terminologie des Fremdenverkehrs und der Fremdenverkehrswerbung. -In: Zeitschrift für Fremdenverkehr 2 (1962) S.62-64.

BÜNTING, Karl-Dieter: Einführung in die Linguistik. Frankfurt 1971.

BURGER, F.H.: Werbung mit "Lügen"? Gedanken zur "Pulverschneelüge". - In: Der Fremdenverkehr 4 (1961) S.2o-29.

CARSTENSEN, Broder: Weltweit - world-wide. - In: Muttersprache 72 (1962) S.341f.

Ders.: Englische Einflüsse auf die deutsche Sprache nach 1945. Heidelberg 1965.

Ders., und Hans Galinsky: Amerikanismen der deutschen Gegenwartssprache. Heidelberg 1967.

Ders.: Grammatik und Wörterbuch. Kriterien zur Abgrenzung syntaktischer und semantischer Informationen. - In: Neusprachliche Mitteilungen 1 (1969) S.8-17.

Ders.: Spiegel-Wörter Spiegel-Worte. München 1971.

CHERRY, Colin: Kommunikationsforschung - eine neue Wissenschaft. Frankfurt 1963.

CLYNE, Michael: Ökonomie, Mehrdeutigkeit und Vagheit bei Komposita in der deutschen Gegenwartssprache. - In: Muttersprache 78 (1968) S.122-126.

CONDON, John C.: Semantics and communication. New York, London 1966.

CORDES, Gerhard: Zur Terminologie des Begriffs Umgangssprache. - In: Festgabe für Ulrich Pretzel. Hrsg.Werner Simon und Wolfgang Backofer. Berlin 1963. S.338-354.

COSERIU, Eugenio: Einführung in die strukturelle Betrachtung des Wortschatzes. Tübingen 197o.

DAL, Ingerid: Kurze deutsche Syntax.Tübingen 1952.

DAM, Jan van: Syntax der deutschen Sprache. Groningen 1972.

Ders.: Beobachtungen zur modernen Wortbildung. - In: Festschrift für Hugo Moser. Hrsg. Ulrich Engel, Paul Grebe und Heinz Rupp. Düsseldorf 1969. S.19-23.

DANIELS, Karlheinz: Substantivierungstendenzen in der deutschen Gegenwartssprache. Düsseldorf 1963.

Ders.: Das Substantiv in der deutschen Gegenwartssprache. - In: Zeiten und Formen in Sprache und Dichtung. Festschrift für Fritz Tschirch zum 7o. Geburtstag. Hrsg. Karl-Heinz Schirmer und Bernhard Sowinski. Köln, Wien 1972. S.432-45o.

DEICHSEL, Alexander: Zur quantitativen Beobachtung sprachlichen Handelns. Zeitungsschlagzeilen im Wahljahr 1969. Ein Beitrag zur Entwicklung der elektronischen Inhaltsanalyse. Berlin 1976.

DICHTER, Ernest: Strategie im Reich der Wünsche. Düsseldorf 1961.

Ders.: Überzeugen nicht verführen. Düsseldorf 1972.

DOMIZLAFF, Hans: Die Gewinnung des öffentlichen Vertrauens. 2. Aufl. Hamburg 1951.

DUCKWORTH, David: Der Einfluß des Englischen auf den deutschen Wortschatz seit 1945. - In: Zeitschrift für deutsche Sprache 26 (197o) S.9-31.

DUDEN, Der Große, Bd.4: Grammatik der deutschen Gegenwartssprache. Bearbeitet von Paul Grebe. 3. Aufl. Mannheim, Wien, Zürich 1973.

EBERT, Horst-Dieter: Reiseprospekte deutscher Touristikunternehmen: Eine Literatur der Adjektive. - In: Der Spiegel 3o/1971, nachgedruckt in: Werbung im Tourismus. Hrsg. Studienkreis für Tourismus e.V. Starnberg 1973. S.1o5-1o7.

ECO, Umberto: Einführung in die Semiotik. München 1972.

EGGERS, Hans: Wandlungen im deutschen Satzbau. - In: Der Deutschunterricht 13 (1961) Heft 5. S.47-61.

Ders.: Zur Syntax der deutschen Sprache der Gegenwart. - In: Studium Generale 15 (1962) S.49-59.

Ders.: Beobachtungen zum "präpositionalen Attribut" in der deutschen Sprache der Gegenwart. - In: Wirkendes Wort Sammelband 1. Düsseldorf 1962. S.156-165.

Ders.: Beobachtungen zur Häufigkeit deutscher Wortformen. - In: Wirkendes Wort 17 (1967) S.93-1o5.

Ders.: Deutsche Sprache der Gegenwart im Wandel der Gesellschaft. - In: Sprache Gegenwart und Geschichte (= Sprache der Gegenwart Bd.V) Düsseldorf 1969. S.9-29.

Ders.: Sprache und Gesellschaft im zwanzigsten Jahrhundert. - In: Jahrbuch der deutschen Akademie für Sprache und Dichtung 1969. Heidelberg,Darmstadt 197o. S.25-5o.

Ders.: Elektronische Syntaxanalyse der deutschen Gegenwartssprache. Tübingen 1969.

EHMER, Hermann K.: Visuelle Kommunikation. Köln 1971.

EHSES, Hanno: Semiotische Grundlage der Typographie. - In: Format 9 (1973) Heft 3.S.45-52.

ELSEN, Paul van: Genügt Prospektkenntnis für eine marktgerechte Reisewerbung? - In: Das Reisebüro 22 (1963) S.1-3.

ELWERT, Theodor W. (Hrsg.): Probleme der Semantik. Wiesbaden 1968.

ENGEL, Eduard: Deutsche Stilkunst. 31. Aufl. Leipzig 1931.

ENGEL, Ulrich: Syntaktische Besonderheiten der deutschen Alltagssprache. - In: Gesprochene Sprache (= Sprache der Gegenwart Bd.XXVI). Düsseldorf 1974. S.199-228.

ENGELEN, Bernhard: Der Relativsatz. - In: Neue Beiträge zur deutschen Grammatik. Hugo Moser zum 6o.Geburtstag gewidmet. Hrsg. Ulrich Engel und Paul Grebe. Mannheim, Zürich, Wien 1969. S.53-62.

ENZENSBERGER, Hans Magnus: Vergebliche Brandung der Ferne. Eine Theorie des Tourismus. - In: Merkur XII (1958) S.7o1-72o.

ERÄMETSA, Erik: Zum angloamerikanischen Einfluß auf die deutsche Gegenwartssprache. - In: Festschrift für Hugo Moser. Hrsg. Ulrich Engel, Paul Grebe und Heinz Rupp. Düsseldorf 1969. S.39-45.

ERBEN, Johannes: Gesetz und Freiheit in der deutschen Hochsprache der Gegenwart. - In: Der Deutschunterricht 12 (196o) Heft 5 S.5-28.

Ders.: Deutsche Grammatik. Frankfurt 1968.

ESCHBACH, Achim: Zeichen - Text - Bedeutung. Bibliographie zu Theorie und Praxis der Semiotik. München 1974.

FAULSEIT, Dieter, und Gudrun Kühn: Stilistische Mittel und Möglichkeiten der deutschen Sprache. 2.Aufl.Halle 1963.

FILME 1959-1961. Düsseldorf 1962.

6ooo FILME 1945-1958. 3.Aufl.Düsseldorf 1963.

FILME 1962-1964. Düsseldorf 1965.

FILME 1965-197o. Düsseldorf 1971 (2 Bde).

FINK, Christian: Der Massentourismus (= St.Gallener Beiträge zum Fremdenverkehr und zur Verkehrswirtschaft. Reihe Fremdenverkehr 2) Bern, Stuttgart 197o.

FISCHER, Hardi: Entwicklung und Beurteilung des Stils. - In: Mathematik und Dichtung. Hrsg. Helmut Kreuzer und Rul Gunzenhäuser. München 1967. S.171-183.

FISCHER, Ludwig: Des Käufers Stellvertreter und sein Konterfei. - In: Sprache im technischen Zeitalter 51 (1974) S.261-293.

FLADER, Dieter: Pragmatische Aspekte der Werbeslogans. - In: Linguistische Pragmatik. Hrsg. Dieter Wunderlich. Frankfurt 1972. S.341-376.

Ders.: Strategie der Werbung. Kronberg/Ts 1974.

FLECHTNER, Hans-Joachim: Grundbegriffe der Kybernetik. Stuttgart 1972.

FLEISCHER, Wolfgang: Wortbildung der deutschen Gegenwartssprache. Leipzig 1969.

Ders.: Stilistische Aspekte der Wortbildung. - In: Deutsch als Fremdsprache 6 (1969) S.273-28o.

FLURY, Victor W.: Charakteristik der Entwicklungstendenzen im Fremdenverkehr. - In: Zeitschrift für Fremdenverkehr 2 (1966) S.74f.

FLÜS, Günter: Bestimmung der Lesbarkeit von Texten als Grundproblem der Werbung. - In: Die Anzeige Heft 6 (1955) S.466f. und Heft 7 (1955) S.552f.

FOLTIN, Hans-Friedrich: Manipulation durch die Touristik-Werbung? - In: Werbung im Tourismus. Hrsg. Studienkreis für Tourismus e.V. Starnberg 1973. S.1o9-115.

FORSCHUNGEN zur gesprochenen Sprache und Möglichkeiten ihrer Didaktisierung. München 1971.

FOURQUET, Jean: Zum Gebrauch des deutschen Konjunktivs. - In: Linguistische Studien IV. Festgabe für Paul Grebe zum 65 Geburtstag (= Sprache der Gegenwart Bd.XXIV) Teil 2. Düsseldorf 1973. S.61-72.

FRANCIS, Emerich: Urlaub an der Côte d'Azur. Soziologische Eindrücke und Randbemerkungen (= Materialien für Tourismusforschung.Studienkreis Tourismus). München 1962.

FRANK-BÖHRINGER, Brigitte: Rhetorische Kommunikation. Quickborn 1963.

FRIEDRICHS, Günter: Verkaufswerbung, ihre Technik, Psychologie und Ökonomie. Berlin 1958.

FUCHS, Walter: Bedeutung und Durchführung der inneren und äußeren Werbung im Fremdenverkehr. Diss. München 1954 (masch.).

FUCKS, Wilhelm: Nach allen Regeln der Kunst. Stuttgart 1968.

Ders., und Josef Lauter: Mathematische Analyse des literarischen Stils. - In: Mathematik und Dichtung. Hrsg. Helmut Kreuzer und Rul Gunzenhäuser. München 1967. S.1o7-122.

FUSS,Karl: Das Werden der Gesellschaftsreise. - In: Das Reisebüro 9/1o (1955) S.1-5.

Ders.: Geschichte des Reisebüros. Darmstadt 196o.

GAIER, Ulrich: Form und Information - Funktionen sprachlicher Klangmittel. Konstanz 1971.

GARDNER, Thomas: Hauptströmungen der modernen Linguistik. Göttingen 1973.

GEIGANT, Friedrich: Der Urlaubs- und Ferienverkehr als Objekt wissenschaftlicher Forschungen. - In: Jahrbuch für Fremdenverkehr 1o (1962) S.39-5o.

GEIGER, Siegfried, und Wolfgang Heyn: Informationstheoretische Probleme der Werbung. - In: Handbuch der Werbung. Hrsg. K.Ch.Behrens. Wiesbaden 197o. S.117-156.

GEISSLER, Jürgen: Was die Leute über organisierte Reisen meinen. - In: Das Reisebüro 11 (1969) S.3f.

GELHAUS, Hermann: Das Futur in der deutschen Gegenwartssprache. - In: Institut für deutsche Sprache. Forschungsberichte 1. Hrsg. Ulrich Engel und Irmgard Vogel. Mannheim 1971. S.19-24.

GERKEN, Gerd: Wie werden wir morgen gestalten? - In: Format 35 (1972) S.2o-26.

Ders.: Psychologische und soziologische Markt-Segmentierung als Basis für Zielgruppen-Analysen. - In: Werbung im Tourismus. Hrsg. Studienkreis für Tourismus e.V. Starnberg 1973. S.21-27.

GERNENTZ, Hans-Joachim: Die Umgangssprache in der Schichtung der deutschen Nationalsprache. - In: Weimaer Beiträge 11 (1965) S.57o-589.

GEYL, Ernst-Günther: Werturteil und Sprache. - In: Muttersprache 75 (1965) S.365-374.

GIEBELHAUSEN, Heinz: Der Mensch und die Werbung. Gelnhausen 1964.

GIPPER, Helmut: Zur Problematik der Fachsprachen. - In: Festschrift für Hugo Moser. Hrsg. Ulrich Engel, Paul Grebe und Heinz Rupp. Düsseldorf 1969. S.66-81.

GLINZ, Hans: Grammatik und Sprache. - In: Das Ringen um eine neue deutsche Grammatik. Hrsg. Hugo Moser. Darmstadt 1962. S.42-6o.

Ders.: Der deutsche Satz. 5.Aufl. Düsseldorf 1967.

GÖCKERITZ, Heinz: Nicht totzukriegen Opas Prospekte. - In: Fremdenverkehr + Werbung '7o. Hrsg. Gerhard Witzstrock. Baden-Baden o.J. S.47-54.

GÖRNE, Herbert: Urlaub nach Maß. Düsseldorf, Wien 1968.

GÖSSMANN, Wilhelm: Glaubwürdigkeit im Sprachgebrauch. München 197o.

GRAEFF, Werner: Prospekte wirksam gestalten. Zürich o.J.

GREBE, Paul: Der semantisch-syntaktische Hof unserer Wörter. - In: Satz und Wort im heutigen Deutsch (= Sprache der Gegenwart Bd.I).Düsseldorf 1967. S.1o9-114.

GREIMAS, Algirdas Julien, und Roman Jakobson u.a. (Ed.): Sign, language, culture. The Hague, Paris 197o.

GROSSE, Siegfried: Neuere Arbeiten zur deutschen Sprache der Gegenwart. - In: Der Deutschunterricht 12 (196o) Heft 5.S.1o2-1o8.

Ders.: Reklamedeutsch. - In: Wirkendes Wort 16 (1966) S.89-1o4.

Ders.: Mitteilungen ohne Verb. - In: Festgabe für Friedrich Maurer. Hrsg. Werner Besch, Siegfried Grosse, Heinz Rupp. Düsseldorf 1968. S.5o-68.

Ders.: Zur Sprache der Wirtschaftswerbung. - In: Strukturen und Interpretationen. Blanka Horacek zum 6o. Geburtstag. Hrsg. Alfred Ebenauer u.a. Wien, Stuttgart 1974. S.6o-84.

HABERMAS, Jürgen, und Niklas Luhmann: Theorie der Gesellschaft oder Sozialtechnologie. Frankfurt 1971.

HACHMANN, Horst: So verreisten die Deutschen. - In: Die Zeit Nr.9 vom 2o.2.1976. S.52.

HAESE, Helmut: Höhere Umsätze durch das packende Wort. Reutlingen 1956.

HAMMERSTRÖM, Göran: Linguistische Einheiten im Rahmen der modernen Sprachwissenschaft (= Kommunikation und Kybernetik in Einzeldarstellungen Bd.5) Berlin, Heidelberg, New York 1966.

HANG, Heinz-Günter: Der Tempusgebrauch in der gesprochenen Sprache. - In: Aspekte der gesprochenen Sprache. Hrsg. Barbara Wackernagel-Jolles. Göppingen 1973. S.81-121.

HANTSCH, Ingrid: Zur semantischen Strategie der Werbung. - In: Sprache im technischen Zeitalter 42 (1972) S.93-1o7.

HARD, Gerhard: Die "Landschaft" der Sprache und die "Landschaft" der Geographen.Semantische und forschungslogische Studien zu einigen zentralen Denkfiguren in der deutschen geographischen Literatur. Bonn 197o.

HARLINGHAUSEN, C.H.: Mehr Realität in der Werbung. - In: Der Fremdenverkehr 21/22 (1955) S.6-8.

HARTMANN, Klaus-Dieter: Meinungen über Urlaubsunterkünfte, insbesondere über das Camping. - In: Motive - Meinungen - Verhaltensweisen.Hrsg. Studienkreis für Tourismus e.V. Starnberg 1969. S.59-75.

Ders.: Zur Gestaltung von Titelseiten bei Urlaubs-Katalogen und -Prospekten. - In: Werbung im Tourismus. Hrsg. Studienkreis für Tourismus e.V. Starnberg 1973. S.59-64.

HARTMANN, Peter: Syntax und Bedeutung. Assen 1964.

HARTMANN, Reinhard: Bedeutung und Entwicklung der Worthäufigkeitsforschung. - In: Beiträge zur Sprachkunde 4 (1964) S.47-57.

HARTWIG, Heinz: Werbesprache oder Reklamejargon? - In: Wirtschaft und Werbung 17 (1963) S.42o-424.

HASELOFF, Otto Walter: Grundfragen werblicher Strategie. - In:Format 2o (1969) S.3-9.

Ders.: Über Wirkungsbedingungen politischer und werblicher Kommunikation. - In: Kommunikation. Forschung und Information. Hrsg. Otto Walter Haseloff. Berlin 1969. S.151-187.

Ders.: Kommunikationstheoretische Probleme der Werbung. - In: Handbuch der Werbung. Hrsg. K.Ch.Behrens. Wiesbaden 197o. S.157-2oo.

Ders.: Erfolgsbedingungen werblicher Strategien. - In: Format 3o (1971) S.4-6.

Ders.: Kommunikation, Transformation und Werbeerfolg. - In: Kommunikation & Gesellschaft. Eine Dokumentation,herausgegeben vom Bund deutscher Werbeberater (= Effektive Werbung 3). Karlsruhe 1972. S.186-2oo.

HASSENSTEIN, Bernhard: Information und Nachricht. - In: Kommunikation. Forschung und Information. Hrsg. Otto Walter Haseloff. Berlin 1969.S.9-18.

HAUG, Wolfgang Fritz: Kritik der Warenästhetik. Frankfurt 1972.

HAUSER-SUIDA, Ulrike, und Gabriele Hoppe-Beugel: Die Vergangenheitstempora in der deutschen geschriebenen Sprache der Gegenwart. München 1972.

HAVERS, Wilhelm: Handbuch der erklärenden Syntax. Heidelberg 1931.

HAYAKAWA, Samuel J.: Semantik. Darmstadt 1967.

HEBESTREIT, Dieter: Touristik Marketing. Berlin 1975.

HEISTRÜVERS, Hans-Dieter: Die sprachliche Untersuchung von Werbetexten im Deutschunterricht einer Unterprima. - In: Der Deutschunterricht 2o (1968) Heft 5.S.98-111.

HELBIG, Gerhard: Zur Einteilung der Nebensätze. - In: Deutsch als Fremdsprache 7 (197o) S.252-26o.

Ders.: Zur Verwendung der Infinitiv- und Partizipialkonstruktion in der deutschen Gegenwartssprache. - In: Deutsch als Fremdsprache 1o (1973) S.281-292.

HELDRICH, Monika: Die Bedeutung des Reise- und Anzeigenteils deutscher Tageszeitungen für die Förderung des Fremdenverkehrs. Diplomarbeit München 1955 (masch.).

HELWIG, Gerhard: Schlagwort - aktuell. München, Zürich, Wien 197o.

Ders.: Kennen Sie die neuesten Wörter? München 1972.

HENRY, Harry: Was der Verbraucher wünscht.Düsseldorf 196o.

HENZEN, Walter: Schriftsprache und Mundarten. Bern 1954.

Ders.: Deutsche Wortbildung. 3.Aufl.Tübingen 1965.

HERINGER, Hans-Jürgen: Praktische Semantik. Stuttgart 1974.

HERLES, Helmut: Sprichwort und Märchenmotiv in der Werbung. - In: Zeitschrift für Volkskunde 62 (1966) S.67-8o.

HERRWERTH, Werner: Werbung für eine neue Ferien-Idee: Club Méditerranée. - In: Werbung im Tourismus. Hrsg. Studienkreis für Tourismus e.V. Starnberg 1973. S.59-64.

HÖLLERER, Walter: Zur Sprache im technischen Zeitalter. - In: Sprache im technischen Zeitalter 4 (1962) S.28o-297.

HÖRMANN, Hans: Psychologie der Sprache. Berlin, New York, Heidelberg 1967.

Ders.: Funktionen des Sprechens und der Sprache. - In: Kommunikation. Forschung und Information. Hrsg. Otto Walter Haseloff. Berlin 1969. S.63-7o.

HOFFMANN, Herbert: TransEuropa - ein Firmenporträt. - In: Das Reisebüro 3 (1973) S.1f.

HOLZSCHUHER, Ludwig von: Psychologische Grundlagen der Werbung (= Grundriß der Werbung Bd.4).Essen 1956.

HUND, Wulf D.: Kommunikation in der Gesellschaft (= Modelle für den politischen und sozialwissenschaftlichen Unterricht Modell 7).Frankfurt 197o.

HUNDHAUSEN, Carl: Wesen und Formen der Werbung (= Grundriß der Werbung Bd.3).Essen 1954.

Ders.: Wirtschaftswerbung. Essen 1963.

Ders.: Public Relations (= Sammlung Göschen 1233). Berlin 1969

HUNDSNURSCHER, Franz: Neuere Methoden der Semantik. Tübingen 197o.

HUNZIKER, W., und K.Krapf: Beiträge zur Fremdenverkehrslehre und Fremdenverkehrsgeschichte. Bern 1941.

Ders., und K.Krapf: Grundriss der allgemeinen Fremdenverkehrslehre. Zürich 1942.

Ders.: Gegenwartsaufgaben der Fremdenverkehrswissenschaft. - In: Jahrbuch für Fremdenverkehr 2 (1954) S.16-28.

INGENDAHL, Werner: Der metaphorische Prozeß. Düsseldorf 1971.

JÄGER, Siegfried: Hochsprache und Sprachnorm. Kritische Bemerkungen zu einer sprachwissenschaftlichen Verfahrensweise. - In: Institut für deutsche Sprache. Forschungsberichte 1. Hrsg. Ulrich Engel und Irmgard Vogel. Mannheim 1971. S.83-97.

Ders.: Der Konjunktiv in der deutschen Sprache der Gegenwart. München, Düsseldorf 1971.

JANUSCHEK, Frank: Werbesprache erklärt aus ihrer Funktion und ihren Rezeptionsbedingungen. - In: Sprache im technischen Zeitalter 51 (1974) S.241-26o.

JAPPE, Gemma: Psychologische Bemerkungen zur Anzeigenwerbung. - In: Bayerisches Jahrbuch für Volkskunde 196o. S.16o-17o.

JEROMIN, Rolf: Zitatenschatz der Werbung. Gütersloh 1969.

JHERING, Barbara von: Wohin geht die Reise? - In: Die Zeit Nr.3 vom 11.1.1974. S.33.

JUST, Dieter: Der SPIEGEL. Arbeitsweise - Inhalt - Wirkung. Hannover 1967.

KANN, Hans Joachim: Anmerkungen zu modernen Adjektivbildungen. - In: Muttersprache 82 (1972) S.1o5-1o9.

Ders.: Bemerkungen zum Wortbildungsmuster "Name + Substantiv". - In: Muttersprache 82 (1972) S.29o-298.

KAYSER, Wolfgang: Das sprachliche Kunstwerk. 12. Aufl. Bern, München 1967.

KERSTIENS, Ludwig: Das werbende Sprechen. - In: Zeitschrift für deutsche Sprache 26 (197o) S.129-141.

KLAPPENBACH, Ruth: Gliederung des deutschen Wortschatzes der Gegenwart.- In: Der Deutschunterricht 12 (196o) Heft 5. S.29-45.

KLATT, Heinz, und Jürgen Fischer: Die Gesellschaftsreise. Handbuch für Reiseveranstalter und Buchungsstellen, Verkehrsunternehmen, Beherbergungsbetriebe, Vermittler, Gaststätten und Reiseleitungen. Köln, Berlin, München, Bonn 1961.

Ders.: Die Funktion des Reiseveranstalters. - In: Das Reisebüro 6 (1971) S.3.

KLAUS, Georg: Semiotik und Erkenntnistheorie. Berlin 1969.

KLOTZ, Volker: Slogans. - In: Sprache im technischen Zeitalter. 8 (1963) S.538-546.

KLUG, Anneliese: Satzlänge und Satzfüllung in Werbetexten. - In: WZUR 18 (1969) Heft 6/7.S.631-637.

KLUGE, Wolfhard: "Ich schoß auf eine Wildkatze". Über die Vergangenheitsformen im Neuhochdeutschen. - In: Muttersprache 75 (1965) S.74-83.

KNEBEL, Hans-Joachim: Soziologische Strukturwandlungen im modernen Tourismus. Stuttgart 196o.

KOCH, Alfred: Die touristische Nachfrage der europäischen Bevölkerung. - In: Jahrbuch für Fremdenverkehr 17 (1969) S.5-41.

KOCH,Walter A.: Struktur der Reklame. - In: Ders.: Varia Semiotica. Hildesheim, New York 1971. S.238-263.

KOECK, Wolfram K.: Manipulation durch Trivialisierung. - In: Sprache und Gesellschaft. Hrsg. Annamaria Rucktäschl. München 1972. S.275-367.

KÖNIG, René (Hrsg.): Handbuch der empirischen Sozialforschung. Stuttgart 1969.

KONNOWSKI, Helmut: Die Steigerungsstufen in der Werbesprache. - In: Sprachwart 13 (1963) S.145-149.

KOPPERSCHMIDT, Josef: Rhetorik. Einführung in die persuasive Kommunikation. 2. Aufl. Ulm 1972.

KORN, Karl: Sprache in der verwalteten Welt. Frankfurt 1958.

Ders.: Sprachwandlungen im heutigen Deutschland: Der serielle Satz. - In: Deutsch - gefrorene Sprache in einem gefrorenen Land? Hrsg. Friedrich Handt. Berlin 1964. S.179-185.

KRACK, Karl Erich: 1 ooo Redensarten unter die Lupe genommen. Frankfurt 1969.

KRAMER, Rolf: Information und Kommunikation. Berlin 1963.

KRAMER, Rupert: Tourismuswerbung. - In: Marketing im Tourismus. Hrsg. Studienkreis für Tourismus e.V. Starnberg 197o. S.115-118.

KRAPF, K.: Erkundung und Messung des touristischen Konsums. - In: Forschungsinstitut für Fremdenverkehr. Rechts- und wirtschaftswissenschaftliche Fakultät der Universität Bern. Jahrbericht 1972. S.19-33.

KRAUSS, Paul G.: The increasing use of english words in Germany. - In: German Quarterly XXXI (1958) S.272-286.

KRIPPENDORF, Jost: Marketing im Fremdenverkehr. Bern, Frankfurt 1971.

KRONASSER, Heinz: Handbuch der Semasiologie. 2. Aufl. Heidelberg 1968.

KROPFF, Hanns Ferdinand Josef: Neue Psychologie in der neuen Werbung. Stuttgart 1951.

Ders.: Die Werbemittel und ihre psychologische, künstlerische und technische Gestaltung. Essen 1953.

Ders.: Wörterbuch der Werbung. Essen 1959.

KUNZE, Jürgen: Die Auslassbarkeit von Satzteilen bei koordinativen Verbindungen im Deutschen.Berlin 1972.

KÜPPER, Heinz: Sozialsymbol und Umgangssprache. - In: Muttersprache 71 (1961) S.135-144.

Ders.: Wörterbuch der deutschen Alltagssprache. München 1971.

LANG, Wilhelm: Tropen und Figuren. - In: Der Deutschunterricht 18 (1966) Heft 5. S.1o5-152.

LATZEL, Sigbert: Zum Gebrauch der deutschen Vergangenheitstempora. - In: Hermann Gelhaus und Sigbert Latzel: Studien zum Tempusgebrauch im Deutschen (= Institut für deutsche Sprache. Forschungsberichte 15).Mannheim 1974. S.169-348.

LAUSBERG, Heinrich: Elemente der literarischen Rhetorik. München 1967.

LEISI, Ernst: Der Wortinhalt. Heidelberg 1967.

LEISINGER, Fritz: Spracharbeit mit Attributen. - In: Der Deutschunterricht 15 (1963) Heft 1. S.5-16.

LEOPOLD, Werner F.: English influence of post war german. Lincoln 1967.

LEPACH, Paul: Zentralisierung und Profilierung. - In: Der Fremdenverkehr 2 (1975) S.33f.

LESKA, Christel: Vergleichende Untersuchungen zur Syntax gesprochener und geschriebener deutscher Gegenwartssprache. - In: Beiträge zur Geschichte der deutschen Sprache und Literatur (Halle) 87 (1965) S.427-464.

Dies.: Vergleichende Untersuchungen zur Frequenz und Distribution syntaktischer Erscheinungen gesprochener und geschriebener Sprache. Diss. Leipzig 1966 (masch.).

LEUGGER, Josef: Weitere soziologische Aspekte des Fremdenverkehrs. - In: Zeitschrift für Fremdenverkehr 1 (1958) S.9-16.

LISSBAUER, Heinz, und Gustav Zedek: Tourismus. Angebot und Nachfrage. Wien o.J. (1973). Hrsg. Bundeskammer der gewerblichen Wirtschaft.

LORENZ, Karl-Joachim (Hrsg.): Der Beruf des Werbefachmanns in der veränderten Welt von morgen. Festschrift für Hans-Ludwig Zankl. Köln, Braunsfeld 1971.

LÖTZSCH, Ronald: Zur Frage der allgemeinen Semantik lokaler, temporaler und kausaler Adverbien. - In: Zeitschrift für Phonetik, Sprachwissenschaft und Kommunikationsforschung 22 (1969) S.1o8-124.

LÜCK, Hartmut: Zeitungsdeutsch und Umgangssprache. Untersuchungen zur Sprache des SPIEGEL. - In: Muttersprache 73 (1963) S.327-337.

LÜTGE, Karl: Text - Werbung "von der Stange". - In: Der Fremdenverkehr 3/4 (1956) S.25f.

MAAS, Utz, und Dieter Wunderlich: Pragmatik und sprachliches Handeln. 2.Aufl.Frankfurt 1972.

MACKENSEN, Lutz: Die deutsche Sprache in unserer Zeit. 2.Aufl.Heidelberg 1971.

Ders.: Traktat über Fremdwörter. Heidelberg 1972.

Ders.: Verführung durch Sprache. München 1973.

MAECKER, Eugen J.: Planvolle Werbung hilft verkaufen. Hamburg 1939.

MALMBERG, Bertil: Structural linguistics and human communication (= Kommunikation und Kybernetik. Hrsg. H.Wolter und W.D.Deidel Bd.2) Berlin, Göttingen, Heidelberg 1963.

MANEKELLER, Wolfgang: Der Werbetext. - In: Handbuch der Werbung. Hrsg. K.Ch.Behrens. Wiesbaden 197o. S.247-254.

MARKOS, Bela: La théorie du tourisme.-In: Zeitschrift für Fremdenverkehr 2 (1949) S.52-54.

Ders.: Die psychologischen Motive der touristischen Expansion und ihrer geographischen und quantitativen Entwicklung. - In: Zeitschrift für Fremdenverkehr 3 (1965) S.77-8o.

MARTINEAU, Pierre: Kaufmotive. Düsseldorf 1969.

MARTINET, André (Hrsg.): Linguistik. Ein Handbuch. Stuttgart 1973.

MASER, Siegfried: Grundlagen der allgemeinen Kommunikationstheorie. Stuttgart, Berlin, Köln, Mainz 1971.

MAUERMANN, Siegfried: Was lernt der Werbetexter von der Rhetorik? - In: Werberundschau 28 (1958) S.24-32.

Ders.: Man. Ein Beitrag zur Untersuchung unseres Wortgebrauchs. - In: Muttersprache 71 (1961) S.234-236.

MEIER, Georg F.: Wirksamkeit der Sprache.-In: Zeitschrift für Phonetik, Sprachwissenschaft und Kommunikationsforschung 22 (1969) S.474-492.

MEIER, Helmut: Deutsche Sprachstatistik. 2.Aufl. Hildesheim 1967.

MEIER, Hugo: Die Metapher. Winterthur 1963.

MEYER, Wolfgang: Die Durchführung von Konzept- und Slogan-Tests für die Reise-Werbung. - In: Werbung im Tourismus. Hrsg. Studienkreis für Tourismus e.V. Starnberg 1973. S.43-5o.

MEYER-EPPLER, Werner: Grundlagen und Anwendungen der Informationstheorie. Berlin, Göttingen, Heidelberg 1959.

MICHLIGK, Paul: Werbung und Bildersprache. - In: Wirtschaft und Werbung 16 (1962) S.18-22.

Ders.: Geheimnisse der Werbesprache. Essen 1967.

MIEDER, Wolfgang: Sprichwort und Wirtschaftssprache. - In: Sprachspiegel 29 (1973) S.165-17o.

Ders.: Sprichwort und Illustriertenwerbung. - In: Sprachspiegel 3o (1974) S.1oo-1o6.

MITTELBERG, Ekkehart: Wortschatz und Syntax der BILD-Zeitung. Marburg 1967.

MÖCKELMANN, Jochen, und Sönke Zander: Form und Funktion der Werbeslogans (= Göppinger Arbeiten zur Germanistik Nr.26).Göppingen 197o.

MÖLLER, Carola: Gesellschaftliche Funktionen der Konsumwerbung. Stuttgart 197o.

MOSER, Hugo: Entwicklungstendenzen des heutigen Deutsch. - In: Der Deutschunterricht 6 (1954) Heft 2.S.86-1o7.

Ders.: Neuere und neuste Zeit. Von den achtziger Jahren des 19. Jahrhunderts zur Gegenwart. - In: Deutsche Wortgeschichte. Hrsg. Friedrich Maurer und Friedrich Stroh. Bd.II. 2.Aufl. Berlin1959. S.445-56o.

Ders.: Umgangssprache. Überlegungen zu ihren Formen und ihrer Stellung im Sprachganzen. - In: Zeitschrift für Mundartforschung XXVII (196o) S.215-232.

Ders.: Zur Situation der deutschen Gegenwartssprache. - In: Studium Generale 15 (1962) S.4o-48.

Ders.: Wohin steuert das heutige Deutsch? Triebkräfte im Sprachgeschehen der Gegenwart. - In: Satz und Wort im heutigen Deutsch (= Sprache der Gegenwart Bd.I).Düsseldorf 1967. S.15-35.

Ders.: Deutsche Sprachgeschichte. 6. Aufl. Tübingen 1969.

Ders.: Sprachökonomische Erscheinungen in der heutigen deutschen Rechtschreibung, Hochlautung und Wortstruktur. - In: Mélanges pour Jean Fourquet. Réunis par P.Valentin und G.Zink. München, Paris 1969. S.233-246.

Ders.: Typen sprachlicher Ökonomie. - In: Sprache und Gesellschaft (= Sprache der Gegenwart Bd.XIII).Düsseldorf 1971. S.89-117.

Ders.: Nochmals: Probleme der sprachlichen Ökonomie. - In: Linguistische Studien IV Teil 2. Festgabe für Paul Grebe zum 65. Geburtstag (= Sprache der Gegenwart Bd.XXIV). Düsseldorf 1973. S.158-164.

MOSER, Simon (Hrsg.): Information und Kommunikation. München, Wien 1968.

MOTIVE - Meinungen - Verhaltensweisen. Einige Ergebnisse und Probleme der psychologischen Tourismusforschung. Hrsg. Studienkreis für Tourismus e.V. Starnberg 1969.

MOTSCH, Wolfgang: Untersuchungen zur Apposition im Deutschen. - In: Studia Grammatica V. Berlin 1965. S.87-132.

Ders.: Syntax des deutschen Adjektivs (= Studia Grammatica III). Berlin 1966.

MOUNIN, George: Introduction à la sémiologie. Paris 197o.

MULLER, Charles: Einführung in die Sprachstatistik. München 1972.

MÜLLER, Gertraud, und Theodor Frings: Die Entstehung der deutschen daß-Sätze. Berlin 1959.

MÜLLER, Hugo: Die Rolle des Klischees im Deutschen. - In: German Quarterly XXXVII (1965) S.44-55.

MÜLLER, Wolfgang, und Editha: Wortbildung - Ausdruck der Zeit. - In: Muttersprache 71 (1961) S.65-78.

MUES, Werner: Sprache = Kommunikationsmittel. - In: Muttersprache 75 (1965) S.151-153.

Ders.: Sprache was ist das? München 1967.

NAUHOVE, N.: Motivforschung als Teil der Marktforschung im touristischen Bereich. - In: Jahrbuch für Fremdenverkehr 13 (1965) S.46-74.

NAUMANN, Bernd: Wortbildung in der deutschen Gegenwartssprache. Tübingen 1972.

NESKE, Fritz, und Ingeborg: Wörterbuch englischer und amerikanischer Ausdrücke in der deutschen Sprache. 2. Aufl. München 1972.

OGILVY, David: Geständnisse eines Werbemannes. München 1966.

OKSAAR, Els: Über die Farbenbezeichnungen im Deutsch der Gegenwart. - In: Muttersprache 71 (1961) S.2o7-22o.

Ders.: Zur Frage der grammatischen Metapher. - In: Festschrift für Hugo Moser. Hrsg. Ulrich Engel, Paul Grebe und Heinz Rupp. Düsseldorf 1969. S.131-145.

Ders.: Das heutige Deutsch - ein Spiegel sozialer Wandlungen. - In: Sprache und Gesellschaft (= Sprache der Gegenwart Bd.XIII) Düsseldorf 1971. S.279-294.

Ders.: Betrachtungen im Bereich des Passivs. - In: Linguistische Studien IV Teil 2. Festgabe für Paul Grebe zum 65. Geburtstag (= Sprache der Gegenwart Bd.XXIV). Düsseldorf 1973. S.165-172.

OPASCHOWSKI, Horst W.: Sprache und Tourismus. - In: Muttersprache 78 (1968) S.79-84.

Ders.: Tour - Tourist - Tourismus. Eine sprachgeschichtliche Analyse. - In: Der Fremdenverkehr 3 (197o) S.28f.

OßWALD, Paul, und Egon Gramer: Die Sprache der Werbung. - In: Der Deutschunterricht 2o (1968) Heft 5.S.76-97.

PACKARD, Vance: Die geheimen Verführer. Frankfurt 1973.

PAVLOV, V.M.: Die substantivische Zusammensetzung im Deutschen als syntaktisches Problem. München 1972.

PELTZER, Karl: Das werbende Wort. - In: Werben und verkaufen. Nr.5 (11.3.1965) S.11-13.

Ders.: Enzyklopädisches Handbuch der Werbung und Publikation. Bd.I Werbung. Thun, München 1961.

PETERS, Johannes: Einführung in die allgemeine Informationstheorie (= Kommunikation und Kybernetik in Einzeldarstellungen Bd.6).Berlin, Heidelberg, New York 1967.

PFISTER, Bernhard: Die wirtschaftliche und gesellschaftliche Entwicklung in der Bundesrepublik und deren Auswirkungen auf die Fremdenverkehrswirtschaft. - In: Jahrbuch für Fremdenverkehr 13 (1965) S.3-12.

PFÜTZE, Max: Bestimmung der Begriffsinhalte "Satz"- und "Kontextverflechtung".- In: Wissenschaftliche Zeitschrift der Pädagogischen Hochschule Potsdam 11 (1967) Heft 2. S.155-164.

PIVONAS, Gisela: Tourismus im Kraftfeld der öffentlichen Meinung: Das Image des Tourismus. - In: Werbung im Tourismus. Hrsg. Studienkreis für Tourismus e.V. Starnberg 1973. S.13-19.

PLATE, Hermann: Werbung oder Information? - In: Sprache im technischen Zeitalter 8 (1963) S.547-557.

POLENZ, Peter von: Funktionsverben im heutigen Deutsch (= Beiheft zur Zeitschrift Wirkendes Wort 5).Düsseldorf 1963.

Ders.: Geschichte der deutschen Sprache. 7. Aufl. Berlin 197o.

POPADIĆ, Hanna: Untersuchungen zur Frage der Nominalisierung des Verbalausdrucks im heutigen Zeitungsdeutsch (= Forschungsberichte. Institut für deutsche Sprache. Hrsg. Ulrich Engel und Irmgard Vogel). Mannheim 1971.

POTT, Wilhelm Heinrich: Die Bräune der Haut. Ein Argument der Konsumwerbung als Ausdruck gesellschaftlicher Entfremdung. - In: Sprache im technischen Zeitalter 51 (1974) S.334-357.

RADTKE, Ingulf: Die Umgangssprache. - In: Muttersprache 83 (1973) S.161-171.

RATH, Rainer: Trennbare Verben und Ausklammerung. - In: Wirkendes Wort 15 (1965) S.217-232.

Ders., und Alois Brandstetter: Zur Syntax des Wetterberichtes und des Telegrammes. Mannheim 1968.

Ders.: Die Partizipialgruppe in der deutschen Gegenwartssprache. Düsseldorf 1971.

RAU, Emil: Was ist Fremdenverkehr? Ein Beitrag zur Begriffsbestimmung. - In: Der Fremdenverkehr 5/6 (1953) S.13.

RECHENAUER, Ottmar: Was ist Fremdenverkehr? - In: Der Fremdenverkehr 6 (1951) S.1-3.

REDLICH, Fritz: Reklame, Begriff, Geschichte, Theorie. Stuttgart 1935.

REEVES, Rosser: Werbung ohne Mythos. München 1963.

REGER, Harald: Die Metaphorik in der Boulevardpresse. - In: Muttersprache 84 (1974) S.314-325.

REICHMANN, Otto: Deutsche Wortforschung. Stuttgart 1969.

REIMANN, Horst: Kommunikations-Systeme. Tübingen 1968.

REININGER, Waldhard: Werbung im Fremdenverkehr (= Reininger - Schriftenreihe Bd.6). Innsbruck 196o.

REINERS, Ludwig: Deutsche Stilkunst. München 1944.

RESNIKOW, Lasar Ossipowitsch: Erkenntnistheoretische Fragen der Semiotik. Berlin 1968.

RIESEL, Elise: Der Stil der deutschen Alltagsrede. Leipzig 197o.

RIHA, Karl: Cross-reading und cross-talking. Zitat-Collagen. Stuttgart 1971.

RIPPEL, Kurt: Superlative in der Werbung. - In: Die Anzeige 41 (1965) Heft 3. S.24-28.

ROBIDA, Fred: Banalisierung der Fremdenverkehrswerbung. - In: Der Fremdenverkehr 11 (1961) S.33.

ROCHE, Reinhard: Floskeln im Gegenwartsdeutsch. - In: Wirkendes Wort 15 (1965) S.385-4o5.

RÖHRICHT, Lutz: Lexikon der sprichwörtlichen Redensarten. Freiburg 1973.

RÖMER, Ruth: Die Sprache der Anzeigenwerbung. 3. Aufl. Düsseldorf 1973.

Dies.: Pragmatische Dimension und sprachliche Wirkungen. - In: Linguistische Berichte 18 (1972) S.19-26.

ROSENKRANZ, Heinz: Zum Satzbau von Mundart und Hochsprache. - In: WZUR 18 (1969) S.565-57o.

RUCKTÄSCHL, Annamaria (Hrsg.): Sprache und Gesellschaft. München 1972.

RUDOLPH, Manfred: Wahrheit im Katalog. - In: Scharnow-Artikeldienst. Hrsg. Scharnow-Reisen Hannover o.J. (unpag.).

RUPP, Heinz: Gesprochenes und geschriebenes Deutsch. - In: Wirkendes Wort 15 (1965) S.19-29.

Ders.: Sprache in unserer Zeit. - In: Das Problem des Fortschrittes - heute. Hrsg. Rudolf W.Meyer. Darmstadt 1969. S.271-292.

Ders., und Louis Wissmann: Gesetz und Freiheit in unserer Sprache (= Schriften des deutsch-schweizerischen Sprachvereins 6). Frauenfeld 197o.

SANDIG, Barbara: Syntaktische Typologie der Schlagzeile (= Linguistische Reihe Bd.6). München 1971.

SAUER, Wolfgang: Prognosen über die Entwicklung des Tourismus. - In: Marktforschung im Tourismus. Hrsg. Studienkreis für Tourismus e.V. Starnberg 1972. S.99-125.

Ders.: Urlaubsreisen 1974. Einige Ergebnisse der Reiseanalyse 1974. Hrsg. Studienkreis für Tourismus e.V. Starnberg April 1975.

SAUSSURE, Ferdinand de: Grundfragen der allgemeinen Sprachwissenschaft. 2. Aufl. Berlin 1967.

SCHADE, Burkhard: Psychologische Hintergründe für Urlaubswünsche. - In: Beiträge zur Fremdenverkehrskunde 4 (1967)S.47-52.

SCHADENDORF, Wulf: Zu Pferde, im Wagen, zu Fuß. München 1959.

SCHARNHORST, Jürgen: Zur semantischen Struktur der deutschen Gegenwartssprache. - In: Zeitschrift für Phonetik, Sprachwissenschaft und Kommunikationsforschung 22 (1969) S.5o2-517.

SCHERKE, Felix: Der Verbrauchercharakter. Ein Beitrag zur Konsum-Motiv-Forschung (= Schriftenreihe der GfK-Gesellschaft für Konsumforschung e.V. Bd.2o).Nürnberg 1964.

SCHEUCH, Erwin K.: Soziologie der Freizeit. - In: Handbuch der empirischen Sozialforschung. Hrsg. René König. Stuttgart 1969. S.735-833.

SCHIPPAN, Thea: Einführung in die Semasiologie. Leipzig 1972.

SCHIRMER, O.E.: Tourismus wie Persil verkaufen. - In: Der Fremdenverkehr 2 (1975) S.11f.

SCHLINKMANN-KEPPLER, Brigitte, und Ferdinand Hanke: Die Syntax der konzipierten gesprochenen Sprache in der kommerziellen Werbesprache. - In: Aspekte der gesprochenen Sprache. Hrsg. Barbara Wackernagel-Jolles. Göppingen 1973. S.257-3o5.

SCHLISMANN, Annemarie: Der Mensch und sein Wort. Innsbruck 1955.

SCHMIDHAUSER, H.D.: Diskussionsbeitrag zur neuen Fremdenverkehrsdefinition. - In: Zeitschrift für Fremdenverkehr 2 (1971) S.51-53.

SCHMIDT, Franz: Satzanalyse auf allgemein-grammatischer Grundlage. - In: Der Deutschunterricht 16 (1964) Heft 4. S.47-54.

SCHMIDT, Josef: Kein Schmerzensgeld für schlaflose Nächte. - In: Süddeutsche Zeitung Nr.258 vom 8.11.73. S.33.

SCHMIDT, Siegfried J. (Hrsg.): Pragmatik I. Interdisziplinäre Beiträge zur Erforschung der sprachlichen Kommunikation. München 1974.

SCHMIDT, Veronika: Die Streckformen des deutschen Verbums. Halle 1968.

SCHMIDT, Wilhelm: Deutsche Sprachkunde. Berlin 196o.

Ders.: Lexikalische und aktuelle Bedeutung. Ein Beitrag zur Theorie der Wortbedeutung. Berlin 1963.

SCHNEIDER, Wilhelm: Stilistische deutsche Grammatik. 2.Aufl.Freiburg, Basel, Wien 196o.

SCHÖFFLER-WEIS: Wörterbuch der englischen und deutschen Sprache. Stuttgart 1967.

SCHRAMM, Wilbur (Hrsg.): Grundfragen der Kommunikationsforschung. München 1964.

SCHUBERT, Gerhard: Über das Wort "und". - In: Wirkendes Wort Sammelband I. Düsseldorf 1962. S.166-174.

SCHULTZE, Erich: Die Sprache der Wirtschaftswerbung. - In: Sprachwart 7 (1957) S.169f.

SCHULZ, Helmut: Methoden, Mittel und Zweige der äußeren Fremdenverkehrswerbung. - In: Fremdenverkehrswissenschaft und Fremdenverkehrswerbung. Hrsg. Deutsches wirtschaftswissenschaftliches Institut für Fremdenverkehr an der Universität München o.J. S.217-27o.

SCHWAB, Victor O.: Anzeigen wirksam texten. München 1965.

SCHWEISTHAL, Klaus Günther (Hrsg.): Grammatik - Kybernetik - Kommunikation. Festschrift für Alfred Hoppe. Bonn 1971.

SCHWINK, Otto: Prospekte - werbewirksam gestaltet. - In: Der Fremdenverkehr 12 (1949) S.5-7.

SCHWYZER, Eduard: Zur Apposition.- In: Abhandlungen der deutschen Akademie der Wissenschaften zu Berlin. Phil.-hist. Klasse 1945/46 Nr.3 S.7ff.

SEIBICKE, Wilfried: Fachsprache und Gemeinsprache. - In: Muttersprache 69 (1959) S.7o-84.

Ders.: Wie schreibt man gutes Deutsch? Mannheim, Wien, Zürich 1969.

SEIFERT, Johannes H.: Wirksam texten! Reutlingen 195o.

SEIFFERT, Helmut: Information über die Information. 3. Aufl. München 1971.

SEILER, Hansjakob: Relativsatz, Attribut und Apposition. Wiesbaden 196o.

SESSA, Alberto: Pour une nouvelle notion de tourisme. - In: Zeitschrift für Fremdenverkehr 1 (1971) S.5-14.

SEYFFERT, Rudolf: Werbelehre. 2 Bde. Stuttgart 1966.

SIEBERER, Anton: Vom Gefühlswert der Wörter. - In: Die Sprache 3 (1954) S.4-22.

SOMMERFELDT, K.E.: Form und Bedeutung der Attribute beim Substantiv in der deutschen Sprache der Gegenwart. - In: Zeitschrift für Phonetik, Sprachwissenschaft und Kommunikationsforschung 23 (197o) S.554-572.

SOWINSKI, Bernhard: Deutsche Stilistik. Frankfurt 1973.

SPITZER, Leo: Amerikanische Werbung - verstanden als populäre Kunst. - In: Ders.:Eine Methode Literatur zu interpretieren. München 1966. S.79-99.

SPORTBROCKHAUS, Der. Alles vom Sport von A-Z. Wiesbaden 1971.

STARKE, Günter: Zum Problem der Zusammenbildung in der deutschen Gegenwartssprache. - In: Deutsch als Fremdsprache 5 (1968) S.148-159.

Ders.: Konkurrierende syntaktische Konstruktionen in der deutschen Sprache der Gegenwart. - Untersuchungen im Funktionsbereich des Objekts. - In: Zeitschrift für Phonetik, Sprachwissenschaft und Kommunikationsforschung 22 (1969) S.25-65 und S.154-195.

STAVE, Joachim: Melodie aus Wolfsburg. - In: Muttersprache 73 (1963) S.235-244.

Ders.: Wie die Leute reden. Lüneburg 1964.

Ders.: Wörter und Leute. Glossen und Betrachtungen über das Deutsch in der Bundesrepublik. Mannheim 1968.

Ders.: Anmerkungen zu einem Werbetext aus rhetorischer Sicht. - In: Muttersprache 81 (1971) S.343-35o.

Ders.: Bemerkungen über den unvollständigen Satz in der Sprache der Werbung. - In: Muttersprache 83 (1973) S.21o-224.

STEGER, Hugo: Sprachnorm, Grammatik und technische Welt. - In: Sprache im technischen Zeitalter 4 (1962) S.183-198.

Ders.: Gesprochene Sprache. Zu ihrer Typik und Terminologie. - In: Satz und Wort im heutigen Deutsch (= Sprache der Gegenwart Bd.I).Düsseldorf 1967. S.259-291.

Ders.: Über das Verhältnis von Sprachnorm und Sprachentwicklung in der deutschen Gegenwartssprache. - In:

Sprachnorm, Sprachpflege, Sprachkritik (= Sprache der Gegenwart Bd.II). Düsseldorf 1968. S.45-66.

STEMPEL, Wolf-Dieter (Hrsg.): Beiträge zur Textlinguistik (= Int. Bibliothek für allgem. Linguistik Bd.1). München 1971.

STERNBERGER, Dolf, und Werner Betz: Das heutige Deutsch - nachlässig, verräterisch oder einfach zeitgemäß? - In: Zeitschrift für deutsche Sprache 23 (1967) S.129-135.

STRÖBL, Alex: Zum Verhältnis von Norm und Gebrauch bei der Zeichensetzung. - In: Muttersprache 79 (1969) S.129-136.

STUDD, Cdr.R.G.: Role and functions of travel organisations in modern tourism. - In: Zeitschrift für Fremdenverkehr 4 (1952) S.157-161.

SUHR, Werner: Die Magie in der Wirtschaft. Stuttgart 1956.

SÜSKIND, Wilhelm Ernst: Vom ABC zum Sprachkunstwerk. München 1965.

TARNÓCZI, Loránt: Zur Frage der Abkürzungszeichen. - In: Zeitschrift für Phonetik, Sprachwissenschaft und Kommunikationsforschung 22 (1969) S.272-284.

TEIGELER, Peter: Verständlichkeit und Wirksamkeit von Sprache und Text (= Effektive Werbung 1). Karlsruhe 1968.

THIEL, Gisela: Die semantischen Beziehungen in den Substantivkomposita der deutschen Gegenwartssprache. - In: Muttersprache 83 (1973) S.377-4o4.

THÖMMES, Matthias: Reisebüro, Helfer des Reiseverkehrs. - In: Das Reisebüro 11 (1966) S.11f.

THOMS, Walter: Handbuch für Fremdenverkehrsbetriebe. Giessen 1952.

TISSOT, F.: Evolutions et perspectives du tourisme moderne.- In: Zeitschrift für Fremdenverkehr 2 (1963) S.42-5o.

TODT, Horst: Das Reisemotiv in der Fremdenverkehrswerbung. - In: Beiträge zur Fremdenverkehrskunde 1 (1968) S.37f., S.42.

TRIER, Jost: Alltagssprache. - In: Die deutsche Sprache im 2o. Jahrhundert. Göttingen 1966. S.11o-133.

Ders.: Unsicherheiten im heutigen Deutsch. - In: Sprachnorm, Sprachpflege, Sprachkritik (= Sprache der Gegenwart Bd. II). Düsseldorf 1968. S.11-27.

TSCHIRCH, Fritz: Verblaßt die Bildkraft unserer Sprache? - In: Muttersprache 77 (1967) S.253-256.

Ders.: Stehen wir in einer Zeit des Sprachverfalls? - In: Sprachwart 17 (1968) S.2o3-212.

ULLMANN, Stephan: Gründzüge der Semantik. Berlin 1967.

UNGEHEUER, Gerold: Sprache und Kommunikation. Hamburg 1972.

Ders.: Aspekte sprachlicher Kommunikation. - In: Gegenwartssprache und Gesellschaft. Hrsg. Ulrich Engel und Olaf Schwencke. Düsseldorf 1972. S.16-33.

URBANOVA, Anna: Zum Einfluß des amerikanischen Englisch auf die deutsche Gegenwartssprache. - In: Muttersprache 76 (1966) S.97-114.

VERMEER, Hans J.: Einführung in die linguistische Terminologie. München 1971.

WACKERNAGEL-JOLLES, Barbara: Untersuchungen zur gesprochenen Sprache: Beobachtungen zur Verknüpfung spontanen Sprechens (= Göppinger Arbeiten zur Germanistik Nr.33). Göppingen 1971.

WAGENFÜHR, Horst: Ökonomische und soziologische Aspekte der zukünftigen Freizeit. - In: Tourismus 198o. Fremdenverkehr zwischen gestern und morgen. Hrsg. Studienkreis für Tourismus e.V. Starnberg 1968. S.6-15.

WAGNER, Friedrich A.: Die Urlaubswelt von Morgen. Düsseldorf, Köln 197o.

WAHRIG, Gerhard: Deutsches Wörterbuch. Gütersloh, Berlin, München, Wien 1966.

WALLBERG, Edgar: Verborgene Einflüsse des Englischen auf die deutsche Sprache. - In: Muttersprache 72 (1962) S.17-19.

WÄNGLER, Hans-Heinrich: Rangwörterbuch hochdeutscher Umgangssprache. Marburg 1963.

WEBER, Heinrich: Das erweiterte Adjektiv- und Partizipialattribut im Deutschen. München 1971.

WEINREICH, Uriel: Erkundungen zur Theorie der Semantik (= Konzepte der Sprach- und Literaturwissenschaft 4). Tübingen 197o.

WEISGERBER, Leo: Das Fremdwort im Gesamtrahmen der Sprachpflege. - In: Muttersprache 7o (196o) S.1-6.

Ders.: Die Welt im "Passiv". - In: Die Wissenschaft von deutscher Sprache und Dichtung. Festschrift für Friedrich Maurer. Hrsg. Siegfried Guttenbrunner, Hugo Moser, Walter Rehm, Heinz Rupp. Stuttgart 1963. S.25-59.

WEIß, Horst: Statistische Untersuchungen über Satzlänge und Satzgliederung als autorspezifische Stilmerkmale. Diss. Aachen 1967.

WELLMANN, Hans, Nikolaus Reindl und Annemarie Fahrmeier: Zur morphologischen Regelung der Substantivkomposition im heutigen Deutsch. - In: Zeitschrift für deutsche Philologie 93 (1974) S.358-378.

Ders.: Das Substantiv (= Typen und Tendenzen in der Gegenwartssprache. Zweiter Hauptteil. = Sprache der Gegenwart Bd.XXXII).Düsseldorf 1975.

WERBEKODEX. - In: Werben und Verkaufen 3o (27.Juli 1973) S.6.

WERBUNG im Tourismus. Mit einem Vorwort von Heinz Hahn. Hrsg. Studienkreis für Tourismus e.V. Starnberg 1973.

WIESE, Ingrid: Untersuchungen zur Semantik nominaler Wortgruppen in der deutschen Gegenwartssprache. Halle 1973.

WILSS, Wolfram: Das Eindringen angloamerikanischer Fremdworte in die deutsche Sprache seit Ende des 2. Weltkrieges. - In: Muttersprache 68 (1958) S.18o-188.

WINTER, Werner: Relative Häufigkeit syntaktischer Erscheinungen als Mittel zur Abgrenzung von Stilarten. - In: Phonetica 7 (1961) S.193-216.

WINTERFELDT, Wolfgang: besser texten - mehr verkaufen. Bad Wörishofen 1965.

WITZSTROCK, Gerhard (Hrsg.): Fremdenverkehr + Werbung '7o. Baden-Baden o.J.

WOLFF, Walter Hans: Das Wort ein Werkzeug der Werbung. Stuttgart 1954.

WOTJAK, Gerd: Untersuchungen zur Struktur der Bedeutung. München 1971.

WUNDERLICH, Dieter (Hrsg.): Linguistische Pragmatik. Frankfurt 1972.

ZANKL, Hans Ludwig, und M.Hoffmann: Werbeleitfaden für das Hotel- und Gaststättengewerbe. Stuttgart 1964.

Ders.: Bild oder Schrift? Gestaltungsfragen der modernen Fremdenverkehrsanzeige. - In: Der Fremdenverkehr 9/1o (1955) S.1o-13.

Ders.: Das Lehrbuch der Fremdenverkehrswerbung. Berlin 1956.

Ders.: Werbeleiterhandbuch. München 1966.

ZARNIKOW, Annemarie: Einführung in die Linguistik. Frankfurt 1973.

ZEDEK, Gustav: Fremdenverkehr. Grundlagen und Instrumentarium. Salzburg, München 197o.

ZIELKE, Otto: Routine und Experiment in der Fremdenverkehrswerbung. - In: Der Fremdenverkehr 11 (1958) S.35f.

ZIMMERMANN, Harald: Zur Leistung der Satzzeichen. Mannheim,Zürich, Wien 1969.

ZIVADIN, Jovicic: Elements culturels des mouvements touristiques. - In: Zeitschrift für Fremdenverkehr 1 (1966) S.29-32.

OHNE VERFASSER

Das Superlativlaster. - In: Der Fremdenverkehr 13/14 (Juli 1951) S.11.

Interview mit Martin Walser. - In: Werberundschau 23 (1964) Heft 62.S.19-27.

Gegen marktschreierische Prospekte. - In: Das Reisebüro 2 (1964) S.5.

Konfektionieren die Reiseunternehmer den Fremdenverkehr? - In: Das Reisebüro 2 (1966) S.5.

Seit wann gibt es das Wort "Fremdenverkehr"? - In: Beiträge zur Fremdenverkehrskunde 7 (1968) S.45.

Sprache - Werbesprache. - In: Format 47 (1974) S.6-9.

1oo Phon durch alle Instanzen. - In: Die Zeit Nr.52 vom 21.12.1973. S.51.

Tabelle über die Buchungszahlen deutscher Reiseveranstalter.- In: Die Zeit Nr.52 vom 2o.12.1974. S.34.

Tourismus - Freizeit und Erholung. Forumsgespräch am 18.9.1973 anläßlich der Interpublica 1973 (2. Internationale Fachausstellung für Wirtschaftswerbung 15.-18.Sept.1973) in München.

Langenscheidts Taschenwörterbuch der spanischen und deutschen Sprache. Berlin, München, Zürich. 17.Aufl.1974.

ANHANG

Im Anhang finden sich tabellarische und graphische Darstellungen, die die Verteilung der Satzlängen, den Anteil der Nebensätze, den Anteil der Satzarten, den Anteil der verschiedenen Tempusformen und den Anteil der Wortarten verdeutlichen sollen.

Bei den Abbildungen, die in Kurvenform die Verteilung der Satzlängen darstellen, zeigt die schwächer gezeichnete Kurve den Durchschnittswert aller Kataloge, die stärker gezeichnete Kurve die Verteilung der Satzlängen im jeweiligen Katalog. Fehlen Werte für Sätze mit einer bestimmten Wortanzahl, wird die Kurve unterbrochen.

Die vergleichenden Werte für die gesprochene und geschriebene Sprache entstammen Ch.Leska: Vergleichende Untersuchungen zur Frequenz und Distribution syntaktischer Erscheinungen gesprochener und geschriebener Sprache, Tabelle 9. Die Werte für Anzeigen sind entnommen R.Römer: Die Sprache der Anzeigenwerbung S.165 und S.8o.

Wortan-zahl	1 %	2 %	3 %	4 %	5 %	gr. %	6 %
1 Wort	4.226	2.323	1.oo7	5.o59	o.139	5.486	4.191
2 Wörter	2.783	3.539	2.o15	8.928	2.924	4.247	4.311
3 Wörter	6.391	3.982	1.763	7.837	2.228	15.398	5.o29
4 Wörter	8.435	5.862	3.778	9.226	3.481	11.858	5.o29
5 Wörter	7.319	6.637	3.274	6.845	3.621	9.734	7.o65
6 Wörter	7.731	5.641	6.297	8.73o	3.76o	8.318	5.5o8
7 Wörter	7.525	6.969	3.778	8.138	5.o13	8.141	5.868
8 Wörter	7.422	8.o75	5.289	7.936	5.571	6.9o2	5.628
9 Wörter	6.185	6.194	5.541	6.746	4.178	3.539	4.91o
1o Wörter	5.979	6.o84	5.793	4.861	4.596	4.o7o	3.233
11 Wörter	5.257	6.o84	6.549	4.464	5.292	3.716	4.431
12 Wörter	4.226	5.3o9	5.793	3.869	5.o13	4.247	3.712
13 Wörter	5.o51	3.871	5.541	2.48o	5.988	3.893	3.592
14 Wörter	4.226	4.977	6.o45	2.976	4.596	1.592	3.473
15 Wörter	3.195	3.982	4.534	2.877	4.874	1.769	2.514
16 Wörter	2.474	3.982	4.282	1.588	3.2o3	1.592	2.874
17 Wörter	1.752	2.544	3.778	1.786	4.317	o.884	2.994
18 Wörter	1.237	2.544	5.289	o.992	3.621	1.o61	3.113
19 Wörter	1.34o	2.544	2.518	1.389	2.924	o.884	1.769
2o Wörter	1.34o	1.991	2.77o	1.191	3.o64	o.7o7	o.958
21 Wörter	o.824	o.884	3.o22	o.793	2.646	o.7o7	1.556
22 Wörter	o.412	o.663	2.267	o.396	2.785	o.53o	2.754
23 Wörter	1.237	o.774	o.5o3	o.297	1.949		1.676
24 Wörter	o.721	1.327	1.511	o.o99	2.228	o.176	o.958
25 Wörter	o.721	o.553	2.267	o.396	1.392		1.556
26 Wörter	o.2o6	o.442	o.775	o.496	1.81o		1.o77
27 Wörter	o.515	o.221	1.511	o.198	1.81o		o.958
28 Wörter	o.3o9	o.553	o.775	o.198	o.974	o.176	1.317
29 Wörter	o.2o6	o.11o	o.775		o.835		1.317
3o Wörter	o.2o6	o.11o		o.o99	1.114	o.176	1.197
31 Wörter	o.1o3	o.331	o.251		o.417		o.838
32 Wörter		o.11o	o.251		o.557		o.598
33 Wörter		o.221	o.251	o.o99	o.696		1.o77
34 Wörter		o.11o		o.o99	o.139		o.718
35 Wörter	o.1o3				o.417		o.239
36 Wörter	o.1o3	o.11o	o.251		o.278		o.359
37 Wörter					o.139		o.239
38 Wörter					o.278		o.239
39 Wörter					o.278		
4o Wörter		o.221			o.278	o.176	o.239
41 Wörter				o.o99			
42 Wörter	o.1o3	o.11o					o.119
43 Wörter							o.119
44 Wörter					o.139		o.239
45 Wörter	o.1o3				o.139		o.119
46 Wörter				o.o99			
47 Wörter							
48 Wörter							o.119
51 Wörter							
52 Wörter					o.139		o.119
54 Wörter							
55 Wörter					o.139		
75 Wörter				o.o99			

7 %	8 %	9 %	10 %	Durch- schnitt %	gespr. Spr. %	geschr. Spr. %
2.002	0.522	3.815	2.276	2.8223	0.21	0.20
2.145	1.307	5.263	2.682	3.6494	0.27	0.27
4.148	3.660	10.000	8.699	6.2800	1.78	0.63
2.432	6.405	10.921	7.398	6.8022	4.25	1.26
7.868	10.849	6.447	5.365	6.8203	7.08	2.02
6.294	9.673	7.763	6.616	6.8846	8.62	2.72
6.008	8.627	7.368	4.634	6.5517	8.48	3.71
4.864	7.320	6.184	6.747	6.5398	8.54	3.75
6.866	9.019	6.842	5.691	6.3374	7.22	3.91
7.010	9.019	5.131	5.203	5.5435	6.20	3.91
5.007	7.712	3.026	4.308	5.0769	5.75	4.61
5.436	5.751	3.974	4.227	4.6870	4.70	4.44
3.576	3.790	2.631	4.227	4.0581	4.39	4.88
6.580	4.183	2.631	3.983	4.1147	4.67	3.78
5.150	3.006	1.842	2.845	3.3261	3.19	4.51
3.719	1.960	2.105	2.926	2.7913	2.92	3.95
2.288	1.699	1.315	4.065	2.4929	2.53	4.21
2.861	1.437	1.973	3.008	2.4669	2.02	4.05
2.145	0.261	1.710	2.195	1.7850	2.14	3.75
2.288	0.784	1.447	1.219	1.6144	1.45	3.12
2.002	1.307	1.315	1.219	1.3887	1.48	2.95
1.430	0.635	0.263	1.300	1.2230	1.24	3.08
1.859		1.578	0.975	0.9861	1.05	2.62
1.430	0.261	1.184	0.975	0.9881	1.36	2.29
1.430	0.522	0.526	0.813	0.8772	0.87	2.59
0.286		0.263	1.219	0.5976	0.78	2.22
0.286		0.394	0.487	0.5800	0.60	1.86
0.286		0.131	0.406	0.4659	1.02	1.76
0.423	0.130	0.131	0.406	0.3939	0.66	1.33
0.143		0.394	0.894	0.3939	0.57	1.39
0.286			0.487	0.2466	0.39	1.36
	0.130		0.406	0.1865	0.21	1.49
0.286			0.325	0.2686	0.45	0.90
0.143			0.406	0.1468	0.21	1.16
			0.325	0.0985	0.27	0.66
			0.487	0.1443	0.18	0.40
0.143			0.569	0.0990	0.18	0.66
			0.162	0.0617	0.36	0.56
0.143			0.243	0.0603	0.09	0.66
			0.081	0.0904	0.09	0.66
0.423			0.162	0.0621	0.14	0.46
				0.0301	0.15	0.50
				0.0108	0.03	0.33
			0.081	0.0417	0.27	0.56
0.143			0.081	0.0531	0.09	0.30
			0.081	0.0163	0.09	0.30
			0.081	0.0073	0.12	0.36
			0.162	0.0255	0.06	0.17
			0.162	0.0147		
0.143			0.081	0.0438		
			0.081	0.0073		
			0.081	0.0200		
				0.0090		

Katalog 1

Verteilung der Satzlängen

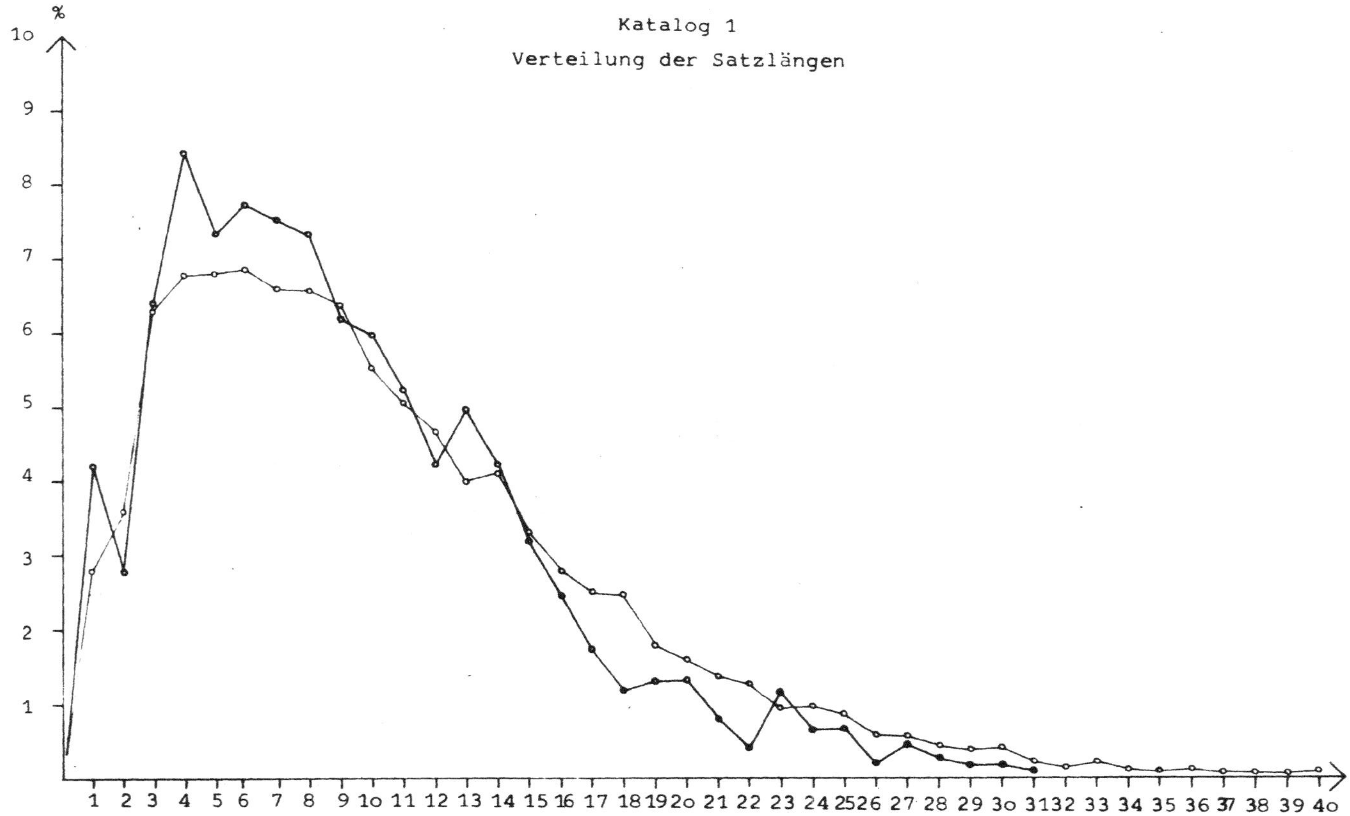

Abbildung 1

Katalog 2

Verteilung der Satzlängen

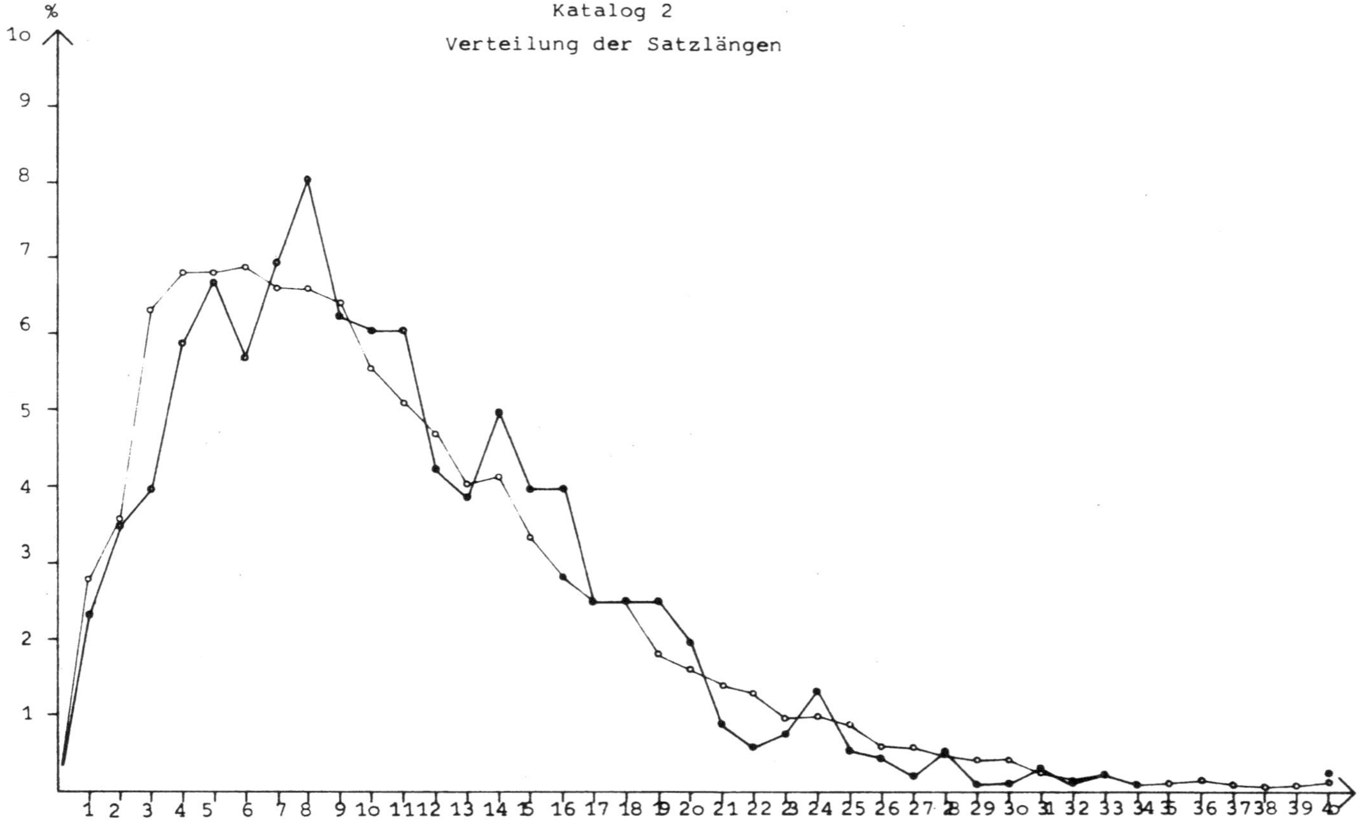

Abbildung 2

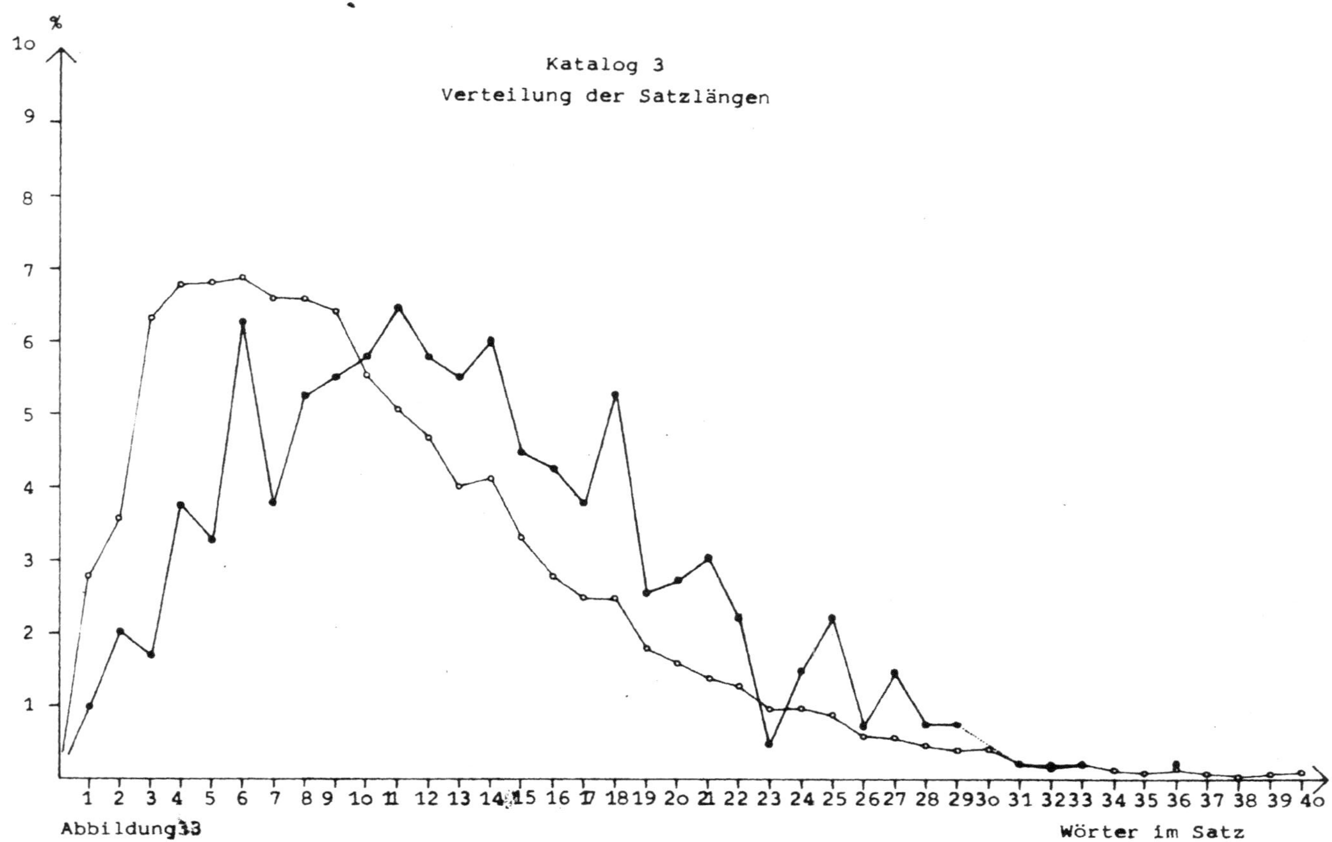

Abbildung 33

Katalog 4
Verteilung der Satzlängen
%
1o
9
8
7
6
5
4
3
2
1
1 2 3 4 5 6 7 8 9 1o 11 12 13 14 15 16 17 18 19 2o 21 22 23 24 25 26 27 28 29 3o 31 32 33 34 35 36 37 38 39 4o
Wörter im Satz

Abbildung 4

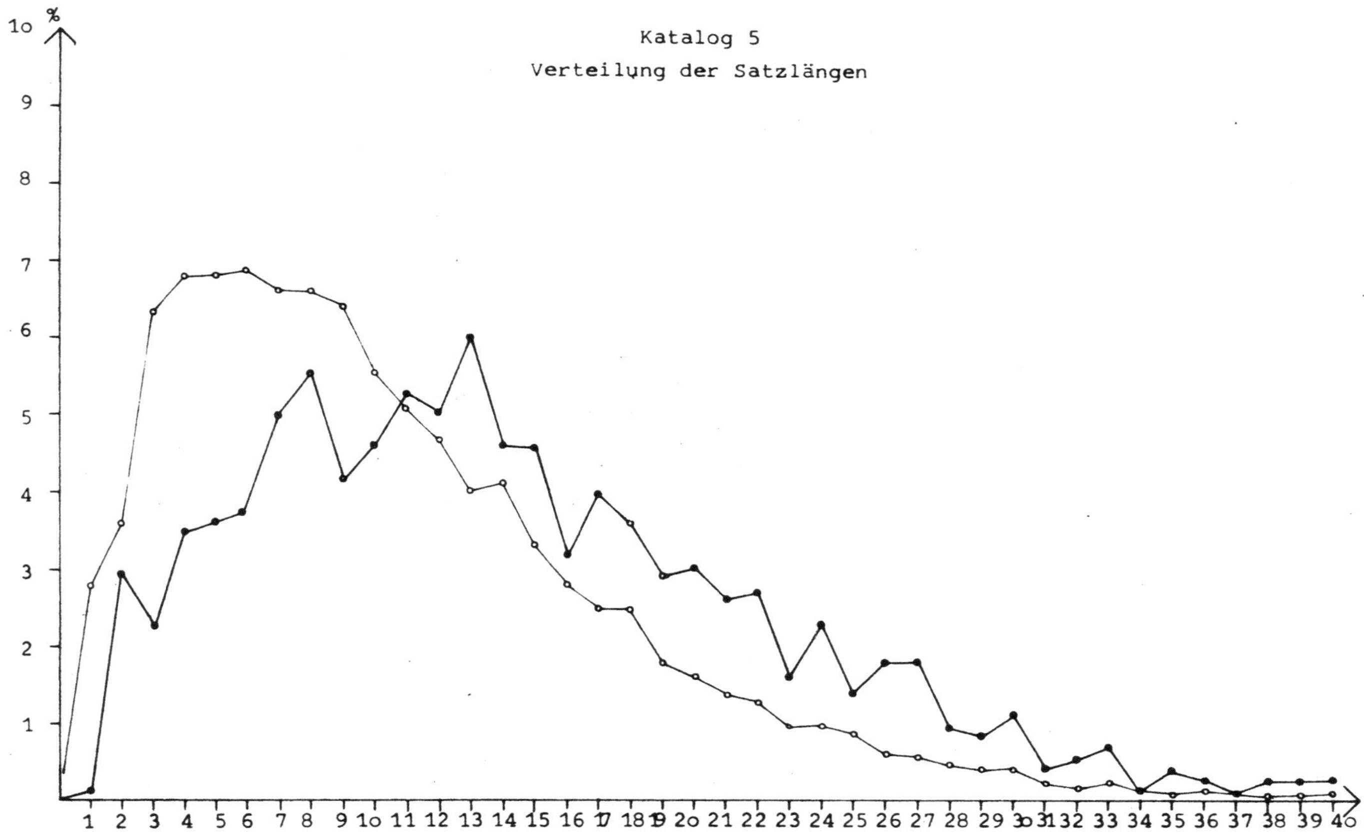

Abbildung 5

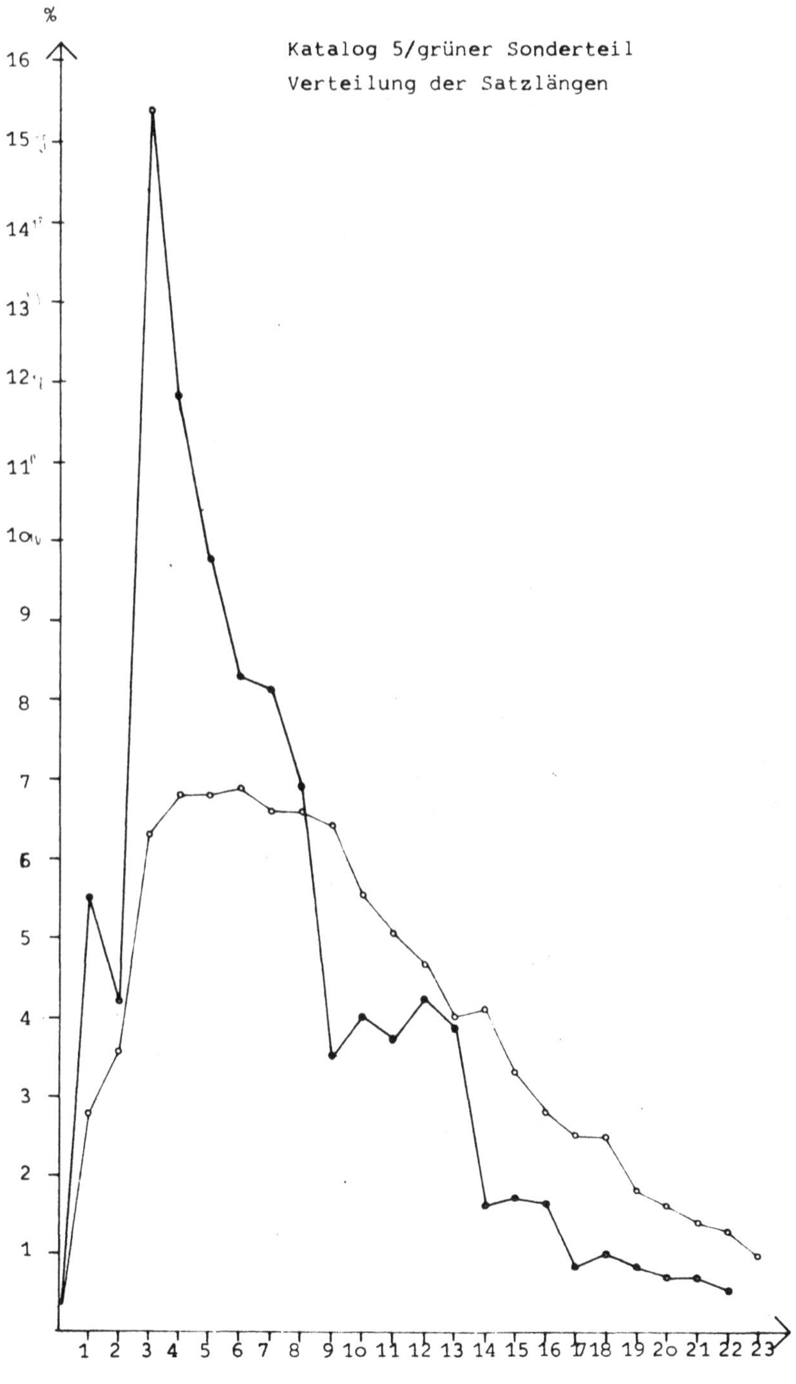

%
16
15
14
13
12
11
10
9
8
7
6
5
4
3
2
1
Katalog 5/grüner Sonderteil
Verteilung der Satzlängen
1 2 3 4 5 6 7 8 9 10 11 12 13 14 15 16 17 18 19 20 21 22 23
Wörter im Satz

Abbildung 6

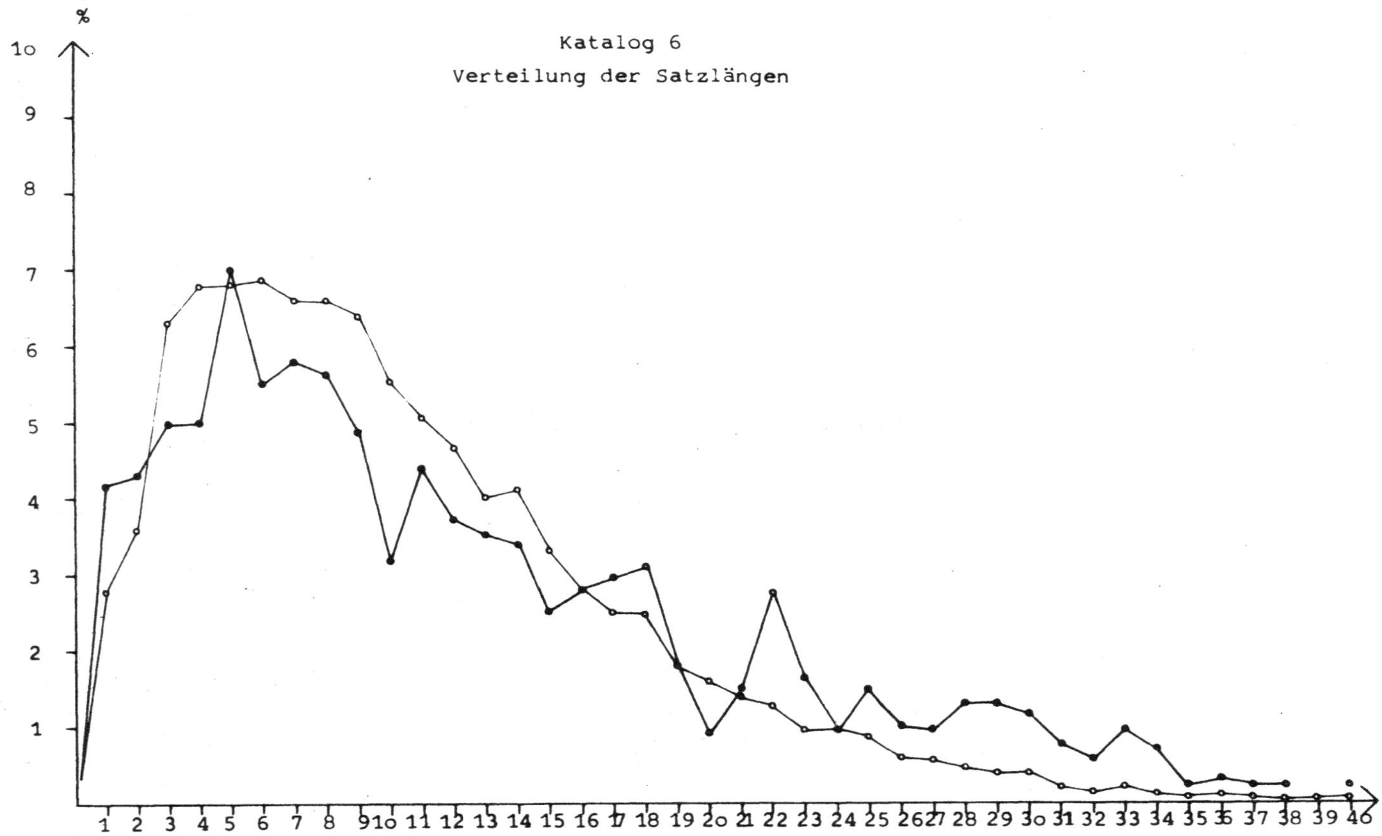
%
1o
9
8
7
6
5
4
3
2
1
Katalog 6
Verteilung der Satzlängen
1 2 3 4 5 6 7 8 9 1o 11 12 13 14 15 16 17 18 19 2o 21 22 23 24 25 26 27 28 29 3o 31 32 33 34 35 36 37 38 39 40
Wörter im Satz

Abbildung 7

Katalog 7

Verteilung der Satzlängen

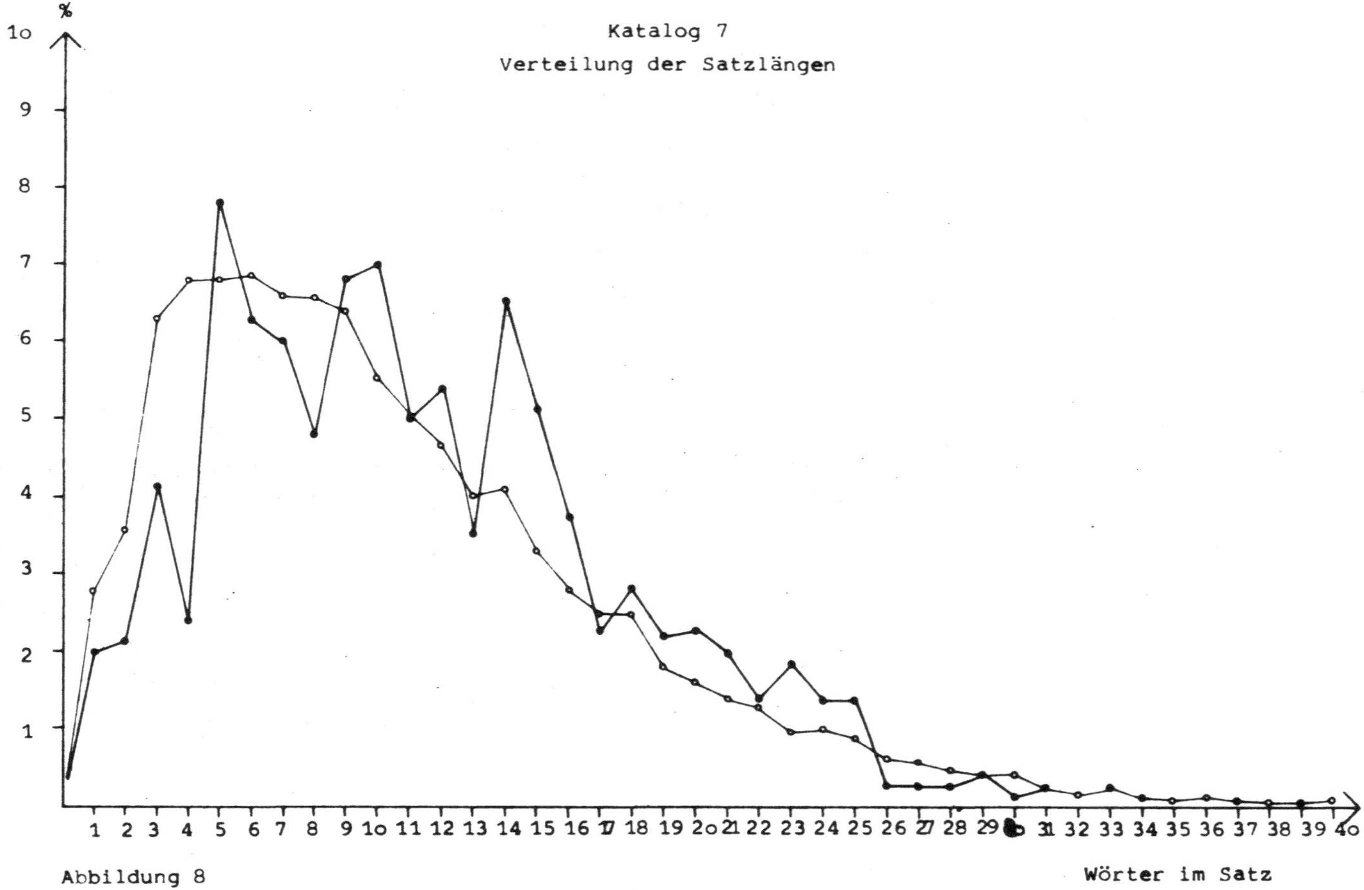

Abbildung 8

Katalog 8

Verteilung der Satzlängen

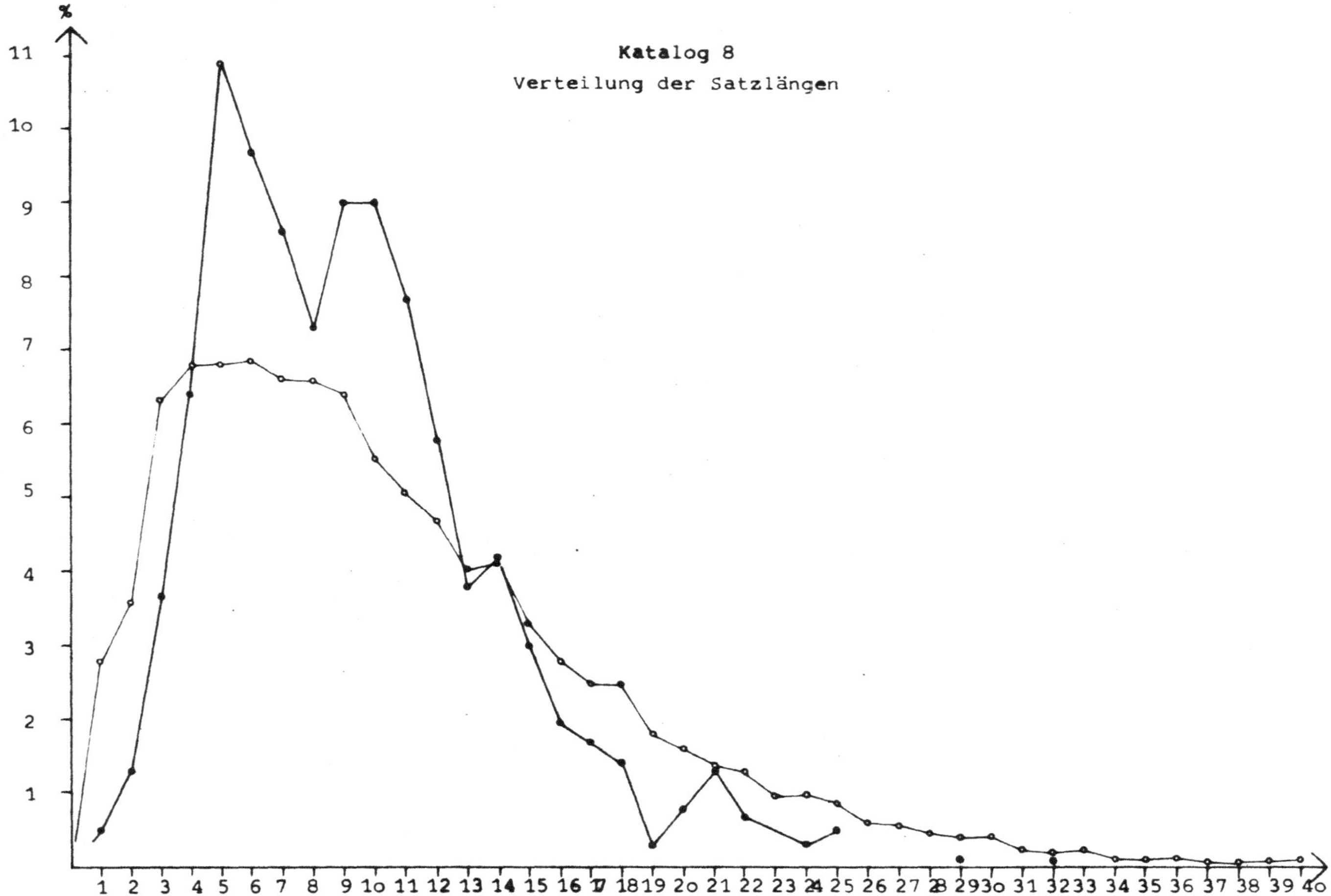

Katalog 9

Verteilung der Satzlängen

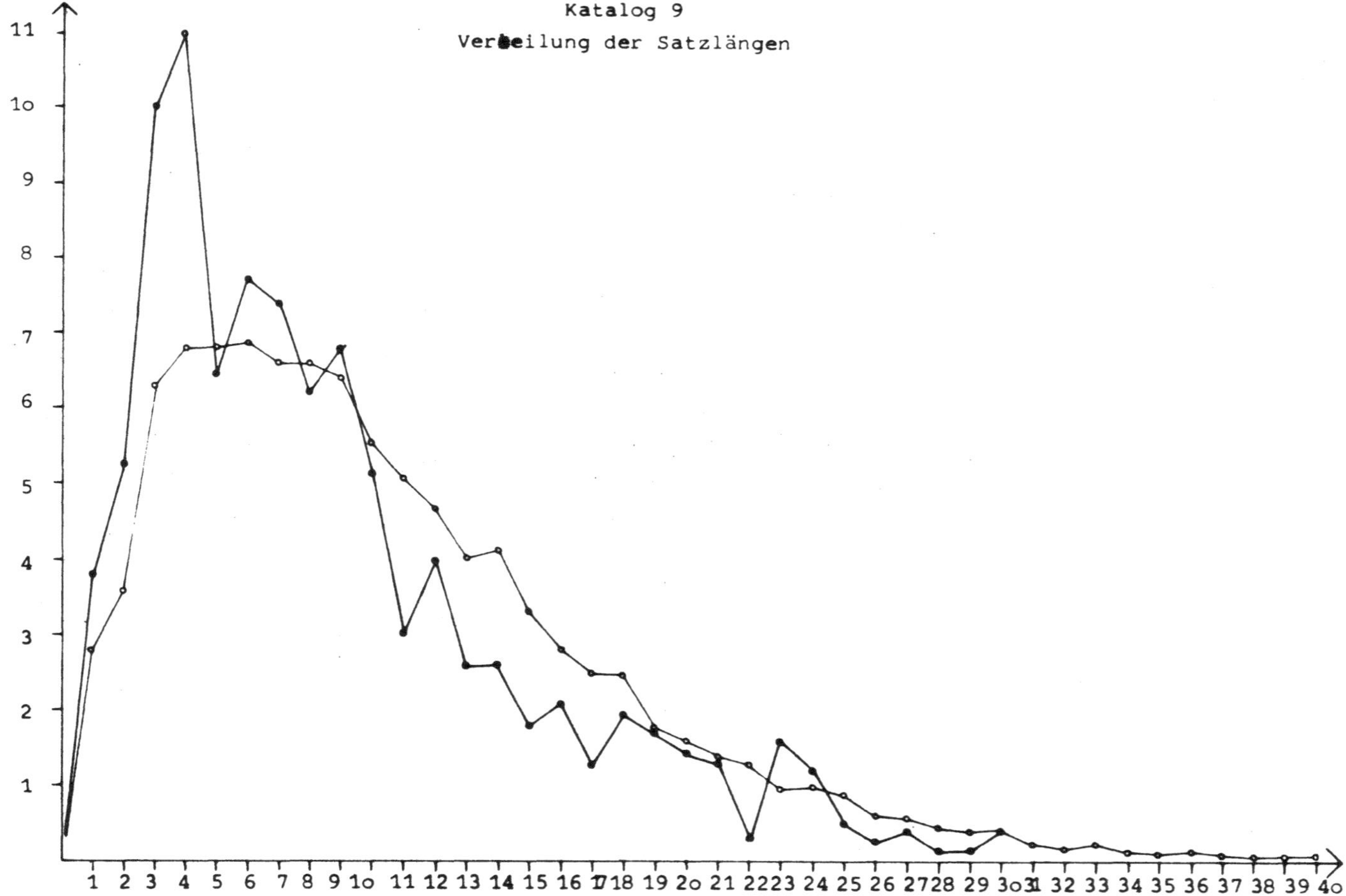

Abbildung 1o

Katalog 1o

Verteilung der Satzlängen

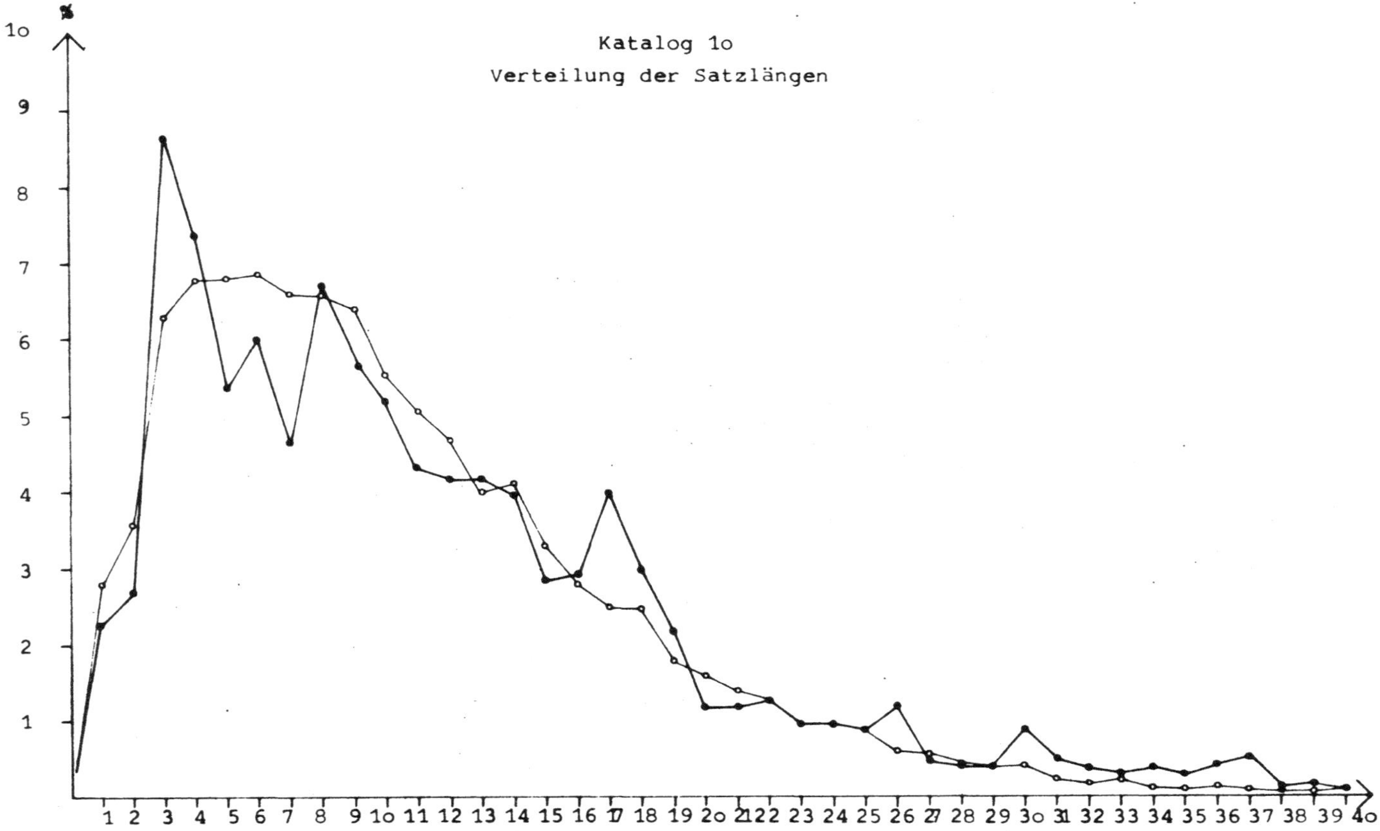

Abbildung 11

Verteilung der Satzlängen

Vergleich zwischen Ferienkatalogen, gesprochener und geschriebener Sprache (Werte nach Ch.Leska)

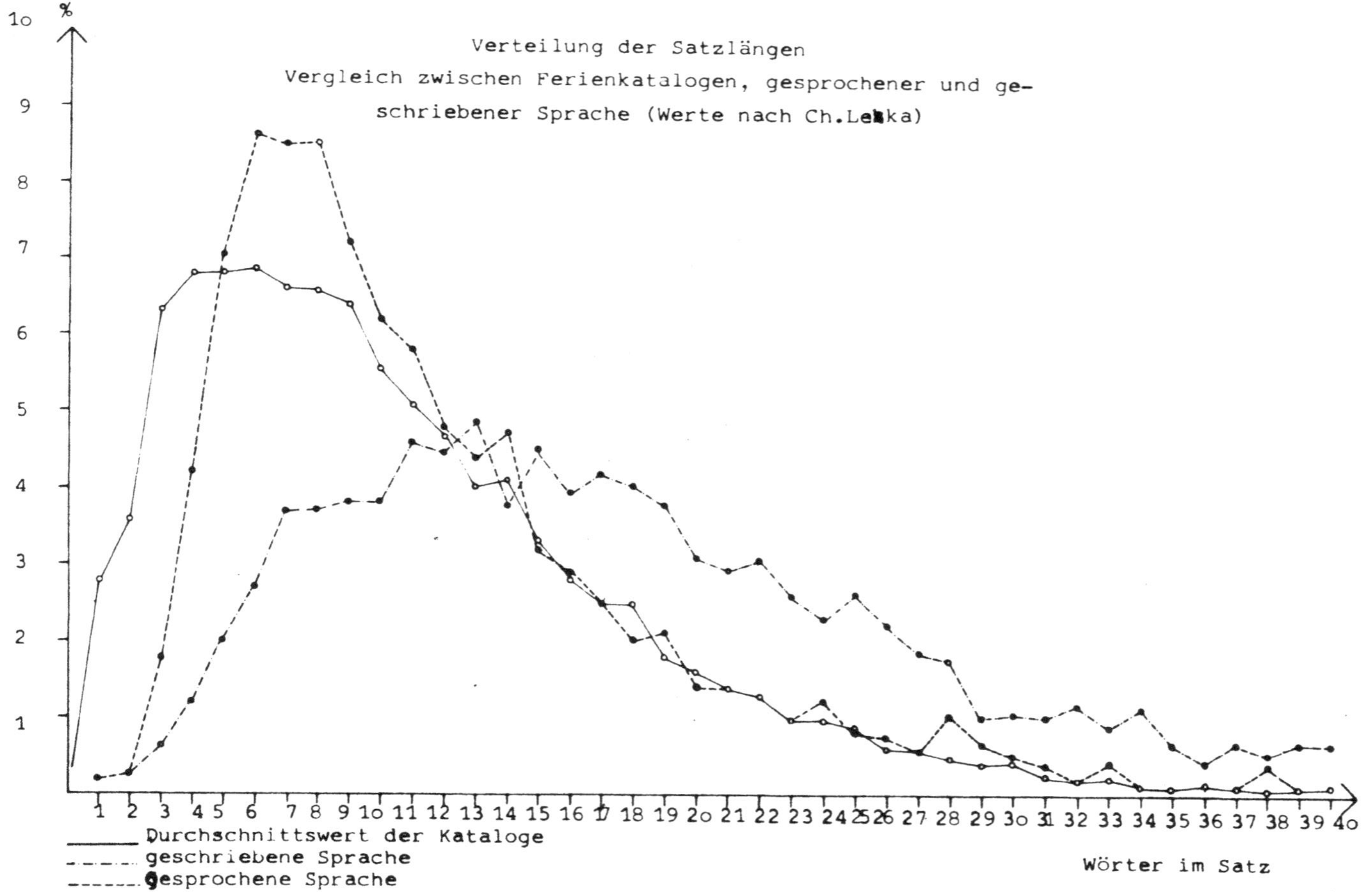

Abbildung 12

Anteil der Nebensätze

Katalog 1

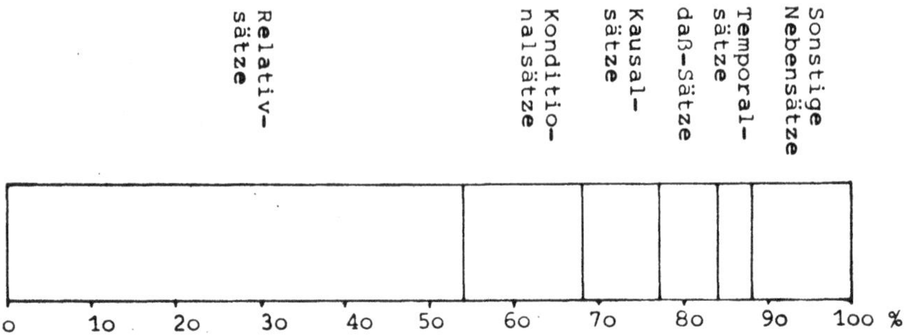

Katalog 2

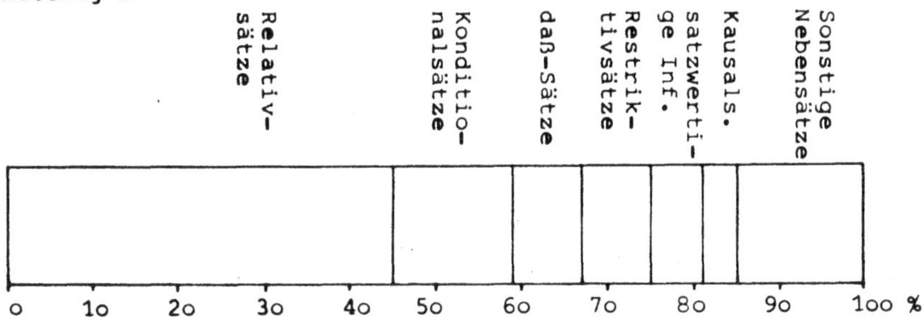

Katalog 3

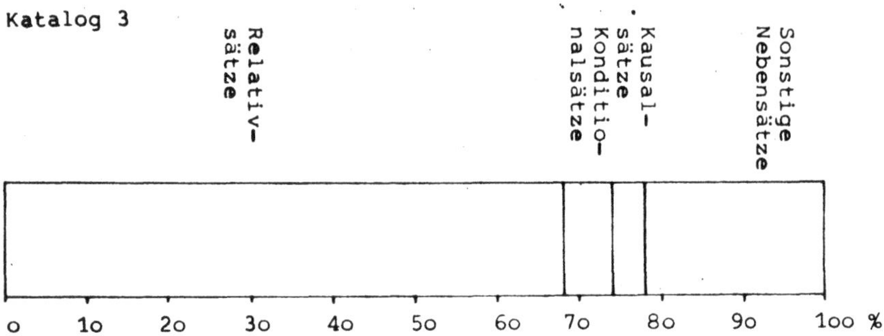

Katalog 4

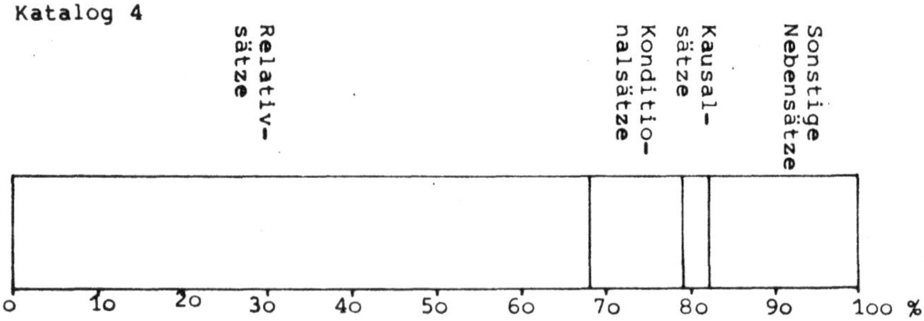

Abbildungen 13–16

Anteil der Nebensätze

Katalog 5

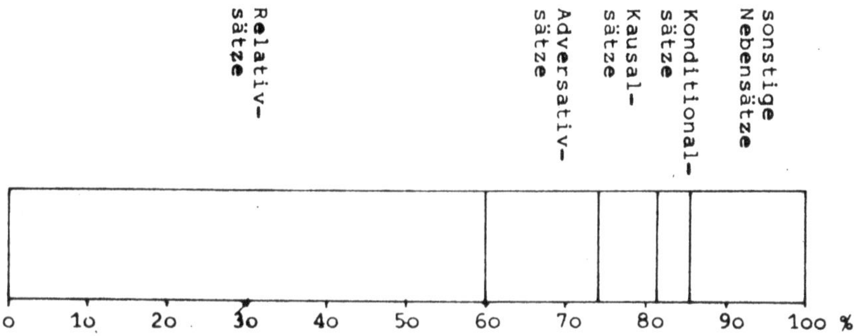

Katalog 5/grüner Sonderteil

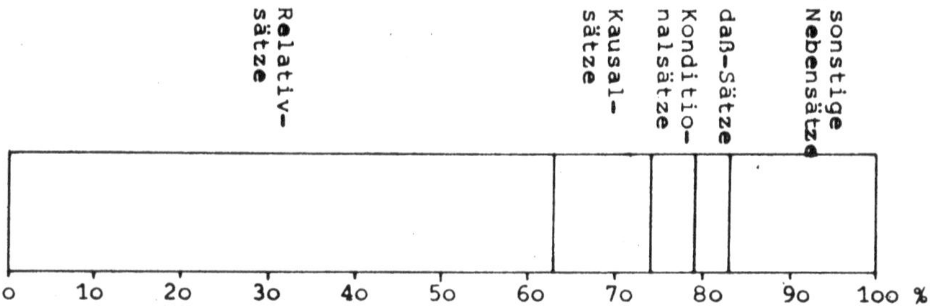

Katalog 6

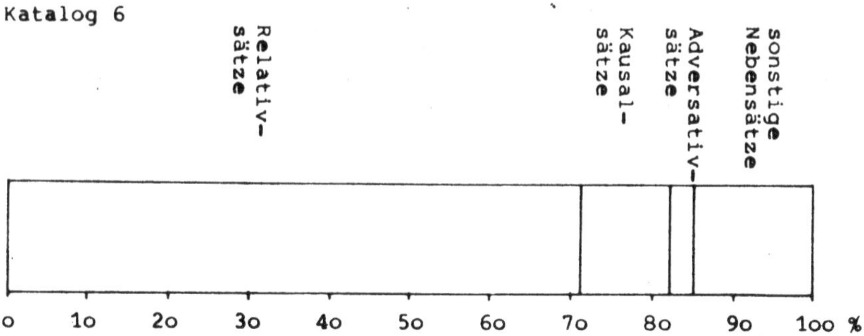

Katalog 7

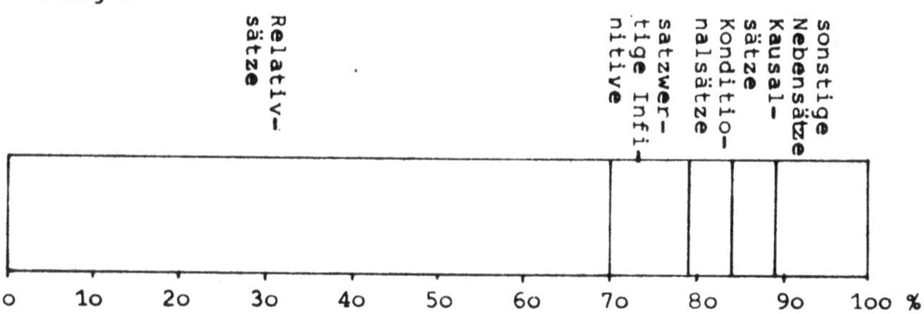

Abbildungen 17–20

Anteil der Nebensätze

Katalog 8

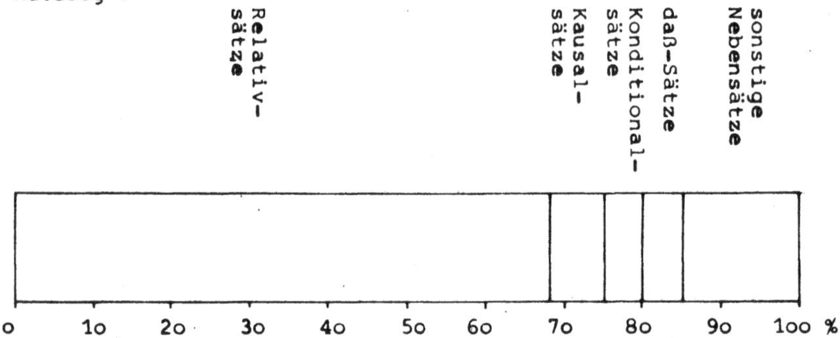

Katalog 9

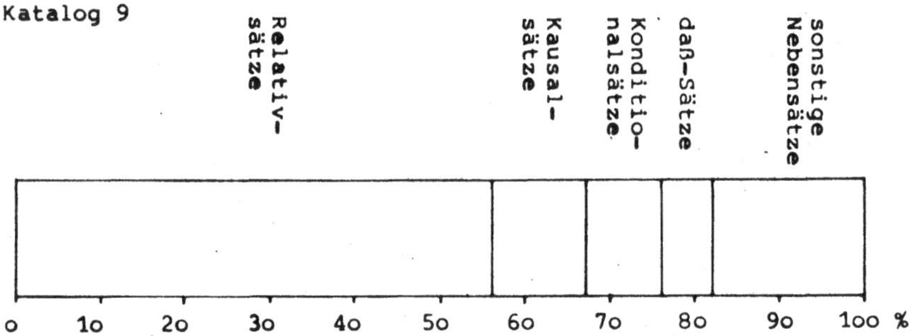

Katalog 1o

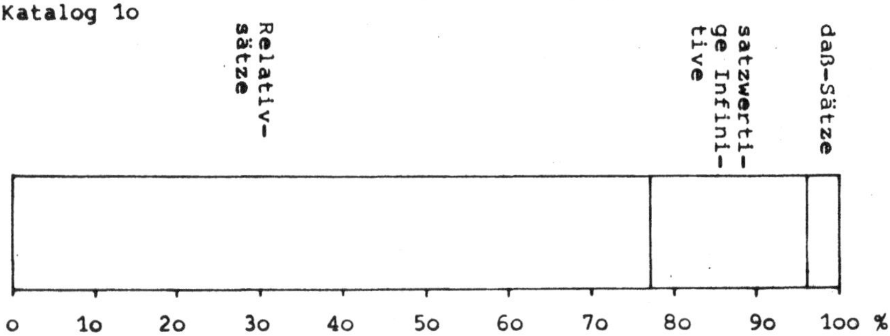

Abbildungen 21-23

Anteil der Tempusformen

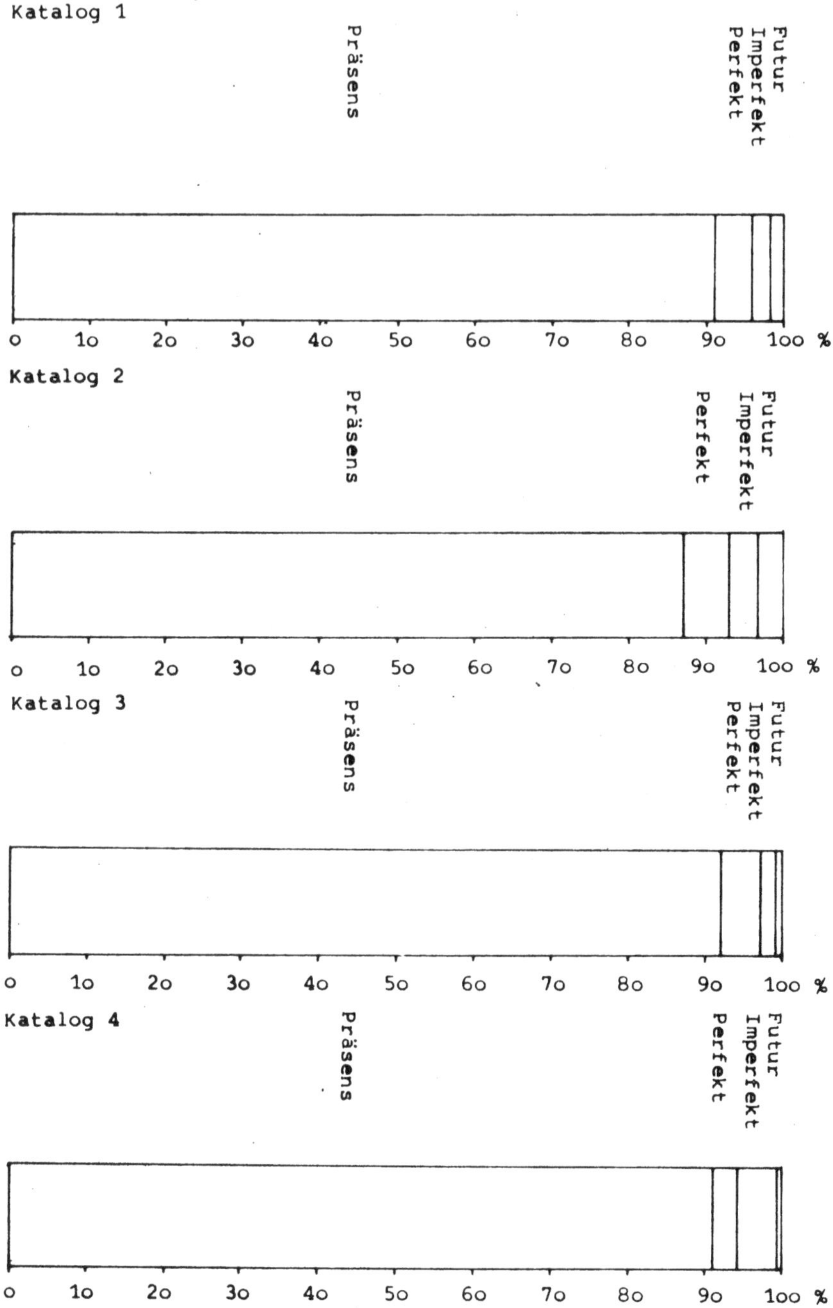

Abbildungen 24-27

Anteil der Tempusformen

Katalog 5

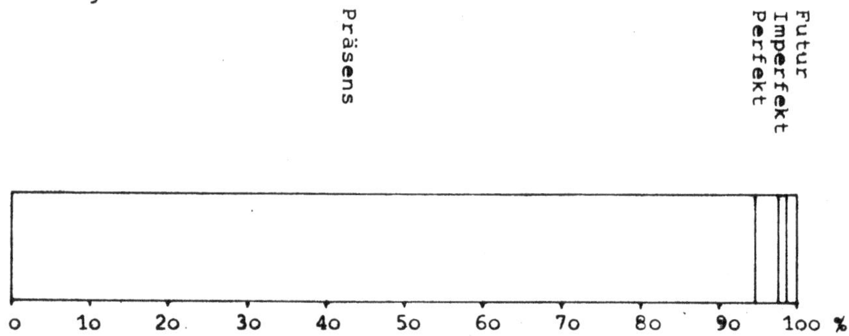

Katalog 5/grüner Sonderteil

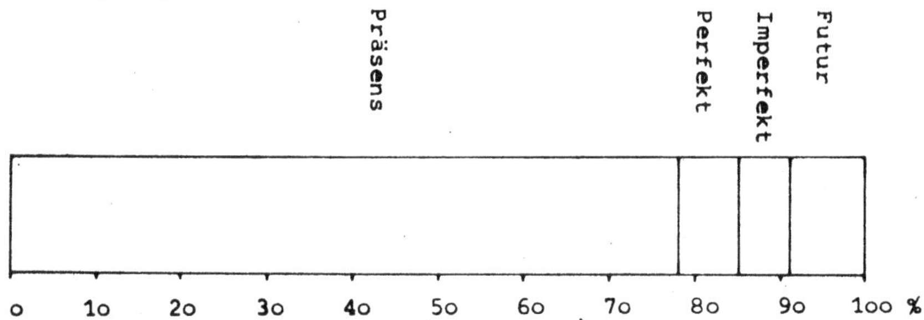

Katalog 6

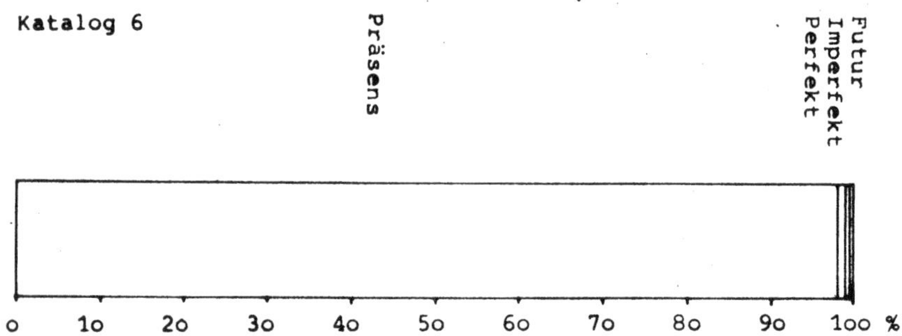

Katalog 7

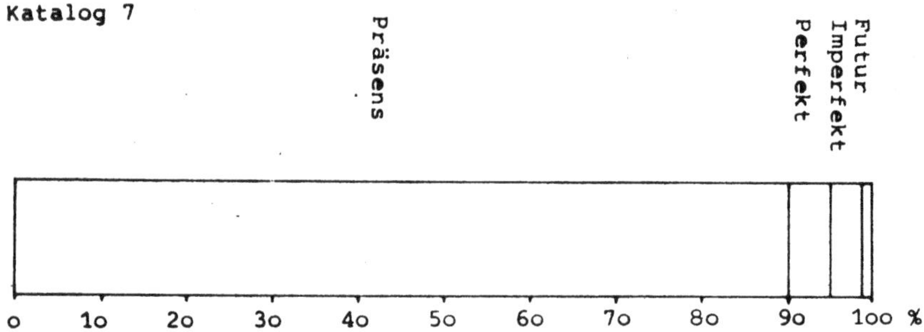

Abbildungen 28-31

Anteil der Tempusformen

Katalog 8

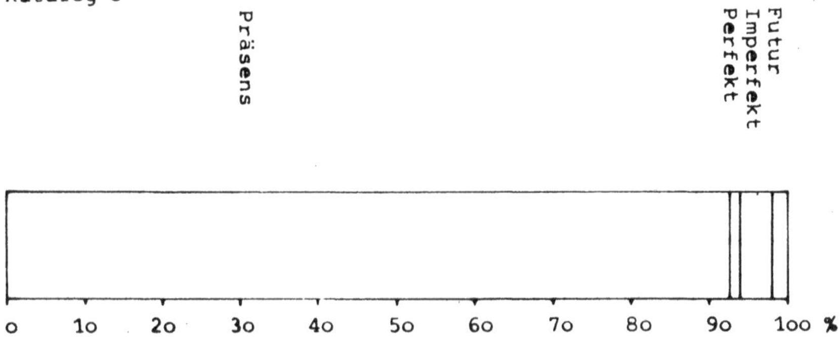

Katalog 9

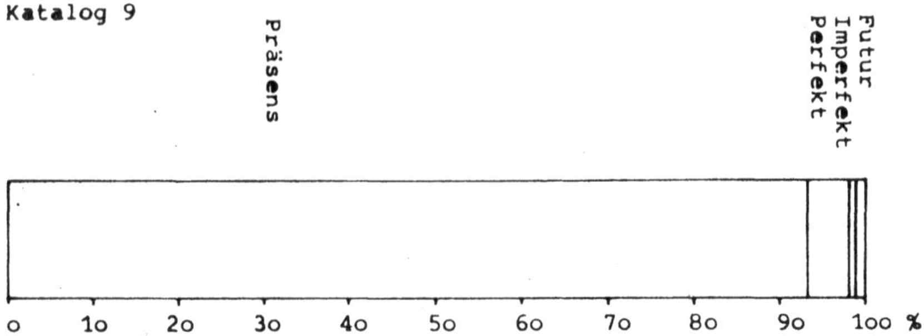

Katalog 1o

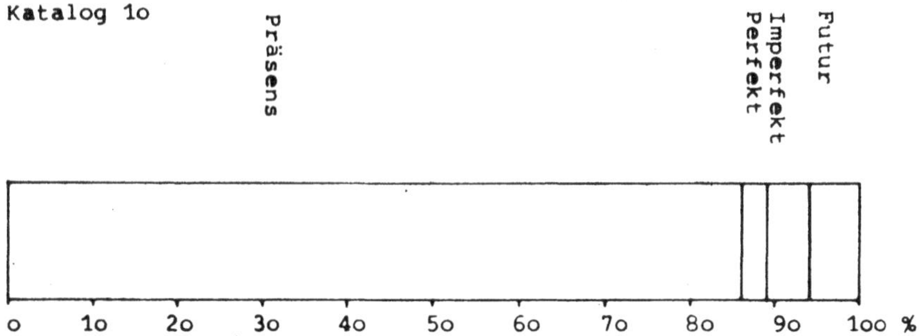

Abbildungen 32-34

Anteil der Satzarten

Katalog 1

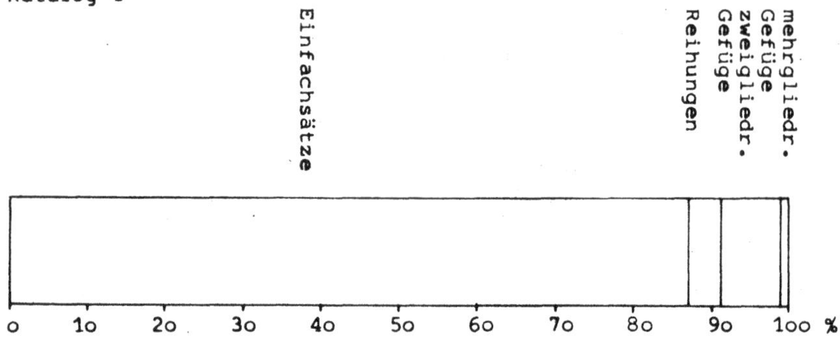

Katalog 2

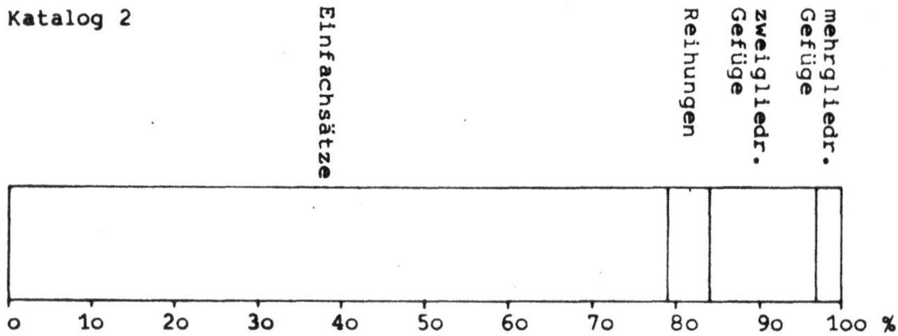

Katalog 3

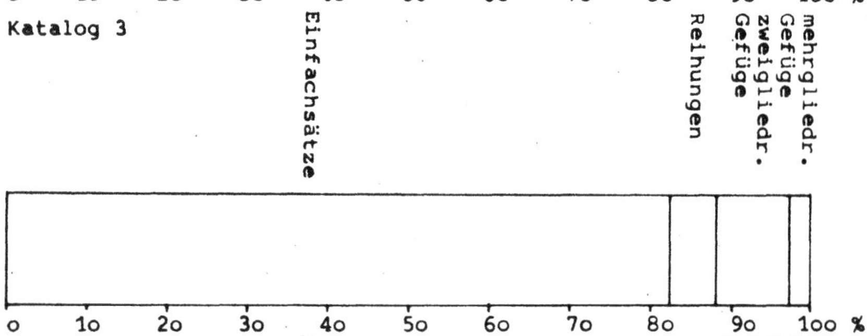

Katalog 4

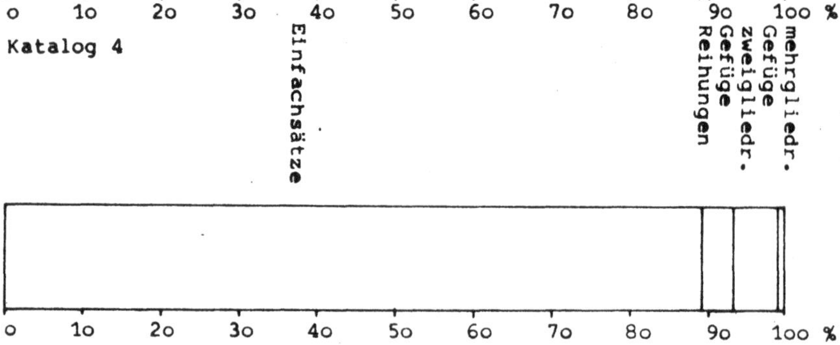

Abbildungen 35-38

Anteil der Satzarten
Katalog 5

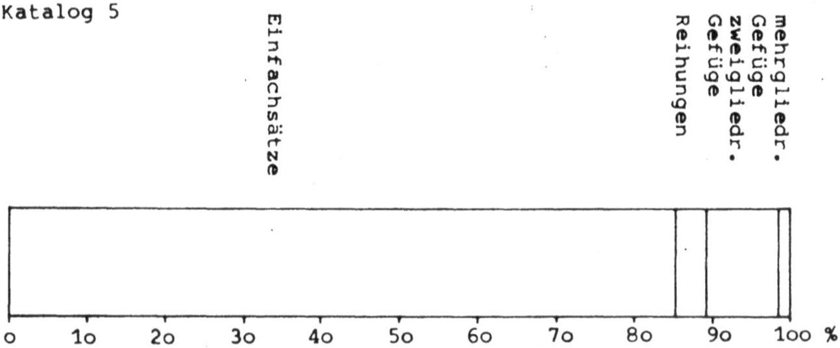

Katalog 5/grüner Sonderteil

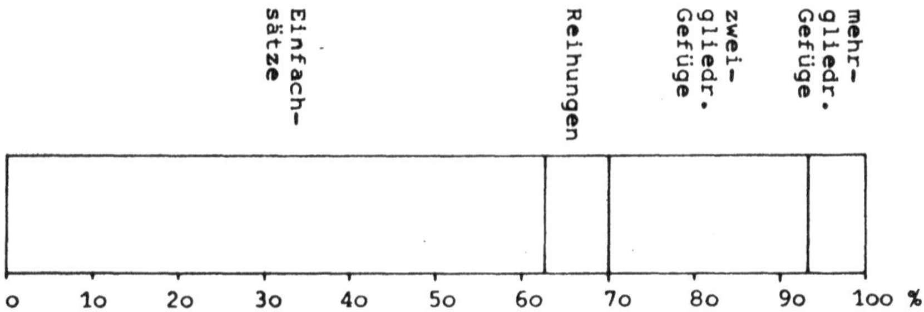

Katalog 6

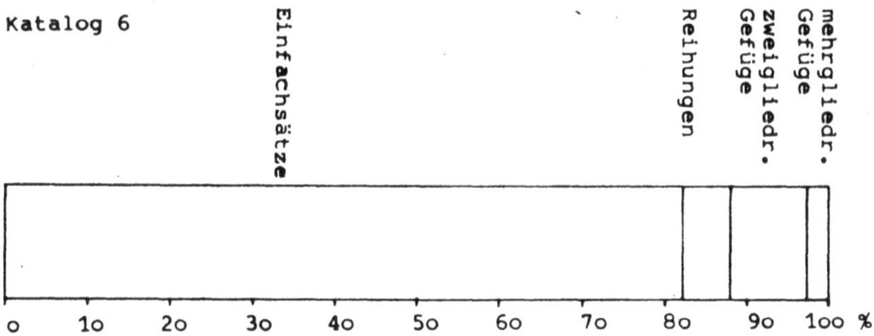

Katalog 7

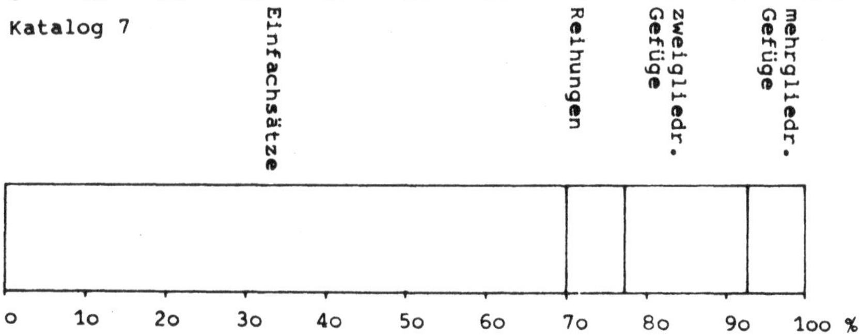

Abbildungen 39–42

Anteil der Satzarten
Katalog 8

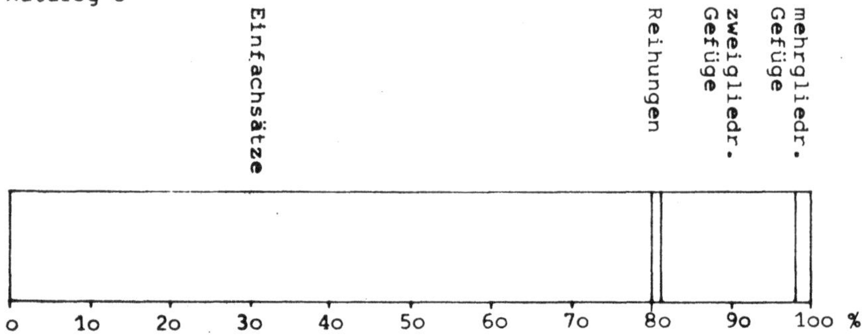

Katalog 9

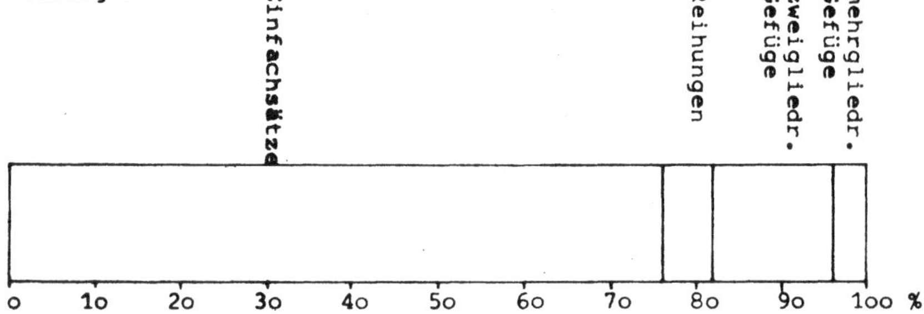

Katalog 1o

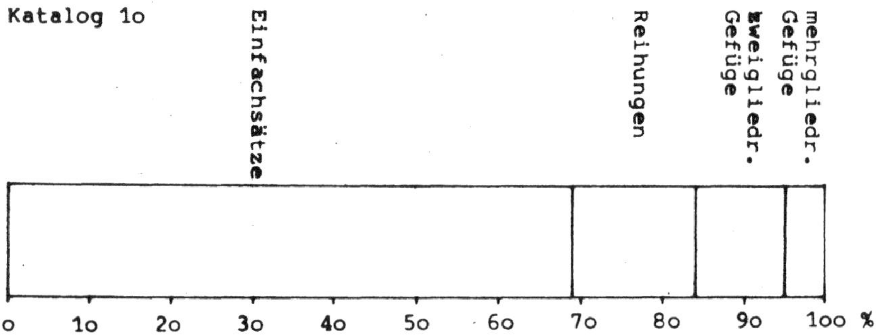

Textreiche Anzeigen (Werte nach R.Römer)

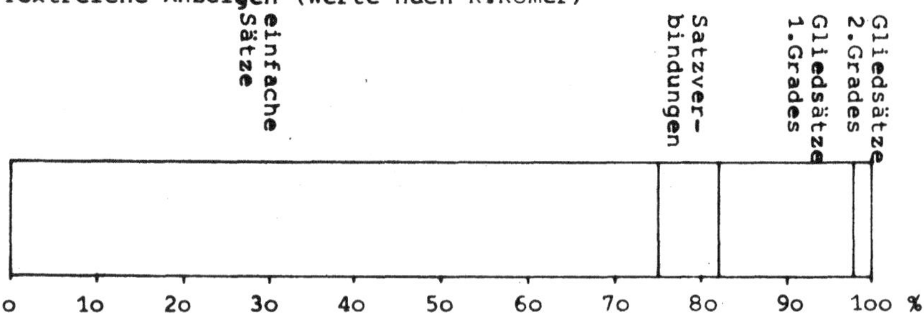

Abbildungen 43-46

Anteil der Wortarten
Katalog 1

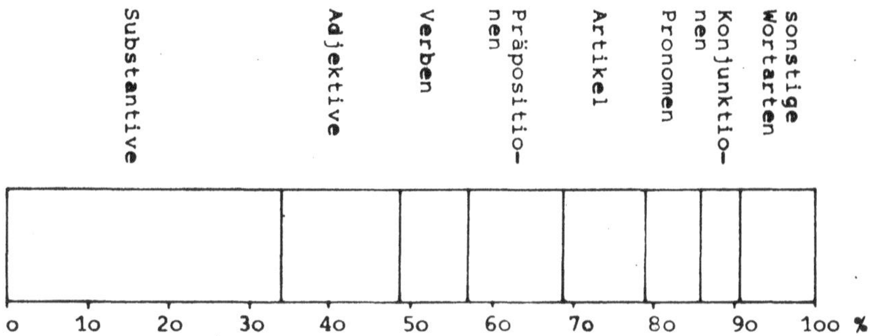

Katalog 2

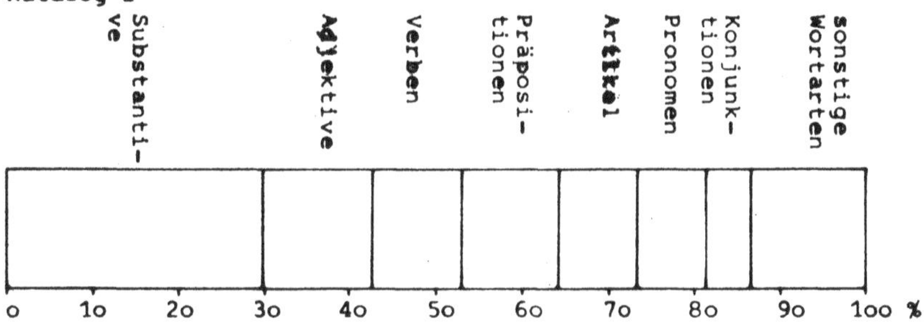

Katalog 3

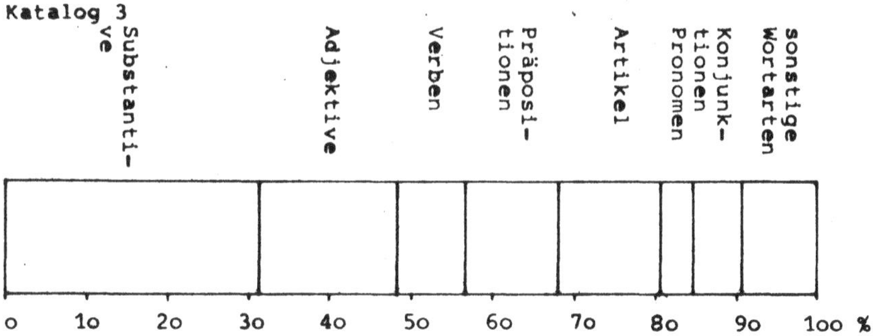

Katalog 4

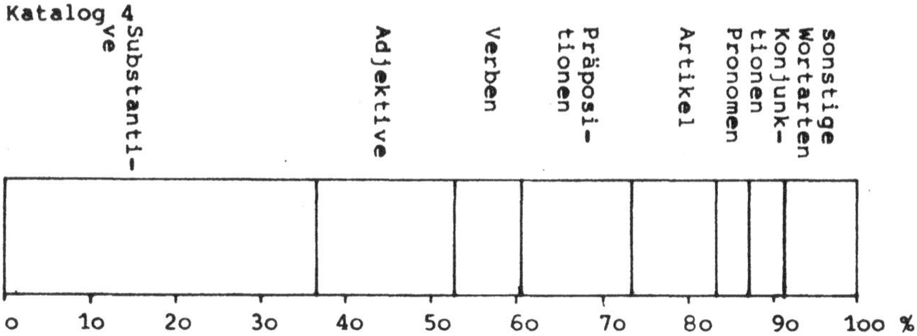

Abbildungen 47-5o

Anteil der Wortarten

Katalog 4 / Routenbeschreibungen

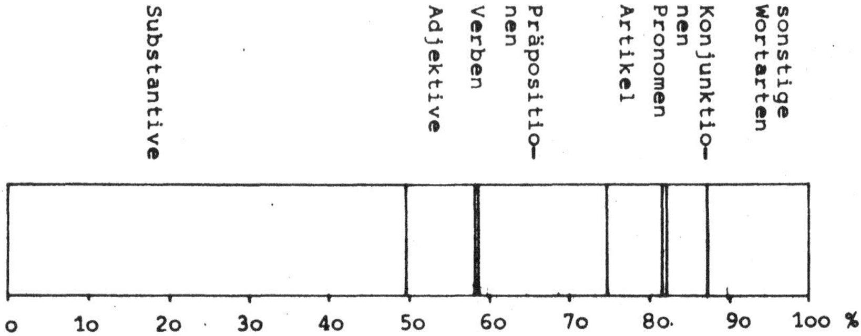

Katalog 5

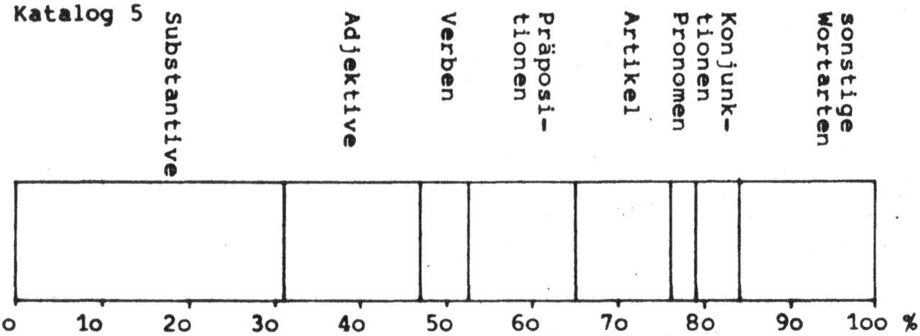

Katalog 5/grüner Sonderteil

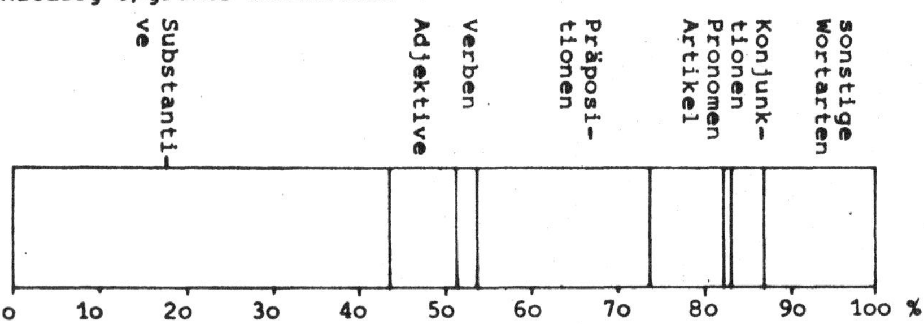

Katalog 6

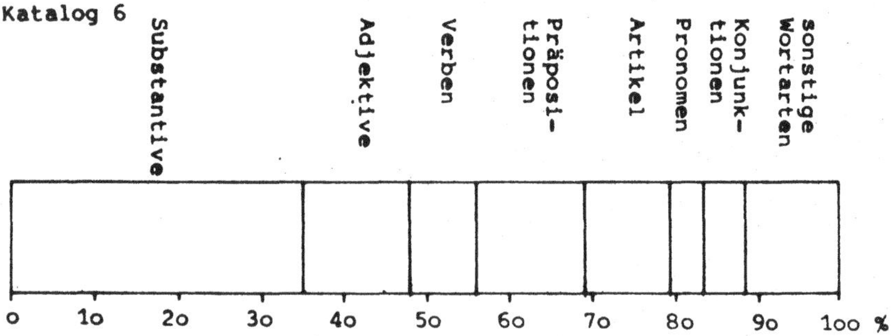

Abbildungen 51-54

Anteil der Wortarten

Katalog 7

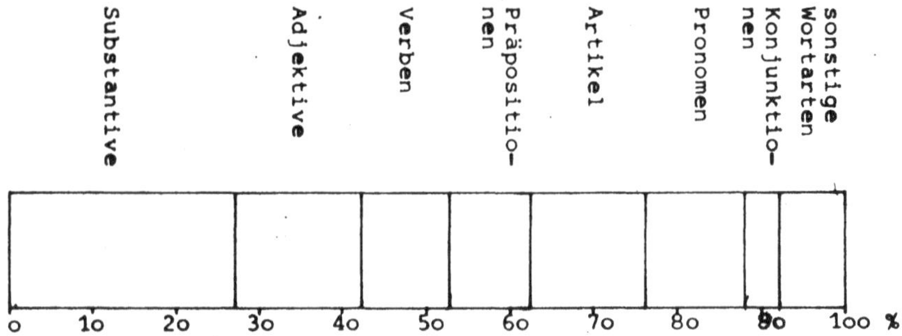

Katalog 7/Routenbeschreibungen

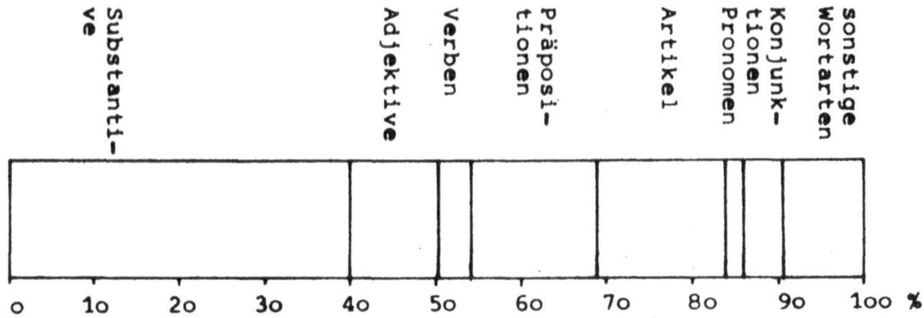

Katalog 8

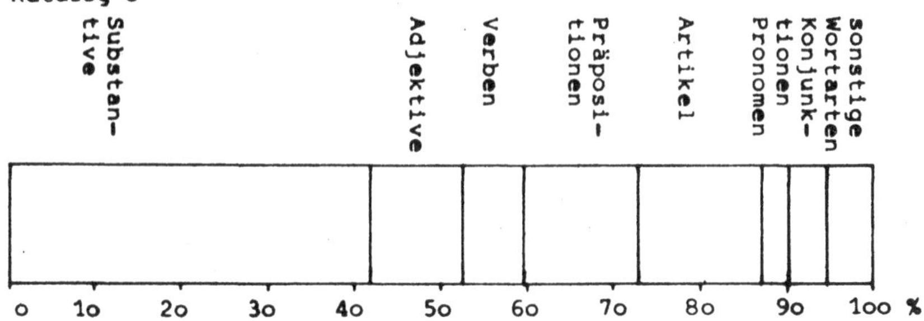

Katalog 8/Routenbeschreibungen

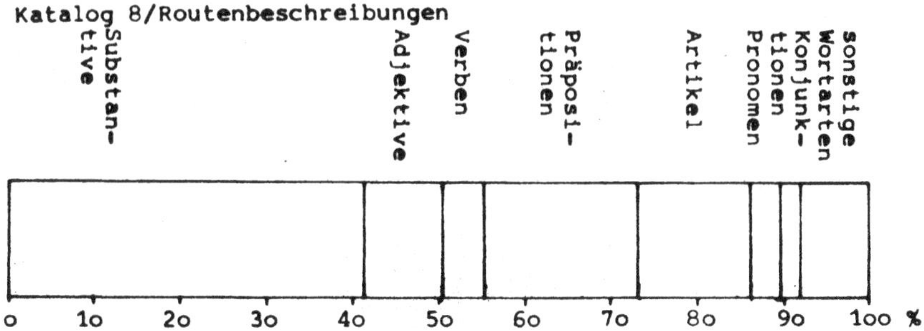

Abbildungen 55-58

Anteil der Wortarten

Katalog 9/Einführender Teil

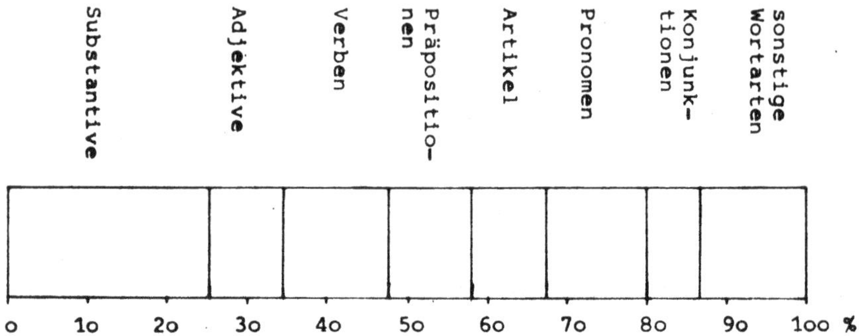

Katalog 9/Ortsbeschreibungen

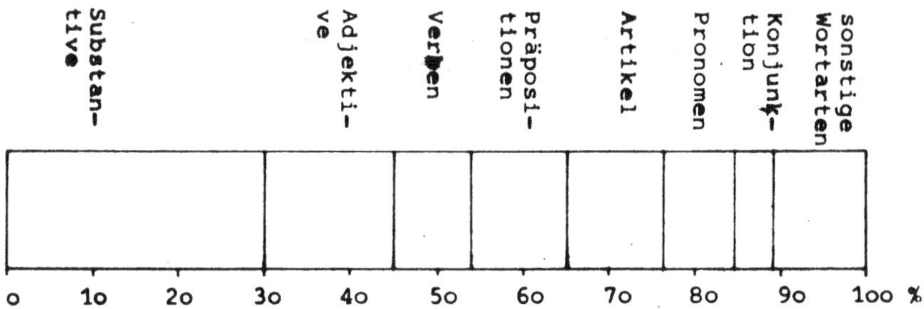

Katalog 1o

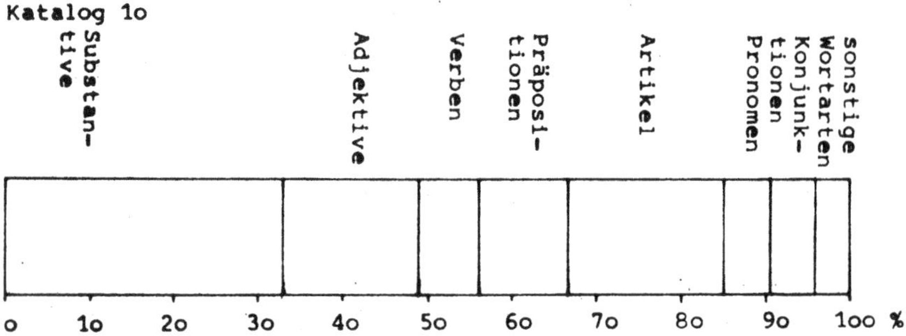

Katalog 1o/Routenbeschreibungen

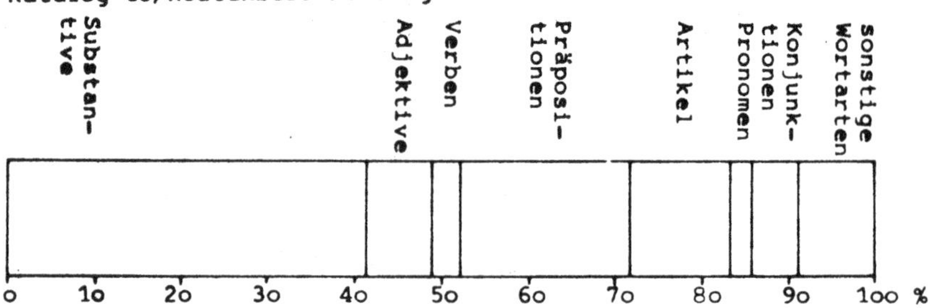

Abbildungen 59-62

Anteil der Wortarten
Durchschnittswert Ortsbeschreibungen

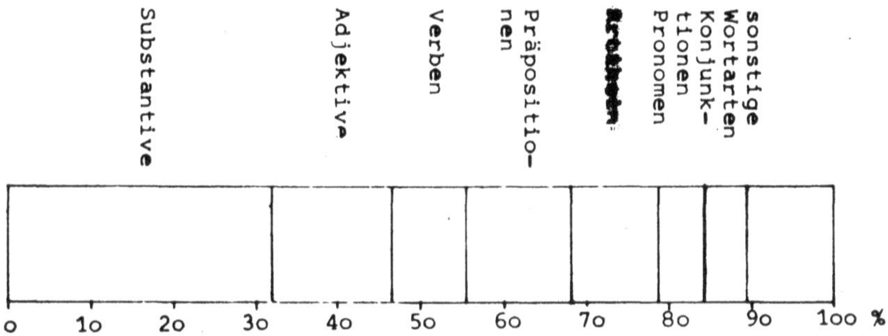

Anzeigen(Werte nach Ruth Römer)

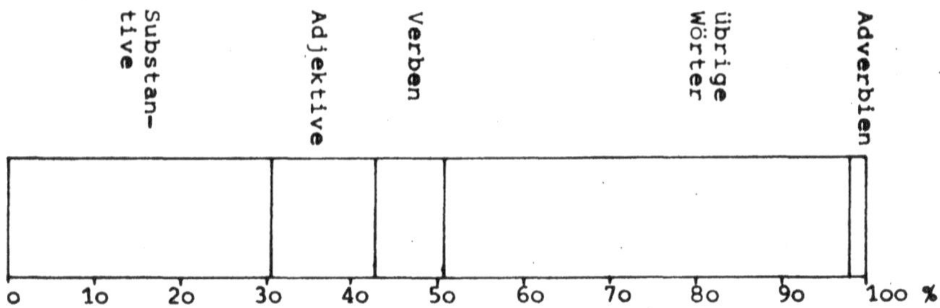

Durchschnittswert Ortsbeschreibungen

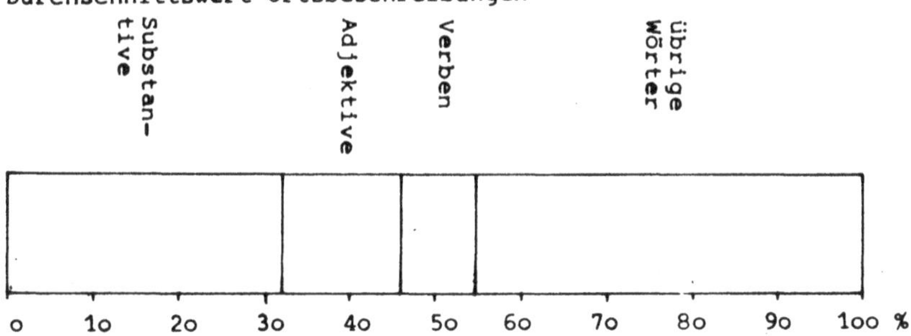

Durchschnittswert Routenbeschreibungen

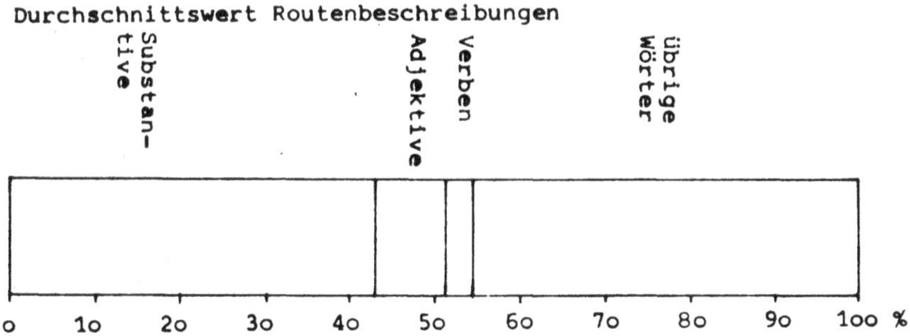

Abbildungen 63–66

1. Seit wann geben Sie Prospekte heraus?

2. Wie hoch war die Auflagenziffer Ihrer Prospekte im vergangenen Jahr?

3. Wie viele Buchungen hatten Sie im vergangenen Jahr?

4. Ist Ihre Prospektgestaltung auf die soziologische Zusammensetzung Ihres potentiellen Kundenkreises hin orientiert?

5. Worin sehen Sie die Funktion Ihrer Prospekte (Werbung, Kommunikation)?

6. Konnten Sie feststellen, daß auf Grund Ihres Prospektmaterials sich gewisse Präferenzen für bestimmte Orte entwickelten?

7. Sehen Sie auch für die nächsten Jahre eine Steigerung der organisierten Reisen?

8. Haben Sie in Ihrem Unternehmen Mitarbeiter, die sich speziell mit der Abfassung Ihres Prospektmaterials befassen?

9. Kommt es gelegentlich vor, daß ausschließlich auf Grund unrichtiger Prospektangaben Reklamationen erstehen?

EUROPÄISCHE HOCHSCHULSCHRIFTEN

Reihe I Deutsche Literatur und Germanistik

Nr. 26 Vera Debluë, Zürich: Anima naturaliter ironica – Die Ironie in Wesen und Werk Heinrich Heines. 100 S. 1970.

Nr. 27 Hans-Wilhelm Kelling, Stanford/USA: The Idolatry of Poetic Genius in German Goethe Criticism. 200 p. 1970.

Nr. 28 Armin Schlienger, Zürich: Das Komische in den Komödien des Andreas Gryphius. Ein Beitrag zu Ernst und Scherz im Barocktheater. 316 S. 1970.

Nr. 29 Marianne Frey, Bern: Der Künstler und sein Werk bei W. H. Wackenroder und E. T. A. Hoffmann. Vergleichende Studien zur romantischen Kunstanschauung. 216 S. 1970.

Nr. 30 C. A. M. Noble, Belfast: Krankheit, Verbrechen und künstlerisches Schaffen bei Thomas Mann. 268 S. 1970.

Nr. 31 Eberhard Frey, Waltham/USA: Franz Kafkas Erzählstil. Eine Demonstration neuer stilanalytischer Methoden an Kafkas Erzählung "Ein Hungerkünstler". 382 S. 1974 (2. Auflage).

Nr. 32 Raymond Lauener, Neuchâtel: Robert Walser ou la Primauté du Jeu. 532 p. 1970.

Nr. 33 Samuel Berr, New York: An Etymological Glossary to the Old Saxon Heliand. 480 p. 1970.

Nr. 34 Erwin Frank Ritter, Wisconsin: Johann Baptist von Alxinger and the Austrian Enlightenment. 176 p. 1970.

Nr. 35 Felix Thurner, Fribourg: Albert Paris Gütersloh – Studien zu seinem Romanwerk. 220 S. 1970.

Nr. 36 Klaus Wille, Tübingen: Die Signatur der Melancholie im Werk Clemens Brentanos. 208 S. 1970.

Nr. 37 Andreas Oplatka, Zürich: Aufbauform und Stilwandel in den Dramen Grillparzers. 104 S. 1970.

Nr. 38 Hans-Dieter Brückner, Claremont: Heldengestaltung im Prosawerk Conrad Ferdinand Meyers. 102 S. 1970.

Nr. 39 Josef Helbling, Zürich: Albrecht von Haller als Dichter. 164 S. 1970.

Nr. 40 Lothar Georg Seeger, Washington: The "Unwed Mother" as a Symbol of Social Consciousness in the Writings of J. G. Schlosser, Justus Möser, and J. H. Pestalozzi. 36 p. 1970.

Nr. 41 Eduard Mäder, Freiburg: Der Streit der "Töchter Gottes" – Zur Geschichte eines allegorischen Motivs. 136 S. 1971.

Nr. 42 Christian Ruosch, Freiburg: Die phantastisch-surreale Welt im Werke Paul Scheerbarts. 136 S. 1970.

Nr. 43 Maria Pospischil Alter, Maryland/USA: The Concept of Physician in the Writings of Hans Carossa and Arthur Schnitzler. 104 p. 1971.

Nr. 44 Vereni Fässler, Zürich: Hell-Dunkel in der barocken Dichtung – Studien zum Hell-Dunkel bei Johann Klaj, Andreas Gryphius und Catharina Regina von Greiffenberg. 96 S. 1971.

Nr. 45 Charlotte W. Ghurye, Terre Haute, Indiana/USA: The Movement Toward a New Social and Political Consciousness in Postwar German Prose. 128 p. 1971.

Nr. 46 Manfred A. Poitzsch, Minneapolis, Minnesota/USA: Zeitgenössische Persiflagen auf C. M. Wieland und seine Schriften. 220 S. 1972.

Nr. 47 Michael Imboden, Freiburg: Die surreale Komponente im erzählenden Werk Arthur Schnitzlers. 132 S. 1971.

Nr. 48 Wolfgang Dieter Elfe, Massachusetts/USA: Stiltendenzen im Werk von Ernst Weiss, unter besonderer Berücksichtigung seines expressionistischen Stils (Ein Vergleich der drei Druckfassungen des Romans "Tiere in Ketten"). 80 S. 1971.

Nr. 49 Alba Schwarz, Zürich: "Der teutsch-redende treue Schäfer". Guarinis "Pastor Fido" und die Übersetzungen von Eilger Mannlich 1619, Statius Ackermann 1636, Hofmann von Hofmannswaldau 1652, Assman von Abschatz 1672. 284 S. 1972.

Nr. 50 Martin Kraft, Zürich: "Schweizerhaus" – Das Haus-Motiv im Deutschschweizer Roman des 20. Jahrhunderts. 72 S. 1971.

Nr. 51 Hansjörg Büchler, Zürich: Studien zu Grimmelshausens Landstörtzerin Courasche (Vorlagen/Struktur und Sprache/Moral). 116 S. 1971.

Nr. 52 Robert Van Dusen, Hamilton, Canada: The Literary Ambitions and Achievements of Alexander von Humboldt. 68 p. 1971.

Nr. 53 Thomas Feitknecht, Bern: Die sozialistische Heimat. Zum Selbstverständnis neuerer DDR-Romane. 104 S. 1971.

Nr. 54 Margareta Gasser-Mühlheim, Bern: Soziale Aufwertungstendenzen in der deutschen Gegenwartssprache. 112 S. 1972.

Nr. 55 Wolfgang von Wangenheim, Genf: Das Basler Fragment einer mitteldeutsch-niederdeutschen Liederhandschrift und sein Spruchdichter-Repertoire (Kelin, Fegfeuer). 326 S. 1972.

Nr. 56 Volker Zimmermann, Heidelberg: Die Entwicklung des Judeneids. Untersuchungen und Texte zur rechtlichen und sozialen Stellung der Juden im Mittelalter. 286 S. 1973.

Nr. 57 Jürg Kielholz, Zürich: Wilhelm Heinrich Wackenroder, Schriften über die Musik. Musik- und literaturgeschichtlicher Ursprung und Bedeutung in der romantischen Literatur. 136 S. 1972.

Nr. 58 Hermann Gelhaus, unter Mitarbeit von Roger Frey und Otfried Heyne, Basel: Vorstudien zu einer kontrastiven Beschreibung der schweizerdeutschen Schriftsprache der Gegenwart. Die Rektion der Präpositionen trotz, während und wegen. 124 S. 1972.

Nr. 59 Silvia Weimar-Kluser, Zürich: Die höfische Dichtung Georg Rudolf Weckherlins. 128 S. 1971.

Nr. 60 Eva Acquistapace, Bochum: Person und Weltdeutung. Zur Form des Essayistischen im Blick auf das literarische Selbstverständnis Rudolf Kassners. 164 S. 1971.

Nr. 61 Dieter Helle, Klaus-Peter Klein, Rainer Kuttert, Christel Schulte, Uwe-Dieter Steppuhn, Heinz-Burkhard Strüwer, Bochum: Zur Entstehung des Neuhochdeutschen. Sprachgeographische und -soziologische Ansätze. Herausgegeben von Ilpo Tapani Piirainen. 156 S. 1972.

Nr. 62 Wilhelm Resenhöfft, Kiel: Goethes Rätseldichtung im "Faust" (mit Hexenküche und Hexen-Einmal-Eins) in soziologischer Deutung. 178 S. 1972.

Nr. 63 Christoph Mühlemann, Zürich: Fischarts "Geschichtklitterung" als manieristisches Kunstwerk. Verwirrtes Muster einer verwirrten Zeit. 176 S. 1972.

Nr. 64 Marcel Roger, Syracuse: "Hiermit erhebte sich ein abscheulich Gelächter" – Untersuchungen zur Komik in den Romanen von Johann Beer. 132 S. 1973.

Nr. 65 Charles Whitney Carpenter, Bloomsburg/Pennsylvania: The Systematic Exploitation of the Verbal Calque in German. 132 p. 1973.

Nr. 66 Artur Rümmler, Mainz: Die Entwicklung der Metaphorik in der Lyrik Karl Krolows (1942–1962). Die Beziehung zu deutschen, französischen und spanischen Lyrikern. 285 S. 1972.

Nr. 67 Wilhelm Resenhöfft, Kiel: Nietzsches Zarathustra-Wahn. Deutung und Dokumentation zur Apokalypse des Übermenschen. 140 S. 1972.

Nr. 68 Keith L. Roos, Provo, Utah/USA: The Devil in 16th Century German Literature: The Teufelsbücher. 132 p. 1972.

Nr. 69 Herbert Schütz, Toronto: Hermann Kasack: The Role of the Critical Intellect in the Creative Writer's Work. 146 p. 1972.

Nr. 70 Wolfgang Mieder, East Lansing, Michigan/USA: Das Sprichwort im Werke Jeremias Gotthelfs. Eine volkskundlich-literarische Untersuchung. 168 S. 1972.

Nr. 71 Jürg Aggeler, Zürich: Der Weg von Kleists Alkmene. 164 S. 1972.

Nr. 72 Hermann Gelhaus, Basel: Synchronie und Diachronie. Zwei Vorträge über Probleme der nebensatzeinleitenden Konjunktionen und der Consecutio temporum. 52 S. 1972.

Nr. 73 Xaver Kronig, Freiburg: Ludwig Hohl. Seine Erzählprosa mit einer Einführung in das Gesamtwerk. 188 S. 1972.

Nr. 74 Christine Merian, Basel: Die Gestalt des Künstlers im Werk Conrad Ferdinand Meyers. 116 S. 1973.

Nr. 75 Veronica C. Richel, Vermont: Luise Gottsched. A Reconsideration. 120 p. 1973.

Nr. 76 Theo Bungarten, Bonn: Sprache und Sprachanalyse des Deutschen. Vier Beiträge zur Methode und Theorie. 152 S. 1973.

Nr. 77 Wolfgang Köhler, Frankfurt a.M.: Hugo von Hofmannsthal und "Tausendundeine Nacht". Untersuchungen zur Rezeption des Orients im epischen und essayistischen Werk. Mit einem einleitenden Überblick über den Einfluss von "Tausendundeine Nacht" auf die deutsche Literatur. 180 S. 1972.

Nr. 78 Thomas Alfred Gehring, Zürich: Johanne Charlotte Unzer-Ziegler 1725–1782. 148 S. 1973.

Nr. 79 Alfons-M. Bischoff, Freiburg: Elias Canetti – Stationen zum Werk. 184 S. 1973.

Nr. 80 Roger C. Norton, Endicott: Hermann Hesse's Futuristic Idealism / *The Glass Bead Game* and its Predecessors. 150 p. 1973.

Nr. 81 Günther Schneider, Freiburg: Untersuchungen zum dramatischen Werk Robert Musils. 292 S. 1973.

Nr. 82 Gerhard Dünnhaupt, Washington: Diederich von dem Werder / Versuch einer Neuwertung seiner Hauptwerke. 148 S. 1973.

Nr. 83 Walter Gorgé, Bern: Auftreten und Richtung des Dekadenzmotivs im Werk Georg Trakls. 322 S. 1973.

Nr. 84 Alan B. Galt, Washington: Sound and Sense in the Poetry of Theodor Storm: A phonological-statistical study. 138 p. 1973.

Nr. 85 Heinz Eugen Greter, Freiburg: Fontanes Poetik. 202 S. 1973.

Nr. 86 Marcel Roland Mattes, Zürich: Das Bild des Menschen im Werk Otto F. Walters. 130 S. 1973.

Nr. 87 Michael Hadley, Victoria: The German Novel in 1790. A Descriptive Account and Critical Bibliography. 306 p. 1973.

Nr. 88 Gerhard Doerfer, Göttingen: Anatomie der Syntax. 257 S. 1973.

Nr. 89 Marie Theres Nölle, Zürich: Formen der Darstellung in Hartmanns 'Iwein'. 76 S. 1974.

Nr. 90 Bärbel Becker-Cantarino, Austin. Aloys Blumauer and the Literature of Austrian Enlightenment. 132 p. 1973.

Nr. 91 Ursula Gray, Heidelberg: Das Bild des Kindes im Spiegel der altdeutschen Dichtung. 382 S. 1974.

Nr. 92 Jules Grand, Basel: Projektionen in Alfred Döblins Roman "Hamlet oder Die lange Nacht nimmt ein Ende". 204 S. 1974.

Nr. 93 Gisela Wünsche Hale, Detroit: Carossas Weg zur Schulderlösung. 84 S. 1974.

Nr. 94 Markus Diebold, Zürich: Das Sagelied/Die aktuelle deutsche Heldendichtung der Nachvölkerwanderungszeit. 120 S. 1974.

Nr. 95 Claus Süssenberger, Frankfurt/M.: Rousseau im Urteil der deutschen Publizistik bis zum Ende der Französischen Revolution. Ein Beitrag zur Rezeptionsgeschichte. 354 S. 1974.

Nr. 96 Victor Sialm-Bossard, Freiburg: Sprachliche Untersuchungen zu den Chemiefaser-Namen. Ein Beitrag zur Beschreibung der deutschen Gegenwartssprache. 348 S. 1975.

Nr. 97 John McCarthy, Philadelphia: Fantasy and Reality – An Epistemological Approach to Wieland. 166 p. 1974.

Nr. 98 Alfred Fritsche, Bern: Dekadenz im Werk Arthur Schnitzlers. 280 S. 1974.

Nr. 99 Hans-Joachim Lange, Bonn: Aemulatio Veterum sive de optimo genere dicendi. Die Entstehung des Barockstils im XVI. Jahrhundert durch eine Geschmacksverschiebung in Richtung der Stile des manieristischen Typs. 286 S. 1974.

Nr. 100 Annemarie Schnetzler-Suter, Zürich: Max Frisch – Dramaturgische Fragen. 152 S. 1974.

Nr. 101 Roy L. Ackermann, Louisville: "Bildung" and "Verbildung" in the Prose Fiction Works of Otto Julius Bierbaum. 95 p. 1974.

Nr. 102 Siegmar Tyroff, Salzburg: Namen bei Thomas Mann in den Erzählungen und den Romanen Buddenbrooks, Königliche Hoheit, Der Zauberberg.

Nr. 103 Sara Ann Malsch-Wilkinson, Amherst: The Image of Martin Luther in the Writings of Novalis and Friedrich Schlegel. 162 p. 1974.

Nr. 104 Heinz B. Heller, Kassel: Untersuchungen zur Theorie und Praxis des dialektischen Theaters. Brecht und Adamov. 213 S. 1975.

Nr. 105 Volker Wendland, Tübingen: Ostergelächter und Ostermärchen.

Nr. 106 Gernot Heide, Hamburg: Graphematisch-phonomatische Untersuchungen zum Altjiddischen. Der Vokalismus. 450 S. 1974.

Nr. 107 Manfred Misch, Berlin: APIS EST ANIMAL – APIS EST ECCLESIA. Ein Beitrag zum Verhältnis von Naturkunde und Theologie in spätantiker und mittelalterlicher Literatur. 220 S. 1974.

Nr. 108 Karl-Bernhard Bödeker, Würzburg: Frau und Familie im erzählerischen Werk Franz Kafkas. 180 S. 1974.

Nr. 109 Roland Richter, Tucson/USA: Georg Rollenhagens Froschmeuseler: Ein rhetorisches Meisterstück. 140 S. 1975.

Nr. 110 Jakob Spälti, Zürich: Interpretationen zu Heinrich von Kleists Verhältnis zur Sprache. 106 S. 1975.

Nr. 111 Markus Werner, Zürich: Bilder des Endgültigen – Entwürfe des Möglichen. Zum Werk Max Frischs. 90 S. 1975.

Nr. 112 Peter Bürgel, Frankfurt/M.: Die Briefe des frühen Gutzkow 1830–48. Pathographie einer Epoche. 428 S. 1975.

Nr. 113 Johann Christoph Bürgel, Bern: Goethe und Hafis. 80 S. 1975.

Nr. 114 Peter Ochsenbein, Basel: Studien zum Anticlaudianus des Alanus ab Insulis. 204 S. 1975.

Nr. 115 Elke Ukena, Berlin: Die deutschen Mirakelspiele des Spätmittelalters. Studien und Texte. 2 Bände. 973 S. 1975.

Nr. 116 Eberhard Frey, Waltham/USA: Stil und Leser. Theoretische und praktische Ansätze zur wissenschaftlichen Stilanalyse. 150 S. 1975.

Nr. 117 Wilhelm Johannes Schwarz, Québec, Canada: War and the Mind of Germany. 90 p. 1975.

Nr. 118 Ingeborg Springer-Strand, Cincinnati/USA: Barockroman und Erbauungsliteratur. Studien zum Herkulesroman von Andreas Heinrich Bucholtz.

Nr. 119 Gabriel Imboden, Bern: Gottfried Kellers Ästhetik auf der Grundlage der Entwicklung seiner Naturvorstellung. Studie zur Begründung der geometrischen Struktur in der Novellistik. 187 S. 1975.

Nr. 120 Georg Alexander Nowak, Wheeling/USA: Das Bild des Lehrers bei den Brüdern Mann. 148 S. 1975.

Nr. 121 Colin H. Good, Norwich/GB: Die deutsche Sprache und die kommunistische Ideologie. 225 S. 1975.

Nr. 122 Daniel Schönbächler. Zürich: Erfahrung der Ambivalenz. Das Bild der Wirklichkeit im Werk Josef Vital Kopps. 162 S. 1975.

Nr. 123 Irmela Schneider, Frankfurt/M.: Kritische Rezeption. "Die Blechtrommel" als Modell.

Nr. 124 Gerhard Rademacher, Bochum: Technik und industrielle Arbeitswelt in der deutschen Lyrik des 19. und 20. Jahrhunderts. Versuch einer Bestandesaufnahme.

Nr. 125 Dagmar Ralinofsky, Bochum: Die Gestaltung zwischenmenschlicher Beziehungen im Drama der Moderne. Tradition und Mutation.

Nr. 126 Jürgen Sang, Honolulu: Reflektierte Rollenspiele. Untersuchungen zur Gegenwartsliteratur. 163 S. 1975.

Nr. 127 Heidi M. Rockwood, Atlanta: A Syntactic Analysis of Selected Middle High German Prose as a Basic for Stylistic Differentiations. 152 p. 1975.

Nr. 128 Wilhelm Resenhöfft, Kiel: Goethes "Faust" – Gleichnis schöpferischer Sinnerfassung. 336 S. 1975.

Nr. 129 Gerhard Koepf, München: Humanität und Vernunft. Eine Studie zu Heinrich Manns Roman "Henri Quatre". 66 S. 1975.

Nr. 130 Alfred Hübner, Berlin: Das Weltbild im Drama Paul Zechs. 250 S. 1975.

Nr. 131 Wilfried Deufert, Würzburg: Narr, Moral und Gesellschaft. Grundtendenzen im Prosaschwank des 16. Jahrhunderts. 162 S. 1975.

Nr. 132 Klaus-Bernd Vollmar, Kiel: Ästhetische Strukturen und politische Aufklärung in der Lyrik. 1975.

Nr. 134 Hans A. Kissel, Portage: Untersuchungen zu Möglichkeiten, Umfang und Typologie verbaler Synonymik bei Otfrid. 1975.

Nr. 135 Frieder Schülein, Bielefeld: Zur Theorie und Praxis des Blümens. 1975.

Nr. 136 Gerlinde Sanford, Syracuse: Wiener Berufsnamen aus den Jahren 1648–1668. 1975.

Nr. 137 Thomas A. Kamla, Pittsburgh: Confrontation with Exile: Studies in the German Novel. 1975.

Nr. 138 Ulrich Thomet, Bern: Das Problem der Bildung im Werke Thomas Manns. 1975.

Nr. 139 Charlotte W. Ghurye, Bloomington (USA): The Writer and Society. 1975.

Nr. 140 Ward B. Lewis, Athens (USA): Poetry and Exile: An Annotated Bibliography of the Works and Criticism of Paul Zech. 1975

Nr. 141 Luzia Hardegger, Zürich: Nelly Sachs und die Verwandlung der Welt. 323 S. 1975.

Nr. 142 Ulrich Vohland, Marburg: Bürgerliche Emanzipation in Heinrich von Kleists Dramen und theoretischen Schriften. 512 S. 1976.

Nr. 143 Heinz-Joachim Fortmüller, Trier: Clemens Brentano als Briefschreiber. (In Vorbereitung).

Nr. 144 Hermann Luft, Hamilton Canada: Der Konflikt zwischen Geist und Sinnlichkeit in Thomas Manns „Tod in Venedig". 106 S. 1976.

Nr. 145 Lucie Pfaff, Ridgefield: The Devil in Thomas Mann's „Doktor Faustus" and Paul Valery's „Mon Faust". 142 S. 1976.

Nr. 146 Hans-Ulrich Hauschild, Giessen: Die idealistische Utopie. 342 S. 1976.

Nr. 147 Lore Ferguson, Waterville USA: „Die Blechtrommel" von Günther Grass. Versuch einer Interpretation. 106 S. 1976.

Nr. 148 Renata Purekevich, London CDN: Dr. med. Gottfried Benn. Aus anderer Sicht. 140 S. 1976.

Nr. 149 Gerhard Rupp, Frankfurt/M: Rhetorische Strukturen und kommunikative Determinanz - Studien zur Textkonstitution des philosophischen Diskurses im Werk Friedrich Nietsches. 155 S. 1976.

Nr. 150 Elisabeth Holzhey-Pfenninger, Zürich: Der desorientierte Erzähler. Studien zu J. K. Wezels „Lebensgeschichte Tobias Knauts". 99 S. 1976.

Nr. 151 Hubert Fritz, Landshut: Die Erzählweise in den Romanen Charles Sealsfields und Jeremias Gotthelfs. Zur Rhetoriktradition im Biedermeier. 255 S. 1976.

Nr. 152 Dirk Josten, St. Augustin: Sprachvorbild und Sprachnorm im Urteil des 16. und 17. Jahrhunderts. Sprachlandschaftliche Prioritäten, Sprachautoritäten, sprachimmanente Argumentation. 310 S. 1976.

www.ingramcontent.com/pod-product-compliance
Ingram Content Group UK Ltd.
Pitfield, Milton Keynes, MK11 3LW, UK
UKHW021238031026
15588UKWH00001B/153

9 783261 024442